中国水电 SINOHYDRO

中国水利水电建设集团公司

年　　鉴

2013

中国水利水电建设集团公司年鉴编辑委员会

中国电力出版社

图书在版编目(CIP)数据

中国水利水电建设集团公司年鉴. 2013/《中国水利水电建设集团公司年鉴》编辑委员会编. —北京：中国电力出版社，2014.1

ISBN 978-7-5123-5395-4

Ⅰ. ①中… Ⅱ. ①中… Ⅲ. ①水电企业-中国-2013-年鉴 Ⅳ. ①F426.9-54

中国版本图书馆 CIP 数据核字(2013)第 306361 号

中国电力出版社出版、发行

(北京市东城区北京站西街 19 号 100005 http://www.cepp.sgcc.com.cn)

北京盛通印刷股份有限公司印刷

各地新华书店经售

*

2014 年 1 月第一版 2014 年 1 月北京第一次印刷

889 毫米×1194 毫米 16 开本 24.75 印张 901 千字 10 插页

定价 **260.00** 元

2012年9月17日，中共中央政治局委员、国务院副总理回良玉，在河南省省委书记卢展工、省长郭庚茂等的陪同下，到水电六局有限公司南水北调淅川一标施工现场考察工作

2012年1月13日，中共中央政治局委员、中央书记处书记、中组部部长李源潮出席由股份公司捐建的中国—南苏丹友谊中学供水系统移交仪式。图为中国电建集团董事长、股份公司董事长范集湘在供水系统捐赠现场迎接李源潮并汇报供水系统建设情况

2012年12月22日，中共中央政治局委员、北京市市委书记郭金龙一行到水电二局有限公司承建的海淀辛店B08地块公共租赁住房项目调研

2012年9月8日，水利部部长陈雷、青海省省委书记强卫一行到水电四局有限公司考察调研。图为中国电建集团党委书记晏志勇向陈雷、强卫一行介绍水电四局有限公司局史展品

2012年4月25日，交通运输部部长李盛霖一行到重庆草街航电枢纽工程检查、指导工作

2012年7月20日，国务院南水北调办主任鄂竟平带领检查组到南水北调中线工程宝郏段二标项目部检查跨渠桥梁工程质量情况

2012年11月28日，国务院发展研究中心主任李伟在股份公司总经理孙洪水的陪同下，考察股份公司投资建设的中国水电矿业（老挝）钾盐矿项目

水电工程

建设中的金沙江溪洛渡水电站工程（总装机容量1386万千瓦）

建设中的澜沧江糯扎渡水电站工程（总装机容量585万千瓦）

建设中的锦屏一级水电站工程（总装机容量360万千瓦）

建设中的金沙江龙开口水电站工程（总装机容量180万千瓦）

2012年3月31日，雅砻江官地水电站首台机组（60万千瓦）并网发电。图为庆典仪式暨劳动竞赛表彰大会现场

建设中的贵州沙沱水电站工程（总装机容量100万千瓦）

贵州北盘江光照水电站工程荣获 2011～2012年度国家优质工程金质奖

溪洛渡水电站右岸地下厂房施工现场

机电安装

2012年3月31日，向家坝水电站7号机组（80万千瓦）转子吊装成功

2012年3月1日，溪洛渡水电站首台机组（77万千瓦）转子吊装成功

2012年5月23日，锦屏一级水电站首台机组（60万千瓦）转子吊装成功

2012年6月26日，糯扎渡水电站8号机组（65万千瓦）转子吊装成功

2012年11月5日，金沙江向家坝水电站7号机组（80万千瓦）并网发电。图为电站厂房

溪洛渡右岸电站首台机组转轮吊装成功

云南鲁地拉水电站2号机组（36万千瓦）定子吊装成功

水利工程

江苏峡江水利枢纽工程

南水北调中线工程陶岔渠首枢纽工程

南水北调北汝河倒虹吸工程

走向国际

2012年6月10日，中共中央政治局常委、中央纪委书记贺国强，老挝国家副主席本扬·沃拉吉共同见证中国水电与老挝签署南欧江流域梯级电站项目（一期）协议

2012年4月19日，中国电建集团董事长、股份公司董事长范集湘在钓鱼台国宾馆拜会了泰国总理英拉·西那瓦

2012年6月2日，股份公司总经理孙洪水在厦门拜会了塔吉克斯坦总统埃莫马利·拉赫蒙

2012年12月9日，中国水电在老挝投资建设的首个BOT项目——南俄5水电站投产发电仪式在项目现场举行。图为老挝国家主席朱马利·赛雅颂和中老双方领导为电站投产仪式剪彩

2012年10月10日，中国水电承建的吉布洛水电站举行竣工典礼仪式。赤道几内亚共和国总统奥比昂为电站竣工剪彩

建设中的委内瑞拉新中心电厂夜景

苏丹罗赛雷斯工程混凝土坝加高完工

巴基斯坦达瓦特大坝施工

博茨瓦纳迪克戈洪大坝施工

加纳布维水电站大坝施工

苏丹鲁美拉大坝厂房施工现场

建设中的苏丹上阿特巴拉水利枢纽工程

摩洛哥伊米塔努特—阿加那段高速公路通过竣工验收

印度尼西亚亚齐火电项目主厂房

投资融资

2012年7月1日，中水电海外投资有限公司在京成立，中国电建集团董事长、股份公司董事长、党委书记范集湘与中水电海外投资有限公司董事长盛玉明为公司揭牌

2012年10月23日，股份公司投资建设的深圳轨道交通7号线（线路全长30.13千米，总投资近200亿元）开工

2012年3月29日，股份公司控股开发的四川大渡河安谷水电站（总装机容量77.2万千瓦）开工

北京北郡嘉源保障房项目

建设中的唐山首郡房地产项目

建设中的抚顺海赋外滩房地产项目

武邵高速公路BOT项目

四川大金坪水电站

2012年8月1日，柬埔寨甘再水电站正式进入商业运营期。图为水电站大坝枢纽

四川安谷水电站枢纽施工现场

多元经营

2012年4月11日，广东省天然气网工程穿越西江隧道混凝土浇筑完工

中国水电天津武清“新城开发”BT项目

云南梅家山风电场

路桥公司施工总承包项目映汶高速公路

上海浦东国际机场扩建工程荣获2011～2012年度国家优质工程银质奖

沪昆铁路首榀梁铺架

抚顺东洲河口桥BT项目

2012年11月6日，股份公司第三届科技大会暨科学技术委员会2012年年会在北京召开

小湾水电站特高拱坝施工技术获2012年度中国施工企业管理协会科学技术进步一等奖。图为小湾水电站大坝全景

三峡地下电站大型洞室关键技术获2012年度水力发电科学技术特等奖。图为水电十四局有限公司承建的三峡右岸地下电站厂房

“200米级高混凝土面板堆石坝关键施工技术研究与国内外工程应用”获2012年度中国电力科学技术一等奖。图为马来西亚巴贡水电站大坝全景

“建筑砖渣土在饱和软弱地基市政道路工程中的应用研究”获2012年度中国施工企业管理协会科学技术一等奖。图为路桥公司用拆房土换填碾压施工现场

企业文化

2012年9月23日，股份公司在北京举办“喜迎十八大”歌咏比赛。图为股份公司总部机关代表队演唱

2012年11月2日，股份公司组织总部机关和在京公司干部、职工到北京展览馆参观“科学发展，成就辉煌”大型图片展览

2012年12月18日，水电八局有限公司建局60周年庆典仪式上，员工自编自演文艺节目——大河奔流

2012年9月29日，中央电视台《领航中国》摄制组赴玉树重建工地采访中国水电援建职工

编 辑 说 明

一、《中国水利水电建设集团公司年鉴（2013卷）》是由中国水利水电建设集团公司（以下简称“集团公司”）主办，由公司总部各部门、各公司共同参与编辑的大型资料性工具书。本卷为2013卷，总第九卷。本卷年鉴全面系统载录了2012年公司深入贯彻落实党的十八大精神，以科学发展观为指导，按照中国电建集团和公司董事会的总体工作部署和要求，把转变发展方式、提高发展质量作为工作中心，突出稳定增长、调整结构、深化改革、加强管理、科技增效等工作重点，把大力开拓市场确保订单、提高经营管理绩效作为主要着力点，奋力推进公司稳步持续发展，为股东创造更好效益，为把公司建成质量效益型世界一流企业做出新贡献的历程。

本卷年鉴所载资料翔实，内容准确，具有权威性、综合性、史料性，供各界人士了解集团公司之用。

二、集团公司年鉴采用分类编辑法，按篇目、栏目、条目结构设计。全书内容横分篇目，各篇细分若干栏目，顺时纪事。栏目中的条目标题加【 】表示。本卷年鉴延续了前八卷年鉴基本框架结构，全书设10个篇目：“特载”、“专论”、“综述”、“大事记”、“集团化建设”、“党群工作和企业文化建设”、“检查监督”、“成员企业要览”、“人物及先进集体”、“附录”。全卷共90余万字，彩版20页。

三、集团公司年鉴中，单位名称首次出现均使用全称，再次出现则使用规范简称。如中国水利水电建设集团公司简称为“集团公司”；公司所属各公司如中国水利水电第一工程局有限公司，简称为“水电一局有限公司”，各控股公司如中国水电建设集团国际工程有限公司简称为“国际公司”。

四、集团公司年鉴编纂工作实行三审制。公司总部各部门、各公司提供的文稿、图表由总部各部门、各公司审定，每个条目、每项资料后均在括号内注明撰稿人或供稿单位，实行文责自负；各篇目内容的编辑由相关篇目的责任编辑审定，主编负责总纂；编辑委员会部分编委终审定稿。

五、本年鉴出版得到中国电力出版社、北京地方志办公室和中国版协年鉴研究会的热情帮助，在此特表示感谢！

《中国水利水电建设集团公司年鉴》编辑委员会

2013年11月

篇　　目

目 录

第一篇 特 载

第二篇 专 论

第三篇 综 述

第四篇　大　事　记

第五篇　集团化建设

第六篇　党群工作和企业文化建设

第七篇 检查监督

第八篇 成员企业要览

第九篇　人物及先进集体

第十篇　附　录

Contents

Almanac of Sinohydro Corporation (2013)

Chapter Ⅵ Corporation Culture & Organization Development

Chapter Ⅶ Inspection and Supervision

Chapter Ⅷ Group Members

Chapter Ⅸ Distinguished Individuals and Units

Chapter Ⅹ Addenda

第一篇　特　载

Chapter I　Special　Collection

股份公司工作会议暨一届四次职工代表大会

中国电建集团董事长、股份公司董事长兼党委书记范集湘讲话

中国电建集团党委常委、股份公司总经理孙洪水作工作报告

2013年2月1日，股份公司2013年工作会议暨一届四次职工代表大会在北京召开

股份公司工作会议暨一届四次职工代表大会工作报告

在中国水利水电建设股份有限公司2013年工作会议暨一届四次职工代表大会上的讲话

（2013年2月1日）

范　集　湘

一、对2012年公司工作情况的评价

2013年度工作会，开得很成功、很紧凑，孙洪水同志代表股份公司、股份公司党委作的工作报告，是经过公司领导分别阅改，并在党政联席会上通过的。这个报告是代表公司全面工作的报告，代表了公司法人主体意志，希望同志们回去以后，结合自己的工作情况制定具体措施，认真传达并贯彻执行。

工作会和职代会套开，是一个很好的方式。职代会的议程非常规范地进行，对班子的测评，我们会在适当时候、在适当的范围内予以公布；经理层的测评情况要上报中国电建集团，同时在董事会上公布，因为要决定经理层的考评、年薪，还有年薪系数，充分体现民主测评的重要作用。总之，职代会圆满完成了任务。

2012年，在公司经理层孙洪水总经理的领导下，各位副总经理、高管人员工作都很出色，也很辛苦，股份公司新班子进入角色很快、到位很快，充满激情，任劳任怨，全力以赴。虽然测评结果还没出来，但我相信，大家对他们的评价也不会差，公司董事会对经理班子也是满意的，中国电建集团上级对经理班子的工作也是充分肯定的。在座各位主要负责同志，在2012年面对复杂多变的形势，为了企业的发展、为了员工利益的巩固提升、为了中国电建集团整个业绩的增长，做得非常辛苦，也承担了很多的压力，身体疲惫但精神不减，我很体谅，也很感动，衷心地感谢大家。

关于业绩考核，杨忠同志宣布了结果，我也认真看了情况汇报，我认为大家反映出来的一些问题，应引起经理层的高度重视。一是关于业绩考核及相关指标设计的合理性和针对性，要进一步做一些研究，特别是指标要精炼一些，要浓缩一些。经过近十年的努力，水电集团（股份公司）已经由集而不团、比较松散、一盘散沙甚至是内部恶性竞争的状况转变成了一支高效的、有凝聚力的团队，政策的执行、政令的畅通、凝聚力的提升都到了一个新的阶段，在这个基础上，更加突出发展业绩是必要的。所以，管理评价和业绩的权重要做相应调整，原来是分别占60%和40%的权重，现在修改为各占70%、30%，还是75%、25%，我们再研究一下。二是不同盈利模式下的考核公平性问题。现在市场竞争激烈，不同的商业模式有不同的合同条件、有不同的盈利程度、有不同的经营难度，这就延伸出一个问题，就是内部通过投资推动形成的承包业务，它的分配、考核，得有一个特别的制度安排和指标安排，否则大家就感到起点不公平、分配不公平、机会不均等。所以，考核的起点要相对公平，这个是我们能做到的。做BT，谁去做，有个区位的问题、区域的问题，但是做BT，由于竞争性不一样，你带着钱去干，受益单位对你的回报就会高一些，你的贡献就应该高一点，你的利润率要高一点，你的风险控制水平就要大幅度提高；这样，对于做BT这样的承包业务，多或少，通过指标的目标值来调整，以此形成机会、起点公平。我觉得内部要提倡竞赛，内部不要博弈、不要竞争，不要形成内部交易，一定要杜绝内部交易成本。如果局长对外要面对市场竞争，还要花时间在我们的内部公关，这事

不合适。经理层要尽快拿出解决办法来，BT项目怎么分配、目标怎么测定，不能说谁捞一块就算一块。有的企业一个BT项目都没做，全是自己独立营销的，当然它的竞争环境就很激烈，有的单位做的多一点，有的单位在国际优买优卖项目做得多，一揽子项目做得多，有的竞争性项目做得多，这也是一个考核的起点公平不公平的问题。我希望通过经理层的智慧，通过经理层的具体策划和措施、技术处理，尽量做到相对的机会均等、起点公平。

二、关于中国电建集团整体改制上市的进程和中国水电在中国电建集团中的业绩与实力定位

中国电建集团的整体上市是股份公司上市时对资本市场做出的承诺。分两步：第一步，把中国水电工程顾问集团公司的资产注入上市公司，注入上市公司以后，上市公司的总资产就占到了中国电建集团总资产的80%左右，按照监管部门的说法，就基本上实现了集团整体上市。第二步，中国电建集团的组织架构、治理结构以及相应的管控模式、产权层级、行政层级都会发生相应的调整。也就是说，整体改制上市以后，类似于像成都、昆明勘测规划设计研究院，还有水电八局、十四局有限公司等，将会成为中国电建集团的子公司，中国电建集团与中国水利水电建设集团公司、中国水电工程顾问集团公司两级总部整合为一级。SINOHYDRO这个品牌照样存在，还是独立的一个子品牌，仍然在全球参与竞争，我们还要把它做实、做强。但是，SINOHYDRO不再扮演出资人角色。中国水电工程顾问集团公司的HYDROCHINA品牌也是这种情况。这样就实现了整体改制后的集团扁平化，从而真正使整个电建集而成团，完成国务院批准的任务。

国务院的文件批下来以后，对中国电建集团的上市形成了一个倒逼机制，有一个有效期。如果不能按时完成，还要重新申请，又是一个周期。我们要力争提前完成，这就需要我们在座的各位加强领导、全力以赴。

前几天中国电建集团开工作会，尝试通过常态的一个业绩排名告诉大家，哪些企业在支撑集团的业绩增长、哪些企业在支撑集团的利润增长、哪些企业在支撑集团的成长性增长、哪些企业在支撑着集团的国际业务。我们关着围墙，总结成绩，是为了自信；打开围墙，横向比较，是为了自警、是为了改革创新的自觉，这是很重要的。下面我们来看看电建的十强企业有哪些。

2012年度中国电建集团营业收入十强企业：第一名，山东电建三公司；第二名，水电七局有限公司；第三名，水电四局有限公司；第四名，水电八局有限公司；第五名，水电十四局有限公司；第六名，水电十一局有限公司；第七名，山东电力基本建设总公司；第八名，水电五局有限公司；第九名，水电三局有限公司；第十名，水电十三局有限公司。这十个企业支撑了整个中国电建集团这一世界五百强企业51%的营业收入。无规模不强，没有规模的企业没有发言权，规模在一定程度上决定了企业的发言权。

2012年度中国电建集团利润总额十强企业：第一名，国际公司；第二名，水电七局有限公司；第三名，水电八局有限公司；第四名，水电十四局有限公司；第五名，水电四局有限公司；第六名，昆明勘测规划设计研究院；第七名，成都勘测规划设计研究院；第八名，水电十一局有限公司；第九名，山东电建三公司；第十名，水电十三局有限公司。这些企业的利润总额加起来占到了整个中国电建集团的78.6%，起到了重大的支撑作用。

2012年度中国电建集团新签合同金额十强企业：第一名，国际公司；第二名，山东电建三公司；第三名，铁路公司；第四名，路桥公司；第五名，水电九局有限公司；第六名，水电十四局有限公司；第七名，水电七局有限公司；第八名，水电十局有限公司；第九名，水电八局有限公司；第十名，水电五局有限公司。这十个企业占到整个中国电建集团当年新签合同的61.8%，这叫成长性年度十强。

2012年度中国电建集团国际营业收入十强企业：第一名，山东电建三公司；第二名，山东电建一公司；第三名，水电十四局有限公司；第四名，水电十三局有限公司；第五名，水电八局有限公司；第六名，水电十一局有限公司；第七名，水电十局有限公司；第八名，水电四局有限公司；第九名，水电三局有限公司；第十名，水电五局有限公司。这十个企业支撑了整个中国电建集团国际经营业务的73%。这个排名是这么考虑的，只要是工程局执行的项目，就算在工程局的份额上，不再放在国际公司这个平台公司上了。

上面所讲的四个单项业绩十强企业，横向比较没有什么价值，但是分类排名有价值。我们有这样的战略定位：支撑规模发展的企业，我们给它更大的增长空间；支撑利润增长的企业，我们给它空间，让它利润增长。比如我告诉中国水电工程顾问集团公司，我说你们不要跟工程局、跟山东三公司比规模，没什么价值，你们是技术密集型企业，你们将来要在利润十强企业中占的比例增加，这就是你们的方向，今年是两家，明年是四家或者五家。我们自己一定要有一个正确的定位。股份公司国际业务做了这么多年，自己跟自己比成绩卓著，但如果一直自我感觉良好，那就很快会退出国际经营十强的。

我讲这个问题就是想告诉大家一个概念，中国电建集团组建以后，山东三公司会占两个第一、一个第二。当时为了这个问题我还带着四个有代表性的企业负责人去中东，还有丁拯国、吴文豪，去实地解剖、实地调研。麦洛维和三公司的拉比格项目，这两个项目的经营班子李成文大使都熟悉，麦洛维项目他去了几次，拉比格是一个 EPC 项目，山东三公司做牵头商，好几个亿的装备，都不是三公司的，都是土耳其、韩国承包商，设计方是德国的，全都在给它做分包商。李成文大使告诉我，两个项目都具有中国精神，吃苦、奋进、敢拼搏、敢忍耐、打硬仗，但是，这两个项目的国际化水准不在一个平台上！第二个项目扎瓦尔我也去了，22 亿美金，还是在用这种方式在做。现在中国电建集团什么概念呢？已经形成多品牌营销的国际营销格局。国际公司总体比他强，但是各个工程局，比他差的太远。这就是我们面临的问题，我排这个名，就是要说清楚这个问题。

三、对股份公司 2013 年工作的具体要求

我们增长的空间主要在海外，不在国内。国内传统业务的单就那么多，就是一个市场份额的竞争问题。未来的竞争肯定在国际。那么怎么办？我希望大家在充分肯定成绩、成就的同时，一定要增强改革创新的自觉性。光有自信不行，一定要提升、强化改革创新的自觉性和风险预警的自觉性，一定要强化执行科学发展观的主动性，这是我们所有领导班子、所有党员干部必须要有的基本素质。

（一）关于解放思想、深入贯彻党的十八大精神

党的十八大报告指出，全党要攻坚克难，凝聚力量，要坚忍不拔，开拓新局面！贯彻党的十八大精神，首先要解放思想，要统一思想。思想不解放，思想落后，封闭，利益格局盘根错节，思想统一就有阻力，所以前提是解放思想，着力顺势而变。创新变革，要创造一种股份公司可持续发展的新的动力、新的竞争优势，这是刻不容缓的，时不我待，不变不行，不改不行。领导班子，特别是主要负责人，一定要做到智勇双全。习总书记说要用更高的政治勇气、更高的智慧去应对我们的挑战。光有勇气不行，狭路相逢勇者胜，但是变局当中是智者胜。

第一，领导班子建设和领导干部的素质能力提升。思想路线决定之后，干部就是决定因素。领导班子的思想不解放，领导班子的素质能力不提升，我们的一切就是空谈。班子的素质和能力决定了企业的发展状况，所以一定要把能力建设、班子的思想解放放到第一位。发展不能等，员工的期盼不能忽略，我们的危机不能忽略。我给大家一个建议：我们再忙要忙在点子上，再累要累在关键上，学习是首要的，学习是明方向的，是提升境界的一个必修课。你不学习，没有一定理论素养，境界上不去。人家看着是商机，你看着就是风险，人家看着是光明，你看着就是黑暗。

一要会学。学习要学关键，围绕岗位学习，围绕岗位需要的能力提升学习。精通岗位必需的，熟悉岗位相关的，这是我的经验。二要会听。兼听则明，双向听，上下听，多征求吸纳大家意见，自然就提高自己的智慧了。三要会想。辩证地想、系统地想、全面地想、瞻前顾后地想，这就形成了一种比较严密的思路方法。四要会干。下面的人会干你就支持他去干，下面不会干的你就教他去干。作为领导，下面会干的你支持力度不够，这就是不会干，人家会干你还替他去干那就更不会干了。下面不会干、拿不出方案来，你就要给他拿出方案来，要善于实实在在为下级解决问题，这就是领导。五要会抓落实。抓落实不是自己亲自去办具体事，是通过组织系统、管理系统把要做的事情落到实处去。重大单项我们一把手亲力亲为，一般工作通过系统去抓。系统抓不下去的时候，得有组织保障手段。总之，决策时要提高民主集中制的效率，“一把手”一定要主导有方，一定要有超前思维，超前安排，班子一定要形成合力，凝聚成团，这样领导力就上去了。

第二，变革调整。蓝图已经绘就，中央的政策已经明确，公司的发展战略已经确定，关键就是怎么干。每个集团有每个集团的子战略，股份有股份的发展战略，你们各个公司有各个公司的战略，那么关键是如何让战略落地，把路线图拿出来，把行动计划搞出来，把责任、任务分下去，把监管系统落下去。过去的东西要审视、去梳理，然后根据变化的形势你就拿出新的思路、措施来，并把它落到实处。

第三，内部体制建设。一是机构整合。要按规模效益，重组同质化的分局；按照能力原则竞聘上岗，机会均等、公正阳光、优胜劣汰。二是流程梳理、优化。机制一变，组织架构要变，管理流程要进行重新安排。主要核心业务的流程，一定要做一个科学合理的安排，同时一定要做到整个流程的每一个环节都标准。标准是什么？告诉大家怎么做事，怎么做是对的，这就是标准，运行过程标准不走样，这就是规范。三是运行有序。常态业务不要把次序打乱，要高效、快速地流转起来。四是考核激励有力。激励要更加科学、强劲，约束要更加有力、有

效，我们一定要突破，要体现公平原则，但更要重视效率原则。五是用人机制合理。国有企业在用人机制上、在业绩薪酬分配机制上、在决策机制上落后，所以我们改革一定要围绕以上方面的创新来突破，这是我们的使命。国有企业是党的执政基础，我认为私有制不等于高效率，公有制也不等于低效率，关键在于我们要在现有的基础上，在坚持道路的基础上进行合法、公正的创新突破，这就是市场化的机制、市场化的改革。对国有企业的改革不是公有化私有化的问题，是市场化的问题，是股权多元化的问题。所以我希望你们在各个单位贯彻党的十八大精神时，要敢思考，要解放思想，要去探索，要去推进。这三个方面突破了，你的企业的效率就会大幅提高。管理从理论上讲是科学，操作上是一门艺术。科学策划、统筹考量、规范清晰运作，对员工机会均等，这是基本要求。我坚信，只要我们加大力度推进国有企业市场化改革，国有企业就不会等于低效率，我们要有搞好国有企业的自信。

（二）关于深化优化国际业务优先发展战略

在新的阶段，在更高层次上，开创中国水电国际经营的新业绩、新未来。我们做什么？

第一，我们要变革国际营销模式。由原来的一个法人集中签约、集中营销变成股份公司集中营销和有条件的子公司自主营销有机结合的国际营销新体制、新模式。我们要不抓紧培养出几个像山东电建三公司这样的企业，SINOHYDRO 算什么？靠国际公司这个平台包打 84 个国家，能做得深、做得透、做得广吗？能够提高它的市场贡献率吗？我们的工程局再大，在国际上也是“小学生”。变革国际营销模式是必须的。这是第一个要做的事情。

第二，要调控国际业务管控模式。国际公司新班子上任后做了很多工作，曾兴亮同志亲自指导，我认为总体不错。区域布局、区域总部的设计、管理流程的梳理等方面，我认为是积极有成效的。但是在过去做工作的基础上，我们要做一些深度的调整，就是选择有能力的成员企业，有条件的企业，在比较中低端的市场，可由工程局去自主营销。国际公司把它们视同自己的区域部，管起来，提供指导、提供帮助、提供后援、提供服务，让他们派出更高层次的人驻现场、驻国别。如果说工程局没有这个能力、没有做好准备就不要出去。章运礼同志跟我说，现在他们苦于人才短缺，派到项目部的年轻人居多，有的毕业两三年、三四年就出去了，层级偏低。如果我们改革营销模式，工程局派出去的人层级更低，就收回来这个工程局，不要再出去了。我们工程局怎么做？我们要调整国际业务的管控模式，工程局去了以后，实际上就是计划单列，你国际公司的区域照样存在。在这个大区域当中，划出三个区域给工程局营销的时候，它成立一个区域部，国际公司单列，直接管。加快培养有一定国际营销能力的工程局尽快成长，培养我们的种子选手，培养我们的主力团队，将来多品牌竞争的时候，我们才有一席之地。否则我们还存在国际公司去拿标、委托工程局进行施工，我们不丧失了发展机会吗？这个问题有什么想不通的呢？大家想想啊，说大点，这是我们企业发展的政治，说小点是一个战术问题。

第三，要优化国际业务的管控流程。要给工程局自主营销设立绿色通道。海外事业部的职能根本没变，而且是提高了你们管控的复杂程度，提升了你们的业务层级。中低端的现场营销，指导工程局去做了，你们实际上把管控的节点上移了。要成立一个综合对接管理平台，这个综合平台的主任层级可以高一点，可以高于一般部门主任。章运礼、宋东升你们两个人商量，哪一个分管这个部门。前方的东西一回来，谁来整合？你俩去统筹。整合以后形成意见返回去，这就是绿色通道。不要让工程局给你们一个一个部门打报告，他怎么做啊？他做不了、做不成。这就是我的要求。你们一定要把这个理顺了以后再推出去。这就是大事，这就会产生井喷式的效应，这就是调整生产关系，它会释放生产力。这比你们一个人再专业好十倍、千倍。大家要问，我们这么做的目的在哪儿？一是把国别市场，把他国当故乡，把我们重视的市场深耕细作，做深做透。不能够打一枪换一个地方，把关系彻底地理顺。二是利用区域平台，通过工程局的自主权、法人自主权，去配置人才、去吸纳人才。如果把所有的人才压力全部放在国际公司，它承担不了。工程局通过你们的平台配置资源、人才，这就是落地生根了。所以第二个目的，就是通过建立多平台去配置资源、吸纳人才，然后把公共关系摸深、做透、重复使用、可持续地使用。

第四，要本土化。这也是山东电建三公司经验。用本土资源，用本土的设备。这就是工程局向工程承包公司转型，前提是要有这个能力，能够管得住。我们工程局目前有这种掌控能力吗？你们离了国际公司什么也做不成啊。现在，除了少数局以外，大多数功能不全，这问题不解决，怎么得了？

第五，风险分担。做国际业务肯定有风险，全部集中到总部来不行，要分级决策、风险分担。我们各个局的权利、责任、义务、风险，要通过一整套的制度体系，把它规范清楚。一定要形成一个对国际公司的业绩考核、对工程局的考核，要有一个新的机制的安排。我相信，这种体制的改变，会让我们的国际业务再次发生跨越式变化。大家也记得，2003年，我们的国际收入才20亿人民币，2003～2012年，我们增长了10倍以上。我希望通过这次调整，能够带来国际业务的再次跨越，而且是在更高层次上。所以工程局，不要光着急拿项目、国别市场、圈地，要做好实现上面所说几个目的的充分准备。国际公司，你们党政班子要统一思想、解放思想，形成合力，要做好这种模式转化在管理、控制和服务的有效对接和强有力指导、支持和服务。国际公司主要党政负责人一定要系统性地安排，系统性地考量，集中力量做好。同时，这也是股份公司经理层的一号任务。什么叫重大单项啊？在我看来，今年这就是个重大专项，要亲力亲为，一定要落到实处去。这个是我们创新调整的重大措施之一。

（三）关于BT项目的战略定位、风险预控和应对

亏损搞不垮一个企业，但现金流断链可以搞垮一个企业。只要银行一发现这个企业处于风险之中，只要它一抽逃贷款，多米诺效应马上出现，再大的企业也会轰然倒下。BT项目如果成为我们创造承包业务的主攻方向，就犯了战略性错误。BT项目只能作为结构调整、资质培育、战略介入的一个战略载体。我建议大家好好研究一下2012年12月24日财政部、国家发展改革委、中国人民银行、中国银行监管委员会联合发的《关于制止地方政府违法违规行为的通知》（财预〔2012〕463号）文。

这个文件上说，地方政府不得将储备土地作为资产注入平台公司做担保。这个文件如果大家不好好研究的话，我们就有可能犯以下错误：第一，我们明知道地方政府没钱，而且他告诉你，我真是没钱，但是我有地，我有国有资产，我给你抵押，到时候你变卖啊。明知道有风险我们要去做，那就要好好研究这个文件，首先地方政府的担保物是不是合法有效，如果他的所有担保物都违背了这个文件，法院首先判定双方违约。这个合同就成为无效的担保协议，你们的纠纷就回到民事了，那就惨啦。第二，他有没有失效的可能。协议签得很好，结果在法律、逻辑上出了问题，法律上失效了，那这个风险你就要全都兜着了。第三，操作性如何，看着好看进行不下去，出现了问题，所有的担保物都不能变现、不能流转、不能抵押，这就没有操作性，也就没有实效性。所以一定要认真研究463号文件，所有政府作为受益方、做BT项目的风险，在这个文件中都说了，说得很具体，如果说还有人没有看到这个文件，还想做BT的，这个单位法人代表的学习能力太差。

（四）关于安全和稳定

我们的安全规章制度都很健全，关键在落实。第一责任人、法人代表、所有班子成员都一岗双责。检查经营讲安全、检查廉政讲安全、检查党风讲安全、检查市场也讲安全。这就是一人主管、齐抓共管，坚决落实到位，内部的战略统筹很重要。安全问题，就是抓一个常态规章制度的落实、措施的落实，对不安全的生产状况，一定要叫停生产活动，把人的生命安全放到首位。企业在变革当中，没有绝对的稳定，只有相对的，所以我希望大家，一定要做到企业总体稳定，要做到总体稳定就不要把个案变成群案，不要把个别事项变成群体事项，不要把一种情绪变成群体情绪。党委书记是稳定的第一责任人，法定代表人是稳定的主要责任人。整合公司资源，保稳定。稳定也不是无条件的，要讲法制稳定、实事求是地稳定。

（五）关于海外工程质量

根据我目前掌握的情况，海外工程质量总体不如国内，特别是外观上。我上次跟孙玉民同志到赞比亚赞比西河卡里巴扩机项目，看到外国公司三十年前做的一个拱坝、厂房，我说三十年后中国水电来做这个项目，就挨着人家大坝做了个进水口，如果我们不如人家，首先是中国的耻辱，然后是中国水电的耻辱。所以说，如果我们在海外不注重质量，是自损形象、自损品牌、自毁市场。我今天跟宗敦峰同志说了，对海外的项目我们要加强内控，严格按合同办，提供合格服务、合格工程。将来咱们的海外，通过海外事业部这个转换器，把我们系统的技术、安全、质量管理，由国际公司和工程局两级复制出去，要切实把海外工程质量搞好。

（六）关于反腐倡廉、转变作风、廉洁从业、合法合规行权履责

中央高度重视反腐倡廉建设工作，有腐必反、有贪必除，不管官大官小，老虎要打，苍蝇也要打。中央企业的腐败案件是往下层延伸的，多数处在二级、三级、四级公司。所以一定要强化反腐倡廉意识，一定要建立起反腐倡廉的机制，充分支持纪检监察部门整合监督资源，形成监督合力。我们一定要警钟长鸣。要坚持原则，把好关，起好保证监督作用。遇到不廉洁、遇到腐败的这种行为，要坚决查处，决不姑息养奸，绝不宽容害群之马。习总书记讲，要清除害群之马，要搬掉阻挠改革创新的绊脚石。对于党中央的决定我们大家要坚决拥护，认真贯彻执行。

中央制定这么严格的文件，习近平总书记有政治勇气、有政治魄力，还带头以身示范，我们作为

党员领导干部，应该发自内心地去拥护、去支持。我也听说有的二级单位一把手摆谱，出门带的随行不少，前呼后拥，然后对下级、对服务人员要求得过分，这些问题都要注意。吃饭、应酬，我认为我们竞争企业是必要的，但是不能消费高档烟酒，不能消费高档菜肴，特别是不能人一走还浪费一桌。国务院国资委党委要求很严格，哪个单位出了问题，哪怕你能力再强，立马处理。这就是严明党的政治纪律，令行禁止。欢迎分会场的同志监督你们总经理、书记，监督你们班子成员，这个风不刹也不行。我们内部要廉洁、对外要廉洁。

关于转变作风，廉洁从业、提高能力的问题我再提醒一下，大家共勉。

第一，我感觉我们有的领导忙于事务、不善于学习、不善于抓大事，思考问题、谈问题就事论事，境界太低，思路不清楚，还缺乏工作激情，也缺少这种敢于担当的责任感、使命感，这就是不在状态。对于不在状态的干部，中央要求我们要及时做组织调整。

第二，我觉得我们发展十年了，大家都很疲劳，都很辛苦，我也在考虑，如果我们不用新的思路、新的方法去创造新的优势、新的竞争力，还靠过去那五个特别的精神，我们就会坚持不下去。所以我们一定要改变我们的思想状况和从业状况，在保持我们的拼搏精神的同时，努力提升我们的商业智慧，创新我们的思路和方法，这就要求领导干部要在状态，要善于学习，要善于思考。这方面有的企业做得比较好，有的企业做得就不怎么好，业大了，主要负责人不习惯约束，我觉得这不好。信任不等于不监督，你能力再高、你水平再高，也得主动地接受监督。得敬畏监督、敬畏群众，敬畏制度，如果没有这几种敬畏，自信、自恋、自狂，过于自满，你再忽视班子的作用，你再老资格，你再跟人家讲点知遇之恩，这个班子谁敢跟你建议？谁敢直言？你不就成了一个人说了算吗？你最后就是两眼一摸黑，这种靠个人权威治理企业十分危险。我希望大家跟我一起共勉。

第三，党政领导定位要准确，两个人不要去争做同样的事情，既浪费资源又影响团结。书记的第一责任是书记，你局长、总经理兼着副书记，在党建工作、在廉政建设、作风建设上，你得有副书记的心态，去给书记汇报工作，这很正常。在中国电建集团，晏志勇同志是书记，我是副书记，党内的事情、组织的事情我肯定去跟书记汇报，或者先给书记阅示，这是种心态，这种心态是和谐的基础。第二个问题，你书记兼副总经理，充分发挥专职副书记作用，你去兼管一些经营业务，那么书记也得有这个心态，你分管的经营业务你得有副总经理的心态，向总经理汇报工作。双方的心态非常重要，心态决定你的行为习惯，行为习惯决定你们的和谐程度。政治路线确定之后，干部就是决定因素。这个集团做得好不好，关键在我们在座的同志，你们是用什么样的心态、什么样的状态、什么样的激情、什么样的理念思路去发挥岗位作用。再一个中坚力量就是我们分会场的管理团队，他们也很重要。领导层要有决策能力、管控能力、驾驭能力，要有推动力；管理层要有执行能力；作业层员工队伍要有专业素养，有把岗位工作做好的能力和责任感。这三个能力合而为一，形成企业的发展力量。所以说企业要做好，要上下一心，共同去做，形成生命共同体。

春节快来了，在这里祝大家新春愉快，趁放假期间好好休息一下、放松放松心情、释放释放疲劳，陪陪家人，这是应该的。感谢大家！

深化企业改革创新、加快转变发展方式、持续推动管理提升、提高发展质量效益

——在股份公司2013年工作会议暨一届四次职工代表大会上的工作报告

（2013年2月1日）

孙　洪　水

一、股份公司2012年改革发展取得的成绩

2012年是公司进入资本市场的第一年，也是公司立足新起点、谋求新发展、实现新突破、创造新业绩的一年。公司总营业收入位列ENR（Engineering News－Record，即《工程新闻记录》）最大225家全球承包商第14位，较上年度排名前进1位，在全部上榜39家中国企业中排名第6位；以海外营业收入位列ENR美国最大225家国际承包商第23位，提高1位，在全部上榜52家中国企业中排名第3位。

（一）全面实现预算主要指标，生产经营稳步持续增长

营业收入1270.37亿元，为董事会审定年度目标的103.20%，较上年增长11.96%，其中主营业务收入1254.04亿元，同比增长12.07%。主营业务收入中，建筑工程承包业务1131.71亿元，同比增长11.63%，占主营收入的90.25%；电力投资与运营业务44.10亿元，同比增长9.02%，占主营收入的3.52%；房地产业务28.80亿元，同比减少4.28%，占主营收入的2.30%；设备制造与租赁业务10.81亿元，同比减少11.89%，占主营收入的0.86%；其他业务38.62亿元，同比增长72.40%，占主营收入的3.07%。建筑工程承包业务中，国内水利水电业务487.38亿元，同比增长0.03%；国内基础设施业务280.03亿元，同比增长16.46%。按地区划分，国内业务收入901.98亿元，同比增长8.61%，占主营收入的71.93%；国外业务收入352.06亿元，同比增长22.03%，占主营收入的28.07%。

利润总额55.16亿元，为董事会审定年度目标的101.94%，较上年增长10.61%。营业收入利润率4.34%，成本费用利润率4.59%，净资产收益率14.07%，国有资产保值增值率114.71%。归属母公司净利润40.94亿元，完成年度预算的105.65%，比上年增长13.13%。资产总额达1815.27亿人民币，比上年增长11.22%。

新签合同1718.6亿元，为董事会审定年度预算的110.88%，较上年增长34.4%。其中，国内水电业务占比23.2%，同比下降3.3%；国内非水电业务占比39.0%，同比增长149.5%；国际建筑业务占比37.8%，同比增长8.7%。

合同存量3068.9亿元，较上年末增长26.56%。其中，国内水电业务占比27.5%，同比基本持平；国内非水电业务占比24.0%，同比增长121.4%；国际建筑业务占比48.5%，同比增长19.6%。

完成投资250.66亿元，为公司董事会审定年度投资计划（268.75亿元）的93.27%，较上年度增长31.25%。在全部完成投资额中，项目投资完成205.77亿元，占本年度投资完成额82.09%；股权投资44.89亿元（其中公司内部参股投资33.62亿元），占本年度投资完成额的17.91%。

融资总额为757.1亿元，为董事会审定融资计划（调整）的94.65%，较上年度增加18.84%。公司及子公司的担保总额为195.06亿，为董事会审定计划的54.14%（通过担保置换、清理和提前偿还贷款等方式全年共解除股份公司担保约78亿元），较上年度降低17.27%。

在岗员工平均工资为6.67万元/(人·年)，较上一年度增长14.8%。

（二）公司在资本市场表现较好，基本符合上市预期

2012年是公司上市后的开局之年。在董事会的正确领导下，在公司良好业绩的强力支持下，公司克服了股市持续严重低迷给一个新上市公司造成的重大不利影响，积极应对和贯彻执行资本市场不断出台的管理新政，健全完善内部管控制度，加强各项经营管理工作；积极配合大股东完成增持股份公司1.8%股票的工作，妥善回应机构投资者的诉求，维护了政治稳定大局；积极做好投资者关系管理工作和公司信息披露工作，加强与投资者和股东的联系与沟通，增强他们对公司投资价值的信心；及时妥善地处置了白鹤滩泥石流灾害事件、苏丹绑架人质事件及中国水电工程顾问集团公司年中业绩大幅下滑等突发事件引发的股价异常波动的不利影响。通过这些措施，并且主要凭借公司经营良好的基本面，最大限度地维护了公司被资本市场等不利因素扭曲的市场价值向上回归，使新上市的公司经受住了资本市场的严峻考验，在资本市场站稳了脚跟，赢得了上海证券交易所、北京证监局和大多数投资者的充分肯定。全年公司股价走势与大盘波动趋势基本趋同且表现优于大盘，与业务结构相同的A股上市公司相比股价年度跌幅相对较小。公司成为上证180指数、上证50指数、沪深300指数、中证100指数样本股公司，并入围《中国证券市场年会》金鼎奖。

（三）大力推进结构调整，推动企业转型升级

市场区域结构调整优化。在国际市场方面，进一步发挥国际优先发展战略的引领作用，调整优化国际市场结构，健全管理制度体系和支持保障体系，建立和完善了投议标项目评审制度、项目前期策划制度和重点关注项目巡查制度，公司国际业务的开发、经营能力继续提升。成功开辟了蒙古国、波黑、白俄罗斯、波兰、塞内加尔、利比里亚、几内亚七国市场，首次中标欧盟项目（波兰弗罗茨瓦夫分洪河道整治工程），实现了欧盟高端市场零的突破。苏丹罗赛雷斯大坝项目、委内瑞拉新卡夫雷拉电厂等项目的顺利完成，受到所在国的广泛赞誉。水电八局有限公司、水电十三局有限公司分别在科威特、

第七篇　检查监督

第八篇　成员企业要览

第一篇 特载

Chapter I Special Collection

阿尔及利亚等国积极开展“二次营销”，并取得较好成绩。在国内市场方面，凭借多年积累的品牌影响力和社会美誉度，深耕所在区域的建筑市场，在战略合作协议的范围内进行项目对接，并实现项目群开发。水电三局有限公司、水电四局有限公司、水电七局有限公司、水电十二局有限公司、水电十五局有限公司等都在所在的区域市场获得了一系列基础设施项目。几家发电企业充分发挥已有项目的“撬动”功能和“辐射”效应，积极获取电力资源，新能源公司将风电资源开发重点转向送出条件好的南方地区，同时积极开发甘肃的光伏发电资源，四川公司迈出了跨省（新疆）和跨国（缅甸）经营的第一步。

主营业务结构调整优化。工程承包主业持续增长，各大业务板块占比趋于合理均衡。国内水电业务方面，溪洛渡、向家坝、南水北调等一系列大型国内水利水电项目的施工履约有序受控。同时加强对骨干水利枢纽和重点水源工程市场开发力度，中标实施白鹤滩、乌东德、黄登、辽西北供水工程、青弋江分洪道工程等一批大型水利水电项目。国内非水电业务方面，持续推动国内非水电业务转型升级，以公路市场为主导，向市政和城市轨道交通建设领域延伸，一举中标了深圳地铁7号线BT项目，合同金额达168亿元，这是迄今公司国内非水电业务获得的最大合同，也标志着公司开始全面进入城市轨道交通领域。

产业结构调整优化。进一步优化了工程建设、电力开发、房地产等投资产业的发展格局。在老挝首次获得流域开发项目，签署南乌江流域梯级水电站项目（一期）特许经营协议和购电协议；金沙江上游旭龙水电站、通天河水电开发等项目有序推进并取得有效进展。在继续推进四川安谷、甘肃瓜洲、湖南株洲龙亭龙凤等水电、风电清洁能源投资建设以外，还进入光伏发电领域，投资开发甘肃敦煌光伏电站。“中国水电地产”品牌进一步彰显，唐山·首郡、北京·云立方等项目实现逆市热销。设备制造业务也实现突破，夹江厂积极开拓的新市场，已开始生产矿用救生舱设备。

（四）不断深化企业改革，引领公司科学发展

优化组织结构、深化企业改革、大力推动公司内部的业务整合。公司内部重组持续推进，继水电六局有限公司重组辽工局后，公司海西区域发展总部和路桥福建分公司、水电七局有限公司和夹江有限公司实现了重组整合，华源咨询公司行政关系顺利划归路桥公司；水电五局有限公司、水电十局有限公司、水电十四局有限公司等子公司也积极以业务流程为中心，按照优化资源配置的需求，对下属机构进行了优化整合。为深入贯彻落实国务院国资委加强海外资产监管的总体要求，公司设立海外投资公司，实现了国际投资业务与国际承包业务的分立，进一步推进了对海外投资业务和工程承包业务的分类专业管理，进一步适应了国际业务新的发展形势与市场需求。国际工程业务方面，公司对现有组织结构和海外市场区域划分进行了调整优化，进一步落实了“海外业务管理前移、重心下移”的整体战略部署。

深化经营机制改革、创新商业模式、实现业务流程再造。针对各大业务发展环境和发展阶段的变化，公司对总部职能部门进行了业务流程的再梳理。公司出台了自主营销竞赛奖励办法，并在充分考虑各业务板块竞争激烈程度和利润贡献程度的基础上，对子公司营销业绩进行差异化考核与奖励，从而引领子公司提高自主营销积极性，进一步提升了市场营销水平。通过进一步梳理调整投资管理制度，实现了国内国际投资业务的一体化和投资项目的全链条管理。国际优先发展战略进一步深化优化，着力调整现行业务经营管理、市场营销模式，鼓励部分国际业务发展较好、能力较强的子公司开展国际业务自主营销，进一步发挥公司和子公司两级总部的系统管控、服务职能，推动公司国际业务从“统一品牌、集中营销”向“集中营销和有条件的自主营销有机结合”的营销模式转变。为进一步提升房地产业务的利润贡献率，公司制订了《大力支持房地产公司跨越式发展的指导意见》，从决策程序、资金支持、管控模式、绩效考核等各方面给予房地产业务更大的支持，赋予房地产公司更大的自主经营权。促进房地产业务获取土地资源由原先的单一市场“招拍挂”向“招拍挂＋一二级开发联动＋股权并购与合作＋板块联动＋集团内土地整合与利用”五种途径并举转变。水电九局有限公司着眼于工业配套服务环节，成功打造“环保砂石”品牌，实现了产业链纵向延伸。租赁公司充分利用市场产业分工体系整合各类资源，稳步扩大融资租赁业务规模，探索推动新型贸易营销，培育了新的利润增长点。

妥善解决历史遗留问题。企业移交社会办职能取得新突破，水电一局有限公司积极与地方政府沟通协调，数百名“五七”家属工实现参保；水电九局有限公司启动中心医院改制程序，即将展开移交工作；水电六局有限公司整合辽工局后，已基本解决有关历史遗留问题，顺利实现对辽工局资产、业务、人员的深度整合。

（五）着力开展管理提升活动，进一步筑牢发展基础

公司对管理提升活动进行周密安排、全面部署，将“管理提升活动”的重点任务分解落实到总部各管理部门、各子公司，管理提升活动在公司范围内深入、扎实、有效地开展。针对快速增长的国际业务、国内非水电业务、投资业务、房地产业务，进一步健全管理体系，落实管理措施和办法，进一步改进了各项管理工作。管理提升活动开展以来，公司在完成“动员启动、学习提高”、“自我诊断、查找问题”、“制定方案、细化措施”等环节的同时，诊断出影响公司发展的4大瓶颈和5个管理短板，并制定了专项提升的具体措施，管理提升活动取得初步成效。

公司战略规划体系进一步完善，编制完成了《2012～2014年发展规划》，制定了《国内水利水电工程承包发展规划》等三个专项规划。人才队伍建设进一步推进，人才开发和培训工作得到进一步加强。2012年，公司严格按制度要求开展领导班子换届和领导人员选任工作，共换届考核子企业领导班子19个，涉及180人，并完成了海外投资公司、甘肃能源公司、南方投资公司领导班子组建，使公司中层领导干部整体更趋年轻化、专业化，更富国际经验。财务资金管理进一步强化，统一了公司内部利润分配政策。推动建立国际、国内一体化的资金管理体系。积极稳妥调整公司负债结构，节约财务费用。认真参与设立中国电建集团财务公司，筹建工作有序开展。上市募集资金管理做到了合法合规，对公司经营和财务状况起到了积极作用。修订了《募集资金管理制度》并严格按照《募集资金管理制度》的规定存放、使用、管理募集资金。通过合理使用募集资金，各子公司置换部分高利率的有息负债，优化债务结构，有效降低了资金成本。同时，公司积极利用募集资金撬动信贷资金，发挥募集资金的放大效应，弥补项目建设资金缺口，提升了公司的整体投融资能力，进一步支持了子公司的业务发展。安全生产工作进一步加强，以深入扎实开展“安全生产年”活动为载体，以安全责任制为抓手，以安全生产风险管理体系建设、安全生产标准化建设为重点，继续强化安全生产基础管理。通过春季安全大检查、汛期安全生产督查、海外项目安全督查、打非治违和预防施工机械脚手架等专项行动，集中整治、重点改进企业安全生产的突出问题。2012年没有发生较大及以上安全生产责任事故，安全生产形势总体稳定。市场统筹工作进一步系统精细，加强了市场开发统筹和经营运作管控。项目管控进一步落实，继续加强和完善质量体系建设，围绕重大工程实施，加大两级总部质量检查和督查工作力度。全年绝大多数工程项目履约进度有序受控，未发生重大质量事故，质量稳定在较高水平，单元工程优良品率93.8%，并获国家优质工程金奖1项，银奖3项。投资管理工作进一步健全细化，对企业投资准入、投资能力、投资规模、项目造价、项目工期进行了有效控制，完善了投资管理制度，调整了国内外投资业务统一管理机制。设备物资管理进一步优化，推动公司采购中心和子公司总部两级集中采购平台有机结合，规范有序地开展了集中采购招标工作，进一步完善了大型专用设备资源调剂与租赁经营双平台运行机制。法律审计监察工作进一步加强。围绕中央企业法制工作新三年目标，进一步加强了法律事务制度建设和法制人才队伍建设，企业法律工作服务于决策和经营管理的作用进一步发挥；惩防体系建设各项任务得到落实，围绕投资业务扎实有效开展效能监察工作，海外项目纪检监察工作机构设置、人员配备、工作流程等进一步强化和规范；内部控制审计和经济责任审计进一步加强，通过内部控制审计，对投资项目立项、决策、建设、运营进行全过程审查，客观分析投资项目管理状况和运行效果，提高了审计成果综合应用水平。

工程科技工作进一步加强，节能减排工作持续推进。大力实施建设国际行业科技领先型企业战略，加强技术创新体系建设，科技创新投入逐年增加，自主创新能力不断增强。2012年，公司取得专利163项，其中发明专利26项。获得了一批省部级奖励，首次获得国家财政部科技奖励一等奖1项，首次获得大禹水利科学技术特等奖1项，获得包括2项特等奖在内的中国电力科技奖、水力发电科技奖共42项。积极推广节能技术的研究和应用，不断加强节能减排工作，水电三局有限公司、水电七局有限公司有关节能技术研究与应用成果被国资委编入全国节能技术推广目录。公司特级资质就位工作取得重要成效，公司及所属子公司共8家单位“水利水电工程施工总承包特级、水利行业设计甲级资质”全部通过住建部审查核准，同时，子公司新获得市政工程、房建工程等非水电行业一级资质7项。

公司管理标准化和信息化建设有序推进。启动了管理标准化建设工作，建立企业标准化管理组织体系，制定标准化建设工作规划，推动打造结构合理、层次分明、重点突出、科学适用、国际接轨的企业标准体系。企业信息化建设水平不断提升，发挥了信息化对企业生产经营管理决策的支撑作用，提升了公司管控能力和信息资源的共享利用水平。水电二局有限公司、水电三局有限公司、水电八局有限公司在信息化建设过程中将标准化与信息化相结合，成效显著。

（六）持续加强风险管控，确保企业健康稳定发展

公司制定并严格执行《内部控制与全面风险管理办法》，规范了风险评估的工作程序和工作方法，对公司内部控制情况进行了全面、客观地自我评价，编制了《2012年度全面风险管理报告》。认真开展了风险管理职责划分、风险初始信息收集、风险识别与评估、重大风险应对策略制定与实施、风险管理监督检查与考核等活动。开展了年度风险问卷调查，对潜在风险进行了梳理，针对公司投资活动、财务管理、人力资源管理、资金管理、质量安全管理、采购管理、工程项目管理等核心业务中的潜在风险，采取有效措施进行了整改和防控，有效防范和规避了重大风险事件。

公司取得显著成绩的同时，在经营管理方面还存在一些需要不断解决的问题。

一是国际经营管理水平跟不上发展需要，国际业务管理的理念、体制、机制、模式的改革创新调整已成为刻不容缓的重要紧迫问题。国际项目执行能力已经成为国际业务持续高速发展的瓶颈，国际项目技术管理、质量管理及工程形象等与国际一流公司存在差距。

二是效率与效益不高，有关指标与同类型先进企业比存在差距。人均劳动生产率、利润创造水平相对较低，应收账款偏高，低效资本占用过多，资本运营增值能力不够强，效益增长低于规模增长，公司盈利能力偏低。

三是管理方式方法创新不够，与转变发展方式的要求存在差距。一些子企业管理体制、管理模式、管理手段、业务流程的变革、调整落后于市场结构、业务结构、产业结构调整的迫切要求。管理标准化、精细化、信息化程度不高，不能满足战略转型和转变发展方式的要求。投资管控、负债率管控、预算管控、成本管控、风险控制有待进一步加强。对BT类投资项目的回购风险管理需要进一步加强。

四是资源运用的效率、效益不高。资源投入产出率、配置社会资源程度较低，资源整合效率不高。人才结构还不够合理，国际项目管理人才、投资管理人才紧缺，新领域技术专业人员不足。

五是承包类子公司同质化过度竞争的问题仍然存在。业务雷同，资源配置重复，产能相对过剩，组织成本较高，影响了效率和效益的提升。

六是安全生产工作仍存在薄弱环节。安全生产管理制度执行落实没有完全到位，安全管理责任没有彻底落实，对分包商及现场安全管理是主要薄弱环节。

二、2013年工作思路、总体目标和重点工作安排

股份公司2013年工作的指导思想是：深入贯彻落实党的十八大精神，以科学发展观为指导，按照中国电建集团和董事会的总体工作部署和要求，把转变发展方式、提高发展质量作为工作中心，突出稳定增长、调整结构、深化改革、加强管理、科技增效工作重点，把大力开拓市场确保订单、提高经营管理绩效作为主要着力点，奋力推进公司稳步持续发展，为股东创造更好效益，为把公司建成质量效益型世界一流企业做出新贡献。

2013年主要经营目标是：营业收入不低于1436亿元，新签合同金额不低于2002亿元，EVA考核值不低于37.3亿元，利润总额不低于63亿元，资产保值增值率不低于112.7%，员工人均年收入与企业发展协调增长，公司安全生产等工作达到国资委和中国电建集团的考核目标。

2013年主要工作任务是：

（一）深入推进国际业务优先发展战略，加快国际市场营销模式转型升级，着力提升国际业务市场份额和经营质量

2013年，要认真贯彻落实电建集团工作会议精神和董事会的工作部署和要求，进一步深入推进国际业务优先发展战略，在更高平台上做强做优国际业务，扩大国际经营规模、提升经营层次和经营质量，提高国际业务在整体业务中的比重和贡献率。一是着力推行营销模式转型升级，推动国际业务加快发展。推动实施双轨制与相对分散经营相结合的模式，充分调动各子公司开展国际业务市场营销的积极性，支持有能力的子公司独立走向国际市场，自主营销做“一手单”。推动各子公司进一步加强营销资源配置，发挥区位优势，巩固、做深、做透区域性市场和已有国别市场，争取更大的市场份额，做强做优国际业务。公司已经修订和制订相关管理制度和管控流程，为子公司自主营销提供制度支撑、正确引导和全力服务。促进自主营销的子公司构建或调整经营管理机构，制定相应的、切实可行的市场营销、在建项目管理和技术安全质量管理、财务资金风险管理、物资采购管理及合同风险管理等配套管理办法，建立海外市场营销考核和激励机制，保证自主营销国际业务的良好发展。股份公司将继续做好集中营销，尤其是对合同增量具有重大贡献的高端市场开发，加强在美洲、中东及欧洲市场开发的力度。继续加大中国资金项目开发力度，弥补

现汇市场不足。继续深化国内投资企业与施工企业协同“走出去”的步伐，加强与国内电力投资企业的协同，将公司与国内电力投资企业的良好合作关系向全球延伸，做到企业营销资源配置与电力投资企业的投资布局相适应；加强与国内施工企业的协同，以便在国际市场合理竞争、有序竞争；加强对不同国别市场特点的把握，在合法的前提下做好统筹协调，将国内市场的统筹协调机制移植到中国资本主导的国际项目上去。二是着力提升国际业务系统化管理能力，增强国际市场开发和经营管理能力。加强国际业务的区域部建设，加大相关区域的资源配置，推进国际业务的属地化管理。推进国内外技术体系的融合，把国内积累的技术和经验延伸应用到国际项目，形成对国际业务强有力的后台支持系统。三是加强国际项目履约能力建设，着力提升国际项目生产组织、安全、质量、履约、工程形象的精细化管理水平，彻底改变工程“粗糙”形象，打造国际优良工程，提高工程项目的经营效益和品牌影响力。四是制定更为先进的人才管理办法，尽快在人才资源配置上率先实现国际化。股份公司将进一步突破常规，改变目前不尽合理的国际化人才选拔、考核机制，不拘一格，优先培养、选拔、使用国际人才，切实解决国际型人才短缺问题。五是进一步改革分配制度，强化激励约束机制，增强薪酬的 差异化激励作用，使干部员工在国际、国内的薪酬待遇差异更具体体现出来，同时，对国外工作的干部员工做好相应的人文关怀，保证国际业务优先发展战略持续深化优化推进。

（二）立足主业发展，奋力开发市场，进一步调整优化结构，确保公司稳步持续发展

始终将市场营销作为当务之急、“生命工程”来抓，加强对市场开发工作的统筹引领。股份公司对子公司营销工作进一步加强指导服务。一方面创造有利的外部环境，通过申请中国电建集团与有关国家部委和地方政府沟通，寻求解决工程招标过程中一些排他性、限制性不合理条款的有关问题。继续发挥高端营销的作用，灵活、合理地采用与其他企业战略合作、与政府和金融机构合作等方式，推动各子公司营销重点区域、重点项目。依托中国电建集团的平台，深化与中国水电工程顾问集团公司、水电水利规划设计总院的战略合作，跟踪获取重点项目，进一步将重组优势转化为竞争优势。另一方面，通过持续优化考核体系和推行自主营销管理办法等措施，推动各子公司进一步加强自主营销能力建设。研究出台公司内部市场管理办法，规范内部市场分配和子公司履约能力评价。加强对子公司的投标价格审查、规范内部竞争等，引领各子公司合理、有序竞争，增进对大额投资项目招标过程的科学管控和指导服务，提升公司整体营销质量。

大力开发水电市场，持续巩固水电核心主业的优势地位。利用公司已有的专业优势、资质、品牌和业绩，继续保持与各业主集团、流域公司之间的良性沟通，坚持前沿营销与高端营销联动，坚持项目前期阶段营销与项目全生命周期营销结合，坚持项目协调与价格协调统一，力争在2013年招标的水电项目中获得应有份额。

坚持“大土木、大品牌、大市场”战略，进一步扩大国内非水电业务市场。把握城镇化带来的机遇，积极跟踪土地整理、基础设施、城市管网、路网升级改造等方面的机会与项目，紧盯中部地区、中原地区、环渤海、海西、新疆等区域开发，进一步加强与政府、大业主、大集团的高端对接，扩大市场份额。协同中国电建集团积极做好青岛区域总部、西藏代表处的各项前期市场开拓和高端关系维护工作，争取实质性获取优质项目或项目群。利用公司在京沪高铁、贵广铁路等工程建设中的业绩，大力培育在铁路和城市轨道交通领域的资质品牌，密切加强与铁道总公司、省级政府之间的沟通，争取在新一轮铁路和城市轨道交通建设热潮中承揽更多项目。

继续积极审慎地扩展投资业务，推进产业结构调整优化。继续水电投资开发，寻求新的水电开发资源。继续推动向风电、光电等新能源开发领域拓展。确保房地产业务板块在开发现有项目的前提下，继续加大土地储备力度和商品房营销力度，完善中长期发展规划，推动公司房地产业务快速规模化发展。继续关注西部大开发以及东部地区率先发展总体战略带来的商机，增加中短期基础设施项目投资比重，有效控制资金压力和投资风险。继续支持有能力、符合投资管理条件的子公司积极参与公司的投资项目建设开发。积极推进海外投资业务的发展。支持海投公司突破融资瓶颈，加强银企合作，完善管理平台建设，使在投项目如期开工、在建项目如期投产、已投产项目达标生产创造更好效益。加强投资规模控制。梳理定位投资板块的发展方向和规划，加强投资准入和负债率管控，强化投资准入指标的考量及资产负债率水平的监管，加强投资项目前期可研深度，注重担保及融资方案的落实，严控投资规模超出自身投资能力，控制投资风险。逐步清理无效投资项目，构建完善投资退出机制。

持续提升投资项目的精细化管理水平。一是持续提升在建项目的精细化管理水平。不断加强投资过程管控，严格执行公司《投资管理办法》，健全完

善清晰、准确、高效的国内外项目投资全过程管理制度体系和工作流程，严控投资项目成本费用。二是持续提升运营项目的精细化管理水平，把管理好、经营好投产项目，使其产生最佳经济效益，作为今后投资管理的重点。进一步转换建筑施工企业的传统思维模式和管理方式，熟悉、掌握、提高经营投资项目的能力和水平，使投资项目获取稳定的现金流收益。

（三）深化企业改革，增强内生动力，持续推进体制机制创新，向内部改革要红利、要发展

进一步完善现代企业制度并合法合规运作。一是加强公司治理，严格按照监管机构关于上市公司的规定与《股份公司章程》，将相关业务、事项严格纳入公司的决策程序，该提交董事会决策的事项一定提交董事会审议决策。二是切实转变观念，加强投资者管理管理和证券事务管理工作。以合法合规运作为前提，以市值管理为主线，以全力推进资产注入为重点，加强投资者关系管理工作，强化危机事件管理工作，进一步维护好股东和公司的当前利益和长远利益，维护好蓝筹股上市公司在资本市场的良好形象，实现公司价值最大化。三是遵守重大事项报告和信息披露制度，尤其是在中国电建集团与股份公司协同发展期内，要特别关注大股东资产注入工作和关联交易等有关情况，确保公司信息披露的合法性、及时性和真实性。四是积极配合中国电建集团整体改制上市工作，协助做好水电顾问集团设计业务资产注入上市公司的有关工作。四是推动公司控股、参股的各级企业建立健全现代企业制度，健全决策、执行和监督体系，实现产权清晰、权责明确、管理科学。

进一步推进“三项制度”改革。统筹安排、分类指导，深入开展劳动、人事、分配三项制度改革。构建符合战略导向和市场要求的劳动用工制度及机制，以生产经营工作量定编定岗，实行机会均等、竞争上岗。健全以岗定薪、收入能增能减、激励约束有效的差别化薪酬制度，并真正执行到位。继续健全组织选拔、市场化配置和依法管理相结合的领导人员选拔任用制度。强化领导人员退出机制，对考核结果达不到岗位目标要求、开拓进取精神不强、能力不足、不在状态甚至不能胜任岗位的，按组织程序及时予以调整和撤换。严格执行效益决定分配和“两低于”原则及“业绩升薪酬升、业绩降薪酬降”的规定，对效益下降的企业，严控其领导班子和管理人员工资增长，对亏损或减亏不力、效益大幅下降的企业，对其领导班子降薪。

进一步创新商业模式。高度关注城镇化进程，推动各子企业在所在区域的城镇化进程中获得市场机会，探索实施“融资＋规划设计＋基础设施建设＋土地整理＋房地产开发”的一体化综合商业模式，将企业融资平台作用的发挥与新市场的开拓、高利润率项目的占有结合起来。在条件具备的项目大力推动EPC商业模式，把有实力的子公司培育成合格的EPC承包商。积极推动财务公司的设立和运营，股份公司届时作为财务公司的控股方企业，借助财务公司的金融平台，通过开展同业拆借等途径，充分利用产业资本与金融资本两种资源，解决“存贷双高”等问题，进一步提高资金效率，并形成新的业务增长点。积极探索培育新的业务市场，以当前的海外工程项目为基础，驻外机构为支点，尝试机电设备、材料物资的物流贸易。继续推动房地产业务跨越式发展，以南国置业为平台，大力开发商业地产；以海南天涯度假村、五兴物业等作为试点项目，着力拓展旅游地产、养老地产、大型仓储、物业管理等业务。

进一步调整优化组织结构和体制机制。进一步发挥股份公司和子企业两级总部的管控职能和指导服务功能，优化管控模式，针对子公司开展国际业务自主营销，房地产公司组织架构由“两级管理”过渡到“三级管理”以及BT、EPC类项目等情况，指导推动子公司调组织结构、深化内部管理体制改革以及经营机制转换，通过资源重组、组织优化和业务流程再造，释放人力、物力、资金、技术、管理等资源，进一步解放生产力。

进一步推动企业内部重组。围绕公司的战略目标，按照有利于资源优化配置、减少内部同质化竞争和有利于公司整体市场竞争能力的原则，在总结重组整合工作经验基础上，进一步做好深化内部管理体制改革的顶层设计和统筹规划。在时机和条件成熟时，按照区域关联型、专业特色型、资源互补型等组织模式，推进内部同质化子企业的重组整合，争取取得新的突破。

进一步推进资源配置的社会化改革。认清企业发展越来越依赖产业链环境和社会资源的趋势，在利益共享、风险共担、有效管控的前提下，充分利用和有效整合分包商、供货商、服务商等各类社会资源，并与其建立长期、良好的合作关系，构建广泛、健康的商业生态系统。

（四）管理图强，苦练“内功”，持续推进管理提升活动，提高企业运营效率和质量

继续做好“管理提升活动”各个阶段和环节之间的衔接和延伸，发挥“以点带面”的作用，既做到重点突破又做到协同推进，推动企业管理经验、发展路

径共享，实现管理水平、发展能力的整体提升。

积极推动企业管理标准化建设。以服务科学发展为主题，以支撑加快转变经济发展方式为主线，建立和完善标准体系，以有效实施标准来推进体制机制改革与管理、技术创新，加强基础能力建设，全面提升标准化发展的整体质量效益。按照公司标准化建设工作规划，在“总部先行、试点跟进、全面覆盖”的思路下，建设公司总部标准化体系，做好几家试点单位的标准化建设工作，并推动全面覆盖，形成样板示范、资源互补、成果共享的标准化建设管理工作局面。

继续坚持业绩考核导向。坚持以质量效益为中心的原则，转变发展方式，突出EVA在绩效考评体系中的比重，提升资本运作增值能力。对子企业的业绩考核要突出营业收入、利润、每股收益等体现业绩增长的指标考核比重，激励和引导子企业自加压力。针对BT、BOT项目越来越多的情况，切实将BT项目的建安利润纳入经营业绩考核体系中单独进行考核，推动对BOT项目将参照一般投资项目进行考核。

扎实推动加强项目管理。一是强化对项目的管理、服务和支持力度。从项目组织机构、人员安排、资源配置、重大技术方案、施工进度计划、工程分包等方面，进行全面系统的研究和规划，打造精简高效的项目机构。二是加强对项目实施各环节的成本分析测算，严控非生产性开支。三是强化进度管控，抓好施工现场的组织协调管理，完善施工组织设计，强化过程控制，狠抓进度滞后项目的检查、督促、驻点工作，确保均衡生产、科学施工。四是强化质量管控，建立质量管理长效机制，落实现场施工管理人员、质检人员、试验人员的质量责任，继续加大对施工过程的监管，强化产品生产过程、原材料质量等要素的控制。五是强化对分包商的管控，完善对分包商的准入、考评、考核和奖惩机制。六是加强工程结算和变更调差工作。尝试推出并逐渐强化变更索赔咨询机制，紧抓变更索赔这个经营管理的重点，引领子公司分级建立变更索赔专家组，做到变更索赔高级专家流动咨询和驻地专家日常咨询相结合。七是在债权清理和应收账款清欠工作的基础上做好防欠工作，变事后被动清欠为事前主动防欠，最大程度实现资金的时间价值。

持续加强企业风险管控。重点加强对各子公司内部控制与全面风险管理体系工作的指导，规范内部控制体系运行。完善内部控制自我评价的方式方法，建立健全内部控制与全面风险管理评价考核体系。针对内部控制自我评价中指出的缺陷，进一步制定和落实整改措施，对涉及的管理制度和流程进行更新和优化。积极审慎地扩展投资业务，控制投资风险。加强投资规模控制，梳理定位投资板块的发展方向和规划，加强投资准入和负债率管控，加强投资项目前期可研深度，注重担保及融资方案的落实，严控投资规模超出自身投资能力。针对BT类项目日益增多且此类项目回购存在风险的情况，积极制订相应防范措施和管理办法，切实规避BT类项目的回购风险。

切实做好财务资金管理工作。树立以适应资本市场要求为导向的财务管理理念，把控影响上市公司价值的重大财务事项。加强全面预算管理，实行对各子公司季度预算执行分析通报制度，引导各子公司按照年度预算目标均衡反映经营业绩。继续优化国际业务资金管理架构，完善国际国内一体化的资金管理模式。通过发行超短期融资券等途径，持续优化公司的融资结构、债务结构。加强对子公司纳税风险管理的指导，积极配合“营改增”试点工作，建立完善税收管理工作机制和内控流程。

不断加强设备物资的集约化管理。通过加强采购计划管理、整合采购需求等措施进一步提高设备物资集中采购度，重点加强EPC、BT和投资项目中关键设备和大宗物资的采购管理。深化大型专用设备调剂与租赁经营双平台工作机制，加强与租赁单位、承载单位的协调沟通机制，加快建立租赁服务体系，增强双平台在资源优化配置中的功能。积极研究国际项目当地采购的管控模式，规范当地采购行为。建立设备进场的报验制度以及日常巡检制度，加强特种设备及外包外协队伍设备管理。

认真抓好法律审计监督和效能监察工作。要推动落实法制工作三年目标，增强系统性、针对性和实效性，突出法律专业人才队伍建设，细化业务执行标准、提升综合管控能力，在服务保障企业改革发展中更好地发挥作用。抓好国际业务审计和投资业务审计两个重点，认真开展经济责任审计、经济效益审计、内部控制审计和财务收支审计等常规工作，着力加强对重点项目和高风险项目的过程监督。认真做好公司2013～2017年惩防体系建设工作规划的任务分解和工作落实，持续构建完善责任体系、组织协调机制和奖惩机制，深入开展投资业务效能监察和专项治理工作，逐步开展国际业务自主营销落实情况的监督检查。

（五）推动科技进步，加强技术创新，推进建设创新型企业

深入贯彻公司第三次科技大会精神，推进建设创新型企业。一是积极推进技术创新体系建设，继续加强公司两级技术中心建设，重点加强研发平台、

人才队伍、体制机制、组织结构的建设；二是依靠科技创新驱动发展，继续实施企业重大技术攻关工程，以企业重大专项为抓手，以两级公司科技立项为重点，全面提高科技创新能力，支撑企业结构调整和转型升级；三是高度重视科技成果转化应用、集成推广，加强知识产权管理保护，提高科技工作对企业发展的贡献率；四是做好企业施工工法的评审组织及国家级工法的推荐工作，力争2013年建立完善的公司水利水电工程施工工法体系；五是依托重点工程和重大科研项目加快培养创新人才，造就一批科技领军人才和创新团队，建立有效的激励机制，进一步营造鼓励创新的环境；六是继续抓好环境保护与节能减排工作，对列入万家节能减排企业的成员企业进行管理监督，尝试开展能源合同管理，寻找重点节能单位试点先行，推动打造资源节约型和环境友好型企业；七是大力推动信息化建设，以信息技术与经营管理的深度融合为主题，以支撑管理提升为主要目标，统筹规划、协同推进，全面提高公司信息化水平。

（六）坚持铁腕治安，落实强化安全生产责任和措施，确保安全生产

一是认真研究安全生产现状，把握安全生产规律，制定切实可行的技术措施、管控方法等，深化“一把手、技术、生产、监管”四个体系建设，确保职责明确、落实到位。二是加大资源配置，进一步充实安全生产专职管理队伍，强化安全总监到位，充分发挥安全生产督查组的作用。保证安全生产费用及时到位，确保隐患能够得到及时治理。三是继续推进安全生产标准化建设，努力提高安全生产管理水平。四是采取有力措施，认真解决安全生产方面的突出问题。继续强化隐患排查治理，强化自然灾害的防范工作，强化对分包协作单位的管理，强化对海外项目的监管，强化交通安全管理，强化对特种设备、特种作业的管理。五是加强安全文化建设，加强培训教育，提升企业安全文化氛围，提高员工安全意识，建立安全生产长效机制。

2013年，我们将继续认真贯彻执行董事会的决议和要求，坚定信心，不畏艰难，全力以赴，为建设具有较强国际竞争力的质量效益型世界一流企业做出新的贡献，为股东创造更丰厚的效益！

中国水电
SINOHYDRO

第二篇　专　论

Chapter Ⅱ Special Thesis

2012年集团（股份）公司领导专论

认清形势　提高认识
深入推进党风廉政建设和反腐倡廉工作

——在中国水利水电建设股份有限公司
反腐倡廉建设工作会议上的讲话

（2012年2月19日）

范　集　湘

同志们：

这次会议的主要任务是学习贯彻十七届中央纪委第七次全会、中央企业反腐倡廉建设工作会议精神，部署公司党风建设和反腐倡廉工作，为公司改革发展提供坚强的保证。刚才，永录书记做了一个很好的报告，我都赞同。报告中对有关典型案例的通报和分析，发人深省，尽管发生在极个别单位和人员身上，不代表主流，但必须引起我们的高度重视。

去年，面对复杂多变的国内外经济环境，公司实现了资产总额、营业收入、利润总额和人均收入的历史突破。这其中，反腐倡廉建设和纪检监察工作功不可没。借此机会，我代表公司党委、公司向工作富有成效、做出贡献的纪检监察系统的同志们，表示衷心的感谢并致以崇高的敬意！

成绩来之不易，在充分肯定成绩、坚定信心的同时，我们也必须清醒地认识到，目前，公司经营环境和经营方式在不断地发生变化，公司反腐倡廉工作形势依然严峻，同时还面临着新的挑战和考验。

（1）从公司近年来发生的违纪违规问题来看，复杂的内外部环境对反腐倡廉工作的考验将是长期的、严峻的。当前，我国正处于经济体制深刻变革、社会结构深刻变动、利益格局深刻调整、思想观念深刻变化和各种社会矛盾凸显的关键历史时期，各方面体制机制还不完善，容易给腐败造成寻租空间。同时，企业置身于市场经济的大环境之中，追求物欲的价值观、拜金主义价值观和个人主义价值观等，会不同程度地侵蚀到企业内部，各级管理团队受到各种诱惑和腐蚀的考验。这几年，在中央企业层面，违纪违法案件依然呈易发多发态势；公司内部领导人员廉洁从业方面也再现个别问题，充分说明了在当前社会转型、经济转轨的特殊时期，进一步加强企业反腐倡廉、促进领导人员廉洁从业责任重大，任重道远。

（2）进入资本市场对反腐倡廉工作的考验将是前所未有的。随着公司的产权结构以及治理结构等发生明显变化，反腐倡廉工作面临的考验也是全新的。一方面，资本市场的本质要求是规范、公平，如果没有规范的经营行为，公司在资本市场就会处于被动境地。另一方面，公司上市后受关注度会大大提升，如果领导人员为人、行权、做事不规范，便会产生放大效应。这对反腐倡廉工作提出更高要求。

（3）中央和国资委党委对中央企业反腐倡廉建设高度重视，提出更加严格的要求。中纪委十七届七次全会和中央企业反腐倡廉建设工作会议，科学分析了当前和今后一段时期的反腐倡廉工作形势，提出了工作目标与任务。我的体会是：中央企业作为国有经济的骨干和中坚力量，深入开展反腐倡廉工作既是企业规范管理、规避风险的重要手段，从根本上说也是国有企业的资产属性所决定的，体现的是执政党的意志，是法定的安排，任何时候都不能动摇。对此我们一定要保持清醒的政治头脑，与中央和国资委保持高度一致，系统深刻地认识反腐倡廉工作面临的形势和任务，科学谋划部署各项工作。

下面，结合贯彻落实本次会议精神，我重点就做好领导人员廉洁从业工作，讲三点意见。

一、加强领导人员管理，把防范用人风险作为促进领导人员廉洁从业的源头工作

做好领导人员廉洁从业防范，最关键、最本质的工作还是要从源头抓起。归根到底，企业管理风险主要集中在用人的风险，“人”的风险主要是领导人员的风险。用对一个领导人员，可以带动一个企业发展，造福一方；用错一个人，可以垮掉一个班子，坏掉一个单位，危害将是系统性的。最近，胡锦涛总书记在中纪委十七届七次全会上强调，“要加强对干部选拔任用全过程的监督，提高选人用人公信度，匡正选人用人风气”。公司发展进入了新阶段，我们要坚持五湖四海，广开进贤之路，以更宽的视野、更高的境界、更大的气魄，把各方面的优秀人才及时选拔到重要岗位上来，为企业发展不断注入新鲜、健康的血液，始终保持发展的生机活力。刚才，永录书记通报的案例，本质上也说明对领导人员廉洁从业工作没有从源头上抓好。我们要从中吸取教训，引以为戒，今后要认真做好两点。

（一）把好选人用人关

用什么样的标准选人，选什么样的人，这不仅是决定一个企业兴衰成败的关键，也是各级班子尤其是党委的主要职责所在。近年来，中央反复强调选人用人要坚持德才兼备、以德为先，我们发现许多领导人员出现问题也主要不是出在“才”上，而是出在“德”上。有的领导人员对党的忠诚度不高，理想信念动摇，精神颓废，对社会现实的评价只看到消极的一面，片面追求安逸，贪图享受；有的领导宗旨意识淡漠，原则性不强、正义感退化，信奉实用主义、功利主义，一事当前，想自己的事情过多，想职工的事少；有的领导过分注重自己的能力和贡献，忽视组织的培养、同事的支持和职工的努力，骄傲自满，自以为是；还有极少数的单位和部门不能辩证处理德才关系、全面把握用人标准，致使一些品行不端、作风不实、投机钻营，有才无德的人得到提拔使用，职工群众反映强烈，严重影响选人用人公信度。这就迫切需要深入贯彻德才兼备、以德为先的选人用人标准，把领导人员德的培养放在事关企业健康发展的战略高度来认识，教育、引导各级领导人员自觉加强党性修养，努力提高思想政治素质和领导水平。

对于各级领导人员来说，要紧紧围绕以下四点方面加强道德修养，锤炼道德品质。

（1）要加强党性修养，增强宗旨意识。要坚决贯彻执行党和国家的各项路线方针政策，始终把维护国家及企业利益放在中心位置，在国家利益和企业利益受到损害的时候，敢于挺身而出，旗帜鲜明地展开斗争，做到忠于党，忠于国家，忠于企业。这一点既是国有企业受国家委托经营管理国有资产的性质所决定，也与上市公司对各级经营管理者提出的“勤勉、忠实”履职要求相一致。

（2）要树立正确的世界观、权力观。领导人员的世界观决定着人生观、价值观，权力观决定着地位观、利益观。国有企业领导人员与其他经理人相比，我们的任务更加艰巨，使命也更加光荣！我们要树立选择了岗位就选择了责任的思想，正确工作定位和职业追求，通过个人在履行岗位职责上的努力，使企业得到发展，在组织满意、股东满意、职工满意中实现人生价值。如果我们没有这个认识，就不具备作为国企领导人员所应有的基本素质。

（3）要真抓实干、敢于负责、锐意进取。公司正处于发展的关键期，有挑战，有压力，有困难，这尤其需要各级领导人员以奋发有为的精神状态，克服困难，锐意进取。如果我们任由不在状态的领导人员“在其位不谋其政”，势必会坐失发展良机，贻误事业。

（4）要作风正派、清正廉洁、情趣健康。各级领导人员一定要从这四个方面来严格要求自己，将品德修炼作为一生的事。

落实德才兼备、以德为先的选人用人标准，还要正确把握考察德的途径与方法：①要从履行岗位职责中，通过工作作风、工作态度、工作成效以及工作中表现的团结协作精神等，全面进行考察了解。②要从完成急难险重任务与关键时刻的表现，来考察领导人员在面对重大灾害和突发事件时，是否能冲在一线，沉着应对，坚忍不拔；在面对大是大非问题时，是否能立场坚定、服从大局、勇于斗争；在面对金钱、利益诱惑时，是否能坚持原则、头脑清醒、不为所动。③看职工的满意度。要坚持真情关心职工，发展依靠职工，凝聚广大职工智慧和力量，推动企业做强做优，使职工共享改革发展成果。

（二）“一把手”要带头把好廉洁自律关

廉洁自律对于企业的“一把手”非常重要，“一把手”如果把权力用好了，切实做到廉洁自律，就会形成一种“润物无声”的力量，成为班子成员和下属效仿的对象，从而成为一种精神、一种风气、一种凝聚力和号召力。各级领导班子尤其是“一把手”一定要以身作则，身体力行，带头树立正确的权力观、业绩观，带头正确履行工作职责，带头落实党风廉政建设责任，带头接受组织和职工群众监督，带头做好自己以及配偶、子女的廉洁自律。在这里，我代表公司领导班子成员向大家郑重承诺：严格执行“五个带头”，自觉遵守《国有企业领导人员廉洁从业若干规定》和《中国共产党党员领导干部廉洁从政若干准则》的要求，不断加强党性修养，树立和弘扬优良作风，依法依规廉洁履职。希望大家积极支持我们履行承诺，并给予监督。

二、坚持靠制度管人管权管事，把狠抓制度落实作为促进领导人员廉洁从业的基础工作

领导人员发生不廉洁问题，内因与个人党性不纯、修养不够有关，外因也与有的单位经营管理存在漏洞、制度执行不到位密切相关。确保领导人员廉洁从业的关键在于建立一套行之有效的制度，让品行不端者无法拥有权力，让有权者不敢腐败、不能腐败。在一定程度上，从源头上遏制腐败的过程，就是加强制度建设的过程。因此，我们必须要坚持靠制度管权管事管人，努力从源头上防治腐败。

（一）必须要努力健全制度

从近年来信访反映和查处的案件暴露出的问题看，各单位至少在制度建设的以下几个方面亟待完善：

（1）在制度内容方面，要重点围绕如何制约权力运行不透明和暗箱操作的问题，来科学设计、制定各项有效管用的制度。特别是针对各级班子内部决策议事制度不完善、程序不规范，以及一把手权力过于集中的问题，进一步细化和规范“三重一大”决策内容和各项议事规则，认真解决权力过于集中、又得不到有效制约的问题。

（2）在程序方面，要注重制度设计的可操作性，不仅明确应当做什么，不能做什么，还要明确具体、适用的程序规则，保证制定的制度行得通、管得住、用得好。

（3）在完备方面，要将制度设计覆盖到企业管理的每一个环节，特别是要覆盖基层、延伸末梢，避免留下制度空白、管控真空。四是在管用方面，要按照“于法周延、于事简便”的原则，立足当前，着眼长远，突出重点，积极创新；可搞可不搞的，一律不搞；可由上一层级规范管住的，原则上不必层层再制定细则；可用新规管好的，相关旧规一律明文废止，坚决避免做无用功。据了解，去年，有几个单位通过调研探索，初步建立了企业廉洁风险防控体系，这在制度建设上就体现了立足现实、积极创新，值得肯定。

（二）必须要着力提升制度的执行力

从目前情况看，有的单位在制度执行环节还较突出地存在着“重制定、轻执行；有令不行、有禁不止”等问题，这说明我们在制度的执行力上还存在很大差距。提升执行力的关键：

（1）要强化执行主体的责任意识，通过持之以恒的公司管理体系文件的宣贯，使各级组织和每名员工都深刻理解制度的意义，明确执行制度的责任，明确本职岗位应该遵循那些制度，违反这些制度将要承担什么责任和后果，使各级领导人员和员工对制度产生畏惧感。

（2）要各级领导人员要带头执行制度。我们反复强调领导人员要讲组织纪律，其中最基本的要求，就是要严格遵守党纪法规及企业规章制度。制度要有刚性，一经确立，就具有约束性和强制力。领导人员一定要做执行制度的表率，把自己置于制度的约束之下。有的企业领导人员认为制度是用来约束别人的，自己可以凌驾到制度之上，结果只能是受到惩罚。

（3）要将制度层层落实，坚持重心下移，一抓到底。公司有近三千个在建项目，只有把各项制度落实了，发展的事业才能稳固。这几年公司发生的案件绝大部分在项目上或与项目有关，一定要加强对制度执行情况的层层监督检查，严格责任追究。纪检监察人员要增强责任感，敢于维护制度的严肃性，防止制度执行“处处高压线、处处不带电”的情况。

三、加强监督制约，把建立完善监督机制作为促进领导人员廉洁从业的保障工作

监督是从源头上切断公权与私欲之间的“利剑”，是权力运行的“安全阀”。作为上市公司，公司外部有上级监督、股东监督和社会监督；内部有党内监督、审计监督、纪检监察监督、民主监督等各方力量，我们要充分认识到监督的重要作用，通过制度规范、流程梳理，建立有力的监督协调机制，使方方面面的监督力量整合发挥实效，为企业发展、领导人员廉洁从业提供保障。

（一）要从逻辑上把监督关系理顺

公司内部监督制约机制具有以下法律特征：

（1）公司内部股东大会、董事会与监事会权力的分立与制衡，是公司内部监督机制的基础。其中，股东大会的监督是公司内部监督机制最高权威的监督，由于股东大会并非常设机关，因此，股东大会的监督职权常常交给董事会和监事会行使；董事会的监督则主要是对公司经理人的监督；而监事会的监督是公司自己监督自己的自律性机构，它以董事会和公司经理层为监督对象，以股东大会为其唯一的上位权力机构，只对股东大会负责，向股东大会报告监督情况。

（2）审计监督、监察监督是公司内部监督的重要组成部分，是对公司内控管理进行防错纠错的重要环节，审计监督从本质上来说是一种经济监督，监察监督则主要是一种管理效能监督和履职监督。

（3）股份公司作为中央企业，内部还存在党内纪律监督与民主监督和职工群众监督。

要构建强势有力的监督机制，前提就是要深刻理解各个监督主体的层级关系，这样才有可能厘清权力运行主线，明确工作思路，切实整合监督资源，解决权力制约问题。

（二）要抓住监督的重点

监督的核心是制权，因此，我们在监督工作中就要紧紧盯住配置权力的重要岗位、行使权力的重点人员，努力做到权力行使到那里，监督就跟进到那里。比如：去年有两个项目的设备物资科长，利用手中的权力为自己谋求私利，问题就在于他的权力缺乏约束。再如藏木项目案例，原因就在于项目经理滥用权力、规避监督。领导人员正确履职，就是在规定的职责范围内做正确的事，正确对待监督，主动接受监督，真诚欢迎监督。能否接受监督实际上是领导人员党性和品行的体现，监督对领导人员也是一种组织关怀和爱护。一个有理想抱负的人，一个想把企业做好的人，一个想走好人生路的人，一定会自觉接受监督，用制度和程序约束自己，坚持让权力在阳光下运行。

（三）要明确监督责任

党政主要领导要切实承担起第一监督人的职能，领导班子成员要履行“一岗双责”，在抓业务的同时履行监督责任；职能部门作为协同监督的主体，要自觉接受监督，主动履行监督责任，加强对职责范围内违规违纪风险的防范与控制。有一些违纪违规案件，暴露出我们在职能监管中存在盲区，这些问题单靠纪检组织、监察部门监督无法解决，必须要靠从源头上加强职能部门监管，并与纪检监察、审计等监督部门事中防范、事后惩治相结合进行解决。各单位要努力建立由纪委牵头，监事会、监察、审计、法律等部门共同参与的监督工作协调机制，把协同监督履职情况与绩效考核结合起来，最大限度地整合各种监督资源，形成监督合力。要加大责任追究和惩治力度，对有问题苗头的单位积极督促整改；对问题比较突出的单位严格实施问责；对问题比较严重的单位严肃惩治，切实增加监督实效。

同志们，2012年是公司发展进程中极为关键的一年，改革发展稳定的任务十分艰巨繁重，这对反腐倡廉建设、廉洁从业工作提出了新的更高要求。让我们以科学发展观为指导，在国务院国资委、电建集团的坚强领导下，勤勉务实，扎实工作，以党风建设和反腐倡廉工作的新成绩，推动公司更好更快发展，以新的业绩迎接党的十八大召开！

在中国水利水电建设股份公司 2012年市场营销工作推进会上的讲话

（2012年4月8日）

范　集　湘

同志们：

这次会议，把国内水利水电、基础设施、国际业务市场营销工作融合到一起，就是要体现大市场、大建筑、大营销的战略思路，预示着股份公司市场营销战略的必然调整。这是因为，股份公司营业收入、市场营销额的结构比重已发生了重大变化。2011年，国际和国内基础设施新签合同额已超过总量的60%，而国内水利水电新签合同额仅占到三分之一。试想，如果减去近些年来国际业务和非水电基础设施业务带来的增量，13万水电人早就又进入了“水电的冬天”。所以，战略上的系统性调整是大势所趋。

刚才，杨忠副总经理作了关于市场营销的工作报告，对形势作了深入的分析，阐述了下一步市场营销工作的思路、方法、措施，报告很全面。曾兴亮副总经理作了关于国际业务市场营销的专题报告，对困扰我们多年的问题进行了剖析，提出了解决问题的思路和措施。以上我都赞同，希望大家会上认真讨论，会后切实贯彻落实。

今天我讲话的主题是：转变市场营销拓展方式，

弘扬水电人“五个特别”的精神，奋力开创市场营销工作新局面，确保公司更好更快发展。围绕这一主题，我讲几个方面的意见。

一、市场营销面临的形势

（一）形势严峻，任务艰巨

电建集团组建后具备了进入世界500强的条件，今年有望排名在350名左右。同时，重组后在中央企业里的地位也得到了明显提升，社会影响力也相应扩大。中央企业2月份财务快报显示，119家中央企业资产总额超过2000亿元的有45家，按净利润增长率排名，电建集团在45家企业中位于第22位，8家中央建筑企业有5家资产总额在2000亿元以上，电建集团在8家中排在第4位。股份公司作为电建集团重要子企业，2011年主要指标占比超过60%，对电建集团地位的巩固和作为世界500强企业的实力建设举足轻重。电建集团提出2012年市场营销计划是2236亿元。股份公司今年的市场营销计划是1550亿元，同比增长20%，但是实现这一目标，我们面临很大压力。

消解这种压力，保持平稳快速增长，不能仅靠“五个特别”的精神，而必须从现在做起，转变营销拓展方式，这是我们面临的艰巨而紧迫的任务。

（二）面临的机会和相对有利的条件

(1) 中国仍然是世界经济发展的重要引擎之一，这对我们的发展是十分有利的。

(2) 中国水电上市，各子公司的财务状况进一步改善，发展的硬件更好了。

(3) 中国中西部区域在追赶式发展，区域性的商机将系统性的突现。

(4) 虽然挑战严峻，任务艰巨，但我们内外部条件都具备拓展市场营销、提高发展能力的可能。

二、转变市场营销拓展方式迫在眉睫

以上讲的机会和有利条件固然存在，但用现在的、传统的市场营销方式、方法来做只能坐失良机。举一个通俗的例子，以前农民用驴拉磨磨面，无论怎么努力，一分钟能跑多少圈？如果还延续“驴拉磨”的方式，生产力怎么可能有革命性的改变、提升。现在磨面实现了机械化、电气化，生产力有了质的飞跃。这一例子说明，我们必须转变传统的理念、思路、方法、手段，归结起来就是要创新变革、转变市场营销拓展方式，否则再好的商机、再有利的条件都是无济于事的。

（一）现有的营销思路要改变

过去我们长期习惯于点对点或直线式营销，俗话讲叫“项目开发”。但现在这种营销方式对应的需求减少了，区域营销、系统营销已经摆在了我们面前。在这种情况下，国内水利水电、国际业务、基础设施业务割裂式营销已出现明显的不适应，现行的市场营销组织架构必须贯彻大市场、大建筑、大营销的战略思路，打破业务板块的阻隔，成立综合性的市场开发部门，统筹两个市场、各业务板块。同时，要从以前水电的营销模式中跳出来，积极开展区域营销，建立区域性营销网络，立足区域、面向区域、重点拓展。每家子公司在属地区域里相当于本地区的营销中心，要广泛地收集信息，有能力做的本企业来做，做不了的由股份公司统筹。

现行的市场营销组织架构、资源配置，与市场需求结构、企业的业务结构严重错配。国内水利水电营销体系仍然非常强，被视为“一等业务”；非水电基础设施营销体系薄弱，被视为“二等业务”。国际新签合同、利润超过总量的50%，但领导的精力、人才的配置、人力资源的配置与国际业务的贡献相比严重失调。不少子公司海外事业部或国际公司像在孤军奋战，对此有的说海外事业部或国际公司封闭，是“少数人的国际”，有的说其他专业部门没有形成对海外业务的支持。不论什么原因，这一问题一定要解决。各公司、各单位要从一把手痛下决心，领导班子要统一思想，审视体制、组织结构、资源配置方案、经营机制，能否适应市场结构、业务结构的变化，不适应的抓紧予以调整。

（二）现有的营销模式要进行变革

市场营销大致有三种模式：一是自主营销。主要针对自己的核心产业领域，发挥自己的竞争优势。二是战略合作。借船出海、借桥过河，地方企业、非公企业都可以与之开展互补性的合作，当然要合法合规、规范运作。三是与政府、金融机构合作。这三种模式，都需要我们灵活运用。

推进从销售向营销的转变。销售就是向用户卖产品，对我们讲就是投标承揽项目，而营销的本质是创造用户需求。在这方面，我们的国际业务有了好的开端。比如，有的国家有资源，政府也想有所作为，但是缺少资金。我们可以帮助他们策划，联系金融机构解决资金问题，政府、银行、企业、项目一体化运作，就可能创造新的现实需求，而不只是靠碰机会，碰见一单做一单。这需要我们密切关注本国、本地区、本省的经济发展规划，找到营销的切入点。这样的市场营销既高端又可持续，交易成本相对较低，应作为我们改变市场营销模式的重点。

（三）现有的市场营销体制机制要变革

要对现行的市场营销的组织架构、管理流程、资源配置、运行机制、领导力量的配置作系统的梳理，从与现行市场结构、业务结构相适应的要求考量，作顺势调整。这就需要企业负责人思路清晰、有魄力、敢于担当，身体力行推动这项工作。作为子公司的主要负责人，要为身后几千上万人负责任，否则怎么体现以人为本？

这里分析一下我们现在的项目结构。按照获取的方式分，第一类是BT、BOT业务带来的工程承包项目，主办方的话语权比较高，竞争的程度、强度相对低。第二类是国际融资项目、一揽子项目、溢价议标项目，与第一类有相似之处。第三类是传统核心业务，有寡头竞争的性质。第四类是完全竞争的非传统核心业务的项目，竞争激烈，对竞争力要求高，项目利润相对很低。以上四类项目应区别考核，否则大家都会弃难从易，将会把队伍养懒，导致竞争力不断下降、业绩下滑，同时还带来严重的不公平。

关于第一、第二类项目。在金融危机的影响下，美日欧等世界主要经济体的经济发展乏力，流动性较差。而中国保持较高的经济增长，同时要将巨额的外汇储备资产变成更有效的资产，这为我们在海外提供了机会。但同时我们应该看到，美国提出要推进新工业化进程，日本在研究怎样提升基础设施建设在海外的竞争力。如果它们经济形势好转，我们还有那么多第一、第二类项目的机会吗？如果没有国家那么多财力支持的时候，我们怎么办？所以股份公司在业绩考核上一定要贯彻区别考核评价的思路，对前面三类项目的考核再不能沿用现行的标准，而是要加大其贡献率。有的子公司投标价格比西方公司还高，就是因为把投标定价的参照系习惯性定位在优买优卖项目、一揽子项目上，竞争力下降，这能持续吗？出现这一问题，股份公司上下都有责任。

关于第四类项目。一定要认识到，完全竞争性项目是我们参与国内外市场竞争的主要方式，是培育我们竞争力的主要途径，是我们营销额的主要增量所在，无论是项目竞标，还是履约，都应该给予特别的支持性政策。把这个问题解决好了，会产生一种内生的动力，鼓励大家积极应对挑战，做竞争性的项目，再次激活企业生产力。

（四）确保履约，提升管理，实现效益

订单是企业发展的基础性前提，履约是营销的持续。过去我们讲“干好一个项目、树立一座丰碑、开拓一方市场”，就是这个道理。况且我们是上市公司，维持股东的收益在一定程度上比规模的增长更重要。股东更多关心的是净资产收益率、每股净资产、每股收益、现金分红。所以要通过对项目的科学管理、风险控制，将营销成果转化为实实在在的经济效益。

三、生产方式的改变迫在眉睫

我们的劳动生产率与其他中央建筑企业相比不算高，这表明企业品牌及资产对促进收入增长的杠杆倍数较低，品牌价值没有显现出来。这是因为我们普遍在继续沿用自给自足的小农经济生产方式，遇到了增长的“天花板”：一是资源投入式的增长遇到了瓶颈，再增长力不从心，这一问题很普遍。二是导致员工越来越多，但产能增长有限。不少领导认为自己招的人好用，为维持增长不断招兵买马。不仅是人均劳动生产率上不去，而且在任务不足时人员闲置带来新的更为棘手的问题。所以我们要加强人力资源的管控，控制总量，调整结构，大力推进社会化、市场化。比方说我们要组建一支舰队，以自有资金购买一艘旗舰和必要的主力战舰就可以了，然后配置战略合作方形成战斗群。关键的、核心的人员、技术和设备我们必须控制，通用的、常规的资源，要社会化、市场化。只有这样，企业品牌及资产杠杆倍数才能放大，品牌价值才能不断提升，企业才可能持续发展。尽管这对我们的管理能力是一大挑战，刚开始在管控上会有难度，但必须走这条道路。所以要一手抓转变生产方式的变革，一手抓管控能力的提高，两手抓、两手都要硬。

四、对BT、BOT项目要正确定位

企业做BT项目，多数地方政府很欢迎，我们有的同志感觉很好，积极性很高。一定要认识到，政府以BT的方式进行基础设施建设，根本原因在于资金跟不上，所以欢迎的是你带来的资金。今天的BT是在预支政府明天的税收，所以BT项目的风险是系统性存在的，千万不能盲目。我们做BT项目的主要目的并非完全是带动工程承包业务，而是从高端进入区域市场，创造我们的产业能力，填补业绩空白，是战略性安排、战略性举措。BT项目的资产杠杆率更低，如果政府回购再出现风险，将会“赔了夫人又折兵”。比如有的在建BT项目本身很好，合同约定很清楚，执行过程中各方面的反映都不错，但目前看回购资金的如期到位对政府、对我们都是考验。如果这样的项目都不能回购，我们是否应该对整个BT项目要重新定位？所以我们做BT项目必须围绕公司的战略思路和结构调整的方向，对风险进行评估后再积极地参与竞争。

对BOT项目，要认真总结、反思。我们已经运营的BOT公路项目，没有实现预期目标。分析原因：①从客观上讲，当地经济发展预期目标没达到，车流量不足，这是主观上难以改变的。②前期可研及尽职调查不扎实、不尽负责和对市场风险的评估过于乐观。③积累业绩的需要过于迫切。④第一次做BOT项目，经验不足，过程相对粗放，细化管理差。⑤BOT项目处于初始培育期，难免交一定的学费。

总结过去，我们对今后的BOT项目应该有一个清醒的定位：①没有可靠投资收益的BOT原则上不做。②可行性研究报告中的预期目标兑现要有可行的保障措施，否则也不做。③决策的各个环节要切实承担起责任，不能夸夸其谈，坐而论道，不讲落实和兑现。要强化奖惩问责制。

总之，对BT、BOT项目我们要有正确、清晰的定位，战略引导，积极稳妥，量力而行，审慎决策，明确责任，狠抓目标的落实。满足决策条件的我们支持子公司去做，不能满足的一个也不能批，千万不能迷茫、冲动。

五、着力创新国际经营发展方式，加大培育国际经营能力，做强做优国际业务

（一）着力培养国际强局，有所为，有所不为

股份公司国际业务发展到一个新的阶段，应根据各子公司国际经营能力的不同，对国际经营策略作进一步的调整，作出系统性的体制机制、管控模式方面的安排。其中一项重要战略举措就是鼓励、支持有相对较强国际经营能力的子公司成长为国际强局，发挥对较弱局的引领、带动、示范作用。为此，在公司内部要建立良好的合作机制，理顺合作关系。国际强局要勇于承担责任和义务，公正对待、善待与己合作的子公司。参与协同合作的工程局一定要摒弃以往的层级观念，建立“分包商”的心态，严格履约，按合同办事。海外事业部/国际公司、国际强局在海外进行高端对接，形成相对适应并接轨的“围墙”，在围墙内模拟出国内施工的生态环境，使国际经营能力偏弱的子公司在“围墙”内能够较为顺畅地执行项目，少交学费，逐步培育自己的国际经营能力，实现国内剩余产能的顺利转移。

（二）着力加快加强区域化建设

着力强化区域总部建设，管理重心下移，日常业务前移，经营决策和重大风险控制上移，积极稳健地推进国际经营的本土化、属地化，解决同一区域同质化业务重复做的问题。已建立区域总部的，要从区域的营销中心变成区域的经营管理中心，再向区域法人公司转变，推动整个公司向真正的跨国公司转变。为此，要建立相应的机制，使国际优秀人才愿意到区域总部，而不是留恋于国内。股份公司考虑针对海外事业部/国际公司的领导和部门负责人岗位，建立国际国内一体化的层级配置机制，实现常态化的国内国外人员双向交流任用。保证区域总部一个人回来，国际公司总部就要有一人出去，使海外人员家庭事业两不误，鼓励他们踊跃到海外创业。国际经营能力强的子公司，要敢于打破常规，实施“一司两制”“一企两制”的人才配置模式，成为股份公司吸纳国际人才的第二层级平台，优秀人才不能都向股份公司海外事业部/国际公司集中。这种机制到位了，企业生产力将会得到进一步的解放。

（三）支持有条件的子公司在规定的战略管控的范围内自主营销

要针对各子公司的实际情况，实施差异化战略管理，在区域市场上建立责任、风险、区域贡献一体化的机制，给予有能力的子公司充分的授权，鼓励其在集团战略统筹下、在规定的范围内自主营销，做“一手单”。中国电建集团58户企业中，山东电建已经树立了很好的范例，股份公司在这方面差距很大。因此，统一品牌，统一营销，统筹市场，不等于统一一个法人签约，不等于统一所有子公司都做“二手单”。发展阶段不同了，我们应根据各子公司国际经营能力的不同，按照有所为有所不为的原则，对国际经营策略作进一步的调整，作出系统性的体制机制方面的安排，以强化内在的发展机制。

（四）深化国际经济政策的改革

要根据不同业务，实行差异化政策，建立内部公平的竞争机制，真正实现责任共负、风险共担、利益共享，建立根本目标一致的生命共同体。对于完全竞争性项目，要减少或不收管理费用，改变海外事业部/国际公司拿合同、收管理费、委托各子公司执行了事，出了问题再去“救火”的现状。现在是对这些问题重新审视、重新梳理、重新调整、重新定位的时候了。海外事业部/国际公司要换位思考，为子公司提供全过程的管理与服务，形成上下一体、同心同德开展国际业务的良性格局。

六、着力加强领导能力建设

企业之间的竞争较量，首先是“一把手”的较量，较量的是德行、智慧、理念、思路、境界，统筹驾驭全局的能力。其次是领导班子的较量，较量的是领导班子的整体素质、整体功能、整体作战力、整体推动力、整体开拓力。俗话讲，“兵熊熊一个、将熊熊一窝”，指的就是这个道理。第三才是员工队伍素质的较量。同样的国内国际环境、市场条件，

有的企业发展很快，有的却相对落后了，为什么？最近，股份公司对子公司领导班子的换届考核、补充调整高度重视，调整的幅度较大，目的是要解决企业之间竞争的第一个和第二个问题，而非例行的人事安排。这样的调整我们还要加大力度。

企业主要负责人，要有大局意识、前瞻视野，善于把握事物的本质，把握事物运行的规律；要正派公道、大度大气大量，心胸开阔、无私无畏，为人厚道、做事实在、团结奉献；要思路清晰，熟悉业务，解决问题有科学、实用、管用的办法；要有强烈的使命感、责任感，充满激情，勇于变革创新，有执著坚韧的精神；要决策果断，富有胆识魄力，勇于担当；要善于统筹协调，推动执行、落实的能力强，这是履行好岗位职责的基本要求。己所不欲，勿施于人，要以身作则、率先垂范。

主要负责人要负起领导好、管理好、团结好领导班子的责任，行使好对副职的管理、考核、奖惩的权力。最近国务院国资委发文，对如何授权央企主要负责人加强班子成员的管理及考核奖惩作出安排，股份公司已安排在子企业中参照推行。最近股份公司决定，在子企业领导班子换届考察后，对新一届班子聘任文件中班子成员排序时，要解放思想，体现德才兼备、业绩优先的原则，经过考核认定业绩突出、表现优秀的领导人员在换届聘任文件中，可调整其上届排序以示组织肯定。在子企业领导班子换届时，领导人员年龄在55岁以上的，可结合个人意愿和考核评议情况改任咨询；经考核认定不能胜任岗位要求的，应作出适当调整。股份公司正在拟订具体实施细则。

把握好发挥好班子整体功能的着力点：①决策要做到科学理性、系统前瞻、缜密审慎、三思而行，不能单纯地追求效率；②执行要做到领导带头、果断快捷、全力推进、务求实效；③管控要做到责权明确、关系清晰、政令畅通、有序高效；④监督要做到体系健全、约束到位、预控后评、过程受控；⑤激励要做到目标科学、考核严格、杠杆强劲、激情创业。

最后，我代表股份公司、股份公司党委，向在激烈市场竞争中付出艰辛、做出积极贡献的市场营销战线的同志们表示衷心的感谢！

在股份公司2012年安全生产工作会议上的讲话

（2012年2月19日）

孙 洪 水

同志们：

今天，股份公司召开2012安全生产工作会议，这是股份公司成功上市和中国电建集团成立以来的第一次安全生产工作会议。这次会议对于股份公司全面实施安全发展战略，对于承前启后不断推动公司安全生产工作持续进步，对于加快建设具有较强国际竞争力的质量效益型世界一流公司提供安全生产保障具有重要意义。刚才，会议表彰了公司安全生产先进单位和个人，首先，我代表股份公司、股份公司党委，向受到表彰的安全生产优秀企业、先进项目部、优秀项目经理和先进个人表示热烈的祝贺！

过去的一年，是国家第十二个五年计划的开局之年。一年来，股份公司紧紧围绕科学发展、安全发展这个主题，以深入贯彻落实《国务院关于进一步加强企业安全生产工作的通知》和国资委《安全生产九条禁令》为核心，以强化落实安全生产责任为抓手，继续深入开展“安全生产年”和“安全生产心中有数”活动，安全生产工作取得新进展和新成效，全面实现了2011年安全生产工作目标。特别是通过开展“安全生产心中有数”活动，大规模开展以消除自然灾害隐患为重点的隐患排查治理工作，从源头上有效防止了重、特大安全事故的发生，成效显著。在此，我代表股份公司党委和股份公司，对工作在安全生产战线和为安全生产工作做出贡献的同志们表示诚挚的问候和衷心的感谢！

过去一年中，我们的安全生产工作虽然取得了一些成绩，但与党中央、国务院的要求与全体员工的期望还存在很大差距，我们的安全生产保障能力还不强，安全事故还时有发生，安全形势依然不容乐观。对此，各级领导必须有一个清醒的认识。

电建集团2012年工作会议刚刚闭幕，对股份公司安全生产工作提出了新要求。下面就股份公司在新的发展阶段安全生产工作的形势任务、2012 年安全生产的重点工作，我讲几点意见。

一、充分认清股份公司新的发展阶段安全生产工作的新形势、新任务、新要求

近几年来，党中央国务院针对新形势下做好安全生产工作做出了一系列重大战略部署，继《国务院关于进一步加强企业安全生产工作的通知》之后，2011 年，《中共中央国务院关于加强和创新社会管理的意见》将全面加强安全生产工作纳入加强和创新社会管理的大格局之中。2011 年，国务院还印发了《关于坚持科学发展安全发展，促进安全生产形势持续稳定好转的意见》和《安全生产“十二五”规划》，进一步确立了新时期安全生产工作的重要地位和作用，深刻阐述了坚持科学发展安全发展的科学内涵、基本要求和主要任务，明确提出实施安全发展战略，强调要始终把安全生产摆在经济社会发展和政府工作重中之重的位置。

“十一五”以来，股份公司坚定不移地坚持“以人为本，珍爱生命，安全发展”的理念，坚持“技术可能、经济可行、风险可控、管控可及”的原则，实现了连续四年保持安全生产形势平稳好转。但是，我们也应看到安全生产管理中还存在的问题，还有一些单位在企业发展和安全生产的统筹协调上，在贯彻执行“安全第一，预防为主，综合治理”方针上，与我们安全生产的总体目标仍有较大差距，与党中央国务院提出的安全发展战略和建设本质安全企业的要求还有相当距离。

“十二五”期间，国务院国资委要求中央企业做强做优，要求着力培育具有国际竞争力的世界一流企业，要求所有央企不仅要有一流的经营业绩，还要有一流的安全业绩。股份公司作为安全生产的责任主体，作为社会关注的公众企业，作为具备世界 500 强企业实力的中国电建集团的重要子公司，从这个意义上讲，“安全就是效益、安全就是品牌”。同时，我们还要深刻认识到安全生产既是公司转变发展方式的重要前提，也是公司建设具有国际竞争力的世界一流企业的重要保障。

“十一五”以来，股份公司安全生产形势较第十个五年计划期间有了明显的好转，对此我们要有充分的自信，只要我们努力做好安全生产各项工作，安全生产形势就一定会朝着持续好转的方向发展。与此同时，我们也要清醒地认识到，公司传统管理体制与上市公司要求的矛盾，转型升级做优做强与团队素质的矛盾，规模快速扩张与管理能力的矛盾等深层次、结构性问题还没有从根本上得到解决，还依然制约着企业实施安全发展战略。所以，股份公司各级领导和广大员工要充分认识安全生产工作的长期性、艰巨性，进一步增强责任感、使命感和紧迫感，树立安全生产工作只有起点、没有终点的思想观念，顺势勇为、锐意创新、从零起步、扎实工作，更加奋发地做好安全生产各项工作，全面推进科学发展安全发展。

二、认真贯彻落实《安全生产“十二五”规划》和国务院《关于坚持科学发展安全发展促进安全生产形势持续稳定好转的意见》，牢固树立安全发展理念，夯实安全生产基础

《安全生产“十二五”规划》是“十二五”期间全国安全生产工作总的任务。《规划》明确提出完善安全保障体系、安全科技支撑体系、应急救援体系、宣传教育培训体系等主要任务。并要求到 2015 年，企业安全保障能力要明显提升，各行业领域安全生产状况要全面改善，安全生产要保持持续稳定好转态势、为实现根本好转奠定坚实基础。

《国务院关于坚持科学发展安全发展促进安全形势持续稳定好转的意见》是国家实施安全发展战略，从全局和整体上推进加强安全生产工作的纲领性、规范性文件。《意见》要求，各地区、各部门、各企业要坚持以科学发展为指导，充分认识准确把握新时期安全生产发展的客观规律，坚持“以人为本、安全发展”的理念，坚持“安全第一、预防为主、综合治理”的方针。要把保障人民群众生命财产安全作为各级政府一项重要的政治任务，作为企业一项重要的经营管理任务。

虽然我们企业连续四年保持了安全生产形势的平稳好转，但我们应清醒地认识到，在近几年的快速发展中，我们的安全基础仍然比较薄弱，安全责任落实、隐患治理、事故防范和安全生产监管等方面工作中存在的问题在一些单位还比较突出。全面落实安全发展战略，一方面要积极研究解决长期积累的深层次问题，解决制约安全生产工作的体制机制上的问题；另一方面要以建设本质安全企业为目标，积极探索研究新方法、解决新问题。要始终坚持把科学发展安全发展理念落实到生产经营全过程，落实到生产经营的每一个环节中，自觉做到不安全不生产。

三、全面推进安全发展战略，认真做好各项工作，努力建设本质安全企业

随着经济发展和社会进步，全社会对安全生产的期待不断提高，从业人员安全意识、健康意识不断增强，对改善作业环境、保障职业安全健康等方面的要求越来越高。这就要求我们企业及时调整经营管理指导思想，加强安全生产管理工作，提高保障员工安全健康的能力。

上市以后，股份公司的央企身份和公众企业身份对我们的安全生产能力提出了更高的要求，各级领导要充分认识到这个特点，要在"安全第一、预防为主、综合治理"方针指导下坚持速度、质量、效益与安全的有机统一，以强化和落实企业主体责任为重点，以事故预防为主攻方向，以规范生产为保障，以科技进步为支撑，全面提高安全生产管控能力，坚持不安全不生产。

加强企业安全文化建设。重视安全生产的文化必是"以人为本"的经营理念指导规范全体员工的行为习惯。企业安全文化建设必是各级领导高度重视安全生产，身体力行做表率为前提。近几年来，我们开展的"抓一把手，一把手抓"的工作思路之所以能取得一定的成效，就是较好发挥了一把手的带头作用，发挥了一把手配置资源的作用，发挥了一把手按安全优先的原则主导企业经营管理工作的作用。在一把手的有力领导下，营造了一个"人人参与安全生产，处处保障安全生产，事事执行规章制度"的氛围。只有从组织体制上、经营管理过程中形成了"以人为本，安全第一"组织构架和行为习惯，以"我要安全，我会安全""不安全不生产"为特点的企业安全文化才能在我们企业中生根发芽、茁壮成长。

要继续加大安全投入，股份公司各单位在年度财务预算中必须明确必要的安全投入，提足用好安全生产费用。积极稳妥推行安全生产责任保险制度，发挥保险机制的预防和促进作用。

要通过健全完善安全生产规章制度、安全标准，通过建立健全安全技术体系，通过强化安全生产过程管控，通过建立激励约束机制，综合运用规章制度、技术、企业管理、经济手段等，扎实推动安全生产工作规范、有序、高效开展。

要进一步强化安全生产绩效考核。充分运用业绩考核这一手段调动各级一把手做好安全生产工作的积极性，进一步完善安全生产奖惩制度和激励约束机制，对成效显著的单位和个人要以适当形式予以表扬和奖励，对违法违规、失职渎职的，依法严格追究责任。

加大考核奖惩力度，不断强化企业安全生产责任制。全面落实安全生产责任制，要继续坚持"重典治安"、"铁腕治安全"，坚持科学评价、严格考核，严格按照"四不放过"和"科学严谨、依法依规、实事求是、注重实效"的原则和要求，认真做好事故调查处理工作，严肃企业纪律，严肃查处各级岗位的失职现象，教育各级干部和全体员工，认真履行岗位安全职责。各单位要深刻吸取事故教训，查找安全漏洞，完善相关管理措施，切实改进安全生产工作方法，改进安全技术措施，强化安全生产法律法规、规章制度的执行力。

要坚定事故可防、风险可控的信心，坚持预防为主、关口前移、重心下移，继续开展隐患排查治理工作，把排查治理隐患作为坚持有效防范遏制事故的治本之策。

要继续强化企业应急管理工作，不断完善应急预案体系，增强预案的科学性和可操作性，加强预案演练，提高对突发事故的应急处置、自救互救能力。

要下大力气抓好安全技术管理工作，要建立以总工程师为主要责任人安全技术管理体系，积极研发、推广应用安全性能可靠、先进适用的新技术、新工艺、新设备和新材料，积极探索安全生产信息化工作方法，建立健全信息科技支撑服务体系。充分发挥科学技术对安全生产的支撑作用。

要积极推进安全生产标准化建设，以安全生产标准化为手段规范企业安全生产行为，改善安全生产条件，强化安全基础管理。要通过安全生产标准化建设有效防范和坚决遏制重特大事故发生，减少一般事故；要通过安全生产标准化建设，全面实现岗位达标、专业达标和企业达标；要通过安全生产标准化建设，全面规范落实企业安全生产主体责任，不断提高企业安全生产能力。

要继续加强安全生产培训教育工作，确保员工具备必要的安全知识和技能。要充分利用各种传媒手段普及安全常识，增强企业各级管理人员科学发展安全发展的思想认识。积极探索农民工向现代产业工人转化过程中的安全教育方法和工作机制。不断完善安全技术人员、专职安全管理人员的继续教育制度。切实做好各类人员的安全培训教育工作。

要继续加强不断完善工程发包分包管理。要从工程招标、资质审批、施工许可、现场作业、文明施工等各环节强化安全监管工作，强化公司主建单位的监管职责，强化参建各方企业安全生产主体责任。

要继续做好国际项目的安全生产工作。深入研究海外项目管理的实际，与国际先进企业全面对标，按照国际标准建立健全国际工程安全管理体系，满足国际化经营的需要；要全面了解项目所在地国家的政策法规、风土人情，认真研究经营管理、劳资、安全生产等方面的法律规定，建立健全安全防范、风险预警、风险评估、应急处置和法律保障等风险管控体系；一定要在项目实施阶段加强安全标准的执行力度，对于属地国家执行的安全标准高于国内标准的要不折不扣执行，对于低于国内标准的要按照不低于国内的标准执行。

同志们，我们恰逢股份公司持续稳步快速发展的关键时期，安全管理工作面临诸多新的挑战，责任重大、任务艰巨、使命光荣，我们要把思想和行动进一步统一到党中央、国务院重大战略部署上来，进一步统一到股份公司科学发展的大局上来，认真实施安全发展战略，全面提高安全生产管理水平，扎实做好各项工作，保持公司安全生产稳步向好的局面，为股份公司加速实现企业战略发展目标提供保证和支撑。

在股份公司2012年市场营销工作推进会上的会议总结

（2012年4月8日）

孙　洪　水

同志们：

股份公司2012年市场营销工作推进会议已圆满完成了各项议程，即将结束，根据会议安排，下面我代表股份公司对会议作一个简要总结。

一、关于会议的总体情况与评价

股份公司2012年市场营销工作推进会是公司上市以来我们召开的第一次市场营销会议，也是近年来高规格、全业务、“大营销”系统里程碑式的一次重要会议。上午范董事长做了重要讲话，杨忠副总经理做了市场营销工作报告，曾兴亮副总经理针对国际业务市场营销做了专题报告。下午基础设施部汤明总经理针对国内基础设施业务市场营销做了专题报告，水电五局、八局、十三局、十四局、基础局有限公司的主要负责人就如何做好本单位的相关工作提出了具体措施，并就完成好今年的市场营销目标做了交流发言。

范集湘董事长的重要讲话以“转变市场营销拓展方式，弘扬水电人‘五个特别’的精神，奋力开拓市场营销新局面，确保公司更好更快发展”为主题，指出我们市场营销工作面临的形势严峻、任务艰巨。市场营销工作的不断推进是企业持续发展的必然要求，更是监管机构、股东单位和投资者对我们的期望。我们的发展面临着难得的历史机遇：一是中国依然是世界经济发展的重要引擎之一；二是股份公司成功上市，公司财务能力得到提升，流动性增强，为我们快速发展奠定了基础；三是国内各区域追赶式发展，为我们提供了系统性的商机；四是内外部条件都仍可以推动我们进一步拓展市场营销、提高发展能力。但是，不变革我们现有的市场营销体制机制，不创新我们市场营销模式，我们的发展机遇就会丧失。

范董事长对制约我们市场营销上台阶的问题进行了重点分析，指出我们原有的营销体系、营销模式、营销机制已不能适应新形势，现有的市场营销组织机构建设滞后，体系不完善、职责不清晰、分工不明确、业务管理不顺畅、资源配资不到位、分配不合理、营销模式落后、营销机制僵化；企业的整体竞争能力不高，主要表现在对BT、BOT项目的依赖、对国际融资类项目依赖，对核心竞争性业务统筹项目的依赖；发展方式、经营方式太过陈旧，过度依赖自身资源的不断投入，小农经济意识严重，整合社会资源能力较弱；现行的考核机制不能更好地引导发展方式转型战略的落实。

范董事长指出必须通过改革、创新，不断提升我们的市场竞争能力，推动企业又好又快健康发展，并对我们做好今后的市场营销工作提出了新的要求。一是转变发展方式迫在眉睫。第一是市场营销的发展方式变革迫在眉睫。要建立适应市场环境的组织架构，按照业务发展转变市场营销资源的配置，彻底改变自主营销模式、改变不适合新形势要求的线性营销模式、改变不适应业务发展要求的资源错配。第二是要处理好市场营销与项目履约的关系。订单为王，没有竞争性业务订单的持续增长，企业的竞争力就不能体现。履约是营销的延续，必须处理好四种项目关系，通过科学管理，风险管理，确保履约，提升质量。二是转变市场营销拓展方式的任务时不我待。必须改变现有的营销思路、营销模式和市场营销体制机制，并不断确保履约，提升管理，实现效益，将营销成果转化为实实在在的经济效益。三是生产方式、运营方式的变革迫在眉睫。要发挥品牌优势、资本优势，提升资本的杠杆作用，改变"小农意识"的生产方式，坚持核心技术和关键要素自控，充分利用社会资源组织生产，转变发展方式，提高管控能力。四是必须坚持对 BT、BOT 项目积极、稳妥、量力而行的原则，正确定位。五是要创新国际业务发展方式，促进国际业务做强、做优。在国际业务四个统一的原则下，支持有条件的子公司开展国际业务自主营销，并带动其他单位共同发展国际业务。要改革国际业务人员任用模式，建立国际业务人员定期交流任职制度。改革国际业务经济政策，建立责任共担、风险共担、利益共享的机制。六是要求各级领导要有承担公司发展的智慧、理念、思路、境界，提高统筹驾驭全局的能力；领导班子必须提高整体作战力、整体推动力、整体开拓力，要积极应对国内外市场形势的变化，做好市场营销工作。范董事长的重要讲话将对我们今后一段时期内落实转型发展战略、做好市场营销工作起到指引作用。

杨忠副总经理做了题为《强化竞争意识、创新营销机制，加快推进转型升级，推进公司又好又快全面发展》的工作报告。报告指出了市场竞争、公司治理结构变化、解决内部现实问题等要求我们必须加快发展、注重营销；全面分析了公司 2012 年市场营销面临的形势，外部环境给我们发展提供了难得的发展机遇，指出国内基础设施及海外业务将是公司持续发展的增长点；报告总结了我们市场营销的优势，并深刻剖析了制约我们市场营销业绩提升的主要问题；明确了 2012 年市场营销目标，指出我们要"沿着六条路径、创新营销思维，增强六种能力、提升市场竞争力"的总体思路作好市场营销工作，并对做好 2012 年市场营销工作提出了五项措施。杨忠副总经理的工作报告，通过对标先进查短板、对照优势找信心、对照问题找路径、落实措施找方法，强化目标，落实责任，给我们做好市场营销工作提出全新、系统性的要求。

曾兴亮副总经理就如何做好 2012 年国际业务市场营销工作，做了题为《认清形势、弯道超越，全力以赴做好国际市场营销工作》的专题报告。报告分析了当前国际业务面临的挑战与机遇，对做好 2012 年国际业务市场营销工作提出了明确要求，报告对完成 2012 年国际业务市场营销目标比较乐观。报告指出国际业务面临四个方面的挑战，并提出了坚持"保市场、保订单、保增长"，内外兼修，合纵连横，强力做好国际市场营销工作的总体要求，对做好 2012 年国际市场营销工作提出了十二项具体要求，很有针对性、系统性、指导性。

基础设施部汤明总经理做了《顺应大势，推动股份公司基础设施业务规模、质量再上新台阶》专题报告。明确了公司基础设施业务 2012 年的市场营销的总体思路与工作重点，要求坚持多元建筑业务和投资带动承包业务发展并举等形式，延伸市场营销渠道，确保年度目标实现。提出了做好基础设施要有开放、包容的心态，坚持六种工作理念，强化重点市场的概念等要求，并对 2012 年基础设施市场开发提出了五项具体举措可行性强。报告思路开阔、信息量大，对我们做好基础设施业务市场营销工作的有很好的指导作用。

水电五局、八局、十三局、十四局、基础局有限公司等子公司主要领导做了发言。各单位结合实际分析形势，并重点对如何做好本单位 2012 年的市场营销工作的措施进行了交流，对完成 2012 年市场营销任务进行了表态发言。各子公司对市场形势的判断符合实际，制定的措施具体、务实，可执行性较强，并对完成 2012 年的市场营销任务充满激情、充满信心。

二、关于会议的主要收获

本次会议，各位代表听取了公司领导的讲话、报告及部分子公司的表态发言。我认为，会议取得了显著的成果。

（一）明确了任务，分析了形势

通过会议，我们对面临的市场经济形势有了更为清晰的判断，认识到发展面临的外部环境十分复杂，市场形势急剧变化，但我们发展仍面临难得机遇。会议明确了全面超额完成董事会下达的指标目标的市场营销工作任务。

（二）统一了思想，提高了认识

通过会议，我们对市场营销的重要性进行了再认识，市场营销工作是我们做好一切工作的基础，始终是我们发展的中心工作、始终是我们发展的第一要务，这一点不容有半点动摇。我们只有坚持用"大营销"体系来落实"大土木、大市场、大集团、大品牌"的市场营销战略，加强市场营销机制体制创新、加强市场营销模式创新，不断拓展新业务、新市场，才能不断取得市场营销工作的新成绩。

（三）明确了方向，寻求出方法

通过会议，我们进一步明确了市场营销的总体目标。我们只有目标明确，沿着六条路径、创新营销思维，增强六种能力、提升市场竞争力，并做好今年的各项工作，才能顺利实现“保市场、保订单、保发展”的目标。

（四）增强了信心，落实了责任

通过会议，我们落实了股份公司、各事业部和各子公司的市场营销工作责任。股份公司要引导各子公司创新市场营销的机制体制，打造“大营销”体系；完善市场营销激励制度、出台相应的考核细则，建立内部对标机制，建立阶段考核机制等政策引导市场营销工作。各事业部要充分发挥平台引领作用，做好协同营销、高端营销。各子公司要充分发挥自主营销能力，调动各方资源，创新市场营销机制体制，优化市场营销资源配置，贯彻落实股份公司的各项部署。只要我们坚定信心、落实责任、抢抓机遇、共同努力，就一定能全面超额完成今年的市场营销任务。

三、学习贯彻本次会议精神的几点要求

（一）做好市场营销工作，首先要处理好三方面的关系

1. 要处理好规模与效益的关系

规模经济理论是经济学的基本理论之一，是指在一定产量范围内，随着产量的增加，平均成本不断降低的事实。在建筑行业，虽然存在建筑物不标准、生产过程不标准导致产品差异化的客观现象，但规模越大，我们仍可以通过高度专业化提高生产效率，通过在更大范围内分摊管理费用以降低单元产品的管理成本，可以在议价过程中获得一定优势地位，并为融资活动带来便利。我们必须认识到规模与效益的辩证统一，既要杜绝无规模的效益，也要避免“规模不经济”。

2. 要处理好公司与民间资本、社会资源的关系

“后四万亿时代”中，基础设施项目投资主体将呈现多元化的特点，更多的民间资本将进入该领域。此外，据有关数据统计，近几年来，国内施工总承包企业平均产值利润率低于专业承包施工企业，而二级、三级施工总承包企业的平均产值利润率反高于特级、一级施工总承包企业，这说明有一定数量的专业建筑企业和二、三级建筑企业在部分专业领域、区域地域已经形成了明显的管理优势甚至较高的美誉度。我们必须以海纳百川的胸怀对待这些民间资本和社会资源，凭借我们作为央企的资信能力和条件，在风险可控、监管有效的前提下，充分利用各类代理人，积极引入合作项目，将企业以外的这两种资源作为重要营销渠道纳入公司的营销体系。

3. 要处理好市场营销与经营管理的关系

作为企业运转的两个重要链条，市场营销与经营管理相互促进、相互制约。市场营销是对外的，追求从企业外部获取资源和建立影响；经营管理是对内的，强调对内部资源的整合和建立秩序。一方面市场营销工作的质量直接关系到经营管理能不能出效益，另一方面经营管理工作又决定着市场营销能迈多大的步伐。经营管理工作要在探索管控路径上下力气，解除公司运作营销新模式的顾虑，推动公司实现对企业以外资源的充分利用。

（二）做好市场营销工作，关键要顺势而为、持续创新

营销体系是否完善是决定建筑企业发展的关键，可以说，有怎样的营销体系，就有怎样的营销业绩。社会在持续进步，市场环境在不断变化，顾客的需求也在不断变化，我们必须解放思想、顺势而为、持续创新市场营销机制体制、创新市场营销模式，以适应外部的变化。我们要坚定不移地实施“大营销”战略，不断完善“大营销”体系，进一步贯彻落实“大土木、大市场、大集团、大品牌”的建筑市场营销战略。要不断创新市场营销机制体制，建设市场营销激励机制，建设子公司重点营销、股份公司高端营销相结合的“大营销”体系。要不断完善市场营销信息化系统建设，增强企业市场快速反应能力。要落实子公司营销责任，从班子结构、经营团队配置上更加重视市场营销，开拓市场、维护市场、维护客户。要不断获取市场反馈信息，推动企业市场营销体系更贴合市场规则和市场动态。

要勇于拓展新市场、新区域，创新营销模式和商业模式，以技术、管理、服务、公共关系带动总承包业务的发展，全面落实范董事长提出的以市场营销方式转变促进公司发展方式转变的总体目标。要合理使用、共享和管理各子公司资质；不断解放思想，整合外部社会资源；建立人员相对减少、结构相对优化，管理型的现代企业。加强内部市场协同，完善内部控制体系，完善内部市场机制，发挥产业链优势，促进各业务协同发展。

（三）做好市场营销工作，一定要加快落实人才强企战略

坚持有利于实现公司市场营销业绩快速发展的科学的人才观，以市场营销人才资源能力建设为核心，以创新市场营销人才工作机制为动力，以优化市场营销人才队伍结构为主线，以培养选拔高层次市场营销人才为重点，以强化市场营销人才激励为突破口，紧紧抓住培养、吸引、用好市场营销人才三个重要环节，着力建设适应股份公司“大营销”

体系的市场营销人才队伍，大力推进市场营销人才职业化、市场化、专业化、国际化。

作为市场营销工作最主要的人才资源，各级领导必须要精于学习、善于思考、勤于提升，不断提高自身的战略思维、全球视野、大局观念、竞争意识和宏观判断能力，提升市场洞察力、市场风险管控力，并以饱满的热情、自觉的态度、坚韧的毅力完成市场营销工作。各子公司必须高度重视市场营销人员管理，要把能力强、业绩优、敢担当、能担当的优秀人才放在市场营销的重要岗位上来。要把提升各级市场营销人员的素质作为人才强企战略的重中之重，在建立科学的培养、吸引、选用、激励、评价机制上狠下工夫，尽快解决困扰公司市场营销发展的“瓶颈”问题。

（四）做好市场营销工作，必须要保持对有关数据信息的敏感

作为上市公司或上市公司子公司的领导干部，一些数据信息对于我们的重要性不言自明。希望大家把对数据的敏感也带到市场营销工作中来，敢于面对数据、善于分析数据，确立目标、传导压力。上午，杨忠副总经理列举了我们与中建、中铁工、中铁建、中交建等建筑央企在新增市场份额和年均增速等方面相比差距较大，而对葛洲坝的优势则在不断缩小……这些数字，应该引起我们的警惕感和迫切感。应该如何应对这种“前标兵、后追兵”的状况？又如，2012 年，全球有 59 个国家和地区面临领导权变更，其中哪些是我们的传统市场或拟开发市场？我国可再生能源“十二五”规划目标中提到，到 2015 年中国要建成风电、太阳能、生物质能、太阳能热利用及核电等非化石能源开发总量达 4.8 亿吨标准煤，在这一轮发展中，我们的优势领域和拟进入领域是什么？又打算如何保持优势和全新进入呢？官方消息显示：今后 10 年全国水利投资将达 4 万亿，“十二五”期间将达 1.8 万亿；“十二五”规划纲要提到未来 5 年我国城镇化率要提高 4%，根据测算，每增加一个城市人口意味着带来 10 万元以上的城市基建投资，这说明“十二五”期间城市基建投资至少达 7.5 万亿，年均 1.5 万亿；“十二五”期间将建设城镇保障性安居工程 3600 万套，如按每套 50 万元计算，总投资将达 18 万亿，其中 2012 年将不低于 7000 亿……对于这些，在座各位必须充分思考：作为建筑央企，作为股份公司的子公司，在这些基建投资中要拿多少份额？底线是多少？确保多少？力争多少？每一阶段、每一个区域、每一个下级单位的分解任务又是多少？希望大家心里都要有一杆秤、一盘棋。这样的数据还很多，希望大家及时关注、综合考虑、主动分析，并制定相关措施。

（五）做好市场营销工作，还要做好相关配套措施

古人讲：“兵马未动，粮草先行”，说的就是战斗过程中的配套准备问题。以上我们提到了高端介入、情报搜集、数据分析、利用外部资源等，都属于市场营销的准备、配套工作。在这里我再强调两点：

1. 要做好保密工作

市场营销过程中需要保密的信息范围很广，保密的目的不仅是为了确保市场营销成果可控，也是为了防止自身完全“裸露”在竞争对手面前。目前仍有个别子公司很不注重这方面的工作，在公开网上披露正在跟踪的项目、在编在投项目信息，全文披露市场营销会议资料或与市场营销有关的公文函件，甚至连市场营销座谈会的会议纪要也进行了全文披露，将市场营销的设想、计划、目标、手段、策略等等信息，向竞争对手全盘托出、拱手相让！这充分暴露出部分领导干部在市场营销保密方面意识淡薄。各单位必须加强领导，统一思想，把保密工作放在重要位置上，长抓不懈。要加强核心商密知悉人员的保密教育，完善市场营销信息保密制度，切实提高对市场营销信息的保密意识，严格规范信息公开行为，对市场营销保密工作要坚持“少公开、少介绍、少报道、少宣传、少上网”。

2. 要采取措施，贯彻落实本次会议精神

会议结束后，股份公司要将范总讲话、会议报告及专题报告以文件形式下发。对报告中提出的市场营销奖励办法，股份公司将及时以文件形式明确。各子公司要认真组织贯彻落实本次会议精神，要通过多种形式，尽快将股份公司 2012 年市场营销推进会会议文件传达学习、贯彻落实，使市场营销系统的各级人员领会股份公司本次市场营销推进会的精神。各子公司领导要高度重视市场营销工作，坚持市场营销第一的理念，完善市场营销机制体制，争取在市场营销方面取得新突破，筑牢企业发展的基础。各子公司要对于本次会议的重要讲话及工作报告、专题报告中提出我们市场营销存在的问题，要对照检查，发现问题，及时整改，这也是我们实施“管理提升活动”的一项主要内容，使我们市场营销的体制机制、营销模式更好地适应市场形势的变化，更好地通过市场营销带动作用促进公司发展转型升级。各子公司要根据本单位实际，认真研究，制定措施，重点落实，确保今年市场营销任务的全面完成，确保市场营销体系长期健康运行。各级市场营

销人员要解放思想、顺势勇为、抢抓机遇、勇于担当、敢于担当，落实“保市场、保订单、保发展”的责任。

同志们，电建集团成立、股份公司上市，为我们市场营销取得更优业绩提供了更广阔的平台，也为我们取得更优业绩提出了更高要求。让我们以科学发展观为指导，以贯彻落实本次会议精神为契机，进一步提高认识、统一思想，认清形势、顺势勇为，明确目标、强化责任，以优异的市场营销业绩推动公司发展转型战略的实施，促进公司科学可持续发展，为建设具有较强国际竞争力的质量效益型世界一流企业而努力奋斗！

在公司总部2012年工作会议上的讲话

（2012年5月4日）

孙　洪　水

同志们：

今天，我们召开公司总部2012年工作会议，主要任务是简要总结2011年工作，贯彻落实股份公司2012年工作会议精神，部署公司总部年度重点工作，力争在中国电力建设集团成立、股份公司成功上市的新起点、新平台上，不断转变发展方式，切实加强总部建设，引领公司平稳较快发展。

刚才表彰了2011年度总部先进部门和先进个人，这里向受到表彰的部门和同志表示祝贺。下面我讲几个方面的意见。

一、2011年公司取得的发展业绩和总部取得的工作成绩

2011年是股份公司发展历程中具有重大里程碑意义的一年。公司成功登陆资本市场，由一家国有全资企业转变为一家公众上市公司，并通过参与电力一体化重组，随同中国电力建设集团有限公司站在了世界500强的更高发展平台。

（一）公司总体经营业绩持续增长，进一步夯实了企业发展基础、提高了发展质量

2011年，公司实现营业收入1134.71亿元，同比增长11.80%，实现利润总额49.87亿元，同比增长23.62%，到2011年底资产总额1632.15亿元，同比增长34.37%，营业收入、利润总额、资产总额均创历史最好水平。2011年，公司国有资产保值增值率为121.53%，全年新签合同额1278.45亿元，合同存量为2424.84亿元，同比增长13.48%。全员劳动生产率86.51万元/(人·年)，同比增长12.1%；在岗职工平均工资59 091元，同比增长22.4%。

（二）公司总部按照上市公司的运作规则和监管要求不断转型、提升管控能力，在企业的持续稳步发展过程中起到了重要作用

1. 不断优化公司治理结构与经营管理的体制机制，顺利完成首发上市、参与施工设计一体化重组等各项任务

几年来，公司总部持续规范和优化企业治理结构，形成符合上市公司要求的决策、运作机制和管控体系。2011年，公司成功完成两大战略任务：

（1）成功实现首发上市，成为年内A股最大的IPO，上市工作得到了国务院国资委的高度肯定。公司首发上市还为中国电力建设集团有限公司分步推进整体上市搭建了平台、创造了条件。

（2）顺利参与中国电建集团重组。公司总部积极配合、协助电建集团策划拟订了筹备工作方案，为有序地推进电建集团的组建、电网分离企业接收、有关政策落实和运营准备工作打下了基础。在此期间，公司总部广大干部员工经受考验、努力提升，在人员变动幅度较大、工作任务繁重的情况下，切实推动了总部管理理念的调整转变、促进了管控模式的更新升级。一年来，公司总部推动辽工局有限公司与水电六局有限公司的重组，开启了公司所属子企业的科学重组整合步伐，为公司解决同质化竞争和资源配置分散等问题、实现规模效益打下了基础。

2. 不断推动公司加快转型升级步伐，公司产业结构调整与主营业务结构调整收获更大成效

在公司战略发展和整体经营过程中，总部积极以“六型”总部为抓手，不断发挥引领作用、战略管控作用、服务指导作用。在认真总结公司“十一五”规划工作及其完成情况的基础上，根据宏观经济形势和行业发展趋势，公司修订了“十二五”规划及三年滚动规划，并以此引领各层级的管理体制和经营机制的优化改革，推动各项经营管控措施进一步落实。

一年来，公司总部继续推进公司结构调整优化和战略转型升级，公司的主营业务结构、市场结构和产业结构进一步调整，海外市场进一步拓展，投资业务稳步发展，建筑、投融资、房地产、矿产等多产业发展格局进一步优化。2011年度，公司国内水电业务、国际工程业务、国内非水电业务、房地产业务和电力投资与运营业务的营业收入占比分别为42.94%、21.91%、21.19%、2.65%和3.57%。在此期间，投资部和各事业部为产业结构调整优化和战略转型升级做出了巨大努力和突出贡献，如海外事业部坚持根据业务发展特点系统梳理、修订、增补海外各项规章制度，形成了一系列股份公司的国际业务管理制度文件，通过调整组织机构引导部门定向拓展市场，调整部分区域总部市场范围；基础设施事业部新设福建分公司，调整华中、华南、东北三区域市场范围，并与北京交通大学合作编制《环保产业发展战略研究报告（报审版）》，为进军环保产业积极创造条件；房地产事业部建立了以“京津冀都市圈”、“成渝经济区”、“长株潭城市群”、“武汉城市圈”、“环渤海经济圈”等城市群为核心多项目、跨区域的战略格局；新成立的铁路事业部坚持“边组建、边完善、边发展”，在加强在建项目监管的基础上取得市场营销的突破，今年在工程中标方面取得了较大突破；投资部重点强化与国资委规划发展局、环保部、发改委、能源局等政府主管部门的沟通，加强实地调研及监督检查，加大央企间合作交流及增进与地方政府的战略互补，水电、火电、风电等能源投资和房地产、基础设施等投资占公司资产额的比重持续提高，进一步增强了公司的持续盈利能力和抵御建筑业系统性风险的能力。

3. 不断夯实各项基础管理工作，提升总部管控能力和服务水平，促进总部与各二级单位同步提高、协同发展

一年来，公司总部以项目管理为对象，建立完善了铁路工程、非水电基础设施、国际业务项目管理标准。以推广应用和加强技术管理为目的，积极推动国家和行业标准化工作，持续建立企业工法和作业标准体系，并推动各子企业加强对在建工程项目的管控，进一步提高了管理活动的标准化、规范化、程序化水平，为国际优先战略、大力发展非水电业务战略提供了有效保障。公司总部与四家子企业试点进行全面风险管理体系建设的工作圆满完成，完成了对重大风险的评估，编制了《股份公司2011年度全面风险管理报告》，为公司总部及各子企业今后全面风险管理与内部控制工作的开展奠定了基础。上市后，公司编制的首份年报数据准确、内容翔实得当，受到了证券监管机构的好评。在2011年利比亚政局动荡和今年上半年苏丹人质事件、尼泊尔上塔山火等突发事件中，公司总部迅速反应，及时启动风险防控预案，指挥有关子企业较好地完成了撤离、营救等工作，充分体现了应对国际突发事件的积极应变能力、组织能力和执行能力，受到了党中央、国务院、国资委、外交部及驻外使馆的充分肯定。在特级资质重新核准过程中，公司总部几乎所有的部门都参与其中，通过及时部署、积极指导，切实推动了股份公司及部分子公司认真对照特级资质企业要求的资信能力建设、网络信息建设、管理队伍建设、科技创新建设等，精心准备，积极申报，使公司和旗下七家子企业的水利水电施工总承包特级资质及水利行业甲级资质获重新核准，为公司打造“主业资质突出、专业资质配套、两级资质互补”的资质大格局奠定了良好基础，为公司在市场开发领域实现设计和施工一体化目标提供了有力保障。

总部各部门的干部员工不辞劳苦、一丝不苟，在参与一体化重组工作、电建集团成立和股份公司成功首发上市的同时，仍确保公司总部管理体系有效运行、各项业务工作正常开展、管理流程规范有效，并在这工作任务繁杂、工作压力沉重的特殊时期，保持着高度的责任心、端正的工作态度和良好的总部员工形象！并借着特殊时期迅速提升自己的业务能力水平和工作效率。各领导小组、工作小组、评审委员会、专家委员会的领导、成员在做好自身原有岗位工作的情况下，敬业奉献、辛勤付出，切实推动了公司总部各项工作有序有效开展。

4. 不断增强总部党建、反腐倡廉等工作，以思想政治优势、组织优势推动企业科学发展

总部党建工作坚持融入中心、服务大局。一年来，公司总部印发了《党建工作责任制实施办法（试行）》，及其配套的党建工作责任制考核评价办法、考核评分标准，并对贯彻落实党建工作责任制作出了部署。通过增强学习型领导班子建设的时效性，指导经营管理实践和推进学习成果转化等措施，公司开展的学习型党组织创建活动取得初步成效。总部积极推动公司反腐倡廉工作深入开展，以惩防体系建设工作为主线，以党风廉政建设责任制为抓手，深入开展廉洁从业教育，着力构建“五道防线”。公司工会指导公司及各子企业切实促进生产经营、开展技术创新、稳定职工队伍、发挥桥梁纽带作用。总部指导引领全公司青年工作，涌现了一大批青年岗位能手等先进模范。企业文化建设持续推进，公司企业文化创新工程获全国电力行业与企业文化优秀成果一等奖，公司年鉴荣获全国编纂出版

质量评比综合特等奖。精神文明建设工作不断创新，认真开展“三创建”活动，2011年，公司总部荣获中央国家机关文明单位“十连冠”称号和中央国家机关文明单位标兵称号，连续五届荣获首都文明单位称号并获首都文明单位标兵称号。

公司的改革发展，离不开公司总部重要领导作用和中心功能。公司总部的有效管控和积极服务，离不开总部全体干部员工付出的积极努力和辛勤奉献，离不开你们的爱岗敬业和顽强拼搏。在此，我代表公司和公司党委向总部全体员工表示衷心的感谢和崇高的敬意！

二、2011年公司总部在工作中存在的主要差距

成绩值得欣喜，但问题不容忽视，对照科学发展观的标准，对照一流公司总部的要求，公司总部在几个方面还存在差距：

（一）建设一流总部工作有待进一步加快

公司总部已经确定了工作目标是以“五强五优”为努力方向，积极打造“六型”总部，几年来总部建设也取得了较好的成绩，但当前的建设水平仍无法达到企业快速发展的更高要求。当前仍有部分总部干部员工在工作中激情不够、活力不足；学习积极性不够、主动性不强；面对公司的决策部署反映不及时、落实无举措；对于公司重要资源整合不充分、调配缺方法。部分干部员工养尊处优，危机感和紧迫感不够，职业精神、责任意识和工作能力有待进一步强化。

（二）岗位职责、管理流程有待进一步规范和梳理

目前仍有部分同志对工作岗位、管理流程认识不清——把管理活动当作行使个人权术，而不是组织行为；给下级单位办事被看作为助人为乐，而不是岗位履职，甚至企求为个人得到额外回报！部分同志更多地用商业智慧、人际技巧、权谋之术、人格魅力等内容来装饰自己，却少用权限职责、任职资格和履职能力来充实自己所在的岗位！试想，如果我们总部的同志丧失了明显的岗位特点，那将意味着什么？

管理的一个重要特点就是岗位职务、组织机构、管理流程的可重复、可复制，以及不断完善和不断提升。如果公司的管理不能复制、移植，那么我们的二级单位、三级单位乃至工程项目，又怎么落实我们的发展战略？怎么执行我们的管理措施？因此，公司总部必须进一步科学地明确岗位职责、梳理管理流程，并用以指导、规范子企业的管理行为。使公司上下形成以制度实施管理、以流程确保规范、以科学支撑决策、以公正凝聚人心的企业管理标准化局面。

（三）面对企业发展过程中的新形势、新局面有待进一步适应

（1）电建集团正在有序推进整体上市工作，当前处于电建集团、股份公司运行的协同发展期，公司总部的思想观念仍有待进一步转变，管理体制、机制和管理方式、手段都有待进一步创新。

（2）公司当前处于产业结构、业务结构调整优化的加速转型升级阶段，但总部仍需进一步改进、完善工作职能。过去我们多数时间盘踞于国内水电施工行业，具备对这个市场的控制能力和资源调动能力。但现在我们还要面对国内非水电业务这种完全竞争行业、国际建筑业务以及国内外的投资业务，公司总部必须针对相对稳定品牌的形成过程和市场机会的多变性及成长性，改进、完善总部的管理和服务职能。

（3）世界政治、经济格局的动荡以及国内经济局势的发展既为我们提供了发展机遇，也带来了严峻挑战，公司总部有待进一步调整创新，适应工程承包、EPC、BT、BOT等商业模式，形成跨行业、跨区域的市场格局。

（四）部分总部干部员工的工作作风有待进一步改进

部分同志自认为是公司总部的干部员工，工作作风较为虚浮，存在一定程度的形式主义和官僚主义现象。个别同志在面对问题时管理方法单调，管控力度薄弱，在政策研究、重要文件起草、关键工作落实等方面难以亲力亲为，存在走过场、说套话甚至推诿、扯皮等现象。这里我想提起几个现象供大家反思：部分总部干部员工面对工作中出现的问题时，较多强调是由于二级单位不讲规矩、不懂程序造成的，但这其中有很大一部分是我们自己的管控、服务责任。部分二级单位向总部提出问题和反映诉求的时候，一般首先想的不是问题诉求是否合理、表达是否到位，而是首先考虑总部的这个领导员工和谁关系比较好、是哪个工程局出来的，考虑是否“朝中有人”，出现这种情况，我们总部的同志也应该引起思考：自己是否存在凭个人情感、个人交际处理问题的现象？

相信以上问题并非普遍现象和主流现象，但这些不足必须引起我们足够重视和高度警惕，否则，蔓延开来将危害整个企业的改革发展！希望各部门、各位同志结合自己的实际情况，对照问题，查找差距，对标先进，自我加压，不断改进！公司总部也将采取进一步的措施，推动总部不断转型升级、稳

步提升！

三、2012年公司总部工作的主要努力方向

关于2012年所面临的形势局面，在电建集团和公司的年度工作会议上都已有详细论述，不再赘述。这里需要强调的是，2012年，面对着更为复杂的宏观经济形势及内外部环境，我们更需坚持围绕学习创新型、战略管控型、指导服务型、科学规范高效型、形象示范型、团结向上型“六型”总部的要求，坚持“五强五优”的努力方向（即：引领发展能力强、公司治理能力强、资源整合能力强、服务指导能力强、内外影响能力强；思想素质优、工作能力优、业绩成效优、作风建设优、系统功能优），不断体现充分的核心价值，加快建设一流的公司总部。

公司总部要在以下几个方面不断强化：

（一）必须对照上市公司的标准，不断加强改进、切实努力提升

公司上市后，我们是作为一家公众企业面对着资本市场，我们作为公司总部必须对照上市公司的标准加快转变工作方式，加快适应有关需求。一是要妥善协调解决同业竞争、关联交易等问题；二是依法规范运作，将资本市场的法律法规和对对上市公司的要求转化为公司重大决策、日常经营管理的行为准则，完善各司其职、有效制衡、科学决策、高效运作的治理结构，进一步提高公司的治理水平；三是要加强企业内部控制规范体系建设。按照证监会的要求，制订全面内控建设发展规划，建立以价值为导向的内控体系并与现有管理体系有效衔接，提高上市公司的运营质量；四是正确处理投资者关系，坚持对全体股东负责；五是切实加强信息披露工作，提高公司运营的透明度，自觉接受监督。严格按照上市公司财务管理要求，认真执行企业会计准则及相关规定，提高会计信息质量。

总部广大干部员工也要加强学习、不断提升，强化以下几个方面的意识：

（1）程序意识，股东大会、董事会、监事会是上市公司的权力机构、决策机构、监督机构，一定要按照上市公司的标准与公司章程的要求，将有关业务、事项严格纳入公司的决策程序。为此，总部的同志们在处理有关事项和问题时，必须有计划、有统筹，提前布置、按规、有序推进，不能事到临头才提出来，把公司治理的决策程序想当然地认为只是走过场，甚至企图绕开决策程序。

（2）公众意识，大家必须牢记我们是一家上市公司、公众企业，经营管理过程的一举一动都暴露在证监会、广大投资者和媒体的众目睽睽之下，必须本着为投资者负责、为市场负责、为公司负责的态度开展经营管理活动。

（3）保密意识，公司已经制定并实施了信息披露制度，总部广大干部员工必须严格遵照执行，在重大信息披露和年报公布等发生之前，不能随意在公共场合、网络上谈论有关数据信息，要知道我们当前处于资讯高度发达的社会环境中，一些数据信息的不实传播或者在不恰当的时候被广为传播，都有可能造成我们的股价异常波动甚至更大的负面影响。

（二）必须对照公司和电建集团双轨运行协同期的特点，积极梳理、整合、完善管理流程

电建集团整体上市是一个有序推进的渐进过程，因此，电建集团与股份公司在一段时间里将双轨运行。在“双轨”进入“并轨”之前的协同发展期、重组调整发展期里，公司总部要注意处理好几个问题：

（1）在当前较为特殊的协同发展期及即将到来的重组调整发展期内，公司总部各部门、部门内各岗位在不同程度地存在任务量不均衡、需履行岗位外职责等现象。

1）要积极发挥主观能动性，科学梳理管理流程、完善整合相关岗位、合理分配工作任务，尽量避免出现明显的、差异过大的忙闲不均、职责不明的现象。

2）要根据总部相关业务岗位特点和岗位需求定岗、定编，以缓解当前相关业务面临任务紧、人员缺口大的困难。

3）要继续发扬水电人“五个特别”的精神，奋发有为、开拓进取、攻坚克难，确保平稳度过电建集团与股份公司从“双轨”到“并轨”的特殊时期。

（2）公司总部要与电建集团相关部门充分对接，在平稳过渡的基础上，配合做好管理对接、业务整合、文化融合等工作，协助构建电建集团的管控和运营体系。要按照电建集团的统一安排，配合做好其相关业务资产注入股份公司的工作，以兑现向资本市场的承诺。

（3）要在协同发展期内保持上市公司的独立性，在对接过程中要注意让控股股东（电建集团）与上市公司之间保持有关人员、资产、财务分开，机构、业务各自独立，各自独立核算、独立承担责任和风险，避免造成影响上市公司独立性的事实，进而损害上市公司及其他股东的利益。

（4）要在电建集团领导下，积极履行好有关社会责任，确保和谐发展，维护社会和企业稳定。要配合提炼、融合中国电建的企业文化，并协助做好

中国电建品牌建设及有关宣贯工作，为扩大电建集团社会影响、树立好中国电建良好形象作出更大贡献。

（三）必须对照公司产业结构和主营业务结构调整的步伐，持续推动公司总部转型升级

公司总部同志要彻底弃绝“行业寡头”型的工作心态和工作方法，切实转变思路、改进措施。对于公司正处于快速成长的投资业务、国际业务、国内非水电业务、房地产业务等行业领域，总部各部门全体员工都应该主动、积极学习其行业特点和相关知识，立足自身岗位职责，紧密结合行业特点与业务流程，在各个产业领域都认真做好战略管控，提供多元的、优质的服务。要积极推动提高公司的一体化服务能力，充分利用电建集团拥有电力工程设计、施工、装备制造于一体的完整产业链的优势，大力整合公司现有业绩、资质、科技力量、专业人才队伍等资源，不断引领推动增加产业集中度，要在水利、水电、火电、风电及基础设施建设等领域的规划、建设和运营方面，加快形成并提升集成式、一站式服务能力。

要继续坚持“大集团、大土木、大市场”的战略发展思路，进一步完善和强化以海外事业部、基础设施事业部、房地产事业部和铁路事业部为载体的发展平台，进一步合理优化区域市场布局，进一步有效管控、整合各二级单位的专业力量及相关资源。在公司推动产业结构和主营业务结构调整的过程中，各事业部要进一步体现和发挥组织专业化生产、深耕区域市场、为企业培养全面管理人才和未来发展储备干部等方面的作用，要准确定位、合理统筹，既注重切实发挥战略引领职能、统筹营销职能、管控职能、业务带动职能和平台支持职能，又要注意克服本位主义，避免出现“红顶商人”过分地与其他二级单位争抢利益的现象。

（四）必须对照与“六型”一流公司总部的距离，强化各项基础管理工作，进一步提升对二级单位的管控和服务水平

公司总部要引领做好各项基础工作，不断强化“内功”，提升管理水平，有效发挥总部的战略决策中心、资源调配中心、管理控制中心、财务与资金管理中心和绩效评价中心职能，有效发挥各部门集成化的专业管理和业务指导作用。

（1）总部各部门在开展工作时要积极前瞻、合理预判，认真策划、分配各项业务的阶段性任务，有步骤、有秩序地推动各项管理活动，要尽量减少“鸡毛信”、“救火队”等情况的出现。

（2）要狠抓工作督办，切实提升总部工作的执行力。督办工作是公司总部管理活动的重要组成部分，是增强企业执行力、促进公司各项决策、重要工作部署贯彻落实的重要手段，也是公司总部加强领导、实现总部工作目标的重要工作环节、工作方法。要不断建立完善工作督办制度体系、组织体系，并从制度、业务、组织层面对各二级单位进行对接，从而构建全公司的督办制度体系。总部各部门要定期对完成工作进行回顾梳理和系统反馈。机关党委等组织要通过强化总部劳动纪律管理、工作作风建设等，引导、推动总部各项工作任务的落实。

（3）要系统推进企业管理标准化工作。要充分认识到管理标准化是现代企业集约化高效管理的基本方法，是推进企业管理创新、降本增效的重要手段。公司总部要进行充分统筹，顶层设计，不断构建完善覆盖公司各管理层级、全业务领域、全管理流程、关键管理行为的标准体系，引领建立强有力的组织保障体系，在质量、安全、环境职业健康三标体系贯标工作也业已形成的管理制度体系的基础上，进一步推进企业管理标准化工作，促进各经营生产活动、组织行为和管控方式形成可重复、可移植、可共享、可验收的管理内容，不断提升管理质量、工作质量，持续巩固和强化品质有保障、品牌可持续的“中国水电”。

（4）要大力推进企业信息化建设。信息化水平被作为特级资质企业考评“绝对硬件”的时期刚刚过去，但我们决不能以为到了信息化的“后考评时代”就可以怠慢、松懈！信息化建设是一项管理方式而不是一个科研技术，信息技术只是信息化建设的载体和平台。总部干部员工必须不断改变管理思维方式，将管理内容、决策要素与信息技术融为一体，根据信息化建设的规划、需求，进行业务梳理、流程改进甚至是流程重组，要在考评时期信息系统的基础上进行优化提升。要通过大力推动财务业务一体化、综合项目管理信息系统的推广应用，把支付、分包、采购等关键流程都纳入信息化的业务系统。

（5）要继续推进全面风险管理与内部控制体系和管理评价体系建设，继续坚持“三控三强一确保”的综合性措施，规避、防控各类风险。要通过扎实、细致的工作，切实推动投资业务国内国际的一体化，立项、评审和决策的科学化，建设、管控的制度化，评价、考核的常态化。

（6）各专业部门要立足岗位、立足业务，有效管控、主动服务。要进一步强化《建造合同准则》执行效果，加强应收账款的催收和为未完施工的管控。强化资金预算管理和融资管控，提高资金集约

化水平。加强设备管理，提高设备调剂水平和集中采购水平。围绕建设国际行业科技领先型企业的科技战略，抓好科研立项工作，合理调配、保障科研经费投入，提高科技创新能力。引领建立企业安全质量管理长效机制。推动做好节能减排工作。不断完善法律、审计、检查工作体系，从几个业务口切实强化事前的防范、过程的管控、事后的验证、整改的落实。

（五）必须对照高素质人才队伍的建设需要，不断加强人力资源管理

要进一步加快人才队伍建设，并积极引领各二级单位加快打造高素质人才队伍的步伐。

（1）要落实好股份公司“十二五”人才规划的实施工作，重点抓好人才培养、人才引进、人才使用和人才结构的调整工作。

（2）要注重总部人力资源体系建设，进一步清晰部门人员的岗位职责，健全业务结构，充实并培养专业人员，推动部门工作规范、系统、有序、高效运行。

（3）要不断推动提高员工的工作能力和素质水平。要紧密结合股份公司的治理结构、组织架构、制度体系、运作规则等，推动总部干部员工加强学习，全面提高业务能力和专业素质。要在公司范围内继续抓好企业领导人员、高级项目经理、专业技术人员、班组长等各类人员的教育培训计划的安排和落实工作。

（六）必须对照科学发展观的要求，将政治优势转化为企业发展能力，推动党建工作和文明建设再上新台阶

认真贯彻落实党的十七届五中、六中全会精神和全国国有企业党建工作会议精神，继续推行党建工作责任制，建立党建工作完整的制度体系。公司总部党建工作要以抓好学习型总部建设、总部争先创优活动和加强总部文明建设为重点，积极探索党组织、工会、共青团等组织有效发挥作用的途径和方法，不断增强党组织的凝聚保障能力。要抓紧落实机关党委、工会等组织的建设工作，切实担负起公司总部员工建设的重任。

要进一步加强公司总部的作风建设，着力培养优秀的总部文化：

（1）总部要尽量控制非生产性费用。所有调研、出差、会议等活动都要从实际出发，尽量轻车简从、厉行节约，减少内部宴请、杜绝铺张浪费。

（2）要改进会风文风。继续坚持会议计划管理，要根据全局工作的需要和总部的日常工作情况，有计划地安排会议，使各类各次会议按计划、相配合地进行，从而提高会议工作的整体效率。时间短、内容单一的会议都要以视频、电话会议形式召开，会议时间和参加人员相近的要合并召开或套开。要严格控制举办各种研讨会、表彰会以及大规模庆典活动。要切实提升文件质量，充分利用现代化办公手段，坚持少发文、发短文、发“有价值”的文。

（3）要加强职业道德操守。办事要出于公心，坚持原则、公道正派、不卑不亢、有礼有节，要遵守公司员工守则、职业道德和社会公德。总部在工作过程中要杜绝权力部门化、部门利益化的情况，杜绝拉帮结伙的“小团体主义”，共同打造正派高效的总部文化。

同志们，形势催人奋进，任务已经明确。总部处于公司的核心位置，在座的各位都是这个核心的成员，作用至关重要，责任十分重大。让我们以高度的责任感和使命感，扎实工作、奋发有为，推动总部转型升级，引领公司平稳较快发展，为建设具有较强国际竞争力的质量效益型世界一流企业贡献力量！

突出重点　狠抓落实
深入推进反腐倡廉建设

——在股份公司反腐倡廉建设工作会议上的报告

（2012年2月19日）

陈　永　录

同志们：

受股份公司党委委托，我向会议报告股份公司反腐倡廉建设工作。这次会议的主要任务是：深入贯彻党的十七届六中全会、十七届中央纪委七次全会精神、国资委反腐倡廉建设会议部署，落实电建集团工作会、股份公司工作会精神，回顾总结2011年的反腐倡廉工作，研究部署2012年工作任务。

一、2011年股份公司反腐倡廉工作情况

2011年，在国资委纪委、股份公司党委的正确领导下，股份公司认真贯彻落实上级的决策部署，围绕"加快转变发展方式，确保平稳较快发展，建设具有较强国际竞争力的质量效益型世界一流公司"的发展目标，以惩防体系建设为主线，狠抓党风廉政建设责任制的落实，推进"五项制度"的贯彻实施，认真开展效能监察和专项治理，严肃查处违纪违规案件，各项工作都取得了新成效。

（一）强化"一岗双责"，党风廉政建设责任制各项工作进一步落实

2011年3月2日，股份公司专门召开了反腐倡廉建设工作会。董事长、党委书记集湘同志发表重要讲话，提出扎实推进反腐倡廉建设，促进领导人员依法依规廉洁从业和强化各级领导人员"一岗双责"的要求。会议传达了中纪委、国资委会议精神，总结了工作，分析了案例，介绍了经验，部署了任务，签订了责任书。这次会议从规模到规格，从形式到内容，都充分体现了股份公司党委和股份公司领导对反腐倡廉建设的高度重视。这就无形中给大家加深一个认识，释放一个信号，必须下决心抓好反腐倡廉建设，确保各级领导人员依法依规廉洁从业，确保企业平稳健康较快发展。会后，各公司及时召开反腐倡廉工作会，层层签订党风廉政建设责任书。据统计，股份公司与各公司、各公司与所属单位签订责任书4529份，责任书签订率达到100%，大大提高了各级领导人员"一岗双责"的责任意识，为全年反腐倡廉建设工作的开展奠定了坚实的基础。

年中，根据中央修订颁布的《党风廉政建设责任制规定》，股份公司修订下发了《党风廉政建设责任制实施办法》、《党风廉政建设责任制评价办法》和《党风廉政建设责任制评分标准》，进一步调整考核办法，充实考核内容，强化责任落实，突出责任追究。

（1）坚持动态调整充实考核内容，突出经营管理重点。公司进一步将三重一大、纪检监察组织建设落实情况等重点工作纳入责任制考核内容，使年度党风廉政建设工作重点更加突出。

（2）不断改进考核评价办法，使评价体系更加科学合理。2011年，在党风责任制测评得分中首次增加了总部主要业务部门对各子公司责任制执行情况的工作评价，使责任制由点对点考核、公司党委常委评分、主要业务部门评价、被检单位民主测评等四部分组成。

（3）高度重视考核结果应用，将考核结果纳入公司管理评价，与领导人员任用、奖惩和责任追究挂钩。

2011年，公司全面建立新的业绩考核体系，并在业绩考核体系中将党风廉政建设责任制考核作为

管理评价子体系的一部分，使之与股份公司内控管理结合更紧密，在考核结果的应用方面取得了较好的效果。

年底，股份公司根据国资委纪委的部署，开展了对“四项工作”、“五项制度”落实情况的检查，对29家子公司、控股公司党风廉政建设责任制落实情况进行考核。考核结果最高分为98.92分，最低分为91.55分，平均分为96.77分。排在前五名的单位分别为水电七局98.92分，水电四局98.33分，水电十一局98.11分，水电十三局97.88分，国际公司97.69分。值得一提的是，各单位民主测评分数提升较快，2010年平均26.76分（满分30分），2011年达到29.15分，29分以上的单位由2010年的18个提升到22个，这说明了广大员工对各单位的反腐倡廉建设工作和领导人员的廉洁从业行为是充分认可的。

各单位始终把落实责任制作为反腐倡廉建设总揽全局的工作抓手，强化领导责任，完善制度建设，积极探索责任制落实的多种方法。如国际公司为了促进党风廉政建设责任制的落实，建立了多项配套制度规范各项工作；基础局编制了《国际项目作业指导书》，把党建、党风廉政建设和反腐倡廉工作作为优化国际项目管理的重要内容；租赁公司将公司领导的述廉议廉报告在公司内部OA办公系统公示，接受群众的评议和监督；路桥公司坚持每季度开展一次责任制落实情况的巡视督导，每半年进行一次考核。这些做法有效促进了责任制的落实。

（二）惩防体系建设工作进一步推进

2011年上半年，为全面落实《惩防体系建设2008～2012五年规划》的目标任务，股份公司组织召开了总部惩防体系建设交流促进会，各部门集中汇报惩防体系工作任务的落实情况，并对本年度惩防体系工作任务进行了梳理调整。7～10月，股份公司所属29个单位分三个片区召开了由纪委书记、监察部主任参加的惩防体系建设经验交流会，分享各单位惩防体系建设的经验和成果，共同研讨反腐倡廉工作的新情况、新问题，通过集中沟通与交流，提高了惩防体系建设水平，有效促进了惩防体系建设各项工作的开展。作为国资委惩防体系建设交流促进活动分组交流的牵头单位，股份公司积极完成了制定交流活动工作方案，组织本组6个中央企业和辽宁省国资委等单位，到水电十三局和中国化学工程集团西安华陆公司开展惩防体系工作的调查研究和交流研讨活动。股份公司纪委的理论研讨文章《突出抓好国际业务效能监察工作、努力做好国际业务风险防范》被评为优秀经验材料向国资委报送，并被推选为工作成效较好的单位向国资委进行了推荐。

2011年，公司各单位按照改革创新、惩防并举、统筹推进、重在建设的基本要求，突出抓好惩防体系基础建设工作，取得了新的成绩。如华亭公司将“三标一体化”管理体系植入惩防体系，建立了由92项制度组成的惩防体系建设标准化制度体系，在国内发电企业率先编制完成了《腐败风险防控手册》；水电六局着力强化“九大廉洁风险”管控，将惩防体系植入公司管理系统，与生产经营管理工作同规划、同部署、同实施，在考核方面将惩防体系建设纳入到党风廉政建设责任制年度考核目标，加大考核比重；房地产公司全员签订责任书，着力构建全员风险防范机制；水电十三局注重惩防体系信息系统更新，充分发挥科技手段在反腐倡廉建设中的作用；水电十六局建立“共同预防职务犯罪联络站”，定期召开座谈会，促进“企检共建”活动的有序开展。

（三）建立教育长效机制，努力构建思想道德防线

2011年，股份公司制定印发了《反腐倡廉教育长效机制实施办法》，对反腐倡廉教育的指导思想、目标要求、工作原则、教育内容、方式方法、教育机制、保障措施等提出了明确要求。文件下发后，股份公司各单位均按要求制定办法，结合自身实际开展丰富生动的教育活动。如水电三局规定每年8月8日为班子成员廉洁活动日，还将系统内历年来发生的案例配上漫画故事插图制成光盘，分发到基层单位，要求定期组织观看；水电一局突出对项目管理人员的教育，分别在长春、郑州、昆明三个片区，对公司120名在职项目经理和新提副处以上人员集中教育；水电四局在各级领导人员和有业务处置权的管理人员中，开展了以强化“责任意识”为主题的“作风建设月”活动；水电十五局开展了“狠抓作风建设，树立良好形象，加快科学发展”主题实践活动，编发简报20期；港航公司重视“企检共建”工作，充分利用检察机关的教育资源预防领导人员职务犯罪；四川公司结合毛尔盖公司负责人发生的违规插手工程分包问题，认真反思，举一反三，开展了一个月的专项廉洁教育，并进行了“三查找一加强”活动；水电十二局针对项目发生的两起案件，派出四个工作组到所属每个单位进行案例通报和警示教育。以上这些教育活动，都收到很好效果。一年来，股份公司各单位组织学习《廉政准则》和《若干规定》1215场，受教育人数26336人次，开展警示教育219场，参加人数9161人次，思想道德防

线得到了进一步构筑。

（四）进一步完善制度，努力构建权力运行防线

股份公司强调突出监督重点，坚持关口前移，特别是在人权、财权、事权上努力做到让权力在阳光下运行。坚持和完善选人用人机制，不断加大公开选拔力度，不断扩大职工群众在选人用人上的知情权、参与权和监督权；不断完善财务制度监管体系，加强财务监督管理，强化资产损失责任追究，规范收入分配和职务消费；不断强化审计监督，健全经济责任审计制度，完善内部审计管理；建立健全国有资本预算制度，强化预算执行，强化“三控三强一确保”的有效实施；积极推进厂务公开，充分发挥职工群众的监督作用，不断扩大和保证群众对企业管理的知情权、发言权、评判权和考核权；通过领导人员述职述廉和民主评议，自觉接受群众监督。在完善制度方面，去年，股份公司纪委在2010年出台15项制度的基础上，又围绕党风廉政建设、“三重一大”、招投标、分包管理、领导人员出国管理、廉洁从业谈话、党务公开、规范庆典、研讨会、论坛等方面，出台了9项制度。各单位在对领导人员权力制约方面，都做了一些有益的创新和尝试，取得了较好效果。如水电十局充分发挥党组织在参与重大问题决策中的政治核心作用和选人用人上的导向作用，强化对权力运行的监督；水电十一局坚持召开分包商廉洁从业座谈会，并与分包商一一签订廉洁从业承诺书，同时，围绕分包管理等方面建立了7项责任追究制度，从源头上预防腐败现象发生。

（五）大力推进“三重一大”制度落实，努力构建决策风险防线

股份公司高度重视“三重一大”制度的制定与落实，国务院国有企业监事会也把“三重一大”执行情况作为监督重点。2011年，股份公司重新修订了“三重一大”决策制度，对重大决策、重要人事任免、重大项目安排和大额资金使用的决策机构、决策程序、决策监督都做了明确规定。公司整体改制后，按照现代企业制度的要求，在《公司章程》的基础上，先后制定了股东会、董事会、监事会议事规则以及总经理工作细则，构建了党委核心领导、董事会战略决策、经理层全权经营、监事会依法监督的法人治理结构，确立了股东会一董事会一经理层一子公司的分级授权经营管理与决策机制。去年股份公司的“三重一大”决策制度落实情况，得到了国有企业监事会的认可。同时，股份公司加强了对子公司建立和执行三重一大决策制度的指导。截至2011年底，已有24家子公司制定了“三重一大”决策制度的实施细则并向股份公司报批备案，股份公司都一一认真审查并及时进行回复。如水电七局推行《工作联系单》和《领导班子成员定期向党政联席会报告工作》制度，促进了“三重一大”制度落实和领导人员廉洁从业；夹江厂为落实“三重一大”实施细则，编制了《“三重一大”决策事项议题提案登记表》《“三重一大”决策情况表》和决策会议纪要模板，从制度和操作两个层面规范了决策的全部过程；铁路公司结合刚刚组建的实际，为落实“三重一大”决策制度，建立了各项《议事规则》。

（六）严肃查处违纪违规行为，努力构建惩戒防线

2011年股份公司纪委共收到信访举报23件，比上年同期的29件下降了20.7%。其中，署名信访件6件次，匿名信访件17件次；反映的主要问题有：违反廉洁自律规定，违规从事经营活动，收受贿赂等。其中，涉及二级企业领导人员的举报5件次，涉及二级企业中层管理人员的举报7件次，涉及三级企业中层管理人员的举报1件次，涉及其他管理人员的举报10件次。股份公司纪委高度重视信访举报，慎重甄别，稳妥处理各类信访举报案件。

2011年，股份公司共发生违法案件3起，涉案人员7人。其中，2起2人被司法机关追究刑事责任，1起5人其中1人已经移交司法机关处理。我们还直接查处违纪违规问题4起，在深入调查的基础上，经股份公司党委研究，分别对9名相关责任人给予党纪政纪处分，并在股份公司范围内进行了通报。通过违法违纪案件的查处和对违规问题的处理，较好地发挥了惩戒的震慑作用，维护了党纪国法和制度规定的严肃性，既教育了本人，也警示了他人。

（七）强化监督检查，努力做好风险防范工作

1. 开展了转变经济发展方式监督检查

2011年，股份公司把加强转变经济发展方式作为公司改革发展的主线，把监督检查与推进公司发展战略落地、调整结构、整合资源、优化环境等重点工作结合起来，成立工作领导机构，制订工作方案，深入开展监督检查。公司各单位均制定了本企业转变经济发展方式的工作方案，进一步明确努力方向，优化发展思路，创新发展模式，运用提高经营管理能力的举措。一年来，公司各单位开展加快转变经济发展方式监督检查81项，发现问题56个，得到纠正50个，健全制度48项。

2. 组织了对五项制度落实情况的监督检查

按照国资委的要求，股份公司认真开展对党风廉政建设责任制、贯彻落实《廉政准则》和《若干规定》、“三重一大”、纪检监察组织建设等五项制度

的监督检查，于2011年7月初安排部署各单位开展自查自纠工作。年底，股份公司派出检查组集中进行抽查，从检查情况看，各单位对五项制度的贯彻落实情况总体是好的，但也存在需要持续改进的地方。

3. 继续抓好工程建设领域突出问题治理

2011年，公司组织重点围绕项目财务资金管理、合同及分包管理、设备物资管理、工期、质量及安全管理、信访举报及反腐倡廉建设等方面进行了监督检查。如水电二局针对假发票问题将近3年来的发票进行专项监督检查；水电五局围绕物资采购、工程分包管理、海外项目管理等关键领域进行重点检查。年内，公司各单位开展工程项目检查218项，涉及金额11.8亿元，发现问题322个，避免和挽回经济损失150.06万元。

4. 积极开展效能监察

2011年，股份公司重点围绕工程领域专项治理、“三重一大”决策制度、国际业务、企业财务资金管理、重大工程项目特别是投资项目管理五个方面开展效能监察。股份公司本部选了两个具有代表性的国际EPC项目开展效能监察。通过效能监察的开展，不仅总结了好的经验，查找了问题，提出了具体工作建议，还就今后进一步做好EPC国际项目提交了专项报告，充分地发挥了效能监察在促进企业经营管理水平提升方面的作用。股份公司各单位也根据本企业实际，开展有针对性的效能监察。如水电四局围绕玉树重建开展效能监察，确保这项政治工程建成优质工程、廉洁工程；水电十四局针对2010年发生的案件，以“内控机制的建立与实施”为内容开展效能监察；水电九局对效能监察提出的问题采取杀“回马枪”的方式，促进整改工作的落实。一年来，公司各单位效能监察共立项582项，提出监察建议1888条，整章建制295个，避免经济损失439.85万元，挽回经济损失1049.85万元，节约资金4493.55万元，直接增加经济效益3817.33万元。特别是水电八局纪委组织的对问题项目开展效能监察，不仅认真细致，而且敢于动真格，根据线索，顺藤摸瓜，查出了一起涉案多人的严重违法违纪案件。

（八）加强纪检监察组织建设，为开展反腐倡廉工作提供了有效的组织保障

（1）狠抓了中纪委12号文件的落实，纪检监察组织进一步健全。各单位认真落实12号文件和国资委114号文件精神，高度重视纪检监察组织建设，机构和人员编制都有所加强。2011年，股份公司全系统设立纪委由192个增加到229个，监察机构由119个增加到177个，专兼职纪检监察工作人员由797人增加到993人。按照公司《关于加强和改进纪检监察组织建设的实施意见》要求，全系统基本做到了所在单位设立党委的，同时设立纪委；建立党总支、党支部的，委员中明确纪检委员。股份公司各二级单位全部设立了纪委，全资子公司、国际公司、四川电力公司等单位单独设立了监察部门，并与纪委合署办公，其他控股公司也根据需要明确规定监察部门与审计等监督部门合署办公，机构设置和人员的增加，为开展反腐倡廉建设提供了组织保障。

（2）加大了纪检监察人员的选拔和交流力度，一批优秀人才充实到纪检监察队伍。2011年，股份公司对纪委书记岗位进行公开招聘，在60多名竞聘者中，通过笔试、面试、组织考察等相关程序，选拔了5名优秀的中青年业务骨干异地任纪委书记。部分单位把政治素质好、有发展潜力的年轻同志充实到纪检监察岗位培养锻炼，增添了纪检监察队伍的活力。

（3）积极开展业务培训，努力提升纪检监察工作人员的专业能力和水平。2011年，股份公司在华北电力大学举办了2期纪检监察人员培训班，系统内从事纪检监察工作的203名同志参加培训。培训班邀请中央纪委、国资委纪委等部门领导和专家，就惩防体系、案件审理、效能监察等各项业务工作集中授课，使大家丰富了知识，开阔了视野，提高了素质，增强了做好纪检监察工作的信心。在此基础上，多数单位也结合本单位纪检监察人员调整比较大的实际，专门组织了业务培训。此外，股份公司还通过纪委书记述职、报告工作、座谈交流等形式，不断完善纪检监察机构履行职责的工作机制。

在回顾总结成绩的同时，我们也要清醒地看到公司党风廉政建设和反腐倡廉工作还存在着一些不容忽视的问题：①面对公司改革发展实际，纪检监察队伍建设距离现代企业的监督要求还有差距，队伍的素质和能力还有待进一步加强。②制度意识、制度执行力在各级领导人员中仍需要不断强化，制度落实层层递减问题仍然存在。③各级总部的管控力度尚需加大，管控的重心需要下移，特别是对重点项目和国外项目要加强关注，项目和三级以下企业仍是案发重点。

二、2012年反腐倡廉工作的主要任务

2012年，我们将迎来党的十八大胜利召开！股份公司改革发展任务繁重，工作艰巨，做好反腐倡廉工作意义重大。今年，股份公司反腐倡廉建设工作的总体要求是：深入学习十七届中央纪委七次全

会精神，认真贯彻国资委反腐倡廉会议和电建集团工作会议部署，紧紧围绕股份公司全年工作重点和目标任务，坚持标本兼治、综合治理、惩防并举、注重预防的方针，全面促进党风廉政建设责任制的落实，深入推进惩防体系建设，严明党的纪律，加强作风建设，狠抓制度执行，突出项目监管，严肃查处违法违纪问题，加强纪检监察队伍建设，为股份公司的快速健康发展，提供坚强的政治保障！

2012年股份公司反腐倡廉建设工作目标是：公司各级领导人员切实担负起职责范围内党风建设和反腐倡廉工作职责，党风廉政建设责任制“一岗双责”有效落实；严格执行“三重一大”决策制度，自觉践行《中国共产党党员领导干部廉洁从政若干准则》、《国有企业领导人员廉洁从业若干规定》；完成惩治和预防腐败体系建设2008～2012年规划目标，不发生违法和严重违纪问题，不发生影响稳定的重大事件和突发事件，企业健康稳定发展。

为此要抓好以下八项工作：

（一）加强对党的政治纪律执行情况的监督检查，切实维护党的纯洁性

围绕迎接党的十八大胜利召开，坚持把维护党的政治纪律放在首位。开展对股份公司党员和党员领导人员的政治纪律教育，加强对遵守党的政治纪律情况进行监督检查，促进党员和党员领导人员加强党性修养，增强党的意识，强化党性观念，以党的政治纪律维护党的纯洁性，以党的纯洁性保障各级领导人员廉洁从业。

认真组织纪检监察部门带头学习贯彻党的十八大精神，真正把思想和行动统一到十八大精神和中纪委报告上来。以党的十八大精神为指导，研究股份公司反腐倡廉工作的规律和方法，努力提高纪检监察工作的整体水平。

加强对党中央、国务院重大决策部署贯彻落实的监督检查。按照国资委要求，今年仍以推进企业转变经济发展方式的监督检查为重点，促进成员企业转型升级。重点检查结构调整和转型升级的思路与措施是否明确，精干主业、内部资源整合、业务重组等工作是否推进，安全生产、环境保护、节能减排等任务是否落实，保障股份公司发展战略顺利实施。

（二）采取有效措施，进一步把党风廉政建设责任制落到实处

（1）建立和完善齐抓共管的责任体系。坚持将党风廉政建设作为考核目标之一，逐级落实责任、层层签订责任书，强化各级领导人员履行“一岗双责”的责任，形成“横向到边，纵向到底”的责任网络和一级抓一级、层层抓落实的反腐倡廉建设责任体系。

（2）加大检查力度，采用集中检查与日常跟踪督查相结合、平时重点督办与听取汇报相结合、年中抽查与年底检查相结合的方式，掌握真实情况，及时进行整改，督促各企业党风廉政建设责任制落实到位，督促企业主要负责人履行第一责任人的职责，切实做到“四个亲自”。

（3）进一步修改完善股份公司党风廉政责任制考核评价办法，采取直接考核、重点抽查考核与全面自查自评相结合的办法，年底对成员企业落实党风廉政建设责任制情况进行全面检查考核。对责任制不落实的，实施责任追究。

（三）深入开展廉洁从业主题教育，进一步筑牢思想道德防线

（1）股份公司拟在第二季度集中开展一次面向各级领导人员的以“加强作风建设，保持思想纯洁、作风纯洁、清正廉洁”为主要内容的保持党的纯洁性主题教育活动。通过主题教育，使各级领导人员进一步强化大局意识、政治意识、责任意识、制度法规意识、廉洁从业意识。

（2）根据近年来发生的案例，重点抓好有资源支配权的重要岗位人员和项目经理的廉洁从业教育，加大警示教育力度。充分运用中央企业、公司系统和身边发生的典型案例，认真组织学习讨论，深刻分析主客观原因，使其真正认识发生案件对企业造成的危害，对家庭造成的痛苦，从而保持警钟长鸣，增强廉洁从业自觉性。

（3）加强廉洁文化建设，创新廉洁从业教育的形式内容、方式方法。结合股份公司发展战略和核心文化理念的宣传，积极组织开展廉洁文化进机关、进厂房、进项目、进工地、进社区、进家庭和上网络、上报刊、上橱窗、上墙面、上电视、上舞台活动，重视利用各种信息平台，创新廉洁文化宣传阵地，通过廉洁文化的熏陶，使各个岗位人员在潜移默化中培育良好的自律意识和行为习惯，形成爱岗敬业、诚信守法的企业廉洁文化氛围。

（四）扎实推进惩防体系建设，努力做好廉洁风险防控

结合股份公司内部风险控制战略的制定，着力做好投资、产权、财务、境外资产、资本运营、物资采购、招标投标和选人用人等重要领域和关键环节的廉洁风险排查、识别、评估和防控工作，着力推进惩防体系建设融入企业内部风险控制和生产经营全过程，提升风险管控能力。股份公司总部建立监督工作联席会议制度，实现监督信息共享并建立

预警机制。

开展2012年惩防体系建设年度检查工作，对2008～2012惩防体系建设目标完成情况认真梳理盘点，督促五年规划任务如期完成。下半年，适时召开惩防体系建设研讨会，总结交流惩防体系建设工作的经验和体会，研讨进一步健全、完善股份公司惩防体系建设和运行保障机制的有关问题，谋划好2013～2017年工作规划，推动反腐倡廉建设深入开展。

（五）规范权力运行，加强对领导人员的监督

加大对“三重一大”决策制度实施的监督力度，督促没有上报审批的公司依据股份公司“三重一大”实施办法，修订本企业（单位）有关议事规则，明确“三重一大”事项范围、规范决策程序，做到决策过程可追溯、决策责任可追究，保证“三重一大”集体决策制度的正确实施。股份公司的“三重一大”决策事项每月向国有企业监事会报告一次；各子公司纪委要对同级单位的“三重一大”决策事项，每季度以表格形式向股份公司监察部报告一次。各单位所有决策事项都要有会议记录和会议纪要，保证领导班子集体决策、科学决策。

坚持把制度建设作为反腐倡廉建设规范领导人员行权的核心和重点，要使制度覆盖到企业的方方面面，形成一个严密的制约体系。同时，各单位要加大对制度执行力的监督检查，加大对有令不行、有禁不止人员的问责力度，维护制度的严肃性。

认真落实党内监督条例，严格领导班子民主生活会、述廉议廉、诫勉谈话、函询和报告个人有关事项等党内监督制度，加大对领导班子和主要领导人员的监督力度。

积极推进基层党务公开工作，明确基层党务公开的主要内容、形式和载体，规范党务公开的程序，健全党务公开相关的制度。成员企业要通过党务公开栏、板报、网络等载体，及时公布党内应该公开的各类信息，主动回应党员参与党内事务的需求，确保党员对党内重大事务的知情权、参与权、建议权和监督权的落实。

（六）严肃查办违纪违法案件

坚持从严治党、从严治企的方针，把查办案件作为反腐倡廉建设的重要任务，重点查处领导人员违反廉洁从业规定的案件；违反“三重一大”决策制度造成国有资产重大损失的案件；私设“小金库”、账外账等违反财经纪律的案件；利用集团资源和平台，通过关联交易输送利益的案件。

严格执行重大案件报告制度，进一步做好信访举报受理工作。充分运用审计、效能监察、专项检查等手段，密切关注群众反映强烈的问题，多渠道发现案件线索，加大对信访举报线索的核查力度。注重发挥查办案件的综合效能，坚持“查教、查纠、查建”相结合，实现查处一个问题，教育一批人员，完善一套制度，规范一类行为，堵塞一种管理漏洞，维护和谐稳定的发展环境。

（七）继续开展专项治理和效能监察

按照中央和国资委的部署，深入推进工程建设领域突出问题专项治理，针对项目管理中存在的风险，重点清理和规范联营挂靠、劳务外包等突出问题，落实整改，推行项目信息公开，加强诚信体系建设。开展公务用车专项治理，落实领导人员公务用车管理规定，规范公务用车配备使用。进一步规范庆典、研讨会、论坛活动，严格报批和审批程序。继续开展治理商业贿赂专项工作，巩固“小金库”专项治理成果，促进企业加强内控管理。加强对重要生产经营活动和招标的监督工作，强化过程监督，加强管控机制建设。

有效开展效能监察。在完成国资委纪委、监察局和集团公司统一部署效能监察立项的基础上，各公司要围绕生产经营管理中的难点、热点问题和影响企业成本费用控制的关键领域和重点环节，深入开展增收节支、降本增效方面的效能监察，为股份公司管理提升年活动做出贡献。

积极探索国（境）外国有资产的监督管理措施和办法，进一步规范管理人员的经营行为，促进规范管理，防控风险和国有资产流失，为股份公司实施国际化战略服务。

（八）认真落实中纪委12号文件精神，进一步加强纪检监察队伍建设

按照中央纪委〔2010〕12号和国资委党委〔2011〕114号文件精神和贺国强同志关于“再狠抓一年，确保文件精神落到实处”的要求，本着精干、高效和有利于工作的原则，进一步建立健全纪检监察机构，按工作需要充实人员，坚持把优秀的年轻同志放到纪检监察岗位培养锻炼。

坚持公司纪委书记述职报告工作制度，成员企业纪委书记每半年报告领导班子廉洁从业情况，每年向股份公司纪委述职。坚持纪委书记竞聘选拔和交流任职。严格执行纪委书记、纪检监察部门负责人任免必须征求上级纪检组织、监察部门意见的规定。

认真抓好纪检监察队伍的能力建设。进一步抓好纪检监察干部的业务培训，通过开展教育、学习、培训和交流等多种有效形式，不断提高履职能力。拟与集团公司纪委一起，依托社会资源，举办1～2

期成员企业纪检监察人员业务培训，使大家丰富知识，开阔视野，提高能力，增强素质，为企业健康发展做出应有的贡献。

同志们，我们一定要充分认识反腐败斗争的长期性、复杂性、艰巨性，但我们也要看到党中央的坚强决心，看到集团党委、股份公司党委和各公司党委及各级领导的高度重视和大力支持，我们纪检监察部门有决心、有信心，一定要继续把反腐倡廉工作做深、做细、做实，不断取得新的成效。

深化认识　开拓进取
全面提升股份公司效能监察工作水平

——在水电股份公司效能监察工作交流会议上的讲话

（2012年8月27日）

陈　永　录

同志们：

今天，我们召开股份公司效能监察工作交流会议，主要任务是贯彻落实国务院国资委纪委、监察局对中央企业效能监察工作的安排部署，回顾交流近年来公司效能监察工作的实践经验，研究探索新形势新阶段下开展效能监察工作的方式方法，通过总结、交流、提炼，进一步推动效能监察工作的深入开展，促进公司管理水平的整体提升，为企业健康发展服务。

大家知道，随着电建集团重组，集团公司面临着结构调整、转型升级、优化管理体制与机制、全面提升管理水平的改革发展重任。与此同时，集团公司纪检监察工作也面临着非常繁重的工作任务，亟待进一步创新工作方式方法，提升工作水平和能力。在这个关键时期，研究如何通过效能监察工作这个主题，融入管理，发挥实效，全面提升效能监察工作在企业持续健康协调发展中的经济效益、管理效益、反腐倡廉效益和社会效益，具有很强的针对意义和指导意义。今天，股份公司以会议交流的方式将大家组织起来，这种形式非常好，机会也非常难得。希望大家在接下来的一天半时间，要充分利用好这个平台，按照这次座谈会的要求，互相借鉴好的经验，将效能监察工作提升到一个新水平。

下面，我就进一步推进股份公司系统效能监察工作讲几点意见。

一、股份公司近年来效能监察工作取得的基本成效

近年来，国务院国资委高度重视中央企业效能监察工作，自2003年以来，每年都在召开的中央企业反腐倡廉工作会议上，就效能监察工作提出要求，做出具体部署。按照国资委的要求，股份公司成立以来，一直高度重视效能监察工作，把效能监察工作作为强化国有资产监管的有效手段，纳入企业经营管理的重要内容，经过多年的积极实践与探索，基本形成了纪检监察部门在组织实施中加强指导，业务管理部门在积极参与中落实责任，股份公司和各子公司在上下联动中推进和深化效能监察工作的整体态势。据统计，自2008年以来，股份公司及各子企业共完成效能监察工作实施2333个，提出监察建议6098条，做出监察决定319个，完善规章制度1975项。为推动企业又好又快发展提供了重要保证。总结近年来开展工作的主要成效及做法，主要体现以下三个方面。

（一）对效能监察工作规律的认识不断深化，基本建立了比较规范的工作基础和运行机制

股份公司开展效能监察工作以来，一直将效能监察作为“一把手”工程，经过多年的不断探索与发展，公司效能监察工作机制不断健全，管理流程逐步完善，工作思路日益清晰，制度体系日益完善。

1. 领导体制和工作机制

股份公司及各子公司均成立了以公司主要领导为组长，分管领导为副组长，相关部门负责人为成员的效能监察工作领导小组及工作机构。实施过程中，按照年度效能监察工作安排，效能监察工作领导小组定期召开相关会议，专题研究和部署工作，提出要求，逐步形成了“主要领导全面负责，纪检监察部门组织协调，相关业务部门密切配合，职工群众积极参与”的效能监察工作领导体制和工作机制，为工作的顺利开展提供了组织保证。目前，股

份公司及各子公司效能监察领导机构、工作机构成立率均达到了100%。部分子公司还积极探索和创新适合本单位特点的工作机制。水电十一局将效能监察工作和巡视工作结合起来，成立效能监察巡视工作小组，作为常设机构长期在各工程项目上进行巡视检查，工作机制简便、灵活，2011年先后对9个在建项目进行效能监察巡视工作，工作的针对性和实效性很强，效果很好。

2. 工作定位和工作思路

进一步明确了效能监察的工作定位是监察部门针对影响企业效能的有关业务事项或活动过程，监督检查相关经营管理者履职行为的正确性，发现管理缺陷，纠正行为偏差，促进企业规范管理和自我完善，提高企业效能的综合性管理监控过程。同时，按照管资产与管人、管事相结合的原则，股份公司和各子公司从强化国有资产监管角度出发，深化工作思路，进一步探索把效能监察工作与企业发展战略目标、风险管理等重点工作融合，力求通过监督检查企业经营管理活动和经营人员履职情况，对企业内部控制情况进行效能评价以及责任追究，推进企业完善内控体系，提高核心竞争力，实现企业发展战略目标，促进国有资产保值增值。

3. 工作规程和制度建设

针对效能监察工作涉及面广，专业性、政策性强，组织实施难度大的情况，股份公司在总部层面上制定了《效能监察实施办法》，进一步明确效能监察工作的范围、任务、方法和程序，规范和推动各子公司效能监察工作开展。各子公司按照股份公司的要求，均结合本单位实际制定了效能监察实施细则。水电七局、八局、九局、十一局、十二局等单位还围绕工程分包、物资采购、安全管理，制定出台了许多指导性强、成效好的单项效能监察操作规程。效能监察工作中，各单位基本都能严格按照选题立项、制订方案、组织实施、整改落实、立卷归档等关键环节进行规范操作，确保效能监察有序推进，促使工作水平显著提升。

（二）对效能监察工作重要性的认识不断提高，效能监察工作在股份公司总部和各子公司得到广泛开展

近年来，通过公司不断加大反腐倡廉工作力度，深入开展效能监察工作成果展现以及交流培训，公司上下已形成了效能监察是企业管理过程监控环节上具有综合监督性的一项重要工作，是纪检监察工作直接服务于企业经营管理的有效途径的共识。各子公司认真落实股份公司关于开展效能监察工作的总体部署，紧密联系生产经营实际，统一安排，同步运作，督促检查，抓好落实，充分发挥了效能监察在企业经营管理活动中的监督保证作用。

（1）紧密围绕生产经营管理重要事项和关键环节开展效能监察。针对生产经营管理关键环节中存在的效益、效率、质量、安全等问题，结合工程建设领域突出问题专项治理工作，选择重点项目以及招投标管理、合同管理、分包管理、质量安全管理等内容进行效能监察立项，通过效能监察发现管理漏洞，规范管理流程，完善管理模式，加大管控力度，促进了企业管理水平提高。水电六局在坚持每年开展效能监察工作的同时，对近两年监察建议落实情况开展“回头看”；水电八局面对国际项目安全管理事故有所抬头的趋势，积极开展安全生产专项效能监察，及时消除安全隐患，不断夯实安全生产基础；水电三局、九局、十四局、十六局等单位将设备物资采购和工程分包专项效能监察工作常态化，及时发现项目管理中的漏洞，规避了经营风险；成效均十分明显。

（2）紧紧围绕企业资金管理中存在的突出问题开展效能监察。水电七局在2006年至2011年的六年中，通过债权追讨效能监察这一有效形式，累计避免或挽回经济损失达3.77亿元，有效减少了呆账坏账风险，维护了企业现金流；水电一局、五局、十五局、港航公司等单位把资金管理作为效能监察工作的着力点，在借贷、外欠工程款、不良债权、资金收支、非生产性费用等方面积极开展效能监察，促进了对大额度资金的规范管理，提高了资金周转效率。其他单位也都按照股份公司关于开展“小金库”专项治理工作的要求，多次大规模地组织开展了“小金库”、“假发票”效能监察工作，对于发现的问题进行了坚决的整改，建立健全了内控机制，规范了财务资金流程，有效保证了国有资金不流失。

（3）大力开展以成本控制为核心的效能监察工作。水电基础局从2006年到2011年每年选取重点项目进行成本控制效能监察，促进企业经济效益持续提高。甘肃能源公司和夹江制造厂分别将燃料采购和钢材发放及余料回收作为效能监察立项项目，有效控制了生产成本，取得了可观经济效益。据统计，自2008年以来，股份公司及各子企业通过对2333个立项项目的效能监察工作，共节约资金1.8亿元，避免经济损失和挽回经济损失6.7亿元。经济效益的取得，极大地提高了监察部门在经营管理中的地位与作用，彰显了效能监察工作的重要性。由此，我体会到，有的单位领导对效能监察工作比较重视，工作做得很有成效，所以纪检监察部门在企业才有为也有位。

（4）认真围绕职工群众关心的热点和难点问题开

展效能监察。水电一局地处东北，围绕基地供暖燃煤采购管理进行专项效能监察，较好地杜绝了燃煤采购过程中的漏洞，降低了采购成本，确保了燃煤采购质量。水电四局针对基地供暖锅炉、管网改造开展效能监察，节约资金20多万元，比计划工期提前10天完工，保证了职工冬季的按期供暖。水电二局、租赁公司等单位围绕领导人员用车、职务消费、职工福利待遇、人力资源配置等问题开展监督监察，较好地规范了领导人员行为，维护了职工的合法权益。

（5）紧密结合反腐倡廉工作中的突出问题开展效能监察。水电四局在2006年通过效能监察，查出原建筑工程一分局靖远项目部供应商合同诈骗案件，为公司避免经济损失421万元，并对项目经理、一分局局长、党委书记进行了严肃的党纪政纪处理。水电七局在2008年通过效能监察，查清了一起项目经理与分包商相互勾结虚假结算骗取工程款的案件，使93万元国有资产得到保全并挽回，同时使项目经理依法归案，被司法机关判处有期徒刑5年。水电八局2011年通过对藏木项目管理混乱问题的效能监察，查出了项目经理违规分包、签订虚假协议、虚列开支套取现金、自购设备高价内租及涉嫌贪污、收受贿赂等犯罪事实，为企业挽回了巨大的经济损失；水电十四局，在严肃查处了2起基地管理处社保专管员违法报销、贪污医保金案件后，在全局上下开展医保社保方面的效能监察，针对查找出的问题，完善制度。通过效能监察发现、揭露和处理腐败问题，正逐步成为查办案件的重要手段。

（三）效能监察工作逐步向企业管理的深层次延伸，在全面提升企业整体经营管理水平方面发挥了重要作用

近年来，随着股份公司改革发展不断深化，经济规模迅速扩张，股份公司及各子公司效能监察工作在向生产经营管理广度延伸的同时，逐步向管理的深层次拓展。效能监察整体工作逐步呈现出由经营管理纠错功能向促进企业经营管理活动规范方面拓展，从事后监督向过程监督推进，从具体项目监察向综合管理监督延伸的趋势。

（1）围绕“三重一大”制度执行情况开展效能监察，防范和规避决策风险。最近连续两年，股份公司和各子公司都将“三重一大”决策制度执行情况作为效能监察立项的规定项目，重点通过监督检查“三重一大”制度的建立情况、执行情况、监督情况及责任追究情况，研究分析议事规则是否健全、业务流程是否严密、用权行为是否规范，促进企业完善公司法人治理结构，建立科学、有效的权力制衡机制与约束机制，建立与企业组织结构相匹配的适度集权与有效分权相结合决策管理机制。四川电力公司通过开展“三重一大”效能监察，促进企业组织机构和管理模式优化，使管控程序扁平化、决策流程高效化，既保证了企业重要决策部署的迅速贯彻落实，又确保了总部及二级单位得到来自股东、董事会、监事会以及职工等各方面的有效监督。

（2）开展国际业务效能监察，探索和加强境外国有资产监管。2009年以来，面对公司国际业务经营规模扩张带来的风险，为全面落实国际业务优先发展战略，股份公司总部充分发挥引领、管控和指导作用，连续四年坚持开展国际业务效能监察工作，每年一个工作重点，先后到埃塞俄比亚、卡塔尔、肯尼亚、厄瓜多尔、柬埔寨、老挝等十多个国家，选择有代表性的股份公司承建和投资项目开展效能监察，效能监察取得的成果得到了公司领导的高度认可、重视。对2009年和2010年有关国际项目履约情况的监察报告，公司领导都认真阅读，提出建议。范总多次在检查报告上作出批示。去年，针对国际项目履约情况，批示：“请将‘综合报告’印发公司领导，公司高管认真阅研并在自己分管的工作范围内有针对性的领导整改完善，要求纪委监察部牵头，针对存在的主要问题，会同海外事业部（国际公司）和相关企业拟定整改意见及措施，发挥各级组织的力量和作用，切实整改完善到位，切忌一报了之。”我和保东副总为落实范总的指示，专门到国际公司组织相关单位召开专题会议，研究落实监察建议。谁的问题谁来承担。2011年和2012年，除针对具体项目提出效能监察建议外，还总结项目中存在的共性问题，向公司领导提交了关于国际EPC总承包项目执行和国际投资业务管理的专项报告。得到了公司领导的一致好评，认为报告具有很强的指导意义，高度肯定了效能监察工作成果。公司监察部扎实组织相关单位协同落实，为开展同类业务提供了有力借鉴和支撑。同时，股份公司从2011年起明确规定国际业务营业收入占总营业收入20%以上的子公司必须开展国外效能监察，各单位认真落实这一要求，国际公司坚持常年开展效能监察工作，注重国际业务标准化管理体系的宣贯和执行。水电十局、十一局、十三局、十四局等国际业务发展较快、收入占比较大的单位，注重针对不同业务类型，将查找问题和建章立制、总结推广经验紧密结合，促进海外业务管理规范化、标准化。

（3）不断加大对非传统业务领域的效能监察力度，为企业转型升级加油助力。这几年，股份公司在巩固水利水电传统业务市场的基础上，加大开拓非水电业务，相关业务多元化发展态势基本确立，非传统业务对公司发展贡献日益明显。针对在非水电业务开拓发展中存在的问题，各单位坚持对非水电项目开展常态化综合效能监察，将效能监察与企业转型升级发展的中心任务相结合。路桥公司、房地产公司、铁路公司、租赁公司以及新能源公司，认真组织对房地产项目、设备融资租赁项目、地铁市政交通项目、投资项目、新能源项目等重点建设项目开展效能监察，对非传统业务管理模式和管理机制进行了积极的探索，加快了对等新型业务管理办法的制定，促进了管理工作制度化、规范化。

回顾近年来的效能监察工作，开展企业效能监察工作，在加强企业反腐倡廉，提高企业管理水平、促进企业保值增值、保证企业安全生产方面发挥了越来越重要的作用。在广大纪检监察干部的共同努力下，经过近几年来的辛勤实践，积累了许多有益的经验：①公司党政高度重视，效能监察工作定位准确，各单位组织有序，执行有力。②效能监察工作围绕重点领域和关键环节进行全过程跟踪，效能监察的价值和作用充分显现，实现了从一般经营管理的纠错功能向促进经营管理活动整体规范拓展。这个经验是效能监察工作的创新。③加强相关管理部门的协调配合，明确责任分工，监察部门在组织实施中加强指导，业务管理部门在积极参与中落实责任，部门间通力协作、齐抓共管、形成合力，使效能监察工作得到切实保证。这些经验需要我们在今后的工作中不断坚持并进行发扬。

在肯定成绩的同时，我们也要看到，公司效能监察工作的总体发展不平衡，还存在一些不容忽视的问题和不足。

（1）个别领导对企业效能监察概念的认识尚不到位。有的单位将效能监察混淆于工作检查，对效能监察工作重视、关心、支持力度不够，使得效能监察工作在实施过程中，监察部门不能充分发挥组织协调作用；有的缺乏相关业务部门有效的支持配合；有的单位效能监察工作成了监察部门的孤军作战，工作成效不理想。

（2）个别单位效能监察工作的定位不准确、操作不规范。有的单位效能监察工作选题不精，立项不准，使得效能监察工作浮于表面，工作深度不够，不能真实反映被检察对象的实际情况；有的程序执行不规范，碍于情面或关系，没有揭示出存在的实际问题；有的整改落实抓得不到位，部分受检查单位甚至对效能监察提出的问题和建议存在抵触情绪，个别问题屡改屡犯；这些都导致效能监察的工作效果不尽如人意。

（3）个别单位效能监察的奖惩和责任追究力度落实不够。目前，在一些单位仍较为普遍地存在效能监察成果推广力度不够的情况，使得效能监察前紧后松，甚至虎头蛇尾，以点带面作用还不够明显。有的单位效能监察违规问责处理不彻底，该问责的没有问责，该追究的不敢追究，使效能监察失去作用、失去权威。

（4）效能监察工作面对企业发展的要求，工作方式方法有待进一步创新加强。随着股份公司结构调整、转型升级步伐加快，效能监察工作作为一项政策性强、专业知识要求高、覆盖面宽、涉及部门多、组织协调和实施难度大的系统工程，还存在效能监察工作内容、方式、方法不能及时结合实际与时俱进、调整创新等问题，效能监察实效不明显。一定程度上，也反映了效能监察工作人员的业务能力和专业水平还有待提升。

以上问题，我们必须要高度重视，认真研究，切实拿出行之有效的措施，不断加以改正和完善。

二、以高度的政治责任感和改革创新精神，努力开创股份公司效能监察工作的新局面

集团公司的改革发展正处在攻坚克难的重要阶段，企业经营管理中存在的突出问题也是效能监察需要探索解决的重要课题。今后一个时期，股份公司效能监察工作要按照国务院国资委和电建集团的整体部署，继续围绕生产经营中心，深入生产经营的重要领域和关键环节，不断研究效能监察在“融入中心、服务大局”上的新途径，切实把效能监察工作做深做细做扎实，全面落实股份公司最近下发的《关于进一步加强监督检查工作的指导意见》，为企业健康持续发展做出新的贡献。

（一）要进一步增强做好效能监察工作的责任感和使命感

提高认识，创新观念，是加强和改进企业效能监察工作的思想基础。实践证明，加强效能监察工作，是加快推进惩治和预防腐败体系建设的重要内容，是规范公司经营活动和权力运行的重要手段，是确保公司各项制度和重大决策部署得到真正贯彻落实的重要保证。因此，我们务必要进一步提高对效能监察工作重要性和必要性的认识，增强责任感和使命感。在思想认识上，要牢固树立效能监察工作紧紧围绕实现国有资产保值增值、服从服务于企业改革发展稳定大局的指导思想，明确通过效能监察促进企业完善经营管理，提高企业效益的工作思路，做到对效能监察工作地位作用认识到位，责任主体界定到位，对象内容理解到位，方式方法掌握到位。在工作定位上，要遵循企业经济发展的客观规律，始终站在全局工作的层面上思考，通过我们各级监察部门的努力工作，为企业的经济发展分忧解难，主动争取企业党政领导的关注重视和工作上的支持，始终将效能监察作为“一把手”工程，深入有效地开展效能监察工作。在宣传教育上，要不断加强对各级领导人员、业务管理干部和广大职工宣传教育，使他们进一步认识到效能监察工作的重要性，积极支持和广泛参与企业效能监察活动；在队伍建设上，要进一步加强各级纪检监察队伍自身建设，对从事效能监察工作人员组织适当的培训，组织他们学习贯彻深化国有资产管理体系和国有企业改革的一系列方针政策，学习经济、金融、法律、科技等现代科学知识，努力熟悉和掌握企业积极参与市场竞争、搞好经营管理的相关知识，不断提高专业能力和综合素质，主动适应企业改革发展的要求。

（二）扎实推进效能监察工作标准化管理，全面提升效能监察工作水平

今年是股份公司管理活动提升年，我们要以此为契机，在深入开展管理提升活动中全面加强效能监察的基础管理工作，通过效能监察标准化管理水平提升，来衡量、查找工作中存在的问题，促进企业管理水平持续提升。最近，集团公司在总结过去效能监察工作实践的基础上，对效能监察实施办法进行了修订，目前还没有最后审查通过。其中充实完善了优秀项目总结评审办法，明确了效能监察的组织实施、经济效益、管理效益、反腐倡廉效益、社会效益的评审标准，不久将印发实施。集团公司即将出台的效能监察工作流程以及评审办法，不仅是效能监察工作操作规程的标准和对标的标准，也是衡量评估我们工作合格不合格、有没有成效的重要标准。希望各级监察部门要从标准化管理的角度，进一步深化对效能监察工作流程以及评审办法的认识和理解，提高在实践中认真执行的自觉性，努力构建长效工作机制。

（1）要通过推行标准化管理，把效能监察工作做实、做细、做好。要认真按照“调查研究、选题立项、实施检查、解剖分析、落实整改、建章立制、总结反馈、立卷归档”等效能监察的八个工作环节，建立健全规章制度，规范效能监察工作程序，并切实在效能监察实施中做到“五个清楚”，即对效能监察立项所涉及的单位生产经营管理情况要摸清楚，存在的问题要核实清楚，产生的原因要分析清楚，有关人员应负的责任要划分清楚，整改建议和措施要落实清楚，确保达到开展一个项目效能监察，查透一类问题，完善一套制度，规范一类管理，增强效能监察工作服务中心、促进建设、强化内控、保证发展的作用。

（2）要创新工作方式方法，提高工作实效。要勇于在传统的效能监察工作方式、方法基础上，开拓创新，不断探索行之有效的方法和途径。

1）要认真研究工作内容，明确工作方式，细化时间节点，落实责任分工，制定科学有效的监察方案，特别是要根据项目特点和检查目的，有针对性地提前准备各个项目的监察要点。

2）在实际检查过程中，不仅要按规范的操作流程，精心组织实施，而且要打破常规的被动检查，不被检查对象牵着鼻子走，安排什么看什么，提供什么查什么，而是带着诊断的视角，主动确定检查路径，主动确定被查材料，主动从花名册随机选人谈话，这样才能够发现被检查对象事先提供资料之外的其他情况。

3）除了按事先设计的效能监察要点进行检查外，还应根据检查过程中发现的问题和疑问，从上下游信息、横向相关联系进行延伸调查，扩大调查范围，获得更多的佐证材料。

4）要借助现代科技手段开展信息化监察、过程监察，不断探索运用信息技术提高效能监察工作效率和质量的新途径。

（3）要切实抓好效能监察的典型推广和管理闭环。争取每一项效能监察工作结束后，都能从全局的角度出发，以点带面，举一反三，及时总结推广典型经验和示范引领，提出有助于提升企业综合管理水平的具有可操作性的建议。同时要了解检查单位实际的困难和问题，帮助他们出主意、想办法，并向他们的主管单位、部门反映情况，力争使困难和问题得到解决。

从效能监察工作流程上来讲，效能监察开始前确立的监察点，一般是各业务部门日常管理工作中重点关注的问题，而效能监察实施后，只有通过将发现的新问题以及企业采纳的效能监察建议，再反馈到各业务部门，才能形成相互衔接、有序闭合的项目实施机制。对业务部门的管理水平进行再补充提升，提高业务部门参与效能监察工作的积极性，从而避免效能监察工作只是停留在查问题、堵漏洞的层面上，达到提升效能监察工作在企业中的地位和层次的效果。

（4）要切实抓好效能监察成果的跟踪落实和督促整改。对效能监察成果进行跟踪落实、督促整改是总结经验、吸取教训、促进效能监察工作发展提高的重要手段。每开展一项效能监察工作，纪检组织、监察部门都要狠抓跟踪落实工作，对被检单位的整改落实情况及时跟进，对上报的整改报告中的内容采用多种方式进行核实，确保效能监察的成果落到实处。

同时，要在整改落实中进一步建立完善效能监察成果评价机制和责任追究机制。一方面，要制定细化量化的考核评价标准，科学合理地对效能监察项目的经济效益、管理效益和社会效益等进行评价，以评价结论为依据，对效能监察业绩突出的监察部门、业务部门和工作人员进行奖励，对在效能监察工作中失职、渎职，检查时没有发现问题，检查后仍出现较大问题，造成影响和损失的予以惩处。另一方面，要严格结合效能监察工作成果进行责任追究，切实做到“三个不放过”，对造成国有资产损失的责任者未进行追究的不放过，对存在管理漏洞未进行整改与没有完善规章制度的不放过，对能够挽回经济损失未挽回经济损失的不放过，确保效能监察工作取得实效。

（5）要加强组织协调，形成有效规范的运行机制。做好组织协调，形成监督合力，是深入推进效能监察、增强内控功能，提高管理效能的关键环节。效能监察从选题立项开始，纪检监察部门就要充分发挥协调作用，建立健全高效有序的组织协调机制，明确任务，统筹安排，组织开展相关的监督检查。各级监察部门要探索建立由监察部门、业务部门共同参加的效能监察联席会、协调会和通报会等制度，对效能监察中遇到的困难研究对策、协调解决，在人力、物力、财力上给予支持，创造良好的工作环境；对在效能监察中发现的问题要分析原因，落实整改，形成反应灵敏、行动迅速、协调有序、高效运转的部门工作联动机制。要充分发挥综合监督的作用，充分运用监事会监督、内部审计监督、企业法律顾问监督和业务部门监督等各种资源，发挥各自优势，凝聚监督合力，共享监督信息，形成事前、事中、事后和全过程监督以及各业务部门监督相互融合的制衡机制，对企业管理和管理者的行为进行有效监控，发现管理缺陷，纠正行为偏差，增强内控能力，防范经营风险，最大限度地发挥整体性、全面性和有效性的监督合力。

今年是股份公司发展进程中极为重要的一年，改革发展稳定的任务十分繁重，这对效能监察工作提出了更高的要求。我们要按照集团公司和股份公司关于效能监察工作的整体部署，以管理提升为契机，以科学发展为主题，进一步加强效能监察和反腐倡廉工作。我相信，通过这次效能监察交流会议的召开，一定能够进一步丰富效能监察工作的理论和实践经验，在股份公司深化改革发展的伟大进程中，努力开创效能监察工作的崭新局面，为股份公司管理提升和持续健康发展提供有力的保证。

全面实施安全发展战略　构建安全生产长效机制 为股份公司科学发展提供支撑和保障

（2012 年 2 月 19 日）

宗　敦　峰

同志们：

今天我们召开一年一度的安全生产工作会议，会议的主要任务是全面总结股份公司 2011 年度安全生产工作，分析公司安全工作的新形势、新任务，安排部署 2012 年工作，表彰奖励公司安全生产先进单位和个人。

今天的会议，孙洪水总经理还要作重要讲话，对股份公司安全生产工作的新形势进行全面的分析，并提出今年安全生产工作的目标和重点任务。对孙总的讲话和要求，我们要深刻领会，准确把握，认真贯彻落实。

下面，我从三个方面报告股份公司安全生产工作。

一、2011 年安全生产事故情况

2011 年，股份公司国内共发生生产事故 6 起，其中责任事故4起，死亡7人（由所属子公司承担主要责任的事故1起，死亡1人；由分包商承担主要责任的事故3起，死亡6人，其中1起为较大事故，死亡3人）；自然灾害事故2起，死亡4人。

（1）1月5日，夹江厂有限公司一铆工在对启闭机架修校作业时，由于未采取稳定措施，造成工件倾倒，致使正在作业的1名员工死亡。调查认定为责任事故。

（2）5月21日，水电二局总承包部分包商在天津徐官屯还迁小区布料机安装作业时，由于施工措施不当，致使布料机倾覆，造成1名作业人员高处坠落死亡。调查认定为责任事故。

（3）7月23日，水电八局分包商在糯扎渡电站进水口作业时发生作业平台坍塌事故，造成3人死亡。调查认定分包商承担主要责任，水电八局负有主要管理责任。

（4）9月30日，呼和浩特抽水蓄能电站水电三局分包商在一斜井施工时发生坍塌事故，造成2人死亡。调查认定分包商为责任事故，存在迟报行为。

（5）10月17日，水电四局文江口一分包商在导流洞施工时，发生坍塌事故，造成3人死亡。调查认定为地质灾害事故，存在迟报行为。

（6）12月21日，十五局新疆柳树沟电站在将振动碾从平板车卸下过程中滑落，造成1人死亡。事故发生后，十五局未及时向股份公司上报事故情况，存在迟报行为。

另外，2011年，国内还发生交通事故3起，死亡6人。海外项目发生生产事故1起，死亡1人（水电二局有限公司刚果（金）项目一名员工在施工现场触电身亡）；海外项目交通事故8起，死亡10人。

上述事故情况表明：

（1）股份公司今年没有发生较大责任事故，低于国资委业绩考核规定上限3起较大事故指标，完成了考核任务，公司安全生产事故数量及死亡人数呈平稳下降。

（2）交通事故呈多发趋势，尤其是国际工程，形势十分严峻；违章违规作业、技术措施不到位、分包商安全事故、自然灾害等仍是事故的多发源。在股份公司一直高度关注的高空作业、特种作业、交叉作业、地下工程等方面仍然存在重视程度不够，责任划分不清晰，隐患排查治理工作存在盲区等问题。

二、2011年安全生产工作回顾

（一）继续深化“安全生产年”活动，安全生产基础管理工作进一步加强

2011年，股份公司以落实《国务院关于进一步加强企业安全生产工作的通知》精神和国务院国资委《中央企业安全生产禁令》为重点，以继续深化“安全生产年”活动为载体，全面提高安全生产基础工作管理水平。

（1）股份公司修订发布了新版的《股份公司安全管理制度》，为规范安全管理行为打下了坚实的基础，各子企业与股份公司安全管理制度体系相配套，结合自身管理实际，普遍及时出台和完善了管理制度，公司两级管理制度体系日趋系统性、规范化。

（2）各单位主要领导对安全生产重视程度不断提高，基本做到了按照安全优先的原则解决安全生产与经营规模的矛盾，正确处理安全生产与质量、进度、成本的关系，合理配置安全生产资源，安全投入得到了基本保证。

（3）严格执行国资委《中央企业安全生产禁令》，按照“技术可能、经济可行、风险可控、管控可及”的原则开展生产工作，坚决反对安全生产在不受控条件下的赶工抢工，坚决反对安全生产在不受控条件下的产值规模扩张；坚决反对企业减少必要安全投入形成的非正常业绩利润。

（4）继续开展形式多样、内容丰富、层次分明的安全培训工作，提高安全管理队伍的素质和能力。股份公司集中对各单位项目经理、副经理、专职安全生产管理人员培训。各单位采取请进来、派出去的方法，通过资格取证、专业教育、岗前培训、入职教育等多种方式，开展“三类人员”、特种作业人员、一线作业人员以及新员工的培训，特别是加强对农民工的安全意识教育和操作技能培训，加强外协队伍培育与建设等工作，取得了较好的效果。

（二）推动“四个责任体系”建设，促进安全生产责任的全面落实

2011年，股份公司重点推进了以一把手为主要责任人的安全生产责任体系、以主管生产的领导为主要责任人的安全生产实施体系、以主管安全领导（安全总监）为主要责任人的安全生产责任监督体系、以总工程师为主要责任人的安全技术管理体系的“四个责任体系”建设，基本实现了安全生产工作分工和岗位职责更加明确、合理，配合更加规范有序，责任更加清晰。尤其是以总工程师为主要责任人的安全技术管理体系的建设，基本上做到了重大危险因素项目均有专项的安全技术措施，安全技术措施的针对性和适用性与往年相比也有了大幅度的提高，现场安全技术管埋技术对安全的保障作用进一步加强。

（三）开展“安全生产心中有数”活动，有效遏制安全事故的发生

2011年，股份公司继续开展安全生产心中有数

活动，要求各子企业主要负责人要做到四个心中有数，各项目部主要负责人做到六个心中有数，按照“明确责任、明确目标、明确方法”的要求开展活动。活动以强化落实一把手安全责任为主题，以安全事故多发环节和安全管理盲区为重点，从去年安全生产检查考核情况来看，“安全生产心中有数”活动初见成效。各子公司一把手对安全生产工作的重视程度有了进一步的提高，工作精力投入和资源配置投入明显加强，并认真敦促有关部门加强检查，及时整改。各二级经营单位和项目部一把手对主要管理人员的安全职责及履职情况、隐患排查治理及危险源监控情况、安全投入情况、重大安全技术方案及安全生产现状认识更加清晰，并能根据发现的问题有针对性地开展安全生产工作，带动班子成员、安全管理人员和员工自觉地履行安全职责。

结合活动，公司大规模组织开展安全隐患排查治理工作，5～7月仅总部就组织了10个督查组对地质自然条件恶劣的雅砻江、澜沧江、大渡河、金沙江、白龙江等流域的80余个项目部进行隐患排查，推动整个系统局级检查1200多次，现场综合检查13000多次。一年来，股份公司及各单位共排查隐患2970条，重大隐患142项，落实责任142项，落实隐患治理资金1.23亿元，实施旁站检测2300人次，制定142项专业应急预案，有效地督促项目部落实相关防范措施，减少了事故的发生。

（四）应急管理工作得到进一步加强

应急工作是安全生产风险管理工作的重要组成部分，做好应急工作是降低事故损失，减小不良影响，维护企业形象的重要手段。2011年，公司全面加强了应急管理工作，先后下发了《进一步完善股份公司安全生产应急预案工作方案的通知》《关于完善现场应急处置方案的通知》《关于上报安全生产应急预案的通知》，通过督促和指导，建立了从公司总部到子公司、子公司二级经营单位、项目部的四级安全生产应急管理体系和预案体系，并在安全生产月活动应急演练周中组织了综合演练634次，发现了预案中的不足并加以改进，进一步提高了应急救援预案的适宜性和可操作性，完善了各项应急准备，提高了各级应急机构和各部门的联动性，检验了参与单位和人员的应急预案的能力，整体提升了处置突发事件的能力。

（五）安全管理标准化工作有效推进

管理标准化是系统地加强安全管理能力的必然要求，也是建设本质安全企业的有力工具，在消除隐患、节省成本、文明施工、保证质量、均衡生产等方面具有不可替代的作用。2011年，各单位根据各自特点从不同方面组织开展了安全生产标准化工作，认真总结项目规划、技术措施、工艺流程、管理方法、激励机制、员工培训等方面的成功经验，加工提炼、归类固化，使之上升为企业管理标准、技术标准和操作规程，安全标准化的管理文件体系正在逐步形成。

（六）初步建成以信息管理系统为载体的安全生产管理交流平台

股份公司安全生产管理信息系统在全系统得到了推广应用。一年来，利用信息管理系统进一步规范了各类业务管理，梳理了各个层次应遵守的法律法规和规章制度，并提供各级有用的安全管理技术和管理经验；实现了数据互联互通，及重要信息自动归类上报，提高了日常文件、公告的及时性和保密性，并及时记录汇总各级机构和各级人员的履职情况；对安全检查、隐患排查整改、重大危险因素、安全投入等进行实时监控，通过预先设定的预警模块进行预警，及时发现管理不善的单位并提出指导意见，基本上达到了将其建设成一个管理交流平台的目的。

存在的问题与不足：

(1) 个别单位、项目的领导和员工安全意识依然淡薄，违章指挥、违章作业的现象依然存在。

(2) 企业安全管理资源满足不了企业发展的需要，这个矛盾将在较长时间内客观存在。

(3) 分包商队伍安全管理仍然存在大量问题，分包商队伍能力普遍薄弱，员工安全意识淡薄，安全操作技能低下，流动性大，针对一线员工的安全教育培训效果不好、可操作性不强。

(4) 国际项目安全监督、管理存在薄弱环节，与国际优先发展和国际经营对股份公司经济发展做出的突出贡献不相符合。

(5) 安全生产技术措施作为保证安全生产的重要手段还没有被各单位充分运用，安全技术措施的全过程管理亟待规范化。

(6) 安全管理标准化、信息化工作尚属起步，任务艰巨。

三、2012年工作安排

2012年股份公司的安全生产工作指导思想和工作思路是：认真学习贯彻党和国家科学发展安全发展的战略要求，全面落实中国电建集团、股份公司工作会议精神，大力实施安全发展战略，以深入扎实开展“安全生产年”活动为载体，以安全责任制为抓手，在继续强化安全生产基础管理的同时，以形势宣传教育、安全生产风险管理体系建设、安全生产标准化建设为重点，集中整治、重点改进企业安全生产的突出问题，构建企业安全文化，以全面推进企业本质安全为目标，保持股份公司安全生产形势总体受控、稳步向好的局面。

重点工作有以下几个方面：

（一）大力开展安全工作形势教育，进一步强化安全意识

深刻分析股份公司安全工作的形势，距离企业本质安全的要求还有很大差距，对企业科学发展的安全支撑、安全保障的基础还不够牢固，企业发展面临着复杂多变的新形势，安全工作面临着诸多新任务、新要求，要持续保持各级领导和全体员工强烈的安全意识，特别是安全监管队伍的责任感、危机感，安全教育依然是安全工作的首要任务。

2012年安全教育的重要任务是形势教育，要认真开展科学发展、安全发展的理念教育，使广大员工充分认识到党中央国务院把安全工作提高到了实践科学发展观、科学发展的政治高度，将安全发展战略上升为国家战略，全面理解新形势下党和国家对企业安全生产的要求，提高履行安全生产职责的自觉性、主动性，让党中央国务院安全工作的一系列重大决策部署和各项政策措施深入人心，凝聚共识、深入贯彻、付诸行动。

要认真开展企业形势教育，掌握公司产业结构调整、业务结构调整、市场结构调整和转变发展方式中安全工作的新形势、新任务，使广大员工充分认识到股份公司作为上市公众公司，安全事关企业形象和声誉，是重要的企业品牌，关乎企业市场价值；充分认识到股份公司建设国际一流的现代化企业，安全事关改革、经济发展和稳定大局，是企业科学发展的保障和基础。

要认真开展安全工作形势教育，充分揭示当前股份公司安全工作的新规律、新特点，使广大员工认识到安全工作的紧迫性、长期性和艰巨性。

安全教育要以深入开展安全生产年、安全生产月等活动为载体，实施宣传教育行动，充分运用企业的各类新闻载体，利用公司各种专业会议，开展形式多样的教育活动，营造声势和氛围，做到有目标、有计划、有措施、有实效、有提升，进一步提高全体员工的安全意识。

（二）加大考核奖惩力度，不断强化企业安全生产责任制

长期以来，安全生产责任制是股份公司扭转安全生产不利局面，全面提高安全管理水平的重要手段。但是，一方面公司建立了覆盖公司全员、全业务的责任体系，层层签订安全生产责任书。另一方面，依然存在着部分企业领导人不能科学统筹经济发展与安全生产关系，安全生产孤立于企业改革发展，客观上没有做到安全第一，切实履行主要负责人的第一责任的现象；存在着一些领导团队和管理团队成员，视安全为旁责，就安全论安全，流于形式，不能真正做到一岗双责的现象；存在着少数基层经营单位、项目的一把手安全意识不强，疏于安全生产全面管理，疏于安全生产全过程控制，没有严格履行岗位安全责任的现象等。上述现象的存在，暴露了安全生产责任制一定程度上的两层皮现象，揭示了建设安全生产责任体系的长期性，因此，要通过强有力的措施，不断强化企业安全生产责任制的落地。

全面落实安全生产责任制，首先是要进一步完善以一把手为主要责任人的安全生产责任体系，深入推进三项工作责任体系建设：以总工程师为主要责任人的安全技术管理体系，强化项目施工规划、技术方法、工作流程、资源组织，指导安全生产，强化技术指导、技术研发对安全生产的支撑作用；以主管生产的领导为主要责任人的安全生产实施体系，强化主管生产领导按法律法规、按企业规章制度、按技术规程规范、施工方案组织生产的生产组织实施责任；以主管安全领导（安全总监）为主要责任人的安全生产责任监督体系，强化主管安全领导（安全总监）研究安全生产工作方法、制订工作计划、组织安全检查监督责任。其次，要全面梳理企业各种业务的安全责任制，特别是新领域、新业务和主营业务外的其他业务，真正做到全业务覆盖，满足股份公司业务、市场、产业结构调整的需要。

当前最重要的，是保证安全生产责任制的落地，要进一步强化安全生产绩效考核、进一步强化安全工作失职和安全责任事故的责任追究，一把手要按照保证安全生产资源配置，正确处理安全生产与经营规模、质量、成本、效益的关系，检查敦促班子成员、职能部门正确履行安全责任。

（三）以隐患排查治理和应急处置为主要内容，继续推进企业安全生产风险管理体系建设

安全事故隐患是建筑企业的重要风险源，是企业风险管理的重要内容。安全事故通常源于对安全隐患不清，不重视安全隐患，导致安全隐患蔓延、发展，直至演变为安全事故，安全事故的有效遏制，必须加强源头上的防范和治理。

要坚持预防为主，切实抓好隐患排查治理，全面推进隐患排查治理体系建设：①建立企业隐患排查的制度和责任制，科学制定重大事故隐患治理的工作方案；②通过认真研究企业安全生产的特点，

全面梳理确定安全事故的重要风险源；③依靠专家的力量，提高安全隐患的认知能力和处置能力，应用先进技术实现对安全隐患的实时监控；④安全隐患排查治理不仅要重视物的危险状态，更要重视人的不安全行为和管理上的缺陷，如“三违”现象、项目管理能力不足、以包代管等都是重要的安全隐患。

要继续健全企业应急管理体系：①要不断完善应急预案体系，增强预案的科学性和可操作性，尤其是各专业预案的协调，避免纸上谈兵，杜绝应急预案与安全应急管理的两层皮现象；②两级总部要指导组织定期开展预案演练，提高应急预案的执行能力；③要加强与政府、社会应急救援体系的协同，建立联动工作机制，遇到重、特大灾害或事故救援，要充分依靠政府、社会的力量；④要加强应急救援队伍建设，完善应急救援基础条件，保证应急救援的基本资源。

（四）以安全技术管理工作为重点，继续推进企业安全生产技术保障体系建设

安全技术是安全管理的根本保障。源于公司技术系统安全责任制的不到位，高素质技术管理队伍的总量不足和技术与安全管理的脱节，股份公司技术对安全工作的支撑远远不能满足工作的需要，主要表现在部分项目风险源的模糊不清，安全技术方案的缺失或不科学，安全技术措施的不落实等，成为公司安全管理的薄弱环节。

要重点加强安全技术管理工作，强化技术管理系统的安全责任，加强安全技术方案的研究和制定，着力推广先进适用技术与装备，提高风险源的辨识与治理能力，加强安全技术措施落实的监管力度，从根本上提高安全管理和事故预防水平。

要保证安全投入，健全安全科技政策和投入机制，加大生产科学技术研究力度，实施科技兴安、促安、保安工程。要重点开展重大事故致灾机理、安全生产关键技术与装备，安全预防预警、防治控制、抢险处置技术的研究，系统开展安全生产法规政策体系运行反馈系统、安全生产监管监察、企业安全生产管理模式与决策运行系统等安全管理科学研究。

（五）以企业达标为目标，继续推进安全生产标准化建设

安全标准化建设是强化企业安全生产基础工作的长效制度，具有重要意义。

（1）国家明确要求，全面推进企业安全生产标准化建设，进一步规范企业安全生产行为，改善安全生产条件，强化安全基础管理，有效防范和坚决遏制重特大事故发生，通过安全生产标准化建设，全面实现岗位达标、专业达标和企业达标，是企业今后安全工作的重要任务，建筑企业达标的最后期限是2015年。

（2）推进企业安全生产标准化建设，可以促进企业严格落实安全生产责任制，预防安全生产事故，提高企业安全管理水平，实现企业安全管理的规范化，加强安全工作的科学管理。

（3）推进安全生产标准化建设，提高机械化和信息化水平，可以客观真实地反映出企业安全生产状况和不同安全生产水平，有利于实施安全生产分类指导、实时控制，为加强安全监管提供保障。

（4）推进安全生产标准化建设，可以进一步规范从业人员安全行为，增强企业员工安全素质，提高安全队伍能力。

股份公司的安全标准化工作，是企业标准化工作的一部分，要与三标一体贯标工作有机融合，还要与国际一流企业全面对标，把国家标准、专业标准和国际标准融为一体，高标准推进。

股份公司的安全标准化建设工作尚属起步阶段，各单位安全生产标准化建设工作开展情况参差不齐，要充分认识深入开展安全生产标准化建设对加强安全生产工作的重要性，以企业达标、专业达标为目标，以全面提高安全管理水平为目的，加大力度、全面推进企业安全标准化工作。

（六）加强安全监管，重点改进企业安全生产的突出问题

要继续加强工程发包分包管理。要从工程招标、资质审批、施工许可、现场作业、文明施工等各环节强化安全监管工作，强化公司主建单位的监管职责，强化参建各方企业安全生产主体责任。

从2011年股份公司整体安全工作和发生的事故情况看，分包工程和协作单位仍然是安全事故多发源，海外项目的安全管理相对薄弱，不容乐观，是当前公司安全生产管理的重点。

关于分包工程和协作单位安全监管的问题，国家各级主管部门高度重视，股份公司的项目管理工作和每次安全会议，都把分包工程和协作单位作为重点工作反复强调，但依然不能得到根治，近乎于顽疾，这反映出这项工作现阶段的长期性和复杂性。做好分包工程和协作单位的安全监管工作，要认真研究工作规律和特点，系统提高工作水平：①要从认识上，把分包工程和协作单位的安全工作，作为企业的安全生产业绩，做到同管理、同考核；②从策划、选择队伍开始，做到全过程的合法合规，符合各项管理规定，严禁违规操作；③要配足管理资

源，严格过程控制和监管，严禁“以分代管、以包代管”；④要有大局意识、服务意识，公平对待外来协作队伍，合理价格，在分包协作单位能力不足以保证安全生产时，要主动帮扶，保证分包协作队伍正常经营的基本条件；⑤针对我国建筑市场专业队伍、劳务企业尚处于培育发展阶段的特点，要培育公司的合格协作队伍，建立考核评价制度，对实力强、管理水平高、守信用的分包协作队伍，要建立长期合作机制。

股份公司国际工程安全管理当前存在以下问题：①个别单位对海外项目安全管理的重要性、特殊性认识不够，资源配置不能满足安全生产工作要求；②部分单位片面顾及海外项目相对较高的监管成本，在安全生产上放手以项目自律为主，造成安全监管的缺失、失控；③安全管理体系不能满足国际化经营的特点和要求，安全监管不能契合海外项目安全管理的实际。做好国际工程的安全工作，一定要深入研究海外工程项目管理的实际，全面了解项目所在地国家的法律法规、国情实际，依法经营、依法治安；一定要确保资源合理配置，满足海外项目安全生产管理的需要，加强两级总部的监管、指导力度，加大检查、考核力度，确保国际工程安全生产受控。

针对公司安全管理的实际，海外事业部2010年研究、编制、发布了股份公司质量、环境和职业健康安全管理体系海外业务子体系文件，对股份公司和国际公司签约管理的国际项目，统一采用公司海外业务子体系，理顺了管理关系和标准，对国际工程项目管理意义重大，要下大力气贯彻应用，并做到持续改进。

（七）有效开展安全培训工作，全面加强安全队伍的建设

安全生产培训教育是巩固性教育、反复性教育、终身教育。随着安全科技水平的提升，安全知识也将不断变化，以前掌握的安全知识和技能将随着时间推移而逐步退化和落后。做好安全生产培训教育工作：①首要的是各级领导要带头自觉接受培训教育。企业领导安全意识的强与弱决定了企业安全生产状况，企业管理者安全意识淡薄，不掌握安全管理知识，忽视安全工作，这个企业就无法保证安全生产。②要做好安全管理人员的培训教育，确保安全管理人员掌握必备的安全管理知识和安全管理技能，是提升企业安全生产管理水平的关键。③要切实加强“三级安全教育”，要保证项目级、施工队级、班组级的培训教育不走过场、不流于形式。④要强制进行特种作业人员培训。特种作业是对本人及周围设施安全具有重大危险的作业，国家明确规定必须经过培训，考核合格后方可上岗作业。⑤日常教育培训要常抓不懈，日常教育培训是安全培训这个系统工程的不可忽视的环节，十分重要。安全培训是安全生产工作的重要基础性工作，关键是针对性和实效性，中国电建集团高度重视培训工作，将组织企业三类人员的培训教育工作，股份公司两级总部，要做好安全培训的规划工作，做到分层次、分重点地系统性开展。

安全生产管理人员的增长不能满足企业快速发展的需要在我们企业内是长期客观存在的，要吸纳大、中专毕业生，引进社会人才加入我们的安全管理队伍，保证安全管理队伍的必要数量，改善队伍结构。更重要的是培养、提高安全管理人员的素质，提升他们业务能力。①培养学习能力，不断更新业务知识，提高业务水平；②培养思考能力，善于在工作中发现问题并解决问题；③培养沟通能力，提高工作效率；④培养协调能力，充分发挥全员力量解决安全问题；⑤培养调研能力，能够发现安全工作的重点、难点并进行解决。在提高安全管理队伍素质和能力的同时，要重点开展安全管理队伍的职业教育，增强责任感、使命感，做到爱岗敬业，求真务实，积极奉献，要通过建立有效的薪酬机制和激励机制，保持安全管理专业队伍的稳定性和工作激情。

（八）推进公司本质安全建设，构建企业安全文化

长期的安全生产实践表明，对于预防事故的发生，推进企业本质安全建设，仅有安全技术手段和安全管理手段是不够的，最根本的途径在于通过企业安全文化建设，通过对员工的观念、道德、伦理、态度、情感、品行等深层次的人文因素的强化，利用领导、教育、宣传、奖惩、创建群体氛围等手段，不断提高员工的安全素质，改进其安全意识和行为，从被动地服从安全管理制度，转变成自觉主动地按安全要求采取行动，从“要我遵章守法”转变成“我要遵章守法”。

安全文化是企业文化的重要组成部分，是安全生产的灵魂，是落实安全工作加强执行力的推进器。安全文化建设，就是要把公司“以人为本，珍爱生命，安全发展”的理念作为全体员工的意识和道德观念，把公司的安全目标作为全体员工的工作目标和业务追求，把安全标准和制度作为全体员工的工作标准和行为规范，使全体员工形成“安全第一”的意识、“生命高于一切”的道德价值观、遵纪守法的思维定势、遵守规章制度的习惯方式和自觉行动。

各单位要立足安全发展的大局，明确工作目标，强化工作措施，注重工作效果，特别要发挥“一把手”的带头作用，特别要做到全员参与、主动参与，将企业安全文化建设落到实处。

同志们，安全生产，事关全局，责任重大，让我们以高度的责任心和使命感，保持高涨的工作激情，求真务实、刻苦努力，以科学发展观为统领，坚持以人为本，坚持安全发展战略，努力营造企业安全文化，建立安全生产长效机制，深入推进本质安全建设，为股份公司科学持续发展做出应有的贡献。

认清形势　弯道超越
全力以赴做好国际市场营销工作

——国际业务专题报告

（2012 年 4 月 8 日）

曾　兴　亮

各位领导、同志们：

根据会议安排，我就股份公司国际业务市场营销现状及工作安排做如下汇报。

一、2012 年国际业务市场营销指标及预期

根据股份公司第一届二十七次董事会审核意见，股份公司 2012 年国际业务新签合同计划为 569 亿元，约折合 90 亿美元。

经系统梳理，当前股份公司国际业务市场营销情况主要如下：

（1）往年签约，预计年内生效合同。截至 2012 年初，股份公司国际业务往年已签约、未生效、未对外申报的合同共计 35 项，合同金额 111.84 亿美元。其中，预计今年合同生效的有 8 项，金额合计 25.84 亿美元。

（2）今年新签订合同。截至 2012 年 3 月底，股份公司国际业务新签并生效的合同共 13 项，金额合计 19.74 亿美元。

（3）投资带动承包工程项目。2011 年已完成招标程序以及 2012 年拟通过招标程序发包给系统各子公司且可以计为股份公司新签合同额的共计 24 项，金额合计 6.73 亿美元。

（4）2012 年 3 月前投标，预期年内中标项目。截至 2012 年 3 月底，股份公司已递交标书正在等待评标结果的项目 119 个，金额合计 258.75 亿美元，其中重点预期中标项目共 7 项，合同金额 20.81 亿美元。

（5）股份公司各子公司与其他外经窗口公司合作项目。截至 2012 年 3 月底，股份公司各子公司与其他外经窗口公司合作并以自身名义对外新签合同共计 33 项，合同金额合计 9.71 美元。

（6）正在跟踪的项目。截至 2012 年 3 月，正在跟踪的项目 272 个，合同金额 1461.4 亿美元，其中：7 个处于合同谈判阶段，合同金额 20.62 亿美元；105 个处于编标阶段，合同金额 134.3 亿美元；59 个处于资格预审阶段，合同金额 188.4 亿美元；101 个处于信息跟踪阶段，合同金额 1118 亿美元。

综上所述，从目前掌握的情况乐观估计，2012 年股份公司国际业务预期新签合同额约 82.83 亿美元，与股份公司编制的 90 亿美元的市场营销计划相比，尚有 7 亿～8 亿美元的缺口。

二、正确把握当前面临的国际市场形势

当前，股份公司国际市场营销面临着严峻挑战，挑战主要来自四个方面。

（1）宏观经济形势影响着全球建筑市场的发展。

全球经济复苏不均衡。欧洲各国受主权债务危机拖累，英、美、法等西方强国经济持续疲软、失业率升高，示威游行等抗议活动频繁发生。西方经济低迷的状况冲击着石油价格及全球股市行情，导致发展中国家收入和外援减少，贸易保护主义抬头，全球建筑市场持续萎缩，国际建筑市场供求矛盾并未完全缓解。发展中国家注重资源把控，从政策、税收、就业、生态环保等方面提出更加严格的要求。

(2) 国际政治形势复杂多变，中东、西亚、北非等国家和地区局势动荡。一些国家和地区针对中资企业和人员的恐怖袭击和治安事件也时有发生，股份公司国际业务有很多处在局势不稳定国家和地区，政治风险、安全风险、劳务风险加大。利比亚撤侨、苏丹人质事件、尼泊尔山火事件，以及刚发生的马里军人哗变事件等给股份公司的国际市场开拓带来了十分不利的影响。2011年，在伊朗新签了三个项目的商务合同，合同金额超过40亿美元，但目前伊朗、叙利亚的政治局势致使项目的生效存在很大的不确定性。

(3) 国际建筑市场竞争空前激烈，国内市场的国际化，国际市场的国内化日益突出。①受经济大形势影响，面对高失业率的压力，各国政府加大本土企业保护力度，不断提高准入门槛，提高本土企业优惠度，从而加大了股份公司国际市场的开拓难度。②西方发达国家建筑企业纷纷向国外市场发展，重返非洲市场，大举进军中东市场、拉美市场。③印度、土耳其、巴西等发展中国家建筑企业也利用成本更低、与国际接轨的优势，与中国企业激烈争夺国际市场。④随着中国国内建筑业产能过剩的凸显，更多的中国企业开始向国外转移，国际项目竞争日趋激烈，国际竞争国内化，国内公司对国际项目的争夺已发展到白热化程度。

(4) 受人民币升值以及国内通货膨胀的影响，中国承包商传统的价格优势正在消退。此外，股份公司国际业务经过多年持续高速的发展，市场开拓能力与项目执行能力的矛盾日趋突出，项目执行能力已成为国际业务持续快速发展的瓶颈。履约能力的相对不足，降低了国际项目投标报价竞争力，对市场开拓产生不利影响。

然而挑战与机遇并存，在复杂艰难的形势下，股份公司国际市场营销仍面临着潜力巨大的发展机遇。

(1) 世界经济总体低迷与中国影响力日益提高带来的机遇。

当前和今后一个时期，和平、发展、合作仍是时代潮流，世界多极化、经济全球化深入发展，国际政治经济秩序正经历深刻变革。在金融危机、欧债危机的影响下，中国影响力明显上升，对全球经济的稳定和增长将发挥重要作用。欧美承包商普遍调整经营战略，股份公司将有更多的空间进入中高端市场，获得更多与欧美同行竞争、合作的机会，这为股份公司抢占发展制高点提供了机遇。

(2) 国家宏观政策对央企“走出去”大力支持带来的机遇。

刚刚结束的“两会”，再次明确提出要加快实施“走出去”战略，国资委强化打造具有国际竞争力的世界一流公司，明确了中央企业的发展战略方向。我国作为世界第二大经济体，凭借高达3.2万亿美元的外汇储备，大幅提高中国资金的输出和援外力度，积极实施能源资源战略，推动双边、多边外交和经济合作，大力支持有条件、有能力的企业“走出去”。而许多西方国家也看到我国资金优势，寻求合作。这为股份公司获取战略性资产增加了机会，为我们做强做优国际业务提供了难得的历史机遇。

(3) 清洁能源在全球行业中的发展趋势，为中国水电带来新的发展机遇。

绿色建筑、低碳经济理念和日本的核事故使世界各国都在加快清洁能源的发展步伐，预计未来世界水利水电行业将继续增长，全球低碳经济市场潜力巨大。这有利于股份公司发挥竞争力优势，促进国际业务的快速发展。

(4) 企业自身实力日益发展壮大带来的发展机遇。

1) 拥有愈加宽广的业务领域。股份公司国际业务领域不断扩大，转型升级取得的成就将高效地促进和推动国际业务在更广阔的空间，多领域、多元化的发展。国际业务除传统优势行业水利水电外，在非水电方面已拓展至公路、火电、城市基础设施、建筑、机场及铁路等行业，市场区域已延伸至南美洲、大洋洲及东欧等地区。特别是在近年来，在非洲、拉美和南太地区成功推动了多个中国融资的水电站工程，在东南亚、非洲也拥有多项水电和矿产投资业务，形成了全球化的良好市场布局，无论是在地理国别、项目规模、行业领域、合同类型、资金来源等各个方面均呈现多元化的发展格局，抵抗市场风险的能力显著增强，成为国际知名承包商，在国际水电行业具有很高的声誉和影响，在抢占海外市场方面获得了先机。

2) 拥有世界领先的技术实力。股份公司持续参与规模巨大的国内建筑市场，积累了大量的技术、人才、业绩和经验，这为国际业务的发展起到了有力支持，为“走出去”培养了一支世界最大的高技能劳动力大军和技术人才队伍。同时，股份公司具有世界领先的技术水平，创造了多项世界之最，具有辉煌的业绩和丰富的施工技术经验，为国际业务提供了发展的基础。

3）拥有完整一体化的产业链。股份公司作为电建集团旗下子企业，当前电建集团拥有电力工程设计、施工、装备制造于一体的完整产业链，能够为水利、水电、火电、风电及基础设施建设等领域的规划、建设和运营提供集成式、一站式服务，产业集中度优势明显，这也进一步拓宽了股份公司国际业务的发展空间。

4）拥有遍布全球的营销网络。截至2011年12月底，股份公司在58个国家设有79个驻外机构，在62个国家，执行311个项目，已经形成了一个庞大的市场营销网络。为加强属地化经营，股份公司还对在建合同达到一定规模、市场潜力巨大、对周边国际市场有辐射作用的国别市场或地区采用区域总部管控模式，目前已有安哥拉、海湾和北非等三个区域总部在运行。

概括地说，尽管全球持续出现经济增长疲软、政治局势不稳的状况，但是世界和平与发展的大局总体仍然稳定，国内外环境中对国际业务发展的有利因素还在不断增加，因此我们要认清形势，抓住机遇，顺势勇为，不断加大市场营销力度，继续推动股份公司国际业务保持平稳较快发展。

三、坚持“保市场、保订单、保增长”，内外兼修，合纵连横，强力做好国际市场营销工作

（一）理顺内部管理机制，规划调整资源配置

进一步细分市场。进一步理顺业务部门内部管理及部门间协作关系，对各业务部门按区域进行更加合理的规划整合，促进中西非、东欧和南美市场国际业务的深度开发；同时依托重新调整组建的北非、安哥拉、海湾区域总部，实现营销重心前移，共同促进国际市场的精耕细作和深度开发。

严格执行《股份公司海外非投资类市场资源配置管理办法》，规范海外市场资源的分配流程，明确各层级在市场资源分配流程中的管理权限，对各子公司市场布局进行更加合理的规划和调整，合理确定海外项目的跟踪和投标单位及项目实施单位。鼓励、支持有能力的子公司在统一战略框架下以法人主体、竞争主体从事国际业务，逐步实现自主营销、自主经营，充分调动各子公司海外市场开拓积极性。

（二）紧跟国家能源外交战略，加强中国资金项目营销力度

未来5～10年，是中国参与经济全球化的重要机遇期，我国政府将进一步实施资源能源战略，加强对外合作，加大资本输出，拉动内需，促进国内经济发展。因此，我们要持续关注国家“走出去”战略的走向，充分利用国家支持“走出去”政策和其他政策资源，总部加强高端运作，集中配置市场营销资源，推动股份公司工程承包业务与国家能源资源战略有机结合，通过研究全球化的融资模式，创新融资合作模式，重点推动中国资金融资总承包项目，大力推动政府互惠项目、合作项目、双优项目、一揽子项目等，进一步扩大市场占有率，提升市场地位。

（三）研究探索设立融资部，加大中国援外项目的营销力度

目前，中国进出口银行已与缅甸、安哥拉、埃塞俄比亚、赤道几内亚和刚果（布）等国家签订了总额近400亿美元的一揽子贷款协议、正拟与十一国签订类似的一揽子贷款协议；同时，国家开发银行、中国建设银行和中国出口信用保险公司也与外国政府签订了总额约300亿美元的一揽子贷款协议。我们要密切跟踪，重点关注，探索研究设立国际公司融资部门的可行性。针对双优项目、一揽子项目、商贷项目、利用中国资金项目设置系统性的组织体系和业务流程，专司其职，大力推动开发中国资金项目。

（四）完善国际业务机构设置，继续推动拉美和东欧市场开拓

目前，国际公司已经对各业务部门按区域进行更加合理的规划整合，促进市场的精耕细作和深度开发，撤销原有工程一部、工程二部、工程三部，将现有国别市场重新调整为拉丁美洲市场、中西部非洲市场、中亚中东欧洲市场、东南部非洲和东南亚大洋洲市场，分别成立业务一部、业务二部、业务三部、业务四部，机构设置与国别市场相对应，以相对稳定的人员集中开发相对固定的国别市场，提高工作的效率，保证了工作的连贯性。通过业务一部和业务三部，分别统筹负责拉美和东欧市场开拓，继续抓住中国与拉美和东欧国家经贸合作关系紧密的发展机遇，重点开拓拉美市场，并寻求适当机遇进入东欧市场。通过业务二部，着力开拓整个中西部非洲国家市场，争取在未来三年内走进所有中西部非洲国家。

（五）强化区域总部建设，继续推进本土化和属地化经营

（1）要推进国际区域总部建设，使营销力量、管理力量最大程度前移，统一管理标准、管理流程和管理模式，逐步实现规范化、公司化运作。实施

"合纵连横",通过兼并、重组、控股等方式加入或取得当地有影响力、有市场潜力和政府资源公司的控制权,将其纳入区域总部经营发展战略;与当地互补性中资公司结成战略联盟,根据业务发展需要,各取所需,实现资源共享,不断拓展市场空间,同时逐步建立和完善适应跨国公司管理要求的组织结构。走轻资产运营、轻中方人力资源项目管理之路。

(2)进一步理顺区域总部与海外事业部/国际公司关系,建立更为高效、顺畅的管控流程,建立层级清晰、界面清楚、责任体系到位的区域总部管理体系,区域总部要深度开发所辖市场。

(3)要进一步推进本土化经营,及时利用东道国的人、财、物等多方面资源,与当地市场融为一体,把供应链、合作伙伴作为我们的利益共同体和生命共同体,以降低价格水平,增强竞争力。

(4)要充分利用"两个市场"、"两种资源",加大与互补性强、合作空间大的中央企业、金融机构、国际知名企业、所在国当地企业的合作力度,相互促进,共同发展。要进一步完善境外企业社会责任工作体系,树立依法合规、诚实守信的经营理念,积极推进属地化经营管理,注重环境保护,积极参与当地社会公益事业,提高对当地经济社会发展的贡献度,推动与当地文化的交流与融合,树立勇于承担社会责任的良好企业形象。

(六)采取切实可行措施,提高竞争性投标项目核心竞争力

认真贯彻落实股份公司《国际工程投议标报价竞争力研讨会》会议精神,努力提高在竞争性投标方面的竞争力,具体包括:

(1)在总结和反思的基础上,结合每家子公司的实际,准确定位、量力而行,大力支持有条件、有能力的子公司优先发展国际业务。

(2)建立股份公司、国际公司、子公司分层营销,分工协作,区域统筹,统分结合的机制。

(3)鼓励各子公司做一手单,以中国水电品牌或子公司品牌开发市场,提高各子公司国际市场营销的积极性,进一步增强国际市场竞争力。

(4)建立国际公开竞标项目投标报价问责机制,也就是淘汰机制。既要问责高标,也要问责低标。

(5)建立竞标项目投标报价决策风险分担机制,审慎、有选择地引入公司内部竞赛机制,通过内部市场化手段,使内部交易定价合理化。

(6)研究在印、巴与当地公司合资成立劳务公司可能性,有计划招募、培训中国水电海外劳务可行性,以替代成本日益攀升的中国劳务。

(7)加速培养熟悉不同区域市场、不同专业领域的营销人才,逐步建立不同项目类型、不同市场领域的报价信息库,提升项目投标报价能力。

(8)加强对国内外竞争对手的研究,特别是对国内同行竞争对手的研究。

(9)继续减免股份公司各子公司委托实施管理费,尤其是竞争性投标项目的管理费。

(七)放眼全球,以世界的眼光打造广泛的战略同盟体系

(1)将与咨询顾问和合作伙伴的关系提升到国际工程承包行业的战略层面上来。与咨询顾问建立长期的利益共同体,互利共赢。同时通过咨询顾问延伸公司市场营销能力,使其成为公司合作伙伴的载体。

(2)与当地政府和名人形成合作伙伴关系、互利共赢的关系。

(3)与国内外有互补关系的公司建立共赢合作。

(4)与国际组织、跨国公司、各国政府建立良性互动,寻求高端合作机会。

(5)加强内部沟通与协作,扩大国际市场营销范围。积极与"山东电建"、"中国水电顾问"等电建集团内部企业的沟通协作,加大进入火电领域力度,实现信息快速流转和集约共享,优势互补,尽快实现电建集团提出的"率先在国际业务上建立规划、设计、施工一体化运营的商业模式",进一步放大既有优势。

(八)稳步推进海外投资,尽快落实投资业务与工程承包业务分设事宜,加快推进国际业务转型升级

稳健开展海外投资资源类项目营销,不断优化结构,创新商业模式和经营方式,积极创建国际承包业务和投融资业务协同并进的新格局,逐步实现服务业主和经营资产的相互支撑、有机结合的新业态。

(1)积极稳健推进对以水电为主业的优质资源(如水电资源、矿产资源、建材生产、环保产业等)的投资开发,努力创造条件进入国际基础设施投资建设和运营领域,增加特许经营在国际业务中的占比,为国际业务未来发展和行业地位提供支撑。

(2)推动尽快成立海外投资公司,把国际工程承包与投资业务分开,建立投资业务和工程承包业务有效协同机制,发挥业务板块之间的协同效应,实现由投资带动工程承包业务的目标。工程承包与特许经营业务的分设,既要通过组织架构、职能设置及绩效考核机制保证业务间协同效应的充分发挥;也要按照价值链和流程,清晰地划分两条业务线的权责,避免工作交叉和重复。

（3）进一步明确投资业务在公司发展战略中的定位，制定明确的投资业务发展规划，制定投资业务发展的组织模式和框架，建立健全海外投资运行机制和管理制度。

（4）进一步研究和拓宽融资、保险渠道，在现有渠道下，加大公司高层和融资、保险机构的协调力度，促进项目融资的表外融资特征的实现，保证投资业务进一步发展的股本金的需求，优化融资条件和加快融资进程。

（5）做好科学分析、市场调研和尽职调查，充分认识国外投资环境、政治风险、经济风险、市场风险以及技术适用性。在投资中运用分包、投保等方式来分散风险。

（九）提高在建项目履约能力，为市场营销工作提供重要支撑

通过深入贯彻落实投议标项目评审制度、项目前期策划制度、国际工程月报制度、敏感信息月报制度、国际工程项目年度风险分析评估报告制度、“双五”风险项目制度、重点关注项目巡查制度、风险项目会诊制度、合同风险紧急议案制度、非传统安全紧急议案制度等十项制度，整合国际业务内外专家团队资源，协调国际公司与委托实施单位之间的对接，经营管理部与市场开拓主管部门之间的对接，以年度“双五”风险项目为重点突破口，实现在建项目风险管理工作从后方向前方、从被动向主动的转变。进一步提升在建项目风险管理水平，提升项目履约能力，提高国际竞争力，树立良好形象，增加在建项目履约对市场营销业务的支撑作用。

（十）持续加强国际化团队建设，为市场营销提供人才支持

（1）策划、研究更为先进的人才管理制度，使人才“配置—培训—使用—激励—流动”整个链条与国际接轨，为国际化人才的涌现提供制度环境。

（2）建立和完善国际间人才的“柔性流动”机制，即“不改变国籍、不调档案、来去自由”；按照“不求所有，但求所用”的原则，大胆在全球视野内进行社会化资源配置。要敢于、善于吸纳国际高端人才为我所用，以最快速度弥补人才短板。

（3）加大对高端国际化人才的吸收引进；注重加强中层管理、专业技术人才队伍建设，补齐“人才短板”；吸收引进国内外知名院校的优秀大学毕业生，把专业基础好、语言能力强、能吃苦耐劳的大学生放到一线锻炼，做好后备人才储备。

（4）不断完善内部交流和上下互动的人才动态管理机制，坚持用国际人才标准择优录用和降级辞退的人才流动运行机制，在保持人才队伍总量平衡、动态稳定的基础上，着力优化队伍结构、提高整体素质、激发创业激情。

（十一）鼓励各子公司积极与中国其他外经窗口单位及中国电源建设单位合作

加强与其他外经窗口公司的高层沟通与合作；加强与中国电源建设公司在海外投资项目上的沟通与合作，为各子公司与其他外经窗口单位及中国电源建设单位合作创建良好的外部环境；鼓励、支持、协调股份公司各子公司积极、有序地与中国其他外经窗口单位合作并以自身名义对外签约；鼓励、支持、协调股份公司各子公司积极、有序参与中国电源建设公司海外投资项目的竞争，以互利共赢为基础，谋求公司更大的市场占有率。

（十二）发挥绩效考核的激励导向作用，调动市场营销积极性

薪酬体系的设置，包括岗位工资、绩效年奖、中标奖等，要进一步向市场营销人员倾斜，向长期驻外的一线人员倾斜，充分发挥绩效考核的激励导向作用，进一步调动市场营销工作积极性。

2012年，世界政治经济形势复杂多变，股份公司国际业务市场营销挑战与机遇并存，让我们解放思想，提振精神，精诚团结，共同努力，保市场、保订单、保增长，全面完成市场营销任务，为建设具有较强国际竞争力的世界一流公司打下扎实基础，以优异成绩迎接党的十八大召开！

强化竞争意识　创新营销机制　加快推进转型升级　推动公司又好又快全面发展

——市场营销工作推进会工作报告

（2012年4月8日）

杨　忠

同志们：

2011年是股份公司发展历史上具有重要里程碑意义的一年，登陆资本市场和参与电力体制改革重组，使公司迎来重要的战略机遇期。公司股票成功上市发行，极大地提升了公司的市场声誉和品牌价值，募集到的资金也为公司的发展注入了强大动力；重组进入中国电建集团，明显提升了股份公司的市场地位和话语权，集团产业链条的完善也大大增强了公司参与国内外市场竞争的能力与机会，公司的发展有了更加广阔的空间与舞台。同时，上市和集团重组也给公司带来更大的发展责任与压力，我们必须直面股东对公司保持持续健康稳定发展的强烈诉求，必须承担电建集团重要成员企业的核心作用，必须为电建集团的稳定和发展做出积极贡献。市场营销作为企业生存与持续发展的基石，责任更加重大、任务更加艰巨、使命更加神圣。

2011年是公司各项工作全面快速发展的一年，营业收入和营业利润大幅增长，各项经营管理工作取得长足进步，但影响公司持续稳定发展的重要指标之一的新签合同额却没有完成预定目标，而且今年我们还面临更高的发展要求，为确保公司持续稳定发展，落实公司董事会确定的2012年1550亿元的市场营销任务，贯彻执行电建集团两次市场营销研讨会相关精神，今天我们召开“股份公司2012年市场营销工作推进会”。这次会议既是今年市场营销工作的布置会，也是动员会。会议目的就是要进一步解放思想，增强市场竞争意识，创新市场营销机制，抢抓机遇、勇于担当、主动作为，全面提升公司市场营销能力，确保完成本年度市场营销任务，推动企业又好又快全面健康发展。下面我就今年市场营销工作分五部分报告如下：

一、认清形势，转变观念，增强加快发展的紧迫感，更加充满激情地推动公司更好更快发展

（一）与同行业对标差距明显，优胜劣汰的市场法则要求公司必须加快发展

公司近几年取得长足发展，各项发展指标均创历史最高水平，特别是集团管控能力和经营管理水平显著加强，企业盈利能力大幅度提高。重组进入电建集团后，与集团内其他成员企业相比，股份公司拥有相对明显的管理优势。但股份公司市场营销能力和规模增长的速度与其他中央建筑企业比较，还存在一定差距。

2008～2011年的新签合同年均增长率，股份公司为9.65%，而中建股份为43.9%，葛洲坝股份为33.39%，中交股份为19.74%，中国铁建为14.19%，中国中铁为13.12%（见图1）；2011年新签合同额情况是中建股份9383亿元、中国铁建6300亿元、中国中铁6200亿元、中交股份4860亿元，而股份公司为1278.45亿元，仅高于葛洲坝股份的725.3亿元（见图2）。

与葛洲坝股份相比，股份公司的优势在持续缩小。2008年股份公司新签合同额是葛洲坝股份的3.17倍，2009年是2.22倍，2010年是2.42倍，2011年是1.76倍（见图3）。水电四局、水电七局、水电八局、水电十四局等4家子公司合计新签合同额在2008年是葛洲坝股份的1.03倍，2009年是1.04

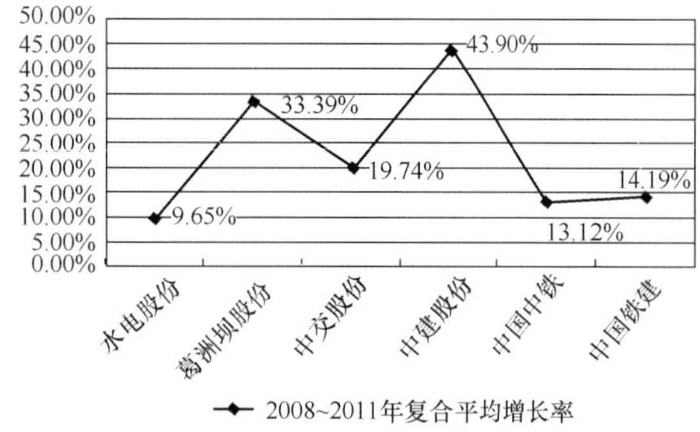

图 1　主要中央建筑企业 2008～2011 年新签合同年均增长率

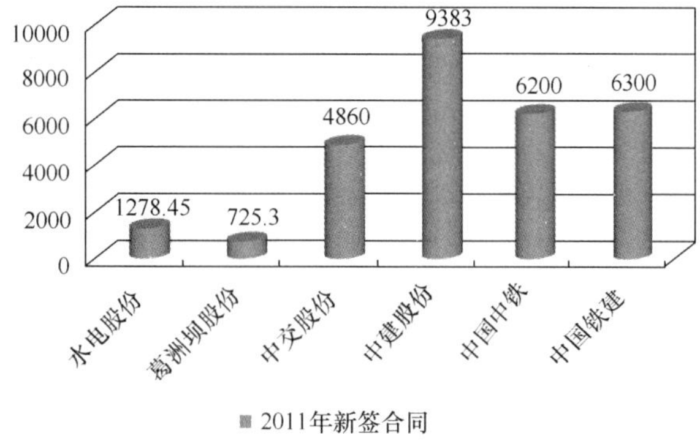

图 2　主要中央建筑企业 2011 年新签合同额情况

倍，2010 年是 0.99 倍，2011 年是 0.54 倍（见图 4）。2012 年股份公司第一季度新签合同 333.61 亿元，葛洲坝股份为 301.8 亿元，我们的优势进一步缩小。葛洲坝股份五公司在职员工 3000 人左右，2011 年完成营业收入 75 亿元，实现新签合同额 150 亿元，人均营业收入和人均新签合同额均高于股份公司任何一家子公司；今年他们的营销目标计划突破 200 亿元。与中建股份相比，2011 年中建股份有 6 家三级单位营业收入超过 100 亿元，股份公司仅有 4 家二级单位营业收入超过 100 亿元。

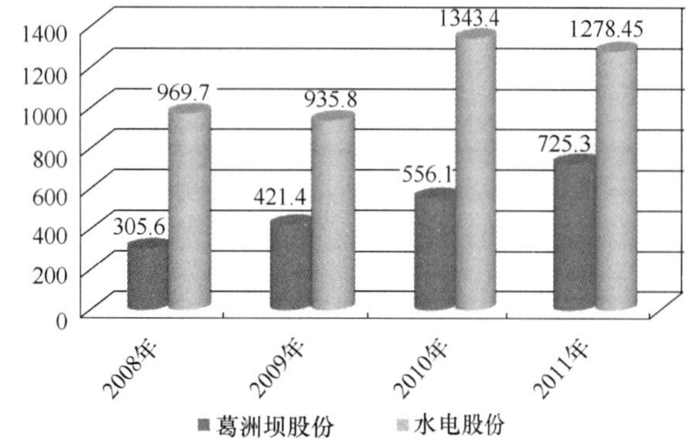

图 3　股份公司与葛洲坝股份 2008～2011 年新签合同额情况比较

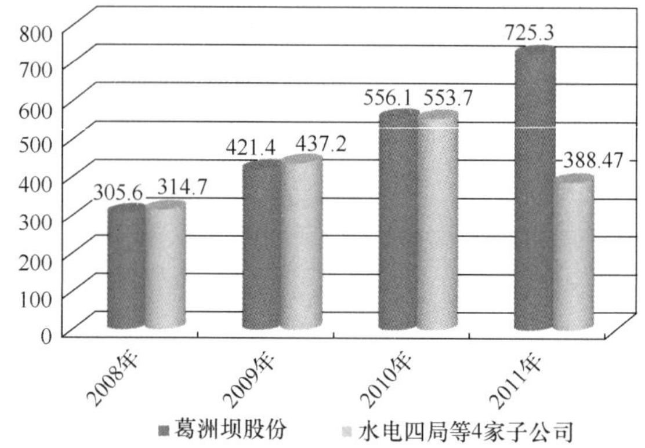

图 4　水电四局等 4 家子公司与葛洲坝股份 2008～2011 年新签合同额情况比较

对标数据表明，企业的实力不在于级别而在于发展的能力，没有发展最终会被市场淘汰。“优胜劣汰、弱肉强食”是市场竞争的残酷法则，面对同行的快速发展，我们没有理由懈怠，更没有理由“小富即安”地陶醉在过去的成就之中。慢进就是倒退、不进则会灭亡，发展速度的差距意味着我们的生存空间被挤压，市场占有份额在下降，可持续发展的能力受到严重挑战，面对竞争对手的赶超，我们必须要有更加强烈的危机感和加快发展的紧迫感。

（二）公司治理结构发生根本性变化，双重使命下要求公司必须加快发展

公司资本市场首发上市和参与电建集团重组使公司治理结构发生根本性变化，公司发展目标从仅需满足国资委的要求转变为需要同时满足投资者和电建集团的双重要求，兼有双重使命。

2011 年在反映企业成长能力的主要指标方面：股份公司每股净资产（2.8398元）低于葛洲坝股份（3.19 元），每股收益（0.377 元）低于葛洲坝股份（0.445 元），营业收入增长率（11.80%）低于葛洲坝股份（36.23%），新签合同增长率（－4.81%）低于葛洲坝股份（30.43%），营业利润率与葛洲坝股份相同（4.35%），净利润增长率（42.32%）高于葛洲坝股份（12.61%），（见表 1），两者股价相差接近一倍，除葛洲坝股份规模偏小便于炒作等原因外，影响股票价格的主要因素还在成长性指标上，因此，要保持投资者对企业持续快速健康发展的信心，就必须要确保公司较高的营业收入增长率和新签合同额增长率，同时也要确保每股收益同步增长。股份公司作为电建集团整体上市的平台，要确保电建集团整体上市部署不受影响，就必须保持与同行业相适应的发展速度。

表 1　股份公司与葛洲坝股份 2011 年主要经济指标比较

主要指标	股份公司	葛洲坝股份
每股净资产	2.8398 元	3.19 元
每股收益	0.377 元	0.445 元
营业收入增长率	11.80%	36.23%
新签合同额增长率	−4.81%	30.43%
营业利润率	4.35%	4.35%
净利润增长率	24.32%	12.61%

参与电建集团重组带给公司更广阔的发展空间和更强劲的发展动力，同时股份公司作为电建集团的重要成员企业也要为电建集团的发展发挥牵引、带头、拉动作用。电网企业历史包袱沉重，刚刚从垄断企业“断奶”参与到市场竞争之中，难以迅速实现快速增长，水电股份占有电建集团 60%以上的份额，只有通过我们加速发展，才能确保电建集团重组后的平稳较快增长，才能确保在与中国能建集团的竞争中从开始就立于不败之地。

（三）员工收入持续增长的诉求强烈，企业内在生存压力要求公司必须加速发展

2008～2011 年股份公司员工收入持续稳定增长，工资总额年均增长 18.9%，从业人员人均工资年均增长超过 17%。由于历史欠账以及员工构成层次偏低等原因，公司员工平均收入仍然处于较低水平，要满足员工收入持续增长需求，解决好历史遗留问题，需要各子公司保持持续较快发展势头。但个别子公司近年来新签合同额年均增长率、利润总额年均增长率明显低于员工收入年均增长速度（见图 5、图 6）。长此以往，企业的经营成本将持续上升，市场竞争能力将会下降，员工长期利益也必将得不到保证。解决这个矛盾的关键在于企业必须要有高于员工收入增长水平的发展速度。

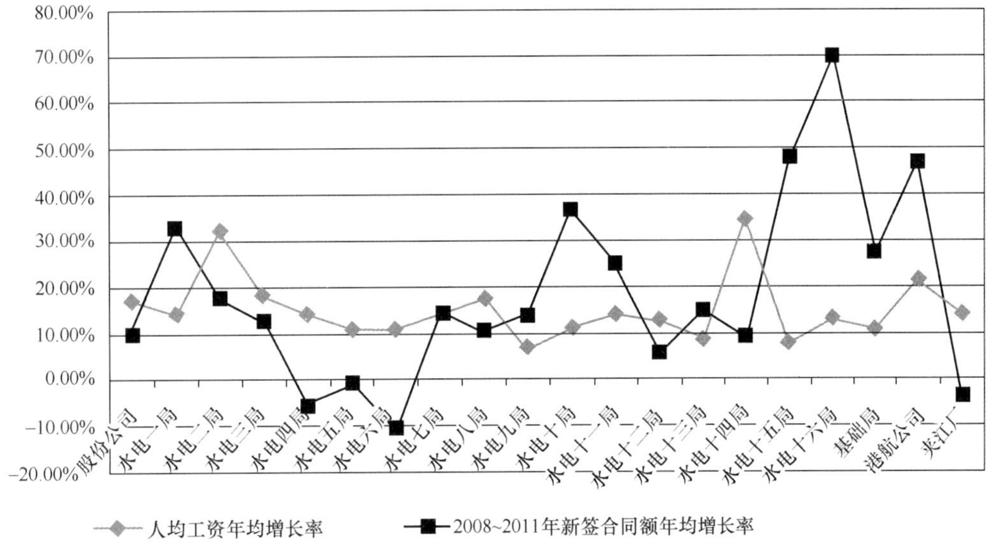

图 5　各子公司 2008～2011 年人均工资年均增长率与新签合同年均增长率比较

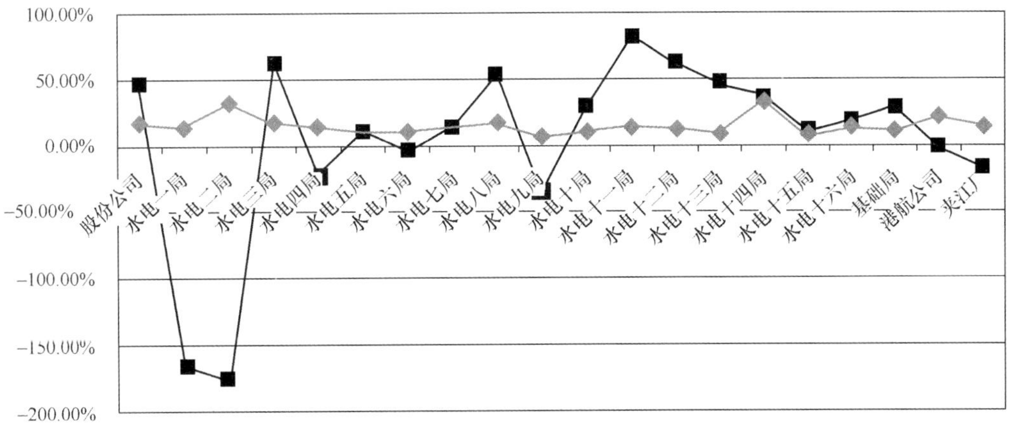

图 6　各子公司 2008～2011 年人均工资年均增长率与利润总额年均增长率比较

综上所述，面临对手的紧逼，面对投资者的期待，面对电建集团赋予的使命，面对员工利益的诉求，我们没有理由“故步自封、安于现状”，公司上下必须达成共识，感受压力、增强动力，全力以赴、充满激情，开拓市场、加速发展。

二、2011 年市场营销情况分析及 2012 年公司市场营销的目标任务

（一）2011 年公司市场营销完成情况

2011 年公司实现新签合同额 1278.45 亿元，其中国内水利水电建筑业务 412.26 亿元、国内基础设施建筑业务 268.71 亿元、国际业务 597.48 亿元。其中，11 家全资子公司完成年度营销计划，完成率前 5 位的是水电十局、水电十六局、水电一局、水电十五局、水电十一局；签约额 90 亿元以上的有 5 家，分别是水电八局、水电七局、水电十四局、水电十局、水电三局；4 家全资子公司完成年度营销计划不足 80%，分别是水电四局、水电五局、水电十二局、水电六局，其中水电四局完成年度营销计划最低，仅为 48.27%（见图 7）。

截至 2011 年底，股份公司合同存量为 2424.8 亿元，同比增长 14.0%。其中：国内水利水电建筑业务合同存量为 848.9 亿元，同比增长 3.5%；国内基础设施建筑业务合同存量为 332.7 亿元，同比增长 15.0%；国际业务合同存量为 1243.2 元，同比增 22.1%。国内水电、国内基础设施和国际业务合同存量占合同存量总额的比重分别为 35.01%、13.72%、51.27%。

全资子公司平均人均合同存量为 244.4 万元/人，同比增长 13.3%。人均合同存量排名前 5 家全资子公司为：水电二局（487.1 万元/人）、水电十六局（416.9 万元/人）、水电十三局（366.2 万元/人）、水电十四局（361.9 万元/人）、水电八局（300.3 万元/人）。人均合同存量排名后 5 家全资子公司为：水电一局（125.9 万元/人）、水电六局（144.9 万元/人）、水电七局（158.0 万元/人）、水电四局（182.4 万元/人）、水电三局（187.4 万元/人）（见图 8）。

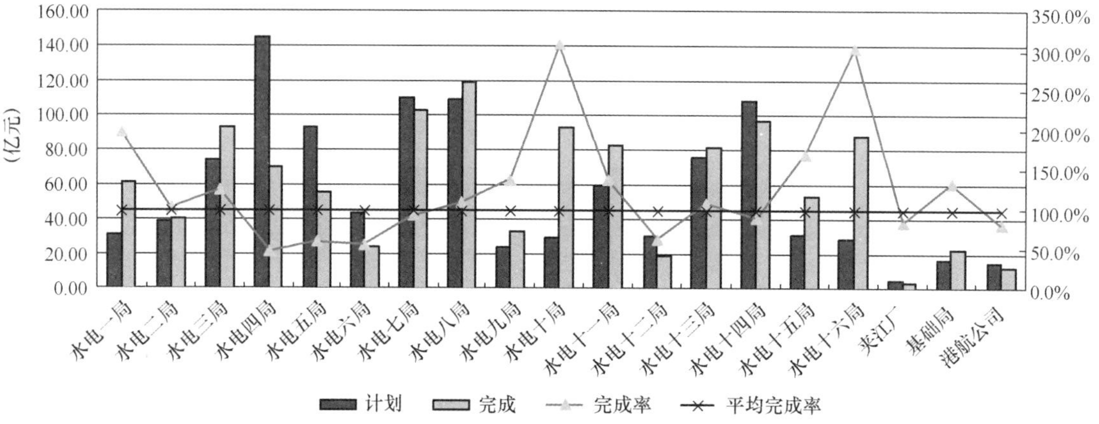

图 7　各子公司新签合同完成情况

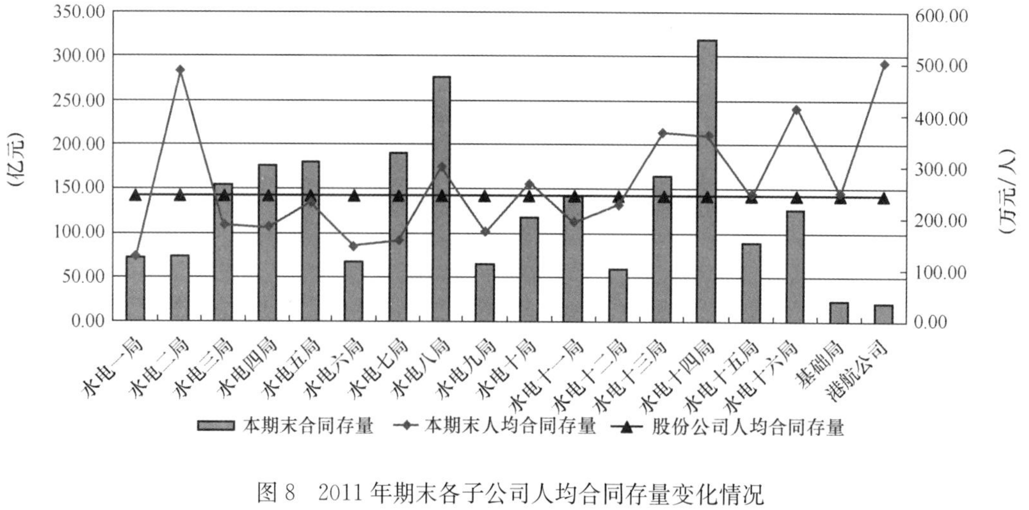

图 8　2011 年期末各子公司人均合同存量变化情况

（二）2012年市场营销计划及目标任务分解

股份公司第一届二十七次董事会提出2012年市场营销目标为1550亿元，同比增长21.24%。为确保完成董事会提出的营销任务，公司根据对市场的判断和分析，确定国内水利水电建筑业务营销计划为455亿元，同比增长10.37%；国内基础设施建筑业务营销计划为526亿元，同比增长95.75%；国际业务营销计划为569亿元，同比减少4.77%。结合子公司近年来市场营销情况和规模增长的实际需要，公司对营销任务进行了客观分解（见表2）。

表2　股份公司2012年市场营销计划分解情况

单位	营销计划（亿元）	国内自主营销计划（亿元）
水电一局	45	26
水电二局	53	22
水电三局	102	42
水电四局	154	63
水电五局	102	48
水电六局	51	26
水电七局	158	70
水电八局	158	67
水电九局	34	21
水电十局	58	12
水电十一局	102	29
水电十二局	53	23
水电十三局	99	29
水电十四局	165	65
水电十五局	60	36
水电十六局	60	23
基础局	25	13
夹江厂	4	4

续表

单位	营销计划（亿元）	国内自主营销计划（亿元）
国际公司	485+84（全资子公司自主营销）	
路桥公司	52+150（BT项目）	52
港航公司	16	10
铁路公司	15+150（BT项目）	15

注　“国内自主营销计划”用于季度营销竞赛。

目前，公司第一季度新签合同额333.61亿元、同比增长14.66%，完成1550亿元年度营销任务的21.52%。从环比增长速度看，1～3月呈加速增长趋势，2月环比1月增长13.93%，3月环比2月增长266.30%。

国际业务新签合同194.92亿元，占公司第一季度签约额的58.43%，同比增长82.4%；国内基础设施建筑业务新签合同68.41亿元，占公司第一季度签约额的20.51%，同比增长34.69%；国内水利水电建筑业务新签合同70.17亿元，占公司第一季度签约额的21.03%，同比减少47.36%（若考虑已投标预计可中标部分，则同比基本持平）。

第一季度签约总额前5位的全资子公司分别是水电八局49.76亿元、水电九局34.51亿元、水电五局25.54亿元、水电十三局21.48亿元、水电十四局19.98亿元，合计151.27亿元，占股份公司签约总额的45.34%。完成年度营销计划25%以上的全资子公司有5家，分别是水电九局、港航公司、水电八局、水电十二局、水电五局，其中水电九局已提前完成年度营销计划；完成年度营销计划10%以下的全资子公司有7家，分别是水电四局、水电二局、水电七局、水电十一局、水电十六局、水电一局、水电十局（见图9、图10）

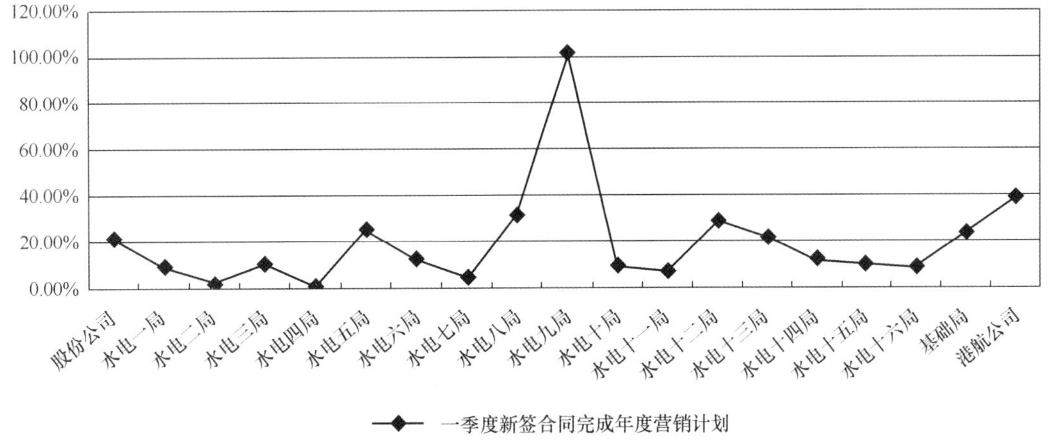

图9　各子公司第一季度新签合同完成年度营销计划情况

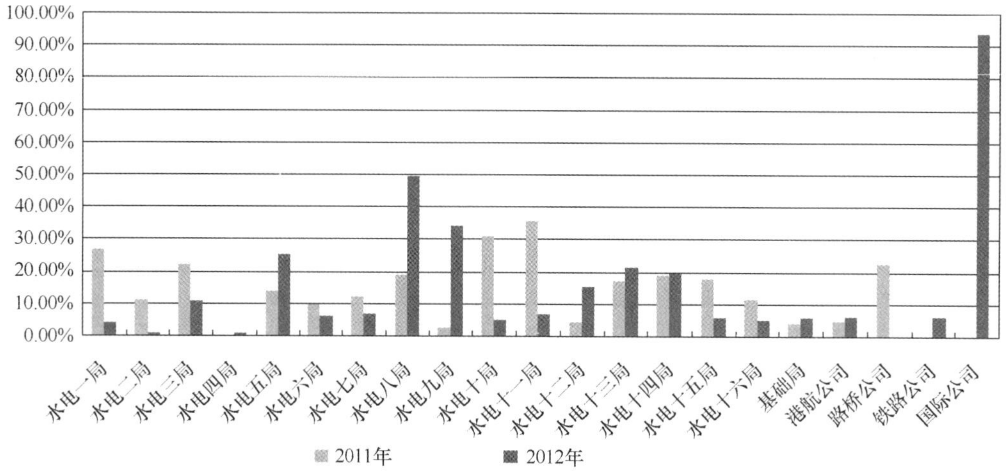

图10　各子公司2012年一季度新签合同同比增长情况

在复杂外部条件下，股份公司第一季度市场营销取得较好成绩，特别是其中部分项目具有明显新特点：签约大准至硕黄铁路联络线项目和中标摩洛哥南北高速铁路工程，标志着公司营销能力进一步延伸到企业铁路专用线市场和海外铁路市场；水电十三局13.17亿元签约安徽省青弋江分洪道工程，在水利建筑市场首次尝试代建制承包模式；水电十二局15.14亿元签约温州炸山填海项目，属地化营销取得可喜成绩；水电九局25.79亿元签约惠水水泥厂砂石项目，进一步向企业专用项目延伸了环保砂石的品牌优势；国际公司90.12亿元签约马来西亚填海项目，是公司第一季度签约额最大的项目。

总体分析，公司第一季度市场营销为全面完成全年营销任务奠定了一定基础。但14.66%的季度同比增长速度还低于21.24%的年度计划增长速度，新签合同第一季度完成率也还没有达到多年同期平均水平（23.5%），要确保实现年度营销目标还需更加努力。

三、认真分析国内外市场形势，树立发展的信心和决心

加快发展应当也必须成为我们的共识，但我们是否具备加快发展的内外部条件？这需要冷静判断我们所处的自下而上的环境，认真分析国内外市场形势，从困难中发现机遇，从挑战中捕捉商机，树立起发展的信心和决心。

（一）国内水电建筑市场仍然保持持续平稳发展的势头，总体有利于公司进一步巩固发展传统主业

“十二五”期间全国水电装机容量计划新增8000万千瓦，到2020年计划新增1.7亿千瓦；当前国家发展改革委已批准处于前期工作但尚未核准的水电装机容量9335万千瓦。虽受货币政策影响，2011年水电完成投资仍同比增加18.99%，随着信贷政策与产业政策进一步匹配，公司主要上游单位资金压力有望逐渐缓解，制约行业发展的短期因素有望逐渐减轻。特别值得重视的是抽水蓄能电站建设规模增长明显，计划10年期间开工建设4500万千瓦，当前储备的规划项目2660万千瓦，有望部分弥补常规水电站总量萎缩导致的市场开发缺口。

今年主要客户单位对公司国内水电建筑市场的支撑作用仍然明显。长江三峡集团、二滩公司、华能集团、大唐集团、华电集团、国电集团、中电投集团等7家客户单位2011年为公司贡献产值239.4亿元，在公司国内水利水电建筑业全年产值中占比超过60%。2012年长江三峡公司等上述主要客户单位计划招标额与去年基本持平。

综合判断国内水电建筑市场持续平稳发展的趋势不会改变，同时武警水电部队不再参加竞争性项目投标，公司市场占有率有进一步巩固扩大的可能。目前已签约34.80亿元，预计全年签约320亿元左右。订单总量增长可能性较大，但同比增长速度预期略低于公司总体增长速度。

（二）国内水利建筑市场总体投资大，但项目比较分散，准入门槛低，竞争激烈，必须加大开拓力度方能有所作为

在10年定向投入4万亿元加强水利基础设施建设的影响下，国内水利投资增速明显，投资规模和发展速度均呈持续增长态势，2011年全国水利投资完成3452亿元，中央投资和地方投资双创新高，2012年全国水利投资可望再创新高。水利项目相对

分散的特点难以发挥子公司大兵团作战优势，加上南水北调主要项目已经完成招标（2011年公司国内水利项目签约金额153.29亿元，其中南水北调项目签约额89.5亿元），市场形势并不乐观，但规划中的大中型水利项目有望部分弥补南水北调项目招标完成后的订单缺口，大型引水调水工程、大江大河大湖综合治理工程、大型水利枢纽工程、大型灌区工程、大中型水库工程等大中型水利项目投资额度相对较大，市场准入门槛相对较高，公司具备比较竞争优势，是公司水利市场营销的重要方向。同时国家规定土地出让金10%用来发展水利基础设施这一长期政策与地方政府水利项目的建设对资金流的诉求不尽匹配，地方企业难以满足水利大发展对企业资金、资质和资信的要求，以水电十三局青弋江项目为例，部分水利项目开发模式向有利于股份公司竞争优势的方向改变，向以企业为主导的EPC、BT等建设方式转变，由小标发标向打捆招标的方向改变。

只要紧紧抓住大中型水利项目的建设机会、善于利用地方水利项目建设政策的有利变化，把国内水利建筑市场培育成为公司订单新增长点的可能性较大。目前已签约32.93亿元，预计全年签约额不少于130亿元。

（三）国内基础设施建筑市场发展迅速、潜力巨大，市场运作方式正在发生根本变化

为缩小城乡差距，加快城乡一体化步伐，国家“十二五”期间计划投入7万亿元加大城市基础设施建设，主要包括规划建设城市轨道交通1700公里、高速公路8万公里，新建民用机场54个、改扩建80个等，特别值得重视的是城市供水、污水处理行业的投资需求约有1万亿元。此外沿海港口规划新增万吨级深水泊位517个，规划新建输油、气管道3.3万公里，陆上风电规划新增6800万千瓦，海上风电规划新增490万千瓦；太阳能发电产业作为国家培育发展的新兴产业，规划新增1400万千瓦。上述领域有望成为公司新的市场增长点。

国内基础设施建设的快速发展是中建股份、中交股份、中国中铁、中国铁建得以快速发展的基础，特别是中国中铁、中国铁建2011年新签合同均超过6000亿元，在铁路建筑市场大萧条背景下同比下降幅度有限，表明城市基础设施建设贡献明显（城市基础设施建设市场营业收入和新签合同占比均超过30%）。特别需要引起重视的是城市基础设施建设投融资主体正在发生变化，铁道部、各级地方政府等传统投融资平台受到限制，企业投融资平台随之兴起，引起市场业务结构发生新变化，基础设施和公共服务设施领域的竞争性承包业务市场出现萎缩，资本带动承包业务发展趋势明显。

公司在国内基础设施建筑市场具备一定的自主营销竞争力和较强的融投资能力，预计全年竞争性项目签约230亿元左右。面对巨大的基础设施市场，确保营销任务完成是公司发展所赋予的使命使然，同时也具备必要条件。股份公司还将主动适应市场运作模式的变化，全年计划推动投资带动业务不少于300亿元。国内基础设施建筑市场是公司今年新签合同的重要增长点。

（四）国际市场政治风险加剧，经济环境有所恶化，但总体仍有利于公司发展

全球经济低迷，国际形势复杂多变，个别国家出现动乱，但绝大多数国家保持平稳发展并且越来越多国家走向开放，对改善国家基础设施的愿望比较强烈。特别是中国超过3万亿美元的外汇储备需要保值增值，工商银行、建设银行等金融机构以及大型企业投资海外的步伐加快，国内资金带来的优贷和投资项目将有所增加。

总体分析国际业务订单有望继续保持稳步增长，一季度发展势头好、增长趋势明显，有条件实现569亿元营销任务。国际业务市场营销情况曾总将作进一步的详细分析。

股份公司对市场形势的基本判断是：国际、国内两个市场建筑业发展空间较大、市场广阔，短时期内存在不确定性因素但总体持续增长趋势明显，各子公司只要坚定信心，充满激情、顺势勇为，实现1550亿元营销任务完全具备条件。

四、公司市场营销工作的主要优势和存在的问题

长期以来，公司在实践中积极探索适合企业发展的营销战略，外学先进、内强能力，主动适应市场形势变化，顺势而变、顺势勇为，在市场营销工作中形成了明显的优势，同时也还存在着迫切需要解决的问题。

（一）市场营销工作优势

1. 形成了适应企业生存和发展需要的企业发展战略

根据企业实际，公司目前已经形成巩固发展国内水利水电建筑业务、优先发展国际业务、大力发展基础设施业务、审慎开展投资业务的企业发展战略，在这一战略指引下，公司各业务板块市场营销协同发展，初步具备了在复杂市场条件下持续平稳发展的能力（见图11、图12、图13）。

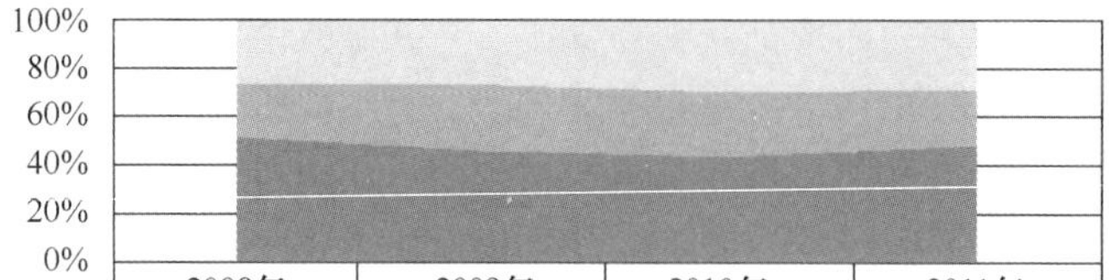

	2008年	2009年	2010年	2011年
国际业务	148.84	179.86	274.71	287.26
国内基础设施	125.92	189.97	246.54	234.84
国内水利水电	299.58	320.57	411.07	496.60

■国内水利水电　■国内基础设施　■国际业务

图 11　公司 2008～2011 年营业收入结构变化情况

	2008年	2009年	2010年	2011年
国际业务	299.31	375.61	550.85	597.48
国内基础设施	335.00	207.57	299.70	268.71
国内水利水电	335.71	346.70	483.66	412.26

■国内水利水电　■国内基础设施　■国际业务

图 12　公司 2008～2011 年新签合同结构变化情况

	2008年	2009年	2010年	2011年
国际业务	544.30	740.05	1017.93	1243.22
国内基础设施	340.65	358.25	289.33	332.74
国内水利水电	662.82	688.95	820.23	848.87

■国内水利水电　■国内基础设施　■国际业务

图 13　公司 2008～2011 年合同存量变化情况

2. 建立了比较完善的市场营销体制和机制

在国内水利水电建筑市场建立并持续实施统筹协调机制，一方面确保了市场份额，另一方面实现了较好的经济效益。同时各子公司普遍建立了主要领导营销责任制和子公司其他领导分专业、分区域负责制，并在既有营销机构基础上适时健全专业营销部室，充实国际市场和国内基础设施市场营销力量。

3. 具备了比较丰富的营销资源

在原有传统业务资质基础上，2009～2011 年期间通过升级或新增取得 10 项非传统业务施工总承包壹级资质，包括 1 项城市轨道交通专业承包资质，促使公司工程承包范围进一步延伸到送变电工程、电力工程、城市轨道交通工程等领域，进一步拓宽了公司市场准入空间。市场营销网络覆盖面较广，各子公司国内派出营销机构近 300 个，特别是国际市场建立了覆盖 58 个国家的营销网络。同时公司依托电建集团各大设计院等单位，营销网络的触角进一步延伸。

4. 各子公司积累了各有特色的营销经验和做法

水电五局重视加强施组编标人员与一线施工技术人员的专业交流，避免发生投标与履约脱节现象；水电十三局注重二级单位营销，将营销重心前移；水电十四局注重以在建项目为依托开展二次营销，形成流域项目群，并在管网建设、地铁建设等非传统建筑业务领域做出特色；水电十五局特别注重和业主、本地政府的高端对接，每月开展 2～3 次高端营销活动，成效明显。

（二）迫切需要解决的问题

1. 市场内化现象比较突出

个别子公司面向外部市场的营销意识不够强烈，自主营销能动性、主动性有待加强。近年来，股份公司从全局考虑，在国内水电建筑市场实施统筹协调、在国际市场实施“四个统一”的营销战略、稳妥推进投资带动承包业务，在以上三方面形成了较大内部市场。个别子公司把有限的营销资源过多放在内部市场，向外独立营销的意识薄弱，不能积极主动的参与市场竞争。公司在世界500强平台上发展，统筹协调的意义不仅是内部切分市场，更重要的是要在确保应有利润基础上更好的服务业主、推行技术创新，促进统筹项目成为展示企业形象的窗口。

2. 营销资源配置不尽合理，利用不尽充分

现有营销人员中，传统业务营销人员多，国内基础设施、国际业务的营销人才相对较少，与不同专业市场的发展趋势和竞争程度不相匹配，直接影响公司的营销能力。部分派出机构仅为备案需要或接待需要，形同虚设，深度营销的力度还远远不能满足市场需求，以在建项目为依托带动一片市场发展的营销效应还没有普遍形成。新签合同构成中工程施工总承包9个特级资质的产出多，31个壹级资质（涵盖六个专业）、23个贰级资质（涵盖四个专业）的产出较少，2011年各子公司贰级以上总承包资质累计有26个准入市场无新签合同，其中15个既无新签合同也无在建项目，资质闲置情况突出（见表3）。

表3　　公司工程施工总承包资质情况

等级	特级资质		壹级资质					贰级资质				
专业	水利水电	公路	水利水电	机电安装	房建	公路	市政	港航	房建	公路	市政	港航
（个）	8	1	11	2	5	2	9	2	7	9	5	2

3. 市场营销人员的专业素质有待提高

公司优先发展国际业务，大力发展基础设施业务，稳妥推进投资带动承包业务，特别需要能在国外独自开拓市场的国际化营销高端人才，特别需要在与地方政府有密切关系的国内高端营销人才，特别需要投资和风险控制方面的复合型营销人才。高素质营销人才队伍建设是股份公司保持持续快速发展的重要支点，加快培养高素质的专业人才是目前一项重要工作。

4. 项目履约不力直接影响市场营销

股份公司近几年市场规模发展较快，个别子公司疏于对项目的管控，在当今网络非常发达的时代，安全、质量、环境等管理工作中的隐患会被迅速无限扩大，稍有不慎会给公司声誉招致灭顶之灾。藏木水电站的质量事故直接导致水电八局在华能集团投资项目上被限制投标1年，另外由于在缅甸耶瓦水电站项目履约不力导致股份公司在缅市场遭封锁，各子公司要引以为戒。

除以上四个问题外，公司市场营销工作还不同程度地存在着激励约束机制不完善、执行不力，个别子公司还没有充分意识到市场营销是企业发展的先导，还没有建立完善、有效的市场营销体系；在统筹营销过程中个别子公司大局意识较差、不遵守游戏规则；营销人员的地位较低、待遇不高，对营销人员的尊重还不够；对市场营销的考核比重偏低等。这些都迫切需要在今后的工作中加以改进、努力提高。

五、转变思路，提升能力，创新机制，落实措施，确保完成年度营销任务

（一）以市场为先导，积极探索市场营销的新路径

1. 由传统领域向相似领域延伸

股份公司长期以来在工程施工领域积累了丰富业绩，具备大建筑、大土木格局下的多领域资质准入资格。水电十四局延伸地下厂房施工优势在城市轨道交通领域抢得一席之地，成功实现兼顾传统业务的转型发展；水电八局在印尼燃气电站做出了名气，可望形成印尼项目群，今年在印尼预计还要签约8.6亿美元的燃气电站项目。各子公司在继续巩固发展传统市场的同时，要主动延伸到同质化程度较高的地铁、城市基础设施、水务市场、油气管道、风电、燃气电站等专业领域；要对壹级资质、贰级资质分别设定营销指标，促进相关产业实现零的突破，扩大市场占有，确保资质保级升级；特别对于资质要求不高的国际市场，应当积极开拓新领域，为在国内获取新资质积累业绩。

2. 向产业链上下游不断转移，实现产业结构调整

各子公司要改变作为工程施工企业的传统固化定位，逐渐向管理型、投资型、服务型、贸易型企业转变。股份公司鼓励具备条件的子公司要积极拓展特许经营项目、投资拉动项目，以及相关建筑材料、设备的国际贸易业务，从而实现产业链的完善和升级。

3. 积极配合国家资本“走出去”的需要，加强银企合作

中国外汇储备已突破三万亿美元，除中国进出口银行和国家开发银行外，各大商业银行也在积极实施走出去战略，公司要在继续增进与国家开发银行、中国进出口银行合作的同时，充分利用中国水电在国际市场的地域和人才优势，积极为其他金融机构的“走出去”提供服务，大力开展银企互利合作，进一步扩大优质海外市场的占有份额。

4. 与国内大企业实现战略合作，通过“企企联合、借船出海”，进一步扩大市场份额

工程承包企业“走出去”，大型投资类企业也在“走出去”。公司与中国水利电力对外公司、中电投云南国际电力投资有限公司、中国海外工程有限公司等签订了一定数量的施工合同，股份公司要进一步加强与类似国内大型企业的战略合作，在不影响自身海外同质业务发展前提下，鼓励各子公司充分发挥自身优势与其他“走出去”的大企业协同发展，努力做好投资类大企业的承包商、服务商并提供高价值的服务。

5. 充分利用中央企业无形资产，在依法合规的前提下稳妥推进与民营企业和民间资本的战略合作

在当前国内建筑市场地方投融资平台受限的大背景下，中央企业已成为民间资本与地方政府较好的牵手平台，借民间资本、社会资源为“我”所用具备可行性并有利于促进公司发展。30万亿元民间资本没有去处，地方政府由于融资平台受限导致大批规划项目无法正常建设，这是当前两个社会焦点问题。具备条件的子公司可以发挥“为资本找项目，为项目找资本”的桥梁纽带作用，利用民间资本取得项目的开发权。在确保项目履约受控的前提下可以积极与有良好声誉的民营企业形成战略合作，利用社会资源放大自身能力，积极探索总承包方式下的项目管理，减少有形资本投入，使企业无形资产也能形成有形产出、有形利润。使公司在市场膨胀和收缩时都能做到收放自如，有效规避市场风险。水电八局珠海防浪堤项目就具有类似的效果。

6. 强化国内水电建筑市场的统筹协调机制，减少内耗，释放市场营销资源

强化国内水电建筑市场的统筹协调机制，避免内部无效竞争，并将统筹协调机制延伸到国内企业的海外投资项目，减少成员企业之间的内耗，把宝贵的精力和资源用到更需要的地方。这既是响应商务部提出的“中国企业应对海外恶性竞争加强自律”的要求，也是维护公司自身利益的需要。

（二）加强六种能力建设，提升营销水平

1. 加强市场信息的收集、分析、利用、跟踪和共享能力建设

市场营销必须有的放矢，获得准确有效的信息是确保营销成功的前提，公司目前的市场信息系统建设必须进一步加强。要建立市场营销实时信息收集和反馈系统，加强保密工作，形成从公司总部到各项目经理部甚至是每个员工的信息收集和处理系统，避免南水北调北京市政配套工程信息滞后导致良机错失和南苏丹项目信息泄密等事件再次发生。

2. 加强以客户为中心的价值创造能力建设

市场经济的本质是有限的资本或资源在竞争性的使用中能够得到最大的回报。市场竞争过程中，最大的竞争力就是为客户创造价值的能力，不断降低经营成本才能持续增强价值创造能力，特别是海外劳务市场，各子公司要放眼全球市场，重视并建立全球人力资源储备和使用体系，在全球范围内优化劳务资源配置，充分利用本地劳务和印度、巴基斯坦等地区价格较低的劳务资源，对冲国内劳务价格攀升引致的海外市场竞争能力下降问题。

3. 加强为客户提供系统服务的能力建设

当前传统营销方式逐渐让位于依靠高端关系、资本实力、服务能力的新型营销模式。中央企业的优势在于资本实力、资信能力，在于与国家部委、地方政府良好的人脉关系，同时股份公司还拥有依托电建集团“规划、设计、施工、装备制造、安装、运行”全产业链优势。国际一流建筑企业正是向客户主动提供设计、建造、维修以及材料生产等一揽子服务来获取高附加值的回报。股份公司要充分发挥已有优势，进一步提升为客户提供系统服务的能力，依托电建集团将产业一体化的优势转化为向客户提供系统服务的能力，以“服务带动”推进市场开发。

4. 加强派出机构的价值实现能力建设

要改变“空中飞人”拎包推销的“吉普赛”式营销模式，要以派出机构为重要载体，使其贴近市场、扎根市场，真正突出其价值实现能力；要改变纯粹为接待而专设的办事处的单一职能，借鉴铁路企业的做法，变接待处为营销处，解放思想，充分授权，赋予办事机构以营销职能，并下达营销任务。

5. 加强各营销层级的营销能力建设

充分调动各营销层级的能动性，鼓励不同营销层级做好对位营销工作。各子公司要改变市场营销只是营销人员的责任的老观念，要推行班子成员分片包干、长期跟踪对接的营销领导体制；同时也要从制度上解决在建项目营销的原动力问题，充分发挥项目部的信息收集、项目跟踪作用，把项目部从单纯的履约主体变成定点的项目跟踪和营销中心；对于工程分布比较分散、标段划分比较小的中小水利项目、地方基础设施项目要充分发挥子公司二级单位包括在建项目部的营销潜力，相应的奖励制度要配套、管理制度要同步。

6. 加强项目履约能力建设

已有项目的良好履约是与相应业主继续合作的前提。各子公司要高度重视在建项目的履约管理，以及已完工项目投产后发生的质量安全问题，以良

好的质量、安全履约促营销、保市场。公司计划开展项目履约评价，建立企业内部信用体系，既作为统筹项目向业主推荐队伍的主要依据，也作为在内部市场竞争中选择队伍的重要标准。

（三）保证完成年度营销任务的具体措施和要求

1. 制定营销激励制度及政策，调动营销人员积极性

首先公司从今年开始按自主营销完成比率实施季度竞赛奖励机制（具体奖励办法另行文），进一步增加各级领导的责任和压力，鼓励各子公司重视外部市场营销而不是一味切分内部市场，一季度自主营销完成比前6名的子公司是水电九局、水电十三局、水电十二局、港航公司、基础局、水电八局。其次在年度经营业绩考核中增加以营销收入、利润总额、新签合同增长率为主要指标的企业发展能力奖励系数，新签合同增长率占有较大的权重系数，有利于充分挖掘子公司营销潜力，实现规模和效益的同步增长。同时要求各子公司在系统内、外分别确立自己的标杆企业，加强对标管理，激发各级市场营销人员的内在动力，形成你追我赶的竞争局面。

2. 完善内部市场分配机制，促进营销重点向外，实现营销有效扩张

股份公司将进一步完善内部市场分配机制，强化以子公司品牌、资质、业绩、资源、能力为基本竞争条件的内部市场统筹切分管理。各事业部要进一步完善内部合同分配制度建设，建立内部公开、公正、公平的游戏规则。要坚持公司投资市场的内部招投标制度，在资质、业绩满足条件下采取合理低价确定承包单位；国内水电统筹项目按照子公司履约能力、客户的满意程度重点进行统筹，逐步建立面向主要客户的子公司信誉评价体系，维护“中国水电”的企业品牌；国际业务市场要综合考虑各子公司的实际情况与发展规划，公平合理分配国际市场。公司内部的市场分配机制要彻底扭转部分子公司过分依赖内部市场切分、缺乏外部市场竞争力、不愿积极投身竞争性市场的问题，要促进子公司以加强管理提升、加强技术创新、加强文化建设、加强品牌提升为核心，把市场营销的重心放到外部市场扩张上来，把市场营销资源投入到外部市场营销上来，切实保证股份公司整体市场营销实现快速增长。

3. 规范内部经营秩序，促进优势互补、协作营销

在规范利益分配的前提下，加强事业部与子公司之间、鼓励子公司与子公司之间的协同营销，实现资质、资源、信息等双方或多方优势共享，提升股份公司整体营销水平。继续完善内部合同管理体系，继续坚持内部纠纷仲裁机制，进一步清理内部债权债务、规范内部经营秩序，确定合理的利益分配制度，消除内部合作营销壁垒。特别是要顺应形势变化，努力实现与电建集团设计院和各省市电建子公司等单位的资源共享，以大集团的胸怀、大市场的视野，打造“一体化”营销能力。

4. 加大国内水利建筑市场开发力度

水利建筑市场是公司的传统主业，由于标段小、进入门槛低、竞争过于充分，子公司营销主动性不够，造成较多市场份额的丧失。为鼓励子公司加大水利项目营销力度，股份公司今年将对国内水利项目营业利润率指标按1%进行考核。各子公司要以优先发展国际业务、大力发展国内基础设施建筑业务的勇气和决心加强水利建筑市场开发，紧紧抓住国家加强水利基础设施建设这一难得的历史机遇，紧紧盯住大中型水利项目，如辽西北调水、引汉济渭、山西水网、滇中调水等大型引水调水工程，鄱阳湖、洞庭湖、淮河入海道二期等大江大河大湖综合治理工程，浯溪口、大藤峡、古贤等大型水利枢纽工程，向家坝灌区、四川武都引水二期灌区、四川升钟水库二期灌区、海南红岭灌区等大型灌区工程，四川红鱼洞水库、重庆观景口水库等大中型水库工程。做到高端营销与二级营销联动、分局营销与合作队伍营销并举，并积极探索代建制、EPC、BT、BOT等多种营销方式，努力把国内水利建筑市场培育成为公司传统业务领域新的增长点。

5. 稳妥推进投资带动的承包业务发展

推进投资业务发展是适应市场营销形势的新变化，特别是适应城市基础设施建筑市场运作方式变化的必然选择。海外事业部、基础设施事业部、铁路事业部、房地产事业部和有能力的子公司要紧紧抓住投资建筑市场的较好时机，利用多种资本、多种资源、多种方式稳妥推进投资业务发展，要确保成功实施深圳地铁项目和重点中心城市的基础设施项目；同时要注重对国内、外投资专业人才的培养，特别是对精通法律风险控制、资本运作、项目管理的复合型人才的培养；还需要进一步培育铁路公司和子公司的资质，以获得更多的机会参与铁路、市政以及其他基础设施市场的竞争，取得更多合同份额。

同志们，我们有幸见证了股份公司跨越式发展的伟大历程，又亲手拉开了新的更快更好发展的帷幕，同时也肩负着促进企业转型升级上水平的神圣使命。我们要坚定信心，善于运用有利条件和积极

因素，抓住和用好重要战略机遇期，进一步解放思想、创新机制，强化竞争、主动作为，确保完成董事会提出的营销任务，全面提升股份公司市场营销能力，推动公司又快又好全面发展，为把股份公司建设成为具有较强国际竞争力的世界一流企业做出更大贡献。

以制度化、规范化、标准化、精细化管理强基固本 全面提升电力建设、生产管理水平

（2012年8月23日）

刘　明　江

同志们：

近年来，电建集团、股份公司加强了电力投资事业，电站资产快速增长，对工程建设、电力设备以及生产运营管理水平的要求进一步提高。为稳步推进电站建设、生产管理及电力成套设备管理工作，股份公司组织电力生产企业召开了“电力生产标准化管理及成套设备管理研讨会”，研究部署电站达标投产、电力成套设备管理及电力生产标准化管理的有关工作，各参会单位就相关议题进行了广泛的交流和讨论，下面我就有关工作讲几点意见。

一、充分认识开展电力建设、生产运营制度建设和标准化工作的必要性和重要性

（一）产业结构调整优化工作任务繁重而艰巨

按照国家产业政策和发展规划，电建集团和股份公司围绕企业发展战略和主业定位，加强对投资项目的研究评估，强化投资的质量、效益、风险管控，严格抓好在建项目、续建项目的建设管理和投产项目的运营管理。电力投资是投资事业的重要内容之一，任务繁重而艰巨。截至二季度末，公司控股开发电力项目总装机容量1229.65万千瓦，权益装机容量953.89万千瓦。公司与老挝签署了南乌江流域梯级水电站项目（一期）特许经营协议和购电协议，在老挝首次获得流域开发项目。公司在继续推进水电、风电清洁能源投资建设以外，还进入了光伏发电领域投资开发，武威光伏发电项目、敦煌光伏发电项目的前期工作已经展开。

（二）中央企业管理提升活动要求紧迫

今年3月，国务院国资委在中央企业全面开展以“强基固本、控制风险，转型升级、保值增值，做强做优、科学发展”为主题的管理提升活动，5月份电建集团按照国资委要求召开管理提升活动动员大会对企业管理提升活动作了部署。股份公司活动总体目标提出“通过开展管理提升活动，增强股份公司管理的规范化、标准化和精细化，加快管理方式由粗放型向集约化、精细化转变，巩固和提升股份公司在行业中的优势和龙头地位，为建设具有较强国际竞争力的质量效益型世界一流企业奠定坚实基础”，因此，电力生产企业管理提升的要求很紧迫。

（三）电力生产运营管理水平提升空间较大

通过这几年的快速发展，电力板块无论从资产规模还是从经营效益上已经成为了股份公司的重要支柱产业，增强了公司持续赢利能力和防御建筑业系统性风险的能力，为公司的健康经营和可持续发展提供了充足的后劲和动力。但是，由于公司进入发电行业晚、发展快，我们在很多方面还存在不足。例如项目达标投产工作开展不够全面，新投产机组的投产移交水平差异大，部分机组可靠性指标不高；运行管理工作还比较粗放，缺乏统一的标准和制度等，与成熟的电源企业相比还存在较大差距，在电力生产运营管理方面提升空间很大。

从四川公司的经验来看，水电站投产以后的运营管理从粗到细，从不标准到标准，从模仿别人到创造标准，走了很长一段路，到了今天也尝到了甜头。所以标准化工作应该做，并且要不断升级换代。

风电的标准化工作更应该做，因为风电场比较分散，如果有标准可以复制，那么所有的风电场管理基本上会在一个水平线上，不会有太多差异，并且可以节约管理成本、管理资源，提高管理效益，降低安全事故发生的可能性。

在公司已经拥有了庞大的电力资产的情况下，目前工作的重点已经从投资为主转变为投资与运营并重。如何解决电力生产运营管理中的问题，管理运行好电力资产，不仅决定着未来电力板块发展的好坏，而且关系到股份公司能否顺利进行产业结构调整，实现既定的发展战略目标，意义十分重大，成为摆在我们面前迫切需要解决的问题。

由此看到，制度化、标准化及其相关工作具有很高的必要性和重要性。只有大力开展电力投资各阶段制度化、标准化创建工作，建立健全风险管控机制和监督管理机制，才能够推进电力投资各阶段管理工作科学化、规范化、制度化，才能够保证电力投资科学发展、安全发展，才能适应产业结构调整优化和管理提升活动的要求。

二、股份公司电力生产标准化工作开展情况

近年来，股份公司电力企业根据国家、行业及公司对电力生产标准化的要求，将标准化工作贯穿到企业建设、生产、经营、管理等各项活动中，取得了不俗的业绩。

（1）四川公司自2009年就开始推行达标和标准化方面的有关工作：①在沙湾电站建设期开展了达标投产；②借助国家电监会开展的电力企业标准化良好行为试点工作的契机，把标准化建设和实施纳入企业发展战略，提出了标准化建设目标，2010年2月发布了《中国水电四川公司企业标准》，建立了以技术标准为基础、管理标准和工作标准相配套的标准化体系。通过以上工作，强化了四川公司“标准、规范、精细、精确”的工作原则。特别是松林河公司于2011年4月顺利通过了电力企业标准化良好行为AAA级确认，成为全国电力企业第一批65家试点单位中首家通过专家组确认的发电企业，提升了公司的社会形象。松林河企业管理标准化工作的经验在四川公司各发电公司全面推广后，对四川公司的发电业务尽快实现制度化、规范化和标准化发挥了积极的推动作用。目前，四川公司三大片区，五家发电公司正在按照四川电监办的统一部署，全面开展电力安全生产标准化工作，将于2013年实现达标的目标。

（2）新能源公司对有关风场设备管理制度进行了全面的梳理和修订，组织内部相关风电场管理人员，借鉴其他风电运行企业的先进经验，在总结以往管理创新的基础上，于2010年9月修订并发布了《新能源公司风电场生产管理标准手册》，进一步优化了电厂运行流程，提高了管理办法的可操作性。

（3）甘肃能源公司下属电厂也在最近两年开展了电力生产标准化工作，进行了“三标一体化”贯标认证工作，建立了全面的质量、环境和职业健康安全管理体系。并顺利通过认证。

同时，根据国家电监会《关于深入开展电力安全生产标准化工作的指导意见》（电监安全〔2011〕21号）和电监会制定的《电力安全生产标准化达标评级管理办法》要求，正在开展企业标准化达标工作。

今后，水电四局、七局、十四局等拥有电厂的企业制定标准时，水电厂要以四川公司的版本为基础，火电厂要以甘肃能源公司的版本为基础，风电场、光伏电场要以新能源公司的版本为基础，结合实际情况加以修改并颁布执行。新能源公司要抓紧时间制定完善风电、光伏方面的标准特别是达标投产标准。

三、认真把握相关标准化工作的精神实质，不断加强电力投资全过程标准化建设

（一）电力工程达标投产工作

（1）达标投产最早是源于火电机组达标投产的考核，始于1995年，前几年，国家电力公司、国家电网公司都先后颁布了不同的考核办法，全面开展电力工程达标投产是在2009年。目前电力行业普遍应用管理办法的是中国电力建设企业协会2006年4月颁布的《电力工程达标投产管理办法》。今年，国家能源局发布了2012第4号公告，分类制定了新的达标投产验收规程，包括《火力发电工程达标投产验收规程》《水电水利工程达标投产验收规程》《输变电工程达标投产验收规程》和《风力发电工程达标投产验收规程》四个电力行业标准。新标准实施日期为2012年7月1日。国家对达标投产的要求将进一步强化。

达标投产对于我们企业来说，要作为一个必修课，要在我们电力投资行业全行业全范围推广，这是我们电厂投产质量最基本的一个保障措施。

（2）电力工程达标投产是指工程建成投产后，在规定的考核期内，按照统一的标准，对投产的各项指标和建设过程中的工程安全、质量、工期、造价、综合管理等进行全面考核和评价的工作。达标投产工程应贯彻落实事前、事中、事后全过程控制的原则，做到有计划、有组织、有落实、有检查、

有记录。根据相关办法要求，达标投产适用于火电工程单机容量300兆瓦；水电工程装机容量250兆瓦（冲击式、贯流式100兆瓦）及以上；新建、扩建或改建的发电工程，330千伏及以上的输变电工程。其他等级和类型的工程可参照执行。

我们要严格按照达标投产的要求去做，这是保障投资收益的一个基本法宝。

（3）开展电力工程达标投产工作的目的是为了不断提高电力工程建设管理和整体移交水平，充分发挥投资效益，提升企业经济效益和综合竞争能力，建立健全电力行业工程建设管理和卓越绩效考核评价体系，规范电力行业达标投产管理。通过达标投产这个有效手段，能够极大地促进并增强电力建设单位执行电力建设及生产有关规章制度的自觉性和严肃性，提高各有关方面在工程建设管理中的法治观念，彻底改变过去执行标准不严、管理松弛的不利局面，有力地促进了电力建设管理科学化、规范化水平的提高。

（二）企业管理标准化良好行为确认

（1）2003年国家标准化管理委员会结合企业标准化工作中面临的国内外市场环境，开展了“标准化良好行为”工作，2004年国家开展了“标准化良好行为企业”的试点工作，2006年，电监会联合国家标准化管理委员会在电力行业推行“标准化良好行为评价确认”工作。

（2）国家标准化管理委员会为“标准化良好行为企业”给出的定义是：按照《企业标准体系》系列国家标准的要求，运用标准化原理和方法，建立健全以技术标准为主体，包括管理标准、工作标准在内的企业标准体系，并有效运行；生产、经营等各个环节已实行标准化管理，且取得了良好经济效益和社会效益的企业。上述定义的基本点：①企业按照《企业标准体系》系列国家标准建立了标准体系，且正有效运行；②企业各管理环节均实行了标准化管理，且取得了良好经济效益和社会效益。

（3）创建“标准化良好行为企业”的意义：

1）要发挥企业标准化管理的重要作用。企业标准化工作是企业管理的重要基础性工作，对企业建立现代企业管理制度，推动企业自主创新，促进企业技术进步，确保电力生产安全，具有十分重要的意义。建立以技术标准为主体，包括管理标准、工作标准在内的企业标准体系，实行生产、经营等各个环节的标准化管理，有利于企业实现良好的经济和社会效益。

2）检验是否符合《企业标准体系》系列标准。企业标准化工作是一项系统工程，是企业重要的技术基础工作，涉及企业生产、经营全过程，必须从企业标准化总体方针目标要求策划，从构成企业标准化的各个要素着手，这样才能为企业提供扎实的技术支持。企业标准体系只有符合国家系列标准要求，才能内容上全面，体系上完整。

3）检验是否有效实施和持续改进。企业标准化是一个制定标准、实施标准、分析改进，以及再修订标准的动态过程。建立体系不是目的，要按照标准的体系运行，而且在运行中发现问题，做到持续改进是最终的目的。为了实现这个目标，需要采用全球普遍采用的P-D-C-A科学管理模式和方法。从策划-实施-检查-处置-再策划，周而复始地顺序运作，从而实现对企业标准体系持续改进的目的。

（三）电力安全生产标准化达标评级

（1）开展安全生产标准化工作是国家加强安全生产的重要举措。2010年，国务院颁发《关于进一步加强企业安全生产工作的通知》，明确提出要开展以岗位达标、专业达标、企业达标为主要内容的安全生产标准化建设。2011年，国务院办公厅印发了《安全生产“十二五”规划》，规划指出“十二五”期间安全生产主要任务之一就是扎实开展安全生产风险管理和标准化建设。国务院《关于坚持科学发展安全发展促进安全生产形势持续稳定好转的意见》，对推进安全生产标准化建设提出了要求，强调对在规定期限内未实现达标的企业，要依据有关规定暂扣其生产许可证、安全生产许可证，责令停产整顿。目前，国家正在组织修订《中华人民共和国安全生产法》，拟通过立法方式将安全生产标准化工作纳入安全生产和监督管理工作之中。

为了全面推进电力安全生产标准化工作，国家电监会和国家安监总局联合发出了《关于深入开展电力安全生产标准化工作的指导意见》，印发了《发电企业安全生产标准化规范及达标评级标准》，国家电监会制定了《电力安全生产标准化达标评级管理办法》和《电力安全生产标准化达标评级实施细则》。去年12月9日，国家电监会和国家安监总局在山东联合召开了全国电力安全生产标准化工作会议，部署全国电力安全生产标准化工作。

所以，电力安全生产标准化工作是国家的明确要求，并且有时间要求；同时，电力安全生产标准化既有办法，又有细则，而且要以立法的形式进一步加以明确，如果将来达不到标准，那么电力企业将上不了网、卖不了电。因此，我们的电力企业特别是水电四局、七局、十四局的电力企业要高度重视，此次会后要认真地抓落实。

（2）电力安全生产标准化是通过建立安全生产责任制，制定安全管理制度和操作规程，排查治理隐患和监控重大危险源，建立风险分析和预控机制，规范生产行为，使各生产环节符合有关安全生产法律法规和标准规范要求，人、设备、环境、管理处于良好状态，并持续改进。其内容丰富，涉及安全生产各方面、各环节，包括了企业安全管理标准化、安全技术标准化、安全装备标准化、安全作业标准化等要素，突出了“安全第一、预防为主、综合治理”的方针和以人为本的科学发展观，强调了企业安全生产工作的科学化、规范化、制度化、标准化，体现了安全与质量、安全与健康、安全与环境的内在联系和统一性，是对企业安全基础管理工作的规范、拓展和提升。

（3）开展电力安全生产标准化工作是强化企业安全生产基础的有效手段。电力投资多元化和运营模式多样化，电力企业经营关系复杂、安全管理环节较多。安全生产标准化注重基础、注重基层、注重落实、注重治本、注重自我完善，对于企业加强基础管理、基层建设和基本功训练，切实提高本质安全水平，无疑是一剂“良药”。

（四）电力设备管理工作

电力设备是电力企业资产的重要组成部分，是电力企业生产经营的源头和主要工具，其质量与性能的好坏对发电企业的生产经营和经济效益有着重要的影响，因此电力企业对设备管理都非常重视。电力设备管理又是一项较为复杂且专业性较强的工作，包括了建设期的成套设备管理工作和运行期的设备管理工作，广义来说它包括设备的选型、设计、采购招标、监造、移交、安装调试、使用维护、检修、改造更新等工作。如在建设期的成套设备管理工作，着重在设备的制造质量、交货进度、安装质量、减少设备缺陷率，提高消缺水平，在运行期，着重于设备的维护、保养，提高设备的完好率和利用率。这项工作与以上三项工作相比，它没有相关的国家和行业规范性文件，缺乏可以借鉴的国家标准和行业标准，这就需要我们根据自己企业的特点，深入地了解管理工作的意义、工作内涵，总结以往在管理工作中经验，制定切实可行的管理制度，提高设备管理水平，可靠地保证生产运行，提升企业的经济效益。

设备管理对于我们电力投资企业来讲，是把投资转换成销售收入并进一步转换成利润的重要载体，如果没有设备，那么我们的投资收益将无从谈起，所以这项工作非常重要，要高度重视。

四、全面开展标准化及达标评级工作，努力实现电力投资各阶段标准化工作目标

前面我已经谈到了在电力投资、电力生产运营方面的四项重要工作，这些工作有的是根据国家、行业的强制性要求开展的，有的是自觉、自主地开展的，在股份公司层面尚没有制定相关的统一标准、来规范电力建设、运行管理各阶段的行为，当前，股份公司作为电建集团最重要的成员，也管理着集团最多的电站资产，因此，为了提高我们在电力投资、生产运行方面的管理水平，必须在公司层面去推动这项工作，通过这次研讨会，我们既了解了它的重要性、必要性、也清楚地了解了这些工作的内容、专业特性，因此，我在这次会议上对这些工作提出总体的要求和具体工作的安排。

（一）总体要求

1. 提高思想认识，加强组织领导

标准化工作涵盖了增强人员安全素质、提高设备设施水平、改善作业环境、强化责任制落实等各个方面。各单位要深刻认识开展达标投产、准化工作的重要意义，加强组织领导，明确责任部门和专人负责标准化工作，扎实开展标准化工作，不断提高安全管理水平。

2. 统筹规划，分步实施

各单位要根据本地区、本单位安全生产经营状况，制定达标投产、标准化工作方案和达标评级计划，合理确定工作阶段目标，有计划、有步骤地积极稳妥推进，确保目标的实现。

3. 加强宣传教育，强化舆论引导

各单位要做好达标投产、标准化工作的宣传教育，宣传标准化建设的重要意义和有关标准要求，营造标准化建设的浓厚氛围，促进标准化工作深入开展。提高企业和员工开展达标投产、标准化工作的积极性、主动性和创造性，持续推进标准化工作。

由于标准化工作是项比较繁琐的系统性工程，实施起来有一定的难度，四川公司以前在做标准化工作的时候，采取了将标准化与业绩考核挂钩等一些强力措施才达到了较好的结果。因此，各单位在推行标准化工作时一定要高度重视，做好充分准备，取得良好效果。

（二）工作安排与具体要求

1. 达标投产工作

这项工作主要是针对建设期的管理，涉及工程的质量、进度、安全、造价、综合管理对这些因素的事前、事中、事后全过程控制，工程科技部曾经派人参加了中电建协有关达标投产考核标准的编制，了解和熟悉这项工作，和主管这项工作的协会也是股份公司的联络单位，因此，这项工作由股份公司工程科技部牵头，设备物资部全程参与，并按照如下要求开展工作：

达标投产必须从抓结果到抓过程，从抓工艺到抓效益，从粗放型管理到现代化管理，力戒形式主义、虚假浮夸和表面文章。要以国家、电力行业颁发的关于电力建设的现行法律、法规、管理标准和技术标准及有关规定等为依据。遵循“节约型”、“环保型”的原则，达标投产不得以提高观感质量为由，擅自提高装饰和建设标准，力戒做表面文章和搞形式主义。

（1）成立领导机构和项目组。符合条件和计划开展达标投产的工程或机组，承担项目实施的公司，首先要成立达标投产领导小组和达标投产办公室。领导小组负责审议和批准工程达标投产实施细则；研究和决策达标投产工作重大问题。达标投产办公室负责组织和制定达标投产规划及目标；组织落实和明确责任分工，对达标投产过程进行监督检查和控制。其次是成立项目组，负责完成各项具体工作，按规范化、程序化、标准化的要求真实形成达标投产资料；编制项目达标投产计划并认真贯彻落实，实现过程动态控制，及时纠正存在的问题。

（2）明确项目公司和各相关方任务。

项目公司负责做好达标投产组织管理工作。编制和落实达标投产分步计划及各项措施。组织达标投产考核自检，提出自检报告及考核申请，组织投产考核验收。汇总全部达标投产资料。

其他各方的任务：

1）监理单位要全面履行监理合同。在达标投产领导小组的领导下，负责做好分管的全部达标投产组织管理工作。对承包商安全文明施工、土建和机电工程质量与进度控制。监督检查、督促施工承包商达标投产计划与各项措施的落实。负责组织对承建单位上报的达标投产计划、措施、规划的适宜性、可操作性及满足度进行评审。

2）施工承包商全面负责承包范围内工程项目达标投产。组织编制达标投产计划及措施，上报监理单位组织评审，通过评审后认真组织实施；按照承诺，全面履行合同。

3）调试单位按照达标投产系列规范性文件要求，优化调试方案加强调试管理提高调试质量，使机组高水平地投入生产。全面履行调试合同，不达标不放过，不留尾项。

4）制造厂全面履行设备供货合同，不拖期供货，不达标不出厂，提供良好的服务。强化质量管理，优化生产工艺，将潜在的不合格因素消灭在制造厂内。

5）设计单位按照达标投产系列规范性文件要求，优化设计、强化设计管理、提高设计质量，为机组达标投产在源头上提供技术保障，按达标投产标准要求提供竣工图纸设计文件。

（3）明确工程主要目标。

1）工程总目标：确保机组达标投产，机组投产后主要性能指标达到设计值。

2）安全目标：贯彻“安全第一、预防为主”的方针，杜绝重大事故；杜绝重复发生相同性质的事故、重大环境污染事故和重大垮（坍）塌事故；避免和严格控制一般安全事故。

3）质量目标：应包括工程建设质量总目标，建筑单位工程优良率，安装单位工程优良率；机组调试的质量检验分项合格率；机组试运的质量检验整体优良率等具体目标。其他质量要求和竣工资料要求符合规定，机组高水平通过“达标移交生产检查”。

4）工程造价控制目标：控制工程总投资，发电工程静态投资；确保工程造价不突破执行概算；因设计变更所导致的价格调整总金额不超规定。

5）进度控制目标：控制总工期；第一台机组自开工起至72小时试运完成工期等。主要控制节点符合电力行业优质工程标准。

2. 企业管理标准化工作

企业标准化工作是企业管理的重要基础性工作，是一项系统工程，它是以技术标准为主体，包括管理标准、工作标准在内的企业标准体系，对企业建立现代企业管理制度，推动企业自主创新，促进企业技术进步，确保电力生产安全，具有十分重要的意义。鉴于该项工作以技术标准为主体，因此，这项工作由股份公司工程科技部牵头。工作要求如下：

（1）通过建立结构合理、层次分明、系统健全的企业标准体系，探索和创新出一套适合企业自身的企业标准体系有效的模式，保证企业标准化工作发挥作用，取得实效。

（2）企业标准化工作是一项长期的任务。要按照《企业标准体系》系列标准的要求，把已经建立起来的各项技术标准、管理标准、工作标准有机高效地运行起来，在生产、经营等各个环节实施标准、严格实行标准化管理，并结合企业发展实际，定期对体系进行评价和改进，始终保持体系的先进性和有效性。

（3）开展企业管理标准化工作应遵循四个方面的原则。

1）简化原则，就是在一定范围内，精简标准化对象的类型数目，以合理的数目类型在既定的时间空间范围内满足一般需要的一种标准化形式和原则。

2）统一原则，就是把同类事物两种以上的表现形式归并为一种，或限定在一个范围内的标准化形式。

3）协调原则，就是针对标准体系而言的，企业标准体系的各有关技术标准、管理标准以及工作标准子体系，各项标准间的相互关系必须协调一致；以标准为接口，协调企业的各层次、各部门、各专业、各个环节之间的技术关联，解决各相关方的连接和配合的科学性、合理性，使得标准在一定时期内保持相对平衡和稳定。

4）优化原则，“择其善而从之”是人们处理事物的自然原则，企业标准化活动中始终贯穿了“最优化”意识，也就是依据企业确定的方针目标，在一定的条件下，对企业标准体系构成要素及其相互关系进行优化选择，使企业标准体系的实施达到最佳效果。

3. 电力安全生产标准化达标评级的工作

电力安全生产标准化达标评级主要涉及电力安全生产管理的内容，由股份公司安全生产管理监督部牵头组织，并按照如下要求开展工作：

（1）各单位要牢牢把握精神实质，切实增强理解力、执行力，认真做好电力安全生产标准化建设工作。

1）安全管理标准化建设：这是安全生产标准化的基础，涵盖了安全生产组织体系、责任制、规章制度、教育培训、隐患排查治理、职业健康和应急救援等内容，只有抓好安全管理标准化基础工作，搞好基础建设，才能为安全生产标准化工作做好铺垫、创造条件。

2）设备设施标准化建设：这是安全生产标准化的基本要求，电力生产、经营和发展离不开设备设施安全、经济、稳定运行。要从设备设施建设、设备设施安全、运行和检修以及防灾能力建设等方面，坚持不懈地做好设备设施运行维护和保养、安全状况检测和评估、以及更新改造等工作，保证设备设施装置齐全、性能良好、运行可靠，实现生产工艺系统无故障、设备设施无缺陷，达到设备设施本质安全要求。

3）生产技术标准化建设：这是安全生产标准化的重要内容，要围绕提高设备健康状况，以生产技术标准化建设为重点，从源头抓住设备技术选型，从使用过程抓住技术改造，从设备治理抓住技术标准，从生产过程抓住技术监督，依靠生产技术标准化建设解决电力投资事业发展过程中出现的新情况、新问题。

4）作业现场标准化建设：这是安全生产标准化的重点，要严格作业现场作业标准，加强作业现场控制，认真做好作业危险点分析和风险预控、工器具安全检查和试验、作业前安全措施的落实、作业中人员安全行为遵章守纪以及作业后总结和改进等工作，防止作业现场安全事故的发生。发电运行公司，特别要严格执行“两票三制”，规范管理各种台账，纠正了员工许多不良习惯，杜绝习惯性违章。

（2）认真开展电力安全生产标准化自查自评。有关企业要对照电力安全生产标准化规范及达标评级标准，确定适用于本单位的有关条款，根据电力安全生产标准化相关规定，逐条开展电力安全生产标准化自查工作，按照“边查边改”原则整治自查发现的缺陷和隐患，并结合自查结果完成本单位的安全生产标准化自评。自评结果符合达标评级条件的，向电力监管机构提出电力安全生产标准化达标评级申请。

（3）巩固和提升电力安全生产标准化达标水平。标准化达标后的企业要不断加强电力安全生产标准化建设，按照闭环管理和持续改进的要求，推进标准化达标升级，开展更高级别的安全生产标准化建设和达标评级工作。要重点抓巩固，促进企业进一步提升电力安全生产标准化工作水平。

2013年底前，公司全部电源企业都要通过电力安全生产标准化认证工作，目前还有一年半的时间，各单位要高度重视。安全生产标准化要先从电源企业开始做，为其他工程承包企业的推行奠定基础，因此这项工作起点要高，水平要高。

4. 电力设备管理工作

电力设备管理工作包括了建设期的成套设备管理工作和运行期的设备管理工作，其本质就是设备的选型、采购、监造、移交以及设备运行、保养、维修，这项工作由股份公司设备物资部牵头组织，并按照如下要求开展工作。

（1）总结经验，制定和优化电力设备管理制度。从股份公司层面来说，应根据各子企业实际情况，针对电力设备管理中存在的问题，总结经验教训，借鉴国内外同类电力企业的先进经验，制定电力设备管理制度，指导、规范子企业电力设备管理工作，并强化监督和落实。子企业应根据股份公司的制度，对照本企业实际情况，完善、优化本企业设备管理制度，并细化制度，强化执行。

（2）建设期成套设备的管理，加强电力设备的采购、移交、安装调试工作。电力设备的采购、移交、安装调试工作直接关系着电力设备的质量和运行期设备的状态，十分重要，也是容易出现质量问题和安全隐患的环节。曾经有子企业因为这些环节出现问题引起过纠纷，蒙受了较大的损失。因此，应高度重视这些环节，并与达标投产相结合，严格执行相关标准和要求，杜绝质量隐患，为电力设备投产后平稳运行打下良好基础。

（3）运行期的电力设备管理，加强电力设备的运行维护工作。随着大量机组的投产运行，运行维护工作已成为电力企业保障投资收益的重点工作。今后，应在设备的运行管理、消缺管理、维修管理、可靠性管理等方面下功夫，保障电力设备平稳高效运行，圆满完成各项指标和生产任务。

各部门、各参会单位要充分认识本次会议的重要性，要把股份公司电力资产管理提升到一个新的高度，各项工作已经做了分配，下一步的任务要认真研究本次会议研讨的内容，收集相关的资料，对外要走出去与国家相关的管理机构（电监会、中电联）、行业协会做好沟通，向做得好的其他电源企业学习经验，对内要做好调研工作，通过内外对标、对比行业标准，找准自己存在不足，这样才能有针对性，才能有提高。各部门要在前期工作的基础上，做到有计划、有时间节点要求，把责任落实到人，尽快开展起来。

同志们，股份公司正处在改革发展的重大历史性新阶段，按照制度化、规范化、标准化和精细化的要求全面做好作电力投资事业任务艰巨。我们一定要从全面贯彻落实科学发展观的高度，在电建集团统一领导下，加强制度建设，扎扎实实地做好电力投资各阶段标准化等基础工作，为促进电力投资科学发展、安全发展、又好又快发展做出新的、更大的贡献。

切实转变观念　促进转型升级　提升管理水平
为股份持续健康发展提供强有力的财务保障

——在中国水利水电建设股份有限公司2012年度财务资金工作会上的讲话

（2012年6月19日）

丁　永　泉

同志们：

公司上市以后，我们一直在积极探索、实践解决财务管理面对的新情况、新问题，为更加科学合理地安排和部署好公司的2012年财务资金管理工作，今年的财务资金工作会议召开时间适当后延。

本次会议是电建集团成立、公司成功登陆资本市场后召开的第一次财务资金工作会议，具有承前启后、继往开来的重要意义。会议的主要任务是：贯彻落实公司2012年工作会议精神，总结2011年公司财务资金管理工作，深刻剖析当前财务资金工作面临的形势、存在的主要问题以及有利条件，安排部署2012年及今后一段时期的财务资金管理任务，进一步夯实管理基础，转变管理观念，提升管控水平，勇于开拓创新，为公司健康可持续发展提供坚实财务保障。

一、公司2011年生产经营情况

2011年，面对复杂的国内外政治经济环境，公司上下同心协力，积极开拓市场，狠抓管理创新，各项经营目标保持了平稳较快发展，再一次刷新历史纪录，取得来之不易的优异业绩。

（一）经营规模平稳增长

2011年，公司经营规模实现稳步增长，再创历史新高，全年共实现营业收入1134.71亿元，较上年增长11.80%。营业收入仍保持两位数增长，但与前三年平均增速30%相比，有大幅度下滑，公司已经进入规模增长平稳期。

（二）资产结构明显优化

截至2011年末，公司资产总额1632.15亿元，较上年增长34.37%，资产规模继续保持高速增长；负债总额为1316.19亿元，较上年增长22.05%；募集资金的注入，改变了公司资本结构，提升了公司实力，2011年公司资产负债率降至80.64%，比上年下降8.14个百分点，困扰公司多年的资产负债率居高不下的状况得到改善，资产结构明显优化。

（三）经济效益显著提升

2011年，公司实现利润总额49.87亿元，较上年增长23.62%，继续保持20%以上的增长速度；2011年毛利率14.42%，较上年提高1.94个百分点；总资产报酬率5.32%，较上年上升0.47个百分点，公司所属单位中有9家单位总资产报酬率高于平均水平，总资产报酬率前五家单位分别是租赁公司、水电八局、水电十三局、水电七局、水电十一局；成本费用利润率4.61%，比上年提高0.47个百分点，公司所属单位中有13家单位成本费用利润率高于平均水平，其中投资类企业除甘肃能源投资公司和港航公司外，成本费用利润率均高于平均水平，成本费用利润率前五家建筑企业分别为水电十三局、水电十一局、水电七局、水电八局、水电十四局。

（四）期间费用占比偏高

2011年，公司共发生成本费用总额1081.46亿元，较上年增长10.97%，成本费用总额占营业收入的比重为95.31%，较上年下降0.69个百分点；2011年公司共发生期间费用82.09亿元，较上年增长32.85%，其中管理费用较上年增长33.08%，财务费用较上年增长35.18%，期间费用占营业收入的比重为7.23%，在建筑业央企上市公司中处于最高水平，期间费用规模过大，占比偏高，合理压缩的空间较大，管控能力亟待提高。严禁突破管理费用增长低于营业收入增长管控“红线”，切实贯彻落实职工工资增长“两低于”原则。合理安排资本性投资规模和支付节奏，活化资源配置，提高资金使用效率，充分利用商业信用，降低融资规模，优化融资结构，压缩财务费用。

（五）资金流平稳，融资规模总体受控

募集资金的注入有效改善了公司资金流状况。凭借良好的银企战略合作，在银行放贷规模整体收紧的背景下，公司的融资需求仍获得各银行的优先支持，其中74%的新增贷款仍维持基准及下浮的利率，不仅为公司的经营发展提供了强有力的资金保障，还有效控制了融资成本。2011年期末，公司带息负债总额653.14亿元，较上年增加172亿元，带息负债占资产总额的比率为40.02%，比上年增加0.3个百分点，在八家建筑类央企上市公司中排名第二。

（六）业务结构调整效果日益显现

近年来，公司积极进行业务结构调整，推进转型升级，在巩固传统水电施工领域优势地位的同时，积极拓展非水电市场，优先发展国际业务，通过几年的努力，业务结构调整效果日益显现。2011年营业收入按业务板块细分：国内水电487.23亿元，占43.54%；国内非水电343.25亿元，占30.68%；国际业务288.49亿元，占25.78%，传统水电建筑板块收入占比已不足一半，国内非水电及国际业务对公司发展的支撑作用日益明显。

（七）同类企业对标，优势和差距明显

与其他七家建筑业央企上市公司相比，公司的规模排位靠后，一些财务指标对比有优势也有差距，对照2011年度财务决算指标，公司的毛利率为14.42%，处于最好水平；主营业务利润率11.93%，在八家公司中排名第二；营业利润率和成本费用利润率处于中等水平；总资产周转率、应收账款周转率和存货周转率低于其他七家公司的平均水平；资产负债率80.64%，高于其他七家公司平均水平(78.23%)；期间费用占营业收入的比率为7.23%，在八家公司中处于最高水平。

二、当前公司财务资金工作面临的形势、存在的主要问题和具备的有利条件

公司成为公众公司后，面对新的发展平台，机遇与挑战并存。当前，在欧美经济持续低迷、部分热点区域政治形势不稳、国内经济增速放缓的大环境下，更需要认清形势，分析和解决突出问题，依靠自身优势，抓住机遇，强化公司财务资金管理，缩小与同业优秀企业的差距，助力公司又好又快发展。

（一）面临的形势

1. 宏观经济下行，成本费用高企，保增长压力突出

全球经济下滑，美国负面经济因素和欧洲债务危机将长期影响中国经济的发展。我国经济多年来粗放式的发展模式，以及经济危机触发的国家大规模投资浪潮过后，经济结构中深层次问题日益显现。政府开始着手解决经济运行中的内生问题，不再简单地追求经济的高速增长。“十二五”规划设定的国内生产总值年均增长目标降至7%，较持续多年的两

位数的增长速度大幅度降低，目的就是在国民经济稳步发展的同时追求质量与效益的协同提升。从去年开始，到今年一季度，国内生产总值增速连续5个季度下降，经济下行趋势明显。

国有企业正处在一个风险越来越大的环境，今年1～4月，国有企业营业收入总额连续三个月环比下降，利润总额同比、环比均出现下滑，年内保增长的任务十分艰巨。国有企业利润下滑的主要原因是收入增速减缓和成本费用进一步提高，由于能源、原材料价格高位运行，多次加息后企业融资成本显著上升，多数企业成本压力增大，而工业需求增速并没有明显起色，企业的利润空间被压缩的越来越小。

公司作为以建筑施工为主营业务的企业，经营发展受国民经济整体环境的影响十分明显，从今年一季度数据来看，营业收入增长率同比下降2.59个百分点，利润总额增长率同比下降9.71个百分点，经济环境对于公司发展的负面影响已经显现，全年保增长的压力较大。

2. 货币政策由“稳健”向适度“松动”转变，融资环境有所改善

为了确保中国经济“稳中有进”，平稳增长，中央采取了一系列措施。今年5月份，央行下调准备金率0.5个百分点，6月份金融机构人民币存贷款基准利率下调0.25个百分点，同时扩大存贷款利率浮动区间，此举措为利率市场化的破冰之举，贷款利率下浮空间扩大。国务院总理温家宝5月23日主持召开的国务院常务会议指出：“保持合理的社会融资规模，进一步优化信贷结构，更加注重满足实体经济的需求。”目前已出台的金融政策释放出明显的松动信号，企业融资环境开始好转，融资成本进入下行通道。

3. 新一轮全面经济刺激即将来临，基建投资将持续增长

5月召开的国务院常务会议代表着新一轮全面经济刺激政策的开始，此次刺激政策既包含消费、投资和出口，也包括结构优化、产业支持政策等方面，在全力推进“十二五”规划重大项目按期实施外，还将启动一批事关全局、带动性强的重大项目，其中铁路、节能环保、农田水利等基建项目将成为投资重点。随着宏观经济政策由放松转向刺激，将形成新的一轮基建投资高潮，必将对公司带来新的发展机遇。

（二）存在的主要问题

1. 财务管理基础不牢，思维观念落伍，与公众公司应具备的财务管控水平和理念有较大差距

公司的上市，从某种意义上讲是财务管理的上市，作为公众了解和评价上市公司的重要窗口，公司财务承担了更重的责任，财务信息成为上市公司不同利益主体关注的焦点。一条财务信息可以改变投资者，可以改变公司的股票价值。如何提高财务信息的价值，使财务信息能够更好地向资本市场传递企业价值信息；如何通过财务信息更好地反映公司意图；如何通过财务信息提高投资者信心和兴趣，改变投资者的错误定价，是各级财务工作者必须面对和承担的责任和压力。可以说，公司上市把财务推上了风口浪尖。目前来看，与上市公司规范要求相比，公司财务管理中的问题突出反映在财务管理基础工作不牢和思维观念落伍。财务管理基础工作不牢和思维观念落伍主要体现在会计基础工作薄弱，财务报告的时效性、完整性、准确性有待提高，对财务信息的重要性认识不足等方面，难以支撑上市公司规范、及时、准确、全面信息披露的管理需要。同时，作为信息披露的关键系统，财会队伍要站在对企业全面负责的高度，有责任和义务提醒相关业务人员对非财务信息披露给予更多的重视和关注。

2. 部分单位投资立项盲目冲动，可研论证粗糙，项目投资效果与预期偏离较大

目前，个别电源投资项目运营后，亏损严重，不仅不能创利还吞噬股东投入；个别境外投资项目进度滞后，投资追加，未来效益预期降低；个别BOT项目投资决策过度依赖地方政府提供信息，前期工作深度不够，实际投资效果与投资预期偏差较大；个别已完工的BT项目，未能按时收回投资，资金回流风险较大。这些项目虽然都履行了规范的报批决策程序，但是实际投资效果未能实现投资预期，要认真总结、反思，除了客观原因外，更应从主观方面查找原因，切实避免投资立项盲目冲动、经济论证粗糙、市场判断不准、过程管控粗放、投资后评价和问责机制缺失等问题重复上演。

3. 对高风险资产的管控手段亟须加强

部分公司管理粗放及建设单位风险转移等原因，形成应收账款和未完施工挂账持续增长，其占比已远超合理水平。其影响是：一方面导致资金不能及时回笼，流动资金紧缺，增加企业融资成本和财务风险；另一方面工程价款催收和结算不及时，权益未得到主张，增加隐性垫资并导致财务信息质量下滑，潜亏风险加剧。同时，应收账款增加必然导致应计利润增加，必然影响投资者对企业风险的判断，影响企业价值。境外资产折旧年限偏长，使用价值和账面价值背离，下场设备的流动性和变现能力较弱，存在一定的资产减值风险。

4. 主动分红不足，现金回报偏低

公司上市前，所属公司的分红政策主要是被动依据公司下达的投资收益上交指标，以完成业绩考核指标作为利润分配唯一标准，公司获得的年度分红也仅能勉强维持本部日常的经费开支。墨守肉烂在锅里的传统观念，主动分红的动力和压力缺乏，对给予股东合理现金回报的重要性认识不够。作为上市公司，维持股东合理的现金分红收益在一定程度上比规模的增长更重要，股东更关心的是净资产收益率、每股净资产、每股收益和现金分红。股份公司上市后，必将根据证券会关于上市公司利润分配的强制性规定，对利润分配政策做出调整：①要遵从证监会对上市公司三年累计分红不得低于三年可供分配利润30％的规定；②作为上市央企，要做出表率，充分尊重和积极响应股东分红意愿，实现股东短期利益回报及长期价值最大化，树立中国水电在资本市场上的良好形象。

（三）有利条件

1. 电建集团组建，产业链延伸，市场营销能力提升

电建集团组建后，积极实施“大集团、大市场、大品牌”战略，巩固电力工程设计咨询、施工和装备制造等传统市场，大力向产业链的横向、纵向延伸。以改革重组为契机，统筹内部设计、施工承包、装备制造产能，积极采用一体化经营和总承包商业模式参与市场竞争，进一步提升了市场营销能力。

2. 募集资金增资，财务状况改善，竞争实力提升

募集资金已按照公司董事会决议陆续分配，通过补充流动资金、增加实收资本等多种方式，各公司原来普遍存在的流动资金不足、资产负债率较高、资产结构不合理的状况均有不同程度的改善，多数公司的资产负债率回落到同行业平均水平，给各公司创造了新的更有利的发展条件和机会，竞争能力进一步提升。各公司要借助财务状况改善的契机，科学制订投融资策略，掀起新的一轮发展高潮，充分发挥募集资金使用效益，提升经营质量。

3. 融资平台更加广阔，融资成本更加低廉

登陆资本市场之前，公司的主要融资渠道是银行借款和发行企业债券，融资渠道单一、融资约束多、融资成本高。登陆资本市场后，我们拥有了更加广阔的融资平台，一些低成本的融资方式将成为重要的融资来源，今后可以通过配股、增发以及发行公司债券等多种方式在证券市场上直接融资。这些融资方式不仅融资成本低，而且对于展现公司实力、树立公司良好形象都有积极作用。我们要积极研究，努力创造条件实现最大限度的低成本融资，转换高成本融资，优化融资结构，降低融资成本，确保资金供应链安全。

4. 公司股票将正式成为上证指数样本股，公司知名度提升

中国水电（SH 601669）将自2012年7月2日起被调整同时进入上证50指数、上证180指数、中证100及沪深300指数，各指数类基金将被动配置公司股票，对稳定公司股价和提升公司在资本市场形象及知名度意义重大，也标志着公司向“优质大盘蓝筹股”的目标迈出了坚实的步伐。

三、2012年及今后一段时期财务资金管理工作的指导思想及主要任务

2012年是公司上市后接受检阅、展现实力的大考年，如何保持公司平稳较快发展，树立公司在资本市场上的良好形象，财务资金管理工作责任重大，任务艰巨，使命光荣。结合公司面临的环境、存在的问题及公司对财务工作的总体要求，2012年及今后一段时间财务资金工作的指导思想是：以科学发展观统领全局，深入贯彻落实公司2012年工作会议精神，以转变观念为核心，紧紧围绕“规范化、标准化、精细化”三项核心目标，努力完成“财务管理规范高效、财务风险基本可控、集约化管理取得实效、财务团队整体素质得到提升”四项重点任务，对标上市公司规范管理要求，消除管理短板，突破瓶颈，推进管理提升，着力加强财会队伍建设，持续提升管理水平，构建管理规范高效的上市公司财务管理团队，为加快推进公司成为具有持续成长性的质量效益型跨国公司提供坚实的财务保障。

2012年重点要在以下四个方面实现新的突破：

（一）解放思想、顺势而变、转变思维观念，适应上市公司的监管要求

公司上市，在提供诸多有利条件和机遇的同时，也伴随着新的挑战和风险，传统的财务管理已不能满足上市公司的管理需要，要敢于扬弃传统的财务管理思路和做法，与时俱进，转变思维观念，对财务管理进行战略调整，建立适应上市公司管理及企业发展需要的配套财务管理体系。

1. 着力实现财务管理职能定位的转变，从传统的以核算反映职能为主的管理角色向战略决策支持角色转变

财务管理作为企业的神经系统和血液系统，必须由传统的记账、管账的管家角色，逐步转到支持企业战略制定的角色上来，财务系统逐步成为企业战略愿景赖以实现的有力的、不可或缺的支持体系，

财务管理要认真了解企业战略的内涵、背景及其实现的优势和障碍，据此准确思考和定位财务战略导向问题，改变工作思路和工作方法，积极创新，成为企业战略的重要支撑体系。

2. 着力转变财务管理“粗放、松散”的管理手段，建立财务管理规范化、标准化、精细化的管理体系和工作流程，全面提升财务基础工作

近几年，公司高度重视和不断强化规范管理，公司依法依规治企水平显著提升，风险防控能力明显增强，财务资金管理总体规范有序。但由于公司历史沿革复杂、法人层级多、会计主体多、管理链条长、管理基础还不牢固、内控制度尚不完善等原因，仍然存在法制观念淡薄，大局意识、责任意识不强，对国家法律法规贯彻不彻底，对公司规章制度执行不坚决的现象；公司财务治理结构尚待健全完善，部分业务活动没有按财务规则来开展，“条块分割”现象比较突出，没有实现价值链和业务链的融合和闭环管理；部分单位财务没有发挥好监督职能，总会计师没有建立对上和对本级领导班子的双重负责制，财务部门越到基层，职能越弱化，形成了“有限职能、无限责任”的尴尬局面；对上市后财务工作职责不清，风险意识不强，路径依赖严重，财务管理滞后于上市后对财务管理的新要求。

以上问题的存在，督促我们更要居安思危、未雨绸缪，要开展全面自查和诊断，敢于变革、善于创新，进一步健全和完善财务内控制度，优化管控流程，加强业务管控，健全长效机制，切实实现财务管理制度体系规范化、会计核算标准化、财务管理流程程序化、财务管理工作精细化的管理目标，建立系统、科学、实用的财务管理体系，夯实会计基础管理。

3. 着力转变财务信息披露方式和途径，规范反映经营成果，维护公司市场形象

财务作为监管机构、股东以及国家行政管理机构了解公司的重要窗口，规范财务信息披露是一项艰巨而富有挑战性的工作。公司上市前主要关注年报的信息披露，所披露财务信息的使用者主要是出资人及国家行政管理机构，对信息披露的时效性和质量要求相对不高。上市后，按照证监会对上市公司财务信息披露的有关规定，对信息披露的范围、内容、程序、时效性、准确性、完整性、安全性提出更严格的规定，稍有疏漏，将会造成重大影响。这就要求各级财务人员要具有高度的责任感和危机感，认真学习上市公司财务信息披露的政策规定，建立内部财务报告管理制度，规范信息披露工作程序，理顺信息披露渠道，确保信息披露规范。

同时，财务信息是投资者了解公司和进行经济决策所采用的重要信息，盈余信息直接带动股票价格变动，公司当前和以往的盈余历史是投资者判断的最重要依据之一。特别是对于新上市公司，关注度高、信息敏感、反应强烈，更要求准确、客观真实披露季度、年报信息。为此，各公司要建立重大事项通报制度和应急预案；要对照年度预算目标，真实、均衡、客观披露经营结果，避免因核算原因造成经营成果起伏，引起股价波动；通过规范信息披露，向公众真实反映公司的经营结果，展现公司持续稳定良好发展趋势。

4. 着力加强财务团队建设，提升履职能力

近年来，公司财会队伍在加强经营管理、加快公司发展中发挥了重要的作用，但是与实现电建集团“三个一流”的工作目标及上市公司规范管理要求，仍有较大差距，转变观念、提高业务素质、强化执行力和提高软实力的任务仍然十分紧迫。要坚持以人为本，坚持民主、公开、竞争、择优原则，以着力提高财会队伍素质和执行力为目标，努力打造一支坚持原则、作风优良、视野开阔、综合素质好的财会领导人才队伍，一支政治过硬、业务精通、锐意进取、勇于创新的财会骨干人才队伍，一支纪律严明、业务熟练、爱岗敬业、执行力强的财会技能人才队伍。

（1）要着力提高总会计师队伍的领导能力和执行力。总会计师首先是业务干部，其次才是行政干部，目前有的总会计师职责不清，未能正确理解总会计师是财务资金管理的组织者和领导者，大量的精力用于行政事务中，因荒废了主业跑偏了方向成绩未得到认可和肯定，形成总会计师绩效考核整体排位靠后，在单位话语权呈弱化的趋势，长此以往，将导致总会计师的实质性“缺位”和职能的严重“错位”，将使企业财务资金管理迷失方向，弱化或缺失财务资金管理系统的凝聚力和战斗力。为此有必要重塑总会计师的形象，找准总会计师的定位，一方面将建立总会计师考核办法，明确总会计师的工作职责、工作要求和考核程序，要求总会计师每年针对本单位财务资金管理突出问题开展1～2项专题工作，专项解决突出问题，年终进行工作述职和考核，通过纵向、横向全方位的考核和评价，对思想僵化、观念陈旧、方法落后、软弱涣散、难以履责或不在状态的总会计师进行调整或免职，提高总会计师队伍的领导力、执行力和影响力。另一方面，公司上市后，总会计师的管控职责加重，职业环境更加复杂，要着力培养一支优秀的总会计师队伍及后备队伍。要求总会计师真正回归主业，加强政治

学习和业务学习，提高政治修养，提升执业能力。要善于进行宏观经济分析，读懂货币政策报告和国家统计报告，为公司决策提供有价值的前瞻性信息；要善于分析和把握政府的政策逻辑，超前思维，提前谋划，做好防范；要在公司价值创造上做出实质性的业绩贡献，主动提升行权地位。

（2）中国证监会在加强监管的同时，给予上市公司充分的财务报告自由裁量权，特别是公允价值判断，这就要求财务人员应当具备更加高超的专业能力和更加严谨的职业操守。广大财务人员要传承和发扬水电人精神，提高综合素质及执行能力，很好地解决公司快速发展对财务工作提出的新挑战，逐步构筑和形成崇尚“诚实守信品格、客观公正意识、开放广阔胸襟和不断进取创新”的公司财务精神。

（3）加强财务人才的梯队建设，要具有海纳百川的胸怀，通过内部培养、社会招聘以及举办竞赛、评比等活动，发现人才、培养人才，为财务人员发展创造平等、公平、公开的晋升通道。

（4）要加强职业道德教育，加快培育“诚信、责任、创新、奉献”的核心价值观，不断增强财会干部贯彻落实公司各项政策规定的自觉性、主动性和坚定性，对于违背会计职业道德的行为做到“零容忍”。

（二）以转型升级为重要举措，提升企业核心竞争力

在宏观经济形势下行，整体经济增速放缓的大背景下，公司要以规范上市管理为契机，促使企业脱胎换骨，打造适合企业长远发展的现代企业财务资金管理制度，实现“弯道超越”，占领未来发展的制高点，强化成本竞争优势，推动信息集成管理，创新国际业务管控模式，通过转型升级，提高企业的核心竞争力。

1. 创新成本费用管控新模式，推进成本管控转型升级，提高企业成本竞争优势

随着经济环境的变化，企业传统的成本优势已不复存在，企业必须通过自身努力而形成新的成本竞争优势。可以通过技术创新，厉行节约，依靠内部挖潜降低经营成本；可以通过调整市场营销策略，依靠规模扩张摊薄固定成本；可以通过创新商业模式，依靠高盈利业务拉低平均成本；还可以通过提高资产周转率，提高资产的创效能力降低单位成本。总之，降本增效，提高企业成本竞争优势，方法很多，也是在竞争性市场下保持企业健康发展的重要举措。目前公司的成本控制水平参差不齐，成本费用管理整体仍很粗放，通过降本增效释放利润效果不明显，费用占比居高不下，降低成本费用仍有较大空间。各单位要以项目成本控制为抓手，通过建立内部标准成本体系，明确成本控制目标；强化预算管控，以合约管理、结算管理、资金计划审批管理、成本费用支出结果考核等过程管理，使成本费用支出事前有预算、过程有控制、结果有考核的动态管理，确保成本费用支出受控、有序。财务要参与成本费用控制全过程，充分发挥财务的反映和监督职能，找出成本费用控制的关键环节和切入点，努力降低成本费用，提升企业盈利能力和竞争能力。

2. 继续完善和优化财务管理信息化系统建设，构建公司统一的财务管理信息化平台，实现财务管理信息化管理转型升级

公司财务管理信息化系统建设已取得一定成效，但信息孤岛的瓶颈一直未能很好解决，解放劳动力的目标仍未实现。在现有的财务管理信息化体系下，要深入挖掘各管理模块的管理功能，统一会计科目体系，通过财务管控系统的全覆盖，将核算系统与报表系统取数瓶颈彻底打通，真正实现由账到表的“一键式”生成合并财务报表，使财务数据能够随时转换为报表，从根本上解放劳动力；通过财务管理信息化系统，形成内部关联业务信息同步提醒及推送功能，解决内部关联业务对账难等问题；逐步将财务核算系统与预算管理系统、资金管理系统等相关业务管理模块实现数据共享与对接，提高信息化使用效率；通过信息集成，实现关键信息同步发布，使各级领导第一时间掌握各单位基本信息成为可能。

3. 积极研究国际业务管控新模式，加快国际业务财务管理转型升级上水平

目前公司的国际业务已由传统的、以单纯的工程施工为主的经营模式向EPC总承包、带资承包、特许经营、海外投资等综合业务模式升级发展，形成了多种模式有效互补、协同、可持续发展的格局。国际业务的资产及利润占比持续增长，已成为公司重要的收入和利润来源。随着国际业务的快速发展及新业务、新领域的涉及，对国际业务的管理提出新的挑战：①项目所在国也在与时俱进，不断学习并有针对性的完善制度，原来依靠高单价掩盖粗放经营的管理模式将逐渐被淘汰；②一些国家认为中国国有企业海外拓展往往带有“政治”色彩，以偏见的眼光看待我们进而采取“遏制”措施，这将对海外经营带来不利影响；③公司的国际项目主要集中在非洲和亚洲地区，项目所在国多数政局不稳，面临的政治风险较大。

为此，国际业务必须研究新形势，制定新对策，防范国际业务经营风险：①要严格遵照公司战略决

策，认真做好国际工程施工业务与投资业务的拆分工作，确保资产安全分割，保证项目经营持续稳定；②加强境外资产的安全管理，建立财务风险预警分析制度，加大境外税收统筹管理力度，确保资产保值增值，经营效益持续稳定增长；③进一步规范境外项目资金管理，推动人民币跨境业务结算比率，提高全球网络资金管理平台覆盖面，统筹管理海外资金存量，盘活海外项目沉淀资金，提高外币使用效率，有效规避汇率风险。

（三）建立健全全面风险管理体系，完善财务内控体系，确保资产质量，确保财务风险基本可控

随着公司业务不断拓展，新型投资项目及投资种类的增多和国际业务的进一步延伸，使得财务工作面临的管理压力和风险日益加剧，为此，财务在风险防范方面应做好以下几方面工作：

1. 强基固本，健全完善财务内控体系

以“管理提升活动”为契机，通过强化会计基础工作，健全财务制度管理体系，规范会计核算业务流程，搭建统一的财务管理信息化平台，进一步强化财务内控工作。今年要根据已出台的内部制度体系，全面开展内控评价工作，对制度流程的合理性、有效性、适用性进行评价，充分发挥财务评价在风险预警、财务诊断、管理创新等方面的多重功能，及时发现薄弱环节，提升管控能力。

2. 高度关注现金流，确保资金链安全

公司资产负债率仍处于高位，依靠债务推动投资的状况仍持续存在，应收账款周转率不高，垫资及隐性垫资资金回笼不及时的现象较普遍。各单位要逐步从重视经营结果向重视资金流转变，树立“现金为王”的财务观念，加强现金流预算管理，按照市场部的组织安排切实做好应收账款催收工作，保持稳健的财务策略，控制资产负债率过快增长，动态掌握和控制未来的现金流量，在未来资金可承受范围内安排投资，确保资金链安全。

3. 加强建造合同执行，规范未完施工挂账管理

规范执行建造合同准则是保证收入及利润真实的重要基础，从各单位建造合同准则执行情况看，仍然存在合同预计总收入、总成本确认依据不充分，《建造合同准则》执行领导和工作机构履责不到位，未完施工余额变化未深入分析，项目经营结果账面数据与实际相脱离等情况。为了保证上市公司真实反映经营结果，经得起检查和验证，要求各单位总会计师要牵头对建造合同准则执行情况进行全面检查，重点检查工作机构履责是否到位，合同预计总收入及总成本的确认及变化依据是否充分，对预计发生合同损失的项目要足额计提减值准备，对未完施工余额较大的项目要分析原因，查找是否有潜亏的因素。要建立系统的财务协同机制，及时办理项目对上对下结算，定期分析合同预算总收入及合同预计总成本变化情况及未完施工挂账的合理性，规范审批程序，保证客观真实反映经营结果。

4. 加强预算执行管理，确保年度预算目标实现

预算管理是强化成本管理，实现精细化管理的重要抓手，目前各单位的预算管理工作侧重两头，即预算编制和预算考核，预算编制质量逐年提高，预算整体受控，预算执行偏差不大。但普遍存在预算过程控制薄弱，缺乏有效的管理工具。2012年，为保证公司经营业绩持续稳定增长，维护公司在资本市场的良好形象，公司董事会下达的年度预算目标很有挑战性，已层层分解到各单位，普遍反映任务重、压力大。然而，2012年所下达预算是各单位必须完成的基本目标，任务明确，各单位必须强化预算的约束和导向作用，分解任务、落实目标、强化责任、跟进考核，确保年度预算目标全面实现。

5. 加强投资管理，理性投资，规避投资风险

目前，各公司增资到位后，资金流得到补充，财务状况得到改善，普遍存有投资欲望。在传统施工市场任务不饱满的情况下，许多公司热衷于通过BT、BOT项目投资解决施工任务不饱满的困境。但从当前复杂的经济环境及公司已经实施的投资项目情况来看，投资风险较大，不可控因素较多，因此更要防范投资冲动，必须保持清醒，要做好项目可研，科学评价、规范决策、理性投资。这里特别强调三点：①投资必须履行规定的报批、报审程序；②投资必须解决好资金问题，包括项目投资的资金来源及资金回收两方面问题，确保投资资金链安全及资金回收安全；③谁投资谁负责，建立投资考核机制，完善责任追究，严防盲目投资。

6. 加强境外资产管理和项目履约风险管理，保证境外项目经营风险整体受控

建立境外项目财务风险分析预警机制，通过财务异常变化，揭示项目风险，提前制订应对预案；加强境外资产监管，一方面确保境外资产保值增值、安全完整，另一方面盘活存量资产，减少资产闲置，提高资产使用效率；加强境外项目所在国政治风险的研究和判断，综合进行政策风险评估，提前制定预案，减少政治风险带来的经营损失；建立境外项目投资风险评估规定，引进系统先进的风险评估程序，使境外项目投资整体受控；切实加强境外项目履约管理，提升境外项目管理水平和合同执行能力，规避合同履约风险。

（四）充分发挥决策支持功能，提升价值创造能力

1. 科学对标，找寻短板，解决突出问题

科学选择标杆，对标先进找差距，选择同行业优秀企业进行横向与纵向对标，通过对标找管理短板，找发展突破口，总结提炼推广标杆企业的管理经验，有效学习借鉴外部资源，博采从长，融合提炼，通过对标优化流程、拓展指标提升空间，真正做到对标找差距，对标选标杆，对标明目标，对标促提升，逐步形成具有行业特色和自身特点的管理模式。通过与上市公司管理规范进行对标，要进一步健全和完善管理制度，规范信息披露，强化基础工作，提高管理水平；要在系统内进行横向与纵向对标，分析管理差距，分析抓重点，管理抓基础，强基固本，不断在学习和对标中提升管理水平，解决管理中存在的突出问题。

2. 进一步强化资金集约化管理，积极探索境外项目融资模式，降低融资成本

依靠电建集团财务公司筹备有利时机，提前贯彻和遵从财务公司规范运作管理要求，进一步推进资金管理体系建设，加大资金集约化管理力度，优化公司大“资金池”的资金运转，加大国际资金统筹管理力度，探索境外项目融资模式，加强现金流监管，确保公司资金链条安全。

（1）准确把握宏观政策的基调和节奏，统筹资金计划管理，按照资金收支缺口重点确保在建项目和具有战略意图项目的融资落实，综合平衡确定公司融资规模，按照结构合理、成本优先的原则制订融资方案。要加强银企合作，建立高端战略合作关系，不断拓宽融资渠道，创新融资方式，特别是公司上市后要灵活运用适合上市公司的融资品种，发挥融资资源优势，降低对银行单一融资渠道的依赖，降低融资成本；要充分利用当前利率下行的信贷变化有利时机，统筹安排，最大限度置换高成本融资，降低融资成本，释放利润。

（2）将系统内所有银行纳入网银监管范围，基本建成全面集中、统一管控的资金池体系，继续推进资金管理网络体系建设，提高集约化管理的效率，实现资金及时迅速的闭合流转，确保资金信息及时受控。

（3）高度关注外币风险管理，要认真研究外币资金监管政策，一方面科学运用套期工具，规避汇率风险；另一方面要逐步完善国际业务资金的管控模式，提高国际资金纳入公司大资金池的循环比例，提高国际资金的综合使用效益。

（4）加强资金预算管理，将资金收支与预算相对接，实行资金动态预算控制，做到事前规划、事中监督和事后分析的资金流转全过程管控。

（5）充分利用国际业务资信平台，基于人民币长期升值走势和自由外汇低利率融资优势，积极探索境外融资渠道和融资模式，逐步增大外汇债务比重，最大限度实现境外项目资金缺口通过境外融资解决，减少国内资金输出的比率，寻找低成本融资新途径。

3. 强化服务意识，提高财务支撑力度

财务管理作为企业成本、效益的关键控制点和管理核心，具有引导决策、保障发展、防范风险、优化资源的职能，如何更好地服务支撑企业健康发展，建立实现企业价值最大化的管理新模式，财务管理工作责任重大。为此，财务人员必须树立创新意识，转变思维观念，以系统的、专业化的服务，解决经营管理中的热点、难点问题，推进价值管理，促进降本增效。①树立服务意识，从观念上、意识上认识到服务是财务的一项基本职能，端正态度，提高专业水平，加强自身素质建设，做好财务服务工作；②加强工作沟通协调，处理好横向、纵向的工作关系，协调好内部、外部的业务交流，善于化解矛盾，在坚持原则的前提下建立和谐的工作氛围；③提高服务质量，做到工作前置、质量优先、时效可控，以高效优质服务为企业快速健康发展提供保障。

同志们！公司站在了一个新的历史起点，进入了一个充满挑战和机遇的新的发展时期，全体财务人员要进一步统一思想，把握机遇，顺势勇为，敢于创新，狠抓落实，以实际行动扎实推进财务管理转型，强化财务规范与集约化管理，不断提升财务管理水平，为公司做强做优、创造世界一流而努力奋斗！

第三篇　综　述

Chapter Ⅲ Introductory Collection

中国水利水电建设集团公司概况

一、基本情况

中国水利水电建设集团公司（以下简称“集团公司”）是中央管理的，跨国经营的综合性大型企业，是中国规模最大、科技水平领先、最具实力、行业品牌影响力最强的水利水电建设企业，具有国家施工总承包特级企业资质、对外工程承包经营权、进出口贸易权、AAA级信用等级，被商务部列为重点支持发展的大型外经企业。

2009年11月27日，集团公司整体改制与中国水电工程顾问集团公司在北京共同发起创立了中国水利水电建设股份有限公司（以下简称“股份公司”）。股份公司总股本66亿元，集团公司和中国水电工程顾问集团公司分别占99%和1%。其中，集团公司以工程承包业务、电力投资与运营业务、房地产开发业务、设备制造与租赁业务及其他经营性业务等主业资产作为出资，中国水电工程顾问集团公司以现金出资。2011年10月18日，股份公司中国水电（股票代码601669）首次公开发行A股成功上市，在社会上产生了广泛影响。

截至2012年底，股份公司总资产达1815亿元，年营业收入1270.37亿元，在中国各大区域设有19个全资子公司，9个控股公司，在世界各国家设有80多个驻外机构。

股份公司主要从事国内外水利水电建设工程的总承包和相关的勘测设计、施工、咨询、监理等配套服务，以及机电设备、工程机械的制造、安装、贸易业务，电力、公路、铁路、港口与航道、机场和房屋建筑、市政公用、城市轨道等方面的工程设计、施工、咨询和监理业务；投融资业务；房地产开发经营业务；进出口贸易业务等。

股份公司的前身中国水利水电建设集团公司自20世纪50年代以来，承担了国内65%以上的大中型水利水电工程的建设任务，参建了长江三峡等上百座世界瞩目的巨型水电站，总装机容量突破1.45亿千瓦，为中国常规水电装机容量、水电在建规模跃居世界第一做出了突出贡献。公司承建的多项工程获得了国家及地方政府颁发的鲁班奖、金质奖、银质奖、优秀工程奖。在交通、市政、工业与民用建筑等非水电建筑领域也取得了显著业绩，2008年中标京沪高速铁路等一批高铁项目，为中国水电全面开拓非水电建筑市场产生了深远影响，在世界建筑市场进一步彰显了“中国水电”的品牌声誉。

丰富的工程实践和勇于创新的科学精神，使股份公司攻克了一系列世界级的技术难题，掌握和创造了具有国际先进水平的水利水电工程及相关建筑领域的施工技术。伴随着中国水利水电建设事业的成长和企业自身的不断发展壮大，股份公司的整体技术实力已经处于世界同行业先进水平。

目前，股份公司建筑总承包业务已形成国内水电、国内非水电、国际业务“三足鼎立”的格局，已由水利水电施工企业初步发展成为集工程承包，水电、风电等能源投资开发，国际经营及房地产开发协调发展的综合型大型跨国企业。

股份公司积极推进国际化战略，是中国水电产业“走出去”的排头兵和中国企业“走出去”的重要力量，先后在亚、非、欧、美的60多个国家和地区进行了工程承包建设和经济技术合作，拥有全球50%的水利水电建设市场份额。“中国水电”已成为世界上水利水电建设的第一品牌和行业代表。

股份公司在从事工程建设的同时，积极、稳健地开展融投资业务，截至2012年底，各类（包括前期、在建以及运营）投资项目共计273个（含控股项目182个；对外参股项目24个，对内参股项目67个），其中：电力项目112个（含境外电力项目8个）；房地产项目49个（含工程局项目19个）；基础设施项目53个；国内煤炭资源项目1个；国外矿产项目2个，水泥厂项目2个；其他54个投资项目包含设备制造、物业、房建、水电施工、设计、咨询、检测、医院、酒店等多种类型。控股开发电力项目总装机容量约1316.5万千瓦，权益装机容量约1126.18万千瓦（含参股项目权益装机容量约181.6万千瓦）。

股份公司确立了以科学发展观为指导、全面建设“具有较强国际竞争力的质量效益型的世界一流综合性建筑企业”的发展目标。目前，股份公司已进入改革发展的新阶段，正在向着科学、可持续发展而奋斗。

二、集团（股份）公司2012年改革发展主要情况

2012年是股份公司进入资本市场的第一年，也是股份公司立足新起点、谋求新发展、实现新突破、创造新业绩的一年。一年来，股份公司股价整体走势强于大盘表现，成为上证180指数、上证50指数、沪深300指数、中证100指数样本股公司。股份公司总营业收入位列ENR（Engineering News-Record，即《工程新闻记录》）最大225家全球承包商第14位，较2011年度排名前进1位，在全部上榜39家中国企业中排名第6位；以海外营业收入位列ENR美国最大225家国际承包商第23位，提高1位，在全部上榜52家中国企业中排名第3位。

（一）全面完成或超额完成考核指标，生产经营平稳增长

营业收入：营业收入1270.37亿元，较2011年增长11.96%，其中主营业务收入1254.04亿元，同比增长12.07%。主营业务收入中，建筑工程承包业务1131.71亿元，同比增长11.63%，占主营收入的90.25%；电力投资与运营业务44.10亿元，同比增长9.02%，占主营收入的3.52%；房地产业务28.80亿元，同比减少4.28%，占主营收入的2.30%；设备制造与租赁业务10.81亿元，同比减少11.89%，占主营收入的0.86%；其他业务38.62亿元，同比增长72.40%，占主营收入的3.07%。建筑工程承包业务中，国内水利水电业务487.38亿元，同比增长0.03%；国内基础设施业务280.03亿元，同比增长16.46%。按地区划分，国内业务收入901.98亿元，同比增长8.61%，占主营收入的71.93%；国外业务收入352.06亿元，同比增长22.03%，占主营收入的28.07%。

经营利润：实现利润55.16亿元，较2011年增长10.61%。营业收入利润率4.34%。归属母公司净利润40.99亿元，完成年度预算的105.65%，比2011年增长11.22%。

在岗员工平均工资为6.67万元/（人·年），实现了平稳增长。

新签合同：新签合同1718.6亿元，较2011年增长34.4%。其中，国内水电业务占比23.2%，同比下降3.3%；国际建筑业务占比37.8%，同比增长8.7%；国内非水电业务占比39%，同比增长149.5%。

（二）大力推进结构调整，推动企业转型升级

股份公司大力实施国际业务优先发展战略，大力拓展非水电建筑业务，积极、稳健投资开发有持续盈利能力的相关经营性产业，推进战略转型升级，市场结构、业务结构和产业结构进一步优化。

市场区域结构调整优化。各子企业凭借多年积累的品牌影响力和社会美誉度，深耕所在区域的建筑市场，在战略合作协议的范围内进行项目对接，并实现项目群开发。

在海外业务市场，股份公司进一步发挥国际优先战略引领作用，进一步调整优化国际市场结构，健全管理制度体系和支持保障体系，建立和完善了投议标项目评审制度、项目前期策划制度和重点关注项目巡查制度，国际业务的开发、经营能力继续提升。一年来，股份公司成功开辟了蒙古国、波黑、白俄罗斯、波兰、塞内加尔、利比里亚、几内亚七国市场，实现了欧盟高端市场零的突破。苏丹罗赛雷斯大坝项目、委内瑞拉新卡夫雷拉电厂等项目的顺利完成，受到所在国的广泛赞誉；此外，在科威特和阿尔及利亚等国积极开展“二次营销”，并取得较好成绩。

几家发电企业充分发挥已有项目的“撬动”功能和“辐射”效应，积极获取电力资源，将风电资源开发重点转向送出条件好的南方地区，同时积极开发甘肃的光伏发电资源。

主营业务结构调整优化。工程承包主业持续增长，各大业务板块占比趋于合理均衡。国内水电业务方面，溪洛渡、向家坝、南水北调等一系列大型国内水利水电项目的施工履约有序、受控。同时，股份公司加强对骨干水利枢纽和重点水源工程市场开发力度，中标实施白鹤滩、乌东德、黄登、辽西北供水工程、青弋江分洪道工程等一批大型水利水电项目。国内非水电业务方面，持续推动国内非水电业务转型升级，以公路市场为主导，向市政和城市轨道交通建设领域延伸，一举中标了深圳地铁7号线BT项目，合同金额达168亿元，这是迄今股份公司国内非水电业务获得的最大合同，也标志着我们开始全面进入城市轨道交通领域。

产业结构调整优化。一年来，股份公司进一步优化了工程建设、投资业务、电力开发、房地产项目等产业的发展格局。在老挝首次获得流域开发项目，签署了南乌江流域梯级水电站项目（一期）特许经营协议和购电协议；金沙江上游旭龙电站、通天河水电开发等项目有序推进并取得有效进展。在继续推进四川安谷、甘肃瓜洲、湖南株洲龙亭龙凤等水电、风电清洁能源投资建设以外，还进入光伏发电领域，投资开发甘肃敦煌光伏电站。“中国水电地产”品牌进一步彰显，唐山·首郡、北京·云立方等项目实现逆市热销。

（三）不断深化企业改革，引领公司科学发展

健全公司治理制度体系并规范运作，公司治理水平不断提高。按照《公司法》、《证券法》等法律法规，股份公司陆续制订和修订了有关公司治理、监督、管理等方面的各项管理制度，明确了决策、执行、监督等方面的议事规则和职责权限，形成了有效的治理、运作、监督、管理机制。股份公司股东会、董事会、监事会、经理层职责明确、权限清晰，始终按照股份公司章程及相关议事规则，规范、有效运作。严格按照监管机构和上海证券交易所的规定，真实、准确、完整、及时对外披露信息，较好地维护了公司、股东以及中小投资者的合法权益。

优化组织结构、深化企业改革、大力推动公司内部的业务整合。股份公司内部重组持续推进，继水电六局有限公司重组水电辽宁局有限公司后，股份公司海西区域发展总部和路桥福建分公司、水电七局有限公司和夹江有限公司实现了重组整合，华源咨询公司行政关系顺利划归路桥公司；水电五局有限公司、水电十局有限公司、水电十四局有限公司等子公司也积极以业务流程为中心，按照优化资源配置的需求，对下属机构进行了优化整合。为深入贯彻落实国务院国资委加强海外资产监管的总体要求，设立海外投资公司，实现了国际投资业务与国际承包业务的分立，进一步推进了对海外投资业务和工程承包业务的分类专业管理，进一步适应了国际业务新的发展形势与市场需求。国际工程业务方面，对现有组织结构和海外市场区域划分进行了调整优化，进一步落实了“海外业务管理前移、重心下移”的整体战略部署。

深化经营机制改革、创新商业模式、实现业务流程再造。针对各大业务发展环境和发展阶段的变化，股份公司对总部职能部门进行了业务流程的再梳理。出台了自主营销竞赛奖励办法，并在充分考虑各业务板块竞争激烈程度和利润贡献程度的基础上，对子公司营销业绩进行差异化考核与奖励，从而引领子公司提高自主营销积极性，进一步提升了市场营销水平。通过进一步梳理调整投资管理制度，实现了国内国际投资业务的一体化和投资项目的全链条管理。国际优先发展战略进一步深化、优化，着力调整现行业务经营管理、市场营销模式，鼓励部分国际业务发展较好、能力较强的子公司开展国际业务自主营销，进一步发挥股份

公司和子公司两级总部的系统管控、服务职能，推动股份公司国际业务从“统一品牌、集中营销”向“集中营销和有条件的自主营销有机结合”的营销模式转变。为进一步提升房地产业务利润贡献率，股份公司制订了《大力支持房地产公司跨越式发展的指导意见》，从决策程序、资金支持、管控模式、绩效考核等各方面给予房地产业务更大的支持，赋予房地产公司更大的自主经营权。促进房地产业务获取土地资源由原先的单一市场“招拍挂”向“招拍挂十一二级开发联动十股权并购与合作十板块联动十集团系统内土地整合与利用”五种途径并举转变。水电九局有限公司着眼于工业配套服务环节，成功打造“环保砂石”品牌，实现了产业链纵向延伸。租赁公司充分利用市场产业分工体系整合各类资源，稳步扩大融资租赁业务规模，探索推动新型贸易营销，培育了新的利润增长点。

妥善解决历史遗留问题。企业移交社会办职能取得新突破，水电一局有限公司积极与地方政府沟通协调，数百名“五七”家属工实现参保；水电九局有限公司启动中心医院改制程序，即将展开移交工作；水电六局有限公司整合水电辽宁局有限公司后，已基本解决有关历史遗留问题，顺利实现对水电辽宁局有限公司资产、业务、人员的深度整合。

（四）着力开展管理提升活动，进一步筑牢发展基础

按照国务院国资委和中国电力建设集团公司的安排部署，股份公司对管理提升活动进行周密安排、全面部署，将“管理提升活动”的重点任务分解落实到总部各管理部门、各子公司，管理提升活动在股份公司范围内深入、扎实、有效地开展。针对快速增长的国际业务、国内非水电业务、投资业务、房地产业务，进一步健全管理体系，落实管理措施和办法，进一步改进了各项管理工作。管理提升活动开展以来，股份公司在完成“动员启动、学习提高”、“自我诊断、查找问题”、“制定方案、细化措施”等环节的同时，诊断出影响股份公司发展的四大瓶颈和五个管理短板，并制定了专项提升的具体措施，管理提升活动取得初步成效。

股份公司战略规划体系进一步完善，编制完成了《2012～2014年发展规划》，制定了《国内水利水电工程承包发展规划》等三个专项规划。内控管理进一步规范，对股份公司内部控制情况进行了全面、客观地自我评价，编制了《2012年度全面风险管理报告》。人才队伍建设进一步推进，人才开发和培训工作得到进一步加强。2012年，股份公司严格按制度要求开展领导班子换届和领导人员选任工作，共换届考核子企业领导班子19个，涉及180人，并完成了海外投资公司、甘肃能源公司、南方投资公司领导班子组建，使公司中层领导干部整体更趋年轻化、专业化，更富国际经验。财务资金管理进一步强化，完成了募集资金分配，统一了股份公司内部利润分配政策。推动建立国际、国内一体化的资金管理体系。积极、稳妥调整股份公司负债结构，节约财务费用。认真参与设立中国电建集团财务有限责任公司，筹建工作有序开展。安全生产工作进一步加强，以深入扎实开展“安全生产年”活动为载体，以安全责任制为抓手，以安全生产风险管理体系建设、安全生产标准化建设为重点，继续强化安全生产基础管理。通过春季安全大检查、汛期安全生产督查、海外项目安全督查、打非治违和预防施工机械脚手架等专项行动，集中整治、重点改进企业安全生产的突出问题。2012年没有发生较大及以上安全生产责任事故，安全生产形势总体稳定。2012年度主业为建筑施工的单位安全生产考核前五名为：水电八局有限公司、水电五局有限公司、水电一局有限公司、水电二局有限公司、水电七局有限公司。市场统筹工作进一步系统精细，加强了市场开发统筹和经营运作管控。项目管控进一步落实，继续加强和完善质量体系建设，围绕重大工程实施，加大两级总部质量检查和督查工作力度。全年绝大多数工程项目履约进度有序受控，未发生重大质量事故，质量稳定在较高水平，单元工程优良品率93.8%，并获国家优质工程金奖1项、银奖3项。投资管理工作进一步健全细化，对企业投资准入、投资能力、投资规模、项目造价、项目工期进行了有效控制，完善了投资管理制度，调整了国内外投资业务统一管理机制。设备物资管理进一步优化，推动股份公司采购中心和子公司总部两级集中采购平台有机结合，规范、有序地开展了集中采购招标工作，进一步完善了大型专用设备资源调剂与租赁经营双平台运行机制。法律审计监察工作进一步加强。围绕中央企业法制工作新三年目标，进一步加强了法律事务制度建设和法制人才队伍建设；惩防体系建设各项任务得到落实，围绕投资业务扎实、有效开展效能监察工作，海外项目纪检监察工作机构设置、人员配备、工作流程等进一步强化和规范；内部控制审计和经济责任审计进一步加强，通过内部控制审计，对投资项目立项、决策、建设、运营进行全过程审查，客观分析投资项目管理状况和运行效果，提高了审计成果综合应用水平。

工程科技工作持续推进，节能减排工作进一步加强。大力实施建设国际行业科技领先型企业战略，加强技术创新体系建设，科技创新投入逐年增加，自主创新能力不断增强。2012年，股份公司取得专利163项，其中发明专利26项。获得了一批省部级奖励，首次获得国家财政部科技奖励一等奖1项，首次获得大禹水利科学技术特等奖1项，获得包括2项特等奖在内的水力发电科学技术奖、中国电力科技奖共42项。积极推广节能技术的研究和应用，不断加强节能减排工作，水电三局有限公司、水电七局有限公司有关节能技术研究与应用成果被国务院国资委编入全国节能技术推广目录。股份公司特级资质就位工作取得重要成效，股份公司及所属子公司共8家单位“水利水电工程施工总承包特级、水利行业设计甲级资质”全部通过住房和城乡建设部审查核准，同时，子公司新获得市政工程、房建工程等非水电行业一级资质7项。

股份公司管理标准化和信息化建设有序推进。启动了管理标准化建设工作，建立企业标准化管理组织体系，制订标准化建设工作规划，推动打造结构合理、层次分明、重点突出、科学适用、国际接轨的企业标准体系。企业信息化建设水平不断提高，发挥了信息化对企业生产经营管理决策的支撑作用，提升了股份公司管控能力和信息资源的共享利用水平。水电二局有限公司、水电三局有限公司、水电八局有限公司在信息化建设过程中将标准化与信息化相结合，成效显著。

（五）识大体、顾大局，积极履行中央企业社会责任

2012年是青海玉树灾后重建攻坚之年，股份公司承建的6所学校、玉树州疾控中心等项目均按期完成竣工移交或通过竣工初验，成为参与重建4家央企的排头兵，展现了中国水电人的可贵精神和良好形象。玉树灾后重建近3年来，股份公司参建单位先后有9个集体、16名个人荣获“全国五一劳动奖状”、“全国五一劳动奖章”等荣誉；《工人日报》等多家媒体对股份公司开展的玉树援建工作开展了广泛宣传，股份公司援建工作深受社会和当地民众的认可和赞扬。

甘肃能源公司精心组织并高质量完成党的十八大期间的保发电任务，被国家电监会评为“十八大保电先进单位”。

在苏丹人质事件、尼泊尔上塔山火和莱索托当地劳务暴力袭击等突发事件中，股份公司迅速反应，及时启动风险防控预案，并采取有效措施，较好地完成了撤离、营救等工作。股份公司在南苏丹开展援助民生打井工程，在马来西亚、尼日尔、缅甸等国进行公益事项和人道主义捐款，受到了当地社会和民众的广泛赞誉。

（六）切实发挥党组织的政治核心作用和保证监督作用，促进了企业平稳、和谐、持续发展

股份公司党委深入开展了创先争优、基层组织建设年和保持党的纯洁性教育活动，全面加强党的思想建设、组织建设、作风建设、反腐倡廉建设和制度建设。以党建责任制为抓手，进一步健全党建工作制度体系。加强各级领导班子建设和基层组织建设，在企业改革、创新、发展过程中，有效发挥了党组织的保障监督作用。各级党委认真贯彻落实中国电建集团和股份公司党委的工作部署，围绕生产经营中心，开展了“党员先锋工程”、“党员先锋岗”等活动，使项目党建工作得到加强，海外党建工作实现创新，党组织在生产经营中的战斗堡垒作用和党员的先锋模范作用进一步显现。反腐倡廉建设进一步巩固和提高，党风廉政建设责任制得到全面加强，惩治和预防腐败体系2008～2012年工作任务全面落实，领导人员作风建设和廉洁自律工作进一步加强。2012年，党风廉政建设责任制考核排名前五位的子公司分别是：水电七局有限公司、水电八局有限公司、水电四局有限公司、水电十一局有限公司和路桥公司。支持工会共青团组织开展了各具特色的主题实践活动。努力推动企业文化建设，加强信访维稳工作，积极维护企业和谐稳定的大局，为迎接党的十八大的胜利召开营造了良好氛围。

股份公司认真贯彻落实国务院国资委和中国电建集团关于企业负责人职务消费管理工作的有关要求，制定印发了股份公司《出资企业负责人职务消费管理暂行规定》、《企业负责人及总部职务消费管理暂行规定》等系列制度并全面落实，企业负责人职务消费做到了规范管理。

（办公室）

集团公司、股份公司领导班子

中国水利水电建设集团公司领导班子

集团公司总经理、党委副书记：范集湘（法定代表人）

集团公司党委常委：袁柏松　孙洪水　王彤宙（2012年8月调出，国资党任字〔2012〕52号文）　李跃平　黄保东

集团公司党委副书记、纪委书记：陈永录

集团公司党委常委、总会计师：孙　璀

中国水利水电建设股份有限公司领导班子

股份公司董事长、党委书记：范集湘（法定代表人）

股份公司董事、总经理、党委副书记：孙洪水

股份公司党委副书记、纪委书记、监事会主席：陈永录（2012年12月28日不再担任此职务，中电建党〔2012〕271号文）

股份公司党委常委、副总经理：宗敦峰　曾兴亮　杨　忠　刘明江

股份公司党委常委、总会计师：丁永泉

股份公司党委副书记、纪委书记：孙宝田（2012年12月28日任职，中电建党〔2012〕271号文）

中国水利水电建设集团公司组织机构图（截至2012年底）

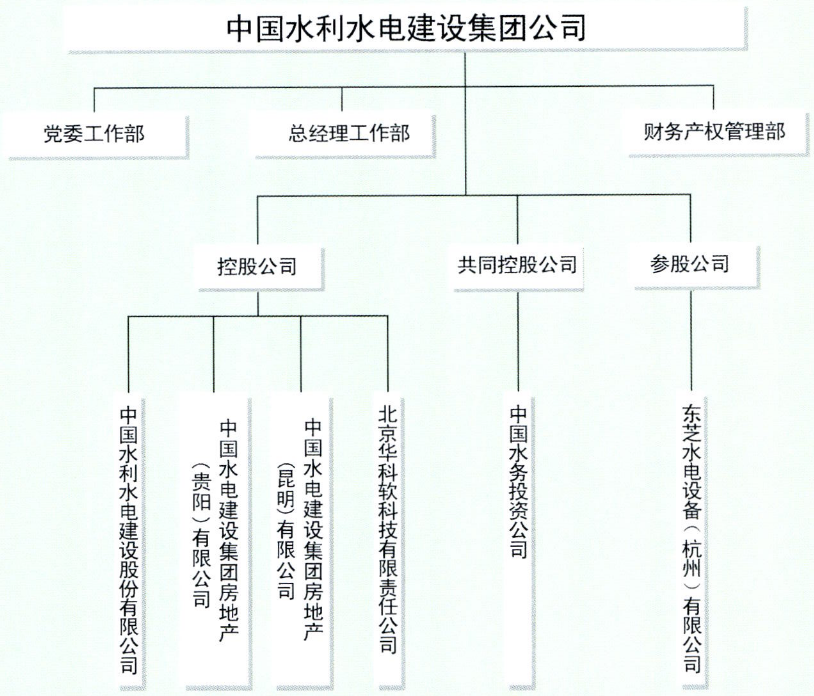

中国水利水电建设股份有限公司组织机构图（截至2012年底）

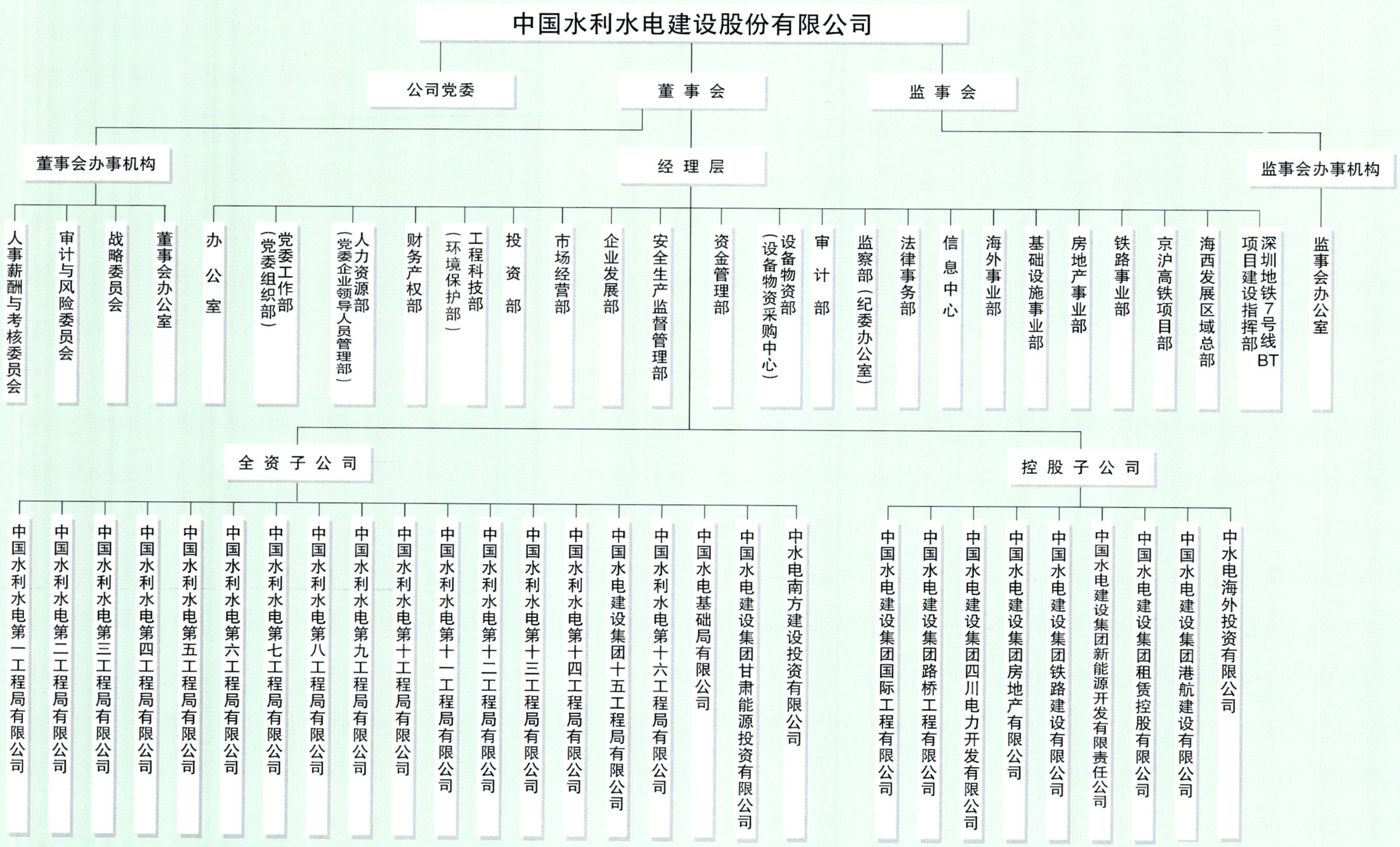

（人力资源部）

中国水利水电建设集团公司业务发展示意图
（2002～2012 年）

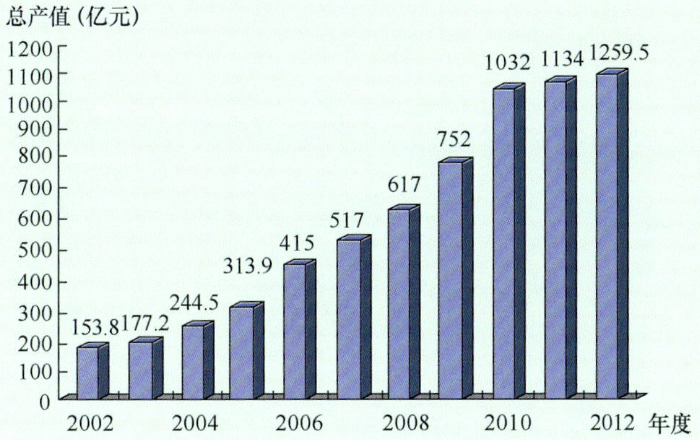

图 1　集团公司经营业绩成长图示

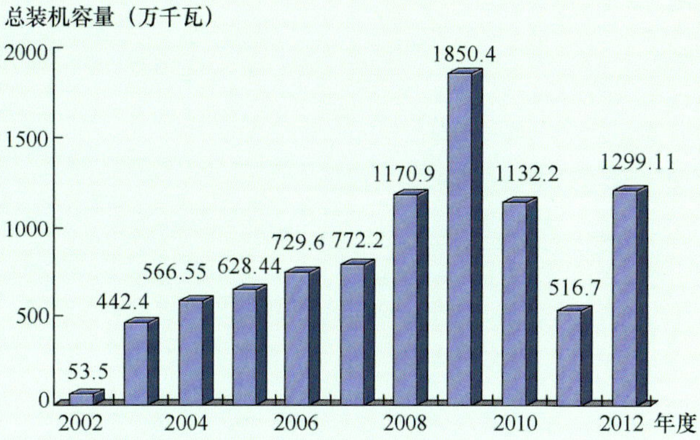

图 2　集团公司大中型机组安装业绩图示

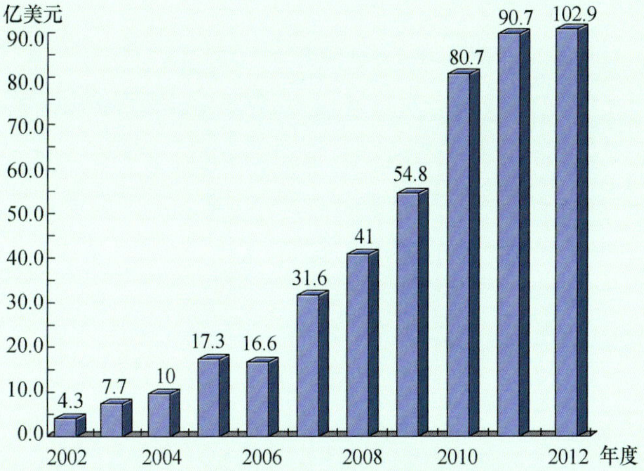

图 3　集团公司国际经营签约额图示

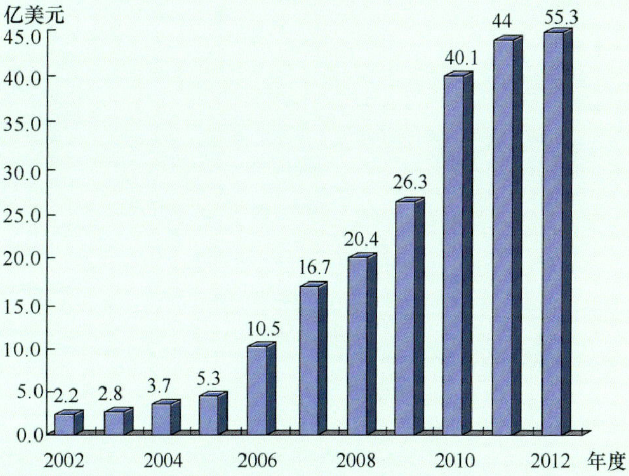

图 4　集团公司国际经营实现营业额图示

中国水利水电建设集团公司国际经营营业额排名
（2002～2012 年）

	2002 年	2003 年	2004 年	2005 年	2006 年	2007 年	2008 年	2009 年	2010 年	2011 年	2012 年
国际排名	89	81	81	68	51	50	56	41	24	23	20
国内排名	13	11	8	6	4	4	5	5	3	3	2

注　国际排名是指全球最大 225 家国际承包商排名名次。国内排名是指我国对外承包工程业务营业额前 50 名排名名次。

（市场经营部　海外事业部）

中国水利水电建设集团公司 2012 年产业（营业收入）结构图

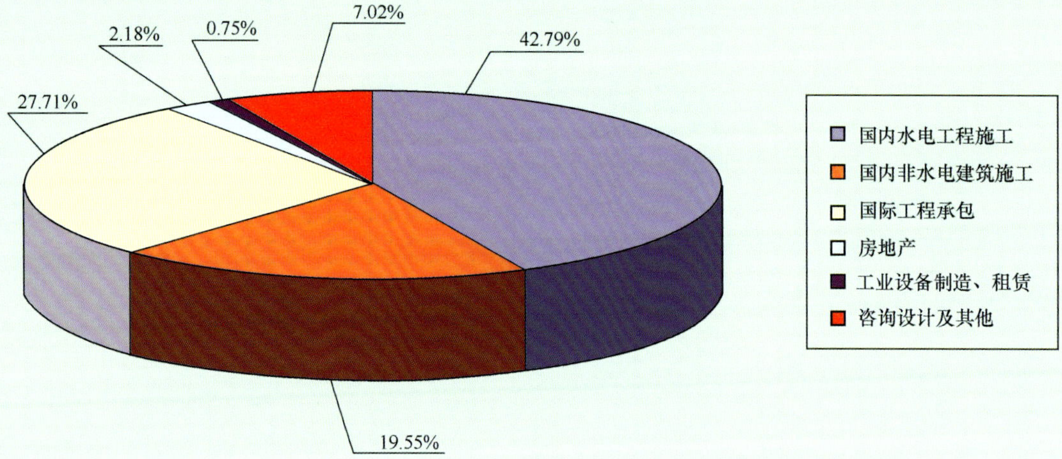

（市场经营部）

第四篇　大　事　记

Chapter Ⅳ Memorabilia

大 事 记

2012 年

一月

1 月 10 日，中国电建集团董事长、股份公司董事长范集湘在股份公司总部会见了来访的刚果（金）总统顾问、中刚合作跟踪协调办公室执行秘书穆易斯先生一行。中国电建集团副总经理黄保东等陪同参加会见。

1 月 11 日，股份公司在京召开干部大会，宣布公司领导班子调整决定。中国电建集团董事长，股份公司董事长、党委书记范集湘出席会议并讲话；中国电建集团党委书记晏志勇主持会议；中国电建集团总经理马宗林宣读人事任免决定。根据国务院国资委党委《关于同意中国水利水电建设股份有限公司领导班子人选的函》意见，经集团公司党政联席会议研究，决定：范集湘同志任股份公司党委书记（兼）；孙洪水同志任党委副书记（兼）；陈永录同志任党委副书记、纪委书记（兼）；宗敦峰、曾兴亮、杨忠、刘明江、丁永泉同志任党委常委；根据国务院国资委党委意见及中国电建集团推荐，经股份公司第一届董事会二十六次会议审议同意，公司董事会聘任：孙洪水为总经理；宗敦峰、曾兴亮、杨忠、刘明江为副总经理；丁永泉为总会计师。

1 月 13～15 日，中共中央组织部部长李源潮访问苏丹，股份公司董事长范集湘随团访问。13 日，李源潮出席了由中国民间组织国际交流促进会发起、股份公司捐建的中国南苏丹友谊学校供水系统及学习用具移交仪式。

1 月 17 日，赤道几内亚总统奥比昂来到吉布洛水电站工地，听取了电站发电及运行情况介绍，视察了大坝、发电厂房、水轮发电机和中控室，对电站运营表示满意。

同日，股份公司工会主席王宗敏在水电二局有限公司总经理刘国栋、工会主席景立山等陪同下看望慰问全国劳动模范陈秀娣。

1 月，商务部公布 2011 年我国对外承包工程业务前 50 家企业排行榜，股份公司以新签国外项目合同金额 77.28 亿美元的业绩位列新签合同金额前 50 家企业排行榜第二位，以完成国外项目营业额 43.99 亿美元的业绩位列完成营业额前 50 家企业排行榜的第三位，新签合同金额与完成营业额均保持了 2010 年同样位置。据商务部统计，2011 年我国对外承包工程业务新签合同金额同比增长 5.9%，完成营业额同比增长 12.2%，而股份公司分别同比增长 12.41% 及 10%。

二月

2 月 2 日，肯尼亚西部尼亚萨省基苏木市境内高速公路 0505 标段处，水电十三局有限公司承建的基苏木公路项目开工典礼在此举行。肯尼亚总统齐贝吉出席开工典礼。

2 月 6 日，委内瑞拉电力部部长埃克多·那瓦罗、国家电力公司总裁阿尔戈尼斯·查韦斯一行考察了股份公司承建的委内瑞拉新中心电厂项目，对工程建设表示满意。

同日，股份公司总经理孙洪水在公司总部会见了应中国经济社会理事会邀请访华的美国非洲企业理事会总裁兼首席执行官斯蒂芬·海斯先生率领的美国在非投资企业代表团一行。

2 月 10 日，辽宁省省长陈政高，副省长邴志刚到水电六局有限公司承担施工任务的葫芦岛青山水库项目部调研。

同日，中国能源化学工会主席秦鲁隼一行三人受全总委托，专程到集团公司总部，慰问 29 名在苏丹遭劫持的公司员工和其他回国员工，并送来慰问金。中国电建集团党委书记晏志勇，党委副书记陈永录，工会主席王宗敏等参加会见。

同日，交通运输部副部长翁孟勇到水电八局有限公司承建的湘江长沙综合枢纽工程考察调研。湖南省省长徐守盛，长沙市市长张剑飞等陪同，翁孟勇对工程建设者们的成绩给予充分肯定。

2 月 12 日，苏丹共和国总统奥马尔·哈桑·艾哈迈德·巴希尔在总统顾问及电力大坝部长奥萨玛、苏丹卡萨拉州州长、加达里夫州州长等政府官员陪同下，视察了股份公司承建的上阿特巴拉水利工程。

巴希尔对水电五局有限公司承建该水利工程的形象进度表示满意，并表示要给工程建设提供资金、安全等方面的保证。

2月15日，中国电建集团副总经理黄保东在股份公司总部会见了来访的莫桑比克部长代表团。代表团主要成员为财政部长曼努埃尔·郑、计划发展部长艾乌巴·奎雷内亚、农业部长若泽·孔杜古阿、能源部长萨尔瓦多·南布雷特等人。股份公司副总经理曾兴亮等陪同会见。

2月18日，股份公司2012年工作会议暨一届三次职工代表大会在京召开。股份公司董事长、党委书记范集湘作重要讲话；总经理孙洪水作了题为《奋力开拓市场，提升经营质量，确保股份公司实现平稳较快发展》的工作报告；党委副书记陈永录主持会议并作总结；职工董事王宗敏作了题为《全心全意依靠工人阶级，面对面，心贴心，实打实服务职工在基层》的讲话。独立董事石成梁、周保志、刘新兰、韩方明，副总经理宗敦峰、曾兴亮、杨忠、刘明江，总会计师丁永泉，顾问付元初，总部部门副主任以上人员，各子公司、控股公司、参股公司党政主要负责人，职工代表共计200多人在主会场参加会议。

2月28日～3月1日，中国电建集团总经理马宗林在股份公司副总经理杨忠陪同下到四川公司、水电七局有限公司等单位调研。

2月29日，股份公司在老挝投资建设的南俄5水电站成功下闸蓄水。庆祝仪式在施工现场隆重举行，老挝国家副总理宋沙瓦·凌沙瓦，中国驻老挝经济商务参赞赵文宇，老挝国家电力公司总经理西萨瓦·提拉翁，中国电建集团副总经理黄保东等出席仪式并致辞，老挝各部政府官员及相关参建单位200余名代表参加了仪式。

三月

3月2日，马里共和民主联盟领袖、创始人苏玛依拉·西塞率领马里代表团访问股份公司总部，副总经理曾兴亮会见了西塞阁下一行并进行了友好会谈。

3月6～8日，股份公司董事长范集湘赴马来西亚进行考察并出席马丰盛港填海项目签约仪式。副总经理曾兴亮，港航公司总经理赵景涛、水电十三局有限公司党委书记于晓等陪同考察。8日，中国水电（马来西亚）公司与业主子公司海星海洋公司在马来西亚柔佛州首府新山签订设计施工总承包协议，合同金额约90.12亿元。

3月12～15日，股份公司董事长范集湘随水利部部长陈雷率领的中国政府代表团参加了在法国马赛举行的第六届世界水论坛暨世界水展。

3月14日，毛里塔尼亚总统穆罕默德·乌尔德·阿卜杜勒·阿齐兹在毛塔国家工业与矿业公司总裁等陪同下，先后对股份公司承建的努瓦迪布矿石新港项目和石油码头更新项目施工现场进行视察。

同日，中国电建集团、股份公司在水电八局有限公司长沙总部召开干部大会，宣布水电八局有限公司新一届领导班子成员组成。经中国电建集团推荐，并征得湖南省委组织部同意，股份公司决定，聘任朱素华为水电八局有限公司执行董事、法定代表人、总经理；黄敏、张汉龙、曹跃生、姜清华、戴科夫、刘光华、杨刚、刘中刚、杨一心为副总经理，朱国强为监事，涂怀健为总工程师，戴科夫为总经济师（兼），冯正文为总会计师；中国电建集团党委决定，任命黄敏为党委书记，朱素华为党委副书记（兼），朱国强为党委副书记、纪委书记，肖华民为工会主席。

3月15日，中国电建集团及股份公司在昆明召开水电十四局有限公司干部大会，对公司班子作换届调整。换届调整后，洪坤为总经理，王曙平任党委书记。

3月16日，水电三局有限公司党政领导班子调整宣布大会召开。新一届党政领导班子由13人组成：张育林任执行董事、总经理兼党委副书记，刘美华任党委书记兼副总经理，焦继轩、张雅兴、胡海涛、张波、李炳汉、李刚任副总经理，刘玉建任总会计师、王鹏禹任总工程师、沈宏伟任总经济师，单勇锋任监事、党委副书记、纪委书记，吴家明任工会主席。

3月18日，水电五局有限公司召开干部大会，宣布主要领导任免决定：刘光同志为党委书记。

3月20日，中国电建集团、股份公司在四川公司总部召开干部大会，宣布调整四川公司党委书记、董事、董事长（法定代表人）职务任免决定：任命林修建为四川公司党委书记，推荐林修建为四川公司董事、董事长（法定代表人）。

同日，缅甸莱比塘铜矿项目举行奠基仪式。股份公司副总经理曾兴亮、中国驻缅甸大使李军华，中国兵器工业集团党组书记尹家绪，中国北方工业公司党委书记植玉林，缅甸实皆省首席部长吴达埃、缅甸经济控股公司主席钦佐乌中将、缅甸西北军区司令苏伦少将及水电十局有限公司党委书记何其刚、水电三局有限公司副总经理胡海涛出席仪式。

3月21日，铁道部副部长卢春房一行在上海铁路局及工程建设、监理、设计等单位领导陪同下，到水电四局有限公司施工的宁杭客专Ⅱ标段，检查工程进展情况。

3月22日，湖南省省长徐守盛到水电八局有限公司承建的湘江长沙综合枢纽左汉泄水闸及电站厂房二期工程检查指导工作，长沙市委书记陈润儿及省直单位相关领导陪同视察，枢纽公司董事长潘胜强、水电八局有限公司副总经理张汉龙及项目部领导汇报工作。

3月23日，民政部部长李立国一行在福建平潭县幸福洋一期吹填造地工程指挥部常务副指挥林维德等陪同下考察了股份公司承建的平潭幸福洋一期吹填造地工程。

3月24日，水电十六局有限公司和水电九局有限公司组成的福贵联营体承建的贵州乌江沙沱水电站大坝土建工程3号坝段四级配碾压混凝土区成功取出直径200毫米、长18.54米的芯样，经工程业主、监理、设计和施工等单位和沿河县公证处现场鉴定确认，该芯样表面光滑、致密，骨料分布均匀、胶结优良，其整长18.54米，为国内是时四级配碾压混凝土大坝取芯最长纪录。

3月28日，股份公司与委内瑞拉国家石油公司正式签约巴里纳斯州重油电站项目，该项目为EPC总承包合同，合同金额约2.99亿美元。项目位于委内瑞拉巴里纳斯州，分为三期开发建设。

同日，水电十三局有限公司签订安徽省青弋江分洪道工程代建合同，合同金额13.17亿元。

3月29日，股份公司控股开发的四川大渡河安谷水电站正式开工。开工仪式在四川乐山市罗汉镇大渡河项目施工现场举行。四川省副省长陈文华，中国电建集团董事长范集湘、副总经理王彤宙，股份公司副总经理杨忠、刘明江，乐山市委书记唐坚、市长蒋辅义，四川公司董事长林修建、总经理荣其富等出席仪式，国家环保部、四川省政府有关部门的领导，股东单位、业主、设计、施工、监理单位领导和代表共800余人参加仪式。

3月31日，中国电建集团董事长范集湘在公司总部会见了郑州市市长马懿一行，双方就郑州城市建设合作事宜进行友好会谈。副总经理袁柏松，郑州市副市长张建慧参加会见。

同日，股份公司国际公司召开干部大会，宣布任免决定。经中国电建集团推荐，股份公司决定，聘任章运礼为海外事业部总经理、国际公司董事长、党委书记、暂兼国际公司总经理；梁军、熊立新为海外事业部副总经理、国际公司副总经理。

同日，四川雅砻江官地水电站首台60万千瓦机组并网发电。四川省总工会主席李登菊讲话，国家开发投资公司董事长王会生宣布投产发电令。中国电建集团副总经理王彤宙，股份公司副总经理杨忠，水电七局有限公司党委书记文加海等出席庆典仪式。股份公司水电四局、水电六局、水电八局、水电十一局、水电十二局有限公司等子公司参加了工程建设。

四月

4月1日，国务院南水北调工程建设委员会办公室主任鄂竟平一行到南水北调中线焦作1段Ⅰ标项目调研。焦作市委、市政府等相关单位及水电五局有限公司党委副书记高宗文等陪同。

同日，国务院玉树灾后恢复重建协调小组副组长、国家发展改革委副主任穆虹，在青海省副省长张光荣，集团公司玉树灾后重建现场指挥部常务副指挥长席浩等陪同下，到集团公司玉树灾后重建项目调研。

4月4日，安哥拉总统多斯桑多斯在省长陪同下，为股份公司承建的鲁娜和平广场和军区大楼剪彩。

4月5日，水电七局有限公司中标金沙江白鹤滩水电站左岸导流隧洞工程，合同金额17.07亿元。

4月10～13日，中国电建集团董事长范集湘赴赞比亚项目工地考察，期间听取集团公司在赞企业和项目部工作汇报。

4月12～18日，中国电建集团总经理马宗林赴马来西亚考察并出席马来西亚丰盛港填海项目开工仪式。股份公司副总经理宗敦峰、港航公司总经理于晓、水电七局有限公司党委书记文加海、水电八局有限公司党委书记黄敏、水电十三局有限公司党委书记赵景涛及中国水电（马）公司总经理车伟力、党委书记侯晓暾等陪同。

4月12日，路桥公司中层干部大会在京召开，宣布任免决定。经中国电建集团推荐，股份公司决定，任命汤明为股份公司基础设施事业部总经理，推荐汤明为路桥公司董事长、法定代表人人选；任命郑久存为股份公司基础设施事业部常务副总经理及党委书记，推荐郑久存为路桥公司董事、总经理人选。

4月12日，水电十二局有限公司中标浙江温州瓯飞工程专供料场施工1标合同，总金额约15.14亿元。

4月13日，加纳共和国副总统约翰·德拉马尼·马哈马阁下率领加纳政府高级代表团访问股份公司总部，总经理孙洪水会见了加纳代表团一行。

4月14～15日，青海省省长骆惠宁在副省长、省玉树地震灾后重建现场指挥部指挥长张光荣及青海省、玉树州相关部门负责人陪同下，到集团公司玉树项目工地检查指导重建工作。集团公司玉树重建现场指挥部指挥长王维斌、副指挥长席浩，水电四局有限公司副总经理高建民，指挥部各部门、各工区负责人陪同检查。

4月16日，股份公司国际工程有限公司召开干部大会，宣布国际公司新一届领导班子成员组成。经中国电建集团推荐，股份公司决定，聘任章运礼为海外事业部总经理、国际公司董事长、党委书记；聘宋东升为海外事业部常务副总经理（兼），季晓勇（兼）、车伟力、盛玉明、杜楠、沈德才、沈国华（财务总监）、梁军、刘风秋（总工程师）、熊立新、孙彦华、贠亮、田海华、侯晓暾为海外事业部副总经理、三总师。聘章运礼、宋东升为股份公司总经理助理，季晓勇为股份公司副总工程师。推荐宋东升为国际公司总经理（兼）人选，季晓勇（兼）、盛玉明、杜楠、沈德才、沈国华（总会计师）、梁军、刘风秋（总工程师）、熊立新、孙彦华、贠亮、田海华、侯晓暾为国际公司副总经理、三总师人选。宋东升任国际公司党委副书记（兼）。

4月17日，租赁公司干部大会在北京本部召开，宣布新一届领导班子成员组成：任命张斌为租赁公司党委书记；吕瑞翔、钱庆云为党委副书记（兼）。推荐吕瑞翔为租赁公司董事、董事长（法定代表人）人选；推荐林玉杰为副董事长人选、钱庆云为总经理人选；推荐张斌（兼）、姚国良（总会计师）、蔡启光（总工程师）、楼祥忠为副总经理、三总师人选。

同日，新能源公司召开干部大会，宣布了新一届班子任命决定。经中国电建集团推荐、股份公司决定，吴洵同志任新能源公司执行董事（法定代表人）、总经理、临时党委副书记；李捷任临时党委副书记（主持工作）、副总经理；刘瑞杰任副总经理、临时纪委书记、工会主席；魏达、吴建伟任副总经理；沈沉任总会计师；刘平任总工程师。

4月19日，泰国总理英拉·西那瓦在钓鱼台国宾馆会见了中国电建集团董事长范集湘。泰国外交部长素拉蓬、科技部长普巴硕，中国电建集团副总经理黄保东等陪同会见。

4月19～21日，股份公司副总经理曾兴亮陪同中国进出口银行监事会主席丁仲篪率领的中国进出口银行代表团，对厄瓜多尔辛克雷水电站项目进行贷后检查。

4月23日，中国电建集团董事长范集湘在公司总部会见了青海省副省长、玉树地震灾后重建现场指挥部指挥长张光荣一行，双方就玉树灾后重建合作事宜进行交谈。副总经理王彤宙，玉树州委书记旦科等参加会见。

4月23～24日，股份公司副总经理曾兴亮赴委内瑞拉访问、考察。访委期间，曾兴亮主持召开了委内瑞拉市场工作会议，拜会了中国驻委内瑞拉大使赵荣宪和经商参赞王勇。

4月24日，中国电建集团董事长范集湘会见了来访的北京市副市长丁向阳，双方进行了深入交谈。

同日，中国电建集团、股份公司任命贺鹏程为水电五局有限公司执行董事、总经理、党委副书记

4月25日，交通部部长李盛霖、副部长翁孟勇一行在重庆市副市长凌月明等陪同下，到水电八局有限公司承建的草街航电枢纽工程检查指导工作。

4月27日，成都市人民政府与电建集团在成都洲际国际饭店签订战略合作协议。成都市委书记黄新初、常务副市长孙平，中国电建集团董事长范集湘、总经理马宗林，成都市委市政府等领导出席签字仪式。

同日，股份公司总经理孙洪水在总部会见了深圳市政府副秘书长赵鹏林一行，双方针对未来发展战略问题进行洽谈。副总经理宗敦峰、杨忠等参加会见。

4月30日，股份公司董事长范集湘在总部会见了委内瑞拉石油矿业部部长拉米雷斯一行，双方就委内瑞拉项目合作事宜进行会谈，会后双方签订了委内瑞拉卡拉波波石油工业园项目框架协议。委内瑞拉驻华大使马内罗、委内瑞拉石油公司副总裁查韦斯等相关人员；股份公司副总经理曾兴亮等参加会谈和签约仪式。

五月

5月8日，大渡河枕头坝一级、沙坪二级水电站开工典礼举行。四川省副省长王宁、中国国电集团公司副总经理高嵩共同启动开工按钮。中国电建集团副总经理王彤宙、股份公司副总经理宗敦峰，水电三局有限公司总经理张育林等出席开工典礼。

5月9日，财政部副部长李勇一行在中国驻安哥拉大使馆经商处参赞夏晓玲陪同下考察了股份公司承建的罗安达基地。股份公司副总经理曾兴亮陪同考察。

5月10日，中国电建集团董事长范集湘应邀访问美国通用电气集团总部。在美期间，范集湘先后与通用电气集团董事长兼CEO杰夫·伊梅尔特、副总裁兼能源总裁约翰·克劳尼奇等人会谈并签署通

用电气集团和中国电建集团战略合作备忘录。中国电建集团副总经理黄保东等陪同参加会见和签字仪式。

同日，中国电建集团总经理马宗林、副总经理李跃平，中国水电工程顾问集团公司副总经理曹春江一行在昆明拜会了云南省副省长孔垂柱，并就深入贯彻云南省委省政府“央企入滇”战略，推进中国电建集团参与云南桥头堡建设进行座谈。翌日，马宗林、李跃平一行在参加国务院国资委与云南省政府在昆明举行合作备忘录签署暨央企入滇活动之后，到水电十四局有限公司考察调研、指导工作。

5月11日，水电十三局有限公司承建的安徽省青弋江分洪道工程开工仪式在芜湖市漳河三埠管施工现场举行。水利部部长陈雷、安徽省省长李斌出席开工仪式并讲话。中国电建集团党委书记晏志勇出席仪式。

5月13～16日，中国电建集团董事长范集湘一行赴厄瓜多尔辛克雷项目检查指导工作。范集湘分别拜会了厄瓜多尔副总统莫雷诺、战略协调部部长格拉斯、电力部部长阿尔布诺兹和辛克雷项目业主总经理卢西亚诺，就辛克雷项目进展情况和下一步在厄瓜多尔的战略合作进行了深入交流；范集湘还在中国水电工程顾问集团公司副总经理黄河、水电十四局有限公司总经理兼项目主任洪坤、水电十局有限公司总经理杜学泽陪同下，考察了辛克雷项目大坝枢纽等施工区，听取现场施工汇报，并向一线员工表示亲切慰问。中国电建集团副总经理黄保东、股份公司总经理助理夏进、宋东升陪同。

5月15日，水电七局有限公司中标金沙江乌东德水电站下白滩砂石系统和左岸混凝土生产系统工程建设及生产供应合同，合同金额12.64亿元。

5月16日，刚果（金）宗戈2水电站在工地隆重举行开工典礼。刚果（金）约瑟夫·卡比拉总统、总理、议长及刚方重建部、水电部、中刚合作项目跟踪协调办、下刚果省政府、重大办、军方、警察局等方面要员集体出席开工典礼。中国驻刚果（金）大使王英武、股份公司国际公司业务二部总经理汪安全、水电一局有限公司副总经理黄中鑫、李志刚等和刚果（金）区域项目经理部全体员工共3500多人参加仪式。

同日，2012年金沙江流域水电工程劳动竞赛表彰大会在向家坝工地隆重举行。大会对2011年度在金沙江流域溪洛渡、向家坝两大工程中涌现出的先进个人、先进集体、先进单位进行表彰。会上共颁发66个奖项，股份公司共获得32项荣誉。

5月17日，由股份公司承建的刚果（布）凯塔公路项目举行开工典礼。刚果（布）总统萨苏率领公共工程部部长等政府及当地官员出席，中国驻刚果（布）参赞、水电十三局副总经理徐德阳出席开工仪式。

同日，水电十局有限公司承建的哈萨克斯坦共和国玛依纳水电站2号机组成功并网发电。至此，该电站单机容量15万千瓦的两台机组已全部并网发电。

5月18日，路桥公司召开干部大会，宣布公司新一届领导班子成员组成：经中国电建集团推荐，股份公司决定，聘任周孝武、李介立、张宜松、付少鹏、刘延超、党卫（财务总监）、张增伟、王维、成子桥（总工程师）为基础设施事业部副总经理、三总师。推荐周孝武、李介立、张宜松、付少鹏、党卫（总会计师）、张增伟、王维、成子桥（总工程师）为路桥公司副总经理、三总师人选。同时，中国电建集团决定汤明任路桥公司党委副书记，刘延超任党委副书记、纪委书记、工会主席。

5月22日，科威特大学商学院和女子学院项目正式签约，股份公司与项目业主科威特大学联合举办了合同签约仪式。中国电建集团海外事业部副总经理、股份公司海湾区域总部总经理吴文豪参加签约仪式并签署项目合同文件。科威特大学商学院和女子学院项目由股份公司与科威特本地公司阿拉哈娜建设商贸公司组成联营体投标，并于2012年2月收到科威特招标委员会发出的中标函，中标价为1.436亿科威特第纳尔（约合5.2亿美元）。

5月26日，哈萨克斯坦总统纳扎尔巴耶夫在副总理和阿拉木图州长、萨姆鲁克能源总裁等陪同下，抵达股份公司承建的玛依纳水电站视察，并出席了第二台发电机组投产仪式。玛依纳水电站由中国电建集团所属成都勘测设计研究院与中国水利电力对外公司、中国地质工程集团公司联合进行EPC总承包，水电十局有限公司承建。

5月28日，股份公司董事长范集湘在北京北辰洲际酒店拜会了来华访问的肯尼亚副总统卡隆左·穆西约卡一行。

同日，股份公司总经理孙洪水在北京北辰洲际酒店拜会了来华访问的津巴布韦总理摩根·茨万吉拉伊一行。

5月31日，股份公司承建的泰国乔比雅水电站项目竣工及移交泰国皇室仪式在施工现场举行，股份公司副总经理曾兴亮、中国驻泰国大使管木、使馆经商处参赞高文宽等应邀出席。泰国诗琳通公主作为泰国王御代表出席仪式并接收敬献。

同日，股份公司接到深圳市地铁集团有限公司中标通知书，中标深圳市城市轨道交通 7 号线 BT 项目，其中，轨道交通部分中标价为 168.53 亿元，物业开发部分依据招标文件内容另行确定价格，计划工期 53 个月。

5 月，水电十四局有限公司承建的南方电网调峰调频公司广州抽水蓄能电站摘得第十届（2011 年度）土木工程詹天佑奖，同时获得詹天佑创新集体奖。

六月

6 月 2 日，股份公司总经理孙洪水在厦门拜会了塔吉克斯坦共和国总统埃莫马利·拉赫蒙，就塔吉克斯坦水电资源开发等有关事宜进行会谈。

6 月 5 日，水电九局有限公司中标贵州玛利亚国际医院项目，合同金额 12 亿元。

6 月 6 日，由水电七局有限公司、水电十四局有限公司、基础局有限公司承建的泸定水电站最后一台机组（1 号机）投产发电，至此装机 4 台、总装机容量 92 万千瓦的泸定水电站全部实现发电目标。

6 月 8 日，股份公司与斯里兰卡莫罗嘎哈堪达大坝项目施工合同签约仪式在斯里兰卡首都科伦坡举行。股份公司副总经理曾兴亮、中国驻斯里兰卡大使馆临时代办任发强、斯里兰卡灌溉与水资源部部长尼马尔·斯瑞帕拉·迪·希瓦、健康部部长麦斯·瑞帕拉·斯瑞希纳、中国国家开发银行代表邱晓宇等出席见证。

同日，深圳抽水蓄能电站主体工程施工合同签订仪式在深圳五洲宾馆举行，股份公司承担主体施工任务——水电六局有限公司、水电八局有限公司、水电十四局有限公司将承担该项目上水库大坝土建工程、水道及厂房系统土建工程等施工任务。

6 月 10～12 日，股份公司董事长范集湘对老挝市场进行考察，分别拜会了老挝国家主席朱马利·赛雅颂和总理通辛·坦马冯。股份公司副总经理刘明江，国际公司副总经理杜楠、沈德才，水电十局有限公司总经理杜学泽和水电十五局有限公司总经理梁向峰等陪同考察。

6 月 10 日，中共中央政治局常委、中央纪委书记贺国强赴老挝访问期间，和老挝国家副主席本扬·沃拉吉共同见证股份公司与老挝签署南欧江流域梯级水电站项目（一期）特许经营协议和购电协议仪式。股份公司董事长范集湘出席签约仪式，副总经理刘明江与老挝计划投资部副部长本塔维·西苏盘通在特许经营协议上签字，并与老挝国家电力公司总经理希萨瓦·提拉翁在购电协议上签字。

同日，2012 中国·青海绿色经济投资贸易洽谈会开幕。中国电建集团副总经理王彤宙，股份公司副总经理宗敦峰出席青洽会开幕式并参加有关活动。

6 月 11 日，国务院国资委副主任姜志刚带领国资委相关厅局负责人，在青海省玉树地震灾后重建现场指挥部指挥长张光荣等省、州有关领导和电建集团副总经理王彤宙、中国建筑副总裁王祥明、中国中铁副总裁马力、中国铁建副总裁刘汝臣陪同下，赴青海玉树检查指导灾后重建工作并看望慰问援建央企干部职工。

6 月 15 日，全国政协主席贾庆林在福建省委书记孙春兰、省长苏树林等陪同下考察了股份公司承建的平潭幸福洋一期吹填造地工程项目建设。

6 月 16 日，受股份公司委托，水电十四局有限公司党委书记王曙平、副总经理杨毅平，在昆明拜会了来中国访问的斯里兰卡议长恰马尔·拉贾帕克萨及灌溉与水资源部部长尼马尔·斯瑞帕拉·迪·希瓦一行，双方就建好斯里兰卡莫罗嘎哈堪达大坝，进一步扩大合作进行交谈，表达了良好愿望。

6 月 19 日，江西省省长鹿心社考察水电十二局有限公司承建的江西峡江水利枢纽工程主体土建Ⅱ标段施工现场，亲切慰问了一线参建员工。

6 月 21 日，水电十四局有限公司承担施工的功果桥水电站最后一台机组（1 号机）提前 9 天投产发电。至此，该电站 4 台机组全部投产。

6 月 25 日，浙江省省长夏宝龙考察水电十二局有限公司承建的红船豆水利枢纽工程，充分肯定了工程建设取得的成绩。

6 月 26 日，深圳城市轨道交通三期 7～11 号线 BT 项目等一系列合同举行集中签约仪式，深圳市副市长唐杰、股份公司总经理孙洪水、深圳市地铁集团董事长林茂德出席签约仪式并分别致辞。股份公司副总经理杨忠，铁路公司总经理范富国、党委书记耿金富陪同出席。

6 月 28 日，水电八局有限公司第一届“砂石节”启动庆典在向家坝水电站建设工地举行。中国电建集团副总经理姚强、中国长江三峡集团公司向家坝工程建设部主任彭冈出席庆典并致辞。

七月

7 月 1 日，股份公司在京召开中水电海外投资有限公司成立大会。中国电建集团董事长范集湘出席会议并讲话。范集湘与海外投资公司董事长、临时党委书记盛玉明揭牌。中国电建集团党委副书记陈永录主持会议，股份公司副总经理刘明江宣读海外投资公司领导人员任职文件，股份公司总经理助理王禹宣读海外投资公司成立文件。中国电建集团党委根据工作需要，经研究决定：盛玉明任中水电海外投资有限公司临时党委书记，沈德才任临时党委副书记（兼），曹跃生任临时纪委书记，李铮任工会负责人；股份公司根据工作需要，经研究决定：推荐盛玉明为中水电海外投资有限公司董事长人选，沈德才为总经理人选，曹跃生（兼）、俞祥荣、张雅兴、李铮（总会计师）、张国来（总工程师）为副总经理、三总师人选。

7月11日，基础局有限公司召开干部大会，宣布公司新一届领导班子成员组成——赵存厚任执行董事、总经理、党委副书记，韩伟任党委书记、副总经理，袁国俊任党委副书记、纪委书记、工会主席。聘任田学良、黄炳福、刘建发、徐方才、彭善民为副总经理，黄炳福兼任总经济师，肖恩尚为总工程师、雷土祥为总会计师。

7月14日，水电七局有限公司承建的巴基斯坦汗华水电站举行竣工典礼。巴基斯坦总理阿什拉夫，水电部部长、水电开发署主席等，国际公司副总经理负亮、水电七局副总经理辛宗懿等出席典礼。

7月17～18日，股份公司总经理孙洪水在股份公司总经理助理、国际公司董事长章运礼陪同下到公司卡塔尔海湾区域业务总部及在建项目群考察。

7月18日，股份公司董事长范集湘在北京莱佛士酒店拜会了来华访问的肯尼亚总理拉伊拉·奥廷加一行。股份公司总经理助理宋东升，国际公司副总经理梁军，水电十三局有限公司副总经理秦超等一同参加会见。

7月23日，水电九局有限公司与河南江海集团签订利比里亚罗法河河道采沙工程合作协议，合同金额17.58亿元。

7月25日，中国电建集团董事长范集湘陪同国务院国资委副主任姜志刚会见波兰国家交通运输、建设和海洋经济部部长斯拉夫沃米尔·诺瓦克，股份公司总经理助理宋东升陪同。

7月28日，股份公司甘肃能源公司在兰州召开干部大会，宣布中国电建集团、股份公司关于成立甘肃能源公司临时党委、纪委的决定和领导班子任职的决定。根据中国电建集团、股份公司文件精神，同意成立中共甘肃能源投资有限公司临时委员会、临时纪律检查委员会，马邦凯任临时党委书记，张维荣任临时党委副书记（兼），梁小成任临时党委副书记、临时纪委书记，推荐梁小成为工会主席候选人。决定聘任马邦凯（兼）、刘玉柱、杨晓强、张奋来、赵明星、周澎为副总经理，樊荣钊为总会计师。

八月

8月9日，股份公司董事长范集湘到苏丹检查指导工作。期间，先后拜会了苏丹电力大坝部部长奥萨玛、中国驻苏丹大使罗小光。

8月14日，国务院南水北调工程建设委员会办公室主任鄂竟平先后到水电十局有限公司南水北调镇平三标、南阳段二标，水电十三局有限公司南阳一标调研工程建设情况，河南省政府、国调办下属司局等陪同调研。

8月24日，《美国新闻实录》（ENR）最大225家全球工程承包商、国际工程承包商两榜单新鲜出炉。股份公司凭借2011年总营业额和海外营业额，分列两榜单第14位和第23位；同时，在上榜的中国企业中，分列第6和第3位。

8月29日，赞比亚交通部长克里斯·亚路玛在该国西部省省长、公路局局长等人陪同下，考察由水电五局有限公司承建的赞比亚芒古至塔博公路工程，并对路基施工质量给予充分肯定。

8月31日，刚果（金）总理奥古斯丁·马塔塔在刚果（金）交通部长朱斯坦·卡伦巴、民航局总经理及机场总调度陪同下，来到股份公司承建、水电二局有限公司负责施工的恩吉利机场项目视察。

8月，股份公司签约承建加蓬MCL公路工程项目，合同总金额2.36亿美元。加蓬国家促进投资、公共工程、运输、住宅、旅游及领土整治部部长马克罗阿·岗比亚和股份公司国际公司总经理宋东升分别代表双方在合同上签字。

九月

9月4日，股份公司在北京成功签署波黑尤乐高水电站项目EPC合同。波黑驻华大使阿梅尔·科瓦切维奇阁下，股份公司董事长范集湘，塞尔维亚能源融资公司总裁沃克·哈莫维奇先生，中国国家开发银行重庆市分行副行长肖明政，股份公司国际公司董事长章运礼等出席签约仪式。沃克·哈莫维奇和章运礼分别代表双方在合同书上签字。

9月5日，水电七局有限公司与夹江公司重组整合干部大会在夹江召开，股份公司总经理孙洪水，副总经理刘明江出席会议。经中国电建集团、股份公司决定：任命张桥为夹江有限公司执行董事、总经理、法定代表人，曾文为水电七局有限公司总经理助理、夹江有限公司党委书记、副总经理，吴渝为水电七局总经理助理、夹江有限公司常务副总经理、党委副书记，程胜华、王忠义为夹江有限公司副总经理，张克爱为党委副书记、纪委书记、工会主席。

9月6日，由股份公司所属的水电十四局有限公司和水电七局、八局、三局有限公司等施工的云南糯扎渡水电站首台机组正式投产发电。庆典仪式在电站地下厂房举行，云南省委书记秦光荣与中国华能集团公司总经理曹培玺讲话，并共同为糯扎渡水电厂揭牌；省长李纪恒致辞。全国政协常委、经济委员会副主任、国家能源委专家咨询委员会主任张国宝，省政协主席罗正富、常务副省长李江，省委秘书长曹建方，省人大常委常务副主任晏友琼，副省长刘会宴等出席仪式。

9月8日，水利部部长陈雷，青海省委书记强卫一行到水电四局有限公司考察调研，看望慰问广大干部职工，转达水利部、青海省委省政府的关心与问候，了解企业成长历程和当前改革发展状况。水利部副部长矫勇，总工程师汪洪；青海省委秘书长王小青，副省长邓本太；中国电建集团党委书记晏志勇陪同考察调研。

9月14日，股份公司承建的斐济南德瑞瓦图可再生能源项目举行竣工庆典仪式。斐济总理姆拜尼马拉马，斐济国家电力局主席尼热姆·丁，中国驻斐济大使黄勇、股份公司副总经理刘明江，国际公司副总经理侯晓暾，水电十局有限公司党委书记何其刚、副总经理胡湛军等出席仪式。

9月16日，赤道几内亚总理文森特·埃阿特·托米携部分政府官员视察了即将竣工移交的吉布洛水电站。水电六局有限公司副总经理兼吉布洛项目部经理刘宝向埃阿特总理介绍了电站建设情况。

9月17日，国务院副总理回良玉到水电十一局有限公司五分局承建的南水北调中线陶岔渠首枢纽工地考察，河南省委书记卢展工、省长郭庚茂、国务院南水北调工程建设委员会办公室主任鄂竟平、河南省副省长刘满仓、国务院南水北调工程建设委员会办公室副主任张野及河南省、南阳市等有关领导陪同考察。

9月26日，水电十五局有限公司成立60周年大会在陕西宾馆举行。陕西省委书记赵乐际、水利部部长陈雷、陕西省省长赵正永发了贺信。陕西省原省长程安东，省人大副主任黄玮等出席大会。陕西省副省长祝列克，股份公司总经理孙洪水出席大会并讲话。水电十五局有限公司董事长王增发致辞，总经理梁向峰主持会议。

9月27日，厄瓜多尔总统拉斐尔·科雷亚在国家电力部总经理陪同下，到厄瓜多尔TP水电站视察。拉斐尔·科雷亚听取了相关部门工作汇报，对中国企业在厄瓜多尔做出的贡献与成绩表示肯定。

9月30日，股份公司承建的委内瑞拉新中心电厂2号机组成功并网发电。

十月

10月10日，股份公司承建的赤道几内亚吉布洛水电站项目举行竣工典礼。赤道几内亚共和国总统、圣多美和普林西比总统、赤道几内亚能矿部部长等政府官员出席典礼仪式。中国驻赤道几内亚大使王世雄夫妇和各国驻赤道几内亚使节，股份公司国际公司董事长章运礼，国际公司副总经理杜楠，水电六局有限公司总经理厉建平、副总经理姜明庭、刘宝等出席庆典。

同日，股份公司所属多家子公司承建的向家坝水电站正式下闸蓄水。水电三局、四局、五局、七局、八局、十四局有限公司等子公司承建了项目绝大部分工程。

10月23日，深圳市轨道交通7号线开工典礼在市福田区安托山施工现场举行。深圳市委书记王荣出席仪式并宣布深圳市轨道交通7号线项目正式开工。市长许勤，常务副市长吕锐锋，市委秘书长李华楠，市政府秘书长高振怀，深圳地铁集团公司董事长林茂德，股份公司董事长范集湘，深圳地铁集团公司，股份公司所属水电一局、二局、四局、七局、八局、十一局、十三局、十四局、基础局有限公司等单位领导和职工参加了开工典礼。

10月，股份公司收到科威特中央投标委员会发来的授标函，正式中标科威特大学城5A&5B基础设施项目，中标金额折合约3.5亿美元。

十一月

11月3日，水电十三局有限公司在山东德州召开大会庆祝建局50周年。

11月5日，水电六局有限公司总部正式入驻辽宁省会沈阳市。

11月8～12日，在广州召开的第六届中国工程爆破协会科学技术奖颁奖大会上，60项爆破科研成果获奖。其中，股份公司共有5项技术成果分别获得中国工程爆破协会科学技术奖。分别是：水电十四局有限公司完成的“清远抽水蓄能电站地下工程精细爆破关键技术研究及应用”、水电三局有限公司联合中国长江三峡集团公司向家坝工程建设部等单位完成的“复杂环境下大体积混凝土精细爆破拆除关键技术”两项成果获一等奖；水电九局有限公司与贵阳院联合长江水利委员会长江科学院完成的“贵州华电塘寨电厂取水口平行双岩塞爆破技术”、水电六局有限公司完成的“水丰水电站溢流坝闸门启闭机工作桥控制爆破拆除技术”获二等奖；水电十一局有限公司联合长江委员会长江科学院完成的“石门坎水电站坝后门机栈桥矩形截面重载桥墩定向爆破技术拆除技术”获三等奖。

11月9日，莫桑比克共和国总统阿曼多·埃米利奥·格布扎在业主及相关政府官员陪同下，到股份公司承建的马辛吉尔辅助溢洪道工程施工现场视察。

11月15日，以水电八局有限公司为责任方的“八一六”联营体承建的云南金沙江鲁地拉水电站大坝工程，在9号坝段1189.53～1169.19米高程碾压混凝土区成功取出一根直径为200毫米、长20.34米的碾压混凝土芯样，该长度刷新了国内碾压混凝土取芯最长纪录。

11月16日，溪洛渡水电站最后一个导流洞（3号）成功下闸，标志着电站导流洞二期下闸工程顺利完成。股份公司所属水电四局、六局、七局、八局、十四局和基础局有限公司等单位，分别承担了左岸导流洞、泄洪洞、左右岸坝肩、大江截流、大坝、右岸9台机组安装、右岸地下电站、基础固结帷幕灌浆等工程任务。水电八局有限公司溪洛渡大坝施工局实施了下闸作业。

11月25日，水电八局有限公司承建的龙开口水电站成功实现下闸蓄水。

11月27～29日，股份公司总经理孙洪水赴老挝市场考察。中水电海外投资有限公司董事长盛玉明，水电十局有限公司总经理杜学泽陪同考察。期间，孙洪水拜会了老挝国家总理通辛·坦马冯。

11月30日，雅砻江锦屏一级水电站正式开始蓄水。水电七局有限公司承建了左岸导游洞开挖及回填；左岸坝肩开挖；大坝左岸1～13号坝段混凝土浇筑；大坝左岸帷幕灌浆及固结灌浆；大坝左岸1～13号坝段横缝接缝灌浆；水垫塘、二道坝开挖及混凝土浇筑任务。水电十四局有限公司承建了右岸地下厂房开挖及混凝土浇筑；引水发电系统进水塔开挖及混凝土浇筑，右岸地下厂房发电机组安装。水电四局有限公司承担缆机安装和运行施工任务。

十二月

12月10日，股份公司控股开发的南欧江流域梯级水电一期工程开工典礼在老挝首都万象举行。老挝国家副总理宋沙瓦·凌沙瓦，能源矿产部等政府官员，股份公司副总经理宗敦峰，海外投资公司总经理沈德才，项目公司、各参建单位及其他企业代表出席庆典仪式。

12月15～17日，股份公司副总经理曾兴亮陪同中共中央对外联络部副部长李进军对苏丹进行友好访问。期间分别拜会了苏丹全国大会党副主席纳菲阿、对外关系部部长甘杜尔、非政府组织处书记处书记阿迈尔等，并出席了中国和平发展基金捐赠仪式。

12月17日，水电八局有限公司承建的委内瑞拉新中心电厂项目3号机组顺利实现点火发电，标志着由股份公司承建、水电八局有限公司施工的新中心电厂项目4台机组点火发电节点目标全部实现。自7月25日首台机组（1号机）成功点火后，9月18日、9月30日、12月17日，分别实现2号机、4号机、3号机一次点火成功。

12月18日，水电八局有限公司在长沙田汉大剧院礼堂庆祝公司建局60华诞。中国电建集团副总经理王民浩、股份公司副总经理杨忠、长沙市副市长黎石秋出席庆典并讲话。水电八局有限公司党委书记黄敏致欢迎辞，总经理朱素华讲话，工会主席肖华民主持庆典。中国工程院院士谭靖夷，公司班子成员和历任老领导及嘉宾、员工1100余人参加了庆典。

12月21日，股份公司水电十四局有限公司、水电三局有限公司、水电七局有限公司参建的阿海水电站首台机组并网发电。

12月22日，北京市委书记郭金龙来到水电二局有限公司承建的北京海淀辛店B08地块公租房项目调查研究，市领导王安顺、赵凤桐、陈刚、苟仲文参加调研，水电二局有限公司总经理刘国栋、副总经理李志斌陪同调研。

同日，股份公司子公司——水电十四局有限公司、水电一局有限公司、水电十二局有限公司、水电十六局有限公司承建的福建仙游抽水蓄能电站首台机组1号机成功并网发电。

12月24日，四川省副省长甘霖赴中国水电建设集团投资建设的大渡河安谷水电站调研，乐山市委书记唐坚、市长蒋辅义，股份公司四川公司总经理荣其富陪同调研。

12月27日，创建国家优质工程总结表彰大会在北京举行，大会表彰了2011～2012年度国家优质工程，水电十六局有限公司等7家单位承建的贵州北盘江光照水电站工程荣获国优金奖；水电一局有限公司、水电五局有限公司承建的安徽琅琊山抽水蓄能电站工程；路桥公司、水电十三局有限公司承建的天津大道工程；水电十四局有限公司承建的缅甸瑞丽江一级水电站；水电十六局有限公司承建的上海浦东国际机场扩建第三跑道系统工程等荣获国优银奖。

12月28日，股份公司以中水电股干〔2012〕56号文件，聘任孙阳为水电十二局有限公司执行董事（法定代表人）、总经理；郦平（兼）、陈泽鑫、沈益源、杨德臣、李秋生、方飞来、赵余红为副总经理；沈益源为总工程师（兼）；赵余红为总经济师（兼）。

12月30日，雅砻江锦屏二级水电站首台机组投产发电。四川省副省长王宁，国家开发投资公司董事长王会生，中国水电工程顾问集团公司总经理王斌，雅砻江流域水电开发有限公司总经理陈云华，水电五局有限公司总经理贺鹏程，水电七局有限公司总经理申茂夏等与广大参建员工参加了发电庆典仪式。

第五篇　集团化建设

Chapter Ⅴ Development of Sinohydro Corporation

集团（股份）公司工作会议

【2012年工作会议暨一届三次职代会】 2012年2月18日，股份公司2012年工作会议暨一届三次职工代表大会在北京召开。会议的主要任务是，认真贯彻落实中国电建集团2012年工作会议精神，总结2011年工作，部署2012年主要工作，以科学发展为主题，以加快转变发展方式为主线，推动股份公司平稳较快发展，为建设具有较强国际竞争力的质量效益型世界一流企业而努力。

中国电建集团董事长、党委副书记，股份公司董事长、党委书记范集湘作重要讲话；中国电建集团党委常委、股份公司总经理孙洪水作了题为《奋力开拓市场，提升经营质量，确保股份公司实现平稳较快发展》的工作报告；中国电建集团党委副书记、纪委书记，股份公司党委副书记、纪委书记陈永录主持会议并作总结；股份公司职工董事、总经济师、工会主席王宗敏作了题为《全心全意依靠工人阶级，面对面，心贴心，实打实服务职工在基层》的讲话。股份公司副总经理宗敦峰、曾兴亮、杨忠、刘明江，总会计师丁永泉，总部部门副主任以上人员，各子公司、控股公司、参股公司党政主要负责人，职工代表共计200多人在主会场参加了会议，各子公司、控股公司、参股公司分别在29个分会场参加了视频会议。

会上，杨忠宣读了2011年度股份公司所属子公司业绩预考核兑现情况，并对预考核情况和2012年考核工作作了说明；同时签订了2012年经营责任书、党建工作责任书。

（韩 磊）

【2012年年中工作会】 2012年8月1日，股份公司2012年年中工作会议在总部A座办公楼7层会议室召开。中国电建集团董事长、股份公司董事长、党委书记范集湘出席会议并作重要讲话；中国电建集团党委书记、股份公司董事晏志勇，股份公司独立董事石成梁、周保志出席会议；股份公司董事、总经理孙洪水作工作报告；股份公司党委副书记、纪委书记陈永录作“基层组织建设年”阶段性总结和“强化廉洁从业意识，保持党的纯洁性”主题教育活动总结讲话；股份公司副总经理宗敦峰、曾兴亮、杨忠、刘明江，总会计师丁永泉出席会议。

高级管理人员、监事、总部部门副主任以上人员，各子公司、控股公司、参股公司党政主要负责人共计150余人参加会议。会上对2011～2012年度股份公司劳动模范和先进生产（工作）者进行了表彰。

（刘 尧）

【2012年总部工作会】 2012年5月4日，股份公司总部工作会议在总部A座办公楼7层会议室召开。中国电建集团董事长、股份公司董事长、党委书记范集湘出席会议；股份公司总经理孙洪水讲话；中国电建集团党委副书记、纪委书记，股份公司党委副书记、纪委书记陈永录主持会议；股份公司副总经理宗敦峰、曾兴亮、刘明江，总会计师丁永泉出席会议。

总部部门负责人、事业部负责人、总部在京全体员工参加了会议。会上对总部7个先进部门和72名先进工作者进行了表彰。

（刘 尧）

企业管理

董事会办公室/总经理工作部

【董事会办公室 2012 年工作】

1. 董事会制度健全完善，运作规范有效

2012 年，董事会办公室按照《公司法》、《证券法》等法律法规和中国证监会、上海证券交易所有关文件要求，制订了《独立董事年报工作制度》等 6 项制度，修订了《公司章程》等 8 项制度，进一步健全、完善了基本制度体系，有关公司治理、监督、管理等方面的基本制度已有 27 项，形成了有效的治理、运作、监督机制。

在科学决策和监督管理方面：董事会依据《公司法》、《证券法》等有关法律法规和公司章程、董事会议事规则等制度规定，规范运作，依法按规召开董事会行使权力和重大事项决策职能，对股份公司的发展战略，经营、投资、融资计划，预决算方案，投融资担保等重大事项进行科学决策。决策程序合法规范。

报告期内共召开 12 次董事会会议，对 95 项议案进行了审议决策，并督促经理层认真贯彻执行董事会决议及有关要求。

在日常运行方面：董事会及其工作机构按照公司章程规定的职责权限和各项议事规则、工作职责认真履职。

2. 董事会高度重视证券事务管理工作，维护股份公司和全体股东利益

2012 年，股份公司克服了股市持续严重低迷造成的重大不利影响，公司股价全年走势与大盘波动趋势基本趋同。根据 2012 年度报告，用最新股本计算的每股收益为 0.4265 元/股，比 2011 年增长 13.13%。

董事会积极响应证券监管机构号召，维护股份公司和投资者利益，全力推进大股东增持工作。

董事会依法、合规、及时披露信息，2012 年股份公司共发布各类公告共 92 篇。

3. 董事会认真筹备召开股东大会，贯彻履行股东大会决议

2012 年，董事会筹备召开年度股东大会 1 次，临时股东会 1 次，共审议批准 14 项议案并形成了相应决议。

【按照合法合规程序对董事会及各专门委员会成员进行调整选举】 2012 年初期，董事会由 8 名董事组成（1 名董事，6 名独立董事，1 名职工董事），在 2 名独立董事退休后，按照国务院国资委安排和法规程序，董事会在上半年进行了调整选举。调整后，董事会由 9 名董事组成，3 名内部董事分别为范集湘、晏志勇、孙洪水，5 名独立董事分别为石成梁、周保志、刘新兰、韩方明、任传俊，职工董事为王宗敏。董事会专门委员会在董事会调整后也作了相应调整。

【股份公司首次年度股东大会】 股份公司首次股东大会于 2012 年 5 月 30 日上午在北京西苑饭店召开。会议由股份公司董事长范集湘主持，出席会议的股东及股东代理人共 12 人，代表股份共计 6711644316 股，约占股份公司总股本的 69.9130%。

会议对股份公司《2011 年度董事会工作报告》、《2011 年度监事会工作报告》等 21 项议案进行了审议和表决，所有议案都获得通过。

【股份公司成为上证 180 指数、上证 50 指数、沪深 300 指数、中证 100 指数样本股公司】 2012 年 6 月 11 日，股份公司入选上证 50、上证 180、上证 380、中证 100、沪深 300 指数样本股。

2012 年 10 月 15 日，股份公司入围《中国证券市场年会》金鼎奖。

2012 年 12 月 6 日，股份公司获得《投资者报》与香港管理专业协会联合主办的上市公司优秀年报奖评选第 15 名。

【编制月度董事会工作情况通报】 为加强董事会与董事间的信息沟通，让领导层了解股份公司董事会日常事务、投资者关系管理、股份公司对外信息披露事项，掌握股份公司股票在资本市场的最新动态和走势，董事会办公室每月编制印刷《董事会工作情况通报》，并呈报董事、监事、高管领导及相关部门和子公司。2012 年度，董事会办公室共编发 12 期《董事会工作情况通报》。

【股份公司股票二级市场表现】 总体上看，2012

年股份公司股价走势与大盘波动趋势基本趋同，呈现以下4个特点：一是上半年股份公司股价波动与市场波动基本吻合；二是6～11月，受突发事件等影响，股价下跌幅度较大；三是11月以后，由于控股股东增持及市场回暖，股价表现优于大盘；四是与业务结构相同的葛洲坝和A股上市时间相近的中国交建相比，股份公司股价年度跌幅相对较小。

【大股东增持】 2012年10月，中国证监会、国务院国资委发出了强烈鼓励公司回购和大股东增持的政策信号。股份公司从维护长远利益、维护全体股东根本利益出发，组织相关方面人员和保荐、律师机构进行了多次交流，并及时向股份公司高层提出建议，推动股份公司间接控股股东中国电建集团、控股股东集团公司做出由集团公司增持2%以内股份的决策。截至2012年底，股份公司控股股东集团公司完成了增持全部1%股份的工作。

【重大事项内部报告及信息披露工作】 2012年，董事会办公室高度重视信息披露工作，并逐步建立起标准化的工作机制。

1. 定期报告获得好评

2012年，股份公司向资本市场呈交了《中国水利水电建设股份有限公司2011年年度报告》，获得资本市场认可。

2. 临时公告充分披露

2012年，董事会办公室逐步完善重大事项报告与信息披露工作，共收到来自各部门、各子公司提交的重大事项报告175项，按照相关规定对其中122项内容进行了披露，披露比例为69.71%。

【投资者关系管理工作】 董事会办公室本着充分尊重股东的原则，开展了多次沟通交流会议。包括2次业绩说明会、2次股东会、2次电话会议，参与人员共计279人次。董事会办公室还通过投资者热线电话与投资者沟通858次，通过邮件沟通1363次、接受投资者实地调研41次，参加证券公司举办的策略会9次。股份公司主要领导、分管领导、相关高管多次参加业绩说明会、投资者见面会。

同时，股份公司投资者关系管理研究工作也在逐步深入。全年向股份公司相关人员提供资本市场周报、股东名册分析及大股东增持、回购等报告96份。

董事会办公室还注重投资者关系管理基础数据库的建立和维护工作，建立了中国水电分析师数据库、股东数据库。

（董事会办公室）

综　合　管　理

总经理工作部/股份公司办公室

【部门2012年工作】

（1）做好新形势下办公室各项服务、督办工作。

2012年12月3日，根据中水电股人〔2012〕107号文件，总经理工作部更名为办公室。根据中国电建集团组建后部门人员变化情况，股份公司办公室对内部职责作了调整，建立和修订了办公室工作各项规章制度，调整和改进了办公室工作流程。办公室全年独立承担和参与组织了数十次公司大、小会议的会务组织接待工作。

（2）推进公文规范化、标准化、精细化管理。

印发了《关于加强公文网上办理质量进一步提高办公自动化应用水平的通知》等文件。严把公文拟稿和公文核稿质量关，加强对公文核稿、流转、催办工作，完成了代拟向国务院国资委等有关部委呈报的报告、请示等重要文件的起草、股份公司重要文件、公司领导讲话、总经理办公会议纪要以及投资评审报告等120余个文稿的起草工作。创办并编发股份公司内参性刊物《中国水电股份要情》。

（3）做好信访维稳和群体性、突发性事件应急处置工作。

全年共接待职工群众来访148批、323人次，受理来信31件。努力做到件件有着落、事事有回音，对来信来访反映的问题等都进行了认真登记、转送和交办，全年共转送、交办信访事项97件次。全年共开展了3次矛盾纠纷排查化解工作，要求各子企业对排查出来的不稳定因素，要按照制订的方案采取积极处理措施。加强对维稳工作的指导、督办和协调，积极落实工作责任，加强协调联动，使部分重点问题得到较为妥善的处理。

（4）规范保密工作和股份公司总部档案管理工作。

根据人员变动，及时对股份公司保密委员会成员进行调整。拟发了《关于切实加强中介机构服务管理严格杜绝商业失密的通知》，对与中介机构合作过程中的保密工作提出要求。举办了股份公司首次保密知识培训会，共计110人参加了保密工作培训。

印发了《公司总部档案管理办法（试行）》、《关于报送文件材料归档范围和档案保管期限表的通知》，对总部档案管理进行规范，全年共处理文件6000余件。

（5）稳步提升后勤服务工作质量。

（马质斌）

【公文管理】　进一步加强股份公司公文管理。2012年，总经理工作部印发了《关于加强公文网上办理质量进一步提高办公自动化应用水平的通知》（中水电股总〔2012〕11号）、《关于减少发文数量提高文件质量有关要求的通知》（中水电股总〔2012〕40号），规范公文报送、传递、办理程序，尽量减少发文数量，提高发文质量，提高总部办公自动化应用水平。全年共核稿、排版、印制文件1200余个，接收外来文件2100余份，其中登记办理文件2061件，转递各部门签报等文件900余份。

【督办工作】　2012年，股份公司印发了《中国水利水电建设股份有限公司督办工作实施办法》（中水电股〔2012〕28号），每季度对总经理办公会所决定议题的落实情况都进行了梳理和落实，对尚未落实的事项进行督办，对工作进展情况进行跟踪催办。对重要事项办理结果及时向领导汇报，对在督办中发现的带有全局性、苗头性、倾向性、趋势性问题，及时向股份公司领导反馈信息。2012年，总经理工作部通过书面通知、电话、网络、手机信息等形势，进行工作督办130多次。

（文秘处）

【投资项目评审】　2012年，股份公司共组织召开投资项目评审会议19次，共评审四川公司杨家湾水电站等投资项目25个，完成评审报告26份。

（韩　磊）

【企业负责人职务消费管理】　2012年，主要开展了以下工作：一是加强对职务消费管理工作的领导。二是健全完善职务消费管理制度。2012年4月8日，印发了《中国水利水电建设股份有限公司企业负责人及总部职务消费管理暂行规定》（中水电股〔2012〕16号）、《中国水利水电建设股份有限公司出资企业负责人职务消费管理暂行规定》（中水电股〔2012〕17号），进一步对股份公司两级企业负责人职务消费行为进行规范。2012年12月5日，印发了《关于进一步做好规范企业负责人职务消费管理工作的通知》（中水电股总〔2012〕62号），对职务消费管理重点工作再次提出明确要求。三是认真做好职务消费管理自查工作。根据国务院国资委和中国电建集团要求，股份公司总部及子企业对企业负责人公务用车、通信、业务招待、差旅、国（境）外考察、培训管理6个方面的工作进行了全面认真自查。2012年5月，接受了国有企业监事会对中央企业负责人公务用车等职务消费管理情况的专项抽查。

【企业负责人公务用车管理】　为进一步完善相关制度，2012年3月22日，总经理工作部印发了《中国水利水电建设股份有限公司出资企业负责人公务用车管理暂行规定》（中水电股总〔2012〕8号）、《中国水利水电建设股份有限公司企业负责人及总部公务用车管理暂行规定》（中水电股总〔2012〕9号）。严格控制非生产性车辆的购置审批工作，全年共批复子企业购车事项13件。

（李铁路）

【总部办公用品管理】　2012年10月17日，股份公司总部印发了《中国水利水电建设集团公司总部办公用品管理办法》（股总〔2012〕25号），针对总部办公用品管理办法又制定了相应的办公用品采购流程、办公资产类采购申请及合同流程及办公类资产盘点流程等。

（孟　娟）

人 力 资 源 管 理

人力资源部

【部门 2012 年工作】 2012 年，党委企业领导人员管理部/人力资源部继续以“十二五”人才发展规划为指导，认真贯彻落实股份公司年初部署，紧紧围绕企业经营发展目标，切实抓好领导人员队伍建设、加强干部队伍业务培训，完善薪酬制度和绩效管理，严控人工成本，积极开展人才开发，努力提升人力资源管理水平，圆满完成了各项管理工作。

（王 禹 沈德升）

领导班子建设

【子企业领导班子换届、调整和组建工作以及领导人员选拔配置工作】 2012 年，共换届考核子企业领导班子 19 个，涉及 180 人；完成海外投资公司、甘肃能源公司、南方投资公司和深圳地铁 7 号线 BT 项目指挥部领导班子组建工作；完成铁路公司领导班子补充工作；全力做好水电七局有限公司和夹江有限公司重组整合工作，顺利完成了班子配备和调整工作；完成 12 家子企业董事会、监事会的调整推荐工作，涉及人员 78 人；批复四川公司、铁路公司等单位备案制管理干部 7 人；在总部机关，先后调整、补充股份公司高级管理人员 18 人；调整总部部门 15 个，涉及总部部门副主任以上人员 40 人。

【完善领导人员管理相关制度工作】 2012 年，结合实际，按照中国电建集团、股份公司《企业领导人员管理暂行规定》的相关规定，人力资源部制定印发了《总部部门咨询管理办法》；起草了《股份公司经营层薪酬和绩效考核办法》及《股份公司企业负责人副职绩效考核办法》，采取定性分析和定量分析相结合的方式，提高了绩效考核工作的科学性和合理性。

【加强领导人员和中青年干部的教育培训工作】 配合中国电建集团先后组织 4 期企业领导人员培训班，培训领导人员 48 人；为提高培训工作的针对性和层次性，组织股份公司第一期中青年干部培训班，培训 54 人。通过规划调整培训计划和内容、改进培训方式、邀请股份公司专家领导授课等方式，取得了良好效果。

（王 禹 沈德升 张 锐 吴 磊）

人才开发管理

【总部员工培训工作】 2012 年，人力资源部印发了股份公司《总部员工培训管理办法》，规范了总部员工培训管理工作。结合管理提升和转型升级要求，大力开展面向不同层级的立体式培训，组织 4 期高级项目经理培训班，培训 60 人；组织 2 期项目经理培训班，培训 98 人；组织 1 期人力资源系统业务培训，培训 57 人。

（王 禹 沈德升 张顺兴 张 锐）

【资质资格认证工作】 2012 年，在工程技术、经济等 5 个专业系列共有 879 人申报职称评审，共有 753 人通过评审，通过率为 85.7%，在评审通过的人员中，高级职称占到 89.2%。在技师评审方面，股份公司共有 146 人参评 2011 年度中国电力企业联合会高级技师，134 人通过评审，通过率 91.78%；共有 118 人参评股份公司高级技师，103 人通过评审，通过率 87.29%。资质资格认证工作充实了股份公司高级技术人才和高技能人才队伍，促进了人才队伍建设。

（王 禹 沈德升 张顺兴）

薪 酬 管 理

【工资总额申报、批复工作】 国务院国资委核定股份公司 2011 年度工资总额为 65.03 亿元，比上年度增长 23.69%，工资总额未超提超发。从 2012 年开始，股份公司工资总额由中国电建集团按照工资总额预算管理办法执行，根据各子公司 2012 年度工资预算情况及时批复了各子企业 2012 年度工资总额预控指标。

【切实加强工资总额管控工作】 根据国务院国资委、中国电建集团工资总额管理要求，自 2012 年起执行工资总额预算管理制度，人力资源部制定印发了《中国水利水电建设股份有限公司工资总额管理暂行办法》，及时调整了年度经营业绩考核指标，将原在岗职工工资增长率指标进行调整，将激励性指标调整为约束性指标，有效控制了工资总额过快增长。

（王　禹　沈德升　林　波）

【子企业负责人基薪调整及年薪审批工作】　2012年，人力资源部配合相关部门完成了2011年度子公司企业负责人经营业绩考核工作，审批了各子企业副职领导人员年薪。根据部分子企业分立、重组等变化，适时调整了5家子企业负责人基薪发放标准。根据《关于大力支持房地产公司跨越式发展的指导意见》，对房地产公司负责人跨越发展阶段基薪进行了调研测算，提供了分析数据。制定了股份公司经营层和高级管理人员薪酬方案，经董事会审定后以公告形式发布。

（王　禹　沈德升　林　波　吴　磊）

【“920”资金使用管理工作】　根据中国电建集团《中国电力建设集团有限公司“920”资金拨付使用实施办法》，结合股份公司实际，测算了“920”资金未来10年发放数据，并组织召开了部分子企业人力资源部（社保）负责人参加的“‘920’资金使用研讨会”，制定了“920”资金拨付使用及结余资金使用初步方案。

（王　禹　沈德升　林　波　顾月萍）

总部人事管理

【股份公司总部职能部门及员工年度考核】　人力资源部组织开展股份公司总部机关绩效考核工作，完成股份公司总部17个管理部门、3个事业部和178名员工年度考核，报股份公司表彰了2011年股份公司总部7个先进集体、72名先进工作者。

（王　禹　沈德升　张　锐　吴　磊）

【改革完善股份公司总部机关定岗定编和薪酬制度】根据股份公司总部机关业务变化情况，及时进行机构调整，先后撤销2个部门。对股份公司总部部门岗位进行梳理，重新编制核定了股份公司总部部门岗位职数，选拔补充了一批优秀管理人员。积极推进股份公司总部机关薪酬制度的改革，在充分调研的基础上，对薪酬制度进行了较大幅度的改革调整，引入岗位薪点制和宽幅设计理念，提高薪酬分配内部公平性和竞争力，激发了员工工作热情。

（王　禹　沈德升　门　旭）

【干部调配和人才引进工作】　2012年度，人力资源部共完成股份公司总部及在京公司接收大中专毕业生154人、京外调干9人、引进人才16人，有效增强了股份公司总部部门和相关在京公司的业务力量。

（王　禹　沈德升　李　玥）

【股份公司总部部门管理提升活动】　2012年，人力资源部按照“统筹规划、系统实施、突出重点、全面推进”原则，把“以加强人力资源管理为重要基础性工作，为管理提升工作提供源动力”作为重点任务，确定了“组织开展《企业员工素质提升及数量控制研究》专项研究活动；引导各单位提高薪酬制度水平，建立符合行业特点、平均先进的薪酬结构，构建与职务序列相适应的薪酬体系；修订完善绩效考核评价制度，改进干部绩效考核评价机制；建立股份公司领军人才数据库，实现系统内经营管理、专业技术、技能等领域骨干人才资源共享，充分发挥骨干人才作用；完善培训体系，建立内部培训师制度，加强内部培训工作，提高人才队伍素质；适应业务发展需要，修订完善相关管理制度和主要工作流程，提高工作效率”等6项重点工作任务。在具体实施过程中，综合采用部门内部学习研究、专题研讨、与外部先进企业对标、到外部和内部单位调研、引进咨询机构完善制度设计等措施推进各项工作的开展。截至2012年末，几项重点工作已经全面展开，并配合中国电建集团开展了人力资源管理提升调研工作，参与了管理提升活动督导工作。

（王　禹　沈德升　张　锐）

专业会议

【2012年度人事劳动统计年报会议】　2012年底，人力资源部组织股份公司所属企业负责人事、劳动、教育统计工作的人员召开视频专项会议，集中部署2012年股份公司教育统计年报工作、人才统计年报工作、劳动工资统计年报工作和离退休人员统计年报工作，对相关指标作了详细解释和讲解，对有关软件的使用进行了演示。各项报表工作顺利完成。

（王　禹　沈德升　吴　磊）

财务与产权管理

财务产权部

【部门2012年工作】 2012年，财务产权部工作深入贯彻落实年度工作会议精神，以确保股份公司上市后持续、健康、稳定发展为中心，强基固本促提升，规范有效保质量，为加快推进股份公司成为具有持续成长性的质量效益型跨国公司提供了坚实财务保障。主要工作如下：

（1）围绕上市公司会计信息的真实性与准确性，不断加强财务管理制度的建立与执行，从制度层面强化管控。

2012年，财务产权部制定了《会计基础工作规范实施细则》、《财务会计报告管理办法》、《总会计师管理暂行办法》、《子公司利润分配管理办法》、《募集资金管理制度》等一系列规章制度。

（2）围绕年度财务工作总体安排部署，不断强化公司财务工作总体、系统管控。

一是召开了2012年财务资金工作会议；二是召开了2012年财务决算和2013年财务预算工作布置会；三是制定下发2012年财务工作要点；四是强化各子公司财务工作计划与总结。

（3）围绕上市公司会计信息的安全性与保密性，不断强化部门工作与办事流程的管控。

一是规范部门日常事务管理；二是严格规范对外提供会计信息行为；三是建立部门工作例会制度；四是强化财务印鉴及部门公章管理；五是进行部门“定人、定岗、定责”。

（4）围绕股份公司持续、健康、稳定发展目标，不断强化财务风险管控和战略目标的落地。

一是大力压缩控制应收账款和未完施工，不断强化风险性资产管理；二是高度关注BT项目回款风险，确保实现BT项目预期投资收益；三是严格国资监管，切实履行职责，积极参与投资项目和国有股权转让的财务监督；四是强化产权管理工作，有效防范股权转让、内部重组的相关风险；五是积极开展国际业务财务管理调研工作，积极防范境外项目经营和财务风险；六是积极推进财务公司的设立，打造产融结合平台；七是持续深化财务信息化建设，创新财务管理与会计核算手段。

（5）围绕股份公司年度经营目标的顺利实现，不断强化预算管控和经营业绩考核工作。

一是强化财务预算的执行控制，确保战略规划及年度预算目标的实现；二是充分发挥经营业绩考核在战略管控中导向作用，为实现年度经营目标提供有效保障。

财务制度建设

【总会计师管理暂行办法】 为加强总会计师管理，确定其管理关系和地位，明确管理职责和权限，督促其正确履行工作职责，建立规范的履职考核评价制度，充分发挥总会计师在企业管理中的重要作用，股份公司于2012年8月24日制定下发了《中国水利水电股份有限公司总会计师管理暂行办法》。该办法对总会计师的职位设置、选拔任用和解聘、职责权限、履职考核、日常管理、工作责任等方面作了详细规定。

【财务会计报告管理办法（试行）】 为规范股份公司财务会计报告管理，提高编报质量和使用效益，确保报告真实、准确、完整、及时、合规、安全，保护股份公司股东及其他利益相关者的合法权益，股份公司于2012年8月3日制定下发了《中国水利水电建设股份有限公司财务会计报告管理办法（试行）》。该办法对财务会计报告的管理职责、内容、编制准备、编制工作、汇总和合并、分部报告、内部审核、中介机构审计、提供及报送、分析批复与评价、档案管理等方面进行了详细规定。

【会计基础工作规范实施细则】 为规范股份公司会计基础工作，保证会计信息的真实性、完整性，提高会计工作水平和财务会计报告编报质量，股份公司于2012年8月17日制定下发了《中国水利水电建设股份有限公司会计基础工作规范实施细则》。该实施细则对会计机构设置和会计人员配备、会计核算、会计监督、内部会计管理制度等方面进行了详细规定。

【总部差旅费报销管理办法】 为保证出差人员工作与生活需要，规范差旅费管理，股份公司于2012年3月15日制定下发了《中国水利水电建设股份有限公司总部差旅费报销管理办法》。该办法对交通费开支范围和标准、住宿费开支范围和标准、伙食补助费和公杂费、特殊情况下的差旅费、调动与搬迁的差旅费、境外出差报销规定、审批与报销等方面作了详细规定。

（刘程军）

财务决算

【2012 年财务决算备案】　根据中国电建集团《关于做好 2012 年度财务决算备案工作的通知》的要求，积极开展了 2012 年度财务决算备案工作。其中，股份公司 2012 年度财务决算合并范围的企业总户数为 183 户，较 2011 年 172 户净增加 11 户（新增 19 户，减少 8 户）；二级子企业 28 户，较 2011 年 27 户增加 2 户，减少 1 户；三级子企业 136 户，较 2011 年 126 户增加 18 户，减少 8 户；四级子企业 18 户，较 2011 年 18 户增加 3 户，减少 3 户。

【2011 年度财务决算批复】　根据《中央企业财务决算报告管理办法》及《中国水利水电建设股份有限公司财务会计报告管理办法（试行）》相关规定，股份公司对各子公司 2011 年度财务决算报告进行了审核批复。在财务绩效评价中，评为优秀的单位有 7 家，财务绩效为良好的单位有 17 家，财务绩效为较低的单位有 1 家。

【13 家子公司财务报表编报工作受中国电建集团表彰】　根据中国电建集团《关于表彰 2011 年度财务报表编报工作先进单位的决定》，股份公司所属水电三局有限公司等 13 家单位在中国电建集团 2012 年决算及 2013 年财务预算布置会上受到表彰，被授予“2011 年度财务报表编报工作先进单位”荣誉称号。

（王　旭）

预算与考核

【2012 年度财务预算编制上报工作】　为贯彻中国电建集团预算编报工作部署，股份公司于 2011 年 11 月下发了《关于做好 2012 年财务预算管理及预算报表编制工作的通知》，从组织保障、工作职责、工作流程等方面提出明确要求，确保预算编制工作有章可循；同时为做好预算组织、动员和布置工作，2011 年 11 月在成都召开预、决编制布置会议，对股份公司 2012 年度预算编制工作进行了全面系统的布置。在完成对子公司预算审核工作后，对审核预算结果进行汇总、测算、分析，并结合股份公司发展战略规划和年度经营计划，对汇总合并结果进行综合平衡，最终形成股份公司 2012 年度财务预算。

【2012 年度财务预算批复工作】　2012 年 4 月，股份公司 2012 年度财务预算经总经理办公会审议、董事会审定，最终确定了年度目标，为保证股份公司年度预算目标顺利实现，财务产权部对董事会、股东大会审定的预算目标进行一一分解，根据各子公司生产经营状况及发展能力，将预算目标具体落实到每家子公司，以《关于 2012 年度财务预算批复的通知》对各子公司年度财务预算作了批复。

（牛　轲）

【2012 年度财务预算执行情况通报】　为提高预算执行管控水平，股份公司要求各单位于每季度结束后 20 日内上报季度预算执行分析报告，股份公司层面对各单位季度预算执行情况进行跟进分析，对预算完成情况进行通报。为动态掌握完成年度预算目标存在的缺口情况，及时采取有效措施保障年度预算目标顺利实现，股份公司建立了预算动态执行情况分析机制，要求各单位于每季度结束上报完成年度预算目标存在的缺口情况，针对完成年度预算目标存在困难的业绩指标提出保障措施，财务产权部根据各单位上报情况分析股份公司整体完成年度预算目标存在的困难，向股份公司领导进行专题报告，进一步提出保障年度预算目标的工作措施。

（曾　辉）

【2011 年业绩考核】　根据《子公司负责人年度业绩考核办法》、《电源建设（运营）单位负责人年度经营业绩考核暂行办法》等文件精神，结合 2011 年初股份公司与各子公司签订的年度业绩责任书，并依据各子公司 2011 年 12 月财务快报、2011 年财务预算执行报表和综合检查小组检查结果，业绩考核评价办公室对各子公司 2011 年考核指标完成情况及绩效年薪兑现情况进行计算汇总，并经业绩考核评价委员会审核及总经理办公会审议，于 2012 年 2 月完成了预考核工作；并根据 2011 年各子公司决算审计结果，对预考核结果进行核实，下发了 2011 年度正式考核结果。完成了与各子公司 2012 年业绩考核责任书的签订工作。

【超额贡献奖励】　为有效对接中国电建集团业绩考核办法，结合股份公司现阶段管理要求，股份公司于 2012 年建立了超额贡献奖励机制，以鼓励各子公司在收入和利润方面的超额贡献，并正式下发了相应业绩考核办法修订文件。

（傅国钢）

税务管理与会计监督

【"营业税改增值税"测算工作】 根据财政部和国家税务总局《关于印发〈营业税改征增值税试点方案〉的通知》、《财政部国家税务总局关于在北京等八省市开展交通运输业和部分现代服务业营业税改征增值税试点的通知》等文件精神，为做好营业税改征增值税准备工作，股份公司对所属企业建筑业务"营改增"税负情况进行了测算。

【企业减免税调查】 按照《国家税务总局关于印发〈2012年减免税统计调查实施方案〉的通知》（国税发〔2012〕47号）及股份公司主管税务机关通知要求，股份公司按时完成了企业减免税调查表的填列，配合税务机关全面掌握减免税政策执行情况，加强税企针对减免税工作的沟通。

（杨展业）

【会计基础工作大检查】 为进一步加强和规范会计基础工作，确保会计信息真实、准确、完整，有效促进股份公司会计工作管理水平的不断提高，股份公司组织开展了会计基础工作大检查。为了做好本次大检查工作，股份公司制定下发了《关于股份公司开展会计基础工作大检查的通知》。本次检查共分5个阶段，截至2012年底，各子公司及其下属公司（单位）自查、重点检查、整改落实阶段结束。

（刘亚男）

【国际业务财务管理调研】 为加强对国际业务的财务监管，股份公司于2012年9月4～15日对肯尼亚、卡塔尔和老挝3个国家部分项目的财务管理工作进行调研。本次财务调研由股份公司总会计师丁永泉带队，财务产权部牵头，海外事业部参与。在实施调研工作的基础上，起草了股份公司《国际业务财务管理调研报告》。

（刘程军）

【《2012年度企业年度工作报告》编制】 为保证《2012年度企业年度工作报告》的顺利编报，财务产权部将《2012年度企业年度工作报告》中涉及相关部门需提交的资料和内容进行分解。在各部门的密切配合下，股份公司《2012年度企业年度工作报告》顺利编制结束，并已上报中国电建集团。

（石成磊）

资产产权管理

【募集资金分配及闲置募集资金补充流动资金】 为充分发挥上市募集资金对股份公司持续发展的推动作用，充分考虑各单位的财务状况及发展需要，结合股份公司的战略发展导向，按照股份公司领导确定的募集资金分配原则，制订了募集资金分配方案，并在一季度完成募集资金分配及注资工作。同时，针对设备采购专项募集资金闲置的问题，经与保荐机构充分沟通并争取政策，制订并实施将13亿元闲置募集资金补充流动资金的方案，有效盘活了闲置募集资金。

【2011年度账销案存资产管理专项报告】 根据国务院国资委《中央企业账销案存资产管理工作规则》要求，各子公司对2011年度账销案存资产情况进行上报，财务产权部对各子公司账销案存资产处置情况进行核实、统计，以《关于中国水利水电建设集团公司2011年度账销案存资产管理的专项报告》上报中国电建集团。

【2012年产权变化情况】 根据股份公司战略发展需要，中国水电建设集团夹江水工机械有限公司重组为中国水利水电第七工程局有限公司全资子公司；以公司分立方式从原中国水电建设集团国际工程有限公司分立设立了中水电海外投资有限公司；股份公司将持有的深圳百业达机械设备租赁有限公司5%股权协议转让给中国水电建设集团租赁控股有限公司，深圳百业达机械设备租赁有限公司成为中国水电建设集团租赁控股有限公司全资子公司。

【2012年网上产权管理系统填报】 根据国务院国资委《国家出资企业产权登记管理暂行办法》和中国电建集团关于落实新产权登记办法的要求，财务产权部完成了向各子公司的产权登记政策布置落实工作，组织了各级子公司共计200家产权信息系统数据的录入、审核，以及纸质资料的收集、整理、审核工作，并顺利通过了中国电建集团和国务院国资委的审核确认。

（傅国钢）

财务信息化建设

【用友NC核算系统完成验收评审】 2012年，根据《中国水利水电建设集团公司NC核算系统验收管理办法》，股份公司NC验收小组通过审阅项目验收文档资料和自评情况以及视频验收等方式，对所属子公司用友NC核算系统进行核查验收。

（石成磊）

【股份公司总部费用及资金预算管理软件优化升级】 2012年10月，股份公司全面启动总部费用及资金预算管理软件升级优化工作，充分利用信息化技术，将预算编制、审批和资金支付申请统一网上实施，实现年度预算、月度预算及月度资金执行控制无缝对接，按照预算目标可控、操作流程清晰的预算控制要求，强化预算执行控制，提高预算管理水平。截至2012年底，系统搭建、测试、调整和培训阶段工作已经结束。

（曾　辉）

【久其公司财务报表及预算管理平台系统终验】 久其公司财务报表及预算管理平台系统已建设运营5年时间。考虑到5年来该系统运行日趋稳定、高效，基本满足了股份公司信息披露和决策数据支持的需要，股份公司总部费用预算控制系统基本建成，报表及核算系统取数对接工作需在参考中国电建集团核算体系的基础上进行新核算体系设计后方具可行性，财务产权部经与信息中心商议，对久其公司财务报表及预算管理平台系统进行了终验。

（杨展业）

【股份公司总部借款及报销业务启用建行POS支付系统】 随着股份公司经营规模的不断扩大，股份公司总部各部门业务量逐渐增多，费用报销量也随之加大，致使日常现金支付量大幅增加。经研究，股份公司总部从2012年11月1日正式启用POS支付系统，将现金通过POS支付系统划转至经办人的银行卡中。该系统为实时结算，操作完成后，报销金额即时入账。

（何　洁）

财务队伍建设

【股份公司各子公司总会计师管理提升培训班】 为贯彻落实2012年财务工作会议精神，全面提升各子公司总会计师的职业素质和能力，股份公司联合北京国家会计学院在上海举办各子公司总会计师管理提升培训班，外聘专家教授重点围绕上市公司监管要求进行主题培训。培训班于2012年10月22日开课，同月27日结束，各子公司29名总会计师参加了培训。

【组织参加国有企业总会计师岗位培训班】 2012年，借助国务院国资委培训平台，先后组织各子公司财务负责人35人参加了国务院国资委举办的国有企业总会计师岗位培训班，学习和掌握了财务管理新动态、新理念和新知识。

【组织参加中国会计文化建设征文活动】 2012年7月19日，股份公司下发了《关于组织开展中国会计文化建设征文活动的通知》，在股份公司内部组织开展由财政部、中华会计函授学校等联合举办的中国会计文化建设征文评选活动。各子公司积极参与此次征文活动，前后收集、上报文章125篇。

（施惠霞）

专业会议

【2012年财务资金工作会议】 为贯彻落实股份公司2012年度工作会议精神，适应上市公司财务监管要求，股份公司于2012年6月19～20日在湖南长沙召开了2012年度财务资金工作会议。会议总结回顾了2011年财务资金工作，研究了2011年财务工作中存在的突出问题，分析了2012年国家经济形势和监管要求的新变化对财务资金工作提出的新要求，明确了2012年乃至今后一段时期财务资金工作思路，研究部署了2012年财务资金工作。会议还研讨了《股份公司总会计师管理暂行办法（讨论稿）》、《股份公司财务会计报告管理办法（讨论稿）》、《股份公司会计基础工作指引（讨论稿）》等。

【2012年财务决算和2013年财务预算工作布置会】 为贯彻落实国务院国资委、财政部和中国电建集团预决算会议精神，2012年11月26～28日，股份公司在四川成都召开了2012年度财务决算、2013年度财务预算布置会。会议听取了中国电建集团财务预决算管理工作部署及要求，听取了各子公司2012年生产经营预计完成情况及2013年初步预算安排的汇报，布置了股份公司2012年度财务决算及2013年度财务预算报表编报及管理工作。

（刘程军）

工 程 科 技 管 理

工程科技部

【部门2012年工作】

科技进步与管理工作方面：

(1) 组织召开了股份公司第三届科技大会，力推科技工作再上新台阶。

(2) 企业技术创新体系不断健全，科技工作机制持续改进。截至2012年，股份公司拥有国家级企业技术中心1个、省级企业技术中心13个。

(3) 系统打造股份公司“中国水电建设”科技品牌，持续开展科技创新工作，科技成果硕果累累，各类国家级、省部级科技奖励取得较大突破。

(4) 持续开展科技创新工作，科技成果硕果累累。

(5) 指导子公司充分利用有关科技优惠政策，大力推进科技降本增效工作。

(6) 继续推动科技成果的推广应用与子企业间的技术交流与合作。

工程项目管理与质量管理方面：

(1) 加强股份公司总部质量监管工作，积极开展股份公司质量检查工作，妥善处理重大工程事项。全年分两次对南水北调项目进行检查，并妥善处理了南水北调质量问题投诉等重大工程事项。

(2) 开展创优评先活动，不断增添企业质量品牌新内涵。

(3) 搭建平台，举办高层次工程管理人员培训班。

企业标准化建设工作：

(1) 建立了标准化工作网络。

(2) 制定了企业标准化方针、目标、管理办法、规划。

(3) 加大了培训力度，深化标准化理念。

(王　攀)

工程项目管理

【2012年在建工程主要完成工程量】

2012年，股份公司完成主要工程量如下：

(1) 土石方：土方23792.83万立方米，石方15059.65万立方米。

(2) 混凝土浇筑：常态混凝土5126.22万立方米，碾压混凝土388.89万立方米。

(3) 基础处理：灌浆408.39万米，防渗墙58.56万平方米。

(4) 机组安装：120台，1351.764万千瓦。

(5) 金属结构制作安装：制造34.90万吨，安装26.83万吨。

2012年，股份公司在建工程共有单元工程300710个，其中优良单元工程281932个，优良品率93.8%，未发生重大质量事故。

【2012年质量培训工作】　2012年4月，工程科技部积极联系国家有关部委举办了水利工程质量管理人员培训班，并取得水利部颁发的有关证书。全年共计培训质量管理、质量检查人员100余人。

【2012年度股份公司各级优秀项目经理】

1. 全国电力建设优秀项目经理

2012年，股份公司共有18人获得“全国电力建设优秀项目经理”称号。名单如下：赵红阳、王轩、阴承德、李福林、丛振民、徐成中、吴越建、王晖、高建、李宝勇、杨旭东、张述毕、康宝洲、陈龙兴、李文书、崔文光、许江龙、石晓辉。

2. 股份公司优秀项目经理

2012年，股份公司共有79人被授予“优秀项目经理”荣誉称号。

名单如下：刘雪山、李源、邱仁庆、杨永庆、王永祥、兰德、杨学良、郑夕玉、杨少山、赵红阳、王轩、王道好、常民、贾贵强、李龙、阴承德、董桂林、李福林、李俊峰、段建军、林毅、刘化才、杜文举、丛振民、周建平、吴越建、周新顺、徐成中、杨江、朱忠实、隋勇、王晖、陆小华、赵习斌、张俊、朱川、张伟、张波、高建、刘华、曾竞、陈廷康、陈刚、邵国兵、陈学才、杨社亚、李宝勇、彭锟、安郁军、杨旭东、季奇、张永岗、张述毕、符令华、郭航飞、杨明伟、朱亚雄、郭耀文、康宝洲、许坚、谢斌、陈龙兴、江从栋、许曹津、李文书、周国锋、崔文光、徐庆元、许江龙、贺锋、李明、蔡斌、石晓辉、唐平康、周全、朱成林、席阳、郑济伟、张延峰。

3. 全国电力建设优秀高级职业经理人

2012年，股份公司共有14人获得“2012年度全国电力建设优秀高级职业经理人”称号。名单如下：席浩、张国庆、张桥、郗举科、张建军、杨和明、黄敏吾、洪坤、字继权、赵存厚、付少鹏、李介立、宋东升、季晓勇。

【2012年度股份公司各级优质工程获奖项目】

1. 国家优质工程奖

在2012年度国家优质工程奖评审中，经股份公司组织推荐，共获国家优质工程金奖1项，银奖3项。分别如下：

（1）国家优质工程金奖：水电十六局有限公司等单位承建的贵州北盘江光照水电站工程。

（2）国家优质工程银奖：路桥公司、水电十三局有限公司承建的天津大道工程；水电一局有限公司、水电五局有限公司承建的安徽琅琊山抽水蓄能电站工程；水电十四局有限公司承建的缅甸瑞丽江一级水电站工程（境外工程）。

2. 中国电力优质工程奖

2012年度，股份公司共获中国电力优质工程奖2项。

（赵伟亮）

科技开发与管理

【股份公司科技考核工作】 2012年，股份公司继续开展科技考核工作，按照年度综合检查考核工作总体部署和《科技进步工作考核办法》有关要求，组织了2012年度科技进步工作专项考核。根据考核结果，并经股份公司批准，获评“股份公司2012年度科技进步先进企业”的有水电七局有限公司等7家单位。

【股份公司科技成果鉴定工作】 2012年，股份公司科研成果结题并鉴定验收47项，其中被专家鉴定达到国际领先水平2项、国际先进水平17项、国内领先水平7项、国内先进水平8项。

【财政部科技奖励】 在财政部2012年度施工企业科技研发奖励项目评审中，由股份公司立项、水电七局有限公司等为主完成的科技成果“200米级碾压混凝土重力坝关键施工技术研究”被评为2012年度中央级建筑施工科技研发项目奖励一等奖。

【国家能源科技进步奖】 在国家能源局组织的国家能源科技进步奖评审中，由工程科技部组织推荐、股份公司立项并完成鉴定的科技成果获得国家能源科技进步奖二等奖3项、三等奖4项。

【大禹水利科学技术奖】 水电十四局有限公司参与完成的科研课题“黄河小浪底工程关键技术研究与实践”获2012年度大禹水利科学技术奖特等奖。

企业标准化建设工作

【股份公司企业标准化建设工作】 2012年，股份公司建立了标准化工作网络，成立了标准化管理委员会；制订了企业标准化方针、目标、管理办法、规划；加大了培训力度，深化标准化理念；2012年11月召开了标准化建设启动大会，股份公司企业标准化建设工作全面启动。

（王　攀）

贯标工作

【股份总部质量、环境、职业健康安全体系运行工作】 2012年，股份公司总部质量、管理体系、环境管理体系和职业健康与安全管理体系运行正常，通过认证机构年审。

（赵伟亮）

节能减排工作

【股份公司节能减排管理】 2012年，股份公司共消耗各类能源折合标准煤249.89万吨，与2009年比较增加0.28%；万元营业收入综合能耗（现价）为0.1967吨标准煤，与2009年比较降低38.55%，万元营业收入综合能耗（可比价）为0.2133，与2009年比较降低33.36%。完成了节能减排考核目标。

（程　超）

专利工作

【股份公司专利】 2012年，股份公司取得专利数大幅增加，新获得专利授权100余项。截至2012年底，股份公司一共拥有有效专利突破400项。

资质管理

【股份资质管理】 2012年，股份公司及所属8家子公司特级资质均顺利实现就位，并取得8个水利行业工程设计甲级资质。此外，工程科技部还指导子公司取得市政工程施工总承包一级资质5项、房屋建筑工程施工总承包一级资质2项、房屋建筑工程施工总承包二级资质1项、机电安装工程施工总承包二级2项、石化工程施工总承包二级资质1项、房屋建筑工程施工总承包三级资质1项、铁路工程施工总承包三级资质1项、电力工程施工总承包三级资质4项、矿山工程施工总承包三级资质2项、环保工程专业承包三级资质1项、建筑防水专业承包三级资质1项。

标准化工作

【标准化工作】　股份公司完成了电力行业水电施工技术标准2012年计划任务内的20部标准的编写、审查的组织工作。全年共召开审查会4次，累计完成21部行业标准的审查，完成报批15部。英文版标准取得新进展：全年召开审查会3次，完成9部标准的编译和审查，完成报批7部。

专业会议

【股份公司科学技术委员会年会】　2012年11月，股份公司在北京召开了2012年度科技工作会暨科学技术委员会第三次年会。会上，股份公司董事长范集湘作了《培育国际同行业科技领先水平，努力建设质量效益型世界一流企业》的重要讲话；副总经理宗敦峰作了题为《全面提升科技创新能力，努力建设科技创新型企业》的工作报告。

【股份公司标准化建设启动大会】　2012年11月，股份公司在北京召开了标准化建设启动大会。股份公司领导、各部门负责人等参加会议，各子公司也参加了视频会议。会上，股份公司总经理孙洪水作了题为《实施标准化发展战略，持续提升管理水平，以标准化管理强化中国水电品牌影响力》的重要讲话，发布了《标准化管理办法》和《2012～2015年标准化建设工作规划》。

【股份质量管理专题会议】　2012年9月，股份公司质量管理工作专题会议在河南郑州召开。股份公司总经理孙洪水出席会议并讲话，副总经理兼总工程师宗敦峰作了题为《以质取胜，争先创优，全力推进股份公司又好又快发展》的质量管理工作专题报告。

（王　攀）

市　场　经　营

市场经营部

【部门2012年工作】　2012年，市场经营部积极贯彻股份公司战略规划和工作部署，全面扎实做好各项基础工作，较好地促进了股份公司在中国电建集团平台上继续保持较快发展水平和较高发展质量。

着力加强市场营销工作：

（1）优化考核体系，对国内水利项目进行差别化考核，引领各子公司进一步重视并加强对国内水利建筑市场的营销。

（2）推出自主营销竞赛奖励办法，引领各子公司加强自主营销能力建设，进一步提高领导班子自主营销的积极性。

（3）强化高端营销作用的发挥，引领各子公司营销重点区域、重点项目。

（4）积极引领各子公司转变市场营销发展方式，特别是通过BT模式成功中标建设深圳地铁项目，实现了市场份额和战略价值的兼得；加快向非传统市场的发展，如水电九局有限公司成功实现了将传统水电施工优势向工业配套设施领域的延伸。

（5）强化国内水利水电建筑市场的价值服务能力，加强对子公司投标价格的审查，引领各子公司合理、有序竞争，提升经营质量。

着力加强经营管理工作：

（1）充分发挥作为总部职能部门的价值服务作用。

（2）充分发挥作为总部职能部门的集成推广作用。

（3）充分发挥作为总部职能部门的管控平台作用。

（4）充分发挥作为总部职能部门的顶层设计作用。

（5）充分发挥作为总部职能部门的参谋作用。

（滕怀凯）

市　场　营　销

【强化国内水利水电建筑市场的价值服务能力】　一是坚持前沿营销与高端营销联动、重视高端营销，坚持项目前期阶段营销与项目全生命周期营销结合、着眼项目全生命周期营销，更加重视营销效益。二是通过对子公司投标价格审查，引领各子公司合理、有序竞争，提升经营质量。三是主动向水利部、国家发展改革委等主管部门呼吁，废除部分水利项目招标过程中不合理的排他性、限制性条款，规范合理的招投标秩序。

【完善市场营销体系】 为引领各子公司更加重视并加强对国内水利建筑市场的营销，进一步巩固、提升股份公司核心主业的竞争能力，并充分考虑到水利项目的完全竞争性和低利润率现状，2012 年，股份公司优化了考核体系，出台了国内水利建筑业务差异化考核政策。

【自主营销竞赛奖励办法】 为引领各子公司加强自主营销能力建设，充分激发市场营销人员工作积极性，充分提高各级领导对市场营销工作的重视程度，2012 年 4 月 25 日，股份公司印发了《中国水利水电建设股份有限公司市场营销季度竞赛奖励办法》。该办法明确了竞赛活动管理机构及职责、竞赛细则和奖励办法，规范了竞赛奖评程序。

（刘清华）

经营管理

【生产经营计划及市场营销计划】 根据股份公司年度经营计划管理办法，按照股份公司年度经营计划编制程序，结合宏观经济形势分析、各子公司在建项目合同存量、资源配置情况，市场经营部完成了股份公司 2012 年度市场营销计划及生产经营计划，经批准后作为编制各子公司业绩考核营业收入、新签合同目标值及营业收入预算的基础。

（仵义平）

【管理提升活动】 一是作为管理提升活动领导小组办公室，在中国电建集团范围内率先推出活动“实施意见”，创新提出“督导办法”和“考评办法”，形成了活动“总体有规划—过程有督导—结果有评价”的完整制度体系。二是作为股份公司管理提升活动督导组之一，积极协同人力资源部对水电三局有限公司等 5 家单位具体开展活动督导，对路桥公司、铁路公司进行重点督导。三是作为总部职能部门，在确保完成规定动作的基础上主动开展自选动作，积极开展“关于债权清理及应收账款清欠工作研究”、“关于利用社会资源转换经营发展模式的研究”等专项研究，并按照计划稳步推进。

（滕怀凯）

【管理评价与业绩考核】 2012 年一季度，根据股份公司 2011 年度业绩考核总体安排，按照股份公司《子公司负责人年度业绩考核办法》的要求，遵照股份公司与各子公司经营责任书约定，在总部相关部门配合下，完成了各子公司 2011 年度管理评价工作，并印发各子公司，指出了各子公司管理短板，提出了管理提升要求。

（仵义平）

【经营活动分析】 按季度、年度定期开展经营活动分析，且分析内容更加切合国务院国资委对中央企业的考核指标和企业发展阶段的现实要求，更加突出内部纵向对标和外部横向对标，更加注重问题的提出和解决。经营活动分析机制和标准化格式向子公司进一步延伸推广的同时，也被中国电建集团采纳使用。

（滕怀凯）

【清欠专项治理】 2012 年 4 月，股份公司启动了债权清理及应收账款清欠专项治理工作，成立了清欠工作领导小组，紧密结合管理提升活动，开展清欠治理专题研究，完善清欠长效机制建设。股份公司较好完成了 2012 年度清欠治理目标。

（仵义平）

【南水北调专项管理】

（1）南水北调项目总体情况。截至 2012 年 12 月底，股份公司累计签约南水北调合同 158 个，合同总金额 322.64 亿元，已完成 281.44 亿元，合同存量 41.20 亿元。

（2）专项管理制度执行良好。各参建子公司均能够按照相关制度按时报送南水北调工程专项季报，股份公司将此项工作作为经营活动分析内容之一进行重大项目专项管理分析。

（3）组织开展专项调研活动。2012 年 6～7 月，为全面、真实反映南水北调项目经营情况，了解生产经营存在的主要问题，股份公司组织了南水北调项目经营情况专项调研活动，并形成专项调研报告。该报告对南水北调项目经营情况进行了全面分析，剖析了项目生产经营中存在的主要问题，并提出了应对措施。

（李　响）

【工程分包管理】

（1）2012 年 2～3 月，根据国务院国资委《关于加强中央企业建筑施工领域工程承包管理有关事项的通知》文件要求，股份公司组织了对在建项目分包进行专项检查。

（2）2012年6～9月，根据《分包商资源库管理办法》要求，股份公司组织了2012年度分包商评审工作。按照子公司、股份公司两级评审机制，完成3382家分包商的入库评审工作，完善了两级分包商资源库建设。

（仵义平）

【顾客满意度调查】 2012年9～11月，股份公司对18家子公司部分在建项目开展顾客满意度调查。本次调查范围广，涵盖国内大型发电企业集团和南水北调中线建管局等国内水电业务重要顾客单位；调查顾客响应度高，主要顾客响应度为100%。通过顾客满意度调查，显示2012年顾客单位满意度较上年提升。

（王 磊）

【水利市场信用评价】 按照中国水利工程协会《关于开展2012年全国水利建设市场主体信用等级评价工作的通知》要求，市场经营部积极组织各子公司参加全国水利市场信用评价。集团公司对各子公司报送的资料进行审核，并提交协会审查。截至2012年12月底，水电一局有限公司等16家单位已参加全国水利建设市场信用评价工作，水电一局有限公司等12家单位已通过协会审核。

（仵义平）

造价管理

【国有企业监事会内控专项检查】 2012年10月22～27日，国有企业监事会对股份公司投资建设项目招标等工作进行专项检查，招标管理方面检查的主要内容包括招标管理制度和机构、招标组织情况、招标方式、评标、定标情况等。国有企业监事会对股份公司招标管理工作给予了较好评价。

【大额重要招标项目结果审批】 2012年，股份公司审批了海投公司、四川公司、房地产公司、深圳地铁等9家投资公司所报的68项大额重要招标项目，92个标段的招标结果，中标金额达88.03亿元。大额重要项目招标数量及金额都有较大增长。

【投资建设项目分标规划】 2012年，股份公司审批了深圳地铁7号线BT项目、新能源公司甘肃武威光伏电站一期工程、巨龙山风电场项目、尼泊尔上马相迪A水电站BOT项目等4个投资项目的分标规划。市场经营部对每个分标规划进行认真审核，并提出建议和意见。

【年度招标计划】 2012年，股份公司组织召开了年度建设项目招标计划评审会；年中对招标计划进行了调整。全年共批复四川公司等10家子公司投资建设项目招标计划792个，计划投资总金额205.79亿元。年终对年度招标计划完成情况进行分析总结，根据宏观经济形势，股份公司放缓投资项目推进速度，实际完成招标547项，招标金额120.27亿元。

【深圳地铁7号线BT项目车站工程招标评标监督】 2012年10月15日，市场经营部参与了深圳地铁7号线BT项目车站工程招标评标工作，对深圳地铁招标评标工作提出了改进建议，促使其严格规范招标管理流程，使招标管理程序合法合规。

（李诗舫）

综合统计

【统计基础工作】 2012年，综合统计工作通过快报、季报和年报等形式确保数据的收集、汇总和报送工作，并对报表资料进行说明和分析，有效反映了股份公司整体生产经营态势，为经营决策提供了可靠依据。

【统计业务培训】 2012年4月，市场经营部统一组织股份公司及子企业统计人员参加了中国电建集团举办的统计业务培训，并根据现专职统计人员建立、更新了统计人员信息档案，及时了解和掌握统计人员基本情况、学历职称情况、参加继续教育培训等变化情况，保证统计信息报送人员联系顺畅。

【统计执法检查】 2012年5月14日，北京市统计局依据《中华人民共和国统计法》、《北京市统计管理条例》、《全国经济普查条例》，对股份公司进行了统计执法检查，对股份公司总部建筑业生产情况报表等情况进行检查。此次检查顺利通过。

【建筑业协会统计专业委员会工作】

（1）根据中国建筑业协会统计专业委员会文件《关于征集建筑业企业统计业务具体操作问题的通知》要求，股份公司全面征集各子公司意见，并针对建筑业产值的统计依据等问题，提出了建议和意见。

（2）为提高统计分析和研究水平，股份公司积极组织各子公司参加建筑业统计分析优秀论文征集活动。各子公司共报送论文 19 篇，股份公司选送论文 5 篇，获选优秀论文奖 5 篇，同时获得优秀组织奖。

【电力建设行业统计工作】

（1）2011 年中国电建集团组建后，国家统计局报表由电力建设行业协会统一组织上报。2012 年，股份公司首次荣获“全国电力建设行业统计工作先进单位”荣誉称号。

（2）组织和参与编写了全国电力建设行业统计分析报告。

（郝维华）

专业会议

【股份公司 2012 年市场营销推进会】 2012 年 4 月 8 日，股份公司召开了 2012 年市场营销推进会。会议以“转变市场营销发展方式”为主题，明确了年度市场营销任务，并对做好市场营销工作进行了系统部署。股份公司董事长范集湘出席会议并讲话；总经理孙洪水主持会议并作总结讲话；党委副书记陈永录，副总经理宗敦峰、曾兴亮、杨忠、刘明江，总会计师丁永泉出席会议。股份公司总部有关部门负责人，事业部负责人，各子公司、控股公司总经理、负责市场营销工作的副总经理及市场营销部门负责人共 120 余人参加会议。

（滕怀凯）

【股份公司 2012 年投资建设项目招标计划评审会】 2012 年 3 月 12 日，市场经营部召开了股份公司 2012 年度建设项目招标计划评审会。经评审，批复了四川公司等 10 家子公司上报的投资建设项目招标计划 792 个，涉及水电站、房地产、公路、风电、矿山、火电、市政、光伏等行业。

（李诗舫）

安全生产监督管理

安全生产监督管理部

【部门 2012 年工作】 2012 年，安全生产监督管理部以落实股份公司安全生产工作会议、中央企业安全生产禁令为主线，从思想认识、队伍建设、制度建设、管理管控、安全检查（隐患治理）及检查考核、应急管理等 7 个方面采取有力措施，着力推进“安全标准化、安全技术、本质安全建设”，实现了安全生产形势持续稳定的态势。

2012 年，股份公司没有发生较大责任事故，没有发生国务院国资委业绩考核规定扣分的事故，完成了股份公司年初各项任务。

（1）统筹安排安全生产年的工作，并定期牵头研讨重要事项。

（2）狠抓四个体系建设，加强安全队伍建设。

（3）认真开展安全检查，全面排查事故隐患。

（4）强化安全考核，推动各级机构安全责任制的全面落地。

（5）筹备标准化手册编制工作，完善安全管理制度。

（6）应急管理成绩显著。

（7）强化安全基础工作。

（高　翔）

【组织体系及制度建设】 2012 年，股份公司完善工作机制和改善业务流程，全面推动各个层级相关领导认真履职。针对以往安全生产责任落实不能够完全到位的实际，为了更好地推动全员参与安全生产，安全生产监督管理部探索建立“管理、技术、实施、监管”四个体系建设：一是建立以各级行政一把手为主要责任人的安全管理体系；二是建立以主管生产的领导为主要责任人的安全生产实施体系；三是建立以总工程师为主要责任人的安全技术管理体系；四是建立以安全总监为主要责任人的安全生产监督体系。通过四个体系的相互协作、监督，推动责任制的全面落实，确保安全生产管理规范、有序。

（贺芳明）

安全管理

【安全检查】 2012 年，为了强化对施工现场的管理，股份公司先后组织 17 个督查组对汛前安全、海外项目、地质灾害等进行安全督查和重要隐患专项排查治理。股份公司累计督查工程项目112个，排查发现事故隐患442处，开具隐患整改通知单20份，对8个现场进行了停工处理。全年股份公司所属单位共排查隐患25004条，整改24628条，整改率98.5%，其中排查重大隐患376条。

（刘凤权）

【安全培训】 2012年，安全生产监督管理部积极开展安全培训和安全生产活动月活动，切实提高员工安全意识和管理、操作能力。共举办三期安全管理培训班，共培训主要负责人、项目经理、专职安全员532人，实现了持证上岗；同时，加强注册安全工程的业务支持，为其各类注册提供方便，全年共办理42名初始注册和20名延续注册、10名变更注册。

（唐晓勇）

【职业健康体系运行】 2012年10月，北京大陆航星质量认证中心到股份公司进行第三方认证审核。通过审核，发现股份公司安全管理体系运行正常，符合标准要求，决定给股份公司推荐颁发职业健康安全管理体系认证证书；同时，发现了职业健康安全管理体系中存在的问题，通过举一反三整改，持续改进了股份公司一体化管理体系。

（陈魏龙）

【应急救援】 2012年，安全生产监督管理部组织修订了《股份公司综合应急预案》，编制了《水利水电工程应急能力评估指南》，指导各单位做好应急预案，要求定期开展救灾演练，做好装备、技术、人员等方面的应急准备，定期排查营地、施工场面、场内交通道路等地质灾害隐患。在汛期、台风季节，股份公司加强对在建项目进行地质灾害预警通知，发布地质灾害防御信息，定期督促各单位抽查项目领导防汛值班情况。股份公司年内紧急转移、疏散农民工、职工10000余人次。锦屏水电站自然灾害发生时，股份公司针对异常气候，及时启动应急预案，只有1人死亡，避免了群体性人身伤亡。

（刘凤权）

【标准化管理】 2012年9月，股份公司在陕西西安召开安全标准化工作会议，讨论股份公司安全标准化工作原则和各单位的分工。截至2012年底，安全生产监督管理部已完成安全标准化手册大纲初稿编制工作，新的标准化手册将统一股份公司、工程局有限公司、分局、项目部四级之间的管理标准、管理表单、管理流程，并预留管理接口，明确之间的配合要求。

（马宗磊）

【信息系统管理】 2012年，股份公司利用信息管理系统进一步规范各类业务管理，对安全检查、隐患排查整改、重大危险因素、安全投入等进行实时监控，通过预先设定的预警模块进行预警，及时发现管理不善的单位并提出指导意见，信息系统得到有效利用。

【安全活动月】 2012年6月1日上午9时，股份公司以“科学发展、安全发展”为主题的2012年安全月活动启动仪式在内蒙古乌海市海勃湾水利枢纽工程水电三局有限公司海勃湾项目部启动。股份公司副总工程师兼安全生产监督管理部主任高翔以及水电三局有限公司、水电五局有限公司海勃湾项目部全体参建员工600余人参加了启动仪式。仪式上举行了安全旗升旗仪式，600余名参会人员纷纷在“科学发展、安全发展”的横幅上郑重签下了自己的名字。

（陈魏龙）

【安全考核】 2012年11月到12月，股份公司派出10个检查考核组，对股份公司所属56个项目部进行安全考核。通过考核，有10个子企业被评为股份公司“安全生产优秀企业”，147个项目部（项目经理）被评为“优秀项目部（项目经理）”，175个来自各个单位的从业人员被评为“安全生产先进个人”。

（刘凤权）

专业会议

【工作会议】 2012年2月19日，股份公司2012年安全生产工作会议在北京召开。会议明确2012年股份公司安全生产工作的指导思想和工作思路是：认真学习贯彻党和国家科学发展安全发展的战略要求，全面落实中国电建集团、股份公司工作会议精神，大力实施安全发展战略，以深入扎实开展“安全生产年”活动为载体，以安全责任制为抓手，在继续强化安全生产基础管理的同时，以形势宣传教育、安全生产风险管理体系建设、安全生产标准化建设为重点，集中整治、重点改进企业安全生产的突出问题，构建企业安全文化，以全面推进企业本质安全为目标，保持股份公司安全生产形势总体受控、稳步向好的局面。

股份公司总经理孙洪水出席会议并讲话；党委副书记陈永录主持会议；副总经理宗敦峰作安全生产工作报告；副总经理曾兴亮、杨忠、刘明江，总会计师丁永泉出席会议。

会上，孙洪水代表股份公司与各子公司、控股公司签订了2012年安全生产责任书。大会表彰了9个2011年度安全生产先进企业、126个优秀项目部（集体）、126位安全生产优秀项目经理、167位安全生产先进个人。

【专题会议】 2012年7月17～18日，股份公司在北京召开2012年安全生产专题会议。针对安全事故有反弹趋势的严峻形势，分析安全生产工作中存在的问题，研讨解决问题的思路和方法，明确方法、明确责任，扭转安全形势的不利局面。股份公司副总经理宗敦峰在会上讲话。股份公司各子公司、控股公司安全生产分管领导、安全部门负责人共计60多人参加了会议。

（陈魏龙）

先进单位及先进个人

【股份公司2012年度安全生产先进企业（A类）】

中国水利水电第八工程局有限公司
中国水利水电第五工程局有限公司
中国水利水电第一工程局有限公司
中国水利水电第七工程局有限公司
中国水利水电第二工程局有限公司
中国水利水电第十三工程局有限公司
中国水电建设集团十五工程局有限公司

【股份公司2012年度安全生产先进企业（B类）】

中国水电建设集团铁路建设有限公司
中国水电建设集团租赁控股有限公司
中国水电建设集团房地产有限公司

【股份公司2012年度安全生产优秀项目部（集体）】

水电一局有限公司：鲁地拉水电站土建及金结安装项目部、南水北调叶县4标项目部、黄登水电站项目部、梨园水电站项目部、刚果（金）ZONGO2水电站项目部、西北岔水利枢纽工程项目部。

水电二局有限公司：海淀区辛店Ⅰ标项目部、南水北调新郑南段三标项目部、刚果（金）金沙萨机场工程项目部、四川毛滩电站尾水渠下端工程项目部、丹东太平湾电厂综合楼工程项目部、天津总承包部第一项目部。

水电三局有限公司：卡塔尔CP1项目部、阿尔及利亚玛乌阿纳项目部、西北分局、云南分局毛家河项目部、华中分局仙居项目部、路桥分局郑州BT快速干道项目部、制安分局陕西区域项目部、西北分局海勃湾项目部、华中分局富裕路跨沣河桥项目部。

水电四局有限公司：第一分局羊曲项目部、第二分局锦屏项目部、第三分局海东项目部、第四分局善泥坡项目部、第五分局向家坝项目部、第六分局漫水湾项目部、第七分局海东项目部、机电安装分局向家坝项目部、酒泉新能源装备有限公司、加蓬利伯维尔电网改造项目部、基础分局海东项目部。

水电五局有限公司：江苏溧阳抽水蓄能电站C2标项目部、牛栏江滇池补水项目部、太仓市应急水源地工程围堤1标段项目部、成都天府新区红星路南延线二标段项目部、大山口二级水电站工程项目部、吉牛工程项目部、机电制造安装分局亭子口项目部、南苏丹马拉卡尔项目部。

水电六局有限公司：赤道几内亚巴塔市电网改扩建工程项目部、汤河水库除险加固工程项目部、雅砻江卡拉项目部、杨房沟水电站交通专用公路工程土建Ⅸ标工程项目部、溧阳抽水蓄能电站尾水系统工程项目部、长甸电站改造工程引水系统工程项目部、桓集隧道工程施工五标项目部。

水电七局有限公司：成都水电建设工程有限公司、南水北调潮河项目部、长河坝项目部、猴子岩项目部、成都金芙蓉大道第一项目部、梅家山项目部、沪昆客专测量试验中心、岩滩水电站机电安装项目经理部、糯扎渡施工局、上阿特巴拉项目部。

水电八局有限公司：二分局、三分局、砂石分局、基础工程分局、委内瑞拉新中心电厂项目812联营体、柬埔寨王国斯登沃代项目部、二分局南水北调宝郏项目部、五分局大岗山大坝项目部、六分局绿水河项目部、机电制造安装分局溪洛渡项目部、砂石分局沐若项目部、基础设施分局台山核电项目部、基础工程分局沐若项目部。

水电九局有限公司：第一分局观府壹号项目部、第二分局黄金坪水电站项目部、第四分局观山小区项目部、第六分局观音岩水电站砂石项目部、国际公司毛里求斯B6公路项目部。

水电十局有限公司：四川古城水电站厂房枢纽工程项目部、南水北调中线南阳二标工程项目部、甲岩水电站厂区枢纽工程项目部、老挝南坎二水电站工程项目部、南水北调中线干线汤阴段1标工程项目部。

水电十一局有限公司：一分局济祁高速永城段项目部、二分局飞仙关水电站项目部、四分局南水北调宝郏项目部、五分局吉勒布拉克水电站项目部、深圳地铁7307-1标项目部、委内瑞拉新卡夫雷燃气电站项目部、赞比亚卡里巴北岸扩机工程项目部、委内瑞拉农业综合开发项目部。

水电十二局有限公司：溧阳施工局、峡江施工局、两河口施工局。

水电十三局有限公司：南水北调中线直管工程磁县段二标项目部、辽宁抚顺石化新城核心区施工项目部、南水北调中线总干渠辉县六标项目部、南水北调中线总干渠潮河段项目部、抚顺石化新城基础设施建设工程总承包部、坦桑尼亚多多马—巴巴提公路升级项目部、坦桑尼亚坦嘎公路工程项目部、安哥拉安杜鲁—聂来亚公路工程项目部。

水电十四局有限公司：黄登电站项目部、桓集隧道工程施工三标项目部、贵广铁路十标指挥部、加蓬布巴哈电站项目部、刚果（布）OLF公路项目部、锦赤铁路ZH—03项目部、黄金坪电站项目部、糯扎渡电站机电安装项目部、大理聚能投资有限公司。

水电十五局有限公司：青海石头峡水电站项目部、湖北龙背湾水电站项目部、延安南沟门水利枢纽项目部、辽西北供水工程项目部、新疆巴勒哈纳克项目部、柬埔寨西港码头项目部。

水电十六局有限公司：第五分局贵州北盘江马马崖一级水电站大坝土建工程项目部、第二分局沈阳桃仙国际机场航站区扩建工程下穿通道、综合管廊二标段项目部、新疆施工局沙尔布拉克水电站项目部、第三分局河南南水北调中线一期鲁山北段工程部、第一分局四川雅砻江两河口水电站交通隧洞工程部、云南勐野江水电站厂房枢纽工程部、格鲁吉亚科布莱梯绕城公路项目部、马里费鲁水电站机电金结工程部。

基础局有限公司：文莱项目部、黄岗项目部、安谷项目部。

夹江水工厂：非水电设备制造分厂。

港航公司：平潭盐田造地工程项目部、毛里塔尼亚努瓦迪布矿石新港建设项目部。

国际公司：南亚区域部、西亚北非区域部。

房地产公司：中国水电建设集团（唐山）房地产开发有限公司、门头沟分公司、中国水电建设集团房地产（昆明）有限公司。

路桥公司：中水电（郑州）投资发展有限公司、中水电西安投资发展有限公司、成都市天府新区红星路南延线BT项目、湖南新溆高速公路12标段、新疆G3012阿喀高速公路3标段。

铁路公司：神华准池铁路项目部。

海外投资公司：中水电柬埔寨甘再项目公司。

新能源公司：贵州桐梓河水电开发有限责任公司。

租赁公司：深圳百业达机械设备租赁有限公司、中水电北固建设机械有限公司。

甘肃能源公司：崇信公司、华亭公司。

四川电力公司：中国水电建设集团圣达水电有限公司（安谷电站）、四川圣达水电开发有限公司（沙湾电站）、四川松林河流域开发有限公司。

【股份公司2012年度安全生产优秀项目经理（负责人）】

水电一局有限公司：张志强、孙文轩、李凤华、闫斌、黄中鑫、张云山。

水电二局有限公司：杨学良、韩雪冬、柯勇、刘攀、孔明、付金波。

水电三局有限公司：李炳汉、韩贵才、米振柱、汪义桥、郑春雷、沈建平、张民、陈小祎、赵香培。

水电四局有限公司：汪文生、赵伟东、韩永阳、李福东、邹强、王建德、沈延林、李津沛、董贵林、吉振伟、张保虎。

水电五局有限公司：杨贵仲、张俊、兰昌志、崔峻、刘晓刚、汤文东、李则泉、梁岗伟。

水电六局有限公司：刘宝、雷涛、陈德权、丛振民、曾仲友、孙磊。

水电七局有限公司：李东林、周建平、李宏伟、袁平顺、吕明星、管大刚、李正云、曾洪富、华正超、谭玉平。

水电八局有限公司：肖军、殷长城、吴三线、肖光彩、何庚生、朱忠实、隋勇、周光荣、周桂龙、周功贵、贺豫奇、黄岳、蒋和平。

水电九局有限公司：陈贤文、奉海、刘熠、蔡静、张波。

水电十局有限公司：苏小明、夏爱清、高建、李锐、李云。

水电十一局有限公司：李勇、王树新、陈学才、韩振方、陈双权、陈健、刘本江、杨社亚。

水电十二局有限公司：项建明、黄献新、应宁坚。

水电十三局有限公司：宋慈勇、张国刚、李洪生、孟召祥、孙杰、路涛、司圣文、冯凯。

水电十四局有限公司：张昆、彭春林、杨大志、尹俊宏、郭航飞、贾振华、张述毕、孙泽熙、翟宸。

水电十五局有限公司：黄建强、冯江江、李亚林、李占勤、韩林安、屈建刚。

水电十六局有限公司：蒋亨强、陈龙兴、高建山、何新辉、谢斌、杨人河、许曹津、余深明。

基础局有限公司：徐方才、韩拥军、刘典忠。

夹江有限公司：杜明。

港航公司：代宝龙、张延峰。

房地产公司：张宏森、龚希望、康勇。

路桥公司：成子桥、石晓辉、孙军柱、张俊、谭金龙。

铁路公司：董树文。

海外投资公司：舒江。

新能源公司：刘建国。

租赁公司：张永茂、白巍。

甘肃能源公司：刘玉柱、杨晓强。

四川公司：孙炯、罗武、熊绍华。

【股份公司2012年度安全生产先进个人】

水电一局有限公司：邓吉明、王新昊、吴爽、金哲光、王桂林、魏永巍、侯亮、徐速、王志强、李勇。

水电二局有限公司：江开洪、郝永义、乔君、冀旭、于立凯、来瀚文、崔京波、万军、方祖光、廉成志、李静波。

水电三局有限公司：王兆胜、马少龙、张小安、祝学辉、邓德彬、赵忠伟、付新峡、陈正仕、沈建滨、马富强。

水电四局有限公司：王贺、刘忠金、李一峰、王好学、陈锟、李万江、秦义辉、周峡、侯国强。

水电五局有限公司：王建功、胡开明、张显为、靳阔军、李思全、宋晓坤、王燕。

水电六局有限公司：黄勇凯、夏清伟、戚敬师、吕永德、邵长华、赵廷虎、王彦军、张强、孟海波。

水电七局有限公司：邹会均、李文亮、马海洪、张益伦、蒋川峡、谢基祥、李正兵、杨勇、曾昌隆、张春东。

水电八局有限公司：任朗明、谢卫东、喻冬科、李刚、刘大庆、刘宗胜、陈秋敏、邓志红、何平、李锡彬、杨平、陈宏、刘炜、俞颂、刘家茂。

水电九局有限公司：付开贵、张晓建、冯玉明、刘裕、李雄、尚家骥、贺言、蒲建华。

水电十局有限公司：张龙斌、侯彦君、魏帮贵、张思福、马栋梁、吴兵、王玉华、陈波、罗鹏程。

水电十一局有限公司：阮美文、王立法、李桂峡、吴艳书、范建卿、李灵国、王占超、丁卫江、贾海叶、方绍曾。

水电十二局有限公司：楼向东、杨海、李逢英。

水电十三局有限公司：刘富凯、鞠子强、屠清奎、王春明、沈涛、刘路军、程显东、董平。

水电十四局有限公司：杨云鸿、张志勇、周俊义、杨洋、王建平、范开平、陈思钊、杨明伟、罗霖。

水电十五局有限公司：辛广强、蔡李荣、邓芳梅、高翔、邓选会、张宝安、王淑云、李荣、杜国刚、吴莉、杨有宏。

水电十六局有限公司：方彦铨、刘金华、刘辉、叶继华、汪福生、黄祥平、许强、曾润君、李强。

基础局有限公司：李江林、王建生、李文书、魏忠合、贺永利。

港航公司：张凤民、李景彦。

国际公司：孙世伟、陈士军、刘武艺。

房地产公司：王江华、汪玉猛。

路桥公司：刘怡辉、张兴昌、张劼超。

铁路公司：杨晓利、沙涛。

海外投资公司：冯克锋。

新能源公司：童英杰。

租赁公司：伊燕飞、梅阳阳、郑基建。

甘肃能源公司：梁百华、杨婕、陈亮。

四川公司：张光元、邓宏荣。

资　金　管　理

资金管理部

【部门2012年工作】　2012年，资金管理部按照国务院国资委和中国电建集团要求，围绕股份公司实施全面风险管控和管理提升整体部署，进一步完善资金管理体制的优化升级，全面提升资金集约化管理水平，建立符合上市公司身份的多元化融资模式，有效降低综合融资成本，构建了稳定、安全的内外部金融环境，为股份公司战略转型和可持续发展提供强有力保证。重点做了以下工作：

（1）按照股份公司管理提升要求，构建多元化融资模式，优化债务融资结构。2012年，股份公司通过发行中票、公司债和短期融资券等多种模式共计融资151亿元，融资方式趋于多元化。

（2）进一步提升资金集约化管理水平，建立规范、高效的资金集约化管理体系。

1）搭建资金信息化管理平台，提高资金集中速度和效率。股份公司资金管理信息系统荣获中国电力企业联合会电力行业信息化成果三等奖。

2）加强资金预算管理，提高资金收支计划性。资金管理部在系统推广实施资金预算管理模块，资金预算系统与资金结算系统和金融机构网银平台实施数据对接，实现了预算指标对资金运转的在线监控。

3）强化银行账户管理，夯实集约化管理基础。要求各单位新增开户集中在股份公司合作银行范围内，全年共核销合作外银行账户188个。

（3）充分利用所取得低成本的债券资金和集中形成的资金池，满足股份公司资金需求，并为子公司适时提供有力的资金支持，及时调整融资结构，降低财务费用。

（4）巩固总对总银企高端合作模式，为股份公司建立稳定的融资环境。

（5）强化对担保业务、金融衍生品业务的集中管控，进一步完善资金内控体系建设，建立资金风险防范的安全屏障。

（6）优化国际业务资金管控模式，提高国际资金集中比例，防范外汇资金风险。

（汪晓庆）

资 金 管 理

【资金集约化管理】　2012年资金集约化的管理目标是：深化资金管理体制和业务创新，增强资金预算管理能力，加速资金周转，加快资金融通，加大国际业务资金统管力度，提高内源性资金利用效率。采取的主要措施有：一是规范银行账户管理，强化账户集中受控；二是加强资金集中管理，提高存量集中度；三是督促各子公司充分借助网络化资金管理系统，加强对所属分、子公司，项目部实时在线管控和资金收支集中管理；四是对条件成熟的子公司，大额资金和重点管理项目的资金试行股份公司总部一级统一收支管理。

【资金预算管理】　按照上市公司规范管理的要求和全面预算管理的规定，深入推进资金预算管理。资金预算系统按照二级架构设置，即股份公司总部对各子公司实施预算管控，各子公司对所属分、子公司、项目部实施预算管控，资金预算全面覆盖至股份公司各层级单位和所有资金收支和融资业务。预算系统与资金结算及信贷系统实现数据对接，预算指标实时监控资金收支，并将预算执行分析形成常态化机制，从而形成“事前有计划、事中有监控、事后有分析”的资金业务全过程预算管理覆盖，以提高资金整体调配和风险防范能力。

【资金信息系统建设】　2012年，信息系统建设在两级总部全部上线运行的基础上，将系统运行向纵深推进；在资金结算等日常业务上线处理的基础上，加强资金分析、资金监控、资金预算等更高层面的信息化建设；按照股份公司确定的战略合作银行范围，扩大银企直联的银行范围，真正做到资金闭合式流转及资金状况实时监控。同时，提高境外网银使用范围和比例，加强境外资金在线管理，逐步实现对境外资金的网络化管控。在中国电力企业联合会电力行业信息化成果评比中，股份公司资金集中管理系统凭借其一定的行业先进性获评三等奖。

【国际业务资金管理】　2012年，资金管理部对外币银行账户、当地币管理、外汇风险、保函等业务进行梳理，出台了相应的管理办法。加深与综合实力强的具有国际业务优势的银行合作，建立全球化的资金管理网络，提高国际资金纳入大资金池循环的比例。加强国际资金使用的计划控制，提高资金计划的准确性和对业务执行的约束力。加强对国际资金风险的监管，确保资金安全。外币资金及时结汇，加强境外资金存量控制，积极关注所在国政治经济形势变化，灵活应对突发风险，加强对境外账户的远程监控，确保国际资金安全。

（韩　磊）

融 资 管 理

【外部融资环境稳定】　2012年，股份公司加强与战略合作银行的沟通交流。2012年6月，中国银行总行及各分行与股份公司全系统各子公司共同在湖南长沙召开了银企合作关系研讨会，组织各子公司参加了中信银行总行组织的新产品推介会，进一步巩固了与外部金融机构总对总的合作关系。2012年末，股份公司在各金融机构的授信总额超过2300亿元，外部融资环境稳定，重点项目融资均得到落实。

【优化债务融资结构】　2012年，股份公司凭借上市公司的融资平台，最大限度地利用公司净资产额度，扩大直接融资规模，新增直接融资151亿元，较2011年增长125%，融资方式趋于多元化。截至

2012年末，债务融资工具待偿余额共计196亿元，股份公司融资结构趋于合理。

【降低财务费用】 2012年，根据货币政策变化趋势，抓住央行降息的有利时机，资金管理部及时要求各单位置换原高息贷款。利用债券募集资金累计偿还各类贷款76.7亿元。这部分被置换贷款的平均融资成本为8.49%，远高于本年度股份公司平均债券融资成本4.5%，此项措施可节约财务费用近3亿元。

【存贷规模管控】 2012年，除在各关键节点进行控制外，股份公司还采取了资金统一调剂方式，帮助部分子公司提前偿还银行贷款。2012年共压缩融资规模28亿元，存贷款比例进一步优化。

（高　昱）

担保管理

【股份公司担保管理】 按照担保管理办法的要求，严格规范担保程序，2012年股份公司发生的所有担保都按照规定履行了审批程序，无计划外担保。严格控制担保总量，限制对流动性融资品种的担保，侧重满足投资性项目的担保需求。同时，下发担保清理通知，要求各公司对符合解除或置换条件的担保进行清理，共清理担保19亿元。截至2012年末，股份公司担保总金额为195.08亿元，较2011年减少40.71亿元。

（汪晓庆）

企业改革

企业发展部

【2012年部门工作】 2012年，企业发展部紧紧围绕股份公司中心工作和决策部署，坚持“务实、创新、规范、高效”的工作作风，不断提升工作水平、服务水平和管理水平，在发挥总部战略引领、科学管控与指导服务等作用方面主要做了以下工作。

1. 稳步推进企业改革重组

为适应股份公司经营业务发展形势并促进资源优化配置，牵头组织了有关子企业的重组整合工作，移交企业办社会职能取得新突破，组织开展了子企业集体企业、关联企业、自然人持股情况调查工作和组织机构设置调查摸底工作。

2. 进一步加强了股份公司战略管理

组织制定了《股份公司2012～2014年发展规划》和《股份公司国内水利水电工程承包发展规划》等3个专项规划，股份公司战略规划体系进一步完善。

3. 不断强化对子企业的管控、指导和服务

加强了对子企业设立撤并法人机构工作的指导与服务；为促进房地产业务的快速发展，组织制定了《关于大力支持房地产公司跨越式发展的指导意见》；组织各子企业参加全国电力行业企业管理创新成果评审活动，取得了较好成绩。

4. 深入开展企业内部控制与全面风险管理

完成了股份公司2011年度内部控制自我评价工作，形成了《股份公司2011年度内部控制自我评价报告》；进一步建立健全了内部控制与全面风险管理工作制度；组织开展了股份公司2012年度风险评估，并完成了风险管理报告编制工作；加强对各子公司内部控制与全面风险管理工作的指导；积极推进内部控制与全面风险管理日常建设，组织完成了股份公司2012年度内部控制自我评价与内部控制审计工作。

5. 积极开展管理提升活动

企业发展部根据股份公司整体部署安排，对部门工作职责和具体业务进行全面梳理，通过查找和自我诊断，剖析了工作中存在的不足，拟订了整改措施计划，为管理提升活动第二阶段专项整改奠定了基础。同时，作为股份公司管理提升活动第三督导组成员部门，参与了现场调研督导工作及有关专项研究工作。

（胡建敏）

战略管理

【制订股份公司2012～2014年发展规划】 按照中国电建集团《关于开展集团公司2012～2014年滚动规划编制工作的通知》（中电建发〔2012〕8号）以及

《关于开展集团公司2012～2014年滚动规划编制工作的补充通知》（中电建发〔2012〕10号）要求，股份公司组织制订了《股份公司2012～2014年发展规划》（以下简称《三年规划》）。根据董事会意见，结合股份公司经营实际和当前宏观经济发展趋势，《三年规划》对股份公司“十二五”发展规划中确定的规划指标做出了一定调整，调整后的规划指标更能体现股东意志和股份公司成长性要求。《三年规划》已经董事会、股东会审议通过并正式印发实施。

（王晓轶）

管理体制

【股份公司制定《关于大力支持房地产公司跨越式发展的指导意见》】 为促进股份公司房地产业务快速发展，做优、做强房地产业务板块，股份公司制定了《关于大力支持房地产公司跨越式发展的指导意见》，在运营政策上对房地产公司给予大力支持，在对房地产公司的内部授权、业绩考核、薪酬分配等方面作了调整。

改革重组

【国际公司分立暨组建海外投资公司】 2012年，为适应股份公司国际业务发展新形势，进一步优化国际业务管理体制与运作机制，经过方案论证和精心组织实施，将国际公司统一管理的海外承包业务与海外投资业务进行分离，促进了股份公司国际投资业务发展模式、管理方法的转型升级。

（王荫皆）

【水电七局有限公司与夹江有限公司重组整合】 为深化内部管理体制改革，优化资源配置与结构布局，集团（股份）公司在充分论证研究、不断优化方案的基础上，于2012年9月以增资方式完成了中国水利水电第七工程局有限公司与中国水电建设集团夹江水工机械有限公司的重组整合，实现了两家企业的优势互补与更好、更快地发展。

【股份公司推进辽工局有限公司与水电六局有限公司的深度整合】 2011年底，中国水电建设集团辽宁工程局有限公司整体划转至中国水利水电第六工程局有限公司重组后，为进一步解决在经营管理方面存在深层次矛盾，股份公司经反复研究论证，按照“一个领导班子、一个管理机关、一套管理制度、一体化管理”的整合原则，制定了中国水电建设集团辽宁工程局有限公司与中国水利水电第六工程局有限公司深度整合的实施方案，对中国水电建设集团辽宁工程局有限公司的资产、业务、人员进行了深度整合，理顺了管理体制和经营机制。

（宝金玉）

全面风险管理与内部控制

【股份公司编制《2012年度全面风险管理报告》】 为提高风险防范能力，根据中国电建集团有关风险管理工作要求，结合自身管理需要，股份公司在对2012年度风险进行调查评估的基础上，编制并向中国电建集团报送了《股份公司2012年度全面风险管理报告》。报告对2011年股份公司全面风险管理工作及2011年十大重要风险管理情况进行了回顾，对2012年股份公司全面风险管理工作作了安排，并针对股份公司2012年度所面临的十项重大风险制订了管理策略和解决方案。

【股份公司编制《2011年度内部控制评价报告》】 2012年，根据财政部等五部委发布的《企业内部控制基本规范》及其配套指引要求，股份公司对公司内部环境、风险评估、控制活动、信息与沟通、内部监督等要素进行了全面、客观的评价，编制了《股份公司2011年度内部控制评价报告》，报告经股份公司总经理办公会、董事会审议后，随同股份公司2011年度财务报告在指定媒体进行了披露。

【股份公司制定《内部控制与全面风险管理办法》】 2012年10月12日，为规范股份公司内部控制与全面风险管理工作，提高企业风险管理水平，根据《企业内部控制基本规范》及其配套指引和上海证券交易所《上市公司内部控制指引》及《中央企业全面风险管理指引》等政策文件要求，结合实际情况，股份公司制订了《内部控制与全面风险管理办法》。办法对内部控制与全面风险管理的目标与原则、组织机构及职责划分、工作流程、监督检查与考核等方面进行了规范和明确。

【股份公司制定《内部控制评价办法》】 2012年10月12日，为进一步规范股份公司内部控制评价程序和评价报告工作，准确揭示和防范股份公司经营风险，全面、客观反映股份公司内部控制的设计与运行情况，根据有关法律法规和《企业内部控制基本规范》及《企业内部控制评价指引》等规定，股份公司制定了《内部控制评价办法》。办法对内部控制评价适用范围、工作依据、工作原则、评价的组织与职责、评价范围、评价工作程序、有效性测试、缺陷认定与整改、评价报告等方面作了详细规定。

【股份公司制定《内部控制建设发展规划（2012～2015）》】 2012年6月26日，为规范和指导股份公司内部控制建设工作，提升股份公司管理水平，根据财政部等五部委《企业内部控制基本规范》及其配套指引和北京市证监局《关于做好北京辖区上市公司内控规范实施工作的通知》要求，制定了《股份公司2012～2015年内部控制建设发展规划》。规划在对股份公司内部控制现状进行评估的基础上，结合股份公司特点，明确了内部控制工作指导思想，拟定了股份公司内部控制中长期建设目标，提出了实现内部控制目标的工作方式基本框架，设定了内部控制建设各工作阶段时间点，界定了各阶段具体任务。

【股份公司开展内部控制与风险管理】 2012年，股份公司继续加强内部控制与风险管理工作，在年初制定了《股份公司内部控制规范实施工作方案》，并提出了具体的《股份公司内控规范实施工作总体运行表》。按照工作方案及运行表安排，积极推进内部控制与风险管理各项工作，及时向北京市证监局提交季度定期工作报告及内控规范实施运行情况表。积极督促和指导子公司建立健全内部控制与全面风险管理体系。组织总部相关部门并会同中天运会计师事务所完成了股份公司总部内部控制自我评价与内部控制审计工作，对水电一局有限公司、水电三局有限公司、水电六局有限公司、水电十五局有限公司等4家子公司的内部控制工作进行抽查，对审计机构在审计过程中发现的问题，下发整改通知，督促各子企业限期整改。

（刘 毅）

企业法制建设

法律事务部

【部门2012年工作】 2012年，法制工作紧密围绕中央企业法制工作新三年目标，注重加强制度建设和法制人才队伍建设，在中国电建集团整体改制、投资业务合规评审、重大法律纠纷协调、六五普法宣传等事项中不断提升法律管控职能的作用，对维护股份公司合法权益、服务保障股份公司发展发挥了积极作用。

1. 坚持战略引领，全力推动落实新三年目标

通过制定实施方案、召开专项会议、考核督促落实三管齐下，全力推动落实新三年目标，并取得良好成效。在股份总部的引领下，有20家子公司制定并报送了新三年目标实施方案。

2. 服务国际业务优先发展，加强法律风险源头管控

一是法律事务部参与了国际公司分立、海外投资公司设立过程。主要参与了研讨方案、草拟协议等内容，并就公司注册事项提供决策支持。二是组织国际公司、海外投资公司法律事务骨干参加了北京仲裁委员会举办的公司法务论坛“海外诉讼、仲裁的应对之道”。三是具体指导海外投资公司制定六五普法规划、三年目标实施方案等事项。

3. 加强人才建设，打造一流法制工作团队

一是专门下发了加强人才队伍建设的管理办法；二是加强专业培训。4家子公司总法律顾问参加了国务院国资委企业总法律顾问履职能力高级培训班；3家子公司法律事务负责人参加了中国政法大学企业法律管理高级研修班；51名法制工作人员参加了2012年度企业法律顾问考前培训。

4. 重视纠纷管控，积极维护企业核心利益

积极协调已披露案件、重点关注遗留问题，确保了股份公司纠纷诉讼风险平稳、可控。

5. 忠诚履行职责，支持服务公司规范运行

一是重视信息披露，较好地完成了2011年年报和2012年季报、半年报中涉及重大法律纠纷案件信息披露的事项。二是开展前瞻性研究。法律事务部编制了《关于〈招标投标法实施条例〉对股份公司经营管理工作可能产生影响的法律分析报告》，从经营管理源头化解风险。

6. 打造合规文化，法制宣传教育深入开展

一是开展普法宣传。按照国务院国资委和中国电建集团关于开展“六五”普法的要求，结合股份公司“十二五”时期发展战略，法律事务部研究制定了六五普法规划。二是“12·4”法制宣传定期开展。2012年的侧重点在于“规范投资业务管控流

程，加强项目法律风险防范，强化国际业务综合防控”，并安排了多项普法宣传活动，取得了良好效果。

7. 强化部门建设，提升部门形象和团队素质

一是与股份公司办公室合作处理了勾自强诉姚振铎案件，案件风险可控；二是协助人力资源部组织2011年度企业法律顾问职称评审工作；三是与监察部共同研究了职务犯罪问题；四是配合企业发展部开展内部控制审计工作；五是配合工程科技部开展外审工作；六是与财务产权部、资金管理部共同开展了管理提升督导活动。

2012年，法律事务部共审核合同43件，审核规章制度23件，办理业务批件138件，出色完成了年度工作任务。

法制化管理

【贯彻法制工作新三年目标】　制定实施方案。根据国务院国资委和中国电建集团有关要求，法律事务部组织制定并印发了股份公司《落实中央企业法制工作第三个三年目标实施方案》。通过细化任务分解、明确实施步骤、设定进度节点，从组织体系、制度体系、人才队伍建设、法律审核、风险防范等多重角度制定保障措施，推动新三年目标执行落地。

召开专项会议。2012年8月，股份公司在成都召开年度法制工作会议。会上，股份公司总会计师丁永泉在总结第二个三年目标实施情况的基础上，对开展新三年目标进行了部署。

考核督促落实。在股份公司总部的引领下，有20家子公司制定并报送了新三年目标实施方案。

【建立健全制度体系】　一是根据国务院国资委和中国电建集团有关要求，组织制定并印发了股份公司《落实中央企业法制工作第三个三年目标实施方案》。二是为规范股份公司投资业务法律事务管理，充分发挥两级法律事务机构在投资业务风险防范中的作用，法律事务部对投资业务管理体系和不同阶段法律事务工作进行了梳理，制定了《投资业务法律事务管理办法（暂行）》，保障了投资业务顺利开展。三是为重点解决高端法制人才断档、骨干法制人才短缺和法制人才储备不足等突出问题，法律事务部创新性地制定了《法制人才队伍建设管理办法（暂行）》。办法对人才队伍建设目标进行了分解，对人才队伍管理模式进行梳理，并对法制人才的持续建设提出了保障措施。四是结合实施中反映出的情况，及时修订了《经营行为法律审核管理办法》、《法律纠纷案件管理办法》。

【法制工作标准化】　为更好地做好建设施工合同的标准化工作，法律事务部在2012年4月组织召开了《建设工程施工合同法律指引》培训（视频）会议。会议邀请京悦律师事务所专家对《建设工程施工合同法律指引》进行了解读。股份公司相关部门负责人、各子公司领导及法制工作人员、经营管理人员共计637人参加会议，提高了法制人员运用法律知识解决管理问题的能力。

【法律纠纷案件管理】　协调重大纠纷。一是积极协调已披露案件。在水电一局有限公司甘肃录巴寺水电站项目纠纷和水电十局有限公司恰甫其海水利枢纽项目纠纷中，改变了一审不利的审理结果，现均已发回重审。在水电八局有限公司与喀什四方水电开发有限公司诉讼中，积极协调选定鉴定机构、确定鉴定内容。上述纠纷涉案总金额高达2.03亿元。二是重点关注遗留问题。对水电三局有限公司协议解除劳动合同人员纠纷案件进行协调，取得了较为理想的结果。

整体案件管控。按时完成了股份公司2012年上半年法律纠纷案件总体情况分析报告，提出了强化遗留法律纠纷案件的处理意见和措施。

【提升法制人才队伍业务水平】　筹划整体要求。为重点解决高端法制人才断档、骨干法制人才短缺和法制人才储备不足等突出问题，法律事务部创新性地制定了《法制人才队伍建设管理办法（暂行）》。办法对人才队伍建设目标进行了分解，对人才队伍管理模式进行了梳理，并对法制人才的持续建设提出了保障措施。

加强专业培训。一是4家子公司总法律顾问参加了国务院国资委企业总法律顾问履职能力高级培训班。二是3家子公司法律事务负责人参加了中国政法大学企业法律管理高级研修班。三是51名法制工作人员参加了2012年度企业法律顾问考前培训。

组织《建设工程施工合同法律指引》宣贯。4月，法律事务部组织召开了《建设工程施工合同法律指引》培训（视频）会议。会议邀请京悦律师事务所专家对《建设工程施工合同法律指引》进行解读。

专业会议

【2012年法制工作会议】　2012年8月9～10日，股份公司2012年法制工作会议暨投资业务法律评审培训会在成都召开。会议深入落实股份公司2012年年中工作会及中国电建集团法制工作会精神，全面部

署下一阶段股份公司法制工作，对落实中央企业法制工作第三个三年目标提出了具体执行措施和工作要求。股份公司总会计师丁永泉出席会议并讲话，总部相关部门负责人、法律事务部全体及各子公司总法律顾问、法律事务机构负责人、法律顾问骨干共计80余人参加会议。股份公司总法律顾问王书宝主持会议。

会议还专门安排对股份公司《关于加快法制人才队伍建设的指导意见（讨论稿）》进行了全面讨论。同时，邀请内外部专家对投资业务法律事务评审进行了培训。

（刘薇薇）

信息化管理

信息中心

【部门2012年工作】　2012年，信息中心全面贯彻落实国务院国资委《关于加强“十二五”时期中央企业信息化工作的指导意见》及中国电建集团和股份公司2012年工作会议精神，充分发挥部门职能作用，加强统筹规划和宣贯指导，坚持标准化和信息化相结合，继续完善和优化信息化基础设施建设，大力推进主营业务信息化和财务业务一体化，使信息化工作从全面建设逐步向深化应用和共享服务转变。

2012年主要工作如下：

1. 建设完成了专线广域网及高清视频会议系统

通过统一规划和组织实施，建设了股份总部和子企业之间22条6兆专线广域网，股份公司总部和二级单位总部及部分三级单位之间实现了专线互联，90%以上的国内项目部和部分海外项目部可以通过虚拟专网（VPN）方式进行连接，网络速度和质量进一步提高。依托专线广域网，建设了包含两级总部和部分三级单位在内共40家硬件高清视频会议系统，并实现了与中国电建集团高清视频会议系统和股份公司软件视频会议的无缝对接。

2. 继续加强主营业务信息化和财务业务一体化建设

信息中心组织在各单位继续推广和使用工程项目管理系统，提高项目管控水平，发挥信息化对企业经营管理的支撑作用。截至2012年底，以施工为主的21家子企业中已有18家部署使用了工程项目管理系统，其中9家特级子企业全部通过住房和城乡建设部、水利部施工总承包新特级资质核查。另外，在水电二局有限公司通过推进财务业务一体化，实现了项目全业务管控，并向其他子企业推广。

3. 股份公司总部主要生产经营管理信息系统基本建成，并逐步推广和深化应用

股份公司总部财务、资金、人力资源、市场、设备等生产经营管理信息系统已基本建设完成，并不断推广和深化应用，这些信息系统通过固化和优化各职能部门的管控体系和管理流程，融入管理实际，切实提高了股份公司总部管理效率和管控水平。

4. 充分利用信息资源，构建决策支持系统

建立了股份公司总部数据中心和决策支持系统，并以财务、资金、市场经营、设备物资、人力资源等为股份分析主题，用直观的实时图表方式为股份公司各级领导提供辅助决策支持。

5. 加强标准化工作，促进标准化和信息化相结合

针对信息化工作专业性和技术性强的特点，加强信息化顶层设计，制定了系统总体架构、应用架构、技术路线、集成规范和数据编码等技术标准；在各业务系统建设过程中，注重业务基础管理规范化和标准化，促进标准化与信息化的相互结合和相互促进，切实提升信息系统应用水平和价值。

6. 创新服务方式，组织了“信息化促进企业管理提升”宣讲团

为加强标准化与信息化建设，通过信息化促进企业管理提升，信息中心组织成立了“信息化促进企业管理提升”宣讲团，以现场会、专题经验交流会等形式到水电十三局有限公司等9家单位进行企业标准化和信息化建设先进作法和典型经验介绍，起到了很好的效果。

（洪宝恩）

信息系统建设

【办公自动化系统升级工作】　根据业务发展需要，

对股份公司办公自动化系统进行了整体升级，一是完成了系统应用平台的升级和与档案管理系统的集成，实现了办公自动化系统中的公文按年度及时归入档案系统及文档的全生命周期管理；二是完成了办公自动化与门户系统的集成开发，实现了统一待办和单点登录。

（赵晓琬）

【工程项目管理系统建设工作】　2012年，信息中心将主营业务系统建设作为工作重点，加大对子企业的指导和支持力度，截至2012年底，在以施工为主的21家子企业中已有18家部署使用了工程项目管理系统。同时，国际公司根据海外业务发展需要，进一步加大了国际工程项目管理系统的建设、完善和深化系统应用力度，通过信息化手段进一步提升国际业务管理水平。

（杨军红）

【总部数据中心和决策支持系统建设工作】　进一步完善了股份公司总部数据中心和决策支持系统，并以财务、资金、市场经营、设备物资、人力资源等为分析主题，通过企业内网门户用直观的实时图表方式为股份公司各级领导提供辅助决策支持。每月10日开始，股份公司领导就能通过决策支持系统掌握上一月份全公司和各子企业主要生产经营指标情况和实时财物资金状况，各子企业领导也可以通过决策系统及时查看各企业具体数据和排名情况，实现子企业内部对标。

（洪宝恩）

【移动办公系统建设工作】　为进一步满足股份公司总部移动办公需要，股份公司于2012年4月27日与北京华胜天成科技股份有限公司签订了《中国水利水电建设股份有限公司移动办公项目建设合同》，2012年8月10日系统通过上线评审。移动办公系统完成了手机移动办公平台的搭建，股份公司员工可以通过手机、IPAD等设备访问办公自动化系统，实现发文、收文、签报等公文的流转签批及办理过程的查看，并实现了企业通讯录、公告通知、企业要闻、核心期刊和决策支持报表等功能。

（赵晓琬）

网络与安全

【专线广域网项目建设工作】　2012年2月，全面完成股份公司总部与21家京外子企业的6兆MSTP专线互联，为股份公司资金系统、视频会议系统等实时传输质量要求高的信息系统搭建了更为稳定、可靠的承载平台，同时结合股份公司国际经营战略的发展方向，积极调研国际专线的建设方案，为实现股份公司跨国、跨地区的广域网建设奠定基础。

【全网硬件高清视频会议系统建设工作】　根据股份公司实际需求，2012年4月起充分调研国内外主流视频会议技术，形成系统设计方案，7月完成项目招评标工作，并于11月建设完成了以现有软件视频会议为备份的硬件高清视频会议系统，实现了股份公司总部与各级子企业之间双向多点高清音视频通信、远程技术培训、方案讨论等功能。

（刘　卿）

【股份公司总部高清视频会议室改造工作】　按照硬件高清视频会议系统实施进度和要求，2012年12月，信息中心对股份公司总部多媒体会议室进行升级改造，实现了高清视频信号的采集、传输与显示，并进一步优化现有音频系统和主席台灯光效果。

（骞　巍）

【“十八大”期间股份公司网络与信息安全保障工作】按照国家电力监督委员会和中国电建集团关于切实做好党的“十八大”期间公司网络与信息安全保障工作的各项要求，信息中心从2012年10月开始在股份公司范围内开展了网络与信息安全自查工作，特别是针对各子企业对外网站和在公网发布的其他资源类、服务类网站进行了全方位检查。同时，不断建立与完善各项制度及应急预案，并在会议召开期间严格执行24小时人工值班制度，顺利完成各项保障任务。

（刘　卿）

【股份公司软硬件采购项目建设工作】　2012年11月，按照股份公司信息化发展要求，对数据中心相关硬件设备与相关软件产品进行扩容采购，通过提高服务器的运算性能、增加存储空间、冗余核心设备等内容对已有架构体系进行补充和完善，有效支撑了逐步上线运行的应用系统。

【股份公司“云计算”平台整合升级】　信息中心针对股份公司IT应用现状，从实际出发，统一分析股份公司整体IT架构，结合当下“云计算”技术，对企业IT基础设施资源进行整合与统一管理，实现资源按需分配，动态调度，通过不断整合异构计算资源，逐步形成了一套具有自身特色、成熟可靠的云平台，将81种不同类型的信息系统整合在9台高性能物理服务器上，其中包括中国水电外网网站、RTX即时通信系统、DNS域名解析系统等重要信息系统，极大地提高了资源利用率，减少硬件投入，降低机房电力、制冷设备的消耗，提高IT响应速度和灵活性。

（骞　巍）

信息化管理工作

【信息化整体建设情况】　2012年，股份公司坚持把标准化和信息化相结合，把管理提升与信息化相结合，继续完善和优化信息化基础设施建设，在信息化基础设施方面建成了覆盖两级总部的专项广域网和高清视频会议系统；在主营业务信息化方面，在施工为主的21家子企业中有18家建设了工程项目管理系统，系统推广和应用覆盖面进一步扩大，核心业务的经营和管控水平进一步提升，以水电二局有限公司为试点的财务业务一体化系统成功上线，实现项目的全业务管控；总部财务、资金、市场经营、工程科技、设备物资、人力资源、安全生产等经营管理信息系统逐步推广和深化应用，人财物的集约化管理水平进一步提升；决策支持系统和移动办公平台实现上线运行。

（杨军红）

【2012年子企业信息化绩效考核工作】　按照《中国水利水电建设股份有限公司子公司负责人年度业绩考核办法》（中水电股财〔2011〕53号）有关要求和股份公司2012年度业绩考核工作整体安排，2012年12月21日信息中心组织各子企业开展信息化绩效考核工作。考核采用各公司网上填报材料的方式，由股份公司总部信息中心、总经理工作部、人力资源部、财务产权部、工程科技部、安全生产监督管理部、资金管理部、设备物资部、审计部、市场经营部和监察部相关业务系统分管责任人组成考核小组，针对各子企业网上填报情况进行打分、汇总并排名。股份公司28家子公司年度信息化绩效考核平均得分78.83分，最高得分92.02分，有14家子企业得分超过80分。

（刘　卿）

信息化综合事务

【信息化技术培训工作】　2012年，信息中心组织完成了股份公司范围内信息化从业人员参加中央企业信息管理师国家职业资格认证培训。股份公司总部及下属单位共有65人参加了中央企业信息管理师培训及认证，其中参加一级管理师培训16人、二级管理师培训44人、三级管理师培训5人。

2012年，信息中心将企业内部信息技术专业培训制度化，每月安排1～2次内部技术培训，通过培训加强技术交流及知识共享，从而提高股份公司信息技术从业人员技术和管理水平。

（刘　璇）

【机房消防体系检测及培训】　按照消防管理相关规定，信息中心、股份公司办公室及物业公司按照相关要求组织专业公司对机房消防系统进行检测，及时发现存在的隐患故障，并根据检测结果进行必要的保养维护。同时，协同各相关方共同改善并强化了现有机房消防、安保工作流程，并于2012年4月和8月组织了两次面对不同受众的机房安全消防知识培训，进一步确保了股份公司机房的全面安全。

（骞　巍）

【中电联信息化成果奖评选工作】　2012年，信息中心积极组织子企业参加电力行业信息化成果奖评选活动，在当年电力行业信息化成果评选中共获得2个二等奖和6个三等奖。

在中国施工企业管理协会组织的建设行业网站评比中，股份公司总部、水电十一局有限公司和水电十五局有限公司的外网网站均获评“2012年度全国工程建设行业优秀网站”。

【特级资质现场考评工作】　根据股份公司特级资质现场核查工作安排，信息中心按照住房和城乡建设部特级资质企业信息化考核表和现场核查有关要求，会同海外事业部等相关部门，先后多次组织对海外项目管理系统，财务、资金、人力资源、办公自动化、档案管理、决策支持等信息系统、信息化基础设施和信息化考核资料进行全面梳理、自评、完善和核查演练，在2012年2月14日水利部组织的股份公司总部特级资质现场核查中，股份公司信息化考核满足资质要求，并得到水利部专家一致好评。

【标准化建设工作】　2012年，信息中心根据股份公司信息化建设实际，编制和完善了《面向服务的架构（SOA）规范》、《应用系统集成规范》、《应用与ESB集成规范》和《基于服务的业务和流程集成规范》等标准，同时按照股份公司标准化工作的安排，启动了股份公司信息化标准体系建设工作。

（杨军红）

【2012年公司信息化工作研讨会】　2012年9月3～5日，股份公司信息化工作研讨会在陕西西安召开，股份公司副总经理宗敦峰出席会议并讲话。股份公司所属单位信息化工作主管领导、信息化工作职能部门负责人、技术人员及水电三局有限公司各部门负责人共计90余人参会。会议在总结信息化工作成绩的基础上，分析了信息化工作存在的主要问题和面临的主要挑战，明确了下一阶段信息化工作的主要任务。会议安排了工作研讨和信息化技术培训，对股份公司信息化“十二五”战略规划进行了推介，确保股份公司信息化能力在统一规划下持续、稳定、全面提升。

（赵晓琬）

【“信息化促进企业管理提升”宣讲活动】　为认真做好企业管理提升活动，加强标准化与信息化建设，股份公司组织成立了“信息化促进企业管理提升”宣讲团。2012年10月22～26日，由股份公司信息中心主任李东风带队，水电二局有限公司杜慧鹏、水电八局有限公司张雄飞组成的“信息化促进企业管理提升”宣讲团，先后到水电十局有限公司等5家单位进行宣讲活动。宣讲团以现场会、专题经验交流会等形式宣讲企业标准化、信息化建设的先进做法和典型经验，方便各单位进行对标和学习，推动企业标准化与信息化的相互融合，促进管理提升。

（刘　璇）

投资开发

投　资　部

【部门2012年工作】　2012年，投资部在股份公司的领导下，积极贯彻股份公司2012年工作会议提出的“继续坚持‘三控三强一确保’的综合性措施，规避、防控各类风险，切实推动投资业务国内国际一体化管理，立项、评审和决策的科学化，建设、管控的制度化，评价、考核的常态化”的总体要求，继续实施稳健、审慎的投资策略，持续强化投资管控，着力提升投资管理能力再上新水平。

1. 继续推动股份公司投资业务取得新发展

2012年，股份公司投资工作在强化总体控制的基础上，制定了年度工作重点工作目标，推进目标如期实现：

（1）2012年3月29日，股份公司控股开发的四川大渡河安谷水电站正式开工；2012年11月10日，实现导流明渠枯期导流围堰重大节点目标。

（2）2012年4月12日，股份公司在藏区投资的毛尔盖水电站3号机组（14万千瓦）顺利完成72小时试运行，正式投产发电。至此，毛尔盖水电站3台机组全部投入运行。

（3）2012年5月6日，股份公司投资兴建的锡盟灰腾梁洪格尔风电场二期项目33台风电机组全部并网发电。

（4）2012年7月27日，装机容量8万千瓦的洪坝河一级水电站通过工程竣工验收。2012年9月1日，阿坝州小金县春堂坝水电站主体工程破土动工。援疆项目新疆克孜勒苏河塔日勒嘎水电站开工。

（5）2012年8月1日，股份公司投资建成的柬埔寨甘再水电站BOT项目正式进入商业运行期。2012年12月2日，老挝南俄5水电站完成72小时运行后，正式进入商业运行期。

2. 投资重点业务领域良性发展

（1）主要电力项目投资开发进展顺利。在投产发电的沙湾水电站、毛尔盖水电站、偏桥水电站等项目基础上，援疆项目新疆克孜勒苏河塔日勒嘎水电站于2012年8月取得环评批复和接入系统批复。甲米二级、木坡、巴拉等水电站工程建设全力推进。江苏如东潮间带示范风电场、辽宁北票王子山风电场、湖南株洲龙亭龙凤风电场等项目按计划施工建设。

（2）房地产开发力度进一步加大。2012年，房地产公司重点开发项目进展顺利，北京“中国水电·云立方”、长沙“中国水电·卢浮原著”、抚顺“中国水电·海赋外滩”项目、唐山“中国水电·首郡”项目如期开盘销售。

（3）基础设施开发取得较快发展。2012年5月，股份公司中标深圳市城市轨道交通7号线BT项目，线路正线全长30.17千米。

（4）国外水电开发稳步推进。2012年，股份公司在柬埔寨甘再水电站、老挝南俄5水电站投产的基础上，又获得老挝南欧江流域的开发权。该项目计划分7个梯级电站进行开发，总装机容量115.6万千瓦。项目一期计划开发二级、五级和六级电站，总装机容量54万千瓦。

3. 着力提升投资管理水平迈上新台阶

（1）抓管控方向明确重点突出。

2012年，投资部坚持以科学发展为指针，以转变发展方式为主线，以加快建设具有较强国际竞争力的质量效益型世界一流公司为目标，进一步落实中国电建集团以及股份公司总体要求，加强项目管理，重点搞好投资在建、运营项目的精细化管理，逐步健全投资管理体系，重点强化以下“五大控制”。一是强化投资准入控制。严格执行投资管理办法制定的投资准入指标，同时不断完善相关措施，在项目评估时，重点评估拟投资单位、项目的相关指标，不符合条件的单位以及不符合管控要求的行业项目不准投资。二是强化投资能力管理控制。综合评价总体投资能力指标，将资产负债率、现金流等情况与项目实际投资规模综合评估。严控企业投资超出企业自身投资能力。三是强化投资规模控制。为贯彻落实风险管控要求，2012年继续控制和压缩固定资产投资规模，审慎推出年度投资计划。四是强化项目造价控制。重点搞好投资项目建设期工程造价控制和考核，为增强项目赢利能力创造条件。五是强化项目工期控制。在控制开发节奏的前提下，引入专家评审机制，强化项目建设进度工期的合理性、严肃性，确保项目按计划竣工。

（2）调整管理架构实现国内外投资项目统一管理。

为进一步规范股份公司境外投资业务的管控，股份公司对境外投资管控模式及架构进行调整。将境外投资业务从海外事业部（国际公司）剥离出来，成立由股份公司控股的具有独立法人资格的专业性海外投资公司，健全机构设置，理顺管理关系，在现代企业制度下进行海外项目投资与运营的专业化管控和发展。

4. 实际工作中投资管理措施明确

（1）加强项目现场实地踏勘和调研。

投资部重视项目前期实地考察，多次参与相关工程局煤矿、铁路、燃气电站、BT项目及海外老挝柬埔寨投资项目的现场实地踏勘、考察和调研，同时参与多个电站的移民、环保、招标等审查工作，为项目前期评估提供真实、准确的第一手资料。

（2）持续提高投资项目初评审及前期工作水平。

投资部坚持以科学的态度对待投资项目初评审工作，坚持投资项目初评审精细化、专业化，有效提高了投资项目初评审及投资管理工作深度，为项目评审、有效规避投资风险提供了前期保障。

（3）重点强化BT、BOT项目管理。

投资部在梳理、总结目前BT、BOT项目发展成果的基础上，提出了强化BT、BOT项目管理的若干措施，并在新的投资管理办法中予以明确规定，以指导规范股份公司相关业务开展。

（4）不断调整优化投资结构。

支持有能力的子公司加大BT项目投资，逐步减少BOT项目投资。总体上看，在进一步加强投资总体控制的基础上，有效缩短投资回收期，降低投资资金压力层面取得一定成效。

（5）完善现代企业投资管理内控制度。

投资部协调、办理部分投资类公司2012年度董事会、股东会议相关会议内容安排、议案资料，并完成报批工作，督促改进管理上的不足，有效促进企业管理水平的提高。

投资管理

【修订《中国水利水电建设股份公司投资管理办法》】2012年9月，投资部对原股份公司《投资管理办法》进行修订。新版《投资管理办法》将原有的8章49条丰富到22章117条。结合集团公司重组、股份公司上市等新时期的发展要求，对《投资管理办法》的适用范围、投资的概念、项目报审原则等进行了补充说明。

【完成《关于对股份公司BT项目投资、建设、回购情况进行梳理的报告》】 2012年，投资部加强对投资活动中重点面、集中点板块的动态研究分析，完成了《关于对股份公司BT项目投资、建设、回购情况进行梳理的报告》，分析现状、总结经验、查找不足，提出了项目开发重点领域及相应管控措施，为基础设施BT项目顺利开发创造条件。

【与海外投资公司合作完成《调研报告》】 2012年，投资部与海外投资公司组成联合调研组赴海外投资项目进行专题调研，分别对部分前期、建设期、运营期项目进行实地调研、查找问题，以总结和推广成功经验，为下阶段工作打下良好基础。

【投资业务研讨会议】 2012年9月3～5日，股份公司在北京召开了2012年度投资业务研讨与投资培训会议。总结投资工作管理发展的经验，查找投资业务存在的问题和不足，探讨未来投资工作管控模式、管理办法和发展方向，同时聘请经济界知名专家，对投资业务从业人员进行了专业培训，不断提高从业人员理论水平和风险意识。

【股份公司股权投资情况表】

公司全称	业务性质	注册资本（万元）	持股比例（%）
中国水电建设集团港航建设有限公司	建筑施工	30000.00	100
中国水电建设集团国际工程有限公司	建筑施工	200000.00	100
中国水电建设集团房地产有限公司	房地产开发	200000.00	100
中国水电建设集团四川电力开发有限公司	电力投资	203906.80	88
中国水电建设集团租赁控股有限公司	机械设备租赁	37274.97	100
中国水电建设集团路桥工程有限公司	建筑施工	60000.00	100
中国水电建设集团新能源开发有限公司	电力投资	51680.00	100
中国水电建设集团甘肃能源投资有限公司	电力投资经营	384500.21	100
中国水电建设集团铁路建设有限公司	建筑施工	5000.00	99

【股份公司主要投资开发及建设项目表】

项目名称	项目金额（万元）	项目进度	本年度投入金额（万元）	累计实际投入金额（万元）
青海海东工业园区曹家堡临空综合经济园高铁新区BT项目	300000	建设期	69114.63	69114.63
溪古水电站	291099	建设期	55240	182850
沙湾水电站	485540	运营期	15537	478726
安谷水电站	975401.33	建设期	124222	291979
老挝南乌江梯级水电站（一期项目）	652050	建设期	38621.7	61660
成都云立方项目	302098	建设期	27837	138782
长沙洋湖垸项目	390470	开展前期工作	96366	96366
唐山首郡项目	364216	建设期	31342	101286
天津市武清区新城开发BT项目	800000	建设期	80691	398153
郑州市三环路快速化工程（北三环）	378700	建设期	142507.7	142507.7
灵台南煤田项目	835900	开展前期工作	18852.49	305743.82
深圳地铁7号线项目	1685328	建设期	60000	60000

（陈立峰）

设备物资管理与采购

设备物资部/设备物资采购中心

【部门2012年工作】　2012年，设备物资部紧紧围绕年初制定的工作计划，以“契合公司战略，提升管理能力，统筹两个平台，推动管理创新，优化资源配置，促进转型升级”为总体工作思路，并结合股份公司2012年工作会和年中工作会议精神要求，以能力建设为基础，以优化资源配置为重点，以开展管理提升活动为契机，以两个平台建设为路径，以管理创新和制度完善为着力点，优化各项管控与服务措施，有序、有力地开展了全年工作。

1. 设备物资管理方面

（1）设备物资部以股份公司开展管理提升活动为契机，着力提升设备物资管理能力，按照股份公司的部署，精心组织、按时高效地完成了“管理提升”活动的阶段性工作。

(2) 设备物资部完成了国务院国资委监事会对股份公司经济责任审计、采购业务内控制度专项检查、全面风险管理与内控制度检查等活动。

(3) 设备物资部在资源优化配置工作上，通过严格控制新购，对股份公司各子企业提出新增21台（套）大型设备，批复新增12台（套），协调内部租赁8台（套），未批准1台（套），节省采购资金4660万元。

(4) 设备物资部加强电力成套设备管理，促进电力生产标准化建设，2012年8月牵头组织召开了股份公司首次电力生产标准化管理及成套设备管理研讨会，对股份公司近年来的电力项目达标投产、电力生产标准化、成套设备管理等工作做了梳理和回顾，对今后的工作做了展望和安排。

(5) 设备物资部进一步优化和完善了设备物资信息化系统，逐步启用设备物资管理信息系统各相关功能模块，初步实现了采购计划、供应商、设备台账、季报、年报等的信息化管理。

(6) 设备物资部定期出版了《机电设备技术与管理》期刊。

2. 采购招标管理方面

(1) 设备物资采购中心和各公司总部两级集中采购平台紧密结合、高效互动。本年度采购中心为股份公司总部、各子企业等19个单位的国内外36个项目组织开展了集中采购招标项目88个，其中国际项目38个、国内项目50个；已完成集中采购项目累计预算金额约68.22亿元，累计中标金额约59.4亿元。采购中心累计节约采购资金约8.82亿元，节资率为13%，累计发出招标文件574份，共有574家·次供应商参与了采购中心组织的招标，累计抽取了500人·次系统内外专家参加评标。

(2) 设备物资采购中心圆满完成了深圳地铁7号线8台（套）盾构机的集中采购工作。加强了对市政BT项目和电力投资项目大宗物资集中采购工作的管控，降低了采购成本。

(3) 设备物资采购中心根据股份公司领导进一步加强国外BOT和EPC项目的成套设备采购管理的指示精神，组织了对水轮发电机制造企业的实地调研，搜集了国外BOT电站水轮发电机组的管理和使用现状，重点了解了厄瓜多尔CCS电站水轮发电机组的制造和合同履约情况，并提出了改进意见和建议。

(4) 设备物资采购中心不断加强供应商的管理工作，继续开展了供应商资格审查和年度评价工作，组织并完成了股份公司和子企业两级集中采购平台供应商年度评价工作。

（设备物资部）

设备物资管理

【推进基础管理工作持续改进】 2012年，设备物资部结合股份公司管理提升活动要求，修订了《设备物资管理评优办法》，制定了《电力成套设备管理办法（试行）》和《电力企业设备管理评优活动管理办法（试行）》，夯实了基础管理，填补了制度空白。

（许　超）

【加强完善大型专用设备资源配置工作】 2012年，设备物资部整合了大型专用设备资源调剂与租赁经营双平台和集中采购招标平台优势，实现两个平台无缝对接和资源共享，大型专用设备“申请配置—集中采购招标”流程的规范化和程序化，提高了审批效率，提升了资源配置的效率和效益。初步建立起了设备租赁的交流、沟通和协调机制，促进内部设备资源在子公司间有序流动。

【开展设备物资管理及安全专项检查】 2012年，设备物资部进一步促进各项管理制度的深入落实，从3月到6月开展了为期两个多月的设备物资管理及安全检查整治活动。按照活动要求，各子企业开展了自查自纠活动，梳理子企业、项目部设备物资管理制度和流程，查找并解决日常管理中存在的问题。设备物资部组织2个检查组对鲁地拉、梨园等5个大型项目进行抽查和指导。检查组深入项目现场，对设备物资管理和安全等方面进行了细致的检查，有力推动了设备物资管理及安全管理上水平。

（郑国安）

【设备物资部开展内外交流协作】 2012年，设备物资部积极组织子企业参加中国电力设备管理协会举办的各项活动。在第三届全国电力企业设备管理创新优秀成果评选活动中，有5项成果获奖，其中股份公司完成的“设备资源调剂和租赁经营双平台的创建和实施”获一等奖；在第四届全国电力行业设备管理工作先进单位及先进工作者评选活动中，2个子企业被评为先进单位，1名个人被评为先进工作者。

（施光辉）

设备物资采购

【两级集中采购平台有机结合促进集中采购效率效益进一步提高】 2012年，采购中心和子企业总部两级集中采购平台紧密结合、规范有序地开展了集中采购招标工作，截至2012年底，股份公司两级集中采购平台累计集中采购设备物资131亿元。其中，股份公司采购中心采购金额59.4亿元，各子企业总部采购金额71.6亿元。

【全面提升集中采购管控和服务能力】 2012年，采购中心重点加强了季度采购计划管理。通过有针对性地采取各项措施，改变了各子公司计划滞后和随意补报等管理现状，提高了采购计划编制的及时性和准确性。

（万明罡）

【北票王子山风电场新建工程风力发电机组设备及附属设备采购招标】 2012年2月13日，设备物资采购中心就北票王子山风电场项目所需49.5兆瓦风力发电机组及其附属设备进行集中采购招标。经评议，由三一电气有限责任公司中标，合同金额为1.82亿元。

【江苏如东潮间带示范风电场项目风力发电机组设备及附属设备采购招标】 2012年2月13日，设备物资采购中心就江苏中水电如东潮间带示范风电场项目所需20兆瓦风力发电机组及其附属设备进行集中采购招标。经评议，由中船重工（重庆）海装风电设备有限公司中标，合同金额为7381.14万元。

【老挝南欧江二级水电站项目水轮发电机组设备及附属设备采购招标】 2012年7月9日，设备物资采购中心就老挝南欧江二级水电站项目所需3×40兆瓦灯泡贯流式水轮发电机组及配套装置设备进行集中采购招标。经评议，由浙江富春江水电设备股份有限公司中标，合同金额为7592.80万元。

【深圳地铁7号线复合式土压平衡盾构机采购招标项目】 2012年6月28日，设备物资采购中心就深圳地铁7号线BT项目所需8台复合式土压平衡盾构机设备进行采购招标。经评议，由广州海瑞克隧道机械有限公司中标，合同金额为3.99亿元。

【武威光伏发电站一期工程光伏电站工程多晶硅太阳能电池组件及附件设备采购招标项目】 2012年9月18日，设备物资采购中心就武威光伏发电站一期工程项目所需50兆瓦多晶硅太阳能电池组件及附件设备进行集中采购招标，分为A包（24兆瓦）和B包（26兆瓦）。经评议，A包由晶澳（扬州）太阳能科技有限公司中标，合同金额为9816万元；B包由英利能源（中国）有限公司中标，合同金额为1.09亿元。

【厄瓜多尔共和国MINAS水电工程引水隧洞双护盾硬岩掘进机、后配套设备采购招标项目】 2012年10月15日，设备物资采购中心就厄瓜多尔共和国MINAS水电工程项目所需引水隧洞双护盾硬岩掘进机及后配套设备进行集中采购招标。经评议，由秦皇岛天业通联重工股份有限公司—意大利SELI公司联合体中标，合同金额为1534.92万美元。

【云南大理巨龙山风电场风力发电机组及附属设备采购招标】 2012年10月16日，设备物资采购中心就云南大理巨龙山风电场项目所需的49.5兆瓦风力发电机组及附属设备进行集中采购招标。经评议，由广东明阳风电产业集团有限公司中标，合同金额为1.87亿元。

【洪都拉斯帕图卡Ⅲ水电站项目水轮发电机组设备及附属设备采购招标】 2012年11月16日，设备物资采购中心就洪都拉斯帕图卡Ⅲ水电站项目所需2×52兆瓦立轴轴流转桨式水轮发电机组及配套装置设备进行集中采购招标。经评议，由东方电气集团东方电机有限公司中标，合同金额为8520万元。

（张文辉）

专业会议

【电力生产标准化管理及成套设备管理研讨会】 2012年8月22～23日，股份公司电力生产标准化管理及成套设备管理研讨会在北京召开，股份公司副总经理刘明江出席会议并讲话。股份公司总部相关部门负责人及有关人员，四川公司、新能源公司、甘肃能源公司、海外投资公司、水电四局有限公司、水电七局有限公司、水电十四局有限公司分管领导等共32人参加会议。刘明江对股份公司近年来的达标投产、电力生产标准化、成套设备管理等工作经验进行了总结，对今后电力生产标准化及成套设备管理工作作了安排。

（施光辉）

国际化经营

海外事业部/国际工程有限公司

【概述】 2012年，面对全球经济增速放缓、国内经济增长不确定因素增多、国际市场竞争更趋激烈等严峻挑战，股份公司国际业务在中国电建集团的正确领导下，以科学发展观为统领，继续深入推进国际业务优先发展战略，坚持“保市场、保订单、保增长”的工作重心，不断开拓新市场，进军新领域，加强内部建设，理性应对国内外复杂多变的经济形势，从各个环节加大、加强国际市场营销的力度和对海外在建项目履约的监管，使国际业务新签合同金额、营业收入和营业利润等保持了稳中增长，国际经营持续深入推进，国际业务的价值贡献进一步凸显。

2012年，股份公司国际业务新签约项目193个，合同金额为122.99亿美元，同比增长35.7%，其中：以股份公司名义在44个国家签约项目136个，合同金额为101.81亿美元，同比增长31.74%；以子公司以外窗口单位名义签约或分包签约项目57个，合同金额为21.19亿美元，同比增长58.25%；实现营业收入352.64亿元，同比增长21.82%；实现利润38.50亿元，同比增长13.85%。其中，国际公司2012年实现营业收入279.92亿元，实现利润10.27亿元。

截至2012年底，股份公司境外国有资产总额为407.92亿元，同比增长15.37%；国际公司资产总额为249.1亿元，资产负债率为77.81%，所有者权益为55.27亿元，同比增长5.44%；在全球范围内设立了13个海外区域部，覆盖152个国家。在海外67个国家共设立了93个驻外机构，基本形成了全球市场区域布局，形成了东南亚、北非、东非、中东等区域化的相对稳定市场和安哥拉、卡塔尔、苏丹、老挝等项目群国别市场。目前，股份公司在海外100多个国家跟踪和推动着合同总额约为1450亿美元的368个工程项目，已经投标、正在议标和已投标有可能中标的项目超过100亿美元。2012年内，股份公司成功开辟了波黑、白俄罗斯、波兰、塞内加尔、利比里亚、几内亚等六国市场，首次签约欧洲市场项目，包括波黑尤乐高水电站EPC项目、波兰弗罗茨瓦夫分洪河道整治工程等，实现了在欧洲市场竞标类和融资类项目的“双突破”，并进入欧盟市场。长期跟踪的尼日利亚市场也获得突破，首次中标70万千瓦宗格鲁水电站项目。

2012年，股份公司国际业务领域进一步多元化发展。在年度内新签约项目中，水电项目占33.38%；火电、机场、道路、港航、房建等非水电项目占66.62%。在建项目合同总额为351.48亿美元，剩余合同存量221.39亿美元，其中水电项目合同存量占37.07%；非水电项目合同存量占62.93%，同比上升12.07%。多元化营销战略部署已初见成效，主业结构基本形成了以水电项目为主、多元化发展的“大土木、大建筑”格局。股份公司海外在建项目的质量、安全、工期、资金和财务风险总体受控，绝大部分项目履约情况良好，项目的综合履约能力稳步提升，一些风险和重点关注项目的危机在加强管控和实施整改措施后，逐步得到化解。

2012年，股份公司在对外经营上始终坚持以开放的姿态、广阔的视野、共赢共进的胸怀面对世界，积极开展高端营销，寻求国际间的广泛合作与共同发展，加强与外国政府、国内外知名跨国企业、行业组织、金融机构的广泛合作，建立全球互利共赢的竞争联盟，创造商机。以保障客户权益为己任，认真履行社会责任、持续提供优质服务、确保工程进度与质量，在国际工程承包业务中做了大量卓有成效的工作，取得了良好的业绩，得到了项目所在国政府、业主及媒体的高度关注与好评，同时也得到了中国政府及行业组织的认可与表彰；在内部管理上，以开展管理提升活动为契机，梳理打造各项管理流程，有效夯实了内部管理基础。结合国际工程承包业务与海外投资分立，重新梳理、修订和制订了一系列国际业务相关制度、管理办法和业务流程，使其更为科学、规范，责任分工明确，管理创新和效率有效提升。在《美国新闻实录》（ENR）所公布的最大225家全球工程承包商、国际工程承包商两榜单上，股份公司分列两榜单的第14位和第23位，在上榜的中国企业中，分列第6位和第3位。与2011年相比，股份公司在全球和国际业务的ENR排名同步提升1个位次；在商务部公布的2012年中国对外承包工程业务完成营业额排行榜中，股份公司以54.73亿美元位居第2位；在中国对外承包工程商会举行的“2012中国对外承包工程企业社会责任绩效评价”活动中，被评为2012对外承包工程行业企业社会责任“领先型企业”；被中国机电商会评为成套工程领域AAA信用等级企业。

国际业务要闻

【国际公司召开2012年工作会议】 2012年2月24日上午，国际公司在总部召开2012年工作会议。股份公司总经理助理、海外事业部总经理、国际公司总经理曾兴亮，股份公司总经理助理、海外事业部副总经理、国际公司党委书记丁拯国出席会议并作重要讲话。国际公司在京领导、各部门负责人及在京员工代表110人参加会议。海外事业部副总经理、国际公司副总经理宋东升主持会议。

会上，曾兴亮向会议作了题为《弯道超越，转型升级，齐心协力推动国际业务新一轮较快发展》的工作报告，丁拯国作了题为《改革创新，提高党建工作科学化水平，助推国际业务新一轮较快发展》的工作讲话。会上，国际公司党政主要领导还分别与股份公司区域总部总经理、总部各业务部门负责人代表签订了2012年经营责任、党风廉政责任书。

【李源潮访问苏丹，范集湘随团陪同】 2012年1月13～15日，中共中央政治局委员、中央书记处书记、中共中央组织部部长李源潮访问苏丹，中国电建集团董事长、股份公司董事长范集湘随团访问。中国电建集团总经理助理、海外事业部总经理/外事局局长丁拯国，股份公司北非区域总部总经理/党工委书记负亮全程陪同访问。

2012年1月14日上午，由中国民间组织国际交流促进会发起的学习用具捐赠仪式在苏丹首都喀土穆友谊厅举行，李源潮出席仪式，参加仪式的有中共中央对外联络部部长王家瑞、中国驻苏丹大使馆大使罗小光、股份公司董事长范集湘、苏丹全国大会党副主席纳菲阿等。中国民间组织国际交流促进会副秘书长徐镇绥作简要致辞，感谢股份公司对捐赠活动的大力支持。苏丹教育部代表及学生代表致辞感谢代表团一行对本次活动的大力支持，并祝愿中苏友谊经久流长。

【范集湘出席北非区域总部南北苏丹市场汇报会】 2012年1月16日，中国电建集团董事长、股份公司董事长范集湘到股份公司北非区域总部视察工作，并出席了在北非区域总部召开的南北苏丹市场汇报会。中国电建集团总经理助理、海外事业部总经理/外事局局长丁拯国，北非区域总部主要领导，水电五局有限公司、水电七局有限公司及各项目部领导参加了会议，北非区域总部总经理/党工委书记负亮主持会议。

会上，水电五局有限公司和水电七局有限公司分别汇报了本单位在苏丹项目实施的情况。负亮对区域总部的各项工作作了汇报，并就区域总部今后的发展提出了意见和建议。

范集湘对区域总部的工作作了高度评价，同时也对北非区域总部2012年的管理和经营目标提出了更高要求，并代表集团公司、集团公司党委给驻苏丹所有员工拜年，祝愿大家新春快乐。

【股份公司在2011年度我国对外承包工程企业50强排行榜中再次名列前茅】 2012年1月19日，商务部公布2011年度我国对外承包工程业务前50家企业排行榜，股份公司以77.2754亿美元国外项目新签合同额的业绩位列新签合同金额前50家企业排行榜第2位，以完成国外项目营业额43.9863亿美元的业绩位列完成营业额前50家企业排行榜的第3位，新签合同金额与完成营业额均保持了2010年同样位置。据商务部统计，2011年我国对外承包工程业务新签合同金额同比增长5.9%，完成营业额同比增长12.2%，而股份公司分别同比增长12.41%及10%。

【中国电建集团举行仪式欢迎股份公司苏丹遇袭员工平安回国】 2012年2月9日下午，中国电建集团在首都国际机场T3航站楼贵宾厅举行仪式，热烈欢迎29名在苏丹遭劫持的公司员工和中国政府工作组、集团公司应急领导小组前方工作组成员。外交部部长助理张明，国务院国资委副主任黄丹华等相关部委领导，集团公司党委书记晏志勇，集团公司副总经理黄保东，集团公司党委常委、股份公司总经理孙洪水，集团公司工会主席王宗敏，股份公司总经理助理丁拯国及相关部门负责人，股份公司及水电七局有限公司相关领导专程前往机场迎接。欢迎仪式由黄保东主持。

欢迎仪式上，张明对29名被劫持员工平安归来表示欢迎并给予亲切慰问。晏志勇代表集团公司党委、集团公司对遇袭员工平安回国表示热烈欢迎，对在苏丹经历坎坷的同志们表示亲切慰问，对为营救被劫持员工付出艰苦努力的工作组同志致以衷心感谢。向苏丹、南苏丹等有关国家和红十字国际委员会等有关各方为安全解救公司员工付出的不懈努力表示高度赞赏和诚挚谢意，向肯尼亚等其他所有给予支持、协助和关心的国家、机构和人士表示感谢，对党中央、国务院领导的亲切关怀、国家相关部委付出的艰苦努力，对家属的理解和支持，对社会各界的关心帮助表示感谢，向成功获救的遇袭员工表示慰问，向遇难员工及其家属表示沉痛哀悼。

【范集湘到马来西亚考察】 2012年3月6～8日，中国电建集团董事长、股份公司董事长范集湘赴马来西亚进行考察，并出席马来西亚丰盛港填海项目签约仪式。股份公司副总经理曾兴亮及港航公司和水电十三局有限公司领导陪同考察。

考察期间，范集湘听取了丰盛港填海项目合同谈判工作小组的工作汇报，对项目今后的实施做出安排部署。在中国驻马来西亚大使柴玺的陪同下，拜会了柔佛州苏丹殿下易卜拉欣·伊斯梅尔。范集湘向伊斯梅尔介绍了中国电建集团及股份公司的基本情况，重点推介了中国电建集团在水利水电、火电、风电以及基础设施等领域的规划、勘测、设计、施工、运营等方面提供“在中国领先、在国际先进”的一体化服务，并列举了股份公司所承担过的三峡工程、马来西亚巴贡水电站等一系列举世瞩目的工程，在互赢的基础上，愿意为柔佛州的基础设施建设和经济发展做出贡献。

伊斯梅尔对范集湘的来访表示欢迎，对海星发展有限公司选择中国电建集团作为设计施工总承包商表示祝贺，对中国电建集团展现的实力和经验表示赞赏，柔佛州在水利和能源设施方面有许多的机会，欢迎中国电建集团这样有实力的公司参与柔佛州的经济建设。

在考察期间，范集湘还与业主海星发展有限公司总裁翁姑·沙菲安先生举行了会谈。

【范集湘随中国政府代表团出席第六届世界水论坛暨世界水展】 2012年3月12～15日，水利部部长陈雷率领的中国政府代表团参加了在法国马赛举行的第六届世界水论坛暨世界水展，中国电建集团董事长范集湘随团出访。

活动期间，范集湘陪同陈雷出席了一系列双边会谈，会见了多国高官，还参加了中法边会、“涉水灾害”议题部长级圆桌会议、中日韩水资源部长会议机制备忘录签字仪式、高级别圆桌会议等多边活动。

应组委会邀请，3月14日上午，范集湘在中国—欧洲水资源管理对话会上发表主题演讲。范集湘向广大与会中欧政府官员、学者及企业界人士介绍了中国电建集团的现状及发展方向。活动期间，范集湘还陪同陈雷视察了由股份公司和中国水电工程顾问集团公司共同承办的中国电建集团在本届世界水展上的展台。展会期间，中国电建集团展台共接待业界人士近3000人·次，参会代表对中国电建集团的展会宣传给予了高度评价。

【黄保东到卡塔尔海湾区域总部调研】 2012年3月22～23日，中国电建集团副总经理黄保东对卡塔尔海湾区域总部及在卡各项目进行调研和指导工作。

黄保东在中国电建集团海外事业部副总经理、外事局副局长、股份公司海湾区域总部总经理吴文豪的陪同下，考察了路赛CP1项目工地现场，对CP1项目目前开展的“奋战90天，闯过机电安装关，全面实现工程目标”的劳动竞赛活动给予了肯定和赞扬；在海湾区域总部听取了海湾区域总部、各相关工程局在卡项目经理及中国电建集团海湾中东各项目的执行情况、经营管理工作思路、市场开发等情况汇报后作了讲话。黄保东在讲话时强调，中国电建集团的改革重组，奠定了中国电建集团未来“打造成为水利水电行业的龙头企业、世界一流的综合性建设集团”的企业发展方向，中国电建集团“大集团、大市场、大品牌”战略进入了一个崭新的发展阶段。

【范集湘出席国际公司干部大会】 2012年3月31日下午，国际公司召开干部大会。中国电建集团董事长、股份公司董事长范集湘；中国电建集团党委副书记、纪委书记，股份公司党委副书记、纪委书记陈永录；中国电建集团总经理助理、海外事业部总经理/外事局局长丁拯国；中国电建集团总经理助理、企业领导人员管理部/人力资源部主任李燕明；股份公司副总经理、党委常委曾兴亮、刘明江；股份公司总经理助理、党委企业领导人员管理部/人力资源部主任王禹；中国电建集团企业领导人员管理部、党委工作部有关人员；国际公司领导班子成员及员工代表共计112人出席会议。刘明江主持会议。

刘明江代表中国电建集团、股份公司宣读股份公司海外事业部/国际公司领导班子任免文件。

曾兴亮代表国际公司上届领导班子向集团公司考核组领导及全体参会人员汇报2006～2011年任期工作总结。丁拯国代表国际公司党委作党务及主管业务工作总结。国际公司领导班子成员分别作述职报告。

【范集湘到赞比亚项目工地考察】 2012年4月10～13日，中国电建集团董事长、股份公司董事长范集湘赴赞比亚项目工地考察，期间听取了中国电建集团在赞企业和项目部的工作汇报，指出国际业务在新的发展阶段，必须以科学发展为主题，以转变发展方式为主线，解放思想，改革创新，转型升级，勇创一流，开创新局面。范集湘提出树立“四种心态”、实现“六个突破”的要求。

4月10日，范集湘一行专程赴现场考察了赞比亚卡里巴北岸电站扩建项目的工程进度。范集湘在工地现场与中方和赞方员工亲切交谈，了解中外员工工作和生活情况，指出一定要认真履行合同，干好工程，争取良好的社会效益和经济效益，进一步树立中国电建集团和中国水电品牌，促进当地经济社会发展。中国电建集团总会计师孙璀，股份公司总经理助理、国际公司总经理宋东升，国际公司副总经理沈德才以及中国电建集团部分成员企业领导和在赞项目部负责人参加了考察活动，并作汇报与交流。

【黄保东参加国家税务总局博茨瓦纳中资企业座谈会】 2012年4月10～13日，中国电建集团副总经理黄保东到博茨瓦纳考察工作。考察期间，参加国家税务总局暨中国驻博茨瓦纳大使馆主持召开的关于中博双边税务协定交流会，同时对中国水电博茨瓦纳有限责任公司相关市场经营业务进行了业务指导，并参观了卡玛国际机场项目。

交流会期间，黄保东向国家税务总局局长肖捷汇报了中国电建集团的相关业务及下属股份公司近年来在博茨瓦纳市场的工作业绩，并进一步代表中资企业就中资公司国际业务相关税赋合理征收等方面提出了相关建议，受到国家税务总局代表团的好评。

【范集湘拜会泰国总理英拉·西那瓦】 2012年4月19日上午，泰国总理英拉·西那瓦在钓鱼台国宾馆会见了中国电建集团董事长、股份公司董事长范集湘。泰国外交部长素拉蓬、科技部长普巴硕、中国电建集团副总经理黄保东、中国电建集团海外事业部副总经理周家义、中国水电工程顾问集团公司副总经理黄河、国际公司副总经理沈德才等陪同会见。

会见中，范集湘对泰国政府对中国电建集团的信任和支持表示感谢。他说，中国电建集团及其所属股份公司在泰国的经营活动已有十余年，合作范围涉及水电、交通等诸多领域，期间得到了泰国政府的大力支持和帮助。对于2011年在泰国发生的严重洪涝灾害，中国电建集团也高度关注，并愿意发挥自身设计、建造的全产业链优势，利用60年来积累的治水经验和技术，积极参加泰国防洪抗旱减灾体系建设。

英拉说，中国电建集团长期以来积极参与泰国经济建设，2011年泰国遭受水灾时及时伸出友谊与援助之手，泰方深表感谢。希望中国电建集团能积极参与到泰国防洪抗旱减灾体系的建设中来，拓展经贸、能源等领域的合作，并为此做出更大的贡献。

【曾兴亮陪同中国进出口银行代表团检查厄瓜多尔辛克雷水电站项目】 2012年4月19～21日，股份公司副总经理曾兴亮陪同中国进出口银行监事会主席丁仲篪、常务副行长朱鸿杰率领的中国进出口银行代表团，对厄瓜多尔辛克雷水电站项目进行贷后检查。

厄瓜多尔财长里韦拉、战略协调部长格拉斯会见代表团并进行了会谈。双方一致认为，由股份公司承建的辛克雷水电站项目开启了中厄两国经贸合作的新阶段，对两国扩大合作具有重大意义，对中国水电为实施该项目付出的巨大努力给予充分肯定。检查期间，曾兴亮和中国驻厄使馆商务参赞彭涛一起陪同中国进出口银行代表团对辛克雷水电站项目工地进行了考察，参观了正在装配的TBM设备，听取了项目部领导的情况介绍。在厄瓜多尔期间，曾兴亮还先后拜访了中国驻厄瓜多尔大使馆大使苑桂森和参赞彭涛，向他们汇报了辛克雷水电站项目最新进展情况；主持召开辛克雷水电站项目部设计专题会议，与辛克雷水电站项目部、黄委设计院和法国咨询公司等各方进行了深入探讨、查找问题，并提出了相应的整改措施。

【贾庆林出席在泰中资企业代表座谈会，黄保东参加并发言】 2012年4月22日下午，正在泰国访问的全国政协主席贾庆林在曼谷与驻泰中资企业代表座谈。会上共有7家企业作了交流发言，中国电建集团党委常委、副总经理黄保东参加座谈会并发言。

黄保东简要汇报了新组建的中国电建集团的整体概况，并对中国电建集团在泰国业务经营情况、成功经验及相关建议进行了介绍。他说，中国水电早在20世纪80年代就进入了泰国市场，已完建科隆泰丹水坝、美水水坝、乔比亚水电站等标志性项目；在建泰国轻轨蓝色线、纳瑞水电站、罗勇焦炭厂共3个工程承包项目，是泰国经营规模最大的中央企业建筑公司，为中泰友谊和经济合作贡献了自己的力量，取得了成功经验。目前，主要推动泰国防洪抗旱、填海造地规划、设计、建设、融资一揽子合作项目。

贾庆林认真听取了黄保东和其他代表的汇报，对在泰中资企业积极实施“走出去”战略，在异国他乡艰苦创业取得的成绩及所做贡献表示充分肯定。

【曾兴亮访问委内瑞拉】 2012年4月23～24日，股份公司副总经理曾兴亮赴委内瑞拉访问、考察。访委期间，曾兴亮主持召开了委内瑞拉市场工作会议，就该市场经营工作提出了系统的指导意见，并拜会了中国驻委内瑞拉大使赵荣宪和经商参赞王勇，汇报了股份公司在建项目和市场经营情况。重点汇报了股份公司在委内瑞拉承建的紧急电站实施和抢发电情况。股份公司的技术实力和管理水平，得到了赵荣宪和王勇的高度赞扬，两人一致认为股份公司在委内瑞拉的项目树立了中委合作和中资企业的新典范。在委内瑞拉市场工作会议上，曾兴亮还分析了委内瑞拉市场状况，从内部营销资源整合、信息共享、激励机制、创新、可持续发展和社会责任等6个方面对委内瑞拉市场经营工作提出了指导意见。

【国务院国资委《信息参考》发表范集湘署名文章：着力提升国际经营能力，努力建设世界一流企业】 应国务院国资委“中央企业管理提升活动——管理提升纵横谈”栏目专题约稿，中国电建集团董事长、股份公司董事长范集湘撰写了《着力提升国际经营能力，努力建设世界一流企业》一文，从中国电建集团及所属企业国际经营实践出发，就中央企业现阶段提升国际经营管理能力阐述了观点、思路。该文刊登后，引起了很大反响，先后被中国新闻网、国务院国资委网（首页“关注与视野”栏目）等多家网站以及《中国日报》、《中国电力报》等平面媒体转载。范集湘就现阶段建筑类中央企业提升国际经营管理能力提出以下几点认识：

第一，全球化思维、国际化视野，是提升国际经营管理能力的战略性前提；第二，着力国际化人才的优先培养使用，是提升国际经营管理能力的必要条件；第三，“削足适履”，系统对接，是提升国际经营管理能力的重要抓手；第四，“标准化、规范化、程序化、专业化”，是提升国际经营管理能力的突破口；第五，创新体制机制，升级商业模式，是提升国际经营管理能力的助推器。

【股份公司获得商务部“对外承包工程、劳务合作统计工作先进集体”表彰】 2012年5月，商务部对2009～2011年度全国“对外承包工程、劳务合作统计工作先进”进行通报表彰，股份公司继集团公司2005～2006年度及2007～2008年度获得先进集体称号后，在3000多家参评企业中第3次获得表彰。

【范集湘应邀与GE董事长会谈，双方签署战略合作备忘录】 2012年5月10日，中国电建集团董事长、股份公司董事长范集湘应邀访问美国通用电气集团（GE）总部。在美期间，范集湘先后与GE董事长兼CEO杰夫·伊梅尔特、GE副总裁兼GE能源总裁约翰·克劳尼奇等人会谈，并签署GE和中国电建集团战略合作备忘录。中国电建集团副总经理黄保东，股份公司总经理助理、国际公司总经理宋东升，股份公司总经理助理、房地产公司董事长夏进等陪同参加了会见和签字仪式。

范集湘和伊梅尔特进行了坦诚和富有成效的会谈，交换了对全球经济形势的意见，对双方在非洲、中东、北美和全球的合作作了深入地沟通。在战略合作备忘录签署仪式后，范集湘一行应邀参观了GE研发中心和GE主办的全球首席市场运营官峰会。

【范集湘赴厄瓜多尔辛克雷水电站项目检查指导工作】 2012年5月13～16日，中国电建集团董事长、股份公司董事长范集湘一行赴厄瓜多尔辛克雷水电站项目检查指导工作。范集湘分别拜会了厄瓜多尔副总统莫雷诺、战略协调部部长格拉斯、电力部部长阿尔布诺兹和辛克雷水电站项目业主总经理卢西亚诺，就辛克雷水电站项目的进展情况和下一步在厄瓜多尔的战略合作进行了深入、广泛的交流。中国电建集团副总经理黄保东，股份公司总经理助理、国际公司总经理宋东升，股份公司总经理助理、房地产公司董事长夏进等陪同。

在厄检查期间，范集湘一行考察了辛克雷水电站项目大坝枢纽、TBM管片预制厂、TBM工业广场、地下厂房等各施工区。在辛克雷水电站项目部就项目实施情况听取了项目部的详细汇报并讲话。他在讲话中深入分析了在经济全球化背景下，中央企业顺应中国“走出去”战略开展国际经营的形势，对中国电建集团实施国际业务优先发展战略、构建跨国经营模式的思路和战略举措作了深刻阐述，并对辛克雷水电站项目管理做出了重要指示。

范集湘强调，辛克雷水电站项目是备受中国和厄瓜多尔政府高层关注的标志性项目，社会关注度极高，项目实施极具挑战性。对项目领导班子，特别是项目经理的工作提出了要求，指出项目经理的第一要务要谋总体、谋长远、谋规划、谋统筹。对项目班子和部门管控提出7个方面的要求，即分工明确、责任清楚、授权适当、考核严格、奖惩严厉、问责严肃、处置果断。

【孙洪水拜会津巴布韦总理摩根·茨万吉拉伊】 2012年5月28日，在股份公司总经理助理、国际公司总经理宋东升，国际公司副总经理梁军等的陪同下，股份公司总经理孙洪水在北京北辰洲际酒店拜会了来华访问的津巴布韦总理摩根·茨万吉拉伊一行。出席会见的包括津巴布韦驻华大使、国有企业部长戈登·莫约、水资源发展部长萨缪尔·恩科莫、经济计划与发展部长塔皮瓦·马沙卡达及总理办公室官员，中国驻津巴布韦大使林琳。

孙洪水首先对茨万吉拉伊总理访问北京表示热烈欢迎。他简要介绍了股份公司在津巴布韦开展工程承包的情况，并指出，随着股份公司经过重组并入中国电建集团，其在业务范围、技术实力、人力资源和资金实力方面上升到了一个更高的平台，股份公司将凭借强大的履约能力扩大对津巴布韦市场的开发和经营发展，愿意与津巴布韦政府在基础设施建设、经贸合作等领域开展更为广泛的交流和合作，为津巴布韦经济社会发展做出积极贡献。

茨万吉拉伊总理感谢孙洪水对股份公司经营情况的详细介绍，对股份公司和中国电建集团具有的工程承包和投资能力表示赞赏。他说，津巴布韦的经济和社会发展亟须电力及基础设施，市场潜力巨大，欢迎股份公司和中国电建集团这样具有实力的大型企业前往津巴布韦参与地方发展。

【曾兴亮出席泰国乔比雅水电站竣工及移交泰国皇室仪式】 2012年5月31日，股份公司承建的泰国乔比雅水电站项目竣工及移交泰国皇室仪式在施工现场举行，股份公司副总经理曾兴亮、中国驻泰国大使管木、使馆经商处参赞高文宽等作为中方嘉宾应邀出席。泰国诗琳通公主作为泰国王御代表出席仪式并接收敬献。泰国主流电视台进行了全程直播。在泰国官员和中国驻泰大使的陪同下，诗琳通公主为项目揭牌，按动开机按钮启动两台发电机组，参观了由股份公司负责设计、供货并指导安装的发电机组设备，并热情接见了中方嘉宾及项目团队。

【孙洪水拜会塔吉克斯坦总统】 2012年6月2日，股份公司总经理孙洪水在厦门拜会了塔吉克斯坦共和国总统埃莫马利·拉赫蒙，就塔吉克斯坦水电资源开发等有关事宜进行了会谈。

孙洪水首先转达了股份公司董事长范集湘向拉赫蒙总统的亲切问候，并介绍了股份公司参与塔吉克斯坦水电站建设和公路等基础设施项目的开发与建设情况。拉赫蒙总统高度评价股份公司的专业化程度和在水电领域所取得的成就，对股份公司在塔吉克斯坦开发建设水电项目寄予厚望，希望股份公司能积极参与塔吉克斯坦水电资源的开发工作。股份公司副总工程师、国际公司副总经理季晓勇，水电十六局有限公司领导，中国驻塔吉克斯坦大使等中方人员以及塔吉克斯坦外交部长、国家对外政策顾问和塔吉克斯坦驻华大使等塔方相关人员出席了会谈。

【范集湘考察老挝市场，并分别拜会老挝国家主席和总理】 2012年6月10～12日，中国电建集团董事长、股份公司董事长范集湘对老挝市场进行考察，股份公司副总经理刘明江，国际公司副总经理杜楠、沈德才等陪同考察。

考察期间，范集湘分别拜会了老挝国家主席朱马利·赛雅颂和总理通辛·坦马冯。老挝国家领导人充分肯定了股份公司在老挝业务的快速发展以及帮助老挝政府在经济和社会发展过程中所做出的巨大努力，并希望股份公司能够继续积极开发老挝丰富的水电资源和矿产资源。双方还就股份公司在老挝后续市场的开发交换了意见。

范集湘还在考察期间听取了国际公司、水电十局有限公司、水电十五局有限公司和基础局有限公司关于老挝市场开发情况的汇报，并做出重要指示。范集湘指出，股份公司将继续坚持老挝“小国家、大市场”的定位，实现老挝市场工程承包项目和投资项目、基础设施建设和矿产资源开发领域的多元化发展，进一步提升股份公司的竞争力和品牌影响力。

【孙洪水到股份公司卡塔尔海湾区域考察】 2012年7月17～18日，中国电建集团党委常委、股份公司总经理孙洪水在股份公司总经理助理、国际公司董事长兼党委书记章运礼的陪同下赴卡塔尔对股份公司海湾区域总部及在建项目群进行考察。

孙洪水听取了海湾区域总部及各在建项目经理的情况汇报，充分肯定了在卡塔尔各项目已经取得的成绩。在卡期间，孙洪水一行分别到CP1项目和其他在卡项目进行了考察。专程前往卡塔尔公共工程署和卡塔尔水电总局拜会高层代表。

【范集湘会见肯尼亚总理奥廷加】 2012年7月18日上午，中国电建集团董事长、股份公司董事长范集湘在北京莱佛士酒店拜会了来华访问的肯尼亚总理拉伊拉·奥廷加一行。陪同奥廷加总理出席会见的包括肯尼亚驻华大使、肯尼亚财政部长、能源部长、地区发展部长等政要。股份公司总经理助理、国际公司总经理宋东升，国际公司副总经理梁军等一同参加了会见。

范集湘对奥廷加总理一行访华表示热烈欢迎，并简要介绍了股份公司在肯尼亚的业务开展情况。他说，肯尼亚是股份公司在东部非洲地区的重点市场，自2007年进入该市场以来，股份公司先后承接了11个项目，累计合同总金额约5亿美元，涉及水力发电、水利灌溉、公路交通、市政供水、城市污水处理等工程领域。目前，4个项目已经顺利完工，另有7个项目在建。项目的各项工作均开展顺利。

奥廷加总理首先对股份公司在肯尼亚开展的工程承包和为当地经济发展所做出的贡献表示高度赞赏。他重申了肯尼亚政府与中国电建集团和股份公司合作的承诺，欢迎中国电建集团和股份公司更加深入地参与肯尼亚经济社会发展，进一步推进各个领域和各种模式的合作。

【范集湘到苏丹市场检查指导工作】 2012年8月9日，中国电建集团董事长、股份公司董事长范集湘来到苏丹检查指导工作。期间，先后拜会了苏丹电力大坝部部长奥萨玛、中国驻苏丹大使罗小光。

在拜会奥萨玛部长时，双方回顾了股份公司同苏丹电力大坝部近十年来的合作，并就在建项目进展进行了深入、广泛的交流，还共同见证了苏丹麦洛维项目2号和解协议的签订。

范集湘对苏丹电力大坝部及奥萨玛长期以来对中国电建集团所给予的帮助和支持表示衷心感谢。他说，苏丹市场是中国电建集团最重要的市场之一，今后中国电建集团将继续与苏丹电力大坝部一起，进一步拓展双方在水利灌溉、火力发电和新能源等领域的合作，共同发展双方战略伙伴关系，造福人民。

范集湘在拜会中国驻苏丹大使罗小光时，首先对罗小光大使在“一·二八”乌阿公路人质事件中给予的帮助表示感谢，随后介绍了中国电建集团国际业务的发展和在苏丹市场的经营情况，并表示中国电建集团将积极发展与苏丹在各个领域内的合作，在大使馆和经商参处的领导和支持下继续做好在苏丹市场的各项工作。

【ENR排名公布，中国水电排名再次提升】 2012年8月24日，《美国新闻实录》（ENR）最大225家全球工程承包商、国际工程承包商两榜单公布。股份公司2011年总营业额和海外营业额两项分列榜单的第14位和第23位，在上榜的中国企业中分列第6位和第3位。

根据ENR统计，在海外业务拓展上，2011年大型工程承包企业有着尤为突出的表现，国际工程承包商225强企业在2011年全年共创造了约4530.2亿美元的海外营业收入，与去年同比增长了18.1个百分点。

【范集湘出席黑山共和国莫拉查和科莫尼查水电站项目合作谅解备忘录签约仪式】 2012年8月30日，股份公司与黑山共和国政府在北京就黑山莫拉查和科莫尼查水电站项目签署合作谅解备忘录。黑山共和国总理伊戈尔·卢克希奇，黑山共和国财政部长、经济部长、总理办公厅主任，黑山共和国驻华大使，中国电建集团董事长、股份公司董事长范集湘，股份公司副总经理曾兴亮，股份公司总经理助理、国际公司董事长章运礼等出席签约仪式。黑山共和国经济部部长瓦拉蒂姆·卡瓦利奇和章运礼分别代表双方在谅解备忘录上签字。

签约仪式上，伊戈尔·卢克希奇、范集湘、曾兴亮出席签字仪式并分别致辞。卢克希奇在致辞中对股份公司取得的卓越成就表示赞赏，他相信双方的合作定将有着美好的未来。范集湘在致辞中表示，中黑两国人民在长期交往中结下了深厚友谊，双方在经贸、旅游等领域的合作取得积极成果，此次签署的莫拉查和科莫尼查水电站项目合作谅解备忘录，是一个值得纪念的里程碑。曾兴亮在致辞中表示，股份公司有能力协助黑山共和国政府和企业融资用于实施基础设施建设，为提高中黑两国经贸往来、促进中黑双边关系做出贡献。

【中国水电签约首个欧洲项目，范集湘出席签约仪式】 2012年9月4日，中国水电在北京成功签署波黑尤乐高（Ulog）水电站项目EPC合同。波黑驻华大使阿梅尔·科瓦切维奇阁下，中国电建集团董事长、股份公司董事长范集湘，塞尔维亚能源融资公司（EFT）总裁沃克·哈莫维奇先生，中国国家开发银行重庆市分行副行长肖明政，股份公司总经理助理、国际公司董事长章运礼，国际公司副总经理孙彦华、负亮，以及东方电气股份公司相关领导等出席签约仪式。沃克·哈莫维奇和章运礼分别代表双方在合同书上签字。

波黑尤乐高水电站项目是中国水电在欧洲中标的第一个项目，这标志着“中国水电”正式进入欧洲工程承包市场。

【孙洪水考察老挝市场并拜会老挝国家总理】 2012年11月27～29日，中国电建集团党委常委、股份公司总经理孙洪水赴老挝市场考察。海外投资有限公司董事长盛玉明等陪同考察。

考察期间，孙洪水拜会了老挝国家总理通辛·坦马冯。坦马冯总理对孙洪水的来访表示欢迎，并对中国电建集团的综合实力予以充分的肯定，特别是对中国水电在老挝水电等基础设施建设中所取得的成就表示赞赏。孙洪水对坦马冯总理和老挝政府长期以来给予中国水电的大力支持表示衷心的感谢，并表达了中国电建集团愿和中国水电发挥自身投资、设计和建造的全产业链优势，在老挝电力、基础设施和矿产资源等方面开展更广泛、更深入合作的意愿，希望能为老挝经济的可持续发展和为中老世代友好做出更大的贡献。

考察期间，孙洪水听取了海外投资有限公司、国际公司、有关工程局关于老挝投资项目建设情况和老挝工程市场开发情况的汇报，并对各个单位通过携手努力在老挝创造多元化发展的良好局面给予高度评价，特别是对已经并网发电并即将投入商业运营的南俄5水电站项目以及刚刚开工建设的南欧江流域2、5、6级水电站的进展表示欣喜和期望。

针对老挝区域项目投资、建设和市场开发等问题，孙洪水做出重要指示。

外事管理

【股份公司海外党建工作检查组对越南等国别市场进行检查】 为持续加强和改进股份公司海外工作机构党的建设和管理，提升海外党建科学化水平，促进国际业务的健康发展，国际公司党委与股份公司党委工作部组成检查组，由股份公司海外事业部/国际公司副总经理、国际公司党委副书记、纪委书记兼工会主席熊立新带队，股份公司新闻中心负责人和国际公司党委工作部人员组成，于2012年5月8～22日赴越南、马来西亚、卡塔尔和刚果（金）等国别进行党建工作检查。

此次海外党建工作检查共涉及国别4个，检查项目6个，深入施工作业面23个，召开座谈会9次，参会人员116人，查阅文件资料87份，内容涵盖海外党建工作制度落实情况、党组织设立情况、创先争优系列活动开展情况、党组织政治核心和监督保障以及党员模范带头作用发挥情况、"三重一大"民主决策议事规则和决策流程具体执行情况、领导班子和干部队伍建设情况、党员干部廉洁从业和纯洁性教育情况、海外精神文明建设和企业品牌文化建设情况以及群团工作等内容。检查组对涉及国别的海外机构、重点项目党建工作进行了全面摸底，获得了较为准确、翔实的第一手资料，肯定成绩，指出不足，帮助改进，促进提高，为股份公司海外党建工作的持续改进和提高起到了积极作用。

【《中国水电建设集团国际工程有限公司监督工作联席会议制度（试行）》印发】 根据中央纪委、中央组织部、监察部、国务院国资委党委有关规定，按照《关于加强和改进股份公司纪检监察组织建设的实施意见》（中水电股党〔2010〕85号）和《关于加强和改进国际公司纪检监察组织建设的实施细则》（中国水电国际党〔2011〕42号）要求，为进一步探索加强纪检监察组织协调、整合监督资源的有效途径和办法，及时沟通信息，形成监督合力，增强监督工作实效，结合国际公司实际，制订了监督工作联席会议制度，于2012年5月8日印发。该制度明确了联席会议的主要任务、组成部门、工作规则、工作要求、联席会议办公室职责等。

【《中国水电建设集团国际工程有限公司反腐倡廉教育长效机制实施办法》印发】 根据《国资委党委关于加强中央企业领导人员反腐倡廉教育的意见》（国资委党委纪检〔2011〕118号）和《中国水利水电建设股份有限公司反腐倡廉教育长效机制实施办法》（中水电股党〔2011〕55号）精神，结合国际公司实际，制订了《中国水电建设集团国际工程有限公司反腐倡廉教育长效机制实施办法》，于2012年5月24日印发。该办法共分3章，明确提出：要进一步提高对加强公司领导人员反腐倡廉教育的认识；提出了反腐倡廉教育工作的指导思想、目标要求、工作原则、教育内容、方式方法和教育机制；要求认真落实公司领导人员反腐倡廉教育的有关要求。

【国际公司举办基层党支部书记及入党积极分子培训班】 为深入开展基层组织建设年活动，切实把加强基层党建工作落到实处，2012年6月7日，国际公司党委举办了基层党支部书记和入党积极分子培训班。国际公司直属党支部书记和委员、工会副主席、团委书记、党委工作部全体人员以及入党积极分子共计40余人参加了培训。国际公司党委副书记、纪委书记、工会主席熊立新到会，对本次培训提出了要求和期望。

基层党支部书记培训由国际公司高级顾问孙越同志授课，入党积极分子培训由国际公司党委工作部主任周春来同志授课。

【《中国水电建设集团国际工程有限公司工作规则》印发】 2012年6月3日，中国水电建设集团国际工程有限公司第二次党政联席会审议通过了《中国水电建设集团国际工程有限公司工作规则》，于2012年6月26日印发。该工作规则共分6章，分别为：总则，公司治理结构和相关领导机构及其职能定位，相互关系，会议制度，公文管理制度，公务活动及休假制度，附则。

【国际公司召开庆祝建党91周年暨创先争优表彰大会】 2012年7月2日，国际公司召开庆祝建党91周年暨创先争优表彰大会。国际公司董事长兼党委书记章运礼作讲话，国际公司总经理兼党委副书记宋东升主持会议。国际公司全体在京人员约200人参加了大会。

会上，章运礼回顾了"十一五"期间股份公司国际经营取得的成果。结合当前形势与股份公司国际业务发展情况，提出要与世界一流企业对标，国际公司的组织机构、营销模式、管控机制等还有一定的差距。通报了股份公司层面成立了中水电海外投资有限公司，国际公司内部进行适当调整，市场、开发和海外管控前移，市场开发和监管的具体业务统一管理。关于党建工作，强调党员要在企业改革和发展中积极发挥模范带头作用。要继续做好海外党建工作和党风廉政建设工作，助推国际业务健康发展。

会上，宋东升作总结讲话，要求大家要充分认识本次调整的必要性，希望广大党员干部要带头讲政治、顾大局，服从组织安排，服从工作需要，充分发挥和放大党组织的政治核心和党员先锋模范作用，团结带领国际公司广大干部职工积极投身到国际业务改革发展中。

会议表彰了国际公司2011～2012年度劳动模范、先进工作者，组织新党员进行了入党宣誓。

【国际公司对组织机构进行调整】 根据工作需要，经国际公司党政联席会议研究拟定，并报股份公司党政联席会议审议通过，国际公司于2012年7月11日正式发文，决定对国际公司组织机构进行调整：合并业务一、二、三、四部和区域管理部，成立市场部；成立董事会办公室，与总经理工作部合署办公；成立战略发展部，与党委工作部合署办公；成立法务风险部；合并审计部和监察部，成立审计监察部；合并机电部和保障部，成立采购管理部；将经营管理部更名为工程管理部；在原有驻外办事处、代表处、区域总部的基础上，设立13个区域部或比照区域部管理的子公司，具体为美洲第一区域部，美洲第二区域部，西亚北非区域部，西部非洲区域部，中部非洲区域部，南部非洲区域部，东部非洲区域部，海湾区域部，南亚区域部，东南亚区域部，高加索、中亚及东北亚区域部，欧洲区域部，中国水电（马来西亚）有限公司。区域部下设代表处、办事处、有限公司、分公司等分支机构。

【国际公司规定董事长、总经理、副总经理、总会计师、总工程师职责分工】 根据《中国水电建设集团国际工程有限公司章程》规定及工作需要，国际公司于2012年7月12日向各部门、各区域部发出通知，明确了章运礼董事长、宋东升总经理、季晓勇副总经理、杜楠副总经理、沈国华总会计师、梁军副总经理、刘风秋总工程师、熊立新副总经理、孙彦华副总经理、贠亮副总经理、田海华副总经理、侯晓暾副总经理的职责分工。

【国际公司管理能力提升培训圆满结束】 为进一步提升国际公司中层管理人员的业务水平和管理能力，促进国际业务又好又快发展，在国际公司领导的大力支持下，2012年7月27～29日，由人力资源部、市场部共同合作，举办了为期3天的中层管理人员"管理能力提升"培训班。股份公司总经理助理、国际公司董事长兼党委书记章运礼，股份公司总经理助理、国际公司总经理宋东升，国际公司总工程师刘风秋出席培训班并亲自授课。本次培训由国际公司副总经理孙彦华主持，国际公司副总经理杜楠、梁军、孙彦华、田海华等4位分管区域部工作的公司领导、各部门正副主任及协助区域部领导工作的人员共47人参加了培训。

本次培训共有"企业文化与国际业务发展"、"工程融资"、"部门经理管理能力提升"三大模块14个专题。除国际公司领导亲自授课外，还邀请了国家进出口银行、国家开发银行、中国出口信用保险公司、中国工商银行等合作单位的相关部门负责人，海外投资有限公司领导，湖北省电力勘测设计院领导和北京中外企业人力资源协会老师作为嘉宾授课。

【《中国水电建设集团国际工程有限公司海外区域部固定资产配置管理办法》印发】 为规范股份公司海外区域部固定资产的配置和使用管理工作，根据股份公司相关规定，制定了《中国水电建设集团国际工程有限公司海外区域部固定资产管理办法》，于2012年10月9日印发。该办法共分7章21条，分别为：总则，固定资产的定义、分类、计价及财务核算，固定资产的购置，固定资产的日常管理，固定资产的处置，驻外机构办公用车管理，附则。

【《中国水电建设集团国际工程有限公司总部各部门绩效考核管理办法》印发】 为明确管理责任，调动国际公司总部各部门工作积极性，创造良好的经营业绩，实现国际公司经营目标，使国际公司经营管理工作更规范、有序、受控地良性运行，根据《中国水电建设集团国际工程有限公司章程》及有关规定，制定了《中国水电建设集团国际工程有限公司总部各部门绩效考核管理办法》，于2012年于10月9日印发。该办法共分6章18条，分别为：总则、组织机构、薪酬体系、绩效考核、特殊情况的处理原则、附则。

【《中国水电建设集团国际工程有限公司海外区域部绩效考核管理办法》印发】 为贯彻国际公司发展战略，进一步明确经营责任，调动工作积极性，充分发挥绩效考核的激励和导向作用，以创造良好的经营业绩，实现国际业务的快速、持续、健康发展，制定了《中国水电建设集团国际工程有限公司海外区域部绩效考核管理办法》，于2012年10月9日印发。该办法共分6章28条，分别为：总则、组织机构、薪酬体系、绩效工资（奖金）、特殊情况的处理原则、附则。

【《中国水电建设集团国际工程有限公司安全生产考核管理办法》印发】 为规范国际公司的安全生产考核管理工作，依据国家有关法律法规、股份公司安全生产管理制度，结合机构调整后的具体情况，重新制定了《中国水电建设集团国际工程有限公司安全生产考核管理办法》，于2012年10月9日印发。该办法共分6章19条，分别为：总则，组织机构，考核原则、依据和范围，考核评价，奖罚标准，附则。

【《中国水电建设集团国际工程有限公司合同管理办法（暂行）》印发】 为明确国际公司各部门在合同起草、审查、谈判、签约、执行、存档等事务中的职责，进一步提高国际公司的合同管理水平，规范经营行为，防范和化解经营风险，依法维护国际公司的合法权益，根据北京市《企业法律审核工作若干规定》、股份公司《经营行为法律审核管理办法》，结合机构调整后的具体情况，制定了《中国水电建设集团国际工程有限公司合同管理办法（暂行）》，于2012年10月9日印发。该办法共分10章53条，分别为：总则，合同管理机构、人员及职责，合同的起草，合同的审查，合同的谈判，合同的签署，合同的执行，合同的修改、延长、转让、中止及提前终止，合同执行的监督及存档，附则。

【股份公司2012年第二期项目经理培训班（国际方向）开班】 2012股份公司第二期项目经理培训班（国际方向）开班典礼于2012年10月11日在北京清华大学举行。

股份公司副总经理曾兴亮，总经理助理兼人力资源部、党委企业领导人员管理部主任王禹，培训机构清华大学土木水利学院水利系主任金峰等参加了开班典礼。曾兴亮在开班典礼上作讲话，他介绍了中国对外承包业务的总体发展情况，分析了股份公司发展面临的形势和任务，列举了国内外项目管理的差异，从宏观、中观和微观等多个角度，就如何落实好国际优先发展战略、实现国际业务转型升级、搞好项目管理等给学员上了生动的一课。

本次培训班时间一个月，由来自各子公司的共计50名国际项目经理、副经理及国际项目管理人员参加了培训。

【国际公司调整公司党组织及党员组成】 为进一步加强基层党组织建设，建立健全党的基层组织体系，扩大党组织的覆盖面，充分发挥党组织的政治核心作用，激发党员的积极性和创造性，为推动国际业务又好又快发展提供巨大动力，根据国际公司部门及人员调整，经国际公司党委研究，决定对总部直属党支部、海外区域部党组织及其党员组成进行调整。国际公司总部保留第一、第二、第三、第四支部，撤销第五支部，成立12个海外区域部机关党支部。

【国际公司成立企业标准化管理委员会】 根据股份公司《关于成立中国水利水电建设股份有限公司企业标准化管理委员会的通知》的要求，为加强国际公司企业标准化管理，全面推动企业标准化管理工作进程，经研究决定成立中国水电建设集团国际工程有限公司企业标准化管理委员会。委员会主任为章运礼，副主任为宋东升、季晓勇、刘风秋、熊立新，成员为苗车等。企业标准化管理委员会下设办公室，负责委员会日常工作，办公室设在技术安全部。

【国际公司成立企业社会责任管理领导小组】 为进一步贯彻、落实国务院国资委对中央企业履行企业社会责任工作提出的要求与安排，国际公司于2012年11月9日成立了国际公司企业社会责任管理领导小组。领导小组组长为章运礼，常务副组长为宋东升，副组长包括季晓勇等。企业社会责任管理领导小组办公室设在总经理工作部/董事会办公室，对国际公司全面履行企业社会责任工作进行管理、协调。

【国际公司成立网络与信息安全应急领导小组】 为加强国际公司网络与信息安全，经研究决定，国际公司于2012年11月20日成立了网络与信息安全应急领导小组，领导小组组成人员为：组长章运礼、副组长宋东升、组员季晓勇等。领导小组的主要职责是：根据上级主管部门及行业主管单位网络与信息安全的总体要求，统一领导国际公司网络与信息安全监督管理工作，组织落实国家相关方针、政策和各项重大部署；组织审定国际公司网络与信息安全的发展战略、总体规划、重大政策、管理规范和技术标准；组织审定国际公司网络与信息安全重大突发事件应急预案。领导小组办公室设在董事会办公室/总经理工作部。

【股份公司举行海外业务质量、环境、职业健康安全管理培训活动】 股份公司海外业务2012年质量、环境、职业健康安全（HSE）管理培训于2012年12月3～7日在深圳中兴通讯学院举办。本次HSE管理培训的对象是股份公司各子公司安全生产监督管理部门正（副）职、海外事业部负责人及海外项目经理（共计70人）。股份公司总经理助理、海外事业部总经理、国际公司董事长章运礼，国际公司总工程师刘风秋出席了本次培训的开班仪式，并作讲话。

在40课时紧张的培训中，培训专家通过理论学习、案例分析、分组讨论、互动问答等方式，向学员们介绍了HSE管理的国际标准、国际HSE管理体系方针制定、体系策划、体系实施及运行、体系的绩效测量、事故/事件的调查、纠正及预防、体系审核及管理评审等内容。

【国际公司调整党风廉政建设领导小组】 为加强国际公司对党风廉政建设工作的领导，根据国际公司领导换届及组织机构调整的实际情况，经国际公司党委研究决定，2012年12月6日，国际公司对党风廉政建设领导小组人员进行了调整。领导小组调整为：组长章运礼，副组长宋东升、熊立新，成员季晓勇等。领导小组办公室设在国际公司审计监察部。

【《中国水电建设集团国际工程有限公司海外区域部财务资金管理办法》印发】 为规范境外区域部财务资金管理工作，根据《中国水利水电建设股份有限公司国际业务财务管理办法》、《中国水利水电建设股份有限公司国际业务会计核算办法》以及《中国水电建设集团国际工程有限公司财务管理暂行办法》的相关规定，结合区域部业务发展的实际情况，制定了《中国水电建设集团国际工程有限公司海外区域部财务资金管理办法》，于2012年12月12日印发。该办法共分12章78条，分别为：总则、组织机构及职责、经费管理、资金及银行账户管理、实物资产管理、税收管理、在建项目管理、担保及保函管理、财务报告管理、财务档案管理、财务评价与监督、附则。

国际商务

【范集湘会见刚果（金）总统顾问穆易斯】 2012年1月10日，中国电建集团董事长、股份公司董事长范集湘在股份公司总部会见了来访的刚果（金）总统顾问、中刚合作跟踪协调办公室执行秘书（正部级）穆易斯先生一行。中国电建集团副总经理黄保东、国际公司副总经理宋东升等陪同参加会见。

会上，范集湘首先对穆易斯总统顾问一行的来访表示欢迎，并请总统顾问向卡比拉总统转达对其成功连任的热烈祝贺。穆易斯顾问代表卡比拉总统表示感谢，并强调卡比拉总统非常重视与中国的合作，也非常关心股份公司与刚果（金）合作的项目。

随后，范集湘向穆易斯顾问介绍了中国电建集团成立和股份公司成功上市等情况。范集湘与穆易斯顾问还就双方合作项目的融资、建设等事宜详细交换意见。

【美国非洲企业理事会总裁兼首席执行官斯蒂芬·海斯一行访问股份公司】 2012年2月6日，股份公司总经理孙洪水在股份公司总部会见了应中国经济社会理事会邀请访华的美国非洲企业理事会总裁兼首席执行官斯蒂芬·海斯先生率领的美国在非投资企业代表团一行。陪同美方代表团一起来股份公司访问的有中国经济社会理事会常务理事、秘书长，全国政协办公厅外事局局长夏纪慧等。

孙洪水首先代表股份公司全体员工对美国非洲企业理事会代表团的来访表示欢迎。会谈中，孙洪水向美方详细介绍了股份公司多年来在非洲业务的开展情况，并回答了代表团成员的提问。他说，股份公司作为中国水利水电建设行业规模最大、实力最强的大型跨国企业集团，长期以来承建了三峡等一大批具有代表性的行业工程，拥有丰富的技术优势和管理经验，已经成为世界水电建设行业的知名品牌。股份公司一直以来与非洲国家和人民保持着深厚的友谊和良好的合作关系，在非洲承担了众多水利水电和基础设施工程的建设任务，赢得了良好的口碑。股份公司非常愿意与非洲国家继续保持合作，在更深层次、更广领域拓展双方合作关系。

斯蒂芬·海斯对股份公司的热情友好接待表示诚挚感谢，并简要介绍了美国非洲企业理事会近年来的发展概况。他对股份公司在非洲经贸合作中做出的成绩表示高度赞赏，并希望未来股份公司可以在一些非洲投资合作项目中与美国在非投资的企业展开合作，共同促进非洲的经济发展。

【曾兴亮会见马里共和民主联盟党领袖苏玛依拉·西塞】 2012年3月2日上午，马里共和民主联盟领袖、创始人苏玛依拉·西塞率领马里代表团访问股份公司总部，股份公司副总经理曾兴亮会见了西塞阁下一行，并进行了友好会谈。马里共和国驻华大使、中国驻马里前任大使马志学、国际公司副总经理季晓勇等参加了会见。

曾兴亮首先介绍了股份公司的简要情况，并对中国电建集团的组建情况和重组之后集团的主要业务领域及其所具备的水利水电、火电、风电以及基础设施等领域规划、勘测、设计、施工、运营一体化服务能力进行介绍。曾兴亮表示，股份公司目前在国外63个国家实施着共计300亿美元的项目，非洲是股份公司的重要市场。股份公司在马里正在实施水电站、农业灌溉、机场等3个项目，合同金额达2.8亿美元。股份公司愿意与马里政府开展多领域合作，探讨BOT模式的项目开发，并将继续依托中国和外界日益深化的互惠合作形势，支持中国与发展中国家的友好和经济技术合作。

西塞阁下首先祝贺股份公司取得的卓越成绩，他表示，此次来华之前刚刚从马里费鲁水电站项目考察归来，对股份公司印象深刻。西塞阁下认为双方应该放眼未来，对流经马里的两大河流——塞内加尔河和尼日尔河上的潜在项目进行深度挖掘，并欢迎股份公司积极参与投资，加强双方在农业、石油、矿产等其他领域更深层次的合作。

【乌干达全国工会组织代表团访问股份公司】 2012年3月26日下午，乌干达全国工会组织代表团一行12人在中华全国总工会国际部有关人员的陪同下访问股份公司，股份公司工会主席王宗敏接待了代表团一行。

王宗敏首先代表股份公司对乌干达全国工会代表团的来访表示热烈欢迎，并介绍了股份公司的悠久历史、发展现状和主营业务，特别是股份公司认真实施“走出去”发展战略。王宗敏重点介绍了股份公司工会组织建设情况和维护职工合法权益职责落实情况。他表示，股份公司一贯重视开拓乌干达市场。目前，股份公司在乌干达在建的有布贾卡里机电安装项目，并正在跟踪卡鲁玛水电站、跨境输电线路、社保局大楼、税务局大楼等项目。

代表团团长、乌干达全国工会副总书记梅斯拉姆·欧莱卡、乌干达全国工会主席亚瑟·奥威尔和乌干达全国工会研究部部长分别介绍了乌干达全国工会的组织建设情况及与中华全国总工会的友好往来，高度赞赏股份公司在乌企业与乌干达全国工会的良好合作关系，欢迎股份公司参加乌干达基础设施建设，表示将支持股份公司发展在乌业务。

【加纳共和国副总统约翰·德拉马尼·马哈马访问股份公司】 2012年4月13日下午，加纳共和国副总统约翰·德拉马尼·马哈马阁下率领加纳政府高级代表团访问股份公司总部，股份公司总经理孙洪水会见了加纳代表团一行。

孙洪水首先转达了出差在外的股份公司董事长范集湘的问候，热烈欢迎加纳共和国副总统高级代表团到股份公司总部访问。马哈马副总统阁下表示非常高兴能来到股份公司总部，对股份公司董事长的热情接待表示感谢。

随后，孙洪水与马哈马一同回顾了中国水电在加纳在建布维水电站项目的执行情况。双方还进一步探讨了后续项目的合作事宜，马哈马鼓励股份公司董事长利用在加纳已经形成的营销、人力和设备资源等方面的区域优势，积极参与加纳的基础设施建设。

【范集湘会见委内瑞拉石油矿业部部长拉米雷斯】 2012年4月30日下午，中国电建集团董事长、股份公司董事长、党委书记范集湘在股份公司总部会见了委内瑞拉石油矿业部部长拉米雷斯一行，双方就委内瑞拉项目合作事宜进行了友好会谈，会后双方签订了委内瑞拉卡拉波波石油工业园项目框架协议。委内瑞拉驻华大使马内罗、委内瑞拉石油公司副总裁查韦斯、委内瑞拉石油带项目总监鲁本等相关人员，股份公司副总经理曾兴亮、国际公司董事长章运礼、国际公司总经理宋东升等参加了会谈和签约仪式。

会谈结束后，宋东升和鲁本代表双方在卡拉波波石油工业园项目框架协议上签字。

【章运礼拜会马其顿共和国总理尼科拉·格鲁埃夫斯基】 2012年5月13日，股份公司海外事业部总经理、国际公司董事长兼党委书记章运礼拜会了来华访问的马其顿共和国总理尼科拉·格鲁埃夫斯基，就股份公司在马其顿开展业务情况及双方合作前景进行了友好、愉快的交流。

会谈中，格鲁埃夫斯基充分肯定了股份公司的实力和在国内外所取得业绩，他表示将全力支持股份公司在马其顿开展业务。章运礼对格鲁埃夫斯基总理阁下的来访表示欢迎，并向其介绍了股份公司海内外发展情况。他表示，股份公司将积极响应和配合两国政府之间良好的经贸合作往来，凭借股份公司在能源、电力以及基础设施领域的雄厚实力和丰富经验，与马方建立广泛、深入的合作，股份公司愿为马其顿的经济社会发展做出积极贡献。

【范集湘在美进行商务会谈】 2012年5月21日上午，中国电建集团董事长、股份公司董事长范集湘一行，在洛杉矶与美国东岸电力公司前首席执行官菲利普及瑞银全球电力及公共事业部执行董事艾利克斯等人举行会谈，就美国电力市场形势和合作进行了深入交流，并就具体工程项目的合作进行了探讨。

同日下午，范集湘一行会见了洛杉矶郡郡长迈克。范集湘介绍了中国电建集团的基本情况，表达了参与美国基础设施投资和建设的愿望，迈克郡长对中国电建集团参与洛杉矶郡及周边地区基础设施项目的建设与投资表示欢迎，双方就可能的合作进行了交谈。

【范集湘拜会肯尼亚副总统卡隆左·穆西约卡】 2012年5月28日上午，中国电建集团董事长、股份公司董事长、党委书记范集湘在北京北辰洲际酒店拜会了来华访问的肯尼亚副总统卡隆左·穆西约卡一行。

范集湘对穆西约卡副总统一行访华表示热烈欢迎，并首先简要介绍了股份公司在肯尼亚的业务开展情况。他代表股份公司对肯尼亚政府和穆西约卡副总统对股份公司在当地经营提供的支持与帮助表示衷心感谢。范集湘详细介绍了中国电建集团的组建，并强调新组建的中国电建集团能够提供规划、勘测、设计、施工、运营、维护和投融资一体化服务，是全球最大的水利水电和电力企业之一，能够为肯尼亚的发展提供更全面的服务，做出更大的贡献。

穆西约卡副总统对股份公司在肯尼亚开展的工程承包和为当地经济发展所做出的贡献表示高度赞赏，同时，对中国电建集团的组建表示祝贺。穆西约卡副总统重申了肯尼亚政府与中国电建集团和股份公司合作的承诺，他欢迎中国电建集团和股份公司更加深入地参与肯尼亚经济社会发展，进一步推进各个领域和各种模式的合作。

双方随后对推动肯埃走廊公路升级项目和其他两座水电站项目的建设具体交换了意见。

【宋东升拜会刚果（金）总理马塔塔·蓬约】 2012年6月13～14日，股份公司总经理助理、国际公司总经理宋东升访问刚果（金）并拜会刚果（金）总理马塔塔·蓬约。

马塔塔·蓬约总理对于宋东升的到访表示欢迎，他在讲话时充分肯定并感谢股份公司12年来对刚果（金）战后重建做出的巨大贡献，希望股份公司能够继续深化双方合作，鼓励股份公司积极参与刚果（金）能源领域建设。马塔塔·蓬约特别强调，无论何时他和他的团队都将向股份公司提供百分百的支持与帮助。

宋东升感谢马塔塔·蓬约总理以及刚果（金）政府对于股份公司的支持与厚爱，双方针对马塔塔·蓬约总理提到的能源以及其他项目合作进行了深入交流。宋东升表示，在过去的12年中，股份公司完成了多个重要项目，并与当地政府和人民建立了深厚的友谊。股份公司将坚定不移地作为刚果（金）长期战略性合作伙伴参与刚果（金）的重建和社会发展。宋东升还强调，股份公司将会深化与刚果（金）政府合作，将刚果（金）作为第二故乡，与刚果（金）人民共同建设美好家园。

【宋东升拜会尼日尔总统穆罕默杜·优素福】 2012年7月18日，股份公司总经理助理、国际公司总经理宋东升应邀在钓鱼台国宾馆拜会了前来中国参加中非合作论坛的尼日尔总统穆罕默杜·优素福。

宋东升首先对优素福总统的访问表示欢迎，他简要介绍了股份公司在电力能源、水利、公路和铁路等基础设施领域的成绩，特别介绍了股份公司在非洲业务开展的情况。优素福总统对宋东升的拜会表示感谢，他赞赏股份公司的能力，特别是在非洲大陆的优异表现。尼日尔目前经济发展愿望迫切，希望股份公司在电力、水利、道路等基础设施领域发挥自己的专长，密切双方的合作。

同日，双方还就尼日尔具体合作项目进行了友好会谈。

【宋东升拜会贝宁总统博尼·亚伊】 2012年7月21日上午，股份公司总经理助理、国际公司总经理宋东升应邀在钓鱼台国宾馆拜会了前来中国参加中非合作论坛的贝宁总统博尼·亚伊博士。

会谈中，宋东升首先向亚伊总统来华访问表示欢迎，随后介绍了中国电建集团成立及股份公司上市的情况。亚伊总统表示，这是双方第三次会见，贝宁目前电力短缺，欢迎股份公司参与贝宁的电力建设。宋东升表示，根据国家战略，中国将在2012年底前向非洲提供100亿美元优惠性质贷款，股份公司将和贝宁政府一起努力，利用其中的部分贷款积极发展贝宁的能源建设，提高贝宁的国计民生水平，为中贝友好经济贸易往来贡献力量。

【范集湘陪同国务院国资委副主任姜志刚会见波兰国家交通运输、建设和海洋经济部部长】 2012年7月25日，中国电建集团董事长、股份公司董事长、党委书记范集湘陪同国务院国资委副主任姜志刚会见波兰国家交通运输、建设和海洋经济部部长斯拉夫沃米尔·诺瓦克，股份公司总经理助理、国际公司总经理宋东升陪同。

姜志刚在会谈中表示，中国愿意同包括波兰在内的广大欧洲国家加深交流，此次波兰官方热情地组织中国—波兰基础建设合作推介会，希望中国和波兰的企业之间能建立起稳定的交流通道，为新时期中波友好合作事业发展做出新的贡献。波兰国家交通运输、建设和海洋经济部部长斯拉夫沃米尔·诺瓦克衷心感谢国务院国资委以及各大中资企业参加本次活动。同时，他在讲话中表示，欢迎中国企业在波兰修建铁路，为波兰铁路系统的升级提供支持。

国际合作

【齐贝吉总统出席股份公司基苏木公路开工典礼】 当地时间2012年2月2日上午11时，肯尼亚西部尼亚萨省基苏木市境内的高速公路0505标段处，由水电十三局有限公司承建的基苏木公路项目开工典礼在此隆重举行。肯尼亚总统齐贝吉出席开工典礼。

齐贝吉认真听取了关于北方走廊公路网的规划设计及该工程的总体介绍后，为项目开工揭牌，并祝贺项目顺利开工。肯尼亚公路部官员代表、肯尼亚国家公路管理局代表、咨询工程师代表、中国水电十三局有限公司副总经理兼东非经理部总经理秦超及项目领导等参加开工典礼。

基苏木公路工程是肯尼亚北方走廊公路网的一部分，是肯尼亚政府承诺的加大基础设施建设、改善城乡道路交通的一项重大民心工程，道路施工总长度约40千米。

【巴希尔总统视察股份公司上阿特巴拉水利工程】 2012年2月12日，苏丹共和国总统奥马尔·哈桑·艾哈迈德·巴希尔在总统顾问及电力大坝部长奥萨玛等政府官员的陪同下，视察了由股份公司承建的上阿特巴拉水利工程。

当日12时30分，巴希尔总统一行抵达上阿特巴拉水利枢纽项目博达纳大坝工地，受到上阿特巴拉水利工程员工的热烈欢迎。巴希尔总统察看了博达纳大坝溢洪道现场施工情况，并听取了电力大坝部长奥萨玛对大坝工程建设情况的汇报。当得知项目工程进展快、施工质量好时，巴希尔总统十分高兴，他对股份公司承建的博达纳大坝工程形象进度表示满意，并转达了对项目部广大员工的问候和感谢。

巴希尔总统在现场发表了热情洋溢的讲话。他盛赞苏中友谊，高度评价股份公司在建设麦洛维、罗塞雷斯水电站工程中为推动苏丹国家经济发展所做出的杰出贡献。

【股份公司中标承建摩洛哥南北高速铁路工程】 2012年3月5日，股份公司经过激烈角逐，从欧洲、亚洲、北美及摩洛哥本国等30多家企业中脱颖而出，中标承建摩洛哥南北高速铁路工程。这是中国电建集团成立以来在海外承建的首个高速铁路工程，开创了“中国电建”和“中国水电”在海外新的业务与品牌形象。

摩洛哥南北高速铁路一期工程从地中海城市丹吉尔一直延伸至首都拉巴特以北的肯尼他市，全长约200千米，列车建成通车后的运营时速为350千米/小时，对于加速摩洛哥南北经济发展、融入地中海大经济圈有着重要意义。股份公司中标承建该项目南线土建标段，包括高速铁路主线以及两条铁路支线，中标金额约合3600万美元，总建设周期为20个月。

该高速铁路项目是摩洛哥王国与法兰西共和国的战略合作项目，项目资金由法国政府、欧洲、中东及摩洛哥本国各类基金机构出资，进行国际公开招标。工程的中标标志着股份公司在摩业务及形象得到了进一步的肯定、市场拓展趋于多元化。

【中国水电90亿元签约马来西亚丰盛港填海项目】 2012年3月8日，中国水电（马来西亚）有限公司与业主子公司海星海洋公司在马来西亚柔佛州首府新山签订设计施工总承包协议，合同金额约合人民币 90.12 亿元。中国电建集团董事长、股份公司董事长范集湘出席丰盛港项目签约仪式。

丰盛港填海项目位于柔佛州丰盛港地区，业主海星发展有限公司计划在丰盛港海岸线以外填海造地 2000 英亩，然后建设一个集商业、住宅、娱乐和旅游为一体的综合开发项目。该项目是马来西亚东部经济走廊的重要组成部分。2012 年 3 月 2 日，中国水电（马来西亚）有限公司收到业主中标函，合同金额为折合人民币 9012267224 元，建设周期 36 个月，合同模式为设计施工总承包。

签约仪式结束后，范集湘与柔佛州务大臣拿督·哈吉·阿卜杜勒·加尼·本·奥斯曼举行了工作会谈，并一道出席了丰盛港项目新闻发布会。期间，范集湘还接受了当地主要媒体的采访。

【毛里塔尼亚总统阿齐兹视察股份公司矿石新港项目和石油码头更新项目】 当地时间 2012 年 3 月 14 日下午，毛里塔尼亚总统穆罕默德·乌尔德·阿卜杜勒·阿齐兹在毛塔国家工业与矿业公司总裁等一行的陪同下，先后对股份公司努瓦迪布矿石新港项目和石油码头更新项目施工现场进行了视察。

视察期间，阿齐兹总统首先来到矿石新港项目施工现场，听取了国家工业与矿业公司总经理对该项目进展情况的汇报，参观了已完工的高桩引桥及在建的码头装卸平台，随后来到石油码头更新工程施工现场，就工程概况、施工进展情况详细听取了石油设施管理公司总经理的汇报。

阿齐兹总统对两个项目的进展情况表示满意，对股份公司付出的努力及取得的阶段成果表示赞赏。

【股份公司签约委内瑞拉巴里纳斯州重油电站项目】 2012 年 3 月 28 日，股份公司与委内瑞拉国家石油公司正式签约巴里纳斯州重油电站项目，该电站项目为 EPC 总承包合同，合同金额约 2.99 亿美元。资金来源为业主自筹。

该项目位于委内瑞拉总统查韦斯的家乡巴里纳斯州，分为 3 期开发建设。本 EPC 合同为该项目的一期工程，工程内容包括一座 10 万千瓦的重油直燃电站、34.5 千伏变电站及配套设施的设计、土建施工、设备供应、安装和调试。合同工期为 15 个月。

该项目是股份公司继承揽委内瑞拉紧急电站项目后，在该市场再次承揽的另一燃油电站项目，是股份公司深入开拓委内瑞拉市场的重要成果，为股份公司在委内瑞拉市场做好、做大、做强奠定了坚实基础。

【安哥拉总统为股份公司承建的两个地标性建筑竣工剪彩】 2012 年 4 月 4 日，正逢安哥拉和平日，安哥拉总统多斯桑多斯在省长的陪同下，为股份公司承建的鲁娜和平广场和军区大楼剪彩。

鲁娜和平广场是为纪念安哥拉结束内战 10 周年所建成的标志性建筑，鲁娜军区大楼是安哥拉第三军区机关办公大楼，这两幢建筑均是鲁娜地区的地标性建筑，尤其和平广场更具深远意义。两项工程始终备受安哥拉政府的高度关注，在工程交付使用后，优良的质量、考究的装修和人性化的设计得到了业主的高度称赞。

【股份公司承建的马来西亚巴贡—斯米拉胶 275 千伏输变电线路工程竣工】 2012 年 4 月 24 日，马来西亚巴贡—斯米拉胶 275 千伏输电线路工程 B 标工程顺利通过业主验收，A 标工程已于 2011 年底按期投入运行，这标志着马来西亚巴贡—斯米拉胶 275 千伏架空输变电线路工程全面顺利竣工。

巴贡—斯米拉胶 275 千伏输电线路工程地处马来西亚沙捞越州境内，线路全长为 267.1 千米，其中双回路四分裂输电线路 219.6 千米、双回路二分裂输电线路 47.5 千米；共有塔架 727 基，其中 A 标 367 基、B 标 360 基。

A 标和 B 标工程分别于 2008 年 9 月和 2010 年 1 月开工，共历时 43 个月。在这一过程中，股份公司全体建设者克服了工期紧、任务重、热带雨林高温多雨、沼泽丛林沟壑纵横等复杂地质条件对施工带来的不利影响，通过深化科学管理、精心设计、精心组织施工，各节点目标都按合同要求按期完成，确保了有“马来西亚三峡”之称的巴贡水电站电力的及时送出，树立了股份公司诚信履约的良好企业形象。

【股份公司承建的苏丹罗赛雷斯项目举行混凝土坝加高完工庆典】 当地时间 2012 年 5 月 10 日，苏丹电力大坝部在股份公司承建的罗赛雷斯大坝现场举行混凝土坝加高完工庆典，庆祝混凝土坝支墩加厚和坝顶加高完成。苏丹政府相关官员、业主、监理及项目部相关人员参加活动。

罗赛雷斯项目混凝土大坝全长约 1017 米，在保证枢纽运行和正常发电的前提下，混凝土坝加高 10 米。主体混凝土坝自 2008 年开工建设以来，项目部统一部署、精心组织、积极谋划，于 2011 年 1 月底出色地完成了所有混凝土坝坝顶加高仓号和混凝土交通桥浇筑任务，并具备通车条件。项目部积极为实现蓄水目标做好准备。

苏丹各大电视台、电台对此次庆典活动进行全国直播。苏丹国会议长对已经成型的罗赛雷斯大坝给予高度的肯定，赞扬中国建设者、尤其是水电七局有限公司建设者所做出的贡献，认为苏丹人民美好富足的生活离不开中苏人民的共同努力。

【股份公司承建的摩洛哥伊阿高速公路竣工】 2012年5月，由股份公司承建、水电五局有限公司实施的摩洛哥“南北大通道”伊米塔努特—阿加那段高速公路建设项目收到摩洛哥国家高速公路公司发来的“竣工验收证”，至此，该条高速公路建设画上了圆满的句号。

伊阿高速公路段于2007年2月15日开工建设，目前是中国公司在摩洛哥承建的第一条高速公路，同时也是公认的摩洛哥公路修建史上建设难度最大的一段高速公路。

水电五局有限公司摩洛哥伊阿项目部的广大员工经过1000多个日日夜夜的顽强拼搏，于2010年6月21日实现了里程碑通车节点目标，确保了摩洛哥南北大动脉的贯通，并于2010年9月7日在合同工期内通过临时验收。该高速公路工程全长42.5千米，合同金额为14.1亿人民币，最终履约金额达15.5亿人民币，最终合同工期42个月零23天，创造了履约的奇迹，受到摩洛哥社会各界的高度好评，树立了中国公司诚信履约的良好形象。

【股份公司承建的刚果（金）宗戈2水电站隆重举行开工庆典】 2012年5月16日，刚果（金）宗戈2水电站在工地隆重举行开工典礼，标志着股份公司在刚果市场的开发取得重大进展。刚果（金）约瑟夫·卡比拉总统、总理、议长及刚方重建部、水电部、中刚合作项目跟踪协调办、下刚果省政府、重大办、军方、警察局等方面要员集体出席开工典礼。中国驻刚果（金）大使王英武、国际公司业务二部总经理汪安全、水电一局有限公司副总经理黄中鑫等参加仪式。

当日10时40分，在现场全体人员的热烈鼓掌欢迎中，卡比拉总统抵达现场，亲切与王英武、汪安全、黄中鑫等握手致意。

在开工仪式典礼上，刚方下刚果省长、水电部部长分别致辞。中国驻刚大使王英武在讲话中感谢总统、总理及各位部长、议长、各要员参加宗戈2水电站开工庆典，感谢总统对宗戈2水电站的支持。他相信，股份公司一定会圆满地完成好宗戈2水电站的建设任务。汪安全代表股份公司致欢迎辞。

当日11时58分，卡比拉、王英武、黄中鑫及刚方要员共同为工程奠基。典礼仪式后，卡比拉总统一行饶有兴趣地察看了宗戈2水电站大坝坝址现场。中午，卡比拉总统及刚方高官在工地现场与股份公司员工共进午餐，他对股份公司现场员工的工作表示感谢。

宗戈2水电站作为刚果（金）近30年来首个新建电站，自项目立项以来备受各方关注，被誉为该国电力重建的开篇之作，同时也是卡比拉总统连任、新政府成立后提出的现代化改革的成果之一。

【刚果（布）总统萨苏出席凯塔公路开工典礼】 2012年5月17日，由股份公司承建的刚果（布）凯塔公路项目举行了隆重的开工典礼。刚果（布）总统萨苏率领公共工程部部长等政府及当地官员出席，中国驻刚果（布）段参赞、水电十三局有限公司副总经理徐德阳出席开工仪式。

当地时间中午12时许，在民众的欢呼声中，萨苏总统登上装载机，倒下了工程第一铲土，标志着凯塔公路项目破土动工。

典礼结束后，萨苏总统与水电十三局有限公司代表亲切交谈，对股份公司在项目准备期所展现出的实力和良好精神风貌表示赞许，祝贺项目顺利开工。

凯塔公路项目是水电十三局有限公司在刚果（布）独立承建的第一个项目，合同工期为36个月。

【股份公司签约科威特大学城商学院和女子学院项目】 2012年5月22日，科威特大学商学院和女子学院项目正式签约，股份公司与项目业主科威特大学联合举办了隆重的合同签约仪式。中国电建集团海外事业部副总经理、股份公司海湾区域总部总经理吴文豪参加签约仪式，并签署了项目合同文件。

该项目为股份公司在科威特市场中标的第一个大型项目，同时也是第一个房建项目，该项目的中标提升了股份公司在科威特市场的影响力，对于股份公司在科威特市场的进一步发展具有重大意义。

科威特大学商学院和女子学院项目由股份公司与科威特当地公司阿拉哈娜建设商贸公司组成联营体投标，并于2012年2月收到科威特招标委员会发出的中标函，中标价为1.436亿科威特第纳尔（约合5.2亿美元）。主要工程内容包括商学院的男生校园区、女生校园区和女子学院的学生校园区，以及共用的祈祷中心建筑的建设和运行维护，工程占地面积67000平方米，建筑面积264094平方米。总工期1222天，维护期730天。

【哈萨克斯坦总统纳扎尔巴耶夫出席玛依纳水电站投产仪式】 2012年5月26日，哈萨克斯坦总统纳扎尔巴耶夫在副总理和阿拉木图州长、萨姆鲁克能源总裁等的陪同下，抵达股份公司承建的玛依纳水电站视察，并出席了第二台发电机组投产仪式。

纳扎尔巴耶夫总统在电站厂房按动机组电钮，启动了2号机组正式发电。随后，纳扎尔巴耶夫总统走到中方承建代表人员中间，与大家热情交谈。

玛依纳水电站由中国电建集团所属成都勘测设计研究院与中国水利电力对外公司、中国地质工程集团公司联合进行EPC总承包，水电十局有限公司承建。电站由两台15万千瓦的发电机组组成，总功率为30万千瓦，年发电量为10.27亿千瓦·时，是哈萨克斯坦单机容量最大的水电站，也拥有亚洲单机容量最大的冲击式水轮发电机组，第一台发电机组于2012年4月3日正式运转。

【股份公司签约斯里兰卡莫罗嘎哈堪达大坝项目】 2012年6月8日，股份公司与斯里兰卡莫罗嘎哈堪达大坝项目施工合同签约仪式在斯里兰卡首都科伦坡举行。股份公司副总经理曾兴亮、中国驻斯里兰卡大使馆临时代办任发强、斯里兰卡灌溉与水资源部部长尼马尔·斯瑞帕拉·迪·希瓦、健康部部长麦斯·瑞帕拉·斯瑞希纳、中国国家开发银行代表邱晓宇、国际公司副总经理梁军、水电十四局有限公司书记王曙平及斯里兰卡10多个部委的60多位官员共同出席见证。

曾兴亮代表股份公司在签约仪式上致辞，他高度赞扬了业主和承包商双方对项目顺利签约付出的努力工作，表示股份公司将以良好的履约能力，科学、安全、优质、环保地及时完成项目的建设，将该项目建设成两国经济合作的典范、人民友谊的象征。

中国驻斯里兰卡大使馆临时代办任发强、斯里兰卡灌溉与水资源部部长、健康部部长也分别在项目签约后发表热情洋溢的祝词。

【喀麦隆总统出席股份公司承建的曼维莱水电站奠基仪式】 当地时间2012年6月15日中午，由股份公司承建的喀麦隆曼维莱水电站项目奠基仪式在喀麦隆南部省瓦莱恩特姆区尼亚贝桑镇隆重举行。喀麦隆总统保罗·比亚、副总理兼总统府议会关系部长阿玛杜·阿里等喀麦隆政府高级官员及中国驻喀麦隆大使薛金维出席奠基仪式。

当日中午12时，比亚总统抵达仪式现场，受到了现场民众的热烈欢迎。在致辞中，他强调了曼维莱水电站项目的重要意义，指出本项目除补充喀南部地区供电外，还可为未来的克里比沿海工业区以及有需要的周边国家供电。随后，比亚总统与中国驻喀麦隆大使薛金维一道为曼维莱水电站项目奠基，并共同听取了本项目的有关介绍。

曼维莱水电站位于喀麦隆南部省瓦莱恩特姆区的恩特姆河上，装机容量20.1万千瓦（4×5万千瓦），合同工期54个月，为喀麦隆在建的最大水力发电站。

【股份公司承建的博茨瓦纳骆察尼大坝项目全部移交】 2012年6月17日，随着电站泵站、机电工程、厂区绿化等第三批工程的顺利移交，标志着股份公司承建的博茨瓦纳骆察尼大坝工程全部移交完毕，成功履约。

骆察尼大坝工程包括位于博茨瓦纳蒙那塔拉村的骆察尼河上，工程总投资7.4亿普拉，约合9500万美元。大坝总长1.5千米，坝高30.5米，为黏土心墙堆石坝，坝体填筑总量150万立方米。其中，还包括1座净宽180米的开敞式溢洪道，1座饮用水和灌溉用水泵站，1座饮用水处理厂，约8灌溉供水管线。

骆察尼大坝项目是由博茨瓦纳政府资金兴建的一个大坝项目，总库容4000万立方米。项目建成后将为附近67000名居民提供充足、可持续的饮用水供应，增加附近约25万平方米耕地灌溉，为当地创造更有利的商业环境，以缓解该区域的贫困状况。

该工程于2008年11月由股份公司中标承建，2009年4月6日正式开工，由水电十一局有限公司负责项目具体实施。

【股份公司签约安哥拉罗安达3个供水项目】 2012年7月12日，南部非洲区域部与安哥拉罗安达供水公司签署罗安达省本菲卡供水管线工程、达拉道纳配水中心办公楼工程、坊达区供水工程等3个供水项目合同。

本菲卡供水管线项目位于罗安达南部本菲卡区，主要工作内容为8千米直径800毫米的供水主管线铺设；达拉道纳配水中心办公楼项目位于罗安达南部达拉道纳区，主要工作内容为一栋6层楼的修造与配套，建筑面积3200平方米；坊达区供水项目位于罗安达嘎瓜谷区，主要工作内容包括19千米直径600毫米的供水主管线铺设以及2个1000立方米的蓄水池新建。

2008年，股份公司进入罗安达省供水工程承包市场，此前已陆续承接了罗安达供水二期、罗安达供水入户连接、罗安达迈安佳配水中心、罗安达本菲卡配水中心等项目。在建项目良好的工程质量和工程进度得到业主罗安达供水公司的多次好评，为股份公司成功签约其他罗安达供水项目打下了坚实的基础，也使股份公司成为业主罗安达供水公司的重要承包商。

【巴基斯坦总理阿什拉夫出席巴基斯坦汗华水电站项目竣工仪式】 2012年7月14日，股份公司承建的巴基斯坦汗华水电站项目举行竣工仪式，出席仪式的巴基斯坦总理阿什拉夫高度评价股份公司为巴基斯坦电力建设所做出的贡献。

巴基斯坦能源和水利部部长乔杜里·艾哈迈德·穆赫塔尔、项目业主巴基斯坦水电开发署主席杜拉尼、项目所在地政府官员、国际公司副总经理负亮等出席了竣工仪式。

竣工仪式在中巴两国国歌声中拉开序幕，巴基斯坦总理阿什拉夫为汗华水电站竣工揭牌。阿什拉夫总理在致辞中表示，汗华水电站项目的并网发电将有效缓解巴基斯坦愈演愈烈的能源危机，为即将到来的夏季用电高峰提供必要的帮助，希望中国电建集团员工再接再厉，继续为巴基斯坦的能源危机提供高效、快捷的解决方案。

汗华水电站项目位于巴基斯坦开伯尔—普什图省比沙姆地区的汗华河上，总装机容量72兆瓦。项目主体工程于2005年1月12日开工，2010年11月实现并网发电。2012年7月14日，工程进行竣工移交。在巴基斯坦全国严重缺电的状况下，该项目的竣工具有重大意义。

【菲律宾总统出席股份公司承建的大马尼拉供水工程通水仪式】 2012年7月17日上午，由股份公司承建、水电七局有限公司承担施工任务的菲律宾大马尼拉供水工程通水仪式隆重举行。菲律宾总统阿基诺、中国驻菲律宾大使马克卿、业主及承包商代表应邀出席。

通水仪式上，菲律宾总统阿基诺按下通水按钮。他表示，安嘎特供水和管道改造项目可保障菲律宾首都大马尼拉地区、黎刹省、甲米地省等地1500万人的供水，造福当地百姓，“我们感谢中国提供的资金和技术支持，帮助我们完成这项重要工程”。阿基诺称，凭借“与邻国的牢固关系”，菲律宾能应对各种问题，更好地服务人民。

该项目合同金额约1.12亿美元。工程于2010年3月开工，较原计划提前8个月完工。项目业主大马尼拉地区供水及污水管理局对中国承建公司的工作十分赞赏。

【厄瓜多尔总统科雷亚参加科卡科多·辛克雷电站盾构启动庆典】 当地时间2012年7月23日上午11时，随着厄瓜多尔总统科雷亚一声令下，由股份公司承建的科卡科多·辛克雷水电站盾构机合上电闸，缓缓启动，开始滑行。这标志着科卡科多·辛克雷电站联营体的盾构隧道工程由施工准备、辅助工程施工进入到了主体工程施工阶段，工程总体取得突破性进展。

厄瓜多尔战略协调部部长格拉斯、电力部长阿尔博莫斯、科卡科多·辛克雷水电站总经理卢西亚诺、地方贤达等共同见证了这一盛典。水电十四局有限公司党委书记王曙平、水电十局有限公司党委书记何其刚等出席仪式。

当日上午9时，科雷亚总统一行来到科卡科多·辛克雷水电站厂房施工部，听取电站业主总经理卢西亚诺介绍项目整体情况和目前工程进展情况，随后参观了正在施工的地下厂房和主变压器室。科雷亚对股份公司的项目实施水平给予了高度评价。

同日上午10时30分，科雷亚总统一行到项目调节水库盾构组装广场视察，察看了2号盾构设备组装情况，向在场的员工表示亲切慰问。

科雷亚总统对中方在厄瓜多尔投资表示感谢。他说，股份公司在厄瓜多尔的运作，作为厄瓜多尔国家发展非常重要的一部分，必将使厄瓜多尔获得更快的发展，并奠定中国和厄瓜多尔进一步合作的基础。

【股份公司承建的委内瑞拉紧急电站机组点火成功】 当地时间2012年7月25日19时28分，伴随着委内瑞拉紧急电站1号燃气轮机阵阵轰鸣，袅袅青烟从旁路烟囱飘向加勒比海的夜空，标志“中国水电”承建的南美第一台火电机组点火成功。

25日当天，股份公司项目负责人与业主代表等一同来到现场，为新中心电厂首台机组点火发电作见证。随着1号机组操控室有条不紊地输入各项指令，各种设备开始随之而动。

新中心电厂自2011年3月正式开工以来，项目全体员工团结一心、众志成城，全力以赴、精心施工，夜以继日奋战在新中心电厂工地，以“立足在建项目，争创国际品牌，拓展南美市场”为目标，以超常规的工作热情和顽强拼搏精神，顺利实现新中心电厂首台机组点火发电目标。

新中心电厂1号机组点火发电是项目取得的里程碑式胜利，将为股份公司南美品牌形象的塑造和市场开拓打下坚实基础。

【股份公司签约加蓬公路项目工程】 2012年7月26日，股份公司签约承建加蓬勒鲁阿路口—米库伊公路整治项目，加蓬国家促进投资、公共工程、运输、住宅、旅游及领土整治部部长马克罗阿·岗比亚和股份公司总经理助理、国际公司总经理宋东升分别代表双方在合同上签字。

该公路项目为加蓬1号国道的一段，位于奥果韦—洛洛省内，全长142千米，合同总金额为2.36亿美元，工期40个月。为沥青混凝土路面，设计路面8.7米。由水电十四局有限公司负责具体实施。

【股份公司中标巴基斯坦响特水电站EPC项目】 2012年8月10日，股份公司巴基斯坦代表处收到由巴基斯坦阿扎德·查谟和克什米尔地区电力委员会正式签发的响特水电站EPC中标通知书。

响特水电站位于巴基斯坦阿扎德·查谟和克什米尔地区，巴瑞尔河与白克努瓦拉·努尔什河交汇处。该水电站为引水式电站，拟安装6台混流式水轮发电机组，电站总装机容量48兆瓦。项目总工期为5年，由水电七局有限公司负责具体实施。

【股份公司中标格鲁吉亚科布勒提绕城公路第二段】 2012年9月12日，股份公司国际公司收到格鲁吉亚地区发展及基础设施部公路局授予的科布勒提绕城公路第二段中标通知函，合同金额为12890.97万美元，合同工期1000天。该项目是股份公司在格鲁吉亚中标的第三个公路项目，对股份公司扩大格鲁吉亚市场开发、提升股份公司在外高加索地区的影响力具有积极作用。

格鲁吉亚科布勒提绕城公路第二段是亚洲开发银行贷款项目，也是国际公司正在实施的第一段的延伸，位于格鲁吉亚西部，是通往格鲁吉亚西部海滨旅游城市的主要干道，对促进格鲁吉亚的旅游经济发展有重大意义。该项目主要工程内容为新建14米宽、2车道、19千米长公路，共16座桥，桥面总面积68292平方米，涵洞总长度464米。由水电十六局有限公司负责具体实施。

【斐济南德瑞瓦图项目举行竣工庆典仪式】 2012年9月14日，股份公司斐济南德瑞瓦图可再生能源项目举行竣工庆典仪式。斐济总理姆拜尼马拉马、斐济国家电力局主席尼热姆·丁、中国驻斐济大使黄勇、股份公司副总经理刘明江、国际公司副总经理侯晓暾、水电十局有限公司党委书记何其刚等出席仪式。

庆典仪式在当地民众的祈祷、传统歌舞表演、敬献花环的传统礼仪中开幕，姆拜尼马拉马总理首先致辞，他对电站建设者的辛勤劳动和付出表示衷心感谢。他说，南德瑞瓦图电站建成投产后，将有效缓解斐济电力供应紧张的局面，减少斐济对燃油进口的依赖，每年可节约资金4200万斐济元（约合2400万美元），并为斐济改善民生、提高人民生活水平发挥重要作用。

刘明江代表股份公司及项目中方发表了热情洋溢的讲话，他首先对电站的建成投运表示热烈祝贺，并向长期奋战在施工一线的股份公司全体员工表示诚挚的问候。刘明江指出，南德瑞瓦图项目的竣工投产是中斐合作的典范，充分展示了股份公司雄厚的技术实力和卓越的管理能力。股份公司将以南德瑞瓦图项目竣工投产为契机，继续在水电开发、交通、市政设施等领域与斐济政府、斐济国家电力局及各界朋友开展更加深入、广泛的合作，实现互利共赢、共同发展的目标，以推进两国关系迈上新台阶。

随后，刘明江与姆拜尼马拉马总理、尼热姆·丁主席共同为南德瑞瓦图项目竣工剪彩，姆拜尼马拉马总理亲自启动了厂房内的水轮发电机组。南德瑞瓦图可再生能源项目的竣工投产，为股份公司成功进入南太平洋地区高端市场树立起一座不朽的丰碑。

【刚果（金）总统到股份公司承建的恩吉利机场跑道项目视察】 2012年9月17日，刚果（金）总统卡比拉在刚果（金）总理马塔塔、金沙萨市市长、协调办总经理、民航局总经理等一行的陪同下，到股份公司承建的恩吉利机场跑道项目视察。

当日下午2时，卡比拉总统一行来到跑道已完工程段现场，对股份公司多年来为刚果（金）经济发展做出的突出贡献给予肯定和感谢，并就股份公司在刚果（金）承建的其他机场的施工情况同民航局总经理进行了沟通。

为迎接法语峰会的召开，刚果（金）政府及人民殷切期望恩吉利机场跑道按时完成施工投入使用。此次卡比拉总统视察，体现了刚方政府高层对恩吉利机场跑道修复的重视。

【股份公司签订委内瑞拉巴里纳斯州圣多明戈河溢流坝重建合同】 2012年8月28日，股份公司签署了委内瑞拉巴里纳斯州圣多明戈河溢流坝重建合同，委内瑞拉农业部副部长兼全国农村发展局董事长拉莫斯、国际公司美洲第一区域部总经理李铭分别代表双方签字。

委内瑞拉巴里纳斯州圣多明戈河溢流坝重建工程，主要作用是抬高河水位，满足城市供水和灌溉取水的需要，对当地农牧业生产和民生发挥重要作用。

目前，委内瑞拉巴里纳斯州圣多明戈河溢流坝重建项目已被委内瑞拉农业部申报为国家紧急工程之一。项目总金额约5700万美元，主要工程内容包括：溢流坝拆除重建、河岸防护和左岸社会公用设施等。根据合同规定，该项目将于2013年3月竣工，由中国水电十一局有限公司负责具体实施。

【股份公司中标科威特大学城5A&5B基础设施项目】 2012年8月29日，股份公司收到科威特中央投标委员会发来的授标函，正式中标科威特大学城5A&5B基础设施项目，中标金额折合约3.5亿美元。

科威特大学城基础设施5A&5B项目于2011年3月开始招标，国际公司与COPRI公司组成联营体共同响应招标。2011年12月11日该项目开标，开标结果为国际公司与COPRI公司联营体排名第一。2012年10月15日上午，科威特大学城基础设施5A&B项目合同签字仪式在科威特大学老办公楼办公室举行。

科威特大学城5A&5B基础设施项目位于科威特新建大学城区域，主要工程内容包括道路、服务设施、变电站、停车场、景观及绿化设施等。工程总占地面积2531287平方米。项目总工期1250天，维护期730天。

【股份公司中标厄瓜多尔西蒙·玻利瓦尔大道延长线工程】 2012年9月26日，厄瓜多尔基多交通和公共工程国有公司向股份公司发出中标厄瓜多尔西蒙·玻利瓦尔大道延长线（东北干道）建设工程通知书。

厄瓜多尔西蒙·玻利瓦尔大道延长线（东北干道）建设工程位于厄瓜多尔首都基多市东北部，为西蒙·玻利瓦尔大道向北的延伸。工程全长21.74千米，含道路（21.296千米）、3座桥（钢结构加钢筋混凝土板桥梁）、卡拉庞戈立交桥和5个路口。工程内容包括土方工程、路面铺设、排水工程、桥梁工程、辅助工程、标志、照明、征地和房屋拆迁等。该项目合同总价约7900万美元，资金来源为中国政府对厄瓜多尔政府的优惠贷款，合同工期28个月，由中国水电十四局有限公司负责具体实施。

厄瓜多尔西蒙·玻利瓦尔大道延长线（东北干道）建设工程，是股份公司在厄瓜多尔承建的第一个公路工程项目，标志着股份公司在南美国际非水电工程市场取得了开创性突破。

【股份公司赤道几内亚吉布洛水电站项目举行竣工典礼】 2012年10月10日，股份公司承建的赤道几内亚吉布洛水电站项目举行了隆重竣工典礼。赤道几内亚共和国总统奥比昂、圣多美和普林西比总统梅尼士、赤道几内亚能矿部部长等政府官员出席典礼仪式。中国驻赤道几内亚大使王世雄夫妇和各国驻赤道几内亚使节，股份公司总经理助理、国际公司董事长章运礼，水电六局有限公司总经理厉建平等共同出席庆典。

奥比昂总统高度赞扬股份公司对赤几国家建设所做出的贡献。章运礼代表股份公司在庆典上发表讲话。

典礼仪式上，奥比昂总统还向股份公司驻赤道几内亚代表、吉布洛电站项目经理等授予赤道几内亚荣誉勋章。仪式后，章运礼陪同赤道几内亚总统参观了水电站中控室及发电厂房，并陪同赤道几内亚能矿部长等政府官员参观了项目拦河坝。

【股份公司和塞内加尔河流域机构签署战略合作协议】 2012年10月22日，股份公司与塞内加尔河流域委员会（OMVS）签署战略合作协议。股份公司总经理助理、国际公司总经理宋东升及OMVS高级专员默罕默德·萨勒姆·默祖戈分别代表双方在协议上签字。至此，股份公司成为继世界银行、伊斯兰开发银行、荷兰政府后，第四个成为塞内加尔河流域委员会战略合作伙伴的机构。

OMVS由塞内加尔、马里塔尼亚、马里和几内亚四国组成，负责塞内加尔河的流域开发，目前股份公司承建的费鲁水电站即属于该组织。

【股份公司正式签约波兰河道整治项目】 2012年10月24日，股份公司与业主波兰弗罗茨瓦夫地方水利管理局正式签署波兰奥得河防洪系统工程第3.2标段——弗罗茨瓦夫分洪河道整治工程。

该项目旨在提高弗罗茨瓦夫的城市抗洪能力，主要工作包括河道清淤与拓宽、堤岸翻新、水闸修复及设备安装等工作，总工期25个月，合同金额折合8863万美元。

9月26日，波兰弗罗茨瓦夫地方水利管理局发来中标通知书，将其利用世界银行资金的奥得河防洪系统工程第3.2标段——弗罗茨瓦夫分洪河道整治工程正式授予股份公司，这是股份公司依靠自身实力在欧盟市场竞标获取的首个项目，对股份公司进一步开拓欧盟高端市场有着积极而深远的影响。

【肯尼亚总统齐贝吉为内罗毕—锡卡公路竣工剪彩】 2012年11月9日，肯尼亚总统齐贝吉出席由股份公司承建的肯尼亚内罗毕－锡卡公路竣工仪式，并为该工程剪彩。中国驻肯尼亚大使刘光源出席了竣工剪彩仪式，并发表讲话。

仪式上，齐贝吉对公路的质量和美观表示赞赏，对股份公司的辛勤付出和努力表示感谢。齐贝吉高度肯定了中非友谊关系，他称内罗毕－锡卡公路不仅是东非的第一条高速公路，也是一条中非友谊之路。这条公路不仅缓解了交通压力，也是联系北非国家和肯尼亚首都的一条纽带，有助于为肯尼亚的经济发展注入新活力。

内罗毕—锡卡公路是连接肯尼亚内罗毕到锡卡的主要交通干道，由水电十三局有限公司负责具体实施的第二标段处于郊区和市区的过渡段，于2009年1月26日开始施工，合同工期30个月。工程内容包括14.1千米道路升级改造、箱型高架桥梁、立交桥、人行天桥、地下过道、管涵、自行车道及人行道等。

【莫桑比克总统到股份公司承建的马辛吉尔电站辅助溢洪道施工现场视察】 2012年11月9日，莫桑比克共和国总统阿曼多·埃米利奥·格布扎在业主及相关政府官员的陪同下，到股份公司承建的马辛吉尔电站辅助溢洪道工程施工现场视察。

当日上午11时30分，格布扎总统及随行政府官员到达马辛吉尔电站辅助溢洪道施工现场视察，并就工程概况及工程建设进展情况进行了相关了解，格布扎总统表示欢迎中方公司到莫桑比克进行工程项目建设，同时对股份公司寄予厚望，希望马辛吉尔大坝辅助溢洪道工程能够在非常友好、和谐的氛围中顺利完工。

【苏丹第一副总统参加罗赛雷斯大坝蓄水庆典】 当地时间2012年11月21日上午，苏丹第一副总统阿里·塔哈、苏丹水利部部长奥萨玛等政府官员，在业主代表、工程师、承包商及地方政府官员的陪同下，视察罗赛雷斯大坝，并参加了大坝蓄水庆典。这是副总统塔哈第三次来到罗赛雷斯大坝参观。

庆祝仪式上，阿里·塔哈副总统与业主代表、水利部部长分别发表讲话，均表示罗赛雷斯大坝加高工程是功在当今、福泽后世的利国、利民工程。阿里·塔哈说，自2008年开工建设以来，历时5年，以股份公司为责任方的罗赛雷斯大坝加高工程项目部，已圆满完成大坝加高工程和移民安置工程，极大地推动了当地经济社会的发展，推进了当地群众的生活水平。

罗赛雷斯大坝加高工程位于青尼罗河州达玛津市区的青尼罗河上，是在原坝基础上整体加高10米，大坝从原来的长15千米，加至总长25千米。

【股份公司签约承建洪都拉斯阿瓜萨尔卡水电项目合同】 2012年11月22日，洪都拉斯阿瓜萨尔卡水电站项目正式签约，该水电项目位于洪都拉斯圣巴巴拉省，项目总装机容量21.6兆瓦，工期24个月，由私人业主DESA公司自筹资金，工程承包方式为单价合同施工总承包，并包含金属结构供货及安装等。

经过多方的共同努力，股份公司在竞标中力克拉美市场老牌承包商意大利阿斯塔迪（Astaldi）、西班牙营建集团（FCC）等，于众多竞争对手中脱颖而出最终中标。洪都拉斯阿瓜萨尔卡水电站项目是继哥斯达黎加楚卡斯水电站之后，股份公司在美洲市场中标的第二个竞标项目，对市场后续开发具有重要意义。

【股份公司承建的博茨瓦纳康－胡昆西公路重建项目全线顺利移交】 2012年12月11日，股份公司在博茨瓦纳承建的康—胡昆西公路重建项目全线完工并顺利移交。业主代表、监理公司和股份公司代表出席交接仪式。

由业主方牵头的验收小组对公路全线进行了认真检查，对道路质量以及道路标识、标线等附属项目表示满意。业主代表对股份公司在非常困难的自然条件和合同环境下最终保证工程顺利移交表示赞赏，对股份公司为该项目做出的巨大努力表示衷心感谢。

康－胡昆西公路修复工程位于博茨瓦纳卡拉哈里地区北部，主路总长108千米，2009年1月5日正式开工，由水电四局有限公司负责项目具体实施。该工程位于沙漠地区，施工难度较大，项目的成功实施为股份公司在干旱沙漠条件下进行道路施工积累了宝贵经验。

【股份公司承建的印尼亚齐燃煤电站首台机组顺利点火】 2012年12月13日，股份公司承建的印尼亚齐燃煤电站首台机组一次性点火成功，标志着亚齐燃煤电站向2012年底并网发电目标迈出了坚实的一步。

当地时间13日下午，印尼国家电力公司总裁努尔帕姆吉在主厂房集控室按下1号机组点火按钮，亚齐燃煤电站首台机组一次性点火成功，项目现场随即响起欢庆掌声。努尔帕姆吉总裁先生对股份公司亚齐建设者的辛勤劳动表示衷心感谢，并高度评价了项目部的履约实力，祝愿亚齐项目部早日顺利实现机组并网发电目标。

为确保本次点火目标顺利，股份公司亚齐项目部组织专业技术人员制订了周密、科学的点火实施计划，并安排专人值班盯守。

【股份公司摩洛哥塔贝高速公路竣工】 2012年12月15日，经过水电五局有限公司项目部员工960个日夜的拼搏，摩洛哥塔贝高速公路如期竣工。这是股份公司继伊阿、东西高速之后在该国建成的第三条高速公路，为股份公司树立了良好的品牌形象。

2010年4月16日，股份公司中标承建塔贝高速公路工程，水电五局有限公司负责项目具体实施。开工后，塔贝项目部先后克服了工期短、施工图纸错误多、业主征地滞后、天气等因素导致主体工程停滞等困难，采取一系列措施，确保项目施工进度。

项目部科学组织、合理安排，使塔贝高速公路项目成为拜莱希德—贝尼梅拉高速公路5个标段中的施工领跑者，并成为监理验收其他标段施工的样板。无论施工管理、施工质量还是施工进度都受到当地政府及业主、监理单位的认可和好评。

摩洛哥塔贝高速公路是拜莱希德—贝尼梅拉高速公路第五标段，全长21.9千米，全线包含4座箱涵、17座上通道、1座立交、1座车行通道，3座大桥。

【股份公司毛里塔尼亚努瓦迪布新矿石码头工程顺利验收】 2012年12月16日，股份公司在毛里塔尼亚承建的努瓦迪布新矿石码头工程完工并进行项目验收。

当日，由业主方牵头的验收小组对项目进行了认真检查，并对引桥和码头以及管道、照明等附属项目建设表示满意。业主代表对股份公司在复杂的自然条件和合同环境下最终保证工程顺利移交表示赞赏，对股份公司为该项目做出的巨大努力表示衷心感谢。

努瓦迪布新矿石码头工程位于毛里塔尼亚北部城市努瓦迪布市，该工程主要内容为新建可接纳5万～25万吨级矿石船的码头。项目于2010年4月6日正式开工，由港航公司负责项目具体实施。该工程是股份公司在海外承建的首个码头项目，为股份公司开拓国际港工市场奠定了坚实基础，树立了“中国水电”品牌形象。

【股份公司承建的委内瑞拉新中心电厂4台机组全部实现点火发电目标】 当地时间2012年12月17日，委内瑞拉新中心电厂项目3号机组顺利实现点火发电，标志着由股份公司承建的新中心电厂项目4台机组点火发电的节点目标全部实现。

委内瑞拉新中心电厂812联营体全体员工克服时局动荡、罢工不断、市场匮乏、物流复杂等重重困难，科学管理，优化施工，自2012年7月25日首台机组成功点火后，仅4个多月的时间，顺利实现了4台机组的点火发电，其中，电厂系统受电、1号机组并网发电和2号机组点火在4天内三战三捷，充分展现了股份公司优质、高效的履约能力，为打造中国水电海外工程典范、提升中国水电品牌形象及进一步开拓南美市场打下了坚实的基础。新中心电厂由委内瑞拉国家石油公司PDVSA投资兴建，安装19.3万千瓦燃气发电机组4台，总装机容量77.2万千瓦，项目合同金额为10.38亿美元，是股份公司在南美市场的首个火电项目。

国际经营可持续发展

【股份公司哈萨克斯坦项目部获当地政府抗洪救灾表彰】 2012年3月22日，哈萨克斯坦南哈州巴基别克区区长和阿勒斯区区长在股份公司哈萨克斯坦双西公路项目部举行抗洪救灾表彰活动。南哈州巴基别克区政府领导对项目部组织的抗洪抢险行动给予了充分的肯定和衷心的感谢。两个区的区长分别代表当地居民发表了致谢致词，并给项目部经理王怀颁发了感谢信和荣誉证书。

2012年1～2月，南哈州巴基别克区遭遇40年一遇的雪融性洪水，灾情紧急。股份公司哈萨克斯坦双西公路项目部发扬国际人道主义精神，在组织生产自救的同时，派出人员及工程机械对沿线3个守在村庄进行救助，使3个村庄转危为安，保障了当地群众的生命财产安全。

股份公司承建的哈萨克斯坦双西公路项目，位于哈萨克斯坦南哈州，此次抗洪抢险行动引起了哈萨克斯坦政府的高度关注，哈萨克斯坦副总理和交通部部长都曾到受灾现场视察，州长和交通部副部长对于股份公司所做出的援助给予了高度的赞扬。这次抗洪救灾行动大大增强了与当地居民的友好关系，提升了股份公司在哈萨克斯坦的形象，为股份公司下一步在哈萨克斯坦的发展奠定了良好的基础。

【股份公司亮相第十届海湾国家水资源大会】 第十届海湾国家水资源大会于2012年4月22～24日在卡塔尔多哈举办，本次会议的主题是“中东国家的水资源—水—能源—食物关系”。大会由卡塔尔水科学与技术协会和卡塔尔水电总局联合举办。股份公司海湾区域总部在大会展区设置了股份公司企业形象展示平台，播放了股份公司的电子媒体宣传片，进一步扩大了股份公司在海外的影响力和声誉度，促进了和中东海湾国家的相互了解。股份公司海湾区域总部及水电三局有限公司、水电十三局有限公司的代表出席了大会。

会议期间，卡塔尔能源和工业大臣穆罕默德·本·萨利赫·萨达博士及海湾国家的政要、专家出席了大会。

会议旨在针对中东地区的特点，研究切实可行的水资源及能源规划方案，以保证水安全及食物供给。同时，会议探讨了水资源管理、市政规划中的涉水工程以及海水淡化技术等在中东地区的重要性。

【股份公司参加首届中国（北京）国际服务贸易交易会】 2012年5月28日～6月1日，股份公司应大会组委会邀请，参加首届由中华人民共和国商务部和北京市人民政府主办的中国（北京）国际服务贸易交易会。中共中央政治局常委、国务院总理温家宝，中共中央政治局常委、国务院副总理李克强，全国人大常委会副委员长司马义·铁力瓦尔地等党和国家领导人高度重视此次京交会，分别出席了开幕式、专场巡馆、闭幕式。

大会期间，中国电建集团总经理、党委常委马宗林，总经理助理、外事局局长丁拯国亲临股份公司展台慰问工作人员并合影留念。对股份公司展台布置、内容形式及人员配置情况表示肯定。

股份公司此次参展进一步扩大了海外事业方面的影响力和声誉度，同时也促进了各参展企业间的相互了解与沟通。展会期间，众多参展商对股份公司表示出浓厚的兴趣，纷纷表达了合作的意向。

【股份公司为赞比亚孤儿院送去“来自中国的节日礼物”】 2012年6月1日，中国水电赞比亚公司联合中国赞比亚孔子学院在卢萨卡市郊的卡布瓦塔孤儿院举行“六一节献爱心”活动，与孤儿院的65个孩子共同度过了一个难忘的儿童节。

卡布瓦塔孤儿院院长米亚达把中国客人带来的礼物细心地根据孩子们的喜好分发给每个孤儿。看着兴奋的孩子们，米亚达对中国友人的爱心表示感谢。她说，来自中国的礼物让孩子们感受到了一片关爱。她希望以后有更多的中国客人来和孩子们交流，为他们了解外面的世界打开一扇窗。本次捐助表明中国企业在为赞比亚的经济发展做出贡献的同时，还积极回报当地社会，支持当地基础设施和文化教育的发展。

【中央电视台国际频道播出中国电建苏丹麦洛维大坝：尼罗河上“中国龙”】 2012年6月4日，中央电视台国际频道《中国新闻》栏目播出“国企在海外”专题片，以中国水电苏丹麦洛维大坝项目为背景摄制的《造福当地社会——中国电建麦洛维大坝：尼罗河上的“中国龙”》作为该专题片系列的首期节目播出。

“国企在海外”系列报道，旨在通过挖掘广大国企在海外艰苦创业的典型故事，向海外观众展现中国国企作为在国际市场中独立运营的主体，积极参与国际竞争，用开放和包容的态度融入国际社会，切实履行全球契约精神，“建设国际一流企业”，传播中国精神与文化，并成为优秀的国际公民等内容。

本期节目以“造福当地社会——中国电建麦洛维大坝：尼罗河上的中国龙”为主题，由CCTV喀土穆站记者采访麦洛维工程项目，拍摄其壮观的自然景象和宏伟工程的整体面貌；展现苏丹不为人知的另一面和项目地区独特的社会文化；走进当地民众生活，展示细节，反映大坝给他们的生活带来的巨大改变。节目如实报道了麦洛维工程项目不仅为当地解决了就业问题，还为当地民众提供了良好的生活环境，中国水电建设者在极其艰苦的外部环境下，创造条件，保质保量，在沙漠中建成巨型水坝，并积极开展社会公益事业，展示了中国企业的实力和克服困难、积极开拓的精神风貌。

【股份公司向博茨瓦纳当地居民捐赠房屋和生活物资】 2012年7月25日下午，股份公司向博茨瓦纳当地居民捐赠房屋和生活物资，捐赠仪式在股份公司承建的迪克戈洪大坝项目附近的罗贝雷拉村进行。中国驻博茨瓦纳大使馆经济商务参赞马连星、中国水电博茨瓦纳子公司及迪克戈洪项目相关人员、当地酋长及部分官员、媒体出席了捐赠仪式。

仪式上，股份公司向当地警察局、村庄发展委员会、罗贝雷拉小学以及村诊所共捐赠了96平方米和54平方米房屋各一间以及电脑、桌椅、运动器材等大量生活物资，总价值约240000普拉。当地酋长对股份公司成功实施迪克戈洪大坝项目表示祝贺，高度赞扬了股份公司在博茨瓦纳国家建设方面以及公共慈善事业方面做出的杰出贡献与努力，此次捐赠物资对改善当地工作环境以及医疗、教育条件提供了有力的帮助。马连星参赞对股份公司的善举表示高度赞赏并给予了充分肯定，同时希望股份公司能更好地在博茨瓦纳经营发展，为博茨瓦纳做出更多的贡献。

2012年8月11日上午，股份公司向博茨瓦纳贫民捐赠住房和物资仪式分别在股份公司承建的骆察尼大坝项目附近的莫雷米村、赛卢旺尼村和蒙那塔拉村进行。博茨瓦纳国会议员普林斯·马埃勒、中国驻博茨瓦纳大使馆政务参赞梁碧真、中国水电博茨瓦纳子公司及骆察尼项目相关人员、总统办公室官员、当地行政长官、酋长及媒体出席了捐赠仪式。

仪式上，股份公司对莫雷米村和赛卢旺尼村的两户贫民各捐赠房屋一套，对蒙那塔拉村的当地政府机关和学校捐赠一批办公及生活物资。马埃勒议员对股份公司的捐赠行为给予了高度评价。梁碧真参赞充分肯定了股份公司热心参与当地慈善事业、积极回报当地社区的善举。

【股份公司苏丹罗赛雷斯项目部大力支持当地教育】2012年8月18日下午，中国水电苏丹罗赛雷斯大坝加高项目部在开斋节来临之际，为项目周边部落学校的学生送去足球等体育用品和毛毯等生活用品，项目部代表关切地询问了学校的教学情况和孩子们的生活学习情况，并对他们致以节日的问候和祝福。

当地部落酋长对项目部的关怀行动表示感谢。他说，罗赛雷斯项目部一直对当地教学十分关心，2012年6月学校筹划重建过程中，项目部雪中送炭，捐助建筑亟须的沙石材料，使得学校能够顺利施工，孩子们能够重返校园。

自工程开工以来，项目部一直和周边的部落、村庄保持友好联系，多次对贫困学校进行爱心走访活动，并持续为当地学校和村民提供饮用水、生活体育用品、基础设施建设等支持，也为苏丹的大学毕业生提供了大量的实习岗位。

【中国水电厄瓜多尔辛克雷联营体紧急援救当地车祸伤员】 当地时间2012年8月30日17时58分许，中国水电厄瓜多尔辛克雷联营体厂房施工部经理马贵红接到联营体安全助理汪金龙电话："一辆从拉国到基多的当地大巴车，在火山小镇附近发生翻车事故，车下现在还压着两名乘客。你部派16吨吊车立即出发，参与救援！"

时间就是生命。厂房施工部马上派出一辆吊车、一辆皮卡车和6名员工赶赴现场。出事地点距厂房施工部33千米，天黑路窄弯多，公路等级低，16吨吊车车身较长，行驶速度不能过快。经1小时12分钟，赶到现场后，救援人员立即拴钢丝绳施救。8分钟，将压在车下的两名乘客救出。从2号营地出发先期赶到现场的联营体医务人员立即进行初步诊断，随后送往附近医院处置。

此次救援，联营体先后抢救和转送伤员10余名。

【股份公司苏丹建设者为当地雇员举办盛大晚会迎"朝觐"日】 当地时间2012年10月14日晚，股份公司上阿特巴拉C1-A标段当地雇员永久营地，各方代表与当地雇员欢聚一堂，载歌载舞喜迎伊斯兰教"朝觐"日到来。盛大联欢晚会由业主、加达里夫州政府、中水对外总经理部（CWE）、中国水电C1-A标项目经理部共同举办。

朝觐，是伊斯兰教信徒所规定的必须遵守的基本制度之一。为尊重民风民俗、信仰自由，在不影响工程建设的前提下，股份公司上阿特巴拉项目C1-A标项目经理部协同业主、加达里夫州政府有关部门在餐饮、医疗、娱乐等方面采取多项措施，确保未能前往麦加的穆斯林信众顺利完成"朝觐"。

自2010年上阿特巴拉项目开工以来，股份公司驻项目员工始终秉承"心系中苏友谊，造福当地民众，践行社会责任"的理念，并在规划设计、施工建设、安全环保、生活设施、医疗保障、文化娱乐等各个阶段贯彻实施，确保当地雇员文化生活丰富，更以此加强中苏人民的彼此了解，为增进中苏友谊做出积极贡献。

【股份公司参展第二届马来西亚国际能源周】 2012年10月16～18日，马来西亚沙捞越州古晋婆罗州会展中心举办了第二届马来西亚国际能源周（IEW 2012）会展活动。股份公司继2009年第一届马来西亚能源周后再次参展。

本届国际能源周共有150家当地及国外公司参展，为各方业主、承包商及供应商提供了良好的交流平台及商机。国际能源会议（IEC 2012）也与国际能源周同步进行，共有约300位能源领域企业代表及政府官员出席，共同探讨能源领域最新的技术及趋势，为未来的能源发展提出宏伟蓝图。沙捞越州首席部长丹丝里·泰益玛目主持了开幕仪式，并到访各参展单位。

股份公司通过这次会展推广了SINOHYDRO品牌，与各界厂商缔结了友好合作关系，提升了企业影响力和竞争力，这为股份公司在马来西亚以及东南亚区域的市场开发与合作创造了良好的外部环境。

【股份公司亮相2012年罗马尼亚中国工程技术展】 2012年10月17日，应中国对外承包工程商会邀请，股份公司参加了在罗马尼亚首都布加勒斯特举办的第十一届中国工程技术展览会。中国驻罗马尼亚大使馆代办赵德勇、中国驻罗马尼亚经商参处商务参赞刘其威、布加勒斯特市市长索瑞恩·欧普莱斯库博士等出席仪式。

由于精心准备、策划，股份公司在本次展会上凭借良好的现场展示效果，以及在展览研讨会上与各方的深入沟通交流，向罗马尼亚政府及当地企业有力地推介了股份公司丰富的工程项目经历和综合实力，表达了股份公司希望同当地开展多种形式的合作的热切意愿。前来股份公司展位参观的罗马尼亚政府官员和有关企业代表均表示欢迎股份公司参与当地水电和其他基础设施建设。

【斯里兰卡媒体对股份公司承建的莫罗嘎哈勘达水库渠首工程项目进行采访报道】 2012年11月18～19日，斯里兰卡《周日观察报》及斯里兰卡最大的英文日报《每日新闻》先后对股份公司承建的莫罗嘎哈勘达水库渠首工程项目进行报道。两家媒体均高度肯定了股份公司的实力及项目部工作成果，并评价该工程对促进斯里兰卡经济发展有重大影响。

报道称，莫罗嘎哈勘达水库渠首工程项目将提前完工并为多个省份带来经济繁荣，斯里兰卡总统、政府部门及社会各界对该项目给予了高度关注。预计水库建成后，水稻等农作物增产值可达3.01亿美元，鲜鱼养殖业增产167万卢比。更重要的是，该水库的发电量能为斯里兰卡每年节省24.9亿美元的电力费用。

同时，报道还就项目完备的安全、环保措施，以及对当地就业机会的提升等进行了详细介绍。

【股份公司被评为2012年对外承包工程行业企业社会责任“领先型企业”】 2012年11月23日，中国对外承包工程商会举行“2012对外承包工程行业社会责任绩效评价结果发布仪式暨企业社会责任论坛”，商务部副部长陈健出席论坛并讲话。此次论坛发布了2012对外承包工程行业社会责任绩效评价结果，股份公司因在2010～2011年社会责任绩效突出，被评为“领先型企业”。

“2012中国对外承包工程行业社会责任绩效评价”活动于2012年6月份启动，共有80多家中国企业参与评选。评分结果分为社会责任领先型企业、进取型企业、达标型企业和准备型企业四级。股份公司被评为“领先型企业”，标志着股份公司在企业社会责任方面所做的工作超出行业平均水平，是引领其他同行企业进步的标杆企业。此次获得“社会责任领先型企业”和“社会责任进取型企业”奖项的企业分别有16家。

【股份公司布巴哈项目员工积极救援交通事故中受伤同胞】 2012年12月5日，在加蓬布巴哈境内中国某公司员工发生了一起交通事故，在抢救伤员过程中，股份公司员工全力以赴，赢得了赞扬。

当天，在加蓬的中国某公司两名员工驾车外出，在经过布巴哈境内时发生了交通事故，其中一人伤情严重。水电十四局有限公司加蓬布巴哈电站机电安装工程部接到求助电话后立即行动。负责人聂江林立刻与外出并离出事点最近的乔涛、李德财联系，两人火速赶往出事点，第一时间将伤员送往弗朗斯中心医院。

当场，发生交通事故的中国某公司负责人表示诚挚谢意，高度评价水电十四局有限公司员工的无私举动。水电十四局有限公司加蓬布巴哈电站安装工程部员工杨正喜、乔涛及设备厂家服务代表李德财，在整个施救过程中表现出的崇高品质和良好素质，弘扬了中国的传统美德，展示了股份公司良好的企业形象。

【股份公司荣获“格鲁吉亚2012年度最佳国际施工企业”荣誉称号】 2012年12月10日格鲁吉亚时间下午2点，格鲁吉亚地区发展及基础设施部在第比利斯组织召开了本年度工作报告与表彰大会，股份公司荣获“格鲁吉亚2012年度最佳国际施工企业”称号。众多国际金融机构、国际及当地工程承包企业参加本次大会。

会上，格鲁吉亚公路局主席泽卡利亚·康泽基什维利先生就2012年格鲁吉亚基础设施及建筑施工情况作工作报告，格鲁吉亚地区发展及基础设施部部长大卫·纳马尼亚先生介绍2013年度格鲁吉亚基础设施工作计划，并对在综合评定中表现突出的工程承包企业予以表彰，股份公司在格鲁吉亚在建的瑞考提隧洞修复项目及库布勒提绕城公路项目因在安全、质量、进度、环保等方面表现卓越，荣获“格鲁吉亚2012年度最佳国际施工企业”称号。

【股份公司紧急救援刚果（金）迫降飞机】 2012年10月7日11时，刚果（金）军方一架前苏联产的安-72运输机在降落过程中起落架塌陷，飞机停留在跑道上无法移动。由于机场不具备大型救援机械，无法使迫降飞机及时脱离跑道，这不仅影响了机场的正常运行，还威胁到空中飞机的安全。当地交通部长向股份公司卢本巴希机场项目部提出紧急救援请求。

接到求助电话后，水电二局有限公司卢本巴希机场项目经理朱之芳立即召集人员进行分析研究，制定救援措施。险情就是命令！项目部立即派出由4名员工和一台重型吊车组成的救援小队，开赴迫降地点，迅速排除干扰，指挥吊车作业，经过一个多小时的努力，在牵引车配合下使飞机安然脱离跑道，圆满化解危机。

卢本巴希机场项目部在紧急救援中的突出表现，再次树立了股份公司关注民生、履行企业责任的公益形象，维护并巩固了积极而正面的中国企业国际形象。刚果（金）卢本巴希民航局签发的感谢信中表示，每次遇到困难都能得到股份公司的大力支持，对股份公司为机场所做的一切表示衷心感谢。

国际工程承包项目

东南亚地区

【马来西亚胡鲁登嘉楼水电站项目】　马来西亚胡鲁登嘉楼水电站位于马来西亚登嘉楼（Terengganu）州西部的肯叶尔（Kenyir）湖上游的普额（Puah）河上，总装机容量250兆瓦（2×125兆瓦），项目业主为马来西亚国家能源有限公司。2010年3月18日，国际公司（占41.3%）与当地伙伴Loh&Loh建筑工程公司组成的联营体以诸多优势击败众多竞争对手，中标该电站土建主体工程，中标金额约合2.5亿美元，工期1674天。主要工程包括一座70米高的心墙土石坝、一个溢洪道、导流洞、装机容量25万千瓦的地下厂房、进水口及引水发电隧洞、尾水洞、输水洞、28米高的输水混凝土坝、开关站等。

截至2012年12月底，项目累计完成产值折合5489万美元，为合同总金额的47.84%。

【马来西亚沐若水电站项目】　马来西亚沐若水电站工程地处马来西亚婆罗洲岛的砂捞越州，坝址位于拉让河流域源头沐若河上，是拉让河上游四级梯级开发中的第2级梯级电站，距下游的巴贡水电站约70千米，距民都鲁市约200千米，坝址控制流域面积约为2750平方千米。工程的主要任务是发电，是马来西亚推行的第二能源计划中的一个重要工程。电站安装有4台236兆瓦容量的混流式发电机组，总装机容量944兆瓦。该工程主要由碾压混凝土重力坝、坝身表孔溢洪道、引水系统（含调压井）、发电厂房、生态流量引水发电系统等组成。坝顶长度473米，最大坝高141米。水库正常蓄水位540米，死水位515米，总库容120.43亿立方米，调节库容54.75亿立方米。

马来西亚沐若水电站是由砂捞越能源公司开发，长江三峡技术经济发展有限公司牵头承建，水电八局有限公司负责土建施工、金属结构制作安装和永久机电设备安装。2008年10月19日下午，砂捞越能源公司与长江三峡技术经济发展有限公司在湖北宜昌签署马来西亚沐若水电站EPC合同。EPC合同总金额52.62亿元，工期60个月。水电八局有限公司承担了工程总合同的3/5，合同金额为人民币14.1亿元，马币7.31亿林吉特（按投标时汇率1马币＝2.2元计算，约合16.1亿元人民币）。

项目于2010年4月实现截流，截至2012年12月底，土建工作基本完成，金属结构安装完成60%，完成产值折合人民币26.7亿元，占合同金额的88.56%。

【柬埔寨斯伦流域水利开发工程一期】　柬埔寨斯伦流域水利开发工程（一期）位于柬埔寨西北部奥多棉芷省、暹粒省、柏迭棉芷省的斯伦河流域。项目业主为柬埔寨水资源与气象部，资金来源于中国进出口银行提供的优惠出口买方信贷，柬埔寨政府配套5%资金。工程主要任务是灌溉，兼顾防洪与生态供水。工程主要内容为新建从原有天然河道的引水枢纽，新建及修复下游的灌渠工程，主要包括一座拦河引水土石坝（长4.5千米，其中850米为混凝土坝，其余为均质土坝），东、西两条干渠，其中：东干渠全长38.114千米，含支渠10条（总长47.55千米）；西干渠全长43.006千米，含支渠7条（总长28.77千米）。合同金额为5350万美元，合同工期35个月。

2012年11月8日，柬埔寨斯伦河流域水利开发工程（一期）项目成功实现截流。截至2012年12月底，土石方明挖完成106.85万立方米，占合同总量的41.10%；土石方回填完成54.39万立方米，占合同总量的17.00%；混凝土浇筑完成4.99万立方米，占合同总量的16.62%。项目累计完成产值1736万美元，占合同金额的32.45%。

【老挝南坎2水电站工程】　老挝南坎2（Nam Khan 2）水电站位于老挝人民民主共和国Luang Prabang（琅勃拉邦）市东南方向约50千米，南坎河与湄公河汇合口上游68千米处，距首都万象约396千米。为二等工程，工程规模为大（2）型。坝址以上流域面积约5167平方千米，坝址多年平均流量为67.0立方米/秒。电站采用堤坝式开发，水库正常蓄水位 475 米，相应总库容 6.862 亿立方米，死水位 465 米，调节库容 2.291 亿立方米，为年调节水库，电站装机容量 130 兆瓦。

该项目资金来源为老挝财政部向中国进出口银行贷款，项目合同金额 3.08 亿美元，合同类型为 EPC 总价承包合同，总工期为 54 个月。在 2009 年 8 月 11 日，由股份公司与老挝国家电力公司（EDL）在北京签订了建设老挝南坎 2 项目合同协议书。双方于 2011 年 3 月 20 日在贵州贵阳召开了项目启动会议，确定了项目开工日期为 2011 年 3 月 26 日，合同工期为 54 个月。

截至 2012 年 12 月底，项目累计完成产值 7805.55 万美元，为合同总价的 26.57%。

【老挝南椰 2 水电站项目】 老挝南椰 2 水电站位于老挝川圹省查尔平原的东南部，厂址距勐昆县公路里程约 32 千米，距丰沙湾公路里程约 64 千米，距首都万象（经丰沙湾）公路里程约 474 千米。南椰 2 水电站枢纽工程为二等大（2）型工程，其主要水工建筑物为 2 级。

南椰 2 水电站工程以发电为单一开发目标，具有年调节能力。枢纽工程由南椰河引支流系统及南森河引水发电系统组成，南椰河集输水系统包括引支流坝、进水口及引水渠、引支流隧洞；南森河集输水系统包括主水库首部的黏土心墙土石主坝、溢洪道、泄洪兼导流洞、进水口及其后接引水发电系统的引水隧洞、调压井、钢管道及地面厂房。电站装机容量 3×60 兆瓦，多年平均发电量为 7.21 亿千瓦·时。

南椰 2 水电站工程开工日期 2010 年 10 月 1 日，完工日期为 2015 年 12 月 31 日，总工期为 1552 天。合同金额为 1.5098 亿美元，属固定总价合同。截至 2012 年底，项目累计完成产值 2781 万美元，为合同总价的 18.42%。

【老挝 230 千伏输变电线路项目】 老挝欣合—琅勃拉邦 230 千伏线路工程位于老挝人民民主共和国西北部，连接万象省 Hin Heup 区和 Luang Prabang 省 Xieng Ngeun 区，途经 Vang Vieng 县城、Kasi 县城、xieng Ngeun 县城。业主为老挝国家电力公司（Electricite Du Laos），资金来源为老挝政府向中国政府申请贷款，国际公司与业主于 2009 年 8 月 11 日签订主合同，主合同类型为包括设计、制造、运输、安装调试及试运行交钥匙合同。工期为 42 个月，2010 年 11 月 8 日开工，预计 2014 年 5 月 7 日完工。

工程主要内容包括老挝 Hin Heup 变电站至 Luang Prabang 2 变电站的 230 千伏同塔双回路输电线路，全线长度约 164 千米；新建一座 Luang Prabang 2 变电站，扩建 Hin Heup 变电站 2 个 230 千伏间隔等。

本工程把老挝中部电网（万象地区）与北部电网串接起来，是老挝 2020 年国家电网整体规划的组成部分，建成后可大幅提高老挝北部电网的输送电能力与供电稳定性。该线路的建成可将中部能源稳定、优质输送至北部电网，可有效缓解目前北部山区能源缺乏的现象，促进当地矿业及森林资源的合理开采。

截至 2012 年 12 月底，项目累计完成产值 9982.56 万美元，占合同总金额的 79.01%。

【泰国 MRT 轨道交通蓝色延长线项目】 泰国 MRT 轨道交通蓝色延长线项目第三标段及附属输变电线路改迁项目业主为泰国大众捷运机构 MRTA，资金由业主自筹，是现有的曼谷地铁蓝色线延长线项目。共 5 个标段，总长 27 千米，合同总金额约 15.6 亿美元。其中 1、2 号标段为地铁设计及土建施工标，3、4 号标段为预应力混凝土节段箱梁高架桥的土建施工标，5 号标段为轨道铺设、操作控制系统等。其中，股份公司与泰国第四大承包商尤尼克公司组成联营体中标第 3 标段——陶普—塔帕段。合同总金额为 11284776250.41 泰铢，约合 3.93 亿美元，股份公司占股 50%。主要工作内容为：陶普—塔帕段预应力混凝土节段箱梁高架桥/高架结构的土建施工，约 11 千米，高度约 17 米，共 8 个高架车站，1 座跨湄南河桥梁。

项目于 2011 年 4 月 4 日正式开工，截至 2012 年底，项目累计完成产值 3966 万美元，占合同总金额的 21.52%。

【缅甸蒙育瓦莱比塘铜矿项目】 缅甸蒙育瓦莱比塘铜矿项目位于缅甸联邦西北部实皆省南部，与该省最大的城镇蒙育瓦直线距离约 5 千米，公路里程约 26 千米。缅甸政府初步划定的矿区范围，矿区面积约 32.73 平方千米。

该项目包括露天采场基建剥离和采剥生产外包工程，主要工程内容为：采矿场、采矿工业场地、粗碎筛分车间、堆浸场、萃取电积车间、排土场、厂区内外供配电、厂区给排水、机汽修、库房、办公和生活设施等，基建剥离量 5000 万吨（包括副产矿石 276 万吨）。生产期年采剥总量 6900 万吨，其中矿石 3035 万吨。项目建成后，将形成露天开采—堆浸—萃取—电积的生产工艺系统。

基建剥离合同签订于2011年8月18日，工期为17个月，合同金额为5000万美元。采剥生产期合同，工期为10年，合同金额为7.5亿美元。该项目业主为万宝矿产（缅甸）铜业有限公司，以水电三局有限公司和水电十局有限公司组成联营体方式实施项目。

项目于2011年11月18日正式开工，截至2012年12月底，项目累计完成产值971.4万美元，占合同总金额的1.21%。

【越南松邦4水电站项目】 越南松邦4水电站是越南国家一级水电项目，位于越南与老挝交界的松邦河上，距越南第三大城市——岘港市约96千米，总装机容量为15.6万千瓦，年发电量为5.90亿千瓦·时。项目由亚洲发展银行贷款，业主是越南电力公司松邦4水电站项目管理局。2012年5月19日，股份公司中标越南松邦4水电站土建工程XL-1号标和XL-2号标，2010年6月15日，股份公司与项目业主正式签订承包合同，两合同总价累计约合10052万美元，总工期43个月（重谈后总工期为50个月）。主要施工内容包括主体工程中的碾压混凝土大坝、溢洪道、导流渠、引水隧洞、电站厂房、尾水渠、开关站和各类配套的附属工程等。

2012年1月16日10时18分，工程成功实现截流，实现了首个里程碑目标，标志着主体工程施工拉开帷幕。截至2012年12月底，土石方开挖基本完成，目前正在进行混凝土浇筑，累计完成产值5394万美元，占合同总金额的53.66%。

【印尼亚齐燃煤电站项目】 印尼亚齐燃煤电站项目位于印尼苏门答腊岛北部亚齐自治区，是印尼国家电力公司为解决电力紧缺所启动的1000万千瓦一揽子燃煤电站项目之一。工程内容包括设计、采购、供货、安装2台110兆瓦汽轮发电机组、2台循环流化床锅炉和其他辅助生产设施，修建厂房、卸煤码头、开关站等建筑工程。项目采用EPC总承包合同模式，承包范围包含整个电厂和煤码头的设计、采购、监造、供货、建设与安装、调试及培训等。合同金额约2.47亿美元，工期为33个月。

2009年3月9日，项目破土动工，但是由于2009年3月14日工地发生暴力阻工事件，直至2009年9月2日项目处于停工状态，经与业主协商，项目合同工期调整为48个月（其中，第一台机组46个月投入商业运行）。

2012年12月3日，1号锅炉点火完成。2012年12月31日，1号汽轮机具备冲转条件。土建结构工程基本完成。自开工至2012年12月底，累计完成产值约2亿美元，占合同金额的83.98%。

【印尼佳蒂格德大坝项目】 佳蒂格德大坝位于印尼西爪哇省双木丹县，距离首都雅加达230千米，是印尼目前在建的最大的水利工程。大坝为高110米的黏土心墙堆石坝，总装机容量11万千瓦。建成后，将为下游居民提供生活、生产及市政用水，为90000公顷农田提供灌溉用水，同时将为周边地区发挥防洪、发电、渔业、旅游等综合效益，对促进印尼西爪哇地区的社会和经济发展具有深远的意义。

该项目资金来源为90%中国政府优惠买方信贷（中国进出口银行），另有10%印尼政府配套资金。2007年9月25日，由股份公司和印度尼西亚承包商联合组成联合体（股份公司占70%股份），与项目业主印尼公共工程部签订合同，合同总金额为2.4亿美元，工程总工期为65个月（2008年10月29日批准施工总进度延期至2013年12月31日完工）。

2007年11月15日，印尼佳蒂格德大坝工程正式开工。2011年8月3日，成功实现截流。2012年1月15日，主围堰全线填筑至设计高程。截至2012年12月底，项目累计完成产值24053万美元，为同期计划产值的116.5%，其中，股份公司部分累计完成产值13014万美元。

【印尼东加里曼丹2×110兆瓦火电站项目】 印尼东加里曼丹2×110兆瓦火电站项目位于印尼东加里曼丹省巴厘巴板市，是加里曼岛上最大的在建燃煤火电项目，也是印尼国家电力公司在加里曼丹东岸电网规划中的关键工程。项目建成后，东加里曼丹省的发电站装机容量将突破百万千瓦。

2010年11月10日，印尼国家电力公司（PLN）签发授标函，正式将印尼东加里曼丹2×110兆瓦燃煤电站项目授予股份公司。当地时间2010年12月21日下午，项目合同签约仪式在雅加达举行。该项目为EPC交钥匙工程，合同金额约2.78亿美元，由国际公司与印尼当地公司（ADHI KARYA公司）组成的ADHI-SINOHYDRO联合体（国际公司比例54%，ADHI KARYA公司46%）实施，合同工期为33个月。该电站工程内容主要包括安装2台11万千瓦级蒸汽轮机发电机组、2台循环流化床锅炉，修建厂房、电厂辅助生产系统、卸煤码头、开关站和输变电线路等设施。2011年3月25日上午，印尼东加里曼丹2×110兆瓦燃煤电站项目举行开工仪式，印尼东加里曼丹省省长Awang Faroek下达开工令。

截至2012年底，土建施工进度累计完成总量的约38.4%；锅炉钢结构开始吊装，电除尘钢架正在组装。项目累计完成产值6166.09万美元，为合同总金额的45.57%。

南亚地区

【斯里兰卡C11A&C11B公路路面改造和升级工程】 斯里兰卡C11A&C11B公路路面改造和升级工程全长95千米，为斯里兰卡北部省份战后重建的第一批重点项目，项目总投资约1亿美元，合同工期为30个月，项目资金由中国政府援助。2009年10月23日，股份公司与项目业主——斯里兰卡公路局正式签署C11A&C11B公路项目合同。2010年9月9日下午，斯里兰卡财政部和中国进出口银行在北京签署斯里兰卡北方公路C11A&C11B标公路融资协议，标志着该项目正式启动。

2010年11月13日，斯里兰卡北方公路C11A&C11B标开工典礼在当地隆重举行。截至2012年12月底，C11标累计完成产值5435万美元，为合同总金额的58.9%。

【尼泊尔上塔马克西水电站项目】 尼泊尔上塔马克西水电站项目位于尼泊尔首都以东180千米的塔马克西河上，最近距离中国边境只有6千米。上塔马克西水电站采用高水头（822米）冲击式水轮发电机组，将分两期开发，第一期安装4台机组，总装机容量309兆瓦，第二期安装2台机组，装机容量为141兆瓦，总计装机容量450兆瓦，年发电量1727兆瓦·时。该电站是尼泊尔迄今为止最大装机容量的水电站，号称尼国“三峡”。项目由尼泊尔国家电力局、尼泊尔财团、尼泊尔养老金基金等联合投资开发，业主为上塔玛克西水电有限公司。2010年8月1日，股份公司与尼泊尔电力局上塔马克西项目公司正式签署上塔马克西水电站一标土建工程合同，合同金额约1.78亿美元，施工总工期为1656天，主要内容包括进场道路、混凝土重力坝、进水口、沉砂池、长7.9千米的低压引水隧洞、高385米的钢衬压力管道竖井、高410米的调压井、地下式厂房、尾水洞等。

2011年11月3日，水电站主体工程开工。截至2012年12月底，项目累计完成产值2218万美元，为合同总金额的12%。

【孟加拉达卡—吉大港公路拓宽项目】 孟加拉达卡—吉大港公路被誉为孟加拉经济命脉线，是目前孟加拉国唯一连接首都与第一大港口城市吉大港的交通枢纽。该公路总长约192千米，改建工程项目总投资折合约3.5亿美元，是孟加拉最大的公路建设项目，共分10个标段竞标。2009年12月13日，股份公司收到孟加拉交通部公路局发来的中标通知书，中标孟加拉达卡—吉大港公路改建工程10个标段中2、3、4、5、6、8、9等7个标段的工程建设。股份公司中标的达卡—吉大港公路标段总长约140千米，合同金额为1.7亿美元，工期3年，主要任务是将现有两车道公路扩建为四车道公路，施工范围包括路基施工、沥青混凝土路面、桥梁、涵洞、道路标记、交通标志、绿化带等。

2010年1月10日，股份公司正式与业主——孟加拉交通部公路与高级公路管理局签订达卡—吉大港四车道公路工程合同。2010年12月6日，8、9标段举行开工仪式。

截至2012年12月底，项目累计完成产值276547万塔卡（按当前汇率约合3540万美元），为合同总金额的27.31%。主要实物工程量土方明挖完成17.11万立方米，完成合同总量的19.97%，路基土方填筑完成364.79万立方米，完成合同总量的62.95%。

【斯里兰卡莫洛嘎哈堪达首部水库工程设计、施工及调试项目】 斯里兰卡莫洛嘎哈堪达首部水库工程设计、施工和调试项目位于斯里兰卡的科伦坡东北约200千米的Amban河上，地处中部省东北部，靠近中部省与东部省的省界。项目修建服务于灌溉、给水和发电，总装机容量为2.5万千瓦。

2012年6月8日，股份公司在斯里兰卡首都科伦坡签约莫罗嘎哈堪达水库项目渠首工程设计、施工及调试合同。莫罗嘎哈堪达首部水库工程是斯里兰卡全国最大的马哈威力水利枢纽工程的代表性建筑，业主是斯里兰卡灌溉和水资源管理部，合同金额为2.523亿美元。该项目2012年7月26日开工，总工期48个月。主要工程内容包括主坝、1号副坝及其主坝的附属结构物、33千伏输电线路等，由国际公司以EPC方式实施，中国国家开发银行为项目实施提供融资支持。

截至2012年12月底，项目累计完成产值1879万美元，为合同总金额的7.45%。

【巴基斯坦达瓦特大坝项目】 巴基斯坦达瓦特大坝项目位于巴基斯坦信德省，距首都卡拉奇约120千米。项目业主是巴基斯坦水电开发署（WAPDA）。工程内容主要包括混凝土重力坝、溢洪道、主渠及支渠的设计、采购、土建施工与金属结构安装等。2010年2月15日，股份公司收到巴基斯坦达瓦特大坝 EPC/交钥匙项目中标函。2012 年 6 月 9 日，股份公司与项目业主——巴基斯坦水电开发署正式签订巴基斯坦达拉瓦特大坝项目 EPC 合同，合同金额约 9064 万美元，合同工期为 36 个月。2010 年 6 月 30 日，项目正式开工。

截至 2012 年 12 月底，项目累计完成产值 6486 万美元，为合同总金额的 71.56%。目前，项目进展顺利。

高加索、中亚与东北亚地区

【格鲁吉亚科布勒提绕城公路第二段项目】 格鲁吉亚科布勒提绕城公路第二段是亚洲开发银行贷款项目，也是股份公司目前正在实施的第一段的延伸，项目位于格鲁吉亚西部，是通往格鲁吉亚西部海滨旅游城市的主要干道，对促进格鲁吉亚的旅游经济发展有重大意义。该项目主要工程内容为新建 14 米宽、两车道、19 千米公路，共 16 座桥，桥面总面积 68292 平方米，涵洞总长度 464 米。

2012 年 9 月 12 日，股份公司收到格鲁吉亚地区发展及基础设施部公路局授予的科布勒提绕城公路第二段中标通知函，中标合同金额为 12891 万美元，合同工期为 1000 天，质保期为 365 天。该项目是股份公司在格鲁吉亚中标的第三个公路项目，对股份公司扩大格鲁吉亚市场开发、提升股份公司在外高加索地区的影响力具有积极作用。该项目由水电十六局有限公司负责具体实施，目前正在进行项目各项前期准备工作。

【哈萨克斯坦欧洲西部—中国西部国际交通走廊西南公路第五标段】 哈萨克斯坦欧洲西部—中国西部国际交通走廊西南公路第五标段（简称“双西公路”）项目位于哈萨克斯坦南哈萨克斯坦州境内，沥青混凝土路面，双向四车道，该项目由世界银行提供贷款。2010 年 10 月 30 日，股份公司接到哈萨克斯坦交通通讯部（项目业主）的书面通知，中标双西公路第五标段公路修复项目。第五标段全长 34 千米，工期为 30 个月，合同金额为 5878 万美元。这是股份公司在哈萨克斯坦承建的第一个项目，也是迄今为止中国企业在哈萨克斯坦境内承揽的首个公路项目。该项目于 2010 年 11 月 20 日签约，总工期为 30 个月，由水电十六局有限公司负责具体实施。

2011 年 10 月 20 日，第五标段公路项目开始混凝土路面摊铺。2012 年 12 月 24 日，项目部首片梁体安装成功。截至 2012 年 12 月底，项目累计完成产值 5508 万美元，为合同总金额的 93.77%。

中东地区

【阿联酋诺富特—艾必斯酒店项目】 阿联酋诺富特—艾必斯酒店项目地处阿布扎比 MASSAFAH 区，建筑面积 60817 平方米，建筑结构为剪力墙，地下 4 层，地上 23 层。该酒店为四星级酒店，项目业主是 H. E. SHEIKH AHMED BIN SAIF BIN MOHAMED AL NAHYAN。项目于 2008 年 11 月 1 日开工，总工期为 42 个月，合同金额为 1.35 亿美元，由水电三局有限公司—浙江海天联营体（比例为 51：49）负责实施，截至 2012 年 12 月底，项目已完工。

【卡塔尔路赛 CP1 项目】 卡塔尔路赛项目 CP1 标段（卡塔尔路赛尔基础设施建设 I 标段）是路赛场地平整后继续进行的房地产基础设施项目，主要合同内容包括交通道路、给排水、排污、通信、供电、照明、灌溉、绿化等。中标额 6.42 亿美元，工期 700 天。2008 年 3 月 26 日，股份公司收到业主卡塔尔迪阿房地产公司的中标函。2008 年 6 月 2 日，项目正式开工。由水电三局有限公司、水电十三局有限公司、水电十局有限公司共同负责具体实施。

2010 年 7 月 18 日，股份公司与业主签订新增项目合同，增加间接费金额 1.95 亿美元。2010 年 11 月 29 日，股份公司再次与业主签订新增三大管线项目合同，增项合同金额为 1.04 亿美元。至此，CP1 总合同金额增至 9.41 亿美元（后来又增至 14.98 亿美元）。新增三大管线工程分为机电安装和土建配套两部分，主要包括 CP1 工程海滨区域的中央空气冷却水管道、天然气管道和固体垃圾真空管道等，工期为 14 个月。

截至 2012 年 12 月底，CP1 项目总进度达到 94.29%，项目累计完成产值 133556 万美元，完成合同总金额的 89.13%。

【卡塔尔 Sidra 房建项目】 卡塔尔锡德拉（Sidra）房建项目为卡塔尔 Mazaya 房地产开发公司融资开发，其功能为医学研究中心员工住宅楼，项目总占地面积 248899 平方米，总建筑面积 123915 平方米，室外道路及绿化面积 104259 平方米。项目分 3 个区，共 104 栋建筑物，包括公寓楼、购物中心、健身中心、停车场、清真寺及变电站。项目于 2012 年 1 月 5 日开工，总工期为 20 个月，合同金额为 4.73 亿卡塔尔币（折合约 1.3 亿美元），由水电三局有限公司负责实施。

截至 2012 年 12 月底，已完成产值 9620 万卡塔尔币（折合约 2642 万美元），完成合同金额的 20.34%。

【卡塔尔 GTC182 三地供水项目】 卡塔尔 GTC182 三地供水项目是为满足卡塔尔北部地区未来城市发展对供水的需求，而由卡塔尔水电总局投资的基础设施扩建工程。工程由位于卡塔尔北部的西礁湖地区的管线升级、阿克豪尔地区的水池、泵站和管线扩建及乌姆撒拉地区的水池及供水管线扩建 3 部分组成。

该合同是 EPC 合同，项目业主为卡塔尔水电总局。2008 年 10 月 14 日，股份公司中标该项目，项目合同金额为 1.4 亿美元，2008 年 10 月 31 日开工，总工期为 32 个月，由水电十三局有限公司负责实施。截至 2012 年 12 月底，项目已完工。

【科威特大学城女子学院和商学院项目】 科威特大学城女子学院和商学院项目是科威特教育部高度重视的新大学城项目群中的其中之一，位于科威特市区 6 号环路，是大型市政综合性公用房屋建筑工程。该项目的主要工作内容为商学院的男子校区和女子校区、女子学院的男子校区和女子校区、祈祷中心及男女校区地下连接通道建筑的建设、运行与维护工作。整个工程占地面积 6.7 万平方米，建筑面积 26.41 万平方米；主要工程量包括土方开挖 9 万立方米，土方回填 4.7 万立方米，混凝土 21.2 万立方米，钢筋 2.8 万吨，以及配套的门窗、幕墙、机电、装饰装修、家具等设施。

该项目和科威特当地资深公司 ALHANI 联营，目前项目进展整体形势良好，超前进度计划近 2 个月，受到业主的高度赞扬。大学城项目建成后，将是科威特乃至整个海湾地区最大的大学之一，对科威特的教育事业具有战略意义。2012 年 2 月 14 日，股份公司收到科威特中央招标委员会发来的授标函，宣布股份公司成功中标科威特大学城商学院和女子学院项目。2012 年 5 月 22 日，国际公司与科威特大学校长及政府官员代表正式签约，合同金额为 1.436 亿科威特第纳尔（约合 5.18 亿美元）。股份公司在联营体中所占份额为 75%，即 1.077 亿科威特第纳尔（约合 3.88 亿美元）。总工期为 1222 天，维护期为 730 天，水电八局有限公司负责项目具体实施。2012 年 10 月 15 日，项目正式开工。

截至 2012 年 12 月底，项目累计完成产值 3040164 科威特第纳尔（折合约 1114 万美元），占合同总量的 2.15%。

【科威特大学城 5A&5B 基础设施项目】 科威特大学城 5A&5B 基础设施项目是科威特大学城项目群中的一个子项目，毗邻科威特市区六环路，是一项大型市政综合性公用基础设施工程。主要工作内容为环大学城沥青道路及交通控制系统，公用管线服务设施、水池，地下室连接通道，变电站、地面停车场含车棚、绿化和喷泉景观等工程。整个工程占地面积 253 万平方米，主要工作包括土方开挖 161.72 万立方米，土方回填 189.15 万立方米，混凝土 11.33 万立方米，钢筋 1.53 万吨，车棚 20 万平方米，管道 6.3 万米，整个区域内的景观绿化工程和少量的金属结构（镀锌钢栏杆）及砖砌工程。

2012 年 8 月 29 日，股份公司正式中标科威特大学城 5A & 5B 基础设施项目，业主为科威特中央投标委员会。2012 年 10 月 15 日，国际公司与科威特大学校长及政府官员代表正式签约，合同金额近 9800 万科威特第纳尔（折合约 3.5 亿美元），总工期为 1250 天，维护期为 730 天，由水电八局有限公司负责具体实施。2012 年 12 月 23 日，项目正式开工。

欧洲地区

【波黑尤乐高水电站项目】 波黑尤乐高（ULOG）水电站位于波黑塞族共和国卡里诺维克区地区的内雷特瓦河上游，电站枢纽由混凝土拱坝、坝后式小厂房、左岸引水发电系统和地面厂房、右岸导流洞（后期改建为龙抬头式泄洪洞）等建筑物组成。其中，引水式地面厂房安装 2 台额定功率为 17.22 兆瓦的立轴混流式水轮发电机组，坝后式小厂房安装 1 台额定功率为 176.40 千瓦的卧轴混流式水轮发电机组，电站多年平均年发电量为 0.83 亿千瓦·时。工程开发主要任务为发电，兼顾下游生态环境用水。

2012 年 9 月 4 日，股份公司在北京签署波黑尤乐高水电站 EPC 总承包合同，这是股份公司在欧洲中标的第一个项目。波黑尤乐高水电站项目业主为塞尔维亚能源融资公司，合同工期为 42 个月，为固定总价合同，合同价为 4400 万欧元（折合 5491 万美元）。水电七局有限公司负责项目具体实施，目前项目正在进行筹备。

【波兰奥得河防洪系统工程第 3.2 标段】 2012 年 9 月 26 日，波兰弗罗茨瓦夫地方水利管理局发来中标通知书，将其利用世界银行资金的奥得河防洪系统工程第 3.2 标段——弗罗茨瓦夫分洪河道整治工程正式授予股份公司，这是股份公司依靠自身实力在欧盟市场竞标获取的首个项目，对股份公司进一步开拓欧盟高端市场有着积极而深远的影响。

2012 年 10 月 24 日，股份公司与业主波兰弗罗茨瓦夫地方水利管理局正式签署波兰奥得河防洪系统工程第 3.2 标段——弗罗茨瓦夫分洪河道整治工程。

该项目总工期为25个月，合同金额折合8863万美元。水电十三局有限公司负责本项目的具体实施。

非洲地区

【刚果（金）宗戈2水电站项目】 刚果（金）宗戈2水电站项目位于刚果民主共和国下刚果省，距离首都金沙萨公路里程约165千米，为低坝引水式水电站，是以发电为单一目标的混合式开发水电站。印基西河为刚果河下游左岸的一级支流，发源于安哥拉北部。宗戈2水电站利用印基西河下游约5千米河段的河道天然落差，开挖隧洞，集中水头，引水发电。

宗戈2水电站拦河坝轴线呈直线布置，从右岸至左岸依次布置有右岸非溢流坝、溢流坝、冲沙闸、左岸非溢流坝，全长185米，最大坝高22.8米。引水发电系统由进水口、引水隧洞、调压井、压力平洞及压力斜井等建筑物组成，全长3034米。发电厂房安装3台立式混流式水轮发电机组，单台装机容量为5万千瓦，总装机容量为15万千瓦。多年平均发电量约为8.619亿千瓦·时。

宗戈2水电站项目业主是刚果民主共和国能源部，业主代表是刚果（金）国家电力公司（SNEL）。股份公司于2009年5月14日签订了该项目的EPC开口协议。2011年1月29日，中国进出口银行与刚果（金）财政部签署宗戈2水电站贷款协议；2011年5月，刚果（金）财政部与刚果（金）国家电力公司签署宗戈2水电站项目债务转让协议；2011年8月，刚果（金）国家电力公司、财政部与中国进出口银行签署项目还款机制协议。该项目合同金额为3.729亿美元（中国进出口银行贷款3.564亿美元，刚方出资1650万美元），工程于2012年3月14号开工，合同计划工期36个月，由中国水电一局有限公司负责实施。

截至2012年12月底，项目累计完成产值11679万美元，为合同总金额的31.3%。

【刚果（布）凯塔连接喀麦隆边境段整治工程】 2012年3月30日，股份公司收到刚果（布）重大工程委员会寄发的项目中标通知书，中标刚果（布）凯塔连接喀麦隆边境段整治工程，中标金额折合1.5亿美元。

凯塔连接喀麦隆边境段整治工程是股份公司在刚果（布）市场第一个以主承包商身份中标的项目，对股份公司在该市场的地位及后续市场开发具有重大意义。项目由水电十三局有限公司具体负责实施。

凯塔连接喀麦隆边境段整治工程位于刚果共和国北部，业主为刚果（布）重大工程委员会，工程内容主要包括：修建一条全长121千米从凯塔至别斯沥青公路，其中包括3座钢筋混凝土梁桥和1段190余千米别斯—喀麦隆边界的土路。非行将提供70%的项目资金，刚果共和国预算部承担余下的30%的资金项目。

截至2012年12月底，项目累计完成产值3207万美元，为合同总金额的21.33%。

【刚果(布)国家1号公路整治及沥青铺筑项目】 刚果（布）1号国道黑角—布拉柴维尔公路2-2标段，全长76千米（PK78-154），路面由4条行车道组成，每条行车道宽3.25米，两边路肩各宽1.25米，路基宽约17米，全线新建公路，起点距黑角港242千米，终点距布拉柴维尔约220千米。

该项目业主为刚果共和国，业主代表为刚果共和国大工委，由中国建筑集团总包。业主资金来源为中信银行贷款67.8%，其余部分由当地政府出资。水电十四局有限公司分包多利吉—布拉柴段（2-2标段）施工，合同金额折合约1.027亿美元，合同工期为48个月。该项目特点是填方和石方开挖量比较大，另有6座桥梁，单跨跨度13～16米之间。

截至2012年底，项目累计完成产值1494万美元，为合同总金额的14.55%。

【安哥拉罗安达供水入户连接项目】 安哥拉罗安达供水入户连接工程位于安哥拉首都罗安达市，工程主要内容为罗安达市外围5个行政区254507户入户连接及相应的管网敷设，施工区域涵盖整个罗安达市外围，施工管线总长度达3200多千米，施工面积达420平方千米。工程完工后，将彻底解决罗安达市外围25万户居民的用水问题。

主合同于2011年11月由股公司与安哥拉国营供水公司签订，工程采用总价合同，合同金额为9675.6万美元。合同工期为27个月，业主为安哥拉罗安达国营供水公司，资金来源为中国开发银行。由水电十三局有限公司负责项目具体实施。

2012年5月1日，项目开始施工。截至2012年12月底，项目累计完成产值1136万美元，占合同总量的11.7%。

【安哥拉卡班达农工业区基础设施项目】 安哥拉卡班达农工业区基础设施建设项目位于安哥拉中部的马兰热省，建设项目内容包括：173千米泥结石公路，164千米30千伏高压线路，2座变电站扩建。卡班达农工业区是安哥拉第一个农工业综合开发区，临近宽扎河以及卡班达水库，灌溉条件极其优越，整体占地面积约50万公顷。其建设将为安哥拉发展大型开发区积累经验，并为安哥拉的经济多元化前景打下坚实的基础。

2010年6月25日，股份公司与卡班达农工业区开发公司（Sodepac）在罗安达正式签约，合同金额为1亿美元，工期为24个月，由水电二局有限公司负责具体实施。

2012年11月1日，项目正式开工。截至2012年底，项目累计完成产值864万美元，占合同总量的8.6%。

【安哥拉琼贝达拉水电站及输变电建设项目】 安哥拉琼贝达拉水电站及输变电建设项目位于南Lunda省Chiumbe河流的达拉市附近，北距南Lunda省会Saurimo市170千米，南距莫西科省省会Luena市90千米，到首都罗安达公路约1200千米。项目内容主要包括：Chiumbe-Dala水电站（引水式电站）、溢流坝、左右岸冲沙闸、引水发电系统、110千米输变线等配套输变电工程组成。

2012年10月8日，股份公司与安哥拉水利能源部签署合同，合同金额为9711万美元，合同工期为28个月，由水电十一局有限公司负责项目具体实施。截至2012年底，项目正在进行前期筹备工作。

【安哥拉索约—卡帕瑞输变电建设项目】 安哥拉能源水利部为进一步加强罗安达省和扎伊尔省的电力供应，将新建SOYO（索约）至KAPARY（卡帕瑞）的输变电项目，SK项目是索约和罗安达联合循环输电网项目的一部分，该项项目全称为“索约火电联合循环400千伏和220千伏输电线路及变电站”，此组项目分成两大部分，超高压输电线路（LMAT）及变电站（SE），是能源水利部在2016年前火电领域投资的重点规划项目。索约—卡帕瑞输变电线路是安哥拉国家实施的合同金额最大的高压输变电项目，为完善安哥拉整个国家电网和解决首都罗安达电力供应紧张问题起到关键性作用。

该输变电项目是从位于索约市的中央联合循环电厂建设两条由北向南至罗安达市的400千伏单回输电线路，线路总长度171千米，并在沿线建设索约、恩泽托、卡帕瑞和卡特特4个400千伏变电站；恩泽托—巴扎刚果220千伏线路和巴扎刚果220千伏变电站；索约和恩泽托60千伏线路和变电站；恩泽托配网工程；哈密路220千伏变电站；卡库卡—卡曾嘎220千伏线路；卡特特—费尔达220千伏线路；卡特特—哈密路220千伏线路共计16个子项目，以满足北部及首都地区的电力供应。

2012年12月26日，股份公司与安哥拉水利能源部签署合同，合同金额为3.93亿美元，项目总工期为36个月，业主将合同中16个分项工程分成一期和二期，其中一期工程为18个月，二期工程为36个月，自合同生效45天后开始计算工期，由水电四局有限公司负责具体实施。截至2012年底，项目处于筹备进场阶段。

【安哥拉恩赞托—索尤高速公路项目】 安哥拉恩赞托—索尤高速公路建设项目位于安哥拉北部省份扎伊尔省，全长96千米，路面宽22米，为双向四车道的沥青混凝土路面，设计时速100千米/小时。该公路是安哥拉公路网中100号公路的重要一段。根据安哥拉公路网的规划，恩赞托—索尤公路项目所属的100号公路北起扎伊尔省的边境城市索尤市，南达纳米贝省的边境城市佛尔都，途经安哥拉沿海的所有重要城市，全长约1700千米，建成后将成为安哥拉公路网中最西侧沿大西洋海岸的南北交通大动脉。2008年12月1日，股份公司与安哥拉工程部在安哥拉公路局会议室正式签约，合同金额为6.05亿美元，工期为36个月，水电四局有限公司负责项目具体实施。2009年1月1日，项目正式开工。

截至2012年12月底，项目累计完成产值4075万美元，占合同总量的6.73%。

【摩洛哥拉巴特环城高速公路项目】 摩洛哥拉巴特环城高速公路项目位于摩洛哥首都拉巴特附近，全长39.968千米，业主是摩洛哥国家高速公路公司。该公路建成后将连接摩洛哥第一大城市卡萨布兰卡和首都拉巴特之间现有高速公路和出城高速公路，对进出首都拉巴特的车辆进行分流，改善摩洛哥北部经济核心地区的交通状况。2010年10月15日，股份公司中标该项目，并与项目业主签订拉巴特环城高速公路项目施工合同，合同金额约2.4亿美元（含新增项目），工期为46个月，主要工程内容包括39.968千米双向四车道高速公路的施工。拉巴特环城高速公路项目是股份公司在摩洛哥承包工程市场零的突破。

2011年2月18日，项目开工。截至2012年底，累计完成产值3682万美元，占合同总金额的15.48%。

【赞比亚卡里巴水电站北岸电站扩建项目】 赞比亚卡里巴水电站北岸电站扩建项目位于赞比亚和津巴

布韦交界的赞比西河上的卡里巴峡谷段，在赞比西河和卡富埃河交汇处上游40千米处。该电站是赞比亚第二大水电站，1976年投入运行，原装机容量60万千瓦（4×15万千瓦），2002年经扩容达到72万千瓦（4×18万千瓦）。为满足国内负荷发展和南部非洲地区的电力需求，2004年12月21日，赞比亚政府国家电力公司（ZESCO）与股份公司在赞比亚首都卢萨卡签署卡里巴北岸扩机工程可行研究设计咨询协议。根据协议，由股份公司对卡里巴北岸电站进行增扩装机台数、增扩容量及工程设计等进行可行性研究。经过技术磋商及与中国进出口银行的融资/贷款方案（买方信贷）谈判，2007年11月19日，股份公司与赞比亚国电公司确定该项目的扩机方案（2×18万千瓦），并正式签订EPC合同。合同签约金额约2.43亿美元（后增至2.58亿美元），工期为48个月（后调整为65个月）。2008年11月5日，工程正式开工。水电十一局有限公司负责项目具体实施。

自开工至2012年底，项目累计完成产值1.96亿美元，为合同总金额的75.9%。

【赞比亚伊泰兹水电站项目】 赞比亚伊泰兹水电站项目位于赞比亚南方省丘莫市伊泰兹地区，坐落在赞比亚比较大的河流之一Kafue河上，距离下游的上凯福峡电站约230千米，是在原有的伊泰兹大坝和导流洞基础上修建的水电站工程。

该项目业主为伊泰兹电力公司ITPC，资金来源为印度政府出资5000万美元，印度TATA集团出资3500万美元，ZESCO出资3500万美元，其他为业主贷款。

股份公司于2009年11月30日与伊泰兹电力公司ITPC签订伊泰兹水电站EPC总承包合同，签约合同金额约1.56亿美元，总工期为41个月，缺陷责任期为24个月。合同签订后，由于项目融资等问题没有顺利解决，项目没有按照原计划于2010年3月16日正式开工。

2011年9月5日，赞比亚伊泰兹水电站项目开工。

经过业主多次要求，2012年10月23日，业主、承包商和主机设备供应商印度阿尔斯通公司在卢萨卡召开会议。业主与承包商签订了EPC主合同1号修订协议，将主机设备供货合同金额29028754美元从EPC主合同金额中扣除；业主与印度阿尔斯通公司直接签订主机设备的供货合同，并负责主机设备的采购和付款。在EPC主合同1号修订协议中，合同金额变更为约合1.3878亿美元；确定主体工程的开工日期为2012年6月1日，合同工期为41个月，完工日期为2015年10月31日。

该电站工程主要由发电引水洞（洞径6.3～9.0米不等，长度725米）、调压井（直径30米、深59米）、发电厂房（长×宽×高为87米×27.25米×55.0米）、开关站、附属设施以及有关配套基础设施工程构成，电站建成后总装机容量达120兆瓦（2×60兆瓦）。

截至2012年12月底，项目累计完成产值5663万美元，占合同总金额的40.81%。

【赤道几内亚巴塔市电网改扩建项目】 巴塔市是赤道几内亚的经济首都，目前城市无高压电网，城网最高电压为中压15千伏，城市电力供应匮乏，缺电面积大，许多道路没有公共照明。赤道几内亚巴塔城市电网改扩建项目主要内容包括高压、中压、低压以及城市公共照明系统四部分。2009年6月20日，股份公司与赤道几内亚政府签订工程合同，合同金额为3.23亿美元，工期为913天（30个月），由水电六局有限公司负责项目具体实施。

截至2012年12月底，项目累计完成产值18962万美元，占合同总金额的58.66%。

【苏丹罗塞雷斯大坝加高项目】 苏丹罗塞雷斯大坝始建于20世纪60年代，位于南距苏丹首都喀土穆550千米的达玛晋（Damazin）市，蓄上游青尼罗河之水灌溉罗赛雷斯和喀土穆之间的广袤土地。罗赛雷斯大坝加高项目主要施工内容为在原坝基础上将大坝整体加高10米，并移位、检修和更新大坝现有的水力控制系统、翻修深水底孔等。加高后的大坝全长25.1千米，包括24.1千米的土石坝和1千米混凝土坝，库容增加40亿立方米。2008年4月27日，股份公司和中国水利电力对外公司组成的CCMD联营体与业主苏丹大坝运行管理局（DIU）签订罗赛雷斯大坝加高项目施工合同，合同金额为3.96亿美元（后增至4.26亿美元），工期为1308天。罗赛雷斯大坝加高项目为股份公司和中国水利电力对外公司以CCMD联营体名义在苏丹承揽的第二个大型水电项目，由水电七局有限公司和水电五局有限公司负责具体实施。2008年8月13日，项目正式开工。

截至2012年12月底，项目累计完成产值4.25亿美元，占最新合同金额的99.96%。

【苏丹上阿特巴拉水利枢纽工程】 苏丹上阿特巴拉水利枢纽项目位于苏丹东部的卡萨拉州与加达里夫州交界处，距首都喀土穆公路距离约460千米。

该项目由鲁米拉和博达纳两座大坝及其附属工程组成，枢纽主要功能为灌溉、供水，兼顾发电。项目建成后，将形成一个约30亿立方米库容的水库，灌溉面积达50万公顷，为700万人口解决灌溉用水，为300万人口提供饮用水保障，为上百万人提供电力供应，苏丹1/3的人口将因此直接受益。

2010年4月6日，苏丹政府在首都喀土穆友谊厅举行上阿特巴拉水利枢纽项目土建及水力设备工程合同签字仪式。业主单位大坝执行局奥萨马部长与中国长江三峡集团公司副总经理林初学、中国水利电力对外公司总经理陆国俊签订了该项目的承包合同。苏丹总统巴希尔出席并见证了签字仪式。中国驻苏丹大使李成文等也出席并见证了签字仪式。

苏丹上阿特巴拉水利枢纽项目由苏丹政府融资，承包合同总金额为8.38亿美元，总工期为5年零4个月，是目前中国公司在苏丹承包的最大的单项工程项目，也是中国公司在海外获得的第二大单项水利工程合同。

该项目分为C1-A标和C1-B标，由水电七局有限公司和水电五局有限公司负责具体实施。截至2012年12月底，C1-A标累计完成产值1.69亿美元，占合同总金额的32.08%；C1-B标累计完成总产值1.33亿美元，占合同总金额的31.77%。

【加纳布维水电站项目】 布维水电站位于加纳北部和科特迪瓦交界处，在世界最大水库——沃尔特水库上游150千米的青沃尔特河上。距离加纳首都阿克拉市约600千米。布维水电站由中国进出口银行贷款兴建，总投资约6亿美元。枢纽建筑物主要有110米高的碾压混凝土大坝和坝后式厂房。电站装机3台，为混流式发电机组，总装机容量40万千瓦，年发电量10亿千瓦·时。该电站建成后将成为加纳的第二大水电站。

2007年4月19日，在加纳首都阿克拉正式签署了布维水电站EPC合同。布维水电站是集团公司在加纳的第一个项目，它的顺利签约是集团公司打开加纳及西非市场的重要标志。签约总合同金额为5.97亿美元，其中土建施工、金属结构制作安装、输变电线路和机组安装合同金额约3亿美元，计划建设总工期1720天（56.5个月），由水电八局有限公司具体实施。

2007年8月24日，加纳布维水电站举行开工仪式；2008年12月2日，胜利实现大江截流，比合同工期提前一年；2009年7月，大坝开始浇筑混凝土；2011年6月，实现下闸蓄水目标；2012年5月，完成大坝碾压混凝土浇筑；2012年7月，厂房混凝土浇筑到顶；2012年10月9日，随着大坝溢洪道4号孔检修闸门下闸，小机压力钢管开始生态放水，标志着布维工程顺利实现了安全度汛和蓄水目标。

截至2012年12月底，项目累计完成产值5.7亿美元，为合同总金额的95.28%。

【莱索托麦特隆大坝项目】 麦特隆大坝项目位于莱索托王国马塞卢以东约35千米（至大坝右岸），马塞卢市区距大坝左岸距离55千米。麦特隆大坝项目永久建筑物由一座碾压混凝土重力坝、进水塔、泄水建筑、原水泵站及泵站进场道路组成，其中，碾压混凝土大坝最大坝高83米，坝轴线长278米，碾压混凝土工程量28万立方米，常态混凝土约4万立方米，水库最大库容0.63亿立方米。原水泵站一期安装4台水泵，负责向位于右岸的麦特隆水处理厂供水。

该项目业主是莱索托麦特隆管理局，项目建设资金来自科威特阿拉伯发展基金、沙特发展基金、阿拉伯非洲经济发展银行和欧佩克国际发展基金。2011年8月8日，股份公司与业主签订工程承建合同，合同总金额为7999万美元，总工期为821日历天，开工日期为2011年12月1日，计划完工日期为2014年3月27日。

截至2012年12月底，项目累计完成产值1485万美元，为合同总金额的18.56%。

【尼日尔依姆铀矿工程场地标】 尼日尔依姆铀矿位于尼日尔阿加德兹省，是世界第二大铀矿，由世界500强之一、核电和铀矿开发领域的全球领头羊——法国阿海珐公司投资兴建，总投资额约20亿美元。2007年，集团公司受法国阿海珐公司邀请参与该项目部分标段竞标。2011年8月4日和9月16日，股份公司在法国与法国阿海珐公司（AREVA）先后签署尼日尔依姆铀矿项目临时工程标和场地标两标段工程设计及施工总承包合同，合同总金额为1.285亿欧元（折合约1.789亿美元）。主要工程内容包括：土方开挖，各种填筑料的回填，土工衬垫供货及安装，基础混凝土，地下管网工程等。

2012年8月18日，股份公司承建的尼日尔依姆矿主体标正式开工。截至2012年底已开展了土方开挖、挡土墙及房建设计、土工产品安装及地下管网施工等工作。

截至2012年12月底，项目累计完成产值2968万美元，为合同总金额的16.59%。

【博茨瓦纳骆察尼大坝项目】 博茨瓦纳骆察尼大坝

位于博茨瓦纳东南部蒙那塔拉村的骆察尼河上，距离首都哈博罗内约360千米，距离最近城镇帕拉皮约90千米。工程内容包括1.5千米长、30.5米高的黏土心墙堆石坝、混凝土引水及泄水建筑物、饮用水和灌溉用水泵站、约8千米灌溉供水管线、一座饮用水处理厂、办公及运行办公楼等，工期为912天，合同金额约8，978万美元，由博茨瓦纳政府出资。

2009年3月6日，股份公司与博茨瓦纳矿物、能源与水资源部就实施博茨瓦纳骆察尼大坝及附属工程建设正式签约。2009年4月6日，项目正式开工，水电十一局有限公司负责项目具体实施。

2012年6月17日，随着电站泵站、机电工程、厂区绿化等第三批工程的顺利移交，标志着由股份公司承建的博茨瓦纳骆察尼大坝工程全部移交完毕，成功履约。

【博茨瓦纳卡昂—户昆茨公路修复工程】 博茨瓦纳卡昂—户昆茨（Kang-Hukuntsi）公路修复工程，简称KH108公路工程，位于卡格拉格帝（Kgalagadi）地区北部，本合同工程道路长108千米，6.7米宽，1.5米宽路肩；长7.8千米环路，5米宽，1米宽路肩；路面设计方案为双封层面层，路肩设计为单封层；道路设施包括排水管涵、土方工程、沥青路面工程、安全护栏、交通信号、交通标识；当地分包商承担的项目包括围栏、道路标识、施工便道实施及维护。2008年10月6日，股份公司中标该项目，合同金额为8120万美元，工期为30个月，业主为博茨瓦纳共和国工程交通运输部下属公路局，资金来源为博茨瓦纳政府，水电四局有限公司负责项目具体实施。

2009年3月2日，股份公司与业主正式签约，项目开工建设。2012年10月4日，主体工程全部完成。2012年12月11日，由监理、业主、地方议会等完成主路108千米、环路8千米道路所有工程项目的质量验收。

自开工至2012年底，累计实际完成合同产值5002.31万美元，占实际有效合同金额的98.9%。

【坦桑尼亚坦嘎公路项目】 坦桑尼亚坦嘎公路项目位于坦桑尼亚坦嘎省汉德尼市，合同金额为9308万美元，项目业主为坦桑尼亚基础事业部公路局。工程包括两个标段，合同金额分别为4427.7万美元和4880.3万美元，工期分别为23个月和27个月。主要工程内容为：第一标段马卡塔（Mkata）—汉丹尼（Hadeni）段将现有长约54千米砾石路面升级改造为标准沥青双表处路面，并建设桥梁、箱涵和其他排水工程；第二标段科洛戈维（Korogwe）—汉丹尼（Handeni）段将现有长约65千米的砾石路面升级改造为标准沥青混凝土路面公路，并建设箱涵和混凝土包管其他排水工程及相关的道路附属工程。2009年6月15日，股份公司与项目业主签约承建该项目，水电十三局有限公司负责项目具体实施。第一标段于2009年12月28日正式开工，第二标段于2010年7月19日正式开工。

截至2012年底，项目累计完成产值7406万美元，为合同总金额的79.6%。

【坦桑尼亚辛吉达—明金谷国家公路项目】 2009年1月28日，股份公司与坦桑尼亚国家公路局正式签约坦桑尼亚辛吉达—明金谷国家公路项目第一、二标段施工合同，合同总价为9458万美元。第一标段辛吉达—卡泰石，总长65.1千米；第二标段卡泰石—达瑞达，总长73.8千米。该项目资金由非洲发展银行提供，税后合同总价分别为4218万美元和5240万美元。项目工期分别为30个月和33个月。工程内容主要包括土石方开挖、路基水温层填筑和碾压、双表处路面铺设以及附属排水结构物等。此两标段工程由水电十三局有限公司组织实施。

截至2012年底，项目累计完成产值8423万美元，为合同总金额的89.1%。

【坦桑尼亚马尼奥尼—伊蒂吉—恰亚公路升级项目】 坦桑尼亚马尼奥尼—伊蒂吉—恰亚（MANYONI-ITIGI-CHAYA）公路长约89.3千米，由现有的土路、碎石路升级改造为标准沥青路面，达到主干道标准，设计路面宽为9.5米（双向两车道），设计时速为100千米/秒，最低设计时速不低于80千米/秒。主车道和路肩路面均采用双层沥青铺设。该资金来源为坦桑尼亚政府，业主为坦桑尼亚国家公路局。主要工作内容包括将现有的砂砾石道路加宽和改造为双表处路面（包括人行道、车行道、排水系统、绿化、交通信号和道路标线、沿线穿路建筑物和桥梁等）。

该项目于2010年7月30日由股份公司与项目业主签约，合同金额为8102万美元，开工日期为2010年12月20日，合同工期为36个月，由水电十三局有限公司具体实施。

截至2012年底，项目累计完成产值2765万美元，为合同总金额的34.14%。

【肯尼亚内罗毕—锡卡公路第二标段】 锡卡是肯尼亚的东北部城市，距首都内罗毕约47千米。锡卡公路项目是连接内罗毕到锡卡的主要交通干道，该标段处于郊区和市区的过渡段，是郊区通往市区的主要交通干线。该工程是肯尼亚第一条高速公路，对于缓解当地的交通压力、促进两市间的交通畅通和经济发展具有重要意义。

肯尼亚内罗毕—锡卡公路第二标段项目合同金额约1.4亿美元，长度为14.1千米，工期为30个月，质保期为2年。主要工程内容包括：将现有的双向四车道沥青混凝土路加宽到双向八车道和六车道沥青混凝土路，并在主车道两侧分别增加服务便道、自行车道、人行道，以及沿线跨路建筑物（跨线桥梁、地下通道等）、中央分隔带绿化景观、排水系统、道路照明系统、交通信号和道路标线等施工项目。

肯尼亚内罗毕—锡卡公路第二标段项目由水电十三局有限公司负责具体实施，是该公路工程3个标段中首个开工的项目。2009年1月26日，项目开始施工。2012年9月3日，在历时3年半的紧张施工后，项目顺利交工验收。

【肯尼亚基苏木公路修复工程】 肯尼亚基苏木公路修复工程位于尼亚萨省肯苏木镇，地处肯尼亚西部地区。该工程道路是肯尼亚北方走廊公路网的一部分，是肯尼亚政府承诺加大基础设施建设、改善城乡道路交通的一项重大民心工程，连接Nyamasaria至Kisian之间道路（长18千米，宽度11米，双向2车道）和Kisumu Town内道路（长7千米，宽度16米，双向2车道）的修复与升级，总长度25千米。新升级公路将包含土方层施工，并包含桥梁、箱涵、管涵和其他相关排水结构以及防护结构的施工。

该项目合同工期为30个月，质保期为2年。合同金额折合8542万美元，资金来源为世界银行。2011年8月3日，股份公司与该项目业主肯尼亚国家公路局签约。项目由水电十三局有限公司负责具体实施，2012年2月9日主体工程开工，计划于2014年6月21日完工。

截至2012年12月底，项目累计完成产值1706.8万美元，占合同总金额的20%。

【加蓬布巴哈水电站项目】 加蓬布巴哈（Poubara）水电站项目位于加蓬共和国境内的上奥果韦省奥果韦河上，属引水式电站，分二期实施。一期装机4台，总装机容量16万千瓦，工程由拦河大坝、引水发电系统和输变电工程组成，坝高37米，坝长150米，是目前加蓬最大的水电站。该项目是利用中国政府优贷和优买信贷项目，由股份公司以设计、施工和采购为一体的EPC总承包形式进行建设，由水电十四局有限公司具体负责实施。2007年7月20日，股份公司与加蓬能源矿产部能源水利局签订了布巴哈水电站合同，合同金额约4亿美元，施工总工期为54个月。该电站建成后将成为连接中部非洲电网的重要中转站，对中非国家经济共同体的发展也有深远的现实意义，受到非洲国家的高度关注。

截至2012年12月，项目累计完成产值35849万美元，为合同金额的90%。

【加蓬利伯维尔地区电力传输网络安全项目】 加蓬利伯维尔地区电力传输网络安全项目为加蓬共和国城市电网改造项目，使首都利伯维尔与周边地区联网，目的是为了保证利伯维尔、奥温多、恩杜姆三市镇的供电安全，并将电力输送至利伯维尔北部。

项目合同金额为9732.07万欧元，资金来源为中国进出口银行优惠贷款。项目于2009年12月16日签约，业主为加蓬能源和水力资源部。合同工期为24个月，开工日期为2011年6月。工程内容主要包括：新建3座变电站、扩建2座现有变电站、架设5条总长130千米的输电线路。项目由水电四局有限公司负责具体实施。

截至2012年12月底，ANGODJE新建变电站施工完成，具备移交条件；AMBOWE扩建变电站施工全部完成；AMBOWE-ANGONDJE 15千米架空线路架线完成。自开工至2012年底，项目累计完成产值3264.57万欧元，占合同金额的33.54%。

【加蓬雷拉公路项目】 加蓬Leyou-Lastoursville（雷拉）公路项目位于加蓬Ogooue-Lolo省内，起点为Leyou，终点为Lastoursville。合同总金额为16144.5万美元。项目资金来源为非洲发展银行。业主单位为加蓬共和国公共工程、基础设施和建设部。监理单位为突尼斯STUDI国际咨询公司。

项目原合同总工期为32个月，2009年3月24日开工。项目部通过索赔，工期合理延长了11个月。工程内容为公路治理工程，全长97千米，主要施工内容包括土石方工程、沥青混凝土路面、单表处路肩、混凝土排水设备、信号装置与安全设施等。项目由水电十四局有限公司负责具体实施。

截至2012年底，项目累计完成产值9445万美元，为合同金额的82.33%。

【加蓬AO公路项目】 加蓬Akieni-Okondja（AO）公路项目位于加蓬东部上澳果韦省，公路起点Okondja，终点Akieni。合同金额折合约9200万美元。因土方设计工程量增加，业主拟定1号补充协议增加金额59.63亿非郎，折合约1217万美元。

项目资金来源为伊斯兰发展银行。业主为加蓬共和国设备、基本建设和国土整治部。原合同工期为30个月，2011年1月27日开工。由于开挖与回填设计工程量增加，业主拟定1号补充协议同意延长工期6个月。

工程内容为公路整治工程，全长74千米，主要施工内容包括，土石方工程、沥青混凝土路面、单表处路肩、混凝土排水设备、信号装置与安全设施等。项目由水电十四局有限公司负责具体实施。

截至2012年底，项目累计完成产值2240万美元，为合同总金额的24.35%。

【加蓬米古依公路整治工程】 加蓬 Carrefour-Leroy-Mikouyi（CLM）公路整治工程位于加蓬中部，该公路是加蓬的3号国道，其起始点距拉斯图市约9千米，终点距首都利伯维尔约400千米。

项目合同金额约合2.36亿美元，资金来源为加蓬政府道路基金，业主单位为国家投资促进、公共工程、运输、住房、旅游、国土整治部，监理单位为马里 CIRA 公司。合同工期为40个月，开工日期为2012年9月25日。

公路全长142千米，主要工程内容有原有路面的翻松碾压、路基开挖扩宽、级配碎石层、沥青碎石基层、沥青混凝土面层、现存桥涵的重建及修复、排水系统、信号及标识等。项目由水电十四局有限公司负责具体实施。

截至2012年底，项目累计完成产值94.59万美元，为合同总金额的0.4%。

【喀麦隆曼维莱水电站】 喀麦隆曼维莱水电站位于喀麦隆南部省瓦莱恩特姆区的恩特姆河上，装机容量20万千瓦（4×5万千瓦），为喀麦隆在建的最大水力发电站。项目建成后，除满足当地工业用电、民用电外，还可以出口到加蓬、赤道几内亚等国，为喀麦隆经济发展起到举足轻重的作用。

2009年，集团公司取代原先的项目实施单位——英国的 Globeleq 和 Sud Energie 公司，正式承建曼维莱水电站。工程项目主要包括电站、输变电线路及进场公路等，合同工期为54个月。项目业主是喀麦隆共和国能源和水资源部。该项目85%合同资金来自于中国进出口银行贷款，15%合同资金来自于喀麦隆财政拨款。项目由水电十六局有限公司负责具体实施。

2012年4月12日，股份公司承建的合同总金额6.37亿美元的喀麦隆曼维莱水电站施工合同签字仪式在喀麦隆雅温得隆重举行。2012年6月15日，曼维莱水电站项目在喀麦隆南部省瓦莱恩特姆区尼亚贝桑镇举行奠基仪式。

截至2012年底，项目共完成产值369万美元。工程开工令于2012年12月28日正式签字生效，业主预付款1.27亿美元已经到位。

【马里费鲁水电站】 马里费鲁水电站位于马里境内塞内加尔河上，距卡伊市15千米。电站总装机容量6.3万千瓦（3×2.1万千瓦），年均发电量3.4亿千瓦·时。项目合同额约合1.7亿美元（125734129.58欧元），施工工期为38个月。项目业主为塞内加尔河组织下属的马南塔利能源公司。项目资金来源于世界银行和欧洲投资银行贷款。2009年5月18日，股份公司与马南塔利能源公司签订费鲁水电站 EPC 总承包工程项目的实施合同。该项目系中国公司迄今在马里境内承建的最大的工程承包项目。电站建成后，生产的电力将通过现有的区域电网输往塞内加尔河开发利用组织4个成员国的用电中心。项目于2009年10月30日举行奠基仪式，2009年11月24日正式开工，由水电十五局有限公司负责项目具体实施。

截至2012年12月，项目累计完成产值9168.36万欧元，为合同总金额的72.92%。

【马里赛努国际机场新航站楼建设项目】 马里赛努（Senou）国际机场位于马里首都巴马科，1975年建成，可供大型客机起降，承担着马里与其他国家航空运输的主要任务。赛努国际机场新航站楼建设项目由美国千年挑战账户出资，业主为马里千年挑战账户（简称 MCA－MALI）。项目主要内容是在现有机场大楼右侧建设一座15600平方米的现代化航站楼，并安装 IT 和通信、旅客栈桥、行李输送、安保、水电、环保等配套设施。2010年6月29日，股份公司与马里千年挑战账户在马里总统府签订赛努国际机场新航站楼建设项目的施工合同。项目合同金额为7161.9万美元，合同工期为23个月，由水电二局有限公司负责项目具体实施。

截至2012年底，工程整体形象进度约完成80%，项目累计完成产值约4600万美元，占合同金额的60.5%。由于马里军事政变，目前该项目合同已终止。

美洲地区

【厄瓜多尔科卡科多·辛克雷水电站项目】 厄瓜多

尔科卡科多·辛克雷水电站项目位于厄瓜多尔拿坡省和苏库比奥省之间查克和鲁巴基地区的科卡河流域，距首都基多约130千米。项目设计总装机容量150万千瓦（8台机组），年发电量88亿千瓦·时，建成后将满足厄瓜多尔全国人口1/3的电力需求。整个项目将由中国进出口银行提供85%的买方信贷。2009年10月5日，股份公司与科卡科多·辛克雷公司正式签署科卡科多·辛克雷水电站EPC总承包合同，合同金额为23亿美元，工期为66个月，工程内容主要为：萨拉多取水枢纽由溢洪道、取水口工程、沉沙池工程和取水管道工程；24.8千米长混凝土衬砌输水隧洞；混凝土面板堆石坝；由引水建筑物和发电建筑物组成的发电厂房。引水建筑物由进水口、发电洞等组成；发电建筑物由地下厂房、母线洞、主变压器洞、尾水洞、高压电缆洞、出线场、控制楼、机修间及进厂交通洞等组成。项目还包括布置在厂房东北部高压电缆洞出口处的出线场、控制楼、机修间。科卡科多·辛克雷项目是厄瓜多尔历史上外资投入金额最大、规模最大的水电站项目，同时也是目前中国对外投资承建的最大水电站工程。2010年7月28日，工程正式开始。水电十四局有限公司、水电十局有限公司负责项目具体实施，黄河勘测规划设计有限公司与意大利GEODATA设计公司联合负责项目设计。

截至2012年12月底，项目累计完成进度24.91%，累计完成产值67323万美元，为合同总价的34.01%。

【委内瑞拉紧急电站项目】　委内瑞拉紧急电站项目是中委能源电力领域合作框架项下的重要项目。2010年2月，股份公司与委内瑞拉能源部签订了两年内完成总装机容量270万千瓦火电厂的一揽子紧急电站建设备忘录。2010年3月25日，股份公司与项目业主委内瑞拉能源石油部所属的委内瑞拉石油公司（PDVSA）就紧急电站项目一期工程签订EPC总承包合同。委内瑞拉紧急电站项目第一期工程合同总造价为13.5亿美元，工期为9个月。一期工程共建两个电厂：一个是位于马拉凯市瓦伦西亚湖边的新卡夫雷拉燃气电厂项目，装机容量20万千瓦，总造价为3.15亿美元，由水电十一局有限公司实施；另一个是位于卡贝略港附近的新中心电厂项目，装机容量77.2万千瓦，总造价为10.38亿美元，由水电八局有限公司和水电十二局有限公司共同实施。

2010年11月22日，股份公司与业主签署紧急电站项目新卡夫雷拉燃气电厂一号补充商务合同，增加装机容量18.2万千瓦，并相应增加卡夫雷拉电厂建设工期3个月，增加合同金额2.17亿美元。至此，委内瑞拉紧急电站项目第一期总装机容量增至115.4万千瓦（装机6台，机型为大型燃油燃气式发电机组），总造价增至15.72亿美元。其中，卡夫雷拉电厂装机容量38.2万千瓦（2×19.1万千瓦），总造价约5.34亿美元，工期为12个月；新中心电厂装机容量77.2万千瓦（4×19.3万千瓦），总造价约10.38亿美元。

截至2012年12月底，新卡夫雷拉电厂项目累计完成产值50017万美元，为合同总金额的94.74%；新中心电厂项目累计完成产值67659万美元，为合同总金额的65.14%。

【哥斯达黎加楚卡斯水电站项目】　2010年12月10日，股份公司在哥斯达黎加首都圣何塞签署了楚卡斯水电站项目合同，这是股份公司在拉美地区通过竞争性投标签署的第一个合同。合同总金额为9236万美元，总装机容量为50兆瓦，工期为30个月。

楚卡斯水电站项目位于哥斯达黎加首都圣何塞以南40千米的塔古拉斯河上，项目业主为意大利电力公司艾奈（ENEL），资金来源为业主自筹。项目主要工程包括一座高54米的碾压混凝土坝。2011年2月18日开工，水电十一局有限公司负责该项目的具体实施。

截至2012年底，项目累计完成产值1810.53万美元，为合同总金额的19.6%。

【委内瑞拉巴里纳斯圣多明戈—帕格伊社会主义农业发展项目】　委内瑞拉巴里纳斯圣多明戈—帕格伊社会主义农业发展项目位于委内瑞拉西部的巴里纳斯州中西部，涵盖范围1583.59平方千米，占据了巴里纳斯区的45.9%，此地区属泛滥冲积平原。主要工程内容包括：项目的勘测、勘探、规划设计和施工设计；农业生产开发和生产基础设施建设；播种和培植3474公顷农作物/50公顷淡水鱼养殖/550公顷林业种植；圣多明戈河疏浚和清淤90千米，建设和装配驳船造船厂；巩固5个U.P.S.（社会主义新农村）；在帕格伊河建设无径流调节灌溉系统（4000公顷）；巴里纳斯市水厂溢流坝重建工程。

项目业主是委内瑞拉国家农村发展局（INDER），2010年12月3日签约，合同金额约合28452万美元，合同工期为24个月。项目的资金来源是中委基金贷款。

截至2012年底，项目累计完成产值15440万美元，为合同总金额的54.27%。

【洪都拉斯帕图卡Ⅲ水电站项目】 洪都拉斯帕图卡Ⅲ水电站位于中北美洲洪都拉斯国帕图卡河下游5千米处，距洪都拉斯最大的省份奥兰乔省的首府胡提卡尔帕50千米。股份公司于2011年4月29日同洪都拉斯国家电力公司签署协议，开始建设该国帕图卡Ⅲ水电建设项目的一期工程。2011年5月30日，工程正式开工，首先施工的是在一条支流上修建一条导流洞，工期8个月，还包括建承包商营地、改善交通道路以及骨料加工等内容。第一期的预算是10亿当地币，相当于5050万美元，总工期为330天。

2012年7月4日，股份公司和洪都拉斯国家电力公司在洪都拉斯首都特古西加尔巴就帕图卡Ⅲ水电站二期工程正式签订了合同，帕图卡Ⅲ EPC合同金额为3.5亿美元（包含一期部分），工期为30个月。

帕图卡Ⅲ水电站工程枢纽建筑物由碾压混凝土重力坝、坝身泄洪系统、岸边引水发电系统组成。大坝最大高度57米，坝顶长度207米，厂房内安装两台52兆瓦轴流转桨水轮发电机组。双回路230千伏输电线路接至奥兰乔首府胡蒂尔卡帕附近的变电站，距离约46千米。

截至2012年底，一期工程累计完成产值4198万美元，为一期合同总金额的83.13%。

【中国水利水电建设股份有限公司驻外机构】

序号	机构名称	国家
1	中国水电阿尔及利亚代表处	阿尔及利亚
2	中国水电阿富汗代表处	阿富汗
3	中国水电埃塞俄比亚代表处	埃塞俄比亚
4	中国水电安哥拉代表处	安哥拉
5	中国水电巴基斯坦代表处	巴基斯坦
6	中国水电波兰代表处	波兰
7	中国水电伯利兹代表处	伯利兹
8	中国水电赤道几内亚代表处	赤道几内亚
9	中国水电厄瓜多尔代表处	厄瓜多尔
10	中国水电菲律宾代表处	菲律宾
11	中国水电斐济代表处	斐济
12	中国水电刚果布代表处	刚果布
13	中国水电刚果金代表处	刚果金
14	中国水电哥伦比亚	哥伦比亚
15	中国水电哥斯达黎加代表处	哥斯达黎加
16	中国水电格鲁吉亚代表处	格鲁吉亚
17	中国水电吉尔吉斯斯坦代表处	吉尔吉斯斯坦
18	中国水电几内亚代表处	几内亚

续表

序号	机构名称	国家
19	中国水电加纳代表处	加纳
20	中国水电加蓬代表处	加蓬
21	中国水电柬埔寨代表处	柬埔寨
22	中国水电津巴布韦代表处	津巴布韦
23	中国水电喀麦隆代表处	喀麦隆
24	中国水电卡塔尔代表处	卡塔尔
25	中国水电科特迪瓦代表处	科特迪瓦
26	中国水电莱索托代表处	莱索托
27	中国水电老挝代表处	老挝
28	中国水电黎巴嫩代表处	黎巴嫩
29	中国水电利比亚代表处	利比亚
30	中国水电马来西亚代表处	马来西亚
31	中国水电马里代表处	马里
32	中国水电毛里求斯代表处	毛里求斯
33	中国水电蒙古代表处	蒙古国
34	中国水电孟加拉代表处	孟加拉国
35	中国水电缅甸代表处	缅甸
36	中国水电莫桑比克代表处	莫桑比克
37	中国水电南苏丹代表处	南苏丹
38	中国水电尼泊尔代表处	尼泊尔
39	中国水电尼日尔代表处	尼日尔
40	中国水电塞内加尔代表处	塞尔维亚
41	中国水电沙特阿拉伯代表处	沙特阿拉伯
42	中国水电斯里兰卡代表处	斯里兰卡
43	中国水电苏丹代表处	苏丹
44	中国水电塔吉克斯坦代表处	塔吉克斯坦
45	中国水电泰国代表处	泰国
46	中国水电坦桑尼亚代表处	坦桑尼亚
47	中国水电突尼斯代表处	突尼斯
48	中国水电委内瑞拉代表处	委内瑞拉
49	中国水电乌克兰代表处	乌克兰
50	中国水电乌兹别克斯坦代表处	乌兹别克斯坦
51	中国水电也门代表处	也门
52	中国水电伊朗代表处	伊朗
53	中国水电印度代表处	印度

续表

序号	机构名称	国家
54	中国水电印度尼西亚代表处	印度尼西亚
55	中国水电约旦代表处	约旦
56	中国水电越南代表处	越南
57	中国水利水电建设股份有限公司阿根廷分公司	阿根廷
58	中国水电（阿布扎比）分公司	阿联酋
59	中国水电（阿联酋）分公司	阿联酋
60	中国水电（埃塞俄比亚）分公司	埃塞俄比亚
61	中国水电（厄瓜多尔）分公司	厄瓜多尔
62	中国水电厄瓜多尔分公司	厄瓜多尔
63	中国水电（哈萨克斯坦）分公司	哈萨克斯坦
64	中国水电（柬埔寨）分公司	柬埔寨
65	中国水电（利比亚）分公司	利比亚
66	中国水电（摩洛哥）分公司	摩洛哥
67	中国水电（沙特阿拉伯）分公司	沙特阿拉伯
68	中国水电（委内瑞拉）分公司	委内瑞拉
69	中国水电（乌干达）分公司	乌干达
70	中国水电（新加坡）分公司	新加坡
71	中国水电（安哥拉）有限责任公司	安哥拉
72	中国水电（博茨瓦纳）有限责任公司	博茨瓦纳

续表

序号	机构名称	国家
73	中国水电（俄罗斯）有限责任公司	俄罗斯
74	中国水电哥斯达黎加股份有限公司	哥斯达黎加
75	中国水电（津巴布韦）有限责任公司	津巴布韦
76	RISH 有限责任公司	卡塔尔
77	中国水电（马来西亚）有限公司	马来西亚
78	中国水电蒙古国有限责任公司	蒙古国
79	中国水电南非有限责任公司	南非
80	中国水电（塔吉克斯坦）有限责任公司	塔吉克斯坦
81	中国水电（泰国）有限公司	泰国
82	中国水电（委内瑞拉）有限公司	委内瑞拉
83	中国水电（乌干达）有限公司	乌干达
84	中国水电（塔什干）有限责任公司	乌兹别克斯坦
85	中国水电（赞比亚）有限公司	赞比亚
86	老挝水泥工业有限公司	老挝
87	中国水电矿业（老挝）钾盐有限公司	老挝
88	非洲长城水泥制造有限公司	莫桑比克
89	华刚矿业股份有限公司	刚果金
90	中国水电一撒格玛塔电力有限公司	尼泊尔
91	中国水电甘再项目公司	柬埔寨
92	南俄 5 发电有限公司	老挝
93	中非水电投资有限公司	毛里求斯

房地产投资与开发

房地产事业部/房地产公司

概况

【综述】 房地产事业部/房地产公司承担着股份公司房地产投资与开发的任务职能。房地产事业部作为股份公司职能部门之一，主要工作职责为负责拟定并组织实施股份公司房地产业务战略和规划、管理规范、规章制度；负责拟定股份公司房地产的管理流程、工作规则及细则；配合股份公司人力资源部统筹协调系统内房地产业务人才资源的管理，建立股份公司房地产业务的综合管理体系；负责管理房地产有限公司、房地产业务的土地资源管理经营和投资开发业务；负责与相关部门统筹拟定并指导监督实施股份公司房地产业务的财务和资金、资产管理办法、会计核算；负责指导规范子公司的房地产业务体系；负责研究与房地产业务有关的制度规定和市场信息等；负责编制股份公司房地产业务的年度计划和拟定股份公司子公司房地产业务计划指标和考核办法，并参与考核工作。

2012年，房地产事业部深入贯彻落实股份公司董事长范集湘到房地产公司开展管理提升调研活动的讲话精神，进一步积极应对房地产市场波动起伏等不利因素影响，推动房地产公司全面确立了又好又快发展战略，同时多项工作取得重大突破。房地产公司全年新获5个项目地块，土地储备达1040亩，建筑规模新增231万平方米。房地产公司管理、综合竞争及盈利能力实现了全方位提升，又好又快发展战略实现良好起步。指导房地产公司全年取得了以下4个方面主要成绩：一是继续应对市场调控压力，年度预算目标基本完成；二是管理提升活动扎实推进，又好又快发展全面起步；三是项目开发及经营各业务板块协同发展，企业核心竞争力持续增强；四是党建纪检保障监督作用进一步彰显，内部控制和风险管理全面加强。

中国水电建设集团房地产有限公司（简称“房地产公司”）是股份公司的直属企业。2005年9月，经国务院国资委核准，股份公司成为具有房地产主业的16家中央企业之一，房地产公司承担股份公司房地产统筹发展任务，具有房地产开发壹级资质，2012年底，注册资本金增至37.668亿元。

房地产公司的核心任务为房地产开发与经营，是面向全国市场，集土地开发、房地产开发、物业管理为一体，产品覆盖住宅、写字楼、零售物业、酒店等多种物业的房地产品牌资产综合运营商。目前已先后在北京、天津、贵阳、成都、绵阳、昆明、长沙、武汉、都江堰、唐山、抚顺等城市进行了房地产开发，“中国水电地产”品牌实力日渐彰显。

截至2012年底，房地产公司在北京、成都、长沙、武汉等设有子（分）公司28个，员工人数754人。

房地产公司以高品质需求为立足点，满足人们对美好生活空间的向往，引领客户共享卓越空间，并致力于消费者、投资者、企业员工以及社会利益的最大实现为企业使命；以成为中国领先的，具备较强品牌竞争力、投融资能力的房地产发展运营商为企业愿景；以品质、诚信、责任为企业价值观；以品质的保障为品牌定位；以恪守专业、诚信的原则，致力于提供一流品质的房地产物业产品和完善的服务为品牌承诺。时刻铭记央企社会责任，积极发挥中国最大的水电施工企业资源优势，决心不断做强、做大“中国水电地产”品牌。

【领导班子】 2012年，股份公司房地产事业部领导班子构成情况为：孙洪水任房地产事业部总经理（兼）；夏进任常务副总经理；万小伦、王国良、薛志勇任副总经理；秦普高任财务总监。2012年3月，股份公司任命夏进为房地产事业部总经理（兼）；2011年12月，万小伦调中国电建集团工作，2012年3月股份公司发文解聘其股份公司房地产事业部副总经理职务；2012年12月，王国良调股份公司工作，解聘其股份公司房地产事业部副总经理职务。

2012年，房地产公司经营班子由9人组成：董事长、党委书记夏进；常务副总经理杨宝林；副总经理母连生、杨振明、王国良、薛志勇、周济；党委副书记、纪委书记李贵；总会计师秦普高。中国电建集团、股份公司决定，董事长夏进代行房地产公司总经理职责，常务副总经理杨宝林协助做好房地产公司经营管理日常工作。

【2012年工作会议】 2012年2月27～29日，房地产公司在北京召开2012年工作会议。股份公司副总经理刘明江出席会议并作重要讲话，他强调：在国家实施房地产调控不动摇的政策形势下，房地产公司要着力做好资金、土地、建设、销售房地产开发4项核心要素工作，善于向制造业学习，通过自身的转变积极应对市场，坚定不移地建设与中国电建集团、股份公司战略定位相匹配的“中国水电地产”。

会议认为：2011年，房地产公司积极响应国家房地产调控政策，应对房地产销售疲软的市场形势，准确把握中国电建集团建立和股份公司上市的战略机遇，坚持不懈地加强企业核心竞争能力建设和打造高效能专业团队，全体干部员工团结奋进、扎实工作，在房地产行业全面“入冬”的形势下，房地产生产经营和企业管理取得了骄人的成绩。在股份公司2011年考核中，房地产公司业绩位列控股公司第二位，其中管理评价位列第一位。实现了自2005年重组6年来土地储备的快速持续发展的良好局面，初步建立了以“成渝经济区”、“西南城市圈”、“长株潭城市群”、“武汉城市圈”、“环渤海经济圈”等城市群为核心的多项目、跨区域的战略格局。

会议提出，根据2012工作总体安排和主要生产经营目标，要切实抓好以下8个方面的工作：一是应对挑战，千方百计加快项目销售，加快资金快速“回笼”；二是开拓创新，多模式多渠道扩大土地储备；三是强化管理，确保生产经营平稳运行；四是防范风险，持续创新，强化资金支撑力度；五是转变观念，加强资本运营和股权管理，不断扩展企业产业规模；六是引领方向，传承“中国水电”精神，建立以市场为导向的“中国水电地产”企业文化；七是苦练内功，建设一支高效能的工作团队；八是健全机制，切实加强党建纪检检查工作，为企业发展提供坚强政治保障。

房地产公司董事长、党委书记夏进作会议讲话，房地产公司常务副总经理杨宝林作房地产公司2012年工作报告。房地产公司经营班子成员、总部部门、各子（分）公司负责人及员工代表180余人参加了会议。

【2012年度董事会、股东会】　房地产公司第八次股东会暨第二届一次董事会、监事会会议于2012年4月9日在北京召开。股份公司副总经理刘明江、总会计师丁永泉出席会议并讲话。房地产公司董事、监事出席了会议。房地产公司经营班子成员、董事会秘书、董事会办公室主任、监事会办公室负责人列席了会议。会议由房地产公司董事长夏进主持。

刘明江在讲话中指出，在国家实施房地产调控不动摇、中国电建集团重组及公司内部资源不足等背景下，房地产公司发展将面临较大挑战，2012年要重点做好以下4个方面的工作：一是充分认识房地产公司担负着中国电建集团、股份公司利润新增长极的角色，要将“十二五”战略规划落实到年度计划中去，落实到土地拓展、工程建设、投融资等具体的业务流程中去，积极获得各股东单位的支持；二是土地拓展工作要立足于长远发展，要把好土地质量关，多渠道、多方式拿地，确保项目最终的盈利能力；三是在按计划推进融资工作的同时，要进一步积极主动在加强股东融资及创新性融资方面做出努力，降低企业的财务风险，通过股权合作方式和适当的融资安排降低财务成本；四是要着眼于自身的可持续发展，通过改变单一的产品结构、建立风险预警与应对机制增强抵御市场风险能力，通过自身的转变积极应对市场，坚定不移地建设与中国电建集团、股份公司战略定位相匹配的“中国水电地产”。

股份公司总会计师、新任房地产公司监事会主席丁永泉在讲话中指出，2012年房地产公司应着力提升3个方面的竞争力：一是要通过控制成本费用、加快资产周转速度提高资本创效能力，缩小与行业优秀企业的差距；二是要加强市场研究，时刻追踪房地产市场形势变化，抓准机遇适当增加土地储备，提升可持续发展的能力；三是作为股份公司盈利能力较高的板块，要利用中国电建集团整合内部土地资源的契机，发挥中央企业的融资优势，长远规划地产板块的投资问题。

董事会会议通报了《中国水电地产公司2012年项目开发进度计划及销售计划》，审议通过了《中国水电地产公司2011年度总经理工作报告》、《中国水电地产公司2011年度经营业绩考核兑现方案的议案》和《中国水电地产公司2011年度董事会工作报告》等8项议案，并一致同意提交股东会审议。

监事会会议审议通过了《关于选举中国水电地产公司第二届监事会主席的议案》、《中国水电地产公司2011年度监事会工作报告》，并一致同意将《中国水电地产公司2011年度监事会工作报告》提交股东会审议。

股东会审议并通过了《选举中国水电地产公司第二届董事会的议案》、《关于选举中国水电地产公司第二届监事会的议案》等8项议案。

【2012年房地产公司所获荣誉】　房地产公司门头沟团支部获“中央企业五四红旗团支部”荣誉称号；房地产公司都江堰党支部获“中国电建集团先进基层党组织”荣誉称号；房地产公司获中国电建集团“2011年度财务报表编制工作先进单位”称号；房地产公司北京北郡嘉源项目荣获2011年度“北京市文明安全工地”称号，这是昌平区在建保障房唯一获表彰项目；房地产成都公司获“第十届金芙蓉杯（2012）成都地产年度企业金奖；成都泛悦国际项目获第十届金芙蓉杯（2012）地产值得期待楼盘”奖；房地产绵阳公司获“2012年度绵阳楼市总评榜十大品牌开发商”称号；房地产公司贵阳观山湖1号项目荣获“2012年中国土木工程詹天佑奖住宅小区优秀施工质量工程”奖；贵阳观府壹号项目在深圳获评“2012年CIHAF中国名盘”、搜房网2012中国贵阳房地产网络人气榜贵阳十大人气好楼盘；房地产公司昆明金檀项目获评2012年昆明十大人气好楼盘、2012年最具品质楼盘、2012年云南地产新视角最具潜力楼盘；中国水电地产长沙公司荣获长沙市“守合同重信用单位”荣誉称号，且为连续三年获此殊荣，获长沙市房地产开发企业诚信等级评定金牌单位称号，被评定为湖南省AAA级信用企业；长沙卢浮原著项目获评新浪乐居2012年生态宜居楼盘、第九届（长沙）房地产网络人气榜2012年最具人气高端物业奖；房地产公司北京云立方项目获评搜狐焦点最佳宜居典范楼盘、网易2012年度最具投资潜力楼盘、搜房网2012责任品牌地产，获2012年第九届精瑞科学技术奖规划设计优秀奖；武汉海赋江城项目获评搜房网第九届中国房地产网络人气榜年度最具潜力好楼盘、搜狐网中国地产新视角2012年度最具人气楼盘；唐山首郡项目获评搜房网第九届中国房地产网络人气榜2012年度中国（唐山）好楼盘；抚顺海赋外滩项目获2012年度抚顺地产风云榜获最佳建筑质量奖、最具城市贡献力大奖，并获评2012年沈抚楼盘网络盛典获最具价值品牌楼盘。

【房地产公司组织机构图】

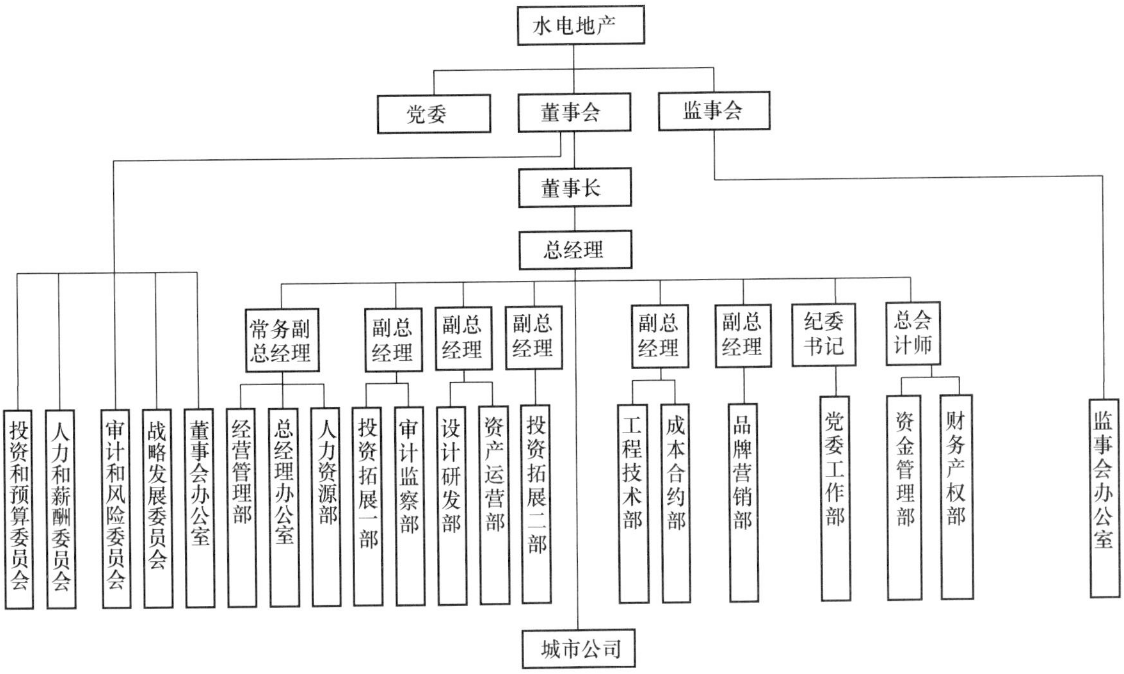

房地产公司控股公司

【中国水电建设集团房地产（成都）有限公司】　该公司由房地产公司与水电五局有限公司共同出资组建，成立于 2006 年 1 月 10 日，注册资本金 1.5 亿元，拥有房地产开发企业贰级资质。开发的成都高新区“中国水电大厦（四川）”项目已于 2009 年竣工，成都“西岸观邸”项目已于 2011 年全部竣工。正在开发的项目为成都“中国水电・云立方”、“中国水电・美立方”、“中国水电・泛悦国际”。

【中国水电建设集团房地产（贵阳）有限公司】　该公司由房地产公司与水电九局有限公司在贵阳共同出资组建，成立于 2006 年 6 月 13 日，注册资本金 5000 万元。开发的项目为贵阳“观山湖壹号”和贵阳“中国水电・观府壹号”。

【中国水电建设集团房地产绵阳长兴有限公司】　该公司由房地产公司和四川长兴实业（集团）有限公司共同出资组建，成立于 2007 年 9 月 10 日，注册资本金 2000 万元。开发建设的项目有绵阳“长兴太阳城”、“中国水电・海赋外滩”、“中国水电・海赋长兴”。其中“长兴太阳城”项目已清盘，“中国水电・海赋外滩”项目在售，“中国水电・海赋长兴”项目在建在售。

【中国水电建设集团房地产（都江堰）有限公司】该公司由房地产公司、水电七局有限公司、水电十局有限公司共同出资组建，成立于 2011 年 5 月 10 日，注册资本金 1 亿元，正在开发的项目为都江堰“中国水电・青云阶”。

【中国水电建设集团房地产（昆明）有限公司】　该公司由房地产公司和水电十四局有限公司共同出资组建，成立于 2008 年 1 月 8 日，注册资本金 5000 万元。正在开发的项目为昆明“中国水电・金檀”。

【中国水电建设集团房地产（长沙）有限公司】　该公司由原水电八局有限公司全资子公司湖南朝阳房地产开发有限责任公司增资扩股而成，由房地产公司与水电八局有限公司在长沙共同出资组建，成立于 2008 年 1 月 15 日，注册资本金 5000 万元。该公司核心业务为房地产开发与销售，拥有房地产开发企业贰级资质，资信等级 AAA 级。开发的“星城映象”项目于 2011 年 4 月竣工交房。2012 年 12 月 25 日，该公司注册资本金增至 20000 万元。目前正在开发的项目为洋湖垸 I-36 项目、洋湖片区蓝天保障性住房项目及水电八局有限公司代建项目“朝阳丰和苑”。

【湖南金光华海赋公司】　该公司由中国水电地产公司、长沙金光华置业有限公司和水电八局有限公司共同出资组建，成立于 2011 年 5 月 19 日，注册资本金 5000 万元，核心业务为房地产开发与经营，拥有房地产开发企业暂定资质。目前开发的项目为“卢浮原著”。

【湖北朝阳房地产开发有限公司】 该公司为房地产公司控股子公司，成立于2005年11月25日，注册资本金1000万元。

【中国水电建设集团（唐山）房地产开发有限公司】 该公司成立于2010年8月26日，由房地产公司与北京九州泰富文化传播有限公司共同出资成立，注册资金2亿元，正在开发的项目是唐山“中国水电·首郡”项目。

【中国水电建设集团（抚顺）投资建设有限公司】 该公司由房地产公司与水电十三局有限公司在抚顺共同出资组建，成立于2011年6月15日，注册资本金5000万元。在建项目为“抚顺市东洲区石化新城核心区建设BT投资建设项目”，包括东洲桥、东洲河口桥、章党桥、甲邦桥、绥化路、城乡路、兴东大道（绥化路—章党大桥段）、浑河南路东段、东洲河口橡胶坝、回迁房。

【中国水电建设集团房地产（抚顺）有限公司】 该公司由房地产公司与水电十三局有限公司在抚顺共同出资组建，成立于2011年6月15日，注册资本金5000万元，拥有房地产开发企业暂定资质。正在开发的项目为抚顺“海赋外滩”项目。

【中水电武汉房地产有限公司】 该公司由房地产公司出资组建，成立于2013年2月28日，注册资本金1亿元。

【中国水电建设集团房地产武汉有限公司】 该公司由房地产公司、水电十三局有限公司、水电六局有限公司共同出资组建，成立于2011年6月20日，注册资本金1亿元，正在开发的项目是武汉“中国水电·海赋江城”项目、后湖B6项目和与中海地产合作开发的武汉“万锦江城”项目。

【武汉荣业房地产开发有限公司】 该公司由房地产武汉公司与中海地产共同出资组建，成立于2011年7月21日，注册资本金5000万元，双方各占50%股份。正在开发的项目是武汉“万锦江城”项目。

【中国水电建设集团房地产有限公司第一分公司】 该公司为房地产公司直属分公司，位于北京市朝阳区西大望路，正在开发的项目为“北京香江西住宅土地一级开发”。

【北京海赋兴业房地产开发有限公司】 该公司为房地产公司全资子公司，成立于2011年9月21日，注册资本金2000万元。目前正在开发的项目为北京“中国水电·云立方”项目。

【中国水电建设集团房地产有限公司门头沟分公司】 该公司为房地产公司于2008年8月15日在北京市门头沟区注册的分支机构，正在实施的项目3个，分别为北京高家园2号地安置房项目、北京高家园一级开发项目和北京琉璃渠一级开发项目。

【中国水电建设集团房地产有限公司北京昌平分公司】 该公司为房地产公司于2010年8月11日在北京市昌平区注册的分支机构，公司正在开发的项目为位于北京市昌平区的“中国水电·北郡嘉源”保障房项目，该项目是房地产公司开发的首个保障房项目。

开发项目

【成都“西岸观邸”项目】 该项目位于四川省成都市金牛区，占地100余亩，绿化率50%，建筑面积32.9万平方米。2008年4月30日，一期主体工程正式开工，2008年10月正式销售，2010年4月26日交付业主。一期工程于2010年4月完成竣工验收，二期工程于2011年12月完成竣工验收，现处于尾盘销售阶段。

【成都“中国水电·云立方”项目】 该项目位于成都市龙泉驿区成龙路北侧、大面西路西侧，规划净用地面积85605.73平方米，容积率4.2～5.0。该项目分3期开发建设，一期一标段施工许可证已于2011年9月19日获取，一期二标段施工许可证于2012年3月30日获取，目前该项目各楼栋处于正常施工阶段。

【长沙“星城映象”家园项目】 该项目是房地产长沙公司开篇力作，位于武广核心生活区。2009年，项目所在区域武广高铁通车运营、地铁2号线正式动工，黄花机场扩建使长沙与广州、香港的距离缩短至“一日经济圈”内，辐射全国的立体交通网络已然成型。

该项目于2007年底通过政府招拍挂方式取得土地，总规划用地面积7万平方米，总建筑面积18.8万平方米，总居住户数为1775户，共13栋高层住宅。2008年7月完成地块拆迁任务并开工建设，2009年9月开盘销售，2010年10月交房入住，同年

11月项目实现完美清盘，2011年3月项目全部竣工交房，圆满收官。

该项目始终秉承“用建三峡大坝的精神建好房子”的营销理念，通过举办“好房子标准调查”等活动有力地推介了“中国水电地产”品牌。

【长沙“卢浮原著”项目】 该项目地处长株潭城市群中心——长沙县暮云镇范围内，位于长沙市两大主干道万家丽路、芙蓉南路的交叉口东侧。占地302亩，总建筑面积35万平方米，容积率1.73，总投资25.91亿元，总销售收入预计28.78亿元，净利润预计2.16亿元。项目产品定位为高档低密度复合型生态社区，主要产品类型为联排、双拼、高层和商业，客群定位是以改善型和刚需型客户为核心客群。项目四周别墅环绕，属于中央别墅区，总户数1904套，其中别墅323套，高层及公寓共1581套。项目于2012年11月18日顺利开盘。

【长沙“洋湖垸Ⅰ-36”项目】 该项目位于长沙市大河西先导区洋湖垸核心位置。占地273亩，总建筑面积67.8万平方米，容积率3.0，总投资48.78亿元。项目拟“研发一款货值型、综合业态平衡型品牌”，产品定位为集高档江景住宅、生态宜居住宅、酒店型公寓及集中配套商业为一体，兼具居住、投资、休闲的高品质宜居生态大盘，项目总销售收入预计56.49亿元，净利润预计5.79亿元。

【长沙“洋湖片区蓝天保障性住房”项目】 该项目为洋湖垸Ⅰ-36项目捆绑保障房项目，为长沙先导洋湖建设投资有限公司委托开发建设。项目占地237亩，总建筑面积519084平方米，容积率3.32，总投资14.54亿元，总销售收入预计14.95亿元，净利润预计0.55亿元。项目共分三期进行开发，一期开发面积约为131238.58平方米，二期开发面积约为144923.98平方米，三期开发面积约为242921.48平方米。共有20栋住宅楼、2栋公租房及项目配套的服务设施（包括幼儿园、一般便利店商铺及商业、车库、配电间、小区道路、绿化、市政管网设施等）；安置住宅约4180户。

【长沙“朝阳·丰和苑”项目】 该项目为水电八局有限公司委托代建项目，位于长沙县暮云镇水电八局有限公司南托基地院内。该项目总用地面积24495.02平方米，总建筑面积36107.83平方米。整个小区内共设计6栋高层（11层）住宅、1栋多层住宅（6层）、1个人防地下车库。基地旁均为水电八局有限公司原有职工住宅，周边原有绿化、生活设施齐全，是良好的居家之地。该项目2012年已进行主体验收，目前正进行室内外装饰和室外配套工程施工，预计2013年8月交房。

【贵阳“观山湖壹号”项目】 该项目占地面积208亩，总建筑面积37.39万平方米，2006年开工，2010小区全面入住。2012年，“观山湖1号”荣获中国土木工程学会“2012年中国土木工程詹天佑奖住宅小区优秀施工质量工程”奖。作为房地产公司在贵阳的开山之作，房地产公司倾力将该项目打造成为林城贵阳首屈一指的高尚人文居住区。凭借“观山湖壹号”项目的成功开发运营，房地产公司在贵阳市场树立起良好的企业知名度及美誉度。通过该项目的实践，房地产贵阳公司进一步积累了开发经验，管理团队日趋成熟。

【贵阳“中国水电·观府壹号”项目】 2010年，房地产贵阳公司成功竞拍“金阳2009－10”号地块（命名为“中国水电·观府壹号”）。该地块位于金阳北部区域，地块位置佳、内部自然环境优越。项目周边聚集了政务中心、金融中心、会展中心、经济中心等多个城市重要功能板块，并临近城市轻轨线、贵阳火车北站以及多条城内高速及交主干道，区位优势明显。该项目面积约115万平方米，集270度中庭高层、5层滨水电梯洋房、城市山地合院别墅于一体，2012年荣获“CIHAF2012中国名盘”殊荣。该项目于2011年底开工，2012年9月开盘。

【昆明“中国水电·金檀”项目】 项目位于昆明市盘龙区东二环路大树营绿化带附近，总占地面积52.12亩，总建筑面积133599.34平方米，项目容积率2.795，绿化率50.16%，建筑密度为11.1%。项目建筑以住宅为主，于2011年11月2日开工，2012年12月31日主体结构完工。

【都江堰“中国水电·青云阶”项目】 该项目是集会议培训、研发交流、商务展示、旅游度假于一体，具有人文艺术底蕴的中国高端商务度假区。项目位于四川省都江堰市中兴镇5A级国际度假旅游风景区——青城山前门外侧，距青城山前山约2千米。总占地面积约951亩，净用地面积802.18亩；综合容积率约0.68；总建筑面积约为31万平方米左右；用地比例为商业50.4%、住宅49.6%；分为“云汇”、“云台”、“云湾”和“云域”4个地块分期分批建设。目前云湾组团一期共计48栋正在建设（8栋商业、

40栋住宅）。

【绵阳“长兴太阳城”项目】 该项目位于四川绵阳市科技创业园区内，项目分两期开发，分为花园洋房、电梯洋房及配套商业，共计41幢，建筑面积约39万平方米（含地下室）。其中一期于2009年12月10日竣工，二期于2011年12月31日竣工，项目于2012年全部清盘。

【绵阳“中国水电·海赋外滩”项目】 2010年3月30日，通过国有建设用地挂牌出让竞得绵阳铁牛广场南侧地块，地块位于绵阳市铁牛广场旁铁牛街13号，定名为“中国水电·海赋外滩”项目，规划建筑面积106981平方米（地上面积86369平方米，地下面积约20612平方米），容积率6.47，建筑密度18.33%，绿地率15%，均为高层建筑，共4栋，其中商业3层、局部4层。项目于2010年12月26日正式开工建设，2012年1月10日完成主体结构封顶，2012年12月20日获得竣工备案证书。

【绵阳“中国水电·海赋长兴”项目】 该项目位于四川省绵阳市城南新区核心地段，享有三江汇合处二线绝美江景。项目占地282亩，总建住宅容积率为3.0，商业容积率为1.5，筑面积约68万平方米，开发周期约5年，分3期开发，其中一期项目分两个组团开发。小区内规划有高端幼儿园、3万平方米风情商业体。项目内部景观打造力图实现“家在公园里”未来居住创想。项目一期于2012年9月18日开工。

【唐山“中国水电·首郡”项目】 该项目地处唐山凤凰新城商务政务新区核心地段，扼守北京进入新城的门户，具有良好的区位发展前景。项目规划总占地面积211亩，总建筑面积约44万平方米，容积率≤2.50，绿地率≥35%，建筑密度≤20%。项目采用ARTDECO建筑风格，建筑形式以高层板楼为主，配以部分小高层产品，配有幼儿园、小学以及商业，总户数约为3013户。项目开发周期为5年，已于2011年6月正式开工，截至2012年底，项目一期基本竣工。

【抚顺市东洲区石化新城核心区建设BT投资建设项目】 2011年，中国水电建设集团（抚顺）投资建设有限公司与抚顺市东洲区人民政府成功签订《抚顺市东洲区石化新城核心区建设BT项目投资建设合同》，项目主要包括东洲桥、东洲河口桥及引道、绥化路道路、章党大桥、甲邦大桥、兴东大道（章洋线）、城乡路、河滩公园、东洲河口橡胶坝、定向安置房及附属设施等，预计总投资总额为10亿元，其中BT形式合作的投资额约为7.7亿元，以项目总承包形式的投资总额约为2.3亿元。BT投资建设合同约定该项目计划建设工期为2年，回购款周期3年，回购款截止日期为2014年5月31日。

【抚顺“中国水电·海赋外滩”项目】 2011年6月27日，中国水电建集集团（抚顺）投资建设有限公司成功竞得“小甲邦6、7”号地块（命名为中国水电·海赋外滩）。该地块位于抚顺市东洲区小甲邦，东洲大街与浑河南路东沿线交汇处的西南三角洲地带。项目共分为4期开发，总建筑面积71.3万平方米。项目为简洁典雅的新古典ARTDECO建筑风格，由高层住宅、会所、大型商业综合体、沿街底商、幼儿园等物业组合而成，社区配备了集休闲、运动、购物、娱乐、教育于一体的各类现代化生活服务设施。

【武汉“中国水电·海赋江城”项目】 该项目位于湖北省武汉市江岸区，是房地产公司进驻武汉后独立开发的第一个项目。项目总用地面积24187平方米，总建筑面积82945.80平方米，商业建筑面积4603.91平方米，总户数648户，机动车位491个，小区容积率2.8，建筑密度16.78%，绿化率41.65%。项目共由4栋28层高层建筑构成，临街栋号首二层为商业。项目规划方案已获武汉市规划局原则通过，施工图设计已完成，目前正在进行桩基础工程施工。

【武汉“万锦江城”项目】 该项目位于湖北省武汉市江岸区，是房地产武汉公司联手中海地产开发的中高端精品代表项目。项目主要由中海地产负责操盘运营。总用地面积110844平方米，总建筑面积332843.38平方米，绿化率35.07%，总户数2610户。目前，该项目正在进行主体工程施工，计划2012年7月对外开盘销售，项目售楼部已于2012年5月3日正式对外开放。

【北京“云立方”项目】 该项目位于北京市大兴区北臧村镇，规划容积率2.5，绿化率30%，总户数983户。规划总建筑面积118485平方米，包含地下31764平方米、地上建筑面积86721平方米（其中，住宅建筑面积78847平方米、配套幼儿园3647平方米、配套公共服务设施1382平方米、商业面积2845平方米）。

该项目坐落于大兴新城核心居住区“念坛商务商业服务区”核心，紧邻地铁四号线生物医药基地站。

该项目于2012年10月20日进行首次开盘，2012年共推出462套房源，自开盘以来，销售场面始终火爆热烈，楼盘基本售罄，项目精益求精的品质赢得了市场和客户的高度认可，使得北京“云立方”项目成为所在区域热销楼盘，成为继北京“美立方”项目之后又一知名楼盘，为在首都打响“中国水电”地产品牌做出贡献。

【北京香江西项目】　该项目为土地一级开发项目，位于北京市朝阳区崔各庄乡马泉营村以南。项目规划用地总面积340亩，截至2012年末土地上市准备工作受规划调整审批的影响仍在继续。

【北京“中国水电·北郡嘉源”保障房项目】　该项目位于北京昌平卫星城东部新区的南邵镇，距轻轨昌平线南邵站约1.5千米，距昌平繁华商业区约3千米，总建筑面积约120396平方米，其中可售建筑面积约99562平方米。截至2012年底，项目完成外装工程及部分小市政建设，累计实现销售1245套，销售面积约91532平方米。该项目是房地产公司实施“良品加民生”的重要项目，对践行央企社会责任具有重要的意义。

【北京高家园一级开发项目】　该项目位于北京市门头沟区龙泉镇大峪村，地处门头沟新城10号街区，是门头沟新城规划中设定的城市建设重点区域。项目总占地面积46.87公顷（约合703亩），总规划建筑规模约46万平方米，其中一级开发可入市交易地块规划建筑规模约34.61万平方米，居住用地容积率1.1～1.3。

截至2012年底，项目已取得规划条件、土地预审意见、一级开发授权、立项批复、征地批复等手续文件，完成了市政综合方案、房屋征收、供地验收等工作，已具备入市交易条件。

【北京高家园2号地安置房项目】　该项目位于北京市门头沟区龙泉镇大峪村，是为保障高家园地区土地储备项目涉及的被征收村（居）民的妥善安置而实施的定向安置房项目。项目总占地面积7.35公顷（约合110.25亩），总规划建筑规模约13.18万平方米，容积率2.15，安置人口约2778人，户数约1318户。

截至2012年底，项目已取得选址意见书、绿通表、土地预审意见、立项批复、用地规证等手续文件，完成了房屋征收及规划方案设计，正在办理方案复函等前期手续。

【北京琉璃渠一级开发项目】　该项目位于北京市门头沟区龙泉镇琉璃渠村和龙泉务村，由一级开发可入市地块、定向安置房地块和琉璃渠历史文化名村保护修缮地块3个地块组成，总占地面积84.2公顷（1263.75亩）。项目规划用地性质为居住用地、商业用地及综合用地，规划建筑规模约42万平方米。其中，一级开发可入市交易地块规划建筑规模约39.66万平方米，居住用地容积率1.1～1.2。截至2012年底，项目已取得规划条件、一级开发授权、土地预审、环评意见等审批文件。完成了市政单项规划方案，并根据项目规划建设需要完成了土地利用总体规划调整和街区边界调整、征地补偿安置协议签署等工作。在房屋征收方面完成了房屋征收方案等房屋征收准备工作。

基础设施投资与建设

基础设施事业部/路桥公司

概况

【综述】　2012年，基础设施事业部/路桥公司共有员工489人，其中研究生学历98人，本科学历297人，高级职称86人，中级职称107人；注册一级建造师72人。注册会计师1人，注册安全工程师4人。

中国水电建设集团路桥工程有限公司（简称“路桥公司”）是集团公司为实施战略转型，整合全集团非水利水电业务优势资源，按照现代企业制度组建运营的新型公司制企业。中国水电建设集团基础设施事业部（简称“基础设施事业部”）与路桥公司合署办公。

基础设施事业部/路桥公司是根据股份公司战略发展需要而成立的，为更好地履行职责，细化并落实工作职责，即出设施事业部和路桥公司实行“一套人马、两块牌子”，合署办公。除领导班子成员由股份公司直接任免外，在遵从股份公司战略管理和管理制度的前提下，内部有相对独立的人、财、物等管理权限，经营业绩考核办法及编制和费用由股份公司另行核定。

基础设施事业部的基本定位和职责范围：基础设施事业部是归口管理股份公司基础设施建筑业务的职能部门，负责管理全集团基础设施建筑业务的战略规划、市场营销，规范、协调、监督和管控子企业基础设施建筑业务的市场运营。

路桥公司的定位、管理及与相关基础设施业务从业子公司的关系：路桥公司是股份公司的子公司，按子公司进行管理考核；路桥公司主要以引领股份公司业务发展为首要任务，以市场管理和市场开发为工作重点；路桥公司与其他子公司因市场营销而形成的经济关系，原则上对于以股份公司和路桥公司作为中标主体的项目，由其他子公司实施，路桥公司与其他子公司形成总承包和分包的经济关系；对于路桥公司牵头开展市场营销，由其他子公司作为中标主体的项目，由路桥公司协调管理，并根据贡献大小，由铁路公司提取一定比例的费用，具体办法由股份公司按平等合作、互利共赢的原则另行制定。

路桥公司成立于2006年3月23日，注册资本金22.73亿元，总资产近300亿元，具有公路工程施工总承包特级、市政公用工程施工总承包壹级，桥梁、隧道、公路路基、公路路面工程专业承包壹级，公路工程综合试验检测乙级及铁路、环保工程等相关资质，拥有设计院和北京市认定的企业技术中心、试验检测中心，获得“质量、环境、职业健康安全”管理体系认证，国家AAA级信用企业，所属试验检测中心通过国家CMA计量认证。荣获“2011年度中国建筑业最具成长力100强企业”、“新世纪十年中国建筑业综合实力50强”、“中国建筑100强”、“中国建筑业500强”、“国家级科技进步企业”等企业荣誉称号。

路桥公司主要从事国内、国际高速公路、市政、铁路、地铁、桥梁、隧道、房建、环保、机场、港口与航道、矿业等基础设施项目承包施工及以BT、BOT、BOO、BOOT模式投资建设、施工总承包和运营管理，在国内外承建了一大批高等级公路、市政、铁路、大型特大型桥梁、隧道，及地铁、环保、机场等工程项目，具有丰富的施工、投资经验和实力。

截至2012年底，路桥公司已投资建设逾400亿元基础设施项目，其中：以BOT模式投资建设了福建武夷山至邵武、四川邛崃至名山、重庆渝广、重庆梁忠等高速公路项目；以BT模式投资建设了四川成简快速路、天津武清新城开发、陕西西安河道综合治理、河南郑州三环路快速化工程、四川成都天府新区红星路南延线等项目；四川成都天府新区兴隆湖生态水环境综合治理等环保项目的实施，充分展现了路桥公司在国内环保领域的技术优势；施工总承包建设了京沪高速铁路土建工程3标、贵阳至广州铁路客运专线10标、南宁至广州铁路客运专线5标、宝鸡至兰州铁路客运专线10标、新疆克拉玛依至塔城高速公路1标、阿克苏至喀什高速公路3标、贵州凯里至雷山高速公路、福建平潭综合实验区市政道路工程、天津大道等项目。

路桥公司秉承“源于江河、融入世界”的企业愿景，依托“大集团、大土木、大市场、大品牌”的资源优势，按照“强总部、精专业、细项目”的管理思想，奉行“激情理性，精品立足市场；科学和谐，创新铸就企业”的经营理念，对外以全方位满足业主需求为己任，对内追求员工幸福感和成就感极大化，着力培育施工总承包管理能力、资本运作能力和通过自主创新拓展的核心竞争力，在全产业链上，为社会创造价值，打造优质工程，提供一流服务！以中国城镇化和参与国际竞争为契机，打造创新型、服务型、综合型的中国一流、世界领先的大型建筑企业集团。

【领导班子】　2012年，基础设施事业部班子成员由11人组成：总经理汤明；常务副总经理郑久存；副总经理周孝武、李介立、张宜松、付少鹏、刘延超；财务总监党卫；副总经理张增伟、王维；总工程师成子桥。

2012年，路桥公司领导班子由11人组成：董事长、党委副书记汤明；总经理、党委书记郑久存；副总经理、党委委员周孝武、李介立，副总经理张宜松、付少鹏；党委副书记、纪委书记、工会主席、监事会主席刘延超；总会计师、党委委员党卫；副总经理张增伟、王维；总工程师成子桥。

2012年主要工作

【经营业绩稳步增长】　2012年，路桥公司完成营业收入65.94亿元，同比增长48.83%；实现利润总额

2.02亿元；营业收入利润率3.06%。

截至2012年12月31日，路桥公司资产总额166.22亿元，同比增长16.60%；负债总额123.51亿元，同比增长3.53%；所有者权益42.70亿元（其中：归属于母公司所有者权益23.59亿元，同比增长177.69%），同比增长83.68%。资产负债率为74.31%，比2011年下降9.38个百分点。

【市场开拓稳步推进】 2012年，路桥公司全力开拓市场，超额完成股份公司下达的市场开发经营指标。截至2012年底，路桥公司已实施12个投资项目，总投资金额418亿元，其中：福建武夷山至邵武、四川邛崃至名山、重庆渝广、重庆梁忠4条高速公路以BOT模式投资建设，投资金额为214.54亿元，总里程达292千米；四川成简快速路、天津武清新城开发、陕西西安河道综合治理、河南郑州三环路快速化工程、四川成都天府新区红星路南延线、四川兴隆湖水生态环境综合治理、福州电力缆化、四川成都城北货运大道8个项目以BT模式投资建设，投资金额203.46亿元。承包类项目方面，利用自身优势进行创新，引入第三方为业主融资解决项目资金问题，成功中标贵州凯里至雷山高速公路项目。中标内蒙古两个公路项目，实现了在内蒙古区域的突破。

【海西区域总部、路桥福建分公司揭牌】 2012年3月，中国水利水电建设股份有限公司海西发展区域总部、路桥福建分公司揭牌仪式在福州举行，公司成立后，将抓住国家支持海西发展战略的机遇，发挥股份公司的整体优势与资源配置能力，整合集团公司资源、形成合力，推动子企业在海西区域快速发展。

【路桥公司试验检测中心顺利通过国家CMA计量认证】 2012年3月，由国家认监委组成的专家评审组对路桥公司试验检测中心CMA计量认证的评审工作圆满结束。经过国家认监委专家组认定，路桥公司试验检测中心顺利通过国家CMA计量认证。

【2012年股东会、董事会、监事会召开】 2012年4月，路桥公司2012年股东会、董事会、监事会在成都中国水电大厦召开，14名股东代表、董事、监事参加了会议。会议审议通过了路桥公司董事会及经营班子人员调整的提案，审议了路桥公司20项提案，形成了股东会决议、董事会决议、监事会决议。

【路桥公司首获“全国市政金杯示范工程”荣誉称号】 2012年4月，由路桥公司中标、水电四局有限公司参与建设的天津市天津大道主线工程被中国市政工程协会评选为“2011年度全国市政金杯示范工程”。这是该项目继荣获“天津市市政公路工程金奖”、“2010年度市级文明施工工地”、“2010年天津市建筑工程‘结构海河杯’奖”、“天津市建设工程‘海河杯’奖”后，再次获得全国建设工程大奖。

【路桥公司获得环保工程专业承包叁级资质】 2012年4月，住房和城乡建设部发布《关于核准2012年第二批工程勘察设计、建筑业企业、工程监理企业、工程招标代理机构、工程设计与施工一体化资质资格单位名单的公告》（中华人民共和国住房和城乡建设部公告第1363号），核准了路桥公司环保工程专业承包叁级资质的申请。

【路桥公司与福州市政府签订投资建设合作框架协议书】 2012年5月，第十四届海峡两岸经贸交易会福州市重点“三维”项目签约仪式在福州海峡会展中心签约中心隆重举行。路桥公司与福州市人民政府在此签订福州市电力线路缆化土建工程等项目投资建设（BT）合作框架协议书。该项目采用BT模式开发建设，预计总投资额约20亿元。

【郑州三环路快速化工程和重庆渝广梁忠高速公路两大投资项目签约】 2012年6月，路桥公司和郑州市政府正式签订郑州市三环路快速化工程BT模式投资建设合同；与重庆渝广梁忠高速公路有限公司签订了京昆高速公路复线重庆至广安（重庆段）BOT+EPC合同、梁平至黔江高速公路梁平至忠县项目施工总承包合同。其中，郑州签约工程包括西三环、北三环两个项目，西三环线路长10.094千米，北三环全长约7.9千米，是郑州市主城区快速路系统“一环两纵三横”交通格局中的关键组成部分，也是近年来郑州市一次性融资建设的最大市政工程项目。

【路桥公司公路工程施工总承包特级资质顺利就位】 2012年6月4日，住房和城乡建设部发布《关于核准建设工程企业资质名单的公告》（住建部公告第1389号），正式核准路桥公司公路工程施工总承包新特级资质。

【路桥公司与河南省公路工程局集团有限公司签署战略合作框架协议】 2012年6月，路桥公司与河南省公路工程局集团有限公司战略合作框架协议在郑州签订。河南省交通运输厅副厅长、河南省交通投资集团公司董事长、党委书记李和平，股份公司基础设施事业部总经理、路桥公司董事长汤明，基础设施事业部常务副总经理、路桥公司总经理、党委书记郑久存，基础设施事业部财务总监、路桥公司总会计师党卫，基础设施事业部/路桥公司总工程师、郑州项目公司董事长成子桥，河南省国资委副巡视员李建庄，河南省公路工程局集团有限公司董事长张锋等出席签约仪式。

【股份公司基础设施投融资建造项目管理高级研讨会在京举行】 2012年5月31日～6月2日，股份公司基础设施投融资建造项目管理高级研讨会于在北京举行，股份公司副总经理杨忠、基础设施事业部总经理汤明、常务副总经理郑久存出席研讨会。股份公司各工程局基础设施和投资业务板块主管领导和相关部门负责人100余人参加研讨会。本次研讨会由股份公司基础设施事业部主办，由清华大学教授、法律界资深律师、路桥公司实操专家组成专家团，课程内容涉及融资建造业务基础理论、法律法规、管理实务、案例研讨和经验交流等五大模块，寻求前沿理论与项目实践的有效结合，针对企业经验总结进行了深入探讨。

【中国电建集团与福建省政府签订战略合作框架协议】 2012年7月，福建省人民政府与中国电建集团在福州签订战略合作协议。福建省省委书记、省人大常委会主任孙春兰，省委副书记、省长苏树林，省委常委、福州市委书记杨岳，省委常委、秘书长叶双瑜，集团公司董事长、党委副书记范集湘等领导出席签字仪式。集团公司党委常委、副总经理王彤宙，福建省委常委、副省长张志南代表双方在战略合作框架协议签字。

【股份公司与福州市、福建省高速公路有限责任公司签订福州市绕城高速公路东南段投资建设合作框架协议】 2012年7月，股份公司与福州市政府、福建省高速公路有限责任公司在福州市香格里拉大酒店签订福州绕城高速公路东南段项目投资建设合作框架协议。福州市市长杨益民，福建省高速公路有限责任公司总经理黄祥谈，股份公司基础设施事业部总经理、路桥公司董事长汤明代表各方签约。签约仪式由福州市市委常委、副市长徐铁骏主持。

【路桥公司《太阳能自动提水装置》获发明专利】 2012年7月，路桥公司市场营销中心刘奂东等人编制申请的《太阳能自动提水装置》获得由国家知识产权局授予的发明专利权。太阳能自动提水装置是一种涉及利用太阳能热量来产生压力并对户外构筑物进行养护的装置。该装置属于户外构筑物养护设备技术领域，特别适合在野外工程施工，如桥梁桥墩、水泥路面、高速公路及铁路的浇灌养护，其结构简单、造价低、无能源消耗。

【积极开拓环保产业】 2012年8月，路桥公司与美国Tetra Tech环保集团、辽宁华孚环境工程有限公司在北京签订战略合作框架协议。随着国内对环保行业投资的逐渐增加，路桥公司发挥在建筑领域的优势，将环保产业作为公司未来业务发展的主要方向，和美国Tetra Tech集团、辽宁华孚环境工程有限公司在辽宁盘锦污泥处理等项目上开展合作，实现共赢。

【武邵总承包部管理论文获全国电力行业管理创新成果三等奖】 2012年9月底，中国电力企业联合会以中电联文化外联〔2012〕371号文件下发了《关于表彰全国电力行业企业管理创新成果的决定》，路桥公司武邵高速公路总承包部组织撰写的论文《EPC项目管理模式在高速公路工程的创新实践》在入围的497项成果中脱颖而出，荣获三等奖。

【路桥公司喜获多个国家级科技进步奖项】 路桥公司获得“2011年度中施企协科学技术奖技术创新先进企业”荣誉称号。由路桥公司主创的5项科技成果获得2011年度中施企协科学技术奖技术创新成果奖项。其中，一等奖1项，为路桥公司和水电十三局有限公司、房地产公司共同合作的《建筑砖渣土在饱和软弱地基市政道路工程中的应用研究》；二等奖4项，分别为路桥公司开发的《武邵高速公路柔性基层施工质量控制试验研究与应用》，路桥公司和水电七局有限公司开发的《成简快速路高瓦斯隧道施工安全控制技术研究与应用》、《南广铁路水泥砂浆桩软基处理及边坡锚索加固技术研究》和《艰险山区铁路预制箱梁运架一体机施工技术研究》。路桥公司副总经理张宜松、总工程师成子桥获得“2011年度中施企协科学技术奖技术创新先进个人”称号。

【路桥公司项目管理系统获2012年电力行业信息化成果三等奖】 2012年11月，路桥公司基础设施BT/BOT工程项目全生命周期管理信息系统获2012年电力行业信息化成果三等奖。基础设施BT/BOT工程项目全生命周期管理信息系统涵盖了BT/BOT项目从项目策划、概预算、招投标、施工组织设计、计划、合同、进度、质量、安全、竣工结算、运营、移交等多个环节，旨在规范项目管理工作，增强项目管理效率，为公司经营层决策提供参考。

【映汶高速全线通车】 2012年11月，全长48.27千米的映汶高速正式对社会车辆开放，加上此前通车的都映高速，都江堰到汶川实现全线高速，这条“震中高速生命线”的贯通，让成都到汶川的车程从原来的3小时缩短到1.5小时。路桥公司承建、水电七局有限公司承担施工任务的映汶高速A12标，位于汶川县威州镇境内，全长5.86千米，均为高山峡谷地形。

【济祁高速公路河南永城段正式通车】 2012年12月12日，由路桥公司中标、水电十一局有限公司参与施工的山东济宁至安徽祁门高速公路河南永城段一期工程正式通车。路桥公司承建的第4标段长7.05千米。该标段结构物众多，大小桥梁8座，涵洞15个，其中，长480余米的沱河大桥是整个永城段的控制性工程。

【中水电南京工程勘察设计有限公司揭牌】 2012年12月12日，由路桥公司控股、江苏省交通科学研究院股份有限公司参股成立的中水电南京工程勘察设计有限公司举行揭牌仪式。作为产业链上的重要组织者和枢纽，路桥公司和江苏省交通科学研究院股份有限公司在内的业内一流企业不断深化产业链层面的合作，创新盈利模式，实现共同发展。

项目开发

【路桥公司中标内蒙古包头市希拉穆仁至百灵庙公路改建工程XBTJ-1标】 2012年10月，路桥公司中标内蒙古包头市希拉穆仁至百灵庙公路改建工程XBTJ-1标。该项目是路桥公司成立以来，在内蒙古地区中标的首个公路项目。

【路桥公司1.87亿元中标二连浩特至广州公路乌兰浩特至扎兰屯段高速公路WXTJ-4标】 2012年11月5日，路桥公司以187140619元中标二连浩特至广州公路集宁至阿荣旗联络线乌兰浩特至扎兰屯段高速公路（兴安盟境内）土建工程施工WXTJ—4标段。

【路桥公司19.44亿元中标贵州凯里至雷山高速公路】 2012年12月，路桥公司以19.44亿元中标贵州凯里至雷山高速公路。该项目位于贵州省黔东南州，高速公路全长21.919千米，设雷山连接线长1.224千米，与已建省道S308连接，西江连接线4.06千米。中标合同价为1944396196元，固定总价合同。

【基础设施部/路桥公司本部组织机构图】

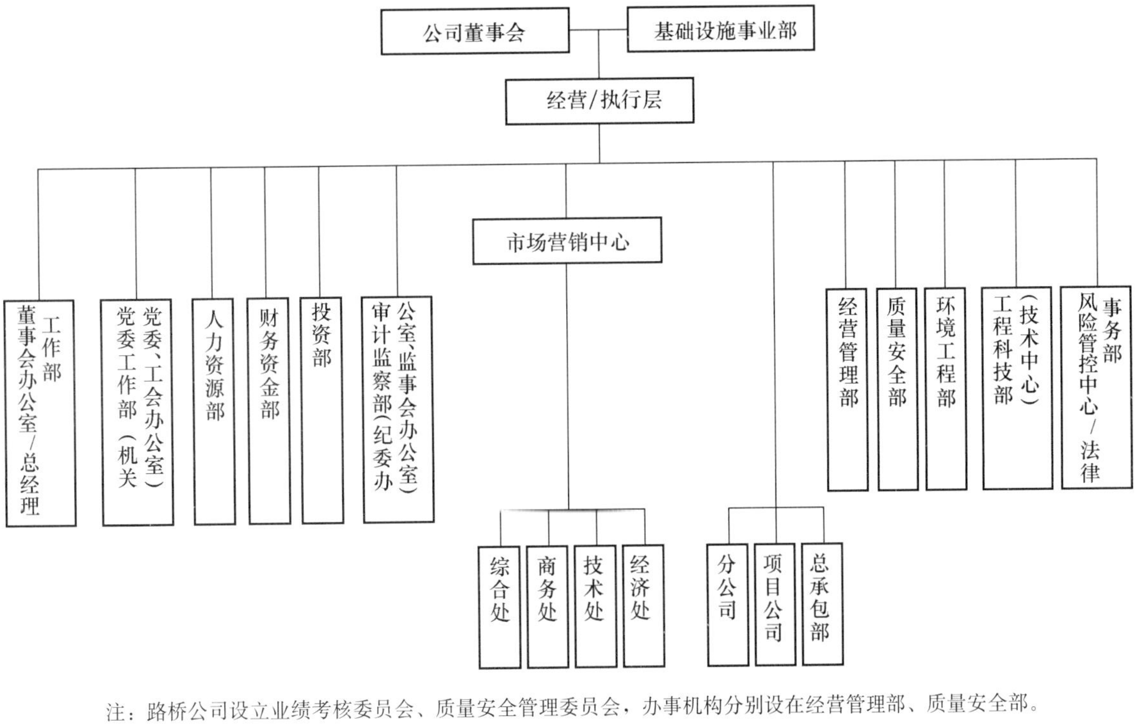

注：路桥公司设立业绩考核委员会、质量安全管理委员会，办事机构分别设在经营管理部、质量安全部。

企业管理

【项目履约】 路桥公司53个在建项目生产经营情况均处于受控状态。投资类项目方面：武邵项目总承包部EPC模式理论创新获全国电力行业管理创新成果三等奖。邛名项目建设期工作基本全面结束。成简项目全面完成审计和竣工资料移交工作。西安项目积极克服不利影响，确保年度投资计划完成。郑州项目狠抓成本控制、项目管控，工程建设有序开展。红星路南延线项目正公路以北6.6千米实现通车，按时完成建设目标。兴隆湖项目已做好项目开工准备工作。渝广、梁忠总承包部扎实开展了项目前期各项工作。承包类项目方面，映汶12标按期完成通车任务。新溆12标开展了“大干60天，实战100天”劳动竞赛，超额完成年度产值目标。思遵7标在业主年度考评中名列前茅，提前两个月实现完工。丽攀10标获得“大干100天”劳动竞赛第一名。龙青项目在业主年终检查中获“综合管理先进施工单位”称号。天津大道项目获中国市政工程协会“2011年度全国市政金杯示范工程”荣誉称号。这些业绩的取得进一步彰显了路桥公司的品牌影响力。

【企业管理】 突出强化了总部服务意识和服务效率，突出总部的管控、服务职能，努力实现对基层单位的一站式、集约式服务。控股成立了中水电南京工程勘察设计有限公司，对公司设计资质进行了有力补充。组建了重庆渝广、梁忠总承包部，并实施路桥公司直管。受股份公司委托，对海西区域总部、福建分公司、武邵项目公司实施了重组，重组后相关业务统一归福建分公司进行管理。

【财务资金管理】 对财务管理相关制度进行了重新修订，建立健全了财务管理与会计核算体系，理清了路桥公司与股份公司各成员企业、合作单位间的经济关系，联合开展了会计基础工作的自查自纠与研讨活动，使财务管理工作更加规范，会计信息更加真实、准确、可靠。加大与各大银行的合作力度，不断拓宽融资渠道，全年共取得银行授信额度70亿元，办理各类保函36亿元，筹集资金28亿元，确保了路桥公司生产经营及投融资活动的正常开展。

【人力资源管理】 修订了包括《劳动合同管理办法》在内的多项人力资源基本管理制度，使人力资源工作更加规范化、制度化。对岗位职责进行了重新梳理，进一步明确了各岗位的工作内容。积极推进工资体制调整，进一步完善分配机制。根据工作需要，积极开展员工培训数次，参训人员1000余人·次。全年共引进人才31名。

【风险管控】 已建立并在不断完善全面风险管理与内部控制体系，对在建项目重大经营风险或不良管理行为提出警示，对新开项目提出风险管理意见，通过强制性的合同文件体系建立法律风险应对机制。

【法律事务管理】 制定《落实中央企业法制工作第三个三年目标实施方案》，全年未发生重大诉讼、仲裁和劳动争议案件，也未发生因自身违法引起的重大法律纠纷案件。

【信息化管理】 2012年初以特级资质达标为目标，开展信息化培训，推广业务系统应用，一次性通过特级资质实地审核，并以达标为契机，积极组织各类信息化培训，完成了综合项目管理系统及档案管理系统验收工作。在充分调研的基础上，对科技管理与专家支持信息系统、OA平台分别进行了立项和升级，完成了远程监控系统、隧道人员进出安全管理系统的初步方案。视频会议系统、VPN已覆盖路桥公司各主要二级单位、重要投资项目。

【科技创新】 路桥公司获全国科学管理创新成果一等奖1项、二等奖4项，股份公司科技进步二等奖3项、三等奖3项，路桥公司主创2项工法通过中国公路建设行业协会的专家评审，列入全国公路行业工法进行推广，路桥公司被评为“2012年度中施企协全国科技进步先进企业”，被股份公司评为“2012年度科技进步先进企业”。路桥公司试验检测中心取得国家级计量（CMA）资质认证。中水电南京工程勘察设计有限公司的成立，为公司的科技创新及攻关提供了平台。

党建工作和企业文化建设

【党建工作】 结合路桥公司领导班子换届，及时调整了《领导班子职责分工》，制订了《“三重一大”决策制度实施细则（暂行）》，进一步明确路桥公司党委委员及班子成员职责，规范党政联席会、党委会和“三重一大”决策程序。按照路桥公司《党建工作责任制实施办法》要求，于2012年8月、12月成立了考核组，对各单位落实情况进行专项考核。路桥公司党委组织专人编写了《党支部工作手册》。2012年5月，路桥公司党、政、工联合发文，开展了“我为公司发展建言献策”活动，有200多名员工提出了近百条意见和建议，有些意见已被采纳并落实。

【组织建设】 路桥公司党委按照“三同时、三基本”原则，及时成立了西安项目和郑州项目党、工、团组织。召开了本部党员大会暨工会会员代表大会，选举产生了公司机关党委、纪委、工会，成立了机关工会各分会。2012 年共发展新党员 10 名，有 3 名预备党员按期转正。

【表彰先进】 2012 年 6 月 28 日，路桥公司党委召开了 2011～2012 年度创先争优活动表彰大会，对创先争优活动开展以来的 3 个先进集体、21 名先进个人进行了表彰。贾有明、蒋一波同志被评为中国电建集团、股份公司 2011～2012 年度优秀党员，郝林平同志被评为中国电建集团 2011～2012 年度优秀党务工作者，津城项目直属党支部被评为中国电建集团、股份公司 2011～2012 年度优秀基层党组织，其党建工作经验被电建集团党委收录到《基层党组织建设优秀案例》中。

【党风廉政建设】 根据中国电建集团、股份公司党委统一安排，开展了“强化廉洁从业意识、保持党的纯洁性”主题教育系列活动。为积极创新 BT、BOT 项目廉政风险防控机制，于 2012 年 5 月派出调研组赴 4 个在建 BT 项目和 7 个工程局开展专题调研，形成调研报告，经股份公司纪委研究后，以股份公司纪委名义下发了《关于建立基础设施业务廉政风险联合防控工作机制的意见》，授权基础设施事业部归口管理股份公司国内基础设施业务廉政风险联合防控工作。

【企业文化建设】 以增强引领带动作用为宣传工作主线，努力打造“中国水电路桥”一流品牌，创新宣传思路，延伸新闻触角，扩充宣传力量，建立起汇聚各工程局、各项目新闻宣传负责人 90 余人的基础设施业务宣传工作群，基础设施业务宣传网络初步形成。同时，还对《基础设施业务简报》改版升级，更加侧重展现基础设施事业部/路桥公司在基础设施业务领域的引领带动职能。全年路桥公司网站共发布新闻稿件 357 篇，其中 16 篇专题报道分别被中国电建集团、股份公司网站转载，5 篇优秀稿件被《水利水电工程报》刊发。进一步加大对企业文化的凝炼提升，编印了路桥公司《形像识别实用手册》，并策划了“路桥特色企业文化”、武邵及邛名高速通车两周年纪实、“感动路桥”先进人物、“感怀路桥”分享感悟、“阅”动路桥读书心得等系列报道，使路桥公司企业文化更加鲜明、生动。

【工团工作】 路桥公司工会开展了职工业余书法、绘画、摄影展，棋牌比赛，歌咏比赛等文娱活动，并获股份公司总部及在京公司喜迎十八大歌咏比赛三等奖。各基层工会围绕项目经营管理开展了富有特色的各类活动，如夏日送清凉、冬季送温暖活动，“大干 50 天”、“大干 150 天”劳动竞赛活动，以及强身健体的羽毛球友谊赛、篮球比赛活动，节日慰问和对困难职工帮扶等活动。路桥公司团委以“导师带徒”活动为抓手，继续加强青年后备人才培养工作。各单位团组织也结合自身实际开展了“关爱空巢老人”、迎接十八大党团知识竞赛、纪念建团 90 周年团史知识竞赛等青年主题活动。成简总承包部被评为“2012 年度中央企业青年文明号”。

铁路投资与建设

铁路事业部/铁路公司

概况

【综述】 2012 年，铁路事业部/铁路公司共有员工 84 人，其中本科以上学历 76 人；高级职称 41 人，中级职称 21 人；注册一级建造师 20 人。注册会计师 1 人，注册安全工程师 2 人。

铁路事业部/铁路公司是根据股份公司战略发展需要而成立的，为更好地履行职责，细化并落实工作职责，股份公司确定铁路事业部/铁路公司的性质为，在股份公司总部部门序列中增设铁路事业部，在子企业序列中组建成立铁路公司。铁路事业部和铁路公司实行“一套人马、两块牌子”，合署办公。除领导班子成员由股份公司直接任免外，在遵从股份公司战略管理和管理制度的前提下，内部有相对独立的人、财、物等管理权限，经营业绩考核办法及编制和费用由股份公司另行核定。

铁路事业部的基本定位和职责范围：铁路事业部是股份公司铁路业务的归口管理部门，是股份公司铁路业务的营销中心、管控中心、服务中心。其基本职能：对股份公司的铁路建设业务进行行业战略引领、高端市场营销、行业资源统筹配置、内部关系协调和项目履约管控。

铁路公司的定位、管理及与相关铁路业务从业子公司的关系：铁路公司是股份公司的子公司，按子公司进行管理考核；铁路公司主要以引领股份公司业务发展为首要任务，以市场管理和市场开发为工作重点；铁路公司与其他子公司因市场营销而形成的经济关系，原则上对于以股份公司和铁路公司作为中标主体的项目，由其他子公司实施，铁路公司与其他子公司形成总承包和分包的经济关系；对于铁路公司牵头开展市场营销，由其他子公司作为中标主体的项目，由铁路公司协调管理，并根据贡献大小，由铁路公司提取一定比例的费用，具体办法由股份公司按平等合作、互利共赢的原则另行制定。

2012 年，铁路公司分别中标了神华集团大准至朔黄铁路联络线第六合同段项目、深圳地铁 7 号线 BT 项目，组建了中国水电神华准池铁路项目部、中国水电南方投资有限公司和深圳地铁 7 号线 BT 项目指挥部，具体组织项目的施工建设。

（王厚全　李　丽）

【领导班子】　2012 年 2 月和 7 月，股份公司对铁路事业部/铁路公司领导班子成员进行了调整和补充，班子成员由 11 人增加到 13 人。调整后，铁路事业部班子成员为：执行董事、总经理范富国；副总经理耿金富；副总经理蒋宗全；副总经理兼总经济师午向阳；副总经理韩志强、赵同生、王成；副总经理兼总工程师曹玉新；副总经理赵春生；财务总监李平。

铁路公司班子成员为：执行董事、总经理（法定代表人）、党委副书记范富国；党委书记、副总经理耿金富；副总经理蒋宗全；副总经理兼总经济师午向阳；副总经理韩志强、赵同生、王成；副总经理兼总工程师曹玉新；副总经理赵春生；朱瑞喜、任立志；党委副书记兼纪委书记、工会主席鄢军良；总会计师李平。

【主要指标】　2012 年，铁路事业部/铁路公司全年铁路业务板块累计完成新签合同金额 202 亿元，是股份公司下达的经营业绩考核指标的 149%。其中：引领股份公司铁路业务板块新签合同金额 26.85 亿元，铁路公司自主营销签约 174.8 亿元，在中国电建集团 2012 年新签合同额十强企业中排名第三。铁路业务板块累计完成施工产值 58.5 亿元，其中：铁路公司和深圳地铁项目完成 10.4 亿元，完成股份公司下达年度计划的 113.7%。截至 2012 年底，股份公司在建铁路及地铁项目 21 个，合同存量 234 亿元，包括铁路项目合同存量为 68 亿元，地铁项目合同存量为 166 亿元。其中，铁路公司合同存量为 164.37 亿元，准池铁路项目合同存量为 1.86 亿元，深圳地铁项目合同存量为 162.51 亿元。铁路公司安全生产保持平稳态势，全年职工安全生产责任事故死亡率和重伤率均为零。

（杜建峰）

【创新发展】　2012 年 6 月起，铁路公司全面启动了管理提升活动，成立了管理提升活动领导小组，制定了活动实施方案，认真开展了自我诊断和对标调研工作。共查找出发展瓶颈 4 项，管理短板 5 项，制定了自我诊断报告和专项提升方案；建立专项工作机制和活动督导机制、考评机制，并采取 5 项措施确保活动成效。一是给各部门配备管理提升活动记录簿，全面记录活动开展情况；二是每月各部门开展两次交流活动；三是要求每位员工对管理提升活动提交感想；四是每月开展督导检查；五是与高等院校合作，提高专项研究课题方向的深度与质量。

2012 年 9 月 12 日，铁路公司 2012 年年中工作会议暨职工（工会会员）大会在深圳召开，强调要做好 6 个方面的工作：一是深入实施“三步走”发展战略，全面提升铁路公司发展能力；二是找准突破口，全力推进市场营销工作；三是提升管控能力，全面加强在建项目监管；四是健全完善体制机制，全面推进管理提升；五是提升能力素质，全面加强团队建设；六是发挥党群组织作用，努力构建和谐企业。会议选举产生了铁路公司首届工会委员会。

加强投融资管理，健全财务资金管理制度体系，设计梳理了 34 项流程，健全了内部授权和审批机制；开展会计基础大检查活动，提升财务人员能力素质；加强在建铁路项目财务数据统计和分析，动态掌握项目情况，为铁路公司行业引领和股份公司管理决策提供了有效信息；积极推进深圳地铁 7 号线项目融资工作，加强与意向银行的沟通协调，确定融资方案；推行全面预算管理和责任成本考核，落实预算目标，控制了费用支出，降低了运营成本。

推进内控制度体系建设，全年共补充修订和完善规章制度 86 项；在建项目制定发布规章制度 45

项，基本实现了项目管理的制度化。加强法律风险管理体系建设，设置了总法律顾问，制定了法律事务管理办法，推进法制工作与生产经营及日常管理工作相互融合。强化管理风险防控，开展项目综合效能监察工作，加强项目监督检查，完善内部审计管理工作。

加大人才引进力度，全年共引进管理和专业技术人才27人，借调33人充实一线，缓解了铁路公司发展和项目管理的人才瓶颈。组织做好员工培训工作，围绕铁路及地铁项目，组织各类专业培训30余期，培训1300余人·次。完善薪酬分配管理体系，强化社保管理，做好住房公积金和社会保险基数调整审核工作，及时办理异地社保转接续缴和转移支付，解决了新调入职工及借调员工的后顾之忧。

（王厚全　李振涛　杜建峰）

【市场营销】　2012年，铁路公司建立健全铁路、城市轨道交通及国际铁路的市场营销体系。2012年10月12日下午，在北京组织召开了股份公司铁路市场营销专题研讨会，股份公司副总经理、党委常委杨忠，铁路事业部/铁路公司总经理范富国、党委书记耿金富及分管营销工作的班子成员，水电三局有限公司、水电四局有限公司、水电五局有限公司、水电七局有限公司、水电八局有限公司、水电十一局有限公司、水电十四局有限公司和路桥公司分管铁路业务市场营销工作的副总经理，市场营销部主任共计30余人就铁路市场营销进行了认真研讨。

2012年，把城市轨道交通工程作为当年营销的重点并取得重大突破，成功中标深圳地铁7号线BT项目，为股份公司调整产业结构、加快转型升级，实现“保市场、保订单、保增长”目标提供了有力支撑。积极拓展地方铁路市场，重点追踪了神华集团大准至朔黄铁路联络线项目，成功中标第六合同段。引领股份公司铁路市场，制定了股份公司铁路建筑业务市场营销管理办法，组织召开了铁路市场营销工作会议，鼓励和引导各成员企业积极参与铁路市场竞争。协调指导成员企业做好新建铁路投标工作，协助水电十四局有限公司成功中标西安至成都铁路第五标段。积极开拓海外市场，与国际公司合作，参与几内亚钾肥矿铁路专用线等工程的前期跟踪和编标工作，中标了几内亚铁路项目ECI服务合同。并与福建省人民政府、成都市人民政府、杭州市人民政府等就城市轨道交通、填海造地、市政工程等基础设施领域项目的投资和建设、开发与合作进行了洽谈，签订战略合作协议。

（王厚全　郭　婷）

【项目管控】　2012年，铁路公司积极履行事业部和公司统筹引领双重职能，集中优势力量抓好深圳地铁7号线BT项目，明确了三级管理、两级核算的项目管理体系，确定了“安全文明、优质按期、绿色环保、科技创新、投资可控、业主满意”的总体建设目标，抓好资金融通、项目管控等工作，组织协调各参建工程局，全力开展设计管理、概算梳理、对外协调、施组设计、文明施工策划等工作。截至2012年底，已开工点30个，完成产值6.02亿元，开局良好。加强神华准池铁路项目的管理，克服征地拆迁、资源配置等困难，积极推进工程建设，全年完成营业收入4.38亿元，各项工作得到业主的充分认可和高度评价。履行好项目管控职责，抓好股份公司在建铁路项目的管理，坚持生产计划管理和月报制度，定期分析施工进度，动态掌握在建项目施工生产和质量情况，开展项目安全风险评估、隐患排查和专项整治检查工作，强化生产过程监管，加强施工生产协调，积极参与铁路建设工程款的清欠工作，协助京沪高铁项目开展调概清理，按照国务院国资委、审计署要求，及时提供在建铁路项目停复工情况。

（李振涛　杜建峰）

【走向海外】　2012年，铁路公司积极开拓海外市场，与国际公司合作，参与几内亚钾肥矿铁路专用线等工程的前期跟踪和编标工作，中标了几内亚铁路项目ECI服务合同，合同金额为1374万元。

（杜建峰）

【科技创新】　2012年，铁路公司技术中心顺利通过北京市企业技术中心认定；共有6项科研课题通过了鉴定，获得股份公司科技进步奖6项，获得中国施工企业建设协会、水力发电学会科技进步奖各2项，中国电力建设协会工法4项，申请授权发明专利1项；铁路公司荣获“中国施工企业管理协会2012年度科技创新先进企业”称号，1人获得“科技创新先进个人”称号。

（周　建）

【党建工作】　2012年，铁路公司党委认真组织学习贯彻党的十八大精神，统一发放了党的十八大报告单行本和新《党章》；开展了“回顾辉煌历程，喜迎党的十八大”读书竞赛活动；开展了以“学习十八大精神，献计公司发展”为主题的建言献策活动。促进学习型领导班子建设，坚持“三个三分之一”的学习方式，推行“四步学习法”，真正将学习成果转化为工作成果。

开展基层组织建设年和“强化廉洁从业意识、保持党的纯洁性”主题教育活动。积极探索项目党建工作新模式，在深圳地铁7号线工程建设中，开展“共建联控”专项活动，公司党委与深圳地铁集团党委、各参建方、地方政府街道办、社区党工委一起，开展了“共建双方共管党建工作，联合防控廉洁风险，创立企业廉洁合作公信力品牌”，深入推进党建工作和诚信体系建设工作，努力把项目建成“和谐工程”、“廉洁工程”。

认真开展“四好”领导班子建设，制定了创建活动方案和评价办法。认真开展学习型党组织建设，制定了《推进学习型党组织建设的实施方案》和《进一步推进学习型党组织建设的实施办法》，明确方案和目标任务，确保各项工作得到了有效推进。

加强企业文化建设，制定了《企业文化建设规划》。在深圳、神华铁路项目施工现场悬挂企业形象标识，展现中国水电品牌形象；开办铁路公司网站，反映铁路公司工程建设成就，宣传企业及员工的精神风貌；制定了铁路公司《新闻宣传工作暂行规定》，加强对新闻宣传工作的审核把关。

建立健全党风廉政建设责任制。签订了党风廉政建设责任书20份，签订《廉洁承诺书》28份。为42名党员干部办公电脑安装了“廉洁屏保”。铁路公司纪检部门牵头，认真排查市场招投标、工程分包、各项费用支出等关键环节的廉洁风险，找出风险点49个，强化重点领域的过程监督。

坚持党建带工建带团建，组织开展了“爱心基金”捐款活动；在项目开展了“准池杯”、“鹏城杯”劳动竞赛活动和群众性经济技术创新活动，申报成果4项；组织开展合唱、棋牌、球类比赛等多种形式的文化娱乐活动，进行团员青年统计工作，发挥团员青年的活力和优势。

（王厚全）

【履行社会责任】　为进一步加强社会责任工作的履行，铁路公司成立了总经理、党委书记为组长的社会责任工作领导小组，围绕工程建设项目，积极与业主、地方政府部门沟通协调，化解在征地拆迁等方面的矛盾，营造良好、稳定的工程建设氛围，确保一方平安，主动履行好央企的社会责任。

（杜　娟）

重大项目

【综述】　2012年，铁路公司中标地铁工程项目1个，合同金额168.53亿元；中标铁路工程项目2个，合同金额33.09亿元；中标国外项目1个，合同金额1374万元。履行铁路公司职能，直管项目两个，其中，投融资项目1个；履行铁路事业部职能管控项目19个，合同总额252.786亿元。其中，在建国家铁路项目8个，在建地方铁路和专用铁路线项目9个，在建地铁项目3个，国外项目1个。

【直管项目】

1. 深圳市城市轨道交通7号线项目

深圳市城市轨道交通7号线项目是中国电建集团、股份公司目前承担的最大程投融资类的BT项目，也是深圳市轨道交通三期工程的重大项目之一，对完善深圳市轨道交通网络具有重要意义。线路起于南山区丽水站，终于罗湖区太安站，全长30.173千米，采用地下敷设方式，共设车站28座。2012年5月中标，合同金额168.53亿元，计划工期53个月。2012年10月23日正式开工建设，拉开了中国电建集团与深圳市合作的新篇章。截至2012年底，完成产值6.02亿元，占合同金额的3.6%。

（张　鹤）

2. 神华准池铁路站前工程六标段

神华准池铁路站前工程六标段位于山西省朔州市平鲁区境内，正线长度为17.057千米。主要工程量为特大桥2座、大桥15座；隧道1座；路基9526.39米，涵洞12座，道路立交10座。2012年1月中标，中标合同金额6.24亿元，合同工期12个月。2012年3月18日正式开工，截至2012年底，完成产值4.38亿元，完成合同金额的70%。

（蔡若岩）

【管控内的在建国家铁路项目】

1. 南广铁路NGZQ-5标

新建铁路南宁至广州线是华南沿海地区铁路通道的骨干线路，全程82.73千米。2009年3月中标，合同金额32.26亿元，工期53个月，由水电六局有限公司、水电七局有限公司参与施工。截至2012年底，完成32.09亿元，完成合同金额的99.5%。

2. 宁杭客运专线二标

宁杭客运专线二标位于江苏省溧阳市、宜兴市境内，正线全长72.787千米。2009年3月中标，合同金额51.42亿元，工期45个月，由水电四局有限公司施工。截至2012年底，完成产值50.28亿元，完成合同金额的97.8%。

3. 贵广铁路GGTJ-10标

贵广铁路GGTJ-10标位于广东省肇庆市怀集县、

广宁县境内，全长58.436千米。2008年12月中标，合同金额36.56亿元，工期63个月，由水电十四局有限公司施工。截至2012年底，完成产值32.3亿元，完成合同金额的88.5%。

4. 贵广铁路GGTJ-12标

贵广铁路GGTJ-12标，正线全长16.8千米，从肇庆东站至标段终点为贵广铁路、南广铁路四线并行段。2008年12月中标，合同金额19.4亿元，工期66个月，由水电四局有限公司、水电十三局有限公司施工。截至2012年底，完成15.89亿元，完成合同金额的82%。

5. 大西客专站前-2标工程

大西客专站前-2标工程全长49.360千米，2010年3月中标，合同金额37.67亿元，工期46个月，由水电三局有限公司施工。截至2012年底，完成产值28.68亿元，完成合同金额的76%。

6. 沪昆铁路客运专线长沙至昆明段（贵州）CKGZTJ-1标段

沪昆铁路客运专线长沙至昆明段（贵州）CKGZTJ-1标段，正线长度35.058千米，2010年8月中标，合同金额25.21亿元，工期33.2个月，由水电七局有限公司施工。截至2012年底，完成产值15.9亿元，完成合同金额的63%。

7. 佛肇城际6标

佛肇城际6标，全长7.204千米，由青岐涌特大桥、莲花特大桥、永安特大桥3座特大桥组成。2010年5月中标，合同金额2.796亿元，工期54个月，由水电八局有限公司施工。截至2012年底，完成产值1.46亿元，完成合同金额的53%。

8. 西成铁路站前工程XCZQ-5标

西成铁路站前工程XCZQ-5标，正线全长31.8千米，主要包括路基工程、隧道4座、桥梁3座。2012年11月中标，合同金额22.36亿元，合同工期为46个月，由水电十四局有限公司、水电五局有限公司施工。2012年底前，在做施工准备工作。

【管控内在建地方铁路和专用铁路项目】 管控内的在建地方铁路和专用铁路项目有9个，合同总金额24.23亿元，主要项目是锦赤铁路综合三标工程、林白铁路工程、白浩铁路工程、麟游矿区至宝鸡二电厂铁路专用线土建工程TJ-F标段工程、崇信铁路专用线工程、乌兰浩特市站场运煤专用线工程、内蒙古乌江铁路音德尔至江桥段工程三标工程等。

【管控内在建地铁项目】

1. 西安地铁1号线D1TJSG-10标

西安地铁1号线D1TJSG-10标，工程共两个车站，线路总长2千米，康复路车站和五路口车站，工程合同工期27个月。2009年1月中标，合同金额2.07亿元，由水电十四局有限公司施工。截至2012年底，完成产值1.57亿元，完成合同金额的75.7%。

2. 西安地铁4号线

西安地铁4号线，工程包括五路口、和平门两个车站。2011年12月中标，合同金额1.11亿元，合同工期790天，由水电十四局有限公司施工。截至2012年底，完成产值0.07亿元，完成合同金额的6.3%。

3. 无锡地铁1号线

无锡地铁1号线，标段全长655.8米。2010年3月中标，合同金额2.85亿元，由水电十四局有限公司施工。截至2012年底，完成产值2.22亿元，完成合同金额的71.8%。

第六篇　党群工作和企业文化建设

Chapter Ⅵ Corporation Culture & Organization Development

党委工作部

【部门2012年工作】 2012年，党委工作部主要做了以下工作：

（1）认真组织股份公司各公司和总部机关开展了学习贯彻党的十八大精神活动。

（2）深入落实股份公司《党建责任制》，不断加大制度建设的创新力度，健全完善了党建工作的制度体系和长效机制，形成了党群共建工作的整体合力。

（3）认真落实股份公司党委关于加强国内项目、海外机构党建工作的指导意见，切实抓好项目、海外机构党建工作，项目和海外机构党组织机构进一步健全，制度进一步完善，活动更加规范，主题实践活动富有特色，对项目生产经营起到了直接的推动作用。

（4）认真开展基层组织建设年和创先争优活动，努力打造具有“中国水电”特色的基层组织建设工作品牌。认真组织开展基层组织建设年活动，通过精心组织，扎实推进，圆满完成了3个阶段的各项工作。深入推进创先争优活动，以迎接党的十八大胜利召开为主题，以科学发展、转变经济发展方式为主线，以“组织创先进，党员争优秀，企业上水平，职工提素质”为核心内容，在公司上下掀起了学先进、赶先进、当先进的热潮。

（5）认真开展学习型党组织创建活动，以学习型党组织建设带动学习型企业建设。围绕企业改革发展大局，以促进公司科学发展上水平为基本目标，大力推进学习型党组织建设，各级党组织健全制度机制，强化学习保障，建立了三级学习培训体系。

（6）围绕股份公司发展战略规划，积极推进企业文化建设。认真组织落实股份公司《关于加强企业文化建设实施意见》，突出实践特色，着力打造股份公司企业文化“12347创新工程”，深入做好企业文化的宣贯工作，推进企业文化落地，努力实现股份公司文化与股份公司的战略目标相融合，实现了企业文化与企业战略的和谐统一。

（7）加强精神文明建设，进一步塑造了股份公司新形象。认真做好精神文明建设的创新发展工作，结合股份公司党建工作实际，不断探索精神文明建设的新方法、新途径，积极组织开展文明单位、文明工程的创建活动，股份公司于2012年初荣获了“全国文明单位”称号。

（8）加强工会工作，维护职工权益，促进企业发展。配合党政组织大力开展了以爱党、爱国、爱社会主义、庆祝建党91周年、喜迎十八大为主题的红歌演唱会、诗歌大赛、征文、书法摄影比赛、主题演讲、棋牌赛等活动，深受广大职工群众欢迎。

（9）加强共青团组织建设，充分发挥生力军和突击队作用。紧紧围绕企业生产经营中心工作和在建工程重大目标，组织团员青年广泛开展了“导师带徒”、“青年文明号”、“青年安全生产示范岗”和“创新创效”等活动，进一步深化了“创先争优”、“建功立业”活动，涌现出了一大批岗位能手和各方面的先进典型，有2名同志被团中央授予“全国青年岗位能手”称号，45个集体获得省部级“青年文明号”。

（10）加强总部党群机构建设。进一步加强了总部党群机构建设，成立了股份公司机关党委，调整健全了机关纪委和机关工会等机关党群组织，组织机关党员认真开展了学习贯彻党的十八精神等活动。机关工会健全完善组织机构，积极开展了喜迎十八大棋牌赛等各类文体活动，在总部和在京公司中积极倡导开展了捐一日工资活动，建立了股份公司总部和在京公司爱心基金，使总部党群共建的工作局面得到了巩固。

（11）加大新闻宣传力度，营造了良好的舆论氛围。新闻中心紧紧抓住公司生产经营的突出业绩和集团重组、走出去战略、管理提升等重大新闻报道主题，认真开展走基层活动，根据各种媒体定位和功能特点，提前策划，主动介入，向社会各层面全面展示公司的亮点和整体形象。

（12）完成了年鉴和志书的编撰工作。完成了集团公司《年鉴（2012年卷）》的框架设计、组稿撰稿、编辑工作；完成了集团公司《组织机构志》、《大事记》编纂工作，已进入出版印制流程；出版发行5个单位的“分志卷”，5个单位“分志卷”已进入出版流程；《人物志（1950～2011）》正在汇总、整理、编辑；按时报送了《中国国有资产监督管理年鉴》、《中国建设年鉴》、《中国电力年鉴》、《中国水力发电年鉴》等有关年鉴、专志资料供稿。集团公司《年鉴（2011年卷）》在全国年鉴编校质量检查评比活动中荣获特等奖。

（13）认真开展了企业管理提升工作。按照股份公司统筹安排，认真制订部门管理提升计划和措施，并以此为契机研究分析职工代表提案处理工作，有效促进了管理提升。认真开展了管理提升督导调研工作。

【参与管理提升第一督导组工作】 2012年9月，按照股份公司管理提升活动的相关安排，第一督导组对水电一局有限公司、水电六局有限公司、水电十六局有限公司、房地产公司、租赁公司的管理提升活动开展情况进行了实地督导调研，协助查找发展瓶颈和管理短板，适时反馈了督导意见，起草了调研督导工作报告。10～12月，对这些单位的专项研究工作进行了督促落实，对租赁公司的管理提升活动进行了督促指导。

（忽国旗）

创先争优活动

【股份公司党委以基层组织建设年活动为契机全面推动创先争优活动】 2012年，按照中央、国务院国资委党委、中国电建集团党委部署，股份公司党委以创先争优活动为动力，积极应对错综复杂的国内外经济形势，积极扎实开展了基层组织建设年活动，确定了“突出一个主题、明确三个重点、贯彻四项总体要求、实现五个主要目标”的活动思路，通过股份公司和各单位党委精心组织，扎实推进，圆满完成了学习动员、全面启动，调查摸底、分类定级，整改提高、晋位升级3个阶段的各项工作任务，达到了预期目标，取得了明显成效，受到了广泛好评。

2012年，股份公司创先争优活动的扎实开展，在加强党建和基层组织建设、推动持续稳定发展、维护和谐稳定方面取得了显著的成效。在思想成果方面，各级党委普遍认识到党的基层组织是党在社会基层组织中的战斗堡垒，是党的全部工作和战斗力的基础，对基层组织建设更加重视，对党建工作重心下移、充分发挥一线党组织的主体作用、激发基层党组织创造性地开展工作的认识更加明确。在组织成果方面，调整充实了一大批基层党支部书记和支部班子成员，健全了基层组织的领导力量和工作体系，转化一批后进党支部、提升一批一般党支部、巩固扩大一批先进党组织，党的基层组织建设得到全面加强。在制度成果方面，全面落实党建责任制，普遍建立了支部工作标准化、规范化的制度体系，《支部工作规范》和《支部工作流程》的推广，使活动中好的做法固化成长效机制，打造了支部达标创优平台。在工作成果方面，紧密围绕中心工作和重点、难点问题，充分发挥党支部的战斗堡垒作用和党员的先锋模范作用，保证了年度生产经营任务的完成。通过实施创先争优活动，重点推进了总部、子企业机关、分局（分公司）、项目等领域基层党建工作，进一步提升了基层党组织战斗力、基层党组织书记素质、党员队伍生机活力、基层基础保障和基层党建制度化水平，使基层党组织堡垒作用更突出，书记队伍更优化，工作思路更清晰，工作制度更完善，阵地管理更规范，工作机制更科学。

全公司共有274个党委、246个党总支、2243个基层党支部和35000多名党员和部分离退休党员参加了活动。股份公司党委结合改革发展实际，以加快公司结构调整、转型发展为主线，以提升企业发展能力为中心，以促进基层党组织和党员发挥作用，服务职工群众为着力点，以推动科学发展，促进社会和谐为活动落脚点，突出实践特色，坚持高标准、严要求，注重针对性，讲求实效性，认真组织开展了创先争优活动。通过活动的开展，股份公司各级党组织更加充满活力，共产党员的先锋模范作用更加突出，有力地推动了企业科学持续发展。

（魏立军）

【股份公司评选表彰2011～2012年度先进基层党组织、优秀共产党员、优秀党务工作者】 2011～2012年度，股份公司各级党组织、党务工作者和广大共产党员在“创先争优”和“基层组织建设年”活动中取得了显著的成绩，发挥了党组织的政治核心作用和共产党员的先锋模范作用，为股份公司党建工作和企业的生产经营做出了突出贡献，推动了股份公司的各项工作。

2012年"七一"前夕，股份公司各级党组织按照股份公司党委的安排，对照"四好"党委和"五好"党支部的条件，推荐先进基层党组织；对照共产党员"五个模范"的条件，推荐优秀共产党员；对照"理想信念坚定、本职业务精湛、作风廉洁公正、密切联系群众"的条件，推荐优秀党务工作者。经股份公司党委研究，授予54个党组织为股份公司先进基层党组织、67名同志为股份公司优秀共产党员、27名同志为股份公司优秀党务工作者。

【表彰2011～2012年度股份公司劳动模范和先进生产工作者】 2012年7月18日，股份公司党委、股份公司、股份公司工会联合印发《关于表彰2011～2012年度股份公司劳动模范和先进生产（工作）者的决定》（中水电股〔2012〕51号），表彰2011～2012年度股份公司劳动模范和先进生产工作者。授予水电一局有限公司云南梨园电站项目部经理闫斌等20名同志为2011～2012年度股份公司劳动模范；授予水电一局有限公司机电安装分局电焊工、高级技师王立华等87名同志为2011～2012年度股份公司先进生产（工作）者。

【股份公司印发《关于在创先争优活动中开展基层组织建设年的实施方案》】 为认真贯彻落实中央及国务院国资委党委在创先争优活动中开展基层组织建设年视频会议精神，落实好中央组织部、国务院国资委党委和中国电建集团党委要求，股份公司党委下发了《关于在创先争优活动中开展基层组织建设年的实施方案》，将创先争优活动与党的基层组织建设融为一体，以基层组织建设年活动为契机全面推动创先争优活动。该实施方案明确了基层组织建设年活动的指导思想；提出了基层组织建设年活动的总体要求；确定了基层组织建设年活动的主要目标；提出了基层组织建设年活动的步骤。该实施方案提出以"五个结合"为主要方法和内容推进基层组织建设年活动并对开展基层组织建设年活动提出了相关要求。

（刘家玉）

【调整股份公司创先争优活动领导小组及其办公室】 2012年4月18日，股份公司党委以中水电股党〔2012〕20号文件调整了股份公司创先争优活动领导小组及其办公室。调整后的股份公司创先争优活动领导小组成员为：

组长：范集湘。

副组长：孙洪水、陈永录。

成员：宗敦峰、杨忠、曾兴亮、刘明江、丁永泉。

领导小组办公室主任：段尚毅。

【开展基层组织建设年"整改提高、晋位升级"工作】 2012年，股份公司党委按照巩固先进、推动一般、整顿后进的要求，扎实做好组织建设年整改提高工作，使每一个基层党组织在原有基础上都有新的提高，普遍实现晋位升级。整改提高工作坚持"抓两头、带中间"，做到突出问题集中解决、整改措施有效落实、制度建设全面加强。坚持分类施治、对症下药，根据不同领域、不同行业基层党组织的特点，有针对性地确定整改措施；坚持上下联动、合力推进，整合各方面的资源，集中力量办实事、解难题。

找准突出问题。各基层党组织根据分类定级情况，对照"五个好"标准和"五个一"要求，进一步梳理"调查摸底、分类定级"中发现的问题与不足。查找问题按照"班子建设、发展思路、组织覆盖、工作制度、活动阵地、保障机制、民生实事"等七个方面进行。

明确方法步骤。"集中整改、晋位升级"。通过梳理汇总、制定方案、公开承诺、实施整改、建章立制、晋位升级等方法步骤。使每一个基层党组织在原有基础上都有新的提高。

（魏立军）

【股份公司65集体125个人荣获中国电建集团创先争优表彰】 2012年9月10日，中国电建集团创先争优总结表彰暨经验交流大会在京召开，大会对创先争优活动中涌现出的先进基层党组织、优秀共产党员和先进工作者进行了表彰。股份公司共有25个先进基层党委、40个先进党支部和72名优秀共产党员、53名优秀党务工作者受到表彰。

党建工作

【学习贯彻党的十八大会议精神】 根据上级组织的要求，股份公司党委认真开展党的十八大精神宣传贯彻工作，组织公司总部机关党员干部收看党的十八大实况转播，认真组织公司广大党员参加电建集团学习贯彻党的十八精神专题报告会；印发了公司党委《关于认真学习宣传贯彻党的十八大精神的通知》，为股份公司领导和总部各部门发放了十八大精神和新党章等学习材料；参与筹备了集团公司党委理论中心组十八大专题辅导报告会公司分会场的相关工作，股份公司总部先后组织或参加了6次专题学习活动；在公司党员干部中组织参加了中组部和中国电建集团两个层面上的“学习十八大精神和新党章知识”网络答题竞赛活动，营造了浓厚的学习贯彻氛围。

（程胜利）

【基层党组织换届选举工作】 2012年，股份公司机关党委、水电一局有限公司党委、水电三局有限公司党委、水电十四局有限公司党委、水电海投公司党委召开了党员代表大会，选举产生了本单位新一届党委委员。股份公司党委对5个单位新一届党委委员选举工作进行了督导，对选举产生的新一届党委及时进行了批复。

（刘家玉）

【党内统计和党费管理工作】 2012年7月和12月，按照股份公司党委关于党费收缴管理使用的有关规定，按期完成了股份公司总部和在京公司的党费收缴工作，完成了上缴中国电建集团党委的党费上缴任务。2012年12月，按照国务院国资委和中国电建集团党委的要求，按期完成了股份公司总部和在京公司的党员统计工作。截至2012年年底，股份公司总部机关和在京公司实有党员993名，其中年内发展党员49名。

（忽国旗）

宣传工作

【股份公司新闻宣传工作会议】 2012年6月26日，股份公司2012年新闻宣传工作会议在北京召开。会议深入贯彻落实中国电建集团和股份公司2012年工作会议精神，全面总结2011年度公司新闻宣传工作，交流了经验，表彰了先进，认真研究探讨进一步加强新闻宣传工作的新思路、新措施，全面部署了2012年度新闻宣传工作。各公司党委副书记、党委工作部主任、新闻宣传负责人和业务骨干共80余人参加了会议。股份公司党委副书记陈永录出席会议并作重要讲话。会上，水电四局、水电七局、水电十四局、水电八局有限公司4个标兵记者站作了经验交流发言。大会对《水利水电工程报》2011年先进记者站、优秀记者和204篇好新闻好作品进行了表彰。

（陆　文）

【对外宣传报道工作】

（1）深圳地铁7号线开工。2012年10月23日，“中国水电”深圳地铁7号线开工仪式在深圳隆重举行，股份公司新闻中心派记者前往采访报道开工盛况，包括中央电视台在内的电视、广播、网络和报纸等30多家媒体对此进行了深入报道。

2012年10月24、26日，中央电视台国际频道《中国新闻》和中央电视台新闻频道《新闻直播间》

栏目分别介绍了开工情况，报道了深圳地铁7号线是由中国水利水电建设股份有限公司采用BT模式投资建设，集自主投融资、建设和物业开发建设等于一体，在我国城市轨道交通行业尚属首例，凸显了项目建设的创新模式。《经济日报》、《人民铁道报》、《中国电力报》、《中国水利报》、《香港文汇报》、《深圳特区报》、《南方都市报》等多家平面媒体也大篇幅刊登了当天的开工情况，引起了极大社会反响，有效提升了“中国水电”在国内基础建设市场的关注度。

（2）按照中国电建集团和股份公司党委的要求，完成了玉树重建现场指挥部指挥长、水电四局有限公司总经理王维斌的典型事迹宣传工作，《工人日报》、《青海日报》（头版头条）、《中国水利报》、《中国电力报》（一版）先后刊登了这篇通讯，在水电系统引起强烈反响，树立了“中国电建”的良好形象。

（3）锦屏“8·30”泥石流抢险救灾。2012年8月30～31日，四川锦屏出现强降雨，泥石流灾害严重。股份公司第一时间启动应急预案，创造了在特大灾害无伤亡的奇迹。《水利水电工程报》特推出锦屏抢险特刊，刊登水电四局、水电五局、水电七局、水电十四局有限公司抢险纪实，积极履行央企社会责任。锦屏水电站发生泥石流自然灾害后，根据公司总体部署，宣传部门撰写了《中国水利水电建设股份有限公司积极开展锦屏水电站抢险救援工作》的消息，在国务院国资委网站发表，并在《央企要闻》刊登，第一时间反映了“中国水电”开展抢险救灾的工作情况，彰显了央企积极承担社会责任的良好形象。

（4）喜迎党的十八大报道。2012年11月8日，党的十八大顺利召开。为做好“迎接十八大、宣传十八大、贯彻十八大”宣传报道，进一步深化拓展创先争优活动，《水利水电工程报》在三版综合版开设《科学发展，成就辉煌》栏目、四版副刊开设《喜迎十八大》栏目，从2012年8月2日第935期报纸上刊发通讯、报告文学、调研报告、心得体会、理论文章、散文、诗歌、小说等，深入报道了公司各级党组织和广大党员开拓进取、创先争优、勇于奉献的时代风采和先进事迹；尽情歌颂了广大职工在党的领导下，发扬光荣传统，团结拼搏，勇于创新，在各项工作中取得的辉煌成就。2012年，股份公司网站登载专题报道共176篇。

（程胜利　陆　文）

【水利水电工程报】　为适应电网主辅分离改革及电力设计、施工一体化重组后新组建的中国电力建设集团有限公司工作的需要，原中国水利水电建设集团公司主办的《水利水电工程报》已按有关程序于2012年底更名为《中国电力建设报》，由中国电力建设集团有限公司主办，并于2013年1月1日正式创刊。《水利水电工程报》自1994年5月1日创刊以来，至2012年底已圆满出刊954期。18年来，本报坚持党的新闻宣传方针，坚持正确舆论导向，弘扬主旋律，围绕中心，服务大局，积极发挥企业报“外树形象，内聚人心”的职能作用，服务行业，服务企业，服务职工。通过本报这个窗口，忠实记录了我国水利水电建设发展的艰辛与辉煌历程，客观见证了集团公司从计划走向市场、从江河走向原野、从国内走向海外波澜壮阔的改革发展进程，充分展示了中国水电行业主力军的国际品牌形象，大力颂扬了广大水电职工奉献水电、投身改革、弄潮市场的感人事迹和精神风貌，得到行业内外和公司上下的好评与肯定。

（陆　文）

工　会　工　作

【一届三次职工代表大会】　2012年2月18日，股份公司2012年工作会议暨一届三次职工代表大会在京隆重召开。会议的主要任务是：认真贯彻落实中国电建集团2012年工作会议精神，总结2011年工作，部署2012年主要工作，以科学发展为主题，以加快转变发展方式为主线，推动公司平稳较快发展，为建设具有较强国际竞争力的质量效益型世界一流企业而努力。中国电建集团董事长、党委副书记，股份公司董事长、党委书记范集湘作重要讲话；中国电建集团党委常委、股份公司总经理孙洪水作了题为《奋力开拓市场，提升经营质量，确保股份公司实现平稳较快发展》的工作报告；中国电建集团党委副书记、纪委书记，股份公司党委副书记、纪委书记陈永录主持会议并作总结；股份公司职工董事、总经济师、工会主席王宗敏作了题为《全心全意依靠工人阶级，面对面，心贴心，实打实服务职工在基层》的讲话。

股份公司独立董事石成梁、周保志、刘新兰、韩方明，国务院国有企业监事会14办王克勤，股份公司副总经理宗敦峰、曾兴亮、杨忠、刘明江，股份公司总会计师丁永泉，股份公司顾问付元初，总部部门副主任以上人员，各子公司、控股公司、参股公司党政主要负责人，职工代表共计200多人在主会场参加了会议，各子公司、控股公司、参股公司分别在29个分会场参加了视频会议。

【工会制度建设】 2012年，股份公司工会以“促进企业发展、维护职工权益”的企业工会原则为主线，以务实创新为工会工作的主旋律，不断健全完善工会制度体系建设，认真执行中国电建集团工会印发的《群众性经济技术创新活动管理办法》，并提出了具体的贯彻落实要求，制订印发了《关于加强股份公司总部及在京公司工会经费管理使用工作的通知》、《中国水电总部及在京公司爱心基金管理办法》、《签订和履行集体合同实施办法》、《关于进一步加强班组建设的实施意见》、《项目工建工作实施意见》等制度和规定。

【2012年工会工作会】 2012年11月25日，股份公司工会2012年工作会议在杭州召开。浙江省总工会副主席李锦平、中国电建集团、股份公司党委副书记、纪委书记陈永录、中国电建集团工会主席王宗敏出席会议并讲话。股份公司工会主席段尚毅主持会议并作了工会工作报告。水电三局、水电五局、水电七局、水电八局有限公司、国际工程有限公司工会分别交流了工作经验。会议由水电十二局有限公司承办。

【股份公司困难职工帮扶工作】 2012年，股份公司各公司工会积极建立困难职工帮扶中心、困难职工帮扶救助基金，动态管理困难职工档案，积极开展“两节”期间送温暖和“捐一日工资”、“金秋助学”等活动，重点解决职工生活难、困难职工子女上学难、零就业家庭就业难、特困职工看病难的问题，使困难职工得到及时救助。据统计，2012年股份公司各公司为36373名职工提供了困难补助，加上股份公司2011年下达的困难补助合计达9839万元。按照股份公司党政工组织联合印发的《关于建立困难职工帮扶中心和困难职工救助基金的通知》，对特困职工实行了股份公司和子公司两级救助，2012年各公司就为2946名职工提供了特困基金救助，救助费用合计826万元，特别是为695名职工提供了大病救助，帮助他们渡过难关。通过各级组织开展“三不让”承诺活动，挽救了许多职工的健康甚至生命，使许多贫困家庭的职工子女迈入了大学的校门，改变了一生的命运，充分体现了企业“以人为本、关爱职工”的良好文化。

【南水北调河南段劳动竞赛活动】 2012年1月13日，股份公司在河南郑州召开了股份公司南水北调河南段“为民服务建新功、五比五赛展风采”劳动竞赛表彰大会。股份公司南水北调河南段劳动竞赛委员会决定：授予水电十四局有限公司白河倒虹吸项目部等7个项目为“股份公司南水北调河南段劳动竞赛一等奖”，并颁发“优胜单位”奖牌，各奖励40万元；水电二局有限公司鹤壁1标项目部等11个项目为“股份公司南水北调河南段劳动竞赛二等奖”，并颁发“先进单位”奖牌，各奖励20万元；水电七局有限公司北汝河倒虹吸项目部等18个项目为“股份公司南水北调河南段劳动竞赛三等奖”，各奖励15万元；龙振等112名同志为“股份公司南水北调河南段劳动竞赛先进个人”荣誉称号，并颁发证书，各奖励5000元。

（忽国旗）

【股份公司开展技能大赛的情况】 2012年初，股份公司工会深入基层，对各成员单位开展技能大赛情况进行了主题调研，下发了《股份公司职工技能大赛实施办法》，规范了各类技术比武的组织工作、技术文件、竞赛指南等流程，提高了技能大赛的标准化水平。7月26日～7月29日、8月11日～8月13日，中国电建集团工会、集团公司人力资源部联合主办了2013年“电建杯”建筑材料试验工、水工建筑测量工技能大赛。在这两次大赛中，股份公司工会和成员单位高度重视、认真备战，广大参赛选手技艺娴熟、勇创佳绩，共有8个单位取得团体前六名的优异成绩，荣获集团公司“优秀组织单位”称号；12名选手取得个人前十名的优异成绩，荣获集团公司“技术标兵”称号。其中，水电十二局、水电四局有限公司分别囊括了试验工、测量工团体和个人两个第一名，表现出较高的技术素质和良好的精神风貌，为股份公司争得了荣誉。

【股份公司工会信息工作】 股份公司工会下发了《进一步加强工会信息报送工作的通知》，完善了工会信息员队伍，编写《工会工作简报》12期。针对水电三局有限公司“困难职工帮扶”、水电八局有限公司“项目工建”、国际公司“海外员工人文关怀”等亮点工作进行了专题报道。同时，协助中国电建集团工会编辑《工会工作简报》51期。

【文化体育协会工作】　根据中国电建集团工会的要求，进一步完善了股份公司文体协会，对各文体协会负责人进行了登记备案；配合中国电建集团工会完成了公司区域分会的推荐工作，向中国电建集团推荐了美术、书法、桥牌和羽毛球等协会的负责人。组织了总部机关和在京公司8支代表队参加的“喜迎十八大”歌咏比赛，得到了公司领导的好评；组织了股份公司各成员单位参加了中国电建集团“喜迎十八大”征文活动，获得了较好的名次；组织了股份公司“学习十八大、青春铸辉煌”征文演讲活动；股份公司组织了两个节目，参加深圳地铁集团举办的“共建联控”单位迎新春文艺汇演，中水电、中铁工和中建三家央企共有4个节目获奖，其中股份公司就获得两个奖项，节目得到了深圳地铁集团主要领导的好评；协办了“电建杯”羽毛球比赛，组织5个成员单位参加了决赛，水电十五局有限公司代表队获得团体冠军，展示了“水电人”奋发向上、积极进取的精神风貌。

（程胜利）

共青团工作

【股份公司2人荣获“全国青年岗位能手”称号】2012年2月23日，由共青团中央、人力资源和社会保障部共同组织的“全国青年岗位能手（标兵）”评选结果揭晓。水电七局有限公司溪洛渡施工局一工区测量队队长张文选、水电十一局有限公司海外事业部项目总工刘沐被授予“全国青年岗位能手”称号。

【股份公司一批先进青年集体和个人荣获中央企业团工委表彰】　2012年3月1日，中央企业团工委对2011年度“中央企业五四红旗团委”、“五四红旗团支部”、“优秀共青团员”、“优秀共青团干部”、“青年文明号”、“青年岗位能手”等先进青年集体和个人进行了表彰，股份公司12个青年集体和10名优秀个人受到表彰。

水电十局有限公司团委、水电十三局有限公司团委荣获2011年度“中央企业五四红旗团委”称号；国际公司团委第二团支部、房地产公司门头沟分公司团支部荣获2011年度“中央企业五四红旗团支部”称号；水电十五局有限公司延安南沟门水利枢纽工程项目团支部赵文星荣获2011年度“中央企业优秀共青团员”称号；水电五局有限公司团委副书记郭川龙、路桥公司团委书记杨林、水电一局有限公司云南分局团委副书记刘星荣获2011年度“中央企业优秀共青团干部”称号；水电二局有限公司团委、水电九局有限公司团委被确定为“中央企业五四红旗团委创建单位”；水电六局有限公司一分局哈达山项目部青年突击队、水电十二局有限公司溧阳施工局、水电十六局有限公司乌江沙沱水电站发电厂房工程“一六八”联营体、基础局有限公司旁多工程项目部工程质量技术部、水电十一局有限公司第七分局南水北调郑州2—1标项目部、水电十四局有限公司溪洛渡项目经理部被命名为2011年度“中央企业青年文明号”；水电八局有限公司基础设施分局鲁志刚、集团公司玉树现场指挥部韩锐、水电七局有限公司安谷项目部赵然、国际公司黄卫东、鲍卫锋、过晓丹被授予2011年度“中央企业青年岗位能手”称号。

【股份公司1人荣获“全国优秀共青团员”称号】2012年5月2日，共青团中央做出关于表彰2011年度“全国优秀共青团员”、“全国优秀共青团干部”、“全国五四红旗团委（团支部）”的决定，集团公司玉树灾后重建现场指挥部青年员工刘勇荣获“全国优秀共青团员”荣誉称号。

【玉树灾后重建中央企业先进青年集体和个人表彰大会召开】　2012年8月10日，由中央企业团工委、共青团青海省委联合举办的青海玉树地震灾后重建中央企业先进青年集体和个人表彰大会在青海省玉树藏族自治州第二民族中学隆重召开，会议由中国电建集团、中共玉树州委协办。会议表彰了青海玉树地震灾后重建中涌现出的19个先进青年集体和26名先进个人。股份公司玉树灾后重建现场指挥部二工区、五工区荣获“中央企业青年文明号”称号，现场指挥部第六工区副指挥长李洪浩、党群工作部宣传干事李卯生、第四工区安全生产办公室副主任王勇凯、第三工区员工张宏伟荣获“中央企业青年岗位能手”称号。

（魏立军）

精神文明和企业文化建设

【积极推进股份公司企业文化分支文化建设】 按照中国电建集团企业文化建设的要求，积极做好股份公司企业文化的延伸工作，一是组织召开了公司分支文化研讨会，提出了企业分支文化建设工作方案。二是开展了《关于加强股份公司廉洁文化建设的实施意见》、《关于加强股份公司安全文化建设的实施意见》、《关于加强股份公司质量文化建设的实施意见》的制订工作，初步形成了公司分支文化的框架。三是加强股份公司海外企业文化建设，在各海外项目开展了员工人文关怀活动。

【调整股份公司精神文明建设组织机构设置】 2012年4月28日，股份公司党委下发了《关于调整股份公司精神文明建设组织机构设置的通知》（中水电股党〔2012〕23号），调整了股份公司精神文明建设组织机构：

一、精神文明建设领导小组

组长：陈永录。

副组长：孙洪水。

成员：宗敦峰、曾兴亮、杨忠、刘明江、丁永泉。

二、办公室

主任：段尚毅。

副主任：何明、魏立军、张延乐、黄家哲。

成员：刘家玉、陆文、冯有维、任乐云、王晓燕、韩磊（刘家玉）。

史志鉴工作

【集团公司《年鉴（2012年卷）》编纂工作】 2012年，党委工作部认真做好集团公司《年鉴（2012年卷）》的框架设计、组稿撰稿和编辑加工工作。《年鉴（2012年卷）》全书共设12个篇目，302个栏目，载录条目2262个，收录大事333条，全卷约173万字，彩版38页。印刷2000册，光盘500张。

（李霞林）

【集团公司《年鉴（2011年卷）》荣获第六届全国年鉴编校质量检查评比活动特等奖】 2012年，《中国水利水电建设集团公司年鉴（2011年卷）》在由中国出版工作者协会年鉴工作委员会主办的第六届全国年鉴编校质量检查评比活动中荣获特等奖。扩大了公司品牌形象的宣传力度，进一步提高了公司在全国年鉴界的影响力和知名度。

（冯有维）

【集团公司《大事记（1950～2011）》编修工作】 在股份公司领导的高度重视，在各部门、各子公司的大力支持配合下，经过5年多时间的汇总、编辑，2012年完成了《大事记（1950～2011）》稿件的审稿工作，经年鉴编辑委员会部分编委终审后已进入出版印制流程。

（李霞林）

【集团公司《组织机构志（1950～2011）》编修工作】

集团公司《组织机构志（1950～2011）》在2012年底前形成了第四次送审稿，报公司领导审阅定稿后出版发行。

【集团公司《人物志（1950～2011）》编修工作】2012年在公司总部各部门、各子公司报送的公司《人物志（1950～2011）》相关补充资料的基础上，《人物志》正在进行汇总、整理、编辑工作。

（冯有维）

【《集团公司志·局（厂）卷》编修工作】 2012年，水电十四局有限公司、水电三局有限公司、夹江有限公司、水电十三局有限公司、水电十局有限公司等5个单位"分志卷"先后出版发行；水电一局、水电五局、水电九局、水电十五局、水电十六局有限公司"分志卷"正在进行审核校对。

（李霞林）

【报送有关年鉴、专志资料工作】

（1）2012年，完成了向电力志编纂办公室报送《汶川特大地震抗震救灾志·灾后重建志》相关资料的补充确认工作。提供的资料充分反映集团（股份）公司在抗震救灾、恢复重建工作中的突出事迹，得到电力志编纂办公室的认可和好评。

（2）2012年，完成了向《中国国有资产监督管理年鉴》、《中国建设年鉴》、《中国电力年鉴》、《中国水力发电年鉴》提供年度稿件工作。上述这些对外提供的稿件，组稿质量较好，突出企业特色，均受到有关单位的好评。

【扩大业界交流发挥集团志鉴对外宣传作用】 2012年继续开展史志鉴交流活动，广泛地与国务院国资委年鉴、中央部委级年鉴、中央企业年鉴及地方史志界的交往，通过交换年鉴、史志资料，互相学习交流经验，提高了公司志鉴在业界的知名度。在全国企业范围内有力宣传了"中国水电"品牌和形象。

（冯有维）

总部党建工作

【印发《中共中国水利水电建设股份有限公司机关委员会工作细则》】 2012年11月21日，股份公司机关党委为使机关党委工作规范化、制度化，健全和完善机关党委内部的工作制度和运行机制，结合实际，制定印发了《中共中国水利水电建设股份有限公司机关委员会工作细则》，共有11章35条。

（魏立军）

【印发《中共中国水利水电建设股份有限公司机关委员会发展党员工作流程》】 2012年11月21日，股份公司机关党委下发了《中共中国水利水电建设股份有限公司机关委员会发展党员工作流程》（股机党〔2012〕3号），明确了股份公司总部发展党员工作的指导思想、工作方针和基本原则，确定了入党积极分子、发展对象、预备党员以及预备党员考察和转正等发展党员工作流程，对加强党员的管理教育，保证党员发展质量，确保机关党委发展党员工作更加规范有序，均提出了明确要求。

（刘家玉）

【印发《中共中国水利水电建设股份有限公司机关委员会党费收缴、使用和管理办法》】 为适应新形势的要求，进一步加强和改进党费收缴、使用、管理工作，根据中共中央组织部《关于中国共产党党费收缴、使用和管理的规定》精神和股份公司党委有关要求，2012年11月21日，股份公司机关党委制定印发了《中共中国水利水电建设股份有限公司机关委员会党费收缴、使用和管理办法》（股机党〔2012〕4号）。

（忽国旗）

【印发《中国水利水电股份有限公司》机关党委党务公开实施办法】 2012年12月27日，股份公司机关党委印发《中国水利水电建设股份有限公司机关党委党务公开实施办法》（股机党〔2012〕9号）。明确了股份公司机关党委党务公开的指导思想、基本原则、党务公开的主要内容和公开时间、党务公开的类型、程序和形式并明确了党务公开的组织领导。

（程胜利）

【成立股份公司机关党委、机关纪委】 2012年10月26日，中国水利水电建设股份有限公司机关党员大会暨机关党委成立大会在北京隆重召开。大会由中国电建集团、股份公司党委副书记、纪委书记，股份公司机关党委筹备组组长陈永录主持。陈永录首先宣布了股份公司党委文件《关于成立股份公司机关党委和机关纪委的通知》以及中国电建集团党委、股份公司党委文件《关于中共中国水利水电建设股份有限公司机关委员会和纪律检查委员会委员候选人预备人选的批复》。

大会选举采取无记名投票、差额选举的方式进行选举。选举李捷、李江波、何明、黄华波、雷建容（按姓氏笔画为序）等5名同志为机关党委委员，冯有维、李捷、李家俊、张宏、郭华涛（按姓氏笔画为序）等5名同志为机关纪委委员。在随后召开的机关党委、机关纪委第一次全体委员会议上，选举雷建容同志为机关党委书记，李捷同志为机关党委副书记；选举李捷同志为机关纪委书记。

（冯有维）

【调整股份公司机关工会和机关各分工会设置】 2012年5月23日，股份公司工会印发《关于调整机关工会和机关各分工会设置的通知》（中水电股工会〔2012〕22号）。按照股份公司党委领导要求，结合机关工会和各分工会人员变动实际，经股份公司工会和机关党委筹备组研究，决定重新划分股份公司机关各分工会，机关共设置6个分工会。经重新划分的各分工会会员大会选举，并报机关党委筹备组、股份公司工会和股份公司党委领导审批同意，何明、陆文、李国州、张顺兴、崔萍、万明罡、刘家玉等7名同志为股份公司机关工会委员，何明同志任机关工会主席，陆文同志任机关工会副主席。

（陆　文）

第七篇　检 查 监 督

Chapter Ⅶ Inspection and Supervision

纪 检 监 察

【部门2012年主要工作】

纪委·监察部2012年主要工作如下：

(1) 全面落实党风廉政建设责任制；

(2) 扎实推进惩防体系建设；

(3) 深入开展主题教育活动；

(4) 狠抓制度落实，加强监督检查；

(5) 严肃查处违法违纪案件；

(6) 加强纪检监察队伍建设。

【股份公司2012年反腐倡廉工作会议】 2012年2月19日，股份公司反腐倡廉工作会议在总部召开。各子公司、控股公司党委书记、总经理、纪委书记和总部部门负责人89人参加会议，股份公司领导出席了会议。会议由总经理孙洪水主持。党委副书记、纪委书记陈永录代表党委作工作报告。会上，董事长、党委书记范集湘，总经理孙洪水与28家子公司、控股公司党委书记、总经理分别签订了2012年度党风廉政建设责任书。

【强化责任，有效落实党风廉政建设责任制】 2012年，股份公司与各子公司、各子公司与所属单位签订责任书2605份，责任书签订率达到100%。股份公司坚持认真抓好责任体系建设、责任落实、责任追究，党风廉政建设责任制工作得到了有效推进。

【修订公司党风廉政建设责任制考核评价办法和考核评分标准】 2012年5月，股份公司重新修订了党风廉政建设责任制《考核评价办法》和《考核评分标准》，加大了对违纪违规案件的考评权重，突出了重点工作，精简了考核内容，使考核内容围绕生产经营管理工作，结合年度重点工作，考核结果更能体现工作成效。

【党风廉政建设责任制考核】 2012年年中各子公司进行了责任制落实情况的自查工作，12月底，股份公司组成7个考核组对责任制落实情况进行考核。考核结果最高分为99.05分，最低分为96.16分，平均分97.68分，比上年提高了0.91分。民主测评分19.58分，平均分和职工民主测评分均为历年来的最高分。广大员工对本单位反腐倡廉工作给予充分肯定，对本公司领导班子及班子成员廉洁从业的满意度有较大提高。

【扎实推进惩防体系建设，做好廉洁风险防控】 2012年是股份公司2008～2012年惩防体系建设5年规划的“收官”之年。截至2012年，股份公司结合自身实际，有效构建“五道防线”，全面推进惩防体系建设。建立了横纵坚实的领导体制，为体系构建打下坚实基础；建立了上下联动、区域交流、整体推进的工作机制，推动了体系建设的深入开展；建立了一岗双责、风险防控、严格考评的保障机制，保证了体系建设的有效推进。教育、制度、改革、监督、惩处等惩防体系各要素得到有序开展。截至2012年底，公司圆满完成2008～2012年惩防体系建设5年规划内容，初步形成了具有中国水电特色的惩防体系基本框架和运行保障机制。

【开展廉洁风险点排查工作】 2012年股份公司加强廉洁风险防范工作，重点对重要岗位和关键管理环节潜在的风险预防，从经营管理、制度机制、思想道德风险等方面开展系统排查工作，通过总部机关、各子公司分类开展排查工作，归纳业务管理系统的廉洁风险点173条，研究和制定防控措施131条。

【深入开展主题教育活动，提高廉洁从业意识】 2012年4～6月，按照电建集团统一安排，股份公司开展了为期三个月的“强化廉洁从业意识，保持党的纯洁性”主题教育活动，公司总部、所属28家子公司都参加了活动，各级领导人员、党员受教育人数达到34999人，教育面达到95%以上。

【深入开展集中整治教育活动】 2012年6月，根据国资委党委、纪委的统一部署，股份公司按照电建集团要求，在股份公司内部全面开展了为期三个月集中整治教育活动。集中整治活动针对建筑施工领域发生的商业贿赂案件，分为学习、检查和整改三个阶段进行，通过学习国家法律法规，从铁道部刘志军案例中汲取教训，通过自我检查和反思，进一步强化了各级领导人员依法、合规经营意识。

【完善制度体系，夯实工作基础】 2012年，股份公司纪委制定下发了《加强海外工作机构纪检监察工作的若干意见》，进一步规范海外纪检监察工作；制定下发了《加强监督检查工作的指导意见》，进一步明确了监督检查工作的内容和方法；批复了各公司《“三重一大”实施办法》，进一步完善了反腐倡廉制度体系建设。

【开展效能监察和专项检查】 2012年，为落实股份公司战略决策和年初工作会议安排，着重围绕投资项目、国际项目、亏损企业、“三重一大”决策制度、分包管理、设备物资采购管理等重要领域和关键环节，制定了股份公司年度效能监察工作要点，指导各子公司开展效能监察工作。全年共完成610个工程项目的效能监察，提出监察建议2017条，作出监察决定110个，整章建制156个。各子公司按照工作要求，对本单位近两年开展的效能监察工作建议落实情况进行了“回头看”，发挥了效能监察以点带面、举一反三的作用。

监察部与总部相关部门共对7个工程项目及2个公司开展综合效能监察，主要涉及国内投资项目、国外投资项目、BT项目、南水北调项目、辽工局及其施工的4个项目、华科软科技有限公司，共形成监察报告9份，专题报告2份，提出监察建议91条，取得了良好成效。

【受理信访举报，严肃查处违纪违规案件】 2012年，股份公司纪委共收到信访件22件，其中：来信19件（署名信访件9件），来电1件，网络举报2件；反映的主要问题有：违反“三重一大”民主决策制度的；违反廉洁从业规定，在购销招投标中违规接收礼品礼金宴请的；违规分包，违规从事经营活动等。公司纪委高度重视来信来访，22件信访件均已办理完结。

【纪委书记报告工作】 2012年，子公司27位纪委书记按照工作制度要求，分别在半年以书面报告和年终面对面述职方式，报告本人履职和本单位反腐倡廉建设、执行“三重一大”集体决策制度、领导班子廉洁从业和惩防体系建设情况。

【加强组织建设，提升监管能力】 2012年，结合各子公司考核换届，对5家单位的纪委书记进行调整，对6家单位的纪委副书记、监察部门负责人的调整进行了审批备案，对6家单位的纪委换届候选人进行了批复。

为提升纪委书记履职能力，27家子公司的纪委书记参加电建集团组织的纪委书记培训班；18个子公司信访案件管理人员参加了专题培训，纪检监察工作业务水平和业务能力得到进一步提高。

（陈应年）

审　计　工　作

【部门2012年工作】 2012年，审计部认真贯彻落实企业发展战略和年度工作会议精神，认真履行监督职责，主动提高服务意识，继续强化对子企业内部审计工作的指导和协调，积极推进审计工作向管理审计、风险审计转型，不断创新工作思路，深化审计内容，提升审计质量，年度审计工作计划逐项得到落实，顺利完成了各项审计任务。

公司本部完成审计12项（委托审计3项，自行完成9项），下发审计意见书12份，提出审计意见76条。

在开展上述各类审计的同时，审计部牵头组织、指导相关子企业圆满完成了国资委对集团公司总经理范集湘任期经济责任审计整改落实阶段的各项工作；组织召开了审计与风险管理委员会2012年专业会议；开展了内部审计工作信息化培训；积极参与对成员企业经营业绩考核、管理提升督导、内部控制检查及监事会检查工作，认真履行各项内部监督职责。

【经济责任审计】 2012年，审计部对水电五局有限公司、水电七局有限公司、水电八局有限公司、水电十四局有限公司、辽工局有限公司、港航公司、房地产公司总经理（董事长）实施了任期经济责任审计。

（1）股份公司审计组2012年7月26日～8月7日对水电五局有限公司原总经理郑久存同志2009～2011年任职期间履行经济责任情况进行了就地审计。

（2）股份公司审计组自2012年8月8日起对水电七局有限公司原总经理张建文同志2010～2011年任职期间履行经济责任的情况进行了就地审计。

（3）股份公司审计组自2012年9月5日起对水电八局有限公司原总经理林修建同志2008～2011年任职期间履行经济责任的情况进行了就地审计。

（4）股份公司审计组自2012年9月17日起对水电十四局有限公司原总经理周宇同志2010～2011年任职期间履行经济责任情况进行了就地审计。

（5）2011年12月，股份公司委托北京兴华会计师事务所，对中国水电建设集团辽宁工程局有限公司总经理崔永跃同志2010年1月～2011年9月任职期间进行了离任经济责任审计。

（6）股份公司审计组从2012年10月18～26日对中国水电港航建设有限公司原董事长童劲松同志和总经理赵景涛同志2007～2011年任职期间履行经济责任的情况进行了就地审计。

（7）股份公司审计组自2012年11月14日起对中国水电房地产有限公司原总经理万小伦同志2009～2011年任职期间履行经济责任情况进行了就地审计。

【投资项目审计】　为加强对股份公司投资项目的管理，2012年1月，审计部与四川电力开发公司通过招标方式共同委托中天恒会计师事务所和中天恒达工程造价咨询有限公司，中天运会计师事务所和四川大学分别对阿坝水电开发有限公司柳坪、色尔古水电站实施了工程造价、竣工财务决算审计和投资项目后评价工作。

【专项审计】

（1）股份公司审计组于2012年7月3～6日对路桥公司贵阳“四路四沟”BT项目情况进行了就地审计。审计组主要检查了中水电贵阳投资发展有限公司相关合同协议、内控制度建设及执行情况，公司凭证、账簿、报表等会计资料，重点检查了薪酬、实物资产、融资、担保等相关资料。并对路桥公司考核体系及撤场后应关注的事项提出了审计建议。

（2）股份公司审计组于2012年7月18～22日对中国水电集团租赁控股有限公司租赁业务尤其是融资租赁业务和融资性贸易业务的发展现状、风险控制情况、合同执行情况等进行了审计调查。审计组对公司制度执行、流程管理、风险控制等方面提出了审计建议。

【国资委对集团公司总经理范集湘同志2008～2010年任期经济责任审计意见整改落实工作】　在收到国资委《关于送达中国水利水电建设集团公司总经理范集湘经济责任审计报告的通知》（国资评价〔2012〕386号）及《关于中国水利水电建设集团公司经济责任审计意见的通知》（国资评价〔2012〕387号）后，电建集团及股份公司十分重视，立即召开专题会议研究整改、落实工作，范集湘董事长作了重要批示，总经理孙洪水、副总经理曾兴亮亲自部署，组织财务、经营、投资等部门拟写整改意见，明确整改工作责任人。审计部结合通知要求、领导批示和工作实际，将审计报告中提出的问题进行梳理、归类，按照解决问题的管理范畴逐条分解到股份公司总部人力资源部、财务产权部、设备物资部、投资管理部、市场经营部、企业发展部和各被审计单位，提出了整改落实、责任认定、处理上报整改落实情况三个阶段的整改方案。

审计部先后下发了《关于认真落实国资委对中国水利水电建设集团公司总经理范集湘经济责任审计意见的通知》和《关于对国资委经济责任审计周报中披露问题进行整改的通知》，要求被审计单位首先对照审计报告中提出的问题，逐条检查，认真查明产生问题的原因；对违规事项，要理清责任链，明确责任人及应承担的责任，提出相关处理意见或建议，切实整改到位。被审单位通过自查、迎审、整改，反映的问题基本上得到纠正，各被审计单位在规定时间内以正式文件向股份公司报送了审计问题整改报告，部分单位还提出了对相关单位和责任人的处理意见。股份公司总部相关部门针对报告中提出的组织管理、经营风险、投资管理及基础管理四个方面的问题，深入分析研究其产生原因，根据专业管理的要求指导、督促各子企业完成整改。

【股份公司董事会审计与风险管理委员会2012年专题会议】　2012年，董事会审计与风险管理委员会共召开了4次会议，分别审议了公司《关于〈中国水利水电建设股份有限公司2011年度报告及其摘要〉的议案》、《关于中国水利水电建设股份有限公司2012年度日常关联交易安排的议案》、《关于聘任中国水利水电建设股份有限公司2012年度审计机构的议案》、《关于〈中国水利水电建设股份有限公司2011年度内部控制自我评估报告〉的议案》、《关于〈中国水利水电建设股份有限公司2011年度募集资金使用情况审计的报告〉的议案》；审议了《关于〈中国水利水电建设股份有限公司2012年半年度报告〉的议案》、《关于〈中国水利水电建设股份有限公司2012年三季度报告〉的议案》；听取了《关于〈中国水利水电建设股份有限公司2012年度会计报表审计计划〉的报告》、《关于〈中国水利水电建设股份有限公司2012年度内部控制审计工作方案〉的报告》、《关于中国水利水电建设股份有限公司2012年内部控制与全面风险管理工作报告》，《关于中国水利水电建设股份有限公司2012年度内部审计工作情况和2013年审计工作计划的报告》。

审计与风险管理委员会委员梳理了年报编制的工作规程及年报编制相关工作情况，并就年报编制工作的相关工作情况及议案中有关内容提问，发表了意见。为确保披露的年报真实、完整、准确，对公司财务管理、资金管理、内控体系建设、投资风险、海外风险防范等方面工作提出要求，向公司董事会提出了多项建设性意见。

【培训工作】　为推动系统审计信息化和电算化建设，审计部与珠海金长源软件有限公司在北京共同举办了金长源审计软件应用培训班，全系统审计业务骨干共40人参加了学习，培训取得了良好效果，推动审计信息化水平的提高。

【管理提升专项研究】　2012年，为提升审计工作质量，审计部对经济责任审计方法进行了有效探索和研究，开展了财务绩效对标分析在内部审计工作的运用专项研究。根据股份公司2007～2011年财务数据，全面系统地对所有子公司财务指标进行梳理。在经济责任审计中，首次系统地突出财务经营绩效分析，从盈利能力（8个指标）、营运能力（6个指标）、偿债能力（6个指标）、发展能力（5个指标）4个方面进行对标分析。分类别选择对标企业。财务绩效对标分析改变传统的重视对审计单位经营的纵向历史分析，更加注重与其他同类企业发展效率与效果的横向对标分析，以进一步深入了解企业发展现状，发现管理短板，提示经营风险，从内部审计角度促使审计单位向优秀看齐，找准经营薄弱点，为转变经营方式提供重要参考。

（付宜彤）

第八篇　成员企业要览

Chapter Ⅷ Group Members

中国水电建设集团四川电力开发有限公司

概　况

【综述】　中国水电建设集团四川电力开发有限公司（以下简称“四川公司”）成立于2006年10月20日，以水电资源投资开发和电力运营为主营业务。该公司注册资本金2012年变更为26.07亿元，中国水利水电建设股份有限公司（以下简称“股份公司”）持股82%，中国水电顾问集团成都勘测设计研究院持股12%，中国水利水电第七工程局有限公司持股6%。

2012年，四川公司拥有全资子公司2家：中铁能源投资有限公司和四川都乐房地产开发有限公司。控股子公司11家：阿坝水电开发有限公司、四川圣达水电开发有限公司、中国水电建设集团圣达水电有限公司、四川松林河流域开发有限公司、毛尔盖水电有限公司、阿坝明达水电开发有限公司、四川盐源甲米河水电开发有限公司、四川小金川水电开发有限公司、四川足木足河流域水电开发有限公司、乐山大坪水电开发有限公司、可州新隆能源开发有限公司。参股子公司4家，现有员工852人。

【领导班子】　2012年，四川公司领导班子成员为：董事长（法人代表）、党委书记林修建；总经理、党委副书记荣其富；副总经理、工会主席张跃涛；副总经理兼总会计师罗朝国；副总经理杨建明、牟官华、刘万海；总工程师杨清；党委副书记、纪委书记王坤任。

2012年3月13日中电建党〔2012〕25号文，任命林修建为四川公司党委书记，免去刘明江四川公司党委书记职务。2012年3月12日中水电股人函〔2012〕4号文，刘明江不再担任四川公司董事、董事长（法人代表），推荐林修建为四川公司董事、董事长（法人代表）。2012年4月13日，四川公司二届二次董事会会议选举林修建为董事长。

【主要指标】　2012年，四川公司完成投资30.47亿元，为年度计划的96%；发电装机容量达156.9万千瓦，年发电量67.28亿千瓦·时，为年度计划的108.74%；实现营业收入15.32亿元，为年度计划的100.77%；实现利润总额2.52亿元；总资产从2011年的202.84亿元增长至230.51亿元，在股份公司控股类子公司年度业绩考核中，综合排名第一。

【重大项目】　四川公司投产水电装机容量共计156.9万千瓦，包括柳坪、色尔古、毛尔盖、沙湾、大金坪、洪一、五一桥、甲米河一级、龙溪沟三级、大坪、明达、毛尔盖生态水电站；在建项目装机容量100.5万千瓦，包括安谷、木坡、春堂坝、杨家湾、甲米河一级、塔日勒嘎等项目；筹建项目装机容量222万千瓦。

柳坪水电站位于四川省阿坝藏族羌族自治州茂县境内，总投资12.82亿元，装机3台，总装机容量12万千瓦。2009年3台机组全部投产发电。2012年完成发电量5.51亿千瓦·时。

色尔古水电站位于四川省阿坝藏族羌族自治州黑水县境内，总投资18.29亿元，装机3台，总装机容量15万千瓦。2012年完成发电量65424万千瓦·时。

毛尔盖水电站位于四川省阿坝藏族羌族自治州黑水县境内，总投资68.3亿元，装机3台，总装机容量42万千瓦。2012年3台机组全部投产发电。全年完成发电量19.75亿千瓦·时。

沙湾水电站位于四川省乐山市，总投资97.50亿元，安装4台单机容量12万千瓦机组。2012年完成发电量20.73亿千瓦·时。

大金坪水电站位于四川省雅安市石棉县境内松林河干流，总投资8.3817亿元，安装3台单机容量4.3万千瓦混流式水轮机发电机组。2012年完成发电量55505.9万千瓦·时。

洪一水电站位于四川省雅安市石棉县与甘孜藏族自治州九龙县交界的松林河次源洪坝河上，总投资5.6164亿元，安装2台单机容量4万千瓦混流式机组。2012年完成发电量31239.7万千瓦·时。

五一桥水电站位于四川省甘孜藏族自治州九龙县境内的九龙河上，总投资10.82亿元，安装3台单机容量4.4万千瓦机组。2012年完成发电量49671万千瓦·时。

甲米河一级水电站位于四川省凉山彝族自治州盐源县境内的甲米河上，安装3台单机容量1.2万千瓦机组。2012年5月3日、20日、22日并网发电，完成发电量6263.66万千瓦·时。

安谷水电站位于四川省乐山市境内，安装4台19万千瓦和1台1.2万千瓦轴流转桨式水轮发电机组，总装机容量77.2万千瓦，总投资96.99亿元。2012年完成投资16.59亿元。①核准工作：2012年2月24日取得了国家发展改革委对安谷水电站项目核准申请报告的批复。②工程进展：2012年3月主体工程建设全面启动，实现了工程安全度汛；右岸太平副坝标，排涝洞开挖于4月17日全线贯通，洞衬混凝土于12月19日提前完成；厂坝枢纽标泄洪冲沙闸部位4月开始混凝土施工，厂房机组段8月11日首仓混凝土浇筑，提前工期81天；其他各项里程碑进度目标按计划完成。③移民工作：2012年，在计划时间内完成征地8700亩，房屋拆迁9.7万平方米，移民搬迁1700余人，满足了后续工程建设的需要。④环保工作：环保总体设计方案、生态建设规划已通过咨询审查。

木坡水电站位于四川省阿坝藏族羌族自治州小金县木坡乡境内，装机3台，总装机容量4.5万千瓦，设计年发电量1.91亿千瓦·时，投资概算5.07亿元。木坡水电站主体工程于2010年6月开工。截至2012年底完成投资12490万元。闸首枢纽主体土建工程、设备安装提前全部完成。厂房枢纽升压站、GIS楼、主体土建工程提前全部完成；3台机组安装全部完成，进入调试阶段。引水隧洞10074米全线贯通，全面进行隧洞混凝土衬砌、灌浆工程施工。

春堂坝水电站为沃日河梯级开发中的第四级电站，装机3台，总装机容量5.4万千瓦，投资概算7.80亿元。截至2012年底，首部枢纽完成泄洪冲沙闸海漫砂卵石基础开挖12643立方米、抛填大卵石2400立方米，完成支洞开挖支护110米，完成投资3718万元。

杨家湾水电站为小金川支流抚边河水电梯级规划中第四级电站，装机2台，总装机容量6万千瓦，设计年发电量25983万千瓦·时，总投资（动态）8.4亿元。2012年超前完成部分右岸桥台混凝土浇筑、上调压井公路K0+145.00～K1+560.00米段的道路开挖及回填、完成1号公路隧洞洞脸锁口及洞挖支护施工20米、厂区永久大桥右岸上桥公路内挡墙混凝土浇筑及左岸桥台基础开挖施工，完成投资3159万元。

甲米河二级水电站位于四川省凉山彝族自治州盐源县境内的甲米河上，装机3台，总装机容量2.4万千瓦，投资概算2.45亿元。2011年4月1日正式开工，12月29日引水隧洞比计划提前全线贯通。2012年完成投资8259万元。

塔日勒噶水电站位于新疆柯尔克孜自治州乌恰县吾合沙鲁乡的克孜勒苏河中游河段上，装机容量为4×1.25万千瓦，投资概算7.49亿元。2012年5月7日开工，2012年底完成投资8165万元。

【管理提升】 2012年，四川公司启动管理提升活动，成立了以公司董事长为组长、总经理和分管副总为副组长、部门主任为成员的管理提升活动领导小组。在四川公司计划合同部、各子公司设立管理提升活动办公室。制订了《管理提升活动考评办法》，确立了考核机制；下发《关于开展管理提升活动督导的通知》，确立了督导机制；制订《四川公司对标管理办法》，确立了检查机制。活动第一阶段查找出发展瓶颈问题3项、管理短板13项，确定专项研究3项。目前已转入“专向提升，协同推进”阶段。

一是加强制度体系建设，全年修订、新建管理制度25项，整理出台制度汇编手册。二是加强执行力建设，健全责任追究机制，发布公司处罚通则。发挥审计、效能监察功能，多路径严厉查处经营管理违规行为。三是加快全面风险管理和内控体系建设，系统整改内控缺陷，加强法制建设，治理和规范经营管理秩序，进一步完善经营风险防范体系。四是加强科技创新管理，重点围绕设计、施工、生产运行、管理创新等研究领域，形成一批科研成果。五是立足总部价值创造，严控管理成本特别是人工成本，规范职务消费管理，规范社会责任管理，不断提升总部工作作风、管理效能、服务质量和窗口形象。

2012年，《基于PDCA循环的电力生产标准化建设创新与实践成果》、《黑水河流域梯级水电站群联合优化运行探索与实践成果》分别荣获全国电力行业企业管理创新成果一等奖和三等奖。这两项科技成果分别荣获股份公司科技进步一等奖、二等奖及其中一项中国水力发电科学技术三等奖。四川圣达水电开发有限公司生产管理信息系统一期项目获全国电力行业信息化成果二等奖。

【党群工作】 2012年，四川公司党委完善党建制度体系、制定党建工作责任制制度37个，提高了两级公司党建工作水平。创建“四好”领导班子，开展集中学习、主题教育、培训调研、业余自学相结合活动，强化领导班子总体功能。加强党员队伍建设，制定全年培训计划，开展“创先争优”、“基层组织建设年”、“郭明义爱心团队”、“岗位学雷锋、争做好员工”、“党员先锋岗”评比等一系列活动，全年发展党员23名、积极分子58名。以党建带工建、团建，支持工会、共青团发挥好群众组织密切联系职工群众的桥梁和纽带作用，围绕生产经营和加强职工队伍建设开展工作。

工会开展保安全生产、保稳发满发，讲管理创效、讲岗位成才劳动竞赛活动。6月联合团委以“我为企业献一计”合理化建议为契机启动了“群众性经济技术创新”活动，引导广大员工积极参与科技创新、管理创新，立足岗位，成长成才。结合学习“余梦伦班组”先进经验，有针对性地组织了班组长培训等各类大型培训5场，培训员工400余人·次，已选派18名一线优秀班组长参加了清华大学远程培训。开展“服务职工在基层”活动，以“八送”（即送政策，送温暖，送培训，送清凉，送文化，送安全，送健康，送助学）“八小”（“小食堂、小澡堂、小书屋、小活动室、小休息室、小卫生间、小运动场、小医务室”）为主题的“服务职工在基层，和谐企业共创建”活动。

团委以庆祝建团90周年暨五四运动94周年为契机，重点开展了第一届青年技术论坛、“青年月”主题活动、青工“五小”活动、“防洪度汛、安全生产、青年先行”主题实践活动、“我为企业献一计”合理化建议活动、“发现身边之美，讲述心中楷模”主题演讲活动、“服务职工在基层，和谐企业共创建”活动、“岗位学雷锋、争做好员工”活动以及各类技能比武、岗位练兵、知识竞赛等，有效地服务了青年成长人才和企业科学发展。开展“号、手、队”创建活动，其中1个集体被授予省国资委系统“青年文明号”，1名个人被评为“四川省青年岗位能手”。组织各级团干部参加培训7人·次，召开团青工作专题会议2次。全年在公司网站发稿20余篇，3个集体和4名个人受到上级团组织表彰。

2012年召开了四川公司成立以来第一次新闻宣传工作会议，制定下发了《四川公司新闻宣传工作管理办法》，将公司新闻宣传工作纳入党建责任制考核体系，新闻宣传工作制度化、规范化。统筹内外宣传资源，利用各种宣传工具，加强企业内外宣传、品牌宣传和形象宣传，全面准确地介绍两级公司取得的成就、工作中涌现的先进人物和事迹，扩大社会影响、树立良好形象。年内，两级公司共在中国电建集团网站登载稿件22篇，股份公司网站登载稿件44篇，编发四川公司网站新闻稿件223篇。加强队伍建设，建立了59人的记者、通讯员队伍，两级公司积极组织开展新闻写作业务培训，举办培训班3次，参加培训人数达170人·次。公司各级宣传刊物相继推出，宣传载体进一步丰富，宣传效果、稿件质量明显提高。

深入开展企业文化建设，开展“文明机关”、“文明部室”创建活动，开展健康有益的文化活动。落实《四川公司企业文化建设实施方案》，深入挖掘公司特色文化，对《四川公司宣传画册》、《四川公司电视宣传片》、《员工手册》、《电力开发》杂志等企业文化宣传载体进行了改进升级，编制企业文化建设典型案例3个，加强学习室、阅览室、活动室、运动场等文化活动基础设施建设，营造了健康向上的文化氛围。

纪检监察工作做到反腐倡廉建设工作与生产经营管理同时部署、同时落实、同时检查，贯彻落实上级反腐倡廉建设会议精神，抓好党风廉政建设责任制工作，通过调整充实工作机构、修订完善工作制度、改进考核评价体系等措施，确保责任体系到位、责任落实到位、责任追究到位；坚持不懈抓好以“保持党的纯洁性”主题教育活动为重点的廉洁从业教育，受教育面做到党员领导干部全覆盖、重要岗位人员全覆盖、纪检监察人员全覆盖，教育形式上做到专题学习与中心组学习相结合，集体学习与集中培训相结合，个人学习与实际工作相结合，筑牢反腐倡廉建设思想根基；通过深入推进基础工作，深入推进成果总结，深入推进工作规划，扎实抓好惩防体系建设；通过进一步规范行权、规范流程、规范执行，保证了“三重一大”决策制度的有效实施；针对重点事项、重点环节和监管重点，开展综合监察和专项监察，进一步促进了四川公司规范管理、科学发展；坚持“有信必回、有访必接、有案必查”，及时处理信访举报，有效化解了廉洁防控风险。

【履行社会责任】 2012年4月22日，由四川公司组织开展的“珍稀鱼类增殖放流活动”在黑水河流域毛尔盖水电站库区成功举行，15万尾人工养殖的重口裂腹鱼、齐口裂腹鱼等岷江上游珍稀鱼苗回归自然，这次放流活动为改善和保护岷江流域水生生态环境，拯救珍稀濒危水生生物等方面具有重要意义，也是“中国水电”履行社会责任，努力推进生态文明建设的具体实践。黑水县公证处对本次放流活动进行了公证。

中国水电建设集团租赁控股有限公司

概　　况

【综述】　中国水电建设集团租赁控股有限公司（以下简称“租赁公司”）成立于2004年11月1日，以经营租赁和融资租赁为主营业务。该公司注册资本7.4亿元，由三家股东单位出资组建。其中，中国水利水电建设股份有限公司（以下简称“股份公司”）持股62.45%，中国水利水电第四工程局有限公司持股16.73%，中国水电建设集团新能源开发有限责任公司持股20.82%。

2012年底，租赁公司职工总人数221人，其中：租赁公司本部104人，浙江中水发电设备有限公司55人，深圳片区62人。大学专科以上占全部职工79.19%，平均年龄34岁，中高级职称65人。2012年公司“融资租赁‘走出去’的探索与实施”获得全国电力行业企业管理创新成果一等奖。

截至2012年底，租赁公司共有全资子公司4个：中水电融通租赁有限公司、中水电北固建设机械有限公司、浙江中水发电设备有限公司、深圳百业达机械设备租赁有限公司。控股公司1个：深圳能科达机械工程有限公司，租赁公司占该公司股份的60%。分公司2个：机电物资公司和新疆分公司。参股公司3个：中国水电建设集团国际工程有限公司、中水电海外投资有限公司和天津中基大地工程有限公司。

【领导班子】　2012年，租赁公司领导班子成员为：董事长兼党委副书记吕瑞翔；副董事长林玉杰；总经理兼党委副书记钱庆云；党委书记兼副总经理张斌；总会计师姚国良；总工程师蔡启光；副总经理楼祥忠。

【主要指标】　2012年，租赁公司完成营业收入23亿元，实现利润总额2.49亿元，与2011年同期相比，营业收入同比增长61.63%，利润总额同比增长64.96%。实现年人均劳动生产率突破千万元、人均创利超百万元大关，国有资产保值增值率140.56%，EVA经济增加值15541万元，在岗职工平均工资实现大幅增长。全年未发生重大安全事故，荣获股份公司年度安全生产先进企业（B类）。

2012年，租赁公司资产总额27.29亿元，比2011年增加7.7亿元，资产负债率为69.46%，比2011年下降4.5个百分点；总资产周转率为0.98次，比2011年增长0.17次，资产效率提高近21%；应收账款周转率为9.88次，与2011年基本持平，各项财务指标进一步优化。

【重大项目】　2012年，租赁公司与新疆圣雄公司签订融资租赁项目3个，合同金额共计10.5亿元，分别为电石炉二期项目、黑山石灰窑项目、自备电厂一期项目。

电石炉二期项目位于新疆吐鲁番地区托克逊圣雄工业园，合同金额3.5亿元，合同期限为3年，标的物为年产60万吨电石、60万吨石灰设备。

黑山石灰窑项目位于吐鲁番地区黑山矿区，合同金额4.5亿元，合同期限为3年，标的物为八座600吨/天套筒石灰窑系统设备。

自备电厂一期项目位于新疆吐鲁番地区托克逊圣雄工业园，合同金额2.5亿元，合同期限为2年，标的物为2×30万千瓦资源综合利用机组设备。

租赁公司对于新疆圣雄公司进行了详细的前期调查，制定了完善的担保措施，截至2012年12月，新疆圣雄公司实现了全年零逾期的成绩。

2012年，江西嘉盛食用油项目第一期顺利结束，第二期开始执行。嘉盛项目开创性的采用国内信用证支付方式，丰富了公司的支付手段，节约了财务成本。截至2012年底，嘉盛项目共完成销售合同额8.18亿元，销售收入7.24亿元，在已完成项目中，无逾期收款纪录，实现了合作的双赢局面。

2012年，经过近一年的前期工作，租赁公司下属中水电融通租赁有限公司与俄罗斯车里雅宾斯克砖厂融资租赁项目正式启动。该项目较好地解决了国际融资租赁项目中风险控制和资金来源两大难题，使租赁公司开展海外融资租赁业务的能力得到进一步提升，为公司海外业务积累了更多实践经验。

2012年，由租赁公司所属浙江中水发电设备有限公司承制的8万千瓦水轮发电机组水轮机蜗壳、座环完成厂内预挂装验收。该项目是浙江中水发电设备有限公司目前承制的单机容量最大的机组，蜗壳进水管直径5.2米，预装完成后，X方向长度为13.6米，Y方向长度为14.0米，总体重量为124.2吨。

【党建工作】 2012年，租赁公司党委坚持融入中心抓党建，抓好党建促发展，党建工作成效显著。一是加强领导，构建了以党委总负责，党支部具体抓落实的党建工作责任机制。二是加强制度建设，推进党建工作制度化、规范化和科学化水平。三是以学习型党组织建设为载体，加强宣贯科学发展观、党的十八大精神和社会主义核心价值体系，提高党员干部政治理论水平。四是加强党员干部队伍建设，按照“基层组织建设年”活动部署，调整组织设置，理顺工作关系，完善干部选拔任用标准和流程。五是落实党风廉政建设责任制，加强惩防体系制度建设，为公司和谐健康发展保驾护航。六是深入开展创先争优活动，围绕“强组织、增活力，创先争优迎十八大”主题，认真组织开展庆祝建党91周年、基层组织建设年和专项教育等活动，涌现出一批先进基层党组织、优秀共产党员和优秀党务工作者，形成了“组织创先进、党员争优秀”的良好局面。七是加强企业文化建设，通过组织开展联谊比赛、听讲座、文体娱乐等多种形式的活动，增强企业凝聚力，构筑了和谐的企业与员工沟通平台。

【纪检监察】 2012年，租赁公司加强了纪检监察组织建设工作，设立了纪委，配备纪委副书记1名、纪委委员3名，单独成立监察部门，配备监察部负责人1名、纪检监察专职干事1名。

2012年，租赁公司两级领导班子成员严格落实“一岗双责”，部署安排党风建设和反腐倡廉建设工作，层层签订党风廉政责任书，形成责任明确、层层负责的工作机制和格局。年中对所属单位进行专项抽查，抓好整改。年终对党风廉政建设责任制落实情况进行检查考核。修订《“三重一大”决策制度实施办法》，2012年召开总经理办公会8次，党政联席会7次，决策“三重一大”事项46项，其中重大决策事项38项，重要人事任免4项，重大项目安排4项。

【工团工作】 租赁公司工会以服务生产经营、推动企业发展为主线，以加强教育引导、提升职工素质为重点，在职工综合素质建设、民主管理、技能竞赛、企业文化建设等方面积极开展工作，成绩显著。组织全体职工学习十八大读书月活动；开展合理化建议活动，共收回合理化建议54份；开展计算机技能大赛、岗位练兵活动；组织参加中国电建集团“喜迎十八大歌咏比赛”活动；开展“送温暖”、“献爱心”活动；组织全体职工捐献一日工资活动，共捐款15636元；组织开展“三八”妇女节座谈会、参观宋庆龄纪念馆、女职工卡拉OK比赛等活动。

租赁公司团委深入开展“创先争优”和“导师带徒”活动，积极开展篮球联谊赛、“挑战自我、熔炼团队”训练营活动、纪念共青团成立90周年专题讲座和合理化建议等活动。2012年，融资租赁事业部获股份公司“青年文明号”称号。

租赁公司组织机构图

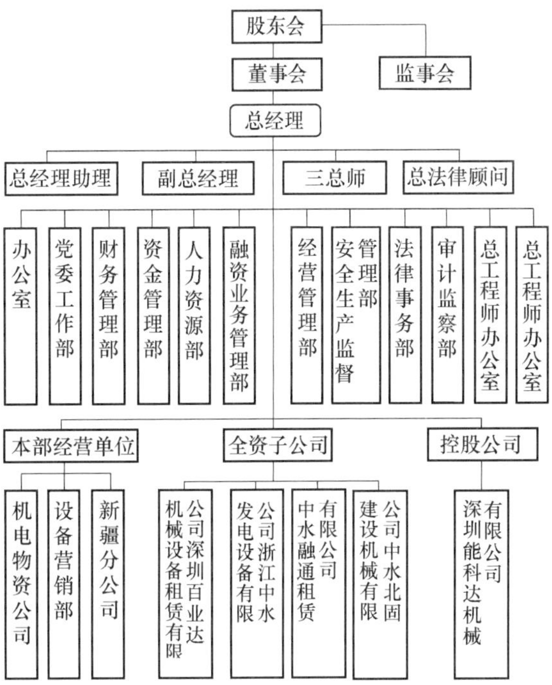

全资子公司

【浙江中水发电设备有限公司】 浙江中水发电设备有限公司隶属于租赁公司，属国有全资公司，注册资本金5000万元。2005年根据集团公司的改制要求，对富春江水电设备总厂进行了改制，同时成立了浙江中水发电设备有限公司，法人代表吕瑞翔。公司经营范围：成套水力发电设备及配件、电站水电机械设备及配件、纺织专用机械设备、冶金机械设备、建筑工程机械设备、金属结构件的制造、安装，提供相关的技术服务；建筑工程机械设备、机电设备、电器设备的租赁、销售、维修；机械零配件、新材料、金属材料、建筑装饰材料（不含砂石）、化纤原料、棉纺织品、电子产品和销售；货物进出口（法律、行政法规禁止经营项目除外，法律、行政法规限制经营的项目取得许可后方可经营）。

【中水电融通租赁有限公司】 中水电融通租赁有限公司是租赁公司的全资子公司，于2010年12月17日成立，注册资本1.7亿元，法定代表人张斌。公司的经营范围：施工机械（港口设备除外）、电气设备的租赁、销售、维修；融资租赁；机械零配件的生产、销售；焦炭的销售；电子产品、新材料、建筑装饰材料的销售；货物和技术的进出口业务（限从事国家法律、法规允许经营的进出口业务）；相关技术咨询和管理服务。

【中水电北固建设机械有限公司】 中水电北固建设机械有限公司于2010年5月成立，是由租赁公司投资的法人独资企业，注册资本10000万元。公司经营范围：煤炭批发经营（煤炭经营资质证书有效期至2016年5月26日）；大型设备零部件及钢构件制作生成；各种施工机械、车辆及其他机械和电器设备的租赁、销售、维修；电子产品、建设装饰材料的销售和相关服务；货物进出口，技术进出口；技术管理、咨询、培训、展览等业务；提供履带吊、高架门机、塔机等大型起重机械，液压抓斗、旋挖钻机等软基处理机械，湿喷台车、凿岩台车、爬罐等地下机械，以及大型土石方机械的租赁及维修服务。

【深圳百业达机械设备租赁有限公司】 深圳百业达机械设备租赁有限公司（以下简称“百业达公司”）是租赁公司的全资子公司，位于广东省深圳市，成立于1993年7月12日，注册资本2351万元，法人代表吕瑞翔。从事各种地下施工机械、车辆及其他机械、电气设备的租赁、销售和维修业务；建有大型的维修工厂，专业从事机械设备维修和服务。

控股公司

【深圳能科达机械工程有限公司】 深圳能科达机械工程有限公司（以下简称“能科达公司”）成立于1993年，是集团公司与阿特拉斯·科普柯（香港）有限公司和香港敏达机械服务有限公司共同投资经营的合资企业，注册资本160万美元，公司法人代表吕瑞翔。2002年11月，阿特拉斯·科普柯（香港）有限公司授权深圳能科达机械工程有限公司负责其建筑与矿山产品在中国水利水电行业的总经销。公司经营范围：机电设备及零配件的采购与批发、机电设备的技术服务、机械设备及零配件和机电成套设备的进出口、机电设备相关的技术及出口、工程机械翻新和设备维修、技术咨询。

中国水电建设集团新能源开发有限责任公司

概　况

【综述】 中国水电建设集团新能源开发有限责任公司（以下简称“新能源公司”）于2007年7月由中国水电建设集团投资有限责任公司（2004年7月成立）变更在国家工商总局登记设立。新能源公司由中国水利水电建设股份有限公司（以下简称“股份公司”）、中国水利水电第十四工程局有限公司、中国水利水电第四工程局有限公司、中国水利水电第十六工程局有限公司、中国水利水电第八工程局有限公司、中国水利水电第九工程局有限公司出资组建，由股份公司控股，注册资本金159 607.6万元。

新能源公司主要经营：水电发电、风力发电、太阳能发电、生物发电等再生能源开发；实业、电力、热力、煤炭、交通、水务等基础设施项目的投资；投资咨询等。

中国水利水电建设集团公司（以下简称“集团公司”）根据国内风电行业投资逐步走向专业化的特点成立新能源公司作为风电项目的投资和运营主体，实行专业化开发、管理和运营。2009年11月27日，股份公司创立大会在北京举行，新能源公司作为集团公司投入到股份公司的资产，成为股份公司的控股企业。新能源公司的股东由集团公司变更为股份公司。新能源公司确定“依托中国水电品牌、利用内外资源、开拓国内国际市场、全面打造股份公司风电产业”总体战略，在股份公司的统一部署下，负责股份公司风电资源的规划布局、资源获取、项目前期工作、项目开发和发电运行。

新能源公司在风电、水电投资开发中积累了较为丰富的经验，培养了一批专业技术人才，有较强的专业优势和竞争力，为推动股份公司新能源事业的发展，新能源公司坚持按照股份公司战略部署和新能源公司战略目标，在发展进程中坚持“自强不息、勇于超越”的企业精神，秉承“顺势勇为、诚信守诺、科技领先、管理图强”的经营宗旨，广大员工恪守“热爱祖国、忠诚公司、爱岗敬业、团结协作”的行为规范，追求“为股东创效益、为社会担责任、为员工谋幸福”的核心价值观，共同努力将新能源公司建设成为质量效益明显的专业化公司，实现共同愿景。

【主要指标】 2012年度新能源公司经营业绩指标完成情况：

(1) 发电量83420万千瓦·时，完成全年发电预算82300万千瓦·时的101.36%，较2011年65935万千瓦·时增长26.52%。

(2) 营业收入39305万元，完成预算收入38518.51万元的102%，较2011年32945万元增长19.3%。

(3) 利润总额16983万元，完成预算16144.1万元的105.20%，较2011年4088万元增长315.43%。

(4) 2012年底，资产总额611314.71万元，负债总额397503.75万元，资产负债率为65.03%，较2011年负债率76.37%降低11.34%。

(5) 2012年顺利实现北票5万千瓦风电、如东10万千瓦潮间带海上风电、湖南株洲5万千瓦风电和甘肃武威5万千瓦光伏项目的开工建设。

(6) 新增加资源点19个，275.7万千瓦，其中风电项目160万千瓦，光伏发电项目115.7万千瓦，为公司的可持续发展打下坚实的基础。

改革发展

【加强资源获取，加大项目前期工作力度】 2012年新能源公司在资源开发方面成绩显著。在湖北省随州市、十堰市、襄樊市三市共签署约700兆瓦风电开发协议，与湖北省发展改革委成功签订了“战略合作协议”；与岳阳临湘市政府签订150兆瓦前期测风开发协议；与湖南省郴州市汝城签订了100兆瓦黄金山风电开发协议；与湖南省郴州市北湖签订了100兆瓦石盖塘风电开发协议；与黑龙江省五大连池市签订了30兆瓦的生物质资源开发协议。

河北万全项目于2012年7月23日完成了接入系统设计方案，并且设计方案实现了“低电压等级，接入坝下，就地消纳，类似分布”的预定目标。湖南株洲龙亭龙凤风电场项目于2012年10月1日获得核准文件。2012年内，敦煌40兆瓦光伏项目、宁夏10兆瓦光伏项目和贵州白马山风电项目获取了“路条”。贵州白马山风电项目于2012年底签订了并网意向性协议书，完成了风资源评估、可行性研究报告的专家评审，具备申报国家第三批能源局计划条件。取得青冈风电项目前期支持性文件11项，已成功将青冈项目列入“黑龙江省‘十二五’第二批风电核准计划备选项目”上报至国家能源局。

甘肃武威光伏发电一期（50兆瓦）项目，从开始到项目核准仅用了9个月，2012年10月项目公司成立，全面进入开工建设阶段，实现当年核准，当年开工。

【强化安全管理基础，保持公司生产建设安全稳定】 新能源公司于2012年11月底发布实施了25项安全生产管理办法。这些制度在新能源公司安全机构设置、安全责任落实、安全检查考核、安全教育培训、事故报告和调查处理、应急管理、隐患排查治理、特种作业安全管理、安全技术措施管理、发电场（厂）的安全管理、安全评价、重大危险（源）因素的管理、安全档案管理等方面做出了明确规定。新能源公司还结合“安全生产月”等活动开展多种形式的安全文化活动。

【进一步强化财务管控手段，推进全面预算管理上台阶、上水平】 一是强化财务预算的执行控制。二是强化成本费用的管控，努力拓展盈利空间。三是强化风险性资产管理，有效防范财务风险。四是强化税收管理，有效防范税收风险。五是强化对募集资金的管理，充分发挥募集资金的杠杆作用和放大效应。六是以管理提升活动为契机，将全面预算管理上台阶、上水平。

【进一步加强审计、监察、法律工作，确保公司持续健康快速发展】 积极开展探讨惩防体系与全面风险管控的关系，将审计与效能监察有机结合，确立效能监察重点项目，将领导班子“三重一大”民主决策程序执行情况作为审计重点。不断加强法律管理工作，法律风险防范机制有效运行，对重大经营决策、投资运作、合同签订等领域的法律介入和管控不断深入，确保依法合规开展经营活动。

重大项目

【甘肃酒泉干河口第四风电场项目】 中国水电建设集团瓜州风电有限公司投资开发的干河口第四风电场项目，是国家发展改革委核准的酒泉千万千瓦级风电基地、“十一五”380万千瓦风电项目的组成部分。该项目安装133台单机容量1500千瓦风力发电机组，项目装机容量20万千瓦。

2012年度，干河口第四风电场完成上网电量3.58亿千瓦·时，经营收入18859万元，实现利润4168万元。

【锡盟灰腾梁洪格尔风电项目一期、二期】 锡盟灰腾梁洪格尔风电场（电网名称为贝力克风电场）位于内蒙古锡林浩特市与阿巴嘎旗交界的辉腾梁草原上，65米高处年平均风速为8米/秒，年平均有效功率密度为450瓦/平方米。总占地面积65.34平方千米，规划装机容量30万千瓦，分6期开发。

一期工程占地约10.3平方千米，装机容量4.95万千瓦，安装金风750千瓦风力发电机组66台。2012年完成发电量9612万千瓦·时，实现营业收入5091万元，利润910万元。

二期工程位于一期南面，占地约13平方千米，装机容量4.95万千瓦。2012年5月6日最后一台机组并网发电，较计划提前55天完成二期工程全部投产发电的目标。2012年项目实现发电量6439万千瓦·时，实现营业收入2807万元，利润917万元。

【辽宁北票王子山风电场项目】　辽宁北票王子山风电场是辽宁省规划开发的重点风电项目之一，项目建设规模4.95万千瓦，安装33台单机容量1500千瓦的风力发电机组，设计年上网电量10105.7万千瓦·时，年发电利用小时数为2042小时。

截至2012年底，完成全部道路和吊装平台的施工，基本完成风机基础的施工，完成首批8套机组塔筒、机舱、叶轮吊装和电气安装，升压站具备电气设备安装条件；场内架空集电线路、场外送出线路基本完成土建及安装工程。

【江苏如东海上风电场（潮间带）100兆瓦示范项目】江苏如东海上风电场（潮间带）100兆瓦示范项目位于江苏省如东县北凌外滩的潮间带上。

2012年12月，如东海上风电场（潮间带）100兆瓦项目由国家发展改革委正式核准，该项目成为我国核准的第二个海上风电项目。

【贵州桐梓河水电开发项目】　贵州桐梓河水电开发项目位于贵州省遵义市境内的桐梓河上，由新能源公司控股的贵州桐梓河水电开发有限公司（以下简称“桐梓河公司”）投资开发的3座水电站：圆满贯、杨家园和兰子口水电站，设计总装机容量为11万千瓦。其中，圆满贯、杨家园水电站已并网发电。2012年，桐梓河公司全年完成发电量为2.1亿千瓦·时，实现总收入6380万元，与2011年相比减亏1000多万元。

桐梓河公司被南方电网公司授予“2012年度电力安全运行优秀奖”。

【长岭风电项目一期、二期】　新能源公司投资开发的吉林长岭风电场一期工程（49.5兆瓦）于2006年5月2日开工建设，2008年2月29日33台风力发电机组全部实现并网发电。长岭风电项目二期工程（49.5兆瓦）由新能源公司控股的中水电中电风力发电有限公司投资建设。2008年7月21日，主体工程开工；2009年8月30日，33台机组全部实现并网发电。

党建工作

【党建工作】　根据股份公司党委要求，结合实际，2012年新能源公司扎实做好反腐倡廉工作，进一步完善惩治和预防腐败体系，落实党风廉政责任制目标。进一步加强和改进基层党建和党员管理工作，深化“四好”领导班子创建活动，推动领导班子和干部人才队伍建设。不断加强党务工作人员队伍建设。深入开展创先争优等活动。继续加强新闻宣传、信息报送和企业文化建设，做好文明工程项目创建工作。围绕生产经营积极开展群团工作。继续完善工会组织，健全完善困难职工帮扶救助机制，健全厂务公开的领导体制和工作机制，积极开展职工之家、劳动竞赛等各项文体活动，使工会成为参与企业民主管理、维护职工权益、提高职工素质水平的组织平台。继续加强党对共青团工作的领导，推动共青团围绕中心工作开展活动。

中国水电建设集团港航建设有限公司

概　况

【综述】　2012年，中国水电建设集团港航建设有限公司（以下简称“港航公司”）实现营业收入17.54亿元，同比增长26.81%，为年计划（考核目标值14.5亿元）的120.93%。实现利润总额1161.54万元，净利润535.02万元。

（郑　颖）

截至2012年底，港航公司在册员工共计789人，平均年龄35岁，其中29岁及以下302人；拥有大专以上学历494人，其中本科以上学历322人，研究生以上学历24人；管理岗位113人、专业技术岗位322人、生产岗位261人、服务岗位36人、其他57人；高级（含高级以上）职称48人、中级职称96人。港航公司共设有3个分公司，9个国内外直属项目部，13个总部管理部门。

（郭　婧）

【领导班子】　2012年3月，中国电建集团党委、股份公司对港航公司主要领导人员进行调整：于晓任港航公司执行董事、总经理、党委副书记；童劲松、赵景涛不再担任港航公司领导职务。2012年8月，股份公司对港航公司领导班子进行换届考核。换届考核后公司新一届领导班子成员为：执行董事、总经理、党委副书记于晓，党委书记、副总经理随守信，副总经理李振旺、张平、曲岩，纪委书记、工会主席代继义，总会计师林锋。

（郑　颖）

【主要会议】　2012年4月1～2日，港航公司2012年工作会议暨一届五次职工代表大会在天津总部召开。会议传达了中国电建集团、股份公司2012年工作会议、职代会精神，听取审议了公司行政工作报告、工会工作报告和财务工作报告，审议了审计工作报告及2012年公司工资集体协商协议，公司领导班子成员向大会做了述职述廉报告，职工代表对公司领导班子、公司总部中层以上领导干部进行了民主评议，签订了2012年分公司负责人业绩考核责任书、党建工作责任书和工资集体协商决议书，表彰了2011年度公司先进集体、质量管理先进集体、劳动模范和先进个人。

（解　贞）

2012年4月19日，港航公司监事会一届六次会议在天津总部召开。公司监事会主席席国超、监事李家俊委托人付宜彤、监事沈国华委托人于来新、港航公司职工监事朱治明出席会议。港航公司总会计师林锋及财务部、资金部、监事会办公室等部门负责人列席会议。会议听取了港航公司2011年财务情况汇报，讨论了监事会工作报告并提出了修改意见，交流了财务管理工作经验。

2012年4月27日，港航公司监事会在股份公司总部召开了2012年度监事会会议。公司监事会主席席国超、监事李家俊、监事沈国华、港航公司职工监事朱治明、于继宏出席会议。会议通过了2012年监事会工作报告；选举席国超为港航公司第二届监事会主席。

（王振国）

同日，港航公司第二届董事会第一次会议在股份公司总部召开。公司董事于晓、随守信、李江波、赵景涛、张爱卿委托代表曾辉、章运礼委托代表盛玉明、职工代表董事代继义出席会议。会议选举于晓为港航公司第二届董事会执行董事，并聘任于晓为港航公司总经理。会议审议并通过了港航公司2012年经营计划、融资计划；听取并审议了董事会工作报告，审议了公司关于增加注册资本金的方案、公司章程修改方案、2012年投资计划、公司2011年度财务决算2012年度财务预算方案以及2011年度利润分配方案，同意提交股东会审议。

同日，港航公司2012年股东会会议在股份公司总部召开。股份公司副总经理曾兴亮，国际公司总会计师沈国华，水电十三局有限公司党委书记赵景涛，股份公司推荐董事于晓、随守信、李江波、张爱卿委托代表曾辉，国际公司推荐董事章运礼委托代表盛玉明，港航公司职工代表董事代继义，水电十三局有限公司推荐监事席国超，股份公司推荐监事李家俊，港航公司职工代表监事朱治明、于继宏，董事会秘书徐炳胜出席会议，港航公司副总经理李振旺、张平，总会计师林锋，总工程师王德军列席会议。会议选举于晓、张爱卿、李江波、随守信、赵景涛、章运礼，并与公司职代会主席团联席会议选举的职工代表董事代继义，共7人组成港航公司第二届董事会；选举席国超、沈国华、李家俊，并与公司职代会主席团联席会议选举的职工代表监事朱治明、于继宏，共5人组成港航公司第二届监事会。会议审议并通过了公司关于增加注册资本金方案、公司2012年投资计划、公司2011年度财务决算2012年度财务预算方案、2011年度利润分配方案；审议并批准了公司章程修改方案、董事会工作报告、监事会工作报告。

（解　贞）

重大项目

【概况】　2012年，港航公司累计承建项目共26个，其中国际项目7个，国内项目19个；完工项目6个；累计完成营业收入175351.24万元，未发生任何重大安全、质量事故，整体合同履约情况良好。

（黄亚飞）

【平潭项目群】　2012年，港航公司在福建海西市场中标承接工程项目5个，签约合同总金额为13.03亿元，占年度新签合同总额的62%。其中，福建省平潭金井湾海侧围堰及护岸工程投资建造BT项目是单项工程规模过亿的海堤类工程，福州港平潭港区进港航道（金井航道）工程是港航公司利用非绞吸船从事航道疏浚任务的突破性工程。2012年11月承接的漳州市古雷港口陆域和加工物流区（Ⅰ区一期）填海造地工程，中标金额21649.0573万元，是港航公司开辟海西市场的新成果，为股份公司辐射福建省内沿海区域市场起到了积极推动作用。

（李　洁）

【沧州渤海新区综合港区后方区域吹填造陆二期工程施工二标段】　2010年11月该项目中标，合同金额约为22440万元，合同工期为183天。主要施工内容为：对吹填子埝、隔堤、D2-1区进行吹填，其中吹填子埝总长1566米、隔堤总长1553米；采用袋装砂斜坡堤结构，无纺布护面，堤顶泥结碎石路面；吹填区总面积218.3万平方米，吹填总工程量1151万立方米。该工程已顺利完工。

（黄亚飞）

【天津市南水北调中线滨海新区供水二期工程施工（第5标段）】　2012年11月该项目中标，合同金额6959.2999万元，施工总工期416日历天。该项目采用的顶管施工为双排DN2600壁厚34毫米的钢管顶进，顶进距离达524.13米，施工难度和顶进长度都创造了天津市大管径、长距离顶管施工的纪录。该工程已顺利完成，为公司在长距离、大直径复杂地质条件下顶管工程施工积累了宝贵经验。

（李　洁）

【马里阿拉塔纳干渠改造项目】　2009年12月该项目中标，合同金额约为5797万美元，开工日期为2010年2月3日，合同工期为24个月。主要施工内容为：渠道开挖584万立方米，围堤修复改造方量108.5万立方米；检查道修建，铺设黏土5.13万立方米；砌石等石方量1.3万立方米；钢板桩防护约600平方米。该工程已顺利完工并通过验收。

【毛里塔尼亚努瓦迪布矿石新港建设项目】　2010年2月该项目中标，合同金额约为7257万欧元，开工日期为2010年4月18日，合同工期30个月。主要施工内容为：高桩引桥（引桥长794.6米，宽10.45米）；高桩码头（码头长402.6米，宽30米，码头北端与引桥相接处47.7米长范围内宽20米）；靠船墩；系缆墩；陆域土石方工程和水、电、油管路施工。该工程已顺利完工并通过验收。

（黄亚飞）

【巴基斯坦开普洛渠道修复项目】　该项目是港航公司与水电十三局有限公司以中国水利电力对外公司为窗口单位联营投标并中标的工程，项目主要施工内容为渠道清淤及节制闸、渠首结构物、沿线取水口建造等，中标金额约2652万美元，其中港航公司所占比例为49%，约1300万美元，合同总工期30个月。该项目已于2012年5月正式开工。

【厄瓜多尔可尼尔防洪工程项目】　该项目分包自中国水利电力对外公司，项目主要施工内容为：对纳兰哈上游、可尼尔下游、BY PASS下游三段渠道进行开挖和筑堤，对BY PASS下游出水口进行开挖，打设钢板桩防护以及少量混凝土工程等；合同金额为7802.7万美元；合同总工期36个月。这是港航公司首度进入南美工程市场，为拓展国际市场起到积极推进作用。

（赵　倩）

企业管理

【项目管理】　2012年，港航公司26项承建项目均处于受控状态，管理体系运行水平有所提升，施工质量满足合同质量要求。港航公司结合承接项目的实际管控需求，对相关管理制度进行了修订，制定《港航公司分包商资源库管理办法（试行）》等制度；同时加大对相关单位制度执行情况的监督检查力度，推动项目信息化建设，提升公司项目管理科学化、规范化、精细化水平。

（赵　祥）

【设备管理】　2012年，港航公司重点加强对设备采购计划的管理，并将股份公司及港航公司的采购平台相结合，优化招投标流程，提高招投标效率；同时对现有设备管理制度进行了修订，制定《港航公司设备物资管理评优活动管理办法》等制度；同年完成“中国水电J08”挖泥船的复试检验及免税进口工作，“中国水电J03”挖泥船和“中国水电M05”锚艇的大修理工作，9029挖泥船泥泵部件、水下泵电动机和挖岩绞刀齿测绘工作等。截至2012年底，港航公司共有设备1096台（套），原值17.12亿元，净值14.23亿元，总功率95846.91千瓦。

（戚晓航）

【人才管理】 2012年，港航公司制订三年人才发展规划，以“总量适度增长、结构优化调整、素质整体提升”为核心，以选拔挖掘为主要方式，盘活人才资源存量；以引进招聘为辅助措施，多渠道扩充人才增量；同时重点培养国内外经营管理复合型人才、商务人才，重点聘用国际生产经营人才、设备管理人才。通过制定出台聘用退休人员指导意见、组织召开公司考试取证动员大会、举办一级建造师考前培训班等多种形式，积极创新人才培养使用形式。

（郭 婧）

【财务管理】 2012年，港航公司进一步完善公司债权债务预警体系，不断强化应收款项清欠管理工作，通过组织财务工作调研、开展财务状况分析、税收筹划部署、会计基础工作大检查等项工作，有效强化总部财务管控职能。通过撰写五年财务分析报告，对公司成立五年来取得的成绩、财务状况分析、财务指标分析及存在主要问题等方面进行阐述，并提出合理化建议，为各级领导把握全局、科学决策提供了数据化支持。

（李 君）

【投融资管理】 2012年，港航公司进一步深化银企合作，新增银行授信21.90亿元；累计提款18笔77600万元；累计还款53笔105291.74万元；偿付利息费用108笔8618.66万元。同年完成公司注册资本金申报追加工作，股份公司印发《关于以募集和自有资金对港航公司进行增资的通知》，决定对港航公司增资5亿元；国际公司、水电十三局有限公司分别增资7040.35万元和5782.78万元。截至2012年底，港航公司注册资本由3亿元增加到9.28亿元，公司资本结构趋于合理。

（吴 琼）

【科技立项】 2012年，港航公司评审立项的各科技项目均顺利实施，其中毛塔项目的“平台船打桩施工技术研究”、“采用沙漠砂配置高强度混凝土配合比的设计及研究”以及深圳项目的“人工湿地施工工艺、水分质排放技术研究”三个项目均已按照合同实施完成并顺利通过验收。公司将节能技术作为科技立项的重点，积极推行节能“四新”技术和设备技术改造，2012年投入经费106.13万元，比2011年同期增加48%。

（邢雪梅）

【管理提升】 2012年，港航公司全面启动管理提升活动，成立了管理提升活动领导小组和活动办公室，召开了管理提升启动会，制定了活动实施方案，确定了14项重点任务。经研究确定了3项发展瓶颈、5项管理短板、3个专项研究课题，并制订了自我诊断报告、专项研究计划和专项提升方案。同时建立了活动督导机制和考评机制，开展了公司管理提升知识竞答活动，并及时做好活动宣传组织工作。

（解 贞）

党群工作

【综述】 2012年，港航公司党委认真按照天津市委、股份公司党委对全年党建工作的安排部署，以推行党建工作责任制、完善党建工作制度体系两项基础工作为重点，深入开展创先争优、基层组织建设年、保持党的纯洁性等主题教育活动，为公司改革发展提供了重要支持和保障。

【深入开展创先争优活动】 2012年，港航公司积极推进在创先争优活动中深入开展党的基层组织建设年活动。公司7个党总支、17个党支部高效完成学习动员、调查摸底、分类定级、整改提高、晋位升级等重点环节任务，党员参与率达到100%。天津规划建设工委督导组对公司创建活动给予高度评价，公司党建工作责任制实施方案还被工委作为创先争优长效机制备案收录。

【深化保持党的纯洁性教育活动】 2012年，港航公司全面开展保持党的纯洁性教育活动，成立了活动领导小组，制定了实施方案。通过观看形势报告、印发学习文件、开展学习研讨等方式，对党员尤其是党员领导干部的自我学习、撰写体会、廉洁承诺、调查研究和问题查摆等环节做出具体安排，切实形成重视管理、重视合同、重视规范、重视廉洁的良好氛围。

【深入贯彻落实党的十八大精神】 港航公司组织党员干部集中观看十八大开幕式盛况，集中订购辅导书籍光盘，通过党委中心组学习、党小组学习、部门（班组）学习三个层次，做到两个带动，同时与学习型党组织建设及管理提升活动紧密结合，为积极学习贯彻十八大精神营造了良好氛围，创造了充足条件。

【积极开展工团活动】 港航公司认真组织开展“面对面、心贴心、实打实服务在基层活动”及“四有”、“双亮”等工团活动，进一步凝聚了职工群众。2012年度组织专项劳动竞赛活动2项，建设职工书屋3个，文体活动40多项次。2012年，港航公司先后荣获全国“安康杯”竞赛先进单位、“天津市文明单位”、“天津市五一劳动奖状”、“天津市规划建设系统平安城建工作先进单位”等多项荣誉称号。同时，港航公司还连续四年获天津“安康杯”竞赛先进单位荣誉称号，连续三年获“工委先进基层党组织”荣誉称号，2人荣获“天津市五一劳动奖章”。

（郑　颖）

中国水电建设集团甘肃能源投资有限公司

概　　况

【综述】　中国水电建设集团甘肃能源投资有限公司（以下简称“甘肃能源公司”）是中国水利水电建设股份有限公司（以下简称“股份公司”）在甘肃的区域公司，于2011年4月23日在兰州挂牌成立，注册资本金38.45亿元。公司统筹负责股份公司在甘肃境内的煤电资源投资与开发，控股中国水电建设集团崇信发电有限责任公司（以下简称“崇信公司”）90%股权、中国水电建设集团华亭发电有限责任公司（以下简称“华亭公司”）75%股权、甘肃灵南煤业公司100%股权，是甘肃陇东能源基地建设的重要力量。甘肃能源公司的定位是：政策研究中心、战略与风险管理中心、经营管理中心、资金调控中心、人才支撑中心。

甘肃能源公司已运行火电项目为崇信公司2×66万千瓦超临界燃煤机组和华亭公司2×14.5万千瓦循环流化床机组，已运行装机容量161万千瓦，占甘肃统调火电机组容量的13%。公司煤炭资源储量12.98亿吨，规划开发900万吨（灵台南煤田）。公司正在建设平凉煤炭储备中心暨崇信电厂铁路集煤站，预计2014年初实现通车，年储备运输能力500万吨；控股库容786万立方米的平凉王峡口水库和库容380万立方米的铜城水库。

2012年，甘肃能源公司上下坚定信心，直面困境，得力应对复杂而艰难的经营形势，圆满完成各项任务目标，全年工作取得积极成果。全年完成发电量57.41亿千瓦·时，完成销售收入18.17亿元。全年未发生任何人身和责任性设备事故。

【领导班子】　2012年，甘肃能源公司领导班子成员为：执行董事、总经理、临时党委副书记张维荣；临时党委书记、副总经理马邦凯；副总经理刘玉柱、杨晓强、张奋来、赵明星、周澎；临时党委副书记、临时纪委书记梁小成；总会计师樊荣钊。

【2012年工作会议】　2012年2月23～24日，甘肃能源公司2012年工作会议在甘肃兰州召开，这是公司成立以来召开的首次工作会议。甘肃省政府国资委副主任赵小明、国家电监会甘肃电监办专员康安东出席会议并讲话。甘肃能源公司执行董事、总经理张维荣作了题为《提升管理水平，突出发展质量，努力在行业逆境中实现新突破、新跨越》的工作报告。

这次会议是在中国电力建设集团有限公司（以下简称“中国电建集团”）组建成立、中国水利水电建设股份有限公司整体上市的大背景下，是在甘肃省省委省政府提出“科学发展、转型跨越、民族团结、富民兴陇”的战略下召开的。会议传达贯彻了中国电建集团、股份公司2012年工作会议精神，总结了甘肃能源公司2011工作情况，分析了公司发展面临的形势与机遇，安排部署了2012年重点工作。崇信公司、华亭公司、灵台南煤田筹备组领导班子成员、中层干部和职工代表共100人参加会议。

【领导班子配置健全】　2012年7月28日，甘肃能源公司在兰州召开干部大会，宣布中国电建集团、股份公司关于成立甘肃能源公司临时党委、临时纪委的决定和领导班子任职的决定。根据中国电建集团党委《关于成立中共中国水电甘肃能源投资有限公司临时委员会、临时纪律检查委员会的批复》（中电建党〔2012〕154号），同意成立中共中国水电甘肃能源投资有限公司临时委员会、临时纪律检查委员会。马邦凯任甘肃能源公司临时党委书记，张维荣任临时党委副书记（兼），梁小成任临时党委副书记、临时纪委书记，推荐为公司工会主席候选人。

聘任马邦凯（兼）、刘玉柱、杨晓强、张奋来、赵明星、周澎为甘肃能源公司副总经理，樊荣钊为总会计师。

【配置健全崇信公司、华亭公司新一届经营班子】 2012年9月17日，崇信公司召开干部大会，宣布了新一届经营班子。根据股份公司《关于崇信公司、华亭公司经营班子及董事增补人选的批复》（股干〔2012〕9号）以及公司二届一次董事会决议，任命刘玉柱担任崇信公司总经理，徐俊成、吴寿山担任崇信公司副总经理，伊生峰担任崇信公司总工程师。推荐马邦凯为崇信公司董事会董事，增补刘玉柱为崇信公司董事会董事。张维荣不再担任崇信公司总经理职务，张奋来、赵明星不再担任崇信公司副总经理职务。

同日，华亭公司召开干部大会，宣布了新一届经营班子。根据中国水电股份公司《关于崇信公司、华亭公司经营班子及董事增补人选的批复》（股干〔2012〕9号）和公司三届一次董事会决议，任命杨晓强为华亭公司总经理，张积鹏、辛俊强为华亭公司副总经理。推荐马邦凯为华亭公司董事会董事，增补杨晓强为华亭公司董事会董事。张维荣不再担任华亭公司总经理职务，杨晓强、张奋来不再担任华亭公司副总经理职务，张奋来不再担任华亭公司总工程师职务。

【崇信公司被国家电监会授予“十八大保电先进单位奖”】 2012年11月30日，国家电监会在北京隆重召开十八大保电工作总结表彰会议。崇信公司被授予“十八大保电先进单位奖”，是甘肃省内28家火电企业中唯一获此殊荣的企业，也是中国电建集团发电企业中唯一一家获此殊荣的企业。甘肃能源公司执行董事、总经理，崇信公司董事长张维荣参加会议并领奖。

【平凉市煤炭储备中心暨崇信电厂铁路集煤站项目】 崇信电厂铁路集煤站项目于2011年7月获得铁道部批准，取得铁道部颁发的《铁路专用线与国铁接轨许可证》以及《行政许可决定书》。2012年1月，该项目被列入甘肃省13个电煤应急储备物流中心。2012年8月，获得甘肃省发展改革委正式核准。2012年9月20日，项目正式开工。截至2012年底，完成了施工类、设备类、服务类各标段的全部招标工作。现场铁路专用线土建施工完成土方开挖11652立方米，边坡刷方37296立方米，地基灰土桩64570米。项目年运力可达500万吨，将形成外省煤进入陇东地区的煤炭运输“旱码头”。

【崇信公司2号机组脱硝工程完工】 为贯彻落实国家火电机组脱硝改造的环保政策，崇信公司计划投资约1.1亿元进行1、2号机组脱硝工程。2012年1月完成招标工作，最终确定由航天环境工程有限公司EPC总承包。该工程采用选择性催化还原（SCR）脱硝工艺，设计脱硝效率为80%，建成后可大幅降低崇信公司NO_x排放浓度，使NO_x排放浓度保持在100毫克/立方米以下，按照机组设计利用小时数计，每年可减少NO_x排放量约8000～9000吨。承建单位通过周密部署，合理安排工序，于2012年11月初顺利完成2号机组脱硝工程。

【积极优化产业结构，新能源开发取得进展】 按照股份公司要求，公司成立了新能源项目开发部，赴周边省区市调研并与有关单位积极接洽，与新疆建设兵团签订了光伏总装机容量30万千瓦的战略合作框架协议，与临夏回族自治州人民政府签订了光伏总装机容量20万千瓦的战略合作框架协议。

【召开创先争优表彰大会】 2012年9月27日，甘肃能源公司创先争优表彰大会在崇信县隆重举行。会议全面总结了甘肃能源公司自创先争优活动开展以来取得的突出成绩，表彰了一批在创先争优活动中涌现出来的先进党支部、优秀共产党员和优秀党务工作者，安排部署了公司下一阶段创先争优重点工作。甘肃能源公司执行董事、总经理、临时党委副书记张维荣出席会议并作讲话。甘肃能源公司临时党委书记、副总经理马邦凯出席会议并上了创先争优暨保持党的纯洁性专题党课。公司领导班子成员刘玉柱、杨晓强、赵明星、梁小成、樊荣钊，崇信公司、华亭公司领导班子成员，各子公司中层干部、党员代表、职工代表总计150人参加了会议。

【全面落实甘肃省委“联村联户、为民富民”行动计划】 甘肃省“双联”工作开展以来，甘肃能源公司认真贯彻落实省委要求，赴联系点——和政县王泉村开展了帮扶和慰问捐赠活动，较好地完成了2012年工作任务，得到了地方干部群众的好评，树立了良好的公众形象。

甘肃能源公司组织机构图

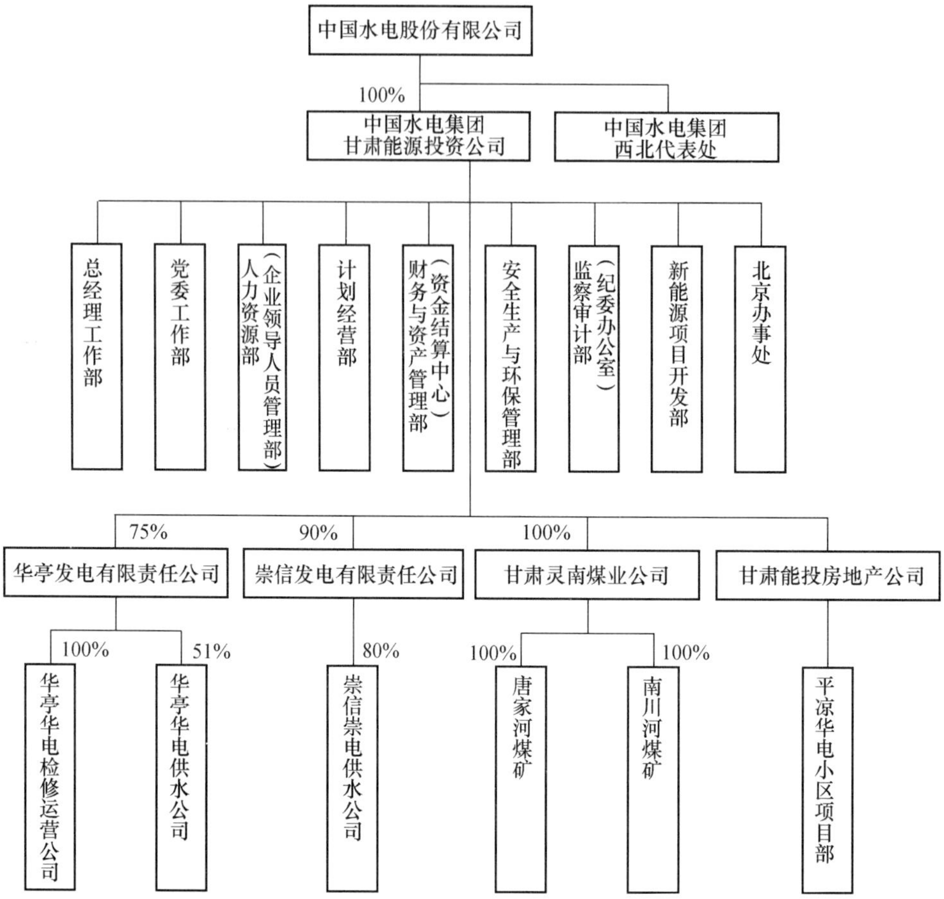

全资子公司

【甘肃灵南煤业公司】 灵南煤业公司成立于2011年11月，是甘肃能源公司根据煤炭资源开发的有关规定设立的开展灵台南煤田煤炭资源开发的全资子公司。公司注册资本金1000万元，注册地为甘肃省平凉市，公司性质为有限责任公司，经营范围为煤炭开采、销售、加工和综合利用；煤化工产品、化学肥料和精细化工产品的研发、生产及销售等。

控股公司

【崇信公司】 崇信公司成立于2006年，注册资本金8亿元，股权比例为甘肃能源公司控股90%，华亭煤业集团有限公司持股10%。崇信公司一期2×66万千瓦机组采用超临界燃煤空冷机组，2、1号机组分别于2010年、2011年投产发电。崇信电厂送出直接接入兰州东—平凉—乾县750千伏输电通道，跨区域外送便利。

崇信公司二期扩建2×100万千瓦项目于2010年7月通过初步可行性研究审查，同月在第十六届兰洽会上签约，2011年3月，作为甘肃省“十二五”重点开发项目，由中国水电集团与甘肃省人民政府在北京钓鱼台国宾馆签约。项目已纳入甘肃省发展改革委、平凉市政府联合编制的《陇东能源基地发展规划》，纳入国家电网公司编制的《陇东煤电基地输电系统规划》。

【华亭公司】 华亭公司成立于2003年，注册资本金3亿元，股权比例为甘肃能源公司控股75%，华亭煤电股份有限公司持股15%，甘肃火电工程公司持股10%。华亭电厂2×14.5万千瓦循环流化床1、2号机组分别于2006年和2007年投产发电，是甘肃第一家空冷环保电厂。

华亭公司二期扩建2×100万千瓦项目于2008年12月通过初步可行性研究审查，2009年6月，作为甘肃省重点招商引资项目在第十五届兰洽会上签约，2011年3月，作为甘肃省“十二五”重点开发项目，由中国水电集团与甘肃省人民政府在北京钓鱼台国宾馆签约。项目已纳入甘肃省发展改革委、平凉市政府联合编制的《陇东能源基地发展规划》，纳入国家电网公司编制的《陇东煤电基地输电系统规划》，取得甘肃省发展改革委出具的同意开展前期工作的“路条”。

开发项目

【灵台南煤田项目】 甘肃能源公司拥有的灵台南煤田位于甘肃省平凉市灵台县东南，是公司的潜力价值资源和减亏扭亏的关键要素，事关煤电一体化发展进程。矿区规划建设两座“四一”特大型矿井，规划年生产能力达900万吨，其中唐家河矿井500万吨/年、南川河400万吨/年。2012年，项目前期工作取得积极进展。一是推动甘肃省政府向国土资源部上报了《关于申请协议出让灵台县南部邵寨西煤炭矿区采矿权的函》。二是推动甘肃省发展改革委向国家发展改革委上报了《灵台煤田矿区总体规划》，推动省国土资源厅向国土资源部上报了《灵台矿区矿业权设置方案》。三是取得甘肃省发展改革委出具的同意唐家河煤矿开展前期工作的“路条”，取得省发展改革委承诺将唐家河煤矿项目在《国家煤炭工业“十二五”规划》中期调整时纳入的承诺函，国家发展改革委已初步同意。四是全面完成灵台南煤田地质勘探，完成设计总钻孔数158个，完成野外勘探总工程量17.94万米，完成率100%。勘探报告于5月27日通过国土资源部专家评审，8月23日通过国土资源部精查备案，取得国土资源部备案文件。

企业管理

【安全生产管理】 2012年，甘肃能源公司按照中国电建集团、股份公司安全生产“四个责任体系”建设的要求，创新安全管控手段，大力开展标准化建设，促进了安全生产形势的持续平稳，“非停”次数较往年大幅减少，超临界燃煤机组、循环流化床环保机组均处于安全可控状态并进入良性循环，管理水平在省内发电企业中达到前列，在国内同类型发电企业中达到中等水平。

崇信公司解决了2号机组振动超标的技术难题，治理了影响机组安全稳定运行的缺陷隐患，机组进入稳定运行期。2012年连续第二年被评为“西北电力系统调度与计划专业先进集体”。经甘肃省工信委、甘肃省电力公司批复同意，机组恢复铭牌出力至2×66万千瓦并增容归调，每年将增加基数发电量2.5亿千瓦·时，成为甘肃省最大的坑口电厂。华亭公司通过持续研究加强循环流化床锅炉磨损治理，机组单机运行最长周期达到208天，达到全国14.5万千瓦级循环流化床锅炉机组连续安全运行先进水平。

【经营管理】 2012年甘肃能源公司以市场营销为重点，以全面预算管理为手段，狠抓电量争取和成本控制，企业经营状况逐步好转，圆满完成年度经营目标任务。甘肃能源公司2012年销售收入在股份公司5家投资企业中排名第二。根据甘肃省统计局口径，崇信公司以营业收入12亿元位列“甘肃省2012年百强企业”第43位。

甘肃能源公司在2012年全省火电装机容量比例仅占55%、火电发电量同比下降7%、全省外送电量同比下降19%的乏力格局下，完成发电量57.41亿千瓦·时，外送电量10.22亿千瓦·时，完成外送计划的136%，实现了发电量份额与装机容量占比的匹配，圆满完成股份公司年度考核任务。

甘肃能源公司创新思维，与兄弟单位共同发起成立甘肃省发电企业联合会。

【财务管理】 甘肃能源公司以提高净现金流为目标，以预算管理为抓手，财务与资金管理科学化水平不断提升。全年预算执行情况良好，主要运营成本有效控制，其中燃料费完成11.03亿元，较预算减少1%；折旧费完成2.04亿元，与预算基本持平；财务费用完成2.67亿元，较预算减少4.14%；管理费用完成3291万元，较预算减少3.1%。建立资金集中管理平台，资金集中度73.3%，资金的聚合效应、使用效率进一步提升。加强政策争取及税收筹划，崇信公司取得西部大开发税收优惠政策，企业所得税下浮10%，按15%征收10年。充分利用固定资产进项税抵扣政策，崇信公司2012年抵扣增值税8139万元。

【节能减排及环保管理】 华亭公司通过锅炉低风量运行、电除尘节能运行，采取锅炉空气预热器漏风治理、空冷岛翅片冲洗等一系列措施，综合厂用电率由设计值的10.7%下降至8.35%，达到国内同类型机组最低值，供电煤耗由投产初期的441克/(千瓦·时)下降至393克/(千瓦·时)，并较2011年下降1克/(千瓦·时)，达到国内同类型机组领先水平。2012年取得国家发展改革委节能奖励基金的剩余400万元。崇信公司2号机组脱硝工程基本完工，获得甘肃省环保厅环保补贴资金300万元。

2012年，华亭公司完成清洁生产审核，编制的《清洁生产社会责任报告》被甘肃省工信委评为二等奖，获得氮氧化物自动监测仪升级改造中央财政专项资金补助4万元。

崇信公司、华亭公司全年减排成效显著，废水实现“零”排放，脱硫效率、除尘效率，二氧化硫、氮氧化物排放量均低于国家标准。

党群工作

【党群工作】 2012年，甘肃能源公司成立了临时党委、临时纪委，党的组织体系逐步健全。坚持“三重一大”民主决策，制定《党政联席会议事规则》和《总经理办公会议事规则》。开展了为期3个月的“基层组织建设年”活动和“强化廉洁从业意识，保持党的纯洁性”主题教育活动。召开创先争优活动总结表彰大会。全年在外部媒体刊发新闻稿件34篇，出版《中国水电甘肃能源》刊物12期。

系统梳理总结惩防体系建设五年工作，编制完成了由制度、教育、监督、流程、风险、惩处为一体的《立体式防控》，制订了《廉洁文化2013～2017五年规划》。结合发电企业近年来在燃料管理方面腐败多发易发的现状和打假工作的需要，推行廉洁从业“十条禁令”、“二十个不准”和“一票否决”制度，取得积极成效。

华亭公司党委换届前承担了整个甘肃能源板块党的建设整体工作，2011、2012年连续两年被评为省国资委系统“创先争优先进基层党组织”，是省内火电企业中唯一获此殊荣的企业，获得省国资委系统企业党建检查评价A级、省属暨中央在甘企业创先争优活动督导评价A级。甘肃能源板块成立9年来保持了干部职工“零违纪、零举报”。

中水电海外投资有限公司

概　况

【综述】　中水电海外投资有限公司（以下简称“水电海投公司”）是中国电力建设集团公司（以下简称“中国电建”）旗下中国水利水电建设股份有限公司（以下简称“股份公司”）重要骨干控股子公司，于2012年7月1日挂牌设立，注册资本金25亿元。

水电海投公司的经营范围为：电力、石油、有色金属等矿产资源的特许经营和房地产、环境保护、重要基础设施项目的投资，工程技术与咨询服务、进出口贸易。

截至2012年底，水电海投公司在6个国家设有2个全资子公司，6个控股公司和1个参股公司。公司资产总额为63.61亿元，所有者权益为25.58亿元，实现营业收入3.54亿元，实现利润总额2726.98万元。

水电海投公司是中国水电专业从事海外投资业务市场开发、项目建设、项目运营与投资风险管理的法人主体，是中国水电实施海外投资业务促进国际承包业务，进而带动整个产业走向高端战略的重要载体，担负促进中国水电产业结构调整、市场结构进一步优化的历史重任。

水电海投公司在水电和矿产资源投资开发领域具有良好的资本运作和项目开发建设能力。目前，水电海投公司已建成投产项目有柬埔寨甘再水电站、老挝南俄5水电站、老挝甘蒙塔克水泥厂；正在开发建设老挝万象钾盐矿项目、老挝南欧江流域梯级电站、尼泊尔上马相迪水电站；正在积极推进柬埔寨、老挝、赞比亚、莫桑比克、刚果（金）等国家的水电及矿产资源投资开发。

水电海投公司将秉承“大集团、大品牌、大国际”的战略使命，坚持“自强不息，勇于超越；海纳百川，投创未来”的企业精神，扬帆起航，继往开来，合作共赢，科学发展，努力构建以能源和矿业投资开发为主具有国际竞争力的综合型海外投资公司。

【领导班子】　2012年，水电海投公司领导班子成员为：董事长、党委书记、法人代表盛玉明；总经理、党委副书记沈德才；副总经理、纪委书记曹跃生；党委委员、副总经理俞祥荣、张雅兴；党委委员、总会计师、工会主席李铮；党委委员、总工程师张国来。

【水电海投公司挂牌成立】　2012年7月1日上午，股份公司在北京召开中水电海外投资有限公司成立大会。

中国电建集团董事长、股份公司董事长、党委书记范集湘出席会议并作重要讲话。范集湘与水电海投公司董事长、临时党委书记盛玉明揭牌。中国电建集团、股份公司党委副书记、纪委书记陈永录主持会议，股份公司党委常委、副总经理刘明江宣读了水电海投公司领导人员任职文件，股份公司总经理助理、党委企业领导人员管理部主任王禹宣读了水电海投公司成立文件。股份公司总经理助理、国际公司董事长、党委书记章运礼，股份公司总经理助理、国际公司总经理宋东升，股份公司总部各部门主任，海外事业部/国际公司和水电海投公司领导班子成员，在京控股公司有关领导等130余人参加了会议。章运礼、盛玉明在会上作了表态发言。

水电海投公司组织机构图

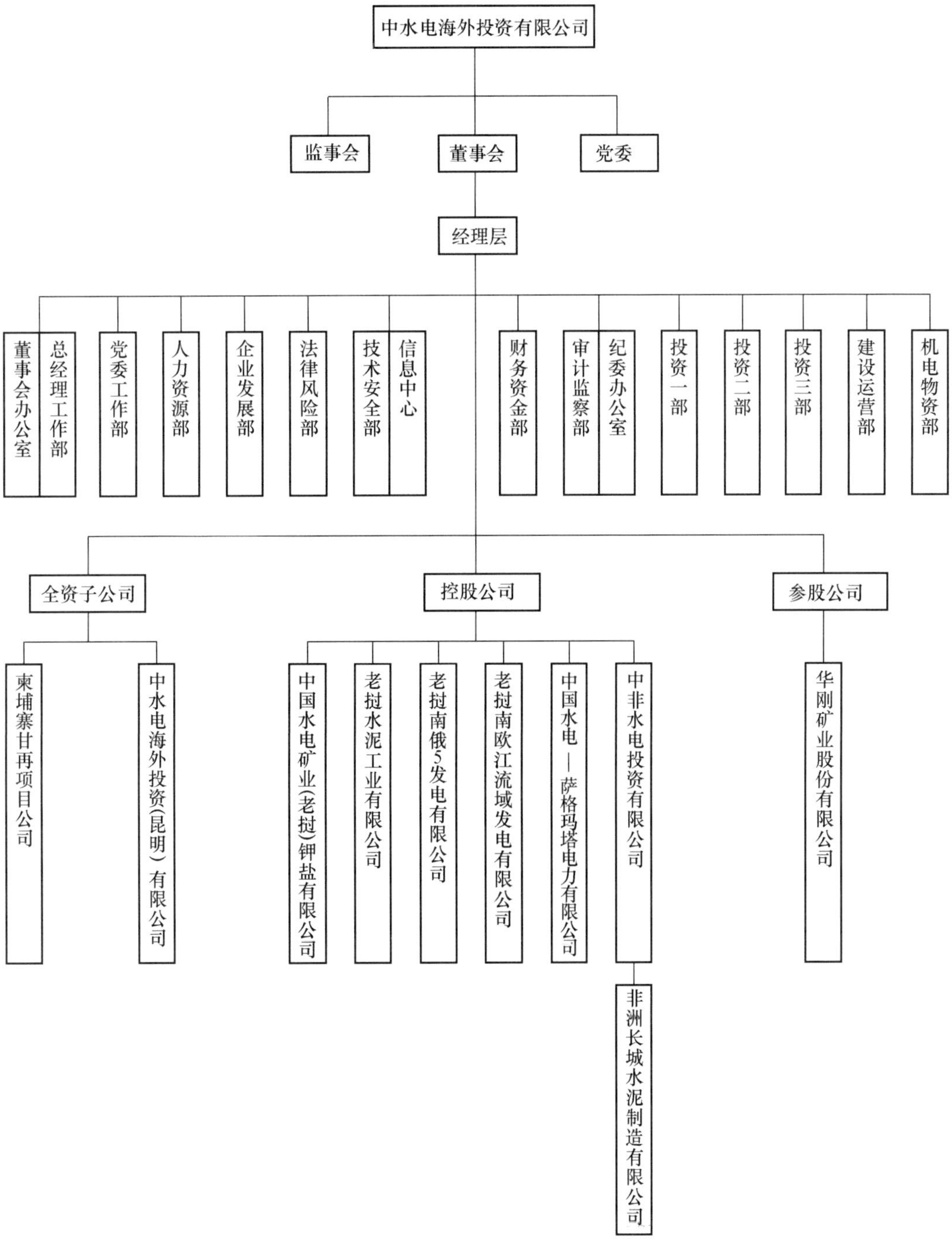

【第一次党员大会、工会会员代表大会、团员大会】 2012年10月23日上午，经中国电建集团党委同意并经股份公司党委批准，水电海投公司党员大会在北京召开。根据《中国共产党章程》、《中国共产党基层组织选举工作暂行条例》和股份公司党委等有关规定，经水电海投公司52名党员按照程序民主选举，产生了中共水电海投公司委员会、中共水电海投公司纪律检查委员会。

盛玉明、沈德才、曹跃生、俞祥荣、张雅兴、李铮、张国来当选为水电海投公司党委委员。在公司党委第一次全体委员会议上，盛玉明当选为党委书记，沈德才当选为党委副书记。

曹跃生、潘韵萍、李胜会、王中、岐温华当选为水电海投公司纪委委员。在公司纪委第一次全体委员会议上，曹跃生当选为纪委书记，潘韵萍当选为纪委副书记。

2012年10月23日下午，经股份公司党委、股份公司工会批准同意，水电海投公司第一次工会会员代表大会在北京召开。按照《工会法》、《中国工会章程》和股份公司党委、股份公司工会等有关规定，经水电海投公司65名工会会员代表选举，产生了水电海投公司第一届工会委员会、女工委员会、经费审查委员会。

李铮、李胜会、卢吉波、李明、陈冬梅当选为水电海投公司工会委员。在公司工会委员会第一次全体委员会议上，李铮当选为工会主席，李胜会当选为工会副主席。

李铮、李燕、赵园当选为水电海投公司女工委员会委员。在公司女工委员会第一次全体委员会议上，李铮当选为女工委员会主任。

石嵩、卢吉波、程晓旭当选为水电海投公司经费审查委员会委员。在公司经费审查委员会第一次全体委员会议上，石嵩当选为经费审查委员会主任。

2012年10月30日，经股份公司团委同意并经公司党委批准，水电海投公司召开团员大会，经公司27名团员代表按照程序民主选举，产生了第一届中国共产主义青年团水电海投公司委员会。

吴博、赵超、郝佳彬、高超、程晓旭（姓氏笔画为序）五名同志当选为水电海投公司团委委员。在公司团委第一次全体委员会议上，高超当选为团委书记，郝佳彬当选为团委副书记。

【股份公司首个海外投资BOT项目——柬埔寨甘再水电站正式进入商业运行】 2012年7月31日11时，中国水电柬埔寨甘再项目公司收到柬埔寨王国国家电力公司正式批文：批准甘再水电站BOT项目自2012年8月1日起进入商业运行期。这是甘再项目的重要里程碑，标志着股份公司在海外投资的首个水电站项目圆满完成建设任务，正式转入商业运行历史时刻，也为新成立刚满一个月的水电海投公司献上了一份厚礼。

甘再水电站总装机容量19.41万千瓦，运营发电期40年，年发电量4.98亿千瓦·时，截至2012年12月底，甘再水电站累计发电量40493.45万千瓦·时（其中进入商业运营期后累计发电量27083.76万千瓦·时），全年销售收入10890.41万元人民币。项目进入商业运行后将为股份公司稳定贡献约4000万美元的年营业收入，同时将成为调整和改善柬埔寨国家电力能源结构的优质骨干电源电站，为改善投资环境、促进基础建设、拉动人口就业、交通旅游、财政税收等领域发展做出积极贡献。

甘再水电站BOT项目从运作到建设，得到了两国政府和集团公司的高度关注，两国总理曾两度会晤参加和见证重要签字及象征性开工揭牌仪式，洪森总理亲自出席了1号电站厂房、2号电站厂房发电仪式。项目凝聚了公司领导，项目业主、设计、管理、施工单位和全体参建单位的智慧和心血，是中国进出口银行、中国信用保险公司和股份公司第一次真正意义上的以项目融资方式建设完成的境外水电BOT项目，有力地带动了国际工程承包和资本输出，为股份公司可持续健康稳定发展做出了重要贡献，必将载入中国水电国际化优先发展的史册。

【老挝南俄5水电站正式进入商业运行期】 2012年11月30日，老挝国家能源矿产部颁发了南俄5水电站项目完工证书，标志着南俄5水电站项目已正式完工。12月2日19时，南俄5水电站正式进入商业运行期。

南俄5水电站由股份公司和老挝国家电力公司共同投资开发，是股份公司在老挝控股以BOT模式投资开发的第一座水电站。继柬埔寨甘再水电站投入商业运营后，老挝南俄5水电站正式进入商业运营期，使得股份公司在境外投资运营的水电站权益装机规模进一步增加到29.61万千瓦，为股份公司的国际经营模式从施工承包向投资开发转变，又迈出重要坚实的一步。

【股份公司独立董事石成梁一行到甘再水电站BOT项目检查指导】 2012年11月7～13日，股份公司独立董事石成梁、刘新兰、上市保荐代表人刘华艳一行赴柬埔寨甘再水电站BOT项目检查指导工作，特别是对股份公司上市募集资金的使用情况以及项目投产后的发电运行情况进行了检查和调研。股份公司副总经理刘明江陪同独立董事检查调研，水电海投公司副总经理曹跃生代表公司迎接工作检查。石成梁、刘新兰一行对甘再项目所取得的成绩给予充分肯定。

【孙洪水考察老挝市场并拜会老挝国家总理】 2012年11月27～29日，中国电建集团党委常委、股份公司总经理、党委副书记孙洪水赴老挝市场考察。水电海投公司董事长盛玉明、水电十局局长杜学泽陪同考察。

考察期间，孙洪水拜会了老挝国家总理通辛·坦马冯。坦马冯总理对孙洪水的来访表示欢迎，并对中国电建集团的综合实力予以充分的肯定，特别是对股份公司在老挝水电等基础设施建设中所取得的成就表示赞赏。孙洪水对坦马冯总理和老挝政府长期以来给予中国水电的大力支持表示衷心的感谢，并表达了中国电建集团愿和股份公司发挥自身投资、设计和建造的全产业链优势，在老挝电力、基础设施和矿产资源等方面开展更广泛、更深入合作的意愿，希望能为老挝经济的可持续发展和为中老世代友好做出更大的贡献。

【国务院发展研究中心主任李伟一行考察股份公司老挝钾盐矿项目】 2012年11月28日下午，国务院发展研究中心主任李伟和中国驻老挝大使馆经商处参赞赵文宇一行考察了中国水电矿业（老挝）钾盐有限公司建设现场，中国电建集团党委常委、股份公司总经理孙洪水、水电海投公司董事长盛玉明、水电海投公司副总经理兼中国水电矿业（老挝）钾盐有限公司总经理曹跃生、水电十局有限公司总经理杜学泽等陪同考察，并在中国水电矿业（老挝）钾盐有限公司龙星灿运营村召开了工作汇报会，股份公司在老挝的子公司、代表处及水电海投公司下属的子公司有关领导、负责人参加了汇报会。

【老挝国家主席朱马利出席南俄5水电站投产发电庆典仪式】 2012年12月9日上午，股份公司在老挝投资建设的首个BOT项目——南俄5水电站投产发电庆典仪式在项目现场隆重举行。老挝国家主席朱马利·赛雅颂，老挝国家副总理宋萨瓦·凌萨瓦，老挝能源矿产部、财政部、计划投资部和自然资源与环境部部长，琅勃拉邦省省长，川旷省副省长等老挝政府和官员，中国驻老挝大使馆临时代办吴志武，股份公司副总经理宗敦峰，水电海投公司总经理沈德才，南俄5项目公司和设计、监理、施工单位代表及员工，老挝民众等500余人出席仪式共同庆祝电站投产发电。

【老挝南欧江流域梯级水电开发一期项目开工典礼在万象举行】 由股份公司控股开发的南欧江流域梯级水电一期工程（南欧江二、五、六级水电站）开工典礼于2012年12月10日在老挝首都万象隆重举行。老挝国家副总理宋萨瓦·凌萨瓦，能源矿产部、计划投资部、财政部、自然资源与环境部部长，琅勃拉邦省和丰沙里省副省长等老挝政府官员，中国驻老挝大使馆临时代办吴志武，经济商务参赞赵文宇，股份公司副总经理宗敦峰，水电海投公司总经理沈德才，项目公司、各参建单位以及其他企业代表出席庆典仪式。

企业管理

【发展战略】 近期，水电海投公司将围绕“夯实基础，理顺制度，增进能力，储备未来”的战略主题，努力实现海外在建项目的顺利建设，保证海外完工项目的平稳高效运营；中期，将稳步扩大公司的总体规模，不断提升运营效率及经营效益，显著提升风险防控能力；远期，要成为以能源与矿业投资开发为主，具有较强国际竞争力的综合型海外投资公司。

【制度建设】 水电海投公司成立半年来，认真梳理了集团内国际业务管理的相关制度，结合海外投资业务的特点，策划并着手建立公司的管理制度体系。自2012年9月开始，聘请世界知名咨询机构对公司高管、中层领导进行深入访谈，广泛收集、研究分析全球知名企业的最佳实践。一方面，各部门结合业务实际制定了包括投资项目管理、安全监管、财务资金、风险管控等在内的40多项规章制度和管控办法；另一方面，公司搭建了以战略为引领、以国际标准为指导原则的管理制度体系，从组织职能、管控要素和关键业务流程等方面入手，研究并开始编制《中水电海外投资有限公司管理手册》六本，基本形成了公司科学化、标准化、规范化的管理制度体系。

【风险管控】 为规范并加强公司海外投资项目风险管理，建立一套完整、科学的项目风险管理体系，提高企业综合竞争力，保障公司海外投资业务可持续健康发展，公司于2012年下半年组织编制了《公司海外投资项目风险管理计划》，明确了海外投资业务风险管理的原则、思路与方法，对海外投资风险进行分类和定义。在此基础上，公司针对海外投资项目的特点，对《公司海外投资项目风险管理计划》进行延伸，专门编制了南欧江一期工程建设项目风险管理计划，用于指导开展项目风险管控工作。

根据《中央企业全面风险管理指引》和《企业内部控制基本规范》及配套指引的精神，依据股份公司有关文件要求，公司专门成立了水电海投公司内部控制与全面风险管理领导小组，指导组织开展公司内部控制与全面风险管理体系的建设工作。2012年下半年，以第三方审计机构中天运会计师事务所对水电海投公司的内控审计为契机，在配合审计机构完成审计工作的同时，对公司成立初期现有内部控制机制及重大风险进行了全面梳理和整理，发现其中问题和不足，并结合公司管控体系建设工作的实施，对组织机构调整、机构职能划分、公司管控决策程序等内容进行了补充、优化与完善，同时提出了公司发展战略目标，针对管理决策、市场开发、建设运营、综合管理、项目公司管理、安全生产、应急措施等各管理关键环节，编制完成水电海投公司各项规章制度等文件100多项，制定管控流程150多项。编制完成《2012年水电海投公司风险防控自我评价报告》及公司内部控制与全面风险管理规划。

【安全生产管理】 2012年是水电海投公司安全生产管理工作全面开展的起始之年。自公司成立以来，在“安全第一，预防为主，综合治理”的方针指导下，坚持安全发展理念，成立了公司安委会，全面领导安全生产管理工作，不断完善安全生产管理体系，强化责任落实，构建各级主要领导为第一责任人的安全生产责任体系，加强组织建设和制度建设，努力构建安全生产长效管理机制，相继颁布了25个安全生产管理制度。针对公司业务特性，制定了《境外机构突发事件处置工作预案指导性意见》，指导各海外项目完善突发事件应对预案，确保人员和财产安全。按照对海外各子公司、控股公司安全生产的监督管理程序，采用单位自查、综合性抽查、限期整改三段式的方法，先后布置和指导各子公司、各项目完成了安全检查、地质灾害等重大安全隐患排查，制订了社会公共安全因素分析与防范措施的预案。2012年底，水电海投公司分管领导带队对部分在建与运营的项目进行了安全巡视，督察安全工作的落实情况，并结合各个项目的特点与生产阶段部署了安全管理措施与计划。安全检查过程中，发现并整改各类安全隐患10多项，制定了强化监控和限期整改措施，取得了积极效果。水电海投公司派员参加了股份公司等单位组织的安全生产管理培训班，提高了员工的专业素养；完成了电建系统安全生产管理系统的注册工作，规范了安全生产信息报送；加强专职安全人员的信息管理，保证安全管理工作的有效落实，全年安全生产实现“双零”目标，为公司业务发展及平稳过渡奠定了良好的基础。

【科技管理】 水电海投公司成立以来，牢固树立科学技术是第一生产力的理念，积极推进“科技兴企”战略，以不断提高公司在建项目和投产运营项目的技术管理水平为重点，使技术工作受控于项目管理的全过程，全面推进公司技术管理工作的科学化、精细化、规范化水平。公司科研工作在整体战略的引领下，大力推进科技资源高效配置和综合集成，积极倡导自主创新、联合攻关，推进科研技术与生产经营的密切结合。2012年，水电海投公司共有4个科研项目列入股份公司年度安排，分别为《尼泊尔上马相迪A水电站排沙漏斗工程关键技术研究》、《南欧江梯级水电站群联合调度运行方式研究与应用》、《石粉在水工混凝土中的应用研究》、《复合土工膜防渗体在堆石坝中的应用研究》。

水电海投公司科技进步工作取得一定成效，投资建成运营的柬埔寨甘再BOT水电站工程荣获股份公司“2012年中国水电优质工程奖”。

【财务资金管理】 2012年，财务资金管理方面，一是根据股份公司财务管理体系及制度体系，梳理公司报销、会计核算及报表披露等财务业务流程，初步规范和建立公司财务管理体系，保证分立和组建的过渡期内的财务风险可控。二是初步建立财务资金分析体系，为公司管理和决策提供必要信息支持。三是根据国家财税法规，建立公司纳税申报体系，确保成立初期纳税申报工作的正常开展。四是按照全面风险管理和内部控制要求，进一步完善资金管理制度，强化资金管理规范化运作，建立科学高效的资金管理体系。五是积极应对公司创立初期资金需求巨大，资金紧张的局面，寻求融资渠道，落实融资，确保公司资金链安全。六是提高总部管控力度，加强境外资金风险监管，确保资金业务平稳运行。七是进行财务资金信息化建设，促进财务资金管理水平不断提升。八是开展融资创新，通过股份公司“内保外贷”的方式妥善解决了华刚矿业股份有限公司2012年资金缺口，达到了水电海投公司和华刚矿业股份有限公司的双赢。九是为拓宽公司融资渠道，开展境外资金集中管理、税收筹划工作，积极推动香港平台的工作。

【人力资源管理】 截至2012年12月31日，水电海投公司共有员工110人，平均年龄35.93岁，其中党员64人，占58%，高级职称以上员工43人，占40.6%，博士占5%，硕士占48%，本科以上学历占98.1%。出台了《劳动人事管理办法》、《基础工资管理办法》、《住房补贴实施办法》、《员工招聘管理办法》、《员工考勤和休假管理办法》等五项人事管理制度，制定了《项目公司薪酬制度指导意见》等制度，初步搭建了人力资源管理制度体系。完成了薪酬系统、人事管理、合同管理、员工自助等信息化平台建设，完成了企业社保及公积金账户注册开立手续，社会统筹进入正常缴纳程序。积极推进中层干部选聘工作，通过定向考察、公开竞聘等方式，选拔了2名公司总经理助理，24名中层干部，完成全资及控股子企业董事及经营管理班子的补充调整。加大对紧缺人才的招聘，通过社会招聘、系统内部发掘等方式相继引进了各类专业技术人才28名。

【信息化建设】　水电海投公司成立初期就成立了信息化建设领导小组，对公司信息作建设做出具体规划和实施方案。经过一个多月的艰苦奋战和细致工作，2012年9月10日，水电海投公司协同办公及公文管理系统上线进行试运行；9月28日正式运行，包括协同办公、公文流转、知识管理、新闻发布、公告发布、个人日程计划等，实现公司日常办公的网络化、无纸化，实现了信息共享和交流，规范了管理流程，提高了办公效率。

在中国电建集团、股份公司信息中心的大力支持和指导下，历经4个月时间紧锣密鼓的系统部署实施，在系统调研的基础上，已成功搭建了协同办公系统、开展了系统管理员和全员培训、开发了表单应用设计，系统上线运行的实践证明状态稳定、实用性强、效果良好。

2012年11月下旬，水电海投公司移动办公平台也进入了试运行，用户可通过移动智能终端（如手机、平板电脑等）访问公司移动办公系统，真正实现“无缝办公”的新型3A办公模式，即办公人员可在任何时间（Anytime）、任何地点（Anywhere）处理与业务相关的任何事情（Anything）。这种全新的办公模式，可以摆脱时间和空间对办公人员的束缚、提高工作效率、加强远程协作，尤其是可轻松处理常规办公模式下难以解决的紧急事务。

同时，还组织开展了公司各级领导、员工信息化培训，做到全员信息化水平的提高，充分利用信息化建设成果提高工作效率、降低公司成本。

党群工作和企业文化建设

【党群工作】　2012年，水电海投公司党委按照“围绕一个中心，强化两个体系，抓好三个落实、发挥好三个作用”的工作思路，团结动员全体干部员工，心往一处想、劲往一处使，积极推进各项重点工作，较好地发挥了党组织的政治核心作用和监督保障作用。一是加强组织建设。选举成立了水电海投公司党委、纪委、工会、团委；设立了3个直属党支部、老挝区域党工委，组建了各工会分会。二是完善制度体系。根据工作需要，公司党委制订印发了《水电海投公司党群工作制度手册》，规范标准、理顺流程、提升效率。三是强化培训学习。2012年内，多形式、多内容、多载体组织了各类培训，不断提升团队整体素质与能力。四是加强队伍建设。组织调整充实了子公司董事会、监事会和经营层班子，选聘部分中层干部，精心招聘、积极引进紧缺人才，为公司发展储备人才资源。五是抓好党建、党风廉政两个责任制的分解落实。六是做好专项工作。围绕年度主要工作，组织开展了基层调研并形成高质量的调研成果；开展了创先争优、四好班子创建、党务公开、厂务公开、廉洁从业、慰问帮扶、工团活动等专项工作，收效较好。公司工会组织总部员工参加股份公司喜迎十八大歌咏比赛获得第三名，4人获得股份公司、中国电建集团级荣誉称号。

【企业文化建设】　2012年，结合水电海投公司发展战略和管控体系的制订，启动企业文化建设工作。加强宣传工作，明确职责划分，完善公司网站、OA系统的建设管理，积极组织在股份公司报刊、网站投稿，加强对管理提升活动的宣传报道，营造良好氛围，树立企业良好形象。围绕投资项目建设与运营，开展形式多样的宣传工作，凝心聚力促进项目建设。各驻外机构充分因地制宜，积极与驻外使馆、中资企业、商会、合作伙伴及当地政府部门、合作企业开展多样化的联谊、主题活动，积极融入所在国当地文化，提升“中国水电”海外投资品牌形象。

全资子公司

【柬埔寨甘再项目公司】　柬埔寨甘再项目公司（以下简称“甘再项目公司”）是水电海投公司全资子公司。2006年4月在柬埔寨金边市注册成立。甘再项目公司主要负责柬埔寨甘再BOT项目融资保险、财务税务策划、工程移民征地、环境保护以及运营期电力生产和销售等工作。

甘再项目公司经营理念为：管理创新、风险控制、污染预防、环境友好、以人为本、健康安全、重信守法、持续改进。

【中水电海外投资（昆明）有限公司】　中水电海外投资（昆明）有限公司（以下简称“昆明公司”）是水电海投公司全资子公司。2012年12月在云南省昆明市注册成立。经营范围包括：项目投资及对所投资的项目进行管理；商务信息咨询；经济信息咨询；

货物及技术进出口业务等。昆明公司是总部直属的综合性管理及服务机构，承担着项目人力资源管理、业务开发、支持和保障等职能。

控股公司

【老挝南俄5发电有限公司】 老挝南俄5发电有限公司（以下简称“南俄5公司”）是由水电海投公司（85%股份）和老挝国家电力公司（15%股份）共同出资设立。2007年7月3日在老挝万象注册成立。主要负责老挝南俄5水电站BOT项目的开发建设和运营管理。

南俄5公司经营理念为：高效、务实、合作、诚信。

【中国水电—萨格玛塔电力有限公司】 中国水电—萨格玛塔电力有限公司（以下简称“萨格玛塔公司”）是由水电海投公司（90%股份）和尼泊尔萨格玛塔电力有限公司（10%股份）共同出资设立。2010年3月在尼泊尔注册成立。经营范围包括对尼泊尔境内有关水电项目的投资、建设和运营等。主要负责尼泊尔上马相迪A水电站BOOT项目的建设，以及尼泊尔境内后续水电项目的投资业务开发。

萨格玛塔公司经营理念为：团结协作、求真务实、加强风险防范、建一流工程、为股东创造最大效益。

【老挝南欧江流域发电有限公司】 老挝南欧江流域发电有限公司（以下简称“南欧江流域公司”）是由水电海投公司（85%股份）和老挝国家电力公司（15%股份）共同出资设立。2011年6月在老挝万象注册成立。主要负责老挝南欧江流域梯级水电站的投资开发，主营各梯级电站的建设、运营与电力销售。

南欧江流域公司经营理念为：和谐、奉献、合作、共赢。

【中国水电矿业（老挝）钾盐有限公司】 中国水电矿业（老挝）钾盐有限公司（以下简称“钾盐公司”）是由水电海投公司（70%股份）和浙江新湖集团股份有限公司（30%股份）共同出资设立。2007年3月5日在老挝万象注册成立。主要从事钾盐及其附属矿产的开发，氯化钾及其相关钾产品，工业用和食用盐，氯化镁及其相关镁制品和镁溶液，溴素等的加工、制造和销售，钾盐开采、加工和环境保护技术服务，废水处理经营投资，建筑设计，化工安装、施工等。

钾盐公司经营理念为：以人为本、科技创新、分步开发、规模效益。

【老挝水泥工业有限公司】 老挝水泥工业有限公司（以下简称“老挝水泥公司”）是由水电海投公司（45%股份）、北京中科电工贸有限公司（15%股份）、Mr. Sop Sisomphon（30%股份）、Ms. KankealK（6%股份）和老挝永珍商业银行（4%股份）共同出资设立。2006年9月27日在老挝万象注册成立。老挝水泥公司主要从事生产、销售水泥，普通混凝土，其他建筑材料和包装材料，水泥技术服务，建筑设计和建造，水泥运输，熟料的生产、销售及储存，石灰石、煤、工业炉渣的销售，生产必须的辅助材料的销售，水泥生产设备的生产和出口，设备、辅助材料、混合材的进口等。

老挝水泥公司经营理念为：以人为本、品质优先、品牌经营。

【非洲长城水泥制造有限公司】 非洲长城水泥制造有限公司（以下简称“非洲长城水泥公司”）是由水电海投公司（44%股份）、中非基金（36%股份）和济南域潇集团（20%股份）共同出资设立。2007年6月6日在莫桑比克马普托注册成立。主要从事水泥、水泥制品及其相关产品的生产、销售和服务。

非洲长城水泥公司经营理念为：以人为本、品质优先、品牌经营、深层拓展。

参股公司

【华刚矿业股份有限公司】 华刚矿业股份有限公司（以下简称“华刚公司”）是水电海投公司参股（21.28%股份）子公司。2008年7月14日在刚果民主共合国卢本巴希市注册成立。主要从事刚果（金）SICOMINES铜钴矿的开发。

华刚公司经营理念为：有效投入、加快产出、分步实施、滚动发展。

中国水利水电第一工程局有限公司

概　况

【综述】　2012年，中国水利水电第一工程局有限公司（以下简称“水电一局有限公司”）注册资本金增至5亿元，资产规模达到31.26亿元；现有人员7987人，其中女职工1579人，包括各类专业技术人员2802人、高级专业技术人员412人、中级专业技术人员597人、高级技师309人；现有大中型施工设备4834台套。

【领导班子】　2012年2月24日，中国电力建设集团有限公司（以下简称“中国电建集团”）、中国水利水电建设股份有限公司（以下简称“股份公司”）对水电一局有限公司领导班子进行换届调整，新一届党政领导班子成员为：执行董事兼总经理、党委副书记茹彩江，党委书记、副总经理王国强，副总经理兼总经济师、党委委员霍福山，副总经理、党委委员毕成福，副总经理、党委委员黄中鑫，总会计师、党委委员张大军，党委副书记、纪委书记徐达，副总经理、党委委员赵宝华，副总经理、党委委员王志磊，副总经理、党委委员李志刚，工会主席、党委委员李一。

原工会主席、党委委员刘士信于2012年2月22日改任水电一局有限公司咨询；原水电一局有限公司监事、党委副书记兼纪委书记艾民于2012年2月22日由中国电建集团下文另有任用，2012年5月6日调出。

【组织机构】　2012年，水电一局有限公司机关总部有职能部门18个，包括：总经理工作部、人力资源部、财务产权部、经营发展部、市场营销一部、市场营销二部、海外事业部、资金管理部、法律事务部、工程技术部、安全监察部、设备物资管理部、审计部、新闻信息中心、社会保险部、党委工作部、纪委监察部、工会办公室。

2012年，水电一局有限公司有8个分局（综合土建分局5个，基础、机电、路桥等专业分局3个），长春工程公司和7个直属施工局、项目部；辅业单位有基地管理处、职工培训中心、总医院、勘测设计院；还有建筑安装工程处、羊毛衫厂、口前建安公司等具有独立法人资格的3个集体企业。

2012年，水电一局有限公司有口前、桦甸和旅顺三个生活基地，共有内部职工8146户。其中，口前基地有4793户，桦甸基地有2700户，旅顺基地有653户。

【主要指标】　2012年，各项计划指标全面完成和超额完成，实现营业总收入32.21亿元，首次突破30亿大关；新签合同金额60.61亿元，创历史新高，合同存量继续保持在100亿元规模以上；实现利润总额4323万元，全年安全生产无事故。

【改革发展】　2012年，水电一局有限公司开展管理提升活动，成立了水电一局有限公司管理提升活动领导小组；制定并落实了管理提升活动方案；认真开展自我诊断和调研工作，梳理和确定5项管理短板与发展瓶颈，制定了自我诊断报告和专项提升方案；建立专项研究工作机制和活动督导机制、考评机制，提炼出10项专项研究，并开展了第一次督导考评工作。

2012年，水电一局有限公司积极推进企业全面风险管理与内控制度建设，进一步强化与完善企业风险监测识别与防范体系，识别、评估出2012年度各层面的重大风险，针对性地制定风险管理策略、管理解决方案，并确定2012年度六大重大风险。对重大风险实施跟踪、监控，有效地防范各类风险。加强内部控制自我评价、内部控制审计工作，形成《水电一局有限公司2012年度内部控制自我评价报告》，公司全面风险管理与内部控制体系建设不断得以规范与提升。

2012年，水电一局有限公司调整了市场营销战略，优化营销模式，实行公司领导“专项统筹＋片区”负责制，规范业绩考核，突出班子全员抓市场，成立了部分区域性业务部（办公室），实行“市场开发前移、总部营销前置”的战略措施；强调了“八个不准”的投标导向，市场份额得到拓展，订单质量和市场结构得到改善，非水电基础设施业务获得突破，国内重点区域市场得到强化，国际海外市场有所推进。2012年，水电一局有限公司获得中国电力建设企业协会颁发的企业信用“AAA”等级证书，再次跻身于全国信用等级最高建筑企业行列。

2012年，水电一局有限公司进一步强化经营业绩考核的导向作用，对生产经营单位经营业绩指标考核评价体系进行了优化和调整，对费用性支出单位首次纳入考核体系，调整了以往经营业绩考核各指标的权重比例，提高了利率指标、应收债权回收率指标所占比重，新增了未完施工挂账考核指标；进一步加强和完善了财务内部控制制度，印发了《项目管理资金支付流程补充规定》、《关于财务报销审批流程的补充规定》、《关于机关费用核销的补充规定》《水电一局有限公司债权清收管理办法》等制度文件，强化财务管控，规范资金使用。2012年，水电一局有限公司再次获得中国建设银行“AAA”信用等级和吉林省“守合同、重信用”AAA企业称号。

2012年，水电一局有限公司完善了《公司劳动用工管理办法》、《公司关于加强劳动用工管理的通知》等制度文件，清理人事与社保关系，规范劳动用工，严格用工审批程序，共办理652名在岗员工劳动合同的续订，解除（调出）劳动合同手续1306人，共接收大学生244人，本科生62人，专科生182人；共取得高级职称30人，其中工程系列29人，经济系列1人，共评审中级职称76人、工程师62人，评审初级职称105人，办理大学生职称转正定级139人；组织评审行业工种技师26人·次、高级技师35人·次、通用工种技师30人·次、高级技师13人·次、共计104人·次；办理“九大人员”合格证书培训30人。

2012年，水电一局有限公司共发生各类诉讼案件19起，集中发生在原西金沟项目部，已由长春市绿园区检察院对涉案人员立案审查。水电一局有限公司积极应对法律诉讼纠纷，降低经济损失，不断转变办案思路，加大案件会商力度，集中分析案件证据、案件成因、案发项目或单位的施工管理情况等，制订合理诉讼方案，积极与对方当事人进行友好协商，合理处置争议，尽量避免使纠纷发展成为诉讼。

【重大项目】 2012年，水电一局有限公司中标水利水电工程项目104个，合同金额26.5581亿元，合同价在1000万元及以上中标的水利水电项目17个，其中，中标合同价亿元以上的项目有7个，即松原市二松城区雍水坝工程、深圳抽水蓄能电站水道及厂房系统土建工程施工Ⅲ标、哈尔滨市松花江北岸堤防防汛抢险通道工程十三标、山西中部引黄工程15标、北川县开茂水库枢纽工程施工、哈尔滨市松花江北岸堤防防汛抢险通道工程道桥及管理用房工程施工、北京市南水北调配套工程团城湖调节池工程第二标段等。

2012年，水电一局有限公司合同价在1000万元及以上完工的水利水电项目有8个，分别是庄河入海口段河道治理工程，乌图河水电站引水隧洞，吉林省老龙口水利枢纽土石坝工程，长白山国际旅游度假区蓄水池工程，金沙江鲁地拉水电站进场公路（皮厂河—唐古地段）宾吗得坡积体段路线调整变更工程及2号滑坡体处理工程施工LDL2006/032（T）LDL2008/037（D），雅砻江官地水电站场内交通工程右岸高低干线公路施工，四川省甘孜州九龙县九龙河江边水电站机电设备安装工程合同，河南宝泉抽水蓄能电站上斜井钢衬工程。

2012年，水电一局有限公司中标非水电基础设施工程项目30个，合同金额30.75亿元。其中，中标合同价在1亿元以上的项目有4个，分别是锡林浩特市白音锡勒牧场井田煤矿，深圳地铁7号线7308—2标，深圳机场空港枢纽地区软基处理工程Ⅰ标，包头市希拉穆仁至百灵庙公路改建工程第XBTJ—1标段；中标合同价在1000万～1亿元的项目有5个，分别是长春西新经济技术开发区污水处理（一期）截流干管工程，中江县市政基础设施灾后重建补充项目土建部分，西藏华泰龙甲玛铜多金属矿二期北区开拓工程，世行贷款南宁市城乡环境综合整治工程项目良庆河河道整治工程二标，河南省济源市华能洮北电厂三期工程。2012年，水电一局有限公司合同价在1000万元以上的非水电基础设施完工项目有5个，分别是国道318线成都邛崃—雅安名山高速公路路面工程、国道318线成都邛崃—雅安名山高速土建工程、成（都）简（阳）快速路（成都段）路面工程、成都快速路土建工程、皆利士电脑版（中国）有限公司F1楼（工业厂房）附属工程。

2012年，水电一局有限公司在建项目进度可控、合同履约率100%，顾客满意率98%，确保交付工程等级满足合同要求；工程施工质量受控，全年未发生重大质量事故，全年共验收5689个单元工程（水电项目），优良率为96.7%；一次验收合格率为100%；2778个单元工程（非水电项目），一次验收合格率为100%，全面完成了公司的各项质量、进度管理目标。

【走向海外】 2012年，水电一局有限公司中标国际工程项目 3 个，合同金额为 14945.81 万人民币。中标项目分别为：华刚排水项目，该项目为华刚铜钴矿配套项目，尾矿坝涵洞全长 35.65 米，合同金额 31.81 万人民币；印度尼西亚白水水电站项目，该项目为 3×7 兆瓦水电站建设项目，由土建工程、临时工程、金属结构工程组成，合同金额 14674 万人民币；刚果（金）牛巴水泥厂采石场取样项目，该工程由人工井施工、混凝土浇筑护壁和临时支护工程组成，合同金额 240 万人民币。

2012 年，水电一局有限公司执行的 4 个工程合同分布在刚果（金）、印度尼西亚、越南等三个国别市场，国际业务从业人数为 376 人。在建工程进度、质量、安全工作受控、在控。公司国际业务完成营业收入 5.8348 亿元人民币，对外承包工程项目营业额占吉林省对外承包工程项目营业总额的 29.4%，被吉林省商务厅授予“2012 年度吉林省对外合作优秀企业”和“2012 年吉林省对外承包工程、对外投资统计工作先进单位”。

【重大创新】

（1）黄河小浪底工程关键技术研究与实践荣获 2012 年大禹水利科学技术奖奖励委员会颁发的“大禹奖特等奖”。

（2）《京沪高速铁路无砟轨道板综合施工技术研究》、荣获 2012 年度股份公司“科学技术进步一等奖”。

（3）《高速铁路隧道施工关键技术研究》、《高速铁路隧道下穿高速公路开挖施工方法研究》被评为 2012 年度股份公司“科学技术进步二等奖”。

（4）《桥梁高墩柱吊篮平台施工方法》被评为 2012 年度股份公司“科学技术进步三等奖”。

（5）“一种铁路桥梁声屏障立柱吊装小车”荣获实用新型专利。

（6）《刚果（金）ZONGOⅡ水电站工程大直径调压井土层成井施工技术》、《赤道高温地区堆石混凝土坝设计与施工技术》荣获 2012 年度股份公司科技立项。

（7）水电一局有限公司施工的“安徽琅琊山抽水蓄能电站（地下厂房、水道土建及机电安装工程）”获得“2012 年度中国电力优质工程奖”。

（8）水电一局调试的“安徽琅琊山抽水蓄能电站”获得“2012 年度中国电力优质工程奖”。

【党建工作】 2012 年 8 月 22 日，水电一局有限公司党委召开第十一届代表大会，听取了王国强代表中国共产党中国水利水电第一工程局有限公司第十届委员会所做的题为《坚持科学发展 加快转型升级 为公司的追赶式发展而努力奋斗》的党委工作报告、徐达代表公司纪律检查委员会向公司第十一次党员代表大会所做的《认清新形势明确新任务 继续开创公司反腐倡廉工作的新局面》工作报告，并选举产生了公司十一届党的委员会和纪律检查委员会。选举产生了中国共产党中国水利水电第一工程局有限公司第十一届委员会书记王国强、副书记茹彩江、徐达。选举产生了中共中国水利水电第一工程局有限公司纪律检查委员会书记徐达、副书记李春新。

2012 年，水电一局有限公司党委全面开展了基层组织建设年活动，认真抓好基层组织换届和健全基层党支部工作，进一步配齐配强党务干部并加强对党员的教育、管理和监督；积极开展“创先争优”活动，广泛开展了“双学三做”、“党员先锋工程”“党员示范岗”、“党员服务点”等党内专题活动，有力推动了生产经营任务的完成。

水电一局有限公司党委按照股份公司党建工作责任制实施方案有关要求，对公司的党建考核工作体系进行了调整和规范，公司党委在年中、年底分别对各二级单位党组织落实党建工作责任制情况进行了检查考核、指导与督促。

深入开展了保持党的纯洁性主题教育活动。以“廉政园地”专栏、警示教育片和形势报告会等活动，在全局范围内推进了主题教育活动。公司领导班子成员及中层管理人员积极撰写学习心得，做出廉洁承诺，经营管理行为得到进一步规范与提升，彰显了央企风范。2012 年，水电一局有限公司荣获全国“企业文化建设优秀单位”荣誉称号；荣获 2012 年度吉林省“精神文明建设工作先进单位”和吉林省“厂务公开民主管理示范单位”，水电一局有限公司松江施工局荣获 2012 年度吉林省“文明单位”；2012 年度水电一局有限公司有 3 个先进基层党组织、3 名优秀共产党员、3 名优秀党务工作者受到中国电建集团表彰，《东北水电报》获评中国施工企业管理协会 2012 年度全国工程建设行业报刊“金页”奖，水电一局有限公司被吉林市委、吉林市政府评为“社会治安综合治理先进单位”。

水电一局有限公司加强党风廉政建设，公司层面签订党风廉政建设责任书 46 份，各二级单位层面签订党风廉政建设责任书 249 份。公司进一步修改了 29 个廉政制度文件，开展廉洁谈话 135 人、廉洁承诺 144 人，党政领导 11 人进行了述职述廉，132 名副处级以上领导人员进行了廉洁自律承诺，659 名科级领导干部进行了廉洁自律承诺；2012 年 9 月中下旬，先后在长春、成都、郑州三地分别组织召开了项目管理专题会，对100余名项目经理、项目经营管理人员进行了廉洁从业教育；共签订分包合同53个，签订保廉合同53个，签约率100%；对20名新提职的副处级以上领导人员进行了任职前廉洁谈话；开展了惩防体系建设和企检共建工作，开展了监督检查和效能监察工作，公司立项4项，二级单位立项21项，公司4个效能监察立项项目共创造经济效益32万元，避免经济损失17万元，挽回经济损失11万元，建章立制4个。

2012年8月23日，水电一局有限公司工会第十六次会员代表大会在长春隆重召开，吉林省总工会副主席田立新到会祝贺并作了重要讲话。大会听取并审议了李一同志代表公司工会第十五届委员会所作的题为《围绕中心　服务大局　团结动员广大职工为实现公司复兴发展目标而努力奋斗》的工作报告，大会选举产生了工会第十六届委员会，选举李一为主席、金成为副主席；选举产生了第十六届工会经费审查委员会，选举金成为经费审查委员会主任；选举产生了第十六届工会女职工委员会，选举袁红为女职工委员会主任。

水电一局有限公司工会深入开展多种形式的劳动竞赛活动和群众性经济技术创新活动，积极推进导师带徒活动。公司工会开展扶贫解困送温暖活动，公司党政工主要领导参加了走访慰问送温暖活动，共发放慰问补助款1456900元。

2012年，水电一局有限公司团委开展了青年文明号、青年突击队竞赛、导师带徒、党团共建·创先争优等活动，深化了青年职工青年岗位能手活动，增强了青年职工的专业技术水平；全面加强基层团组织建设，充分发挥了共青团组织的生力军和突击队作用，增强了团组织的活力和凝聚力。

【社会责任】 水电一局有限公司将社会责任理念融入到企业战略和日常运营中，实现社会责任与企业经营的有机融合，不断推进社会责任工作，更好地履行社会责任。在制定发展战略、进行重大决策过程中，都能充分体现企业自身的社会责任理念，不仅要分析对企业自身发展的影响，也要综合分析对利益相关方和环境的影响，努力追求经济、社会和环境的综合价值最大化。

(1) 不断强化对履行社会责任的深刻认识，强化践责基础。水电一局有限公司深刻地认识到："企业履行社会责任并不是要求企业解决所有的社会问题，而是要根据企业自身业务特点，关注与企业经营活动最为相关、对利益相关方具有重大或潜在影响的实质性议题"，所以水电一局有限公司切实履行后方基地管理、工程环境保护、科技进步节能减排与农民工管理等社会责任。

(2) 成立了以水电一局有限公司执行董事、总经理茹彩江为组长的水电一局有限公司社会责任管理领导小组。公司机关各部门负责人为成员，领导小组下设办公室，设在公司总经理工作部，负责具体日常社会管理工作的协调与处理。健全了社会责任工作体系，落实工作责任。公司年度工作会都要就履行社会责任做出决策部署，主要领导亲自抓，各部门认真负责，组织保障体系得到完善。

(3) 根据建筑行业劳动用工比较密集、大量使用农民工的特点，水电一局有限公司制定并推行了工程分包队中农民工的各项管理措施，倡导农民工与职工同学习、同劳动、同管理、同生活、同报酬的"五同"管理，切实维护农民工合法权益，年内没有发生拖欠农民工工资的现象，没有侵犯农民工权益的事情发生。

(4) 积极开展科技进步与节能减排工作。水电一局有限公司制定了《节能减排统计监测暂行规定》、《节能减排工作考核暂行办法》、《中国水利水电第一工程局有限公司节能减排管理暂行办法的通知》、《中国水利水电第一工程局有限公司办公与生活区节能降耗管理办法的通知》、《关于成立公司节能减排工作领导小组的通知》和《关于印发〈中国水利水电第一工程局有限公司主要耗能设备能耗定额管理制度〉的通知》。2012年初，水电一局有限公司制定了《"十二五"时期节能减排工作规划》、《2012年节能减排工作计划》，分解到各二级单位。并对各二级单位全年的节能减排工作进行考核。

2012年，水电一局有限公司万元营业收入综合能耗（现价）为1.024吨标准煤/万元，与2011年同期比较减少5.5%；万元营业收入综合能耗（可比价）为1.153吨标准煤/万元，与2011年同期比较减少2.5%；节能量（非工业企业按营业收入能耗计算）为0.36万吨标准煤，与2011年同期比较减少150.4%；SO_2 排放量为227吨，与2011年同期比较减少9.2%；完成了股份公司规定的目标（万元营业收入综合能耗比2011年降低4%）。

(5) 结合水电一局有限公司各施工项目的特点，实施绿色管理、环保经营策略，突出保护环境、保护安全、保护居民生活的前提下，搞好施工生产，不影响或尽最大可能性减少对居民生活的干扰与影响。

(6) 积极开展扶贫解困送温暖活动，切实开展不让贫困子女辍学的金秋助学活动，全面实施了民心工程和送温暖工程：①坚持领导干部联系困难户制度。水电一局有限公司有67名副处级以上领导干部与110多名困难职工建立了包保帮困联系。做到了“重要节假日必访、职工婚丧嫁娶必访、大病必访”等三必访。②广泛开展了走访慰问送温暖活动。水电一局有限公司筹措大量资金用于扶贫解困，共走访慰问职工3070户，解决了困难职工的燃眉之急，使他们切实感受到企业的温暖。③开展“金秋助学”活动。水电一局有限公司为考上大学的贫困学生发放助学金4万多元，解决了困难职工子女上学难的问题。④积极与地方民政部门联系，申领城镇最低生活保障金，保障困难职工家庭的基本生活。全水电一局有限公司382户领取了城镇最低生活保障金，缓解困难职工的实际困难。⑤水电一局有限公司协调地区政府积极为“五七家属工”办理社会保险。共计为1200多名“五七家属工”办理了社保，得到认可。

（7）努力做好企业办社会的社会责任工作。生活基地每年投入几千万元的资金用于职工生活基地的供暖、供水、供电和物业服务的保障运行。2012年3月13日水电总医院被确定为永吉县新农合定点医院，年内医院共收治永吉县农合患者约8291人·次，其中住院患者1321人·次。

中国水利水电第二工程局有限公司

概　　况

【综述】　2012年，中国水利水电第二工程局有限公司（以下简称“水电二局有限公司”）以质量管理为抓手，重点开展了以下工作：①提升公司品牌质量的建设，启动房建特级资质申报工作；②提升市场营销工作的质量管理，为企业发展创造有利条件；③提升科技创新工作的质量管理，为企业发展提供支撑；④提升安全生产工作的质量管理，保障公司健康发展；⑤提升经营工作的质量管理，加快转变发展方式，为企业发展提供动力；⑥提升人力资源开发工作的质量管理，为公司的发展提供活力；⑦加强全面风险内控管理，提升公司发展质量；⑧加强总部能力建设和廉洁从业教育；⑨加强和创新党的建设，提高党的工作科学化水平。

【领导班子】　水电二局有限公司党政领导班子成员为：执行董事、总经理、党委副书记刘国栋；党委书记兼副总经理李启友；监事、党委副书记兼纪委书记沈德升（2012年1～3月）、刘庆（2012年3～12月）；副总经理兼总经济师路玉武；副总经理李志斌；副总经理兼总工程师常满祥；副总经理彭刚；总会计师许宁；工会主席景立山。

【人员及组织机构】　2012年，水电二局有限公司在册员工1765人；中、高级职业经理人各10人；拥有各类专业技术人员574人，其中高级（含高级以上）职称141人，中级职称211人；具有一级建造师资格74人，二级建造师资格10人；拥有大专以上学历的1173人，其中本科以上学历709人，研究生以上学历39人；国内员工1555人，驻国外施工管理人员210人。

2012年，水电二局有限公司组织机构依然为决策层、管理层和经营（执行）层。

【企业资质、资信】　2012年，水电二局有限公司注册资本金由30000万元增至41000万元。公司具有房屋建筑工程施工总承包壹级、水利水电施工总承包壹级、建筑装饰装修工程专业承包壹级、钢结构工程专业承包壹级、机电设备安装工程专业承包贰级等建筑业资质；有大Ⅱ型平面滑动闸门、大Ⅱ型平面定轮闸门、大Ⅲ型弧形闸门、大Ⅲ型拦污栅、大型水利水电工程压力钢管、大型水利水电工程压力钢岔管等工业产品生产许可证；另有特种设备制造许可证（压力容器）、特种设备安装改造维修许可证（起重机械）和建筑施工安全生产许可证。

取得银行“AAA”资信等级并通过ISO9001国际质量体系认证、ISO14001环境管理体系认证和GB/T 28001职业健康安全管理体系认证，获得“北京建设行业AAA信用企业”证书。

【年度业绩】　2012年，水电二局有限公司实现营业收入40.46亿元，为股份公司下达的36.5亿元年计划目标的110.84%；新签合同约53.15亿元；实现报表利润9060万元；资产保值增值率125.59%；公司在岗职工国内平均工资同比增长率11.42%。

（陶海霞）

国际工程

【综述】 2012年，国际业务完成营业收入12亿元，占公司营业收入的30.36%；实现利润5392万元，占公司利润的47.52%。新签合同16.88亿元，占公司新签合同的46.8%。

【中标工程】

（1）安哥拉威热中学，合同金额为8120000美元。2012年2月签订合同。

（2）安哥拉鲁班戈40MW燃油电厂，合同金额为66796353美元。2012年3月签订合同。

（3）安哥拉万博省嘎啦球场修复项目二期工程，合同金额为25980000美元。2012年1月签订合同。

（4）安哥拉桑巴区四栋住宅楼建设项目，合同金额为305377.37美元。2012年2月签订合同。

（5）塔吉克斯坦杜尚别房建项目一期工程，合同金额为37464900美元。2012年10月签订合同。

（6）安哥拉南陇达省绍里木妇产医院建设项目，合同金额为20000000美元。2012年12月签订合同。

（7）安哥拉梅农盖中低压供电线路项目，合同金额为53034841.75美元。2012年12月签订合同。

（8）安哥拉梅农盖供水管网建设项目，合同金额为45726867.84美元。2012年12月签订合同。

【在建工程】 2012年，水电二局有限公司在建国际工程项目7个，本年度共完成产值58257.9万元人民币。

（1）安哥拉万博省体育场含嘎啦球场修复项目二期工程，2012年完成产值1240万美元。

（2）安哥拉威热中学房建项目，2012年完成产值1541万宽扎。

（3）安哥拉鲁班戈40MW燃油电厂，2012年完成产值6345万美元。

（4）刚果金金沙萨恩吉利机场塔台工程，2012年完成产值366.68万美元。

（5）刚果金卢本巴西卢阿诺机场A标工程，2012年完成产值26.33万美元。

（6）刚果金金萨沙恩吉利国际机场跑道修复工程，2012年完成产值2755.64万美元。

（7）塔吉克斯坦杜尚别房建项目一期工程，2012年完成产值210.98万美元。

【竣工工程】 2012年竣工工程项目1个。马里首都巴马科塞努国际机场航站楼工程，总建筑面积15600平方米，是马里首都巴马科国际机场一座现代化装备的航站楼。合同工期2010年8月1日～2012年8月31日，工期2年。2012年完成产值7220万美元。

（王文林　林冬青　王学军）

国内工程

【综述】 2012年，水电二局有限公司国内新签合同87个，其中水利水电6个，工民建39个，其他42个。合同金额321601.2440万元 。

（1）南水北调中线工程鲁山南2段项目，工程为南水北调中线工程总干渠陶岔—沙河南段工程的一部分，总长9.780千米。合同价为42600万元。开竣工日期为2011年2月～2013年6月。2012年完成产值25216万元。

（2）南水北调中线一期工程总干渠工程沙河南—黄河南新郑南端第三标段，位于河南省郑州市。合同价为29757万元。工期30个月。2012年完成产值13958万元。

（3）山西省中部引黄工程19标，位于山西省中部。合同价为13072万元。

（4）太原市汾东水系一期清水复流工程（北涧河治理项目），位于山西省太原市。合同价为9838万元。

（5）北京市海淀区辛店B08地块公共租赁住房项目2标，位于北京市海淀区。合同价为17942万元。2012年完成产值18980万元。

（6）中国水电·海赋外滩抚顺项目一期，位于辽宁省抚顺市东洲区。合同价为32578万元。2012年完成产值11400万元。

（7）北京市大兴区生物医药基地东配套10号地二类居住用地托幼用地项目3个标段，位于北京市大兴区。合同价为31440万元。2012年完成产值3800万元。

（8）中国水电·观府壹号项目一组团一期一标段建筑安装工程，位于贵州省贵阳市。合同价为32578万元。

（9）中国水电·云立方项目二期，位于四川省成都市。合同价为19785万元。

（10）东蒲洼惠民里一期还迁小区配套工程，位于天津市武清区。合同价为36259万元。2012年完成产值15058万元。

（11）沈阳桃仙国际机场航站区新建停车楼工程A标段，位于沈阳市。合同价为14220万元。

（12）凤凰新城长宁道南侧、大里路西侧项目（中国水电首郡二期）一、二标段，位于河北省唐山市。合同价为33645万元。

（曹雅滨　王学军）

管理创新

【企业改革】 2012年，为了应对外部市场严峻经济形势，公司对组织机构重新进行了设计调整，新成立了华北区域管理部，将原四川区域管理部、贵阳项目管理部合并为西南区域管理部，将原来的贸易公司和物流中心也统一合并为北京贸易分公司。自北京贸易分公司成立，形成了总部18个业务部室，6个国内区域管理部，5个国外区域管理部，2个经营单位的组织机构格局。

为使组织机构和企业发展思路相匹配，水电二局有限公司修订了公司各级组织机构职责以及之相关的管理制度，以保持组织、职责与制度的统一。

【经营管理】 2012年，水电二局有限公司对企业《项目经理部考核管理办法》等148项管理制度进行了修订，对企业分包管理流程等164个管理流程进行了优化，对项目管理指导手册内20余个章节进行了深层次补充，形成了企业管理制度汇编，进一步健全了企业管理制度体系。同时，修订并出台企业《内控手册》和《项目管理指导手册》，以形成完善的企业运营及项目管理指导体系，促使企业内控体系愈加完善。

2012年，水电二局有限公司“管理提升”活动第一阶段任务圆满完成，活动征得对企业有益、有效的管理建议147条，其中管理短板方面84条、发展瓶颈方面63条，申报企业级管理课题立项7项，初步形成了企业管理诊断报告。对于推进企业管理水平全面提升，打下了良好的基础。

（高　峰）

【投资开发】 2012年，水电二局有限公司根据中国水电建设集团房地产有限公司股东会议关于增加注册资本金的决议，于3月完成对股份公司地产追加投资17668万元。截至2012年末，水电二局有限公司在中国水电建设集团房地产有限公司投资额共计为37668万元，投资比例仍为10%。

2012年12月，水电二局有限公司成立了吉林中电建设有限公司，注册资本为600万元。

【财务管理】 2012年，水电二局有限公司继续完善财务管理制度体系，注重财务基础工作，不断提高工作管理水平。从2009～2012年，连续获得“北京市纳税A类企业”称号。

（1）水电二局有限公司全面开展预算管理工作，2012年财务产权部牵头，重新梳理、修订《全面预算管理指南》，借助公司I6P系统平台，编制信息化实施方案，以便于公司对项目的全面预算编制审核与执行控制。

（2）水电二局有限公司收入开展财务大检查，狠抓会计基础工作，开办《财务工作简报》，为公司国内外的财务人员搭建交流平台，大大地提高了财务工作质量。

（3）结合水电二局有限公司的管理提升活动，财务产权部承担公司“业务、财务一体化”管理课题研究，尝试将财务NC系统与业务系统打通，实现业务、财务两个系统之间的整合，取得顺利进展。

（邓　琦）

【资金管理】 2012年，水电二局有限公司继续加强资金的计划管理和集中管控，积极控制贷款规模、降低财务费用，保证公司资金链的稳定外，加大力量进一步完善和推广资金集中统一管控平台，使公司资金管理工作越趋标准化和程序化。公司积极寻求和发展新的业务，与中信银行合作，开展应付账款保理业务，与广发银行合作开展银行承兑业务，保证了项目大宗材料的及时供应，及时缓解了公司资金压力，发挥了公司集中统一采购的作用，对外议价能力得以提高，材料采购单价得以降低，全年为公司节约了可观的各项成本费用。

（辛国青）

【工程质量管理】 2012年，水电二局有限公司突出质量过程监控，强化施工现场管理力度，加强重点目标管理。确保工程质量、进度、贯标、节能减排等各项指标的顺利完成。

2012年，水电二局有限公司水工项目共完成单元工程17530个，其中优良17109个，优良率97.6%，一次验收合格率100%。房建项目完成10100个检验批，合格率100%。2012年，水电二局有限公司在建工程质量合格率达到了100%。2012年共有7个工程报竣，一次验收合格率100%。工程项目安全度汛，工期履约状况良好。顺利通过了中质协质量保证中心的质量环境职业、健康安全三事一体系的2012年度监督审核。泰莱白金湾、惠南庄泵站、西岸观邸二期和刚果（金）中心医院项目等四个项目全部顺利通过了股份公司优质工程评审。

（倪卫东）

【商务管理】 2012年，水电二局有限公司发布了工民建内部定额的建筑分册。本定额数据参考了公司正在施工的15个工程项目，涉及北京、天津、河北、东北、四川（成都和绵阳两地区）等地区。为了指导项目进行科学的成本管理，将企业定额体系与项目精细化成本管理相结合，商务管理部申请了公司管理创新课题进行专项研究。

为了更好地激励债权回收的积极性，水电二局有限公司于2012年11月发布了《债权奖罚管理办法》。根据实现精益化管理公司的战略目标要求和集团公司相关要求，2012年初发布了《经济活动分析实施细则》。及时发现、反映经营管理工作中存在的问题，确保公司平稳较快发展。

（高慧琳）

【资产管理】 2012年，水电二局有限公司修订了物资设备办法，将物资设备信息化管理手段融入到制度中，进一步优化了物资设备、固定资产、不动产等管理工作流程，新的工作流程，简化了审批程序，缩短了流转时间，提高了工作效率。

水电二局有限公司继续推行阳光采购制度，全年资产部共组织招标117项，招标总金额为35930.14万元。招标过程中邀请纪检监察和审计部门进行了全过程的跟踪。定期发布主要材料的价格信息35期。积极使用银行保理业务和承兑汇票业务，大大降低了可观的采购成本。

加强旧设备报废出售工作，全年出售设备307台·套,报废24台·套，回收资金3632.23万元，有效盘活了公司资产。针对国外闲置设备，积极开展租赁业务，实现租赁业务收入1446.75万元。

（赵志刚）

【人力资源开发】 2012年，水电二局有限公司共1340余人·次参加了各项培训班，其中内部培训1060余人·次，外部培训280余人·次。公司组织的内外部各类培训班达50多个。培训课程设置丰富，实用性及针对性强，受训人员涵盖公司各类人群。

2012年，水电二局有限公司申报各级别各专业技术资格人员共计51人，经过股份公司及公司职称评审委员会的评审，共评获教授级高级工程师2人，高级工程师11人，高级会计师1人，工程师31人。

（贾慧剑）

【离退休职工管理】 2012年，水电二局有限公司有2047人增加了养老金，每月人均增加养老金241.22元。

离退部两节期间开展送温暖活动，慰问走访40多户，补助离退休、内退人员204人，发放困难补助费7.75万元，发放春节慰问费33.64万元。“七一”前夕，对19名新中国成立前入党的老党员进行走访慰问，送去慰问金。

2012年底，水电二局有限公司在册离退休人员2234人。2012年增加退休人员70人，去世45人。

（胡晓珊）

科技进步

【技术进步】 2012年，水电二局有限公司实现了年科技投入1.268亿元，占营业收入3.12%，满足房建特级资质和北京市企业技术中心对科技投入的要求。

2012年，《人才测评技术在企业后备人才队伍建设中的应用》荣获中国职工教育和职业培训协会优秀科研成果一等奖，《砂卵石地基大型泵站施工技术研究与应用》、《大跨径连续钢桁梁桥整体顶推架设施工技术》荣获中国电力科学技术三等奖和鼓励奖，《建筑业供应链管理系统》荣获电力行业信息化优秀成果三等奖。

混凝土泵车、塔式起重机和平地机三项水电工程施工机械安全操作规程于2012年12月1日发布实施。新取得《水电水利建设项目文件收集及档案整理规范》和《水电水利工程施工机械安全操作规程》中振捣机、振动碾两项规程的主（参）编权。

《锚具式悬臂定型大钢模板施工工法》等四项工法评为中国电力建设企业协会2012年度工法。

（汪 涛）

【信息化建设】 2012年，水电二局有限公司信息中心按照公司的年度发展规划，出台了公司信息化“十二五”规划。硬件方面，将硬件系统进行升级。应用系统方面，建立资金管理、全面预算管理及市场营销系统，完成业财一体化开发工作。公司网站全新改版。业务培训方面，组织人员到国外项目现场培训。对外宣传方面，多次组织兄弟单位来公司参观学习。申报的课题《建筑业供应链管理系统》获得电力行业课题三等奖、股份公司课题一等奖。

（孙 强）

安全生产

【安全生产责任制】 2012年，水电二局有限公司切实加强各级各岗位的安全生产责任落实。全年共签订安全生产责任书 51 份。

【安全生产管理】 水电二局有限公司认真推动项目安全总监的管理工作，推进项目安全总监制在项目部落实，安全总监聘任率达 100%。

水电二局有限公司高度重视安全隐患排查治理工作，开展了“安全生产年”和“安全生产心中有数”活动，强化安全队伍建设，强化安全管控意识。提升对工程项目危险因素和施工危险源的安全管理，排查安全隐患，明确重点监控部位，采取切实可行的措施，消除环境、设备、人员以及管理方面的隐患。2012 年，水电二局有限公司共进行隐患排查 120 余次，查出各种安全隐患 566 条，现均已落实整改完毕。

2012 年，水电二局有限公司重点加强项目部消防、防汛、防地质灾害应急演练工作，根据演练情况，对应急预案进行了修订完善。

【安全教育培训】 水电二局有限公司不断加强三级教育培训。2012 年，公司所属各项目三级安全教育人数达到 2.5 万余人，共有 204 人参加水利部和建设部“三类人员”的取证和延期教育培训。

（张立云）

党群工作和精神文明建设

【党建工作】 2012 年，水电二局有限公司党委围绕公司的工作目标，积极开展开展基层组织建设年活动。46 个党支部定级为“好”，15 个党支部定级为“较好”。公司党委推进党务公开工作，出版党务公开工作简报 8 期。进一步完善公司《党建工作责任制》。

推进党建工作信息化建设，制定了水电二局有限公司《党组织工作流程》，运用 OA 办公系统及时、规范、快捷地完成党员的组织关系接转。

水电二局有限公司总经理、党委副书记刘国栋被选举为北京市第十一次党代会代表。北京市国资委党委表彰津城总承包管理部党总支“创先争优基层党组织”；表彰林胜强“创先争优优秀共产党员”。

在 2012 年开展的“共产党员献爱心”捐款活动中，党员、积极分子、群众 761 人共计捐款人民币 51110 元。

2012 年春节前，水电二局有限公司党委为 17 名新中国成立前入党老党员每人发放 500 元慰问金。

（何兴明）

【企业文化建设】 2012 年，水电二局有限公司不断丰富职工的文化生活，广大职工积极参与，利用各种节日，通过多种载体营造良好的氛围，企业文化活动开展得生机蓬勃。

水电二局有限公司各单位“三八国际妇女节”组织女职工采摘、游园、健步走；“五四青年节”篮球赛、烧烤聚；“七一”接受爱国主义教育、“革命歌曲联唱”等活动。

为进一步增强企业凝聚力，水电二局有限公司开展了“十佳员工”的评选活动。通过网上公示、全员投票等程序，10 名员工被授予“十佳员工”荣誉称号。通过大力表彰和宣传他们的先进事迹，凝聚了人心，形成了合力。

2012 年，水电二局有限公司总部和六铺炕宾馆再次被首都精神文明建设委员会评为“首都文明单位”，水电二局有限公司被西城区德胜街道评为“文明单位”。

（崔鹏娇）

【工会工作】 2012 年，水电二局有限公司工会积极开展“提升质量管理，创先争优”劳动竞赛活动。5 月，以公司全面质量提升为核心内容的劳动竞赛活动在总部及各区域管理部全面铺开。

水电二局有限公司工会积极开展了“面对面、心贴心、实打实服务职工在基层”活动，取得很好效果。工会主席景立山拟写的《“面对面、心贴心、实打实服务职工在基层活动”关键在落实》的经验交流材料，在市总工会建筑工会召开的经验交流大会议上，受到与会领导的认可和好评。

8 月，水电二局有限公司工会成功举办了第二届职工篮球比赛，11 个代表的 126 名运动员参加了比赛，东北区域管理部代表 1 队荣获冠军。

9 月，水电二局有限公司工会举办了主题为“建和谐二局　展女性风采”第三届女职工时装表演赛活动，共有 8 支队伍 49 名女工参加了演出，总部代表队荣获第一名。

（王凤华）

【共青团工作】 2012 年，水电二局有限公司团委继续推进青年突击队等具有二局特色的共青团品牌工作。3 月，公司共有 4 支青年突击队被评为“北京市优秀青年突击队”，3 支青年突击队保持“标杆称号”。华北区域管理部唐山首郡项目部被评为北京市“五四”红旗团支部。4 月，公司总部团支部组织青年参加“一帮一献爱心”助学活动，同街道儿童“一帮一结对子”，在学习和生活上对结对对象给予帮助；公司团委开展了“永远跟党走”主题团日活动，开展了拓展、游园、知识答题等活动；公司团委多次开展团员意识教育活动和团干部培训；“五四”青年节，公司团委在唐山首郡项目和海淀新店项目举行“青年突击队授旗仪式”。9月，公司团委组织团干部代表到南水北调管理部交流学习，在活动中建立友谊、在交流中沟通思想。

（于　鲲）

【新闻宣传】　2012年，水电二局有限公司紧密围绕党的十八大精神开展宣传工作。参加北京市国资委组织的“学习十八大精神”辅导报告，坚持中心组学习制度，组织公司领导班子成员和党员干部学习相关辅导报告，深刻领会十八大精神。

围绕“管理提升活动”总结提炼公司在项目成本管理、工程分包管理、管理基础工作以及信息化建设等方面的先进做法，推出了《夯实基础　协同前进　探寻水电二局管理提升新路径》、《为公司发展插上腾飞的翅膀——水电二局科技创新助推公司转型升级》、《水电二局信息化建设提升公司整体管理水平》等大型报道。

深入挖掘刚果（金）恩吉利机场跑道不停航施工的事迹和经验，形成《铺筑中非腾飞之路》一文，在《中华建筑报》、《人民文摘》12期上刊发。

（张雪华）

检查监督

【落实党风廉政建设责任制】　2012年初，水电二局有限公司组织了反腐倡廉工作会议。与各单位签订党风廉政建设责任书36份。全体党员都上报了2012年廉洁从业承诺书，对中层以上干部任职廉政谈话进行了公示。完成了党风廉政建设责任制落实情况的上半年抽查工作和年终考核工作。

9月，组织并参加了股份公司惩防体系建设第三片区2008～2012交流研讨会。11月9日，组织水电二局有限公司召开了2008～2012惩防体系建设工作交流总结会。

开展了产权、财务资金、物资采购、招标投标和选人用人等重要领域和关键环节的廉洁风险排查、识别、评估和防控工作。出台了《公司党风廉政建设责任制考核办法》等项制度。开展了小金库专项检查治理工作。

积极参加集团公司开展的以“强化廉洁从业意识、保持党的纯洁性”主题教育活动和集中教育整治工作。

（周长山）

【效能监察工作】　2012年，水电二局有限公司效能监察立项为：①公司领导班子“三重一大”决策制度落实情况；②南水北调鲁山南2段项目综合效能监察；③刚果金机场塔台项目管理综合效能监察。收到国内、外各区域管理部、实业部等单位报送效能监察立项书13份。参与安哥拉、刚果金、华北区域、西南区域、南水北调项目物资设备采购开标工作15项。参与华北区域、东北区域项目劳务分包开标等工作5项。追踪公司审计报告5项。针对2012年国内新开工程，编制了5份项目管理部效能监察策划书。

纪检监察部组织并完成公司各单位党风廉政建设责任制考核、公司总部各职能部室的年度考核，发布考核结果10期。参与人力资源部组织的干部任前考察谈话7次、员工上岗竞聘监察工作16人·次。

（张　延）

【职工代表大会】　2012年2月27～28日，水电二局有限公司召开第十一届二次职工代表大会，大会听取审议了刘国栋同志题为《加强全面质量管理　转变发展方式　努力建设质量效益型国际化工程管理公司》的工作报告，以及公司财务工作、经营管理工作、安全生产工作、科技工作、国际业务工作、业务招待费使用情况报告。出席会议的职工代表对总经理工作报告进行了讨论并在大会上通过。公司领导班子成员分别进行了2011年度工作述职，职工代表对其进行了民主测评。大会出席职工代表82人，工作会代表14人。

（王凤华）

【审计工作】　2012年，水电二局有限公司共完成内部审计11项，其中：经营单位负责人离任经济责任审计2项，项目经理离任经济责任审计2项，经营单位年度效益审计4项，在施和已完工工程项目审计3项，另外完成竣工项目兑现审核5项。下达审计意见书7份，提出改善内部经营管理意见和建议24条，被审计单位已采纳或落实24条，落实率100%。

2012年，审计部继续参与公司59项大宗物资采购评标监督工作，涉及金额1.78亿元，认真履行了应尽的监督职责，对促进企业加强资产管理、防范经营风险发挥了积极作用。

（周雪莹）

【法治工作】　2012年，水电二局有限公司持续完善有关制度，进一步提高法律审核的质量、水平，从源头上防范风险；全面推进法制宣传教育培训工作的开展，有力地促进了企业规范经营和健康、协调、快速发展。

2012年，水电二局有限公司采用多种方式开展普法宣传教育以及培训活动。法律顾问室发布了12期的《法律ABC》，为项目部的工作提供了切实有效的法律支持。水电二局有限公司与北京市惠诚律师事务所续签了《2013年法律顾问合同书》，律师给公司管理人员进行系统的法律风险防范培训，进一步防范了公司的法律风险。

2012年，水电二局有限公司累计发生诉讼、仲裁案件共19起，共涉及金额约1074.6万元。截至2012年底，已处理完的案件16起，涉及金额约536.19万元。

（徐　晶）

中国水利水电第三工程局有限公司

概　况

【综述】 中国水利水电第三工程局有限公司（以下简称“水电三局有限公司”）为中国水利水电建设股份有限公司（以下简称“股份公司”）全资子公司，是建筑业中集科研、设计、开发、施工、制造安装、监理和咨询为一体的国家大型骨干企业。

水电三局有限公司现有员工11804人，其中高级职称450人，中级职称1290人，初级职称1760人；公司注册资本金8亿元，总资产为42.47亿元，拥有各类主要施工机械设备13625台·套；企业信用等级为“AAA”级，是国家和陕西省“守合同重信用”企业，是陕西省国税、地税局联合授予的“A级纳税人”企业。2012年，水电三局有限公司被评为全国安康杯竞赛“优胜单位”、陕西省“劳动关系和谐企业”、厂务公开“五星级”单位。

水电三局有限公司自成立以来，先后在国内外承（参）建了百余座大中型水利水电工程及其他建筑工程。参加了举世瞩目的长江三峡水利枢纽、黄河小浪底水利枢纽和南水北调工程、我国第一条具有世界先进水平的京沪高速铁路建设，以及大同—西安铁路客运专线工程；参加了目前国内最大的示范性光伏发电敦煌项目和我国首批第三代核电AP1000自主化项目山东海阳核电厂建设。

水电三局有限公司创出了一大批优良的代表性工程和三局品牌，获得了包括“全国五一劳动奖”、“中国建筑工程鲁班奖”、“国家优质工程金奖”、“国家优质工程银奖”、“新中国成立六十周年百项经典暨精品工程”、“中国电力优质工程”、“中国水利工程优质（大禹）奖”、“一级优质工程”、“水电优质工程”、“公路交通优质工程奖”以及其他省（部）级奖项在内的50余项优良工程奖。创出了世界和中国企业新纪录30项，获得了国家级专利15项，国家级工法5项，铸就了骄人的业绩，具有强大的整体综合实力和市场竞争力。

近年来，水电三局有限公司积极推进品牌建设，打造企业核心竞争力，在高边坡及厂坝基础开挖、混凝土重力坝及碾压混凝土坝、地下厂房及大坡度超长斜井施工、抽水蓄能电站、高强度压力钢管制作安装、PCCP管安装，并在高速铁路、高等级公路、风电施工等工程领域创出了自主品牌。2012年市场营销超过100亿元。

【企业资质】 水电三局有限公司拥有水利水电工程施工总承包特级，房屋建筑工程、市政公用工程施工总承包壹级，土石方工程、钢结构工程专业承包壹级，公路工程、化工石油工程、机电安装工程施工总承包贰级，具有水利行业设计甲级和工程监理咨询乙级、测绘甲级资质，并持有对外承包工程资格证书、铁道部市场交易许可证书、计量认证证书和全国工业产品生产许可证书。

【领导班子】 执行董事、总经理兼党委副书记张育林，党委书记兼副总经理刘美华，副总经理焦继轩、胡海涛、张波、李刚、李炳汉，监事、党委副书记兼纪委书记单勇锋，总会计师刘玉建，总工程师王鹏禹，总经济师沈宏伟，工会主席吴家明，咨询冯亮、司勤、任世玉、付胜利。

【组织机构】 水电三局有限公司下辖5个区域分局：四川分局、云南分局、西北分局、华中分局、东北分局；1个事业部：海外事业部；3个专业分局：制造安装分局、路桥分局、基础建筑分局；以及勘测设计研究院、设备物资公司、房地产开发公司、基地管理中心。费用单位有职工医院。

水电三局有限公司总部设置的部门有：总经理工作部、党委工作部、公司纪委（监察室）、公司工会、市场开发部、海外事业部、人力资源部、企业发展部、设备物资部、财务管理部、资金管理部、生产经营部、工程科技部、社会保险管理部、审计部、安全环保部、法律事务部。

主要指标

【营业收入】 2012年，水电三局有限公司实现营业收入73.81亿元，完成年度计划72.03亿元的102%（较2011年增长11.55%），其中：国内水利水电业务营业收入36.43亿元，占总收入的50%；国内非水电营业收入11.39亿元，占总收入的15%；国际业务营业收入25.98亿元，占总收入的35%。公司资产总额41.55亿元，资产负债率为72.95%，较2011年降低7.14个百分点。在岗员工年均收入达到5.37万元，较2011年增长13.07%。

【盈亏情况】 2012年全年实现利润1.75亿元，营业收入利润率为2.37%，其中：国内水利水电业务亏损368万元，亏损率为0.1%；国内非水电业务亏损4368万元，亏损率为3.83%；国际业务实现利润2.22亿元，利润率为8.56%。

【合同存量】 2012年，新签合同项目50个，营销总额102.25亿元，首次突破100亿，较2011年增长13%，其中：国内水电业务29.63亿元，国内非水电业务47.95亿元，国际业务24.67亿元。合同存量达到188.90亿元，较2011年增长15%，其中：国内水电业务64.47亿元，占总存量34%；国内非水电业务53.14亿元，占总存量28%；国际业务71.31亿元，占总存量38%。

【产业规模】 水电三局有限公司主要营业板块由国内水电、国内非水电、国际工程三大业务板块构成。三大业务板块分别占公司主营业务收入的50%、15%、35%。公司主营业务收入仍然以国内水电收入为主，在国际业务优先发展的战略目标下，2012年公司国际业务板块规模增长明显，由2011年的占总规模的24%增长至2012年的35%，国内非水电营业收入稍有回落。2012年公司国内项目分布在17个省市，以山西、四川、河南、云南、湖南、内蒙古、陕西等7省为主要项目集中区，7省项目收入占公司总国内总收入的75%。

【生产能力】 随着公司营业规模的扩大，水电三局有限公司年生产能力主要指标逐步提升，其中：土石方开挖3000万立方米，混凝土浇筑500万立方米，基础处理及钻孔灌浆35万米，金属结构制作安装8万吨，机电设备安装300万千瓦，工业民用建筑10万平方米，铁路工程50公里，公路工程80公里。

改革发展

【结构组织变化】 2012年，是水电三局有限公司“十二五”发展规划的第二年，也是新一轮三年滚动发展规划的开启之年。根据发展情况，公司进一步调整思路，明确了以项目管理为中心，不断完善和创新组织架构，构建总部集约型管理模式，成立企业管理委员会、经营管理委员会和市场营销委员会。

继续提升和深化区域化管理，通过整合重组释放资源，优化产业布局，集中优势力量，实现分局的跨越式和规模化发展，将中南分局、华东分局、陕西分局合并组建华中分局，成立东北分局，将铁路分局并入路桥分局，将新疆分局并入西北分局。

持续深化内部管理体制改革，调整和优化内部经营管理模式，在充分调研的基础上，组建实体化运作的海外事业部，有效加强国际业务统筹管理能力、提升国际业务经营和抗风险能力。

2013年4月，经过整合重组，成立基地管理中心、基础建筑分局、设备物资公司，撤销实业发展总公司、机电设备公司、基础工程分局、职工培训和劳务管理中心。

【投资开发】 截至2012年底，水电三局有限公司投资设立的公司共9家，其中全资子公司5家（包含联重公司和监理公司，不含联虹公司和三新公司）；参股公司4家。对外投资涉及的行业为电力、房地产、城市基础设施建设的BT项目、其他投资业务。

（1）陕西江河水利水电土木勘测设计研究有限公司。该公司为水电三局有限公司独资设立的有限责任公司，2012年7月，经股份公司批复同意，水电三局有限公司增资100万元，增资后注册资本金200万元。主要经营范围为水利水电工程、工业与民用建筑工程及市政工程的勘察设计和装饰设计。2012年实现营业收入431.23万元，利润总额13.45万元。

（2）安康市岭南液化气有限公司。该公司为水电三局有限公司独资设立的有限责任公司，注册资本金46万元。主要经营范围为液化气及系列产品的储存分装、灶具、五金交电以及日用品的销售。2012年实现营业收入2056.46万元，利润总额17.42万元。

(3) 中国水利水电第三工程局工程监理有限公司。该公司为水电三局有限公司独资设立的有限责任公司，注册资金117.77万元。主要经营范围为工程监理、技术咨询服务、工程概预决算编制、报价、评估、审计咨询、招投标咨询服务、工程调价调整、索赔技术服务、技术方案制作、工程管理、合同咨询服务、信息服务和中介服务。截至2012年底，税务注销工作基本完成。

(4) 陕西联重工贸有限公司。陕西联重工贸有限公司（以下简称“联重公司”）创立于2003年9月，原名陕西秦云工贸有限公司，2009年8月，水电三局有限公司斥资600万元收购联重公司职工持股股权，联重公司变更为水电三局有限公司全资子公司，注册资本金800万元。主要经营范围为水电站、公路、房屋等建设项目的开发、施工及管理等。2012年5月，水电三局有限公司决定注销联重公司，2012年底，联重公司注销工作基本完成。

(5) 陕西瀛湖置业有限公司。陕西瀛湖置业有限公司（以下简称“瀛湖置业”）于2010年10月由水电三局有限公司独资注册成立，注册资本金800万元。2012年7月，水电三局有限公司以西安市莲湖区北关街道龙首北路西段22号LH4—1—10—1号宗地国有建设用地使用权及宗地上建筑物作价1378.4932万元进行实物增资，增资后注册资本为2178.4932万元。瀛湖置业主要业务为房地产开发。瀛湖置业目前正在进行的商品房开发项目均处于前期土地变性阶段，2012年利润总额—4.11万元。

(6) 苏州三新商品混凝土有限公司。2012年2月，苏州三新商品混凝土有限公司（以下简称“三新公司”）股权转让完成了工商营业执照变更，徐铭杰作为独资新股东接手了三新公司。截至2012年底，水电三局有限公司正在进行债权债务清理工作。

(7) 湖北谷城联虹电业有限公司。该公司股权转让已完成，截至2012年底，受让方尾款尚未支付。

(8) 石泉发电有限责任公司。石泉发电有限责任公司（以下简称“石泉公司”）于1998年2月注册成立，注册资本金7500万元，由水电三局有限公司与大唐陕西发电有限公司、安康国有资本经营公司、中国水电顾问集团西北勘测设计研究院四家单位共同出资组建，水电三局有限公司出资1275万元，占17%参股权。石泉公司主要负责石泉水电站机组的扩建管理和发电运营。

(9) 陕西汉江投资开发有限公司。陕西江汉投资开发有限公司（以下简称“汉江公司”）于2002年1月注册成立，首期注册资本金1000万元。2009年9月，汉江公司股权结构发生变化，变更为中外合资企业，现股东为大唐陕西发电有限公司、陕西省水电开发有限责任公司、陕西省交通厅航运管理局、水电三局有限公司、日本电源开发株式会社。现注册资本金11.37亿元，水电三局有限公司出资5685万元，占5%的股权。

【加强和完善信息化建设】 2012年，水电三局有限公司以“信息化十二五规划”为指引，以管理提升活动为契机，首先以财务系统为核心，以业务融合为目标，在用友UAP平台上建设了用友HR人力资源管理系统，实现了基于财务业务与人资管理的一体化建设。其次，水电三局有限公司计划将综合项目管理系统做成支撑公司三级管理的综合管控平台，全面启动了综合项目管理系统的开发完善，预计2013年初投入试运行。再次，水电三局有限公司将OA系统顺利延伸到所有二级单位，对一体化建设进行有益的尝试，积极争做股份公司信息化试点单位，企业网站再次改版，信息化科研项目顺利进行。最后，做好信息化的深度融合，推进信息化在更大范围内、更深层次、更高水平与公司经营管理融合，使信息化成为支撑实现战略任务和基本方针的内在动力。

【全面推动风险管理和内部控制体系建设】 2012年7月启动了公司风险管理与内部控制体系建设工作，聘请资深的专业咨询机构进行指导，按照“统筹规划、分步实施”的原则和横向覆盖到边、纵向延伸到底的工作要求，在水电三局有限公司总部、分局、项目部三个层面分别开展体系建设工作，计划2013年1月底完成体系建设工作。经过4个月的努力，公司总部、分局、项目部的业务流程及制度梳理、重大风险评估等工作已完成，相关工作成果得到了股份公司内控评价组及中天运内控审计组的认可。截至2012年底，项目组正在按计划编写《内部控制缺陷及改进报告》、《全面风险管理报告》及《全面风险管理与内部控制手册》。

【资质申报工作】 2012年3月，水电三局公司荣获住房与城乡建设部颁发的“水利水电施工总承包特级及水利行业设计甲级”资质证书，巩固了公司发展平台，为新一轮的发展奠定了良好的基础。同时，结合市场拓展需要和完善公司资质结构，全年完成了矿山叁级、铁路叁级、房建壹级、市政壹级、机电安装贰级、化工石油贰级、电力叁级施工总承包资质和建筑防水专业叁级等资质的申报工作，其中矿山、铁路总包叁级和建筑防水专业叁级资质已获住房与城乡建设部审核通过并发证，其余资质已于2012年11月中旬通过住房与城乡建设部审核。公司增项资质申请的持续开展和就位，将为实现建设领域全行业覆盖奠定良好的基础，为公司市场准入提供强有力的保障。

【战略规划】 对水电三局有限公司2009～2011年战略发展规划的实施情况进行系统回顾和全面总结，以公司"十二五"发展规划为蓝本，结合2012年初确定的工作重点和发展思路，编制了新一轮三年（2012～2014年）滚动发展规划。三年规划将战略目标按年度进行了分解，对规划期内调整重点与实施计划进行了阐述，并对规划目标的实施提出了具体措施，为公司今后三年各项工作的开展提供了战略引领。

【管理提升活动】 开展管理提升活动，全面提高管理水平，以提高公司应对内外部复杂环境变化，保增长、保稳定，提升市场竞争力和抗风险的能力。根据国务院国资委、股份公司《管理提升活动工作方案实施意见》部署和要求，水电三局有限公司开展了为期两年的管理提升活动，制订了《水电三局有限公司"管理提升"活动实施方案》和《管理提升工作督导办法》，并统筹推进。在活动开展中采取分组督导检查和活动总结，活动涵盖公司机关17个职能部门和所属14个二级经营单位，并且深入到项目部、施工局，做到了活动开展的全员覆盖。

【审计监督】 2012年审计部共安排审计计划18项，实际进行审计项目20项，计划完成率100%。在所完成审计项目中，事前审计1项、经营情况审计14项、经济责任审计2项、海外联营项目经营情况2项、专项审计1项。内部审计共查出违规金额69.86万元，查处损失浪费22.57万元。

2012年共下发审计意见89条，提出审计建议38条。各被审单位（项目）完成整改的审计意见85条，意见执行率96%，实际采纳审计建议28条，采纳率74%。审计结果执行情况不好，反映出被审单位对审计意见和建议重视程度有待提高。少数单位执行审计意见时效性较差，不能按审计要求及时执行和回复；对同类问题分局督察所属其他项目不在重复发生力度不够。

国内工程

【综述】 2012年，水电三局有限公司在建工程项目144个，其中国内132个，国外12个。国内项目按地域统计，主要集中在山西、河南、四川、内蒙古、云南、湖南、甘肃、陕西等8省（按年产值由高到低排序），占到公司国内建安产值权重81.40%，11台机组投产发电，总装机容量86.33万千瓦。

【象鼻岭水电站大坝土建工程】 象鼻岭水电站位于贵州省威宁县与云南省会泽县交界处的牛栏江上，是牛栏江流域中下游河段规划梯级的第三级水电站，其上游为大岩洞水电站，下游为小岩头水电站。牛栏江为金沙江右岸一级支流。该电站对外交通条件十分便利，213国道通过坝址区右坝肩，距威宁县城约163千米，距云南省昭通市约41千米，另外，昭待高速公路已建成通车，此路通过坝址右岸附近。该工程以发电为主要目标，水库正常蓄水位为1405米，相应库容2.484亿立方米。电站装机2台，总装机容量为240兆瓦。象鼻岭水电站枢纽建筑物由碾压混凝土拱坝、右岸引水系统和地下厂房等组成，坝顶高程1409.50米，最大坝高135.50米。中标日期为2012年5月25日，总工期为44个月，中标金额为520950235.81万元。

【辽西北供水工程（二段）施工一标】 该工程位于辽宁省桓仁县境内，合同主体工程为取水首部工程和输水隧洞工程。其中取水首部工程包括取水口建筑物、压力引水隧洞、地下厂房洞室及其附属洞室、升压站、交通洞、机电设备和金属结构安装等工程。取水口建筑物长度为33.30米，取水口后布置两条压力隧洞；输水隧洞总长21166.22米，输水隧洞主洞长21067米，断面为马蹄形，成洞洞径7.28米，采用钻爆法施工。中标时间为2012年6月24日，合同工期为48个月，中标金额为68200.53万元。

【桓集隧道工程施工四标】 该工程位于吉林省集安市和辽宁省桓仁县境内，合同主体工程为隧洞工程，主洞长35441.338米，共布置5条施工支洞。该工程是以长大隧洞为关键控制性工程的世界级宏大工程，主洞采用钻爆法和2台TBM施工（TBM3和TBM4）。该合同包括承建的永久工程和临时工程的施工和竣工验收前的维护。中标时间为2012年6月24日，合同工期为60个月，中标金额为119373.97万元。

【郑州市三环路快速化工程北三环（南阳路—中州大道）工程BT项目】 该工程位于郑州市中心城区北郊，西起南阳路立交西侧，经索凌路、丰庆路、文化路、花园路、经三路、东至中州大道东侧龙湖外环路，规划为城市高架桥快速通道，路程全长约7.9千米。高架桥采用双幅形式，单幅桥梁宽度13米，两桥之间间距16.75米，北幅桥长1151米，南幅桥长1183米。主要工程量为：桩基1208根，承台330个，桥墩333个，箱梁85联，土方开挖15.9万立方米，土方回填7.1万立方米，混凝土28.1万立方米，钢筋制作安装3.4万吨，沥青混凝土2.3万立方米，水泥石灰土3.3万立方米，水泥稳定碎石6.8万立方米，旧路拆除13.3万平方米，折合4.0万立方米，桥梁拆除0.4万平方米。合同工程总价为8.53亿元，合同签约时间为2012年7月25日，合同工期为18个月。

【西安沣渭新区富裕路跨沣河桥工程】 富裕路跨沣河桥全长525米。其中主桥为单塔“花瓣式”钢拱塔斜拉桥，长度为2×80米，主桥全幅总宽23.5×2=47米。引桥采用连续混凝土现浇箱梁形式，总长365米，主要工程量为：混凝土工程3.9万立方米、钢结构工程7200吨、钢筋工程5520吨。设计概算建筑安装投资2.68亿元，合同签约时间为2012年7月29日，合同工期为30个月。

【乌海湖右岸岸线综合整治Ⅰ期工程】 该工程位于乌海市海勃湾水利枢纽上游库区，水库正常蓄水位1076米，死水位1069米，设计洪水标准为20年一遇，库区附近防护基础底高程1070.5米左右。乌海湖右岸岸线综合整治工程，上游从拟建巴音赛黄河大桥开始，至海勃湾水利枢纽上游约700米位置，总长约为22千米。工程建设内容为：护岸工程（含码头）、滨水景观及环湖道路三部分。该标段为乌海湖右岸岸线综合整治Ⅰ期工程，具体包括护岸填筑、坡面防护、亲水道路及下堤步道等工程建设。主要工程量为：土方开挖（含清基）212、2万立方米，土方回填292.2万立方米，混凝土浇筑2.3万立方米，格宾石笼11.4万立方米，格宾网护坡39.6万平方米，种植土7.99万立方米，土工布铺设约47.4万平方米，景观工程约6.9万平方米。中标时间为2012年8月25日，合同工期为8个月，中标金额为2.87亿元。

【神树蓄能电站首部枢纽工程】 该工程位于武威市杂木河干流中游峡谷段，属中型Ⅲ等工程，主要建筑物混凝土面板堆石坝为2级建筑物，输水发电系统、导流泄洪洞、溢洪道等均为3级建筑物，次要建筑物为4级，其他临时建筑物为5级。神树蓄能电站枢纽挡水大坝为混凝土面板堆石坝，钢筋混凝土面板堆石坝防浪墙顶高程为2671.2米，坝顶高程为2670.0米，最大坝高为94.0米，坝顶宽度8.0米，坝顶长223.94米。中标时间为2012年10月25日，合同工期为24个月，合同金额为20598万元。

国际工程

【综述】 2012年，水电三局有限公司国际在建项目共13个，已进入质保运营阶段项目3个。新签合同金额24.67亿元，国际业务累计合同存量71.31亿元，占公司合同总存量38%。

【缅甸莱比塘铜矿项目】 该工程为股份公司国际公司内部委托项目，由水电十局、水电三局有限公司组成联营体（65%：35%）共同实施，其中水电十局有限公司为责任方，水电三局有限公司为参与方。该项目位于缅甸联邦西北部实皆省南部蒙育瓦镇境内，分S矿、S南矿、K矿、L矿4个铜矿床，L矿是其中最大的一个矿床。S矿、S南矿即将闭坑，K矿、L矿正处在生产初期。L矿业主为万宝矿产（缅甸）铜业有限公司，L矿2011年11月18日开工～2012年11月18日，完成产值1087.84万美元。2012年11月18日因业主征地问题引起当地村民阻工，项目至今全线停工。K矿业主为缅甸扬子铜业有限公司，项目合同工期暂定1年，采剥工程量36000千吨，其中矿石6000千吨，合同金额约2350万美元。K矿于2012年12月初进场，截至2013年5月底完成采剥总量482万立方米，完成产值约765万美元。

【斯里兰卡南方公路重建项目】 该工程为总体分包，业主方为斯里兰卡道路发展局（RDA），主承包商为中国航空技术国际工程有限公司（CATIC）。项目包括PRP1包和PRP2包两个合同，施工内容包含涵洞施工、桥梁施工、旧路改造，公路总长295.49千米，合同金额约1.85亿美元。合同工期分12个月、18个月、24个月三种，最早开工日期为2011年7月1日，最迟开工日期为2011年12月12日，最早完工日期为2012年6月30日（东部PRP1—C8合同段），最迟完工日期为2013年12月11日。开工累计完成产值9420.81万美元，已完成总进度的50.90%。

【阿联酋阿布扎比129别墅群项目】 该工程为总体分

包，业主方为Baniyas投资开发公司，主承包商为中国航空技术国际工程有限公司（CATIC）。项目共包括129栋别墅，共分12种户型，土建主要工程量约为：土方开挖47000立方米；基础垫层混凝土23349平方米；地面层板垫层混凝土30315平方米；结构钢筋混凝土37539平方米；砌砖75852平方米；防水约22188平方米。合同总金额2789.93万美元，施工工期为2011年4月2日～2012年7月2日，最新工期索赔正在谈判中。开工累计完成产值2068.73万美元，已完成总进度的74.15%。

【卡塔尔路赛CP1项目】 该工程为股份公司国际公司内部委托项目，由水电三局、水电十三局、水电十局有限公司组成联营体（50%：30%：20%）共同实施，水电三局有限公司为责任方。主要工程包含饮用水系统、雨水系统、灌溉水系统、污水系统、低压电力系统、交通道路划线、弱电系统、饮用水电力设备控制室及泵房等，土方开挖2733立方米，混凝土浇筑1477立方米，管线铺设126312米。项目业主为卡塔尔迪尔不动资产投资公司，合同总额为75650万美元，施工工期为2008年4月1日～2011年9月30日，最新工期索赔正在谈判中。开工累计完成产值70813亿美元，已完成总进度的93.61%。

【卡塔尔锡德拉房建项目】 该工程为股份公司国际公司内部委托实施项目。项目总占地面积248899平方米，总建筑面积123915平方米，室外道路及绿化面积104259平方米。项目分3个区，共104栋建筑物，包括公寓楼、购物中心、健身中心、停车场、清真寺及变电站。项目业主为卡塔尔房地产开发有限公司，合同总金额为13429万美元，施工工期为2012年1月5日～2013年12月8日。开工累计完成产值4222万美元，已完成总进度的31.44%。

【卡塔尔多哈主题公园项目】 该工程为股份公司国际公司内部委托实施项目。该建筑物体型特殊，弧形结构面较多，地下一层，地上六层，夹层五层，建筑物高度42.8米，项目总建筑面积12343平方米，其中主建筑占地面积12105平方米，塔楼建筑面积238平方米。主要工程量为土方开挖31053立方米，钢筋1692吨，混凝土12279立方米，模板27412平方米，砌体4914平方米，幕墙13655平方米。项目业主为卡塔尔水电局，合同总金额为5366万美元，施工工期为2012年5月15日～2014年1月14日。开工累计完成产值1289万美元，已完成总进度的24.02%。

【卡塔尔多哈巴瓦基础设施项目】 该工程为股份公司国际公司内部委托实施项目。主要项目包含公路、13座110千伏变电站、饮用水池泵站、污水处理泵站、电信通讯室以及相应的给排水管线、通信照明、电缆铺设、硬绿化。项目业主为卡塔尔巴瓦房地产公司，合同总金额为4164.3836万美元，施工工期为2012年12月20日～2014年6月19日。开工累计完成产值315.07万美元，已完成总进度的7.56%。

【几内亚水利枢纽项目】 该工程为总体分包，业主方为几内亚共和国能源环境部（MEEE），EPC总承包商为中国水利电力对外公司（CWE）。项目位于孔库雷河下游一段河道较为宽阔处，坝址下游不远处是一个落差约40米的瀑布。大坝采用碾压混凝土重力坝，坝轴线长度1060米，从左岸到右岸依次为挡水坝段—取水坝段—泄流底孔坝段—溢流坝段。引水系统采用3条坝后背管，每条长度约82米，厂房为坝后式厂房，总装机容量为240.5兆瓦。合同总金额为15800万美元，施工工期为2012年4月18日～2016年4月17日。开工累计完成产值3317.23万美元，已完成总进度的21.00%。

【阿尔及利亚德拉迪斯大坝项目】 该工程为总体分包，位于阿尔及利亚东部SETIF省EL EULMA市以东Tachouda镇，业主方为阿尔及利亚水资源部大坝司，主承包商为中国水利电力对外公司（CWE），由水电十三局、水电三局有限公司联营体（59%：41%）总体分包，水电三局有限公司为参与方。项目主要由挡水建筑物、取水建筑物、放空洞、交通设施等组成。主要工程量为土石方开挖64.32万立方米，钻孔灌浆10.40万立方米，混凝土3.25万立方米，反滤料120万立方米，坝壳料166万立方米，黏土填筑157.50万立方米。合同总金额为4751.51万美元，施工工期为2008年5月～2013年3月，最新工期索赔正在谈判中。开工累计完成产值3280.25万美元，已完成总进度的69.04%。

【阿尔及利亚玛乌阿纳大坝项目】 该工程为总体分包，位于赛迪夫西北方向8千米处，玛乌阿纳镇东北边，业主方为阿尔及利亚水资源部大坝司，主承包商为中国水利电力对外公司（CWE），由水电三局、水电十三局有限公司联营体（59%：41%）总体分包，水电三局有限公司为责任方。主要工程施工内容为黏土心墙堆石坝，上游围堰、导流洞、进水塔、导流洞后期改造；主要工程量为土石方明挖367.12万立方米，石方洞挖2.27万立方米，土石方回填

695.20 万立方米，混凝土 2.10 万立方米。合同总金额为 6143.39 万美元，施工工期为 2008 年 12 月 21 日～2013 年 1 月 20 日，最新工期索赔正在谈判中。开工累计完成产值 4122.75 万美元，已完成总进度的 67.12%。

【阿尔及利亚瓦德房建项目】 该工程为股份公司国际公司内部委托实施项目，业主方为阿尔及利亚瓦德省房产发展和管理办公室（OPGI）。项目位于阿尔及利亚瓦德省瓦德市，分 3 个标段，分别为 500 套（125 栋）和 250 套（62 栋）标段、420 套（105 栋）标段；3 个标段共计 1170 套（292）栋，该住房均为 F3 型，单套使用面积为 67 平方米，建筑面积约 10.53 万平方米。合同总金额为 4247.38 万美元，已全部完工。

【阿联酋阿布扎比乌姆盖万—阿姆瓦杰项目】 该工程为股份公司国际公司内部委托实施项目，业主方为阿联酋 Midein 房地产开发公司。项目占地面积 3000 平方米，建筑设计为 55 层，总高度为 237 米（不包含塔尖），建成后将成为阿联酋乌姆盖万酋长国地标建筑，极大的带动当地经济的发展。本次中标部分为土建结构工程施工，合同总金额为 728 万美元，施工工期待定。开工累计完成产值 5.4 万美元，已完成总进度 0.74%。

【阿尔及利亚 3482 套廉租房项目】 该工程为股份公司国际公司内部委托项目，是继瓦德省 1170 套住房后的又一个大型的经济适用房建设项目，共分 13 个标段，合同总额累计约 1.15 亿美元。业主为瓦德省房产发展和管理办公室（OPGI）。

走向海外

【海外业务发展历程】 自 20 世纪 80 年代开始，水电三局有限公司依托中国水利电力对外公司等“窗口”单位以劳务输出的方式参与国际工程建设，成为国家较早开始“走出去”的施工企业之一。自 2007 年以来，水电三局有限公司大力推进国际化战略，将国际工程定位为公司“三足鼎立”格局中的重要组成部分，确定了优先发展国际业务的战略决策，国际业务获得了较快的发展。2012 年，国际业务涉及国别由最初的 1 个增加到 10 个，分别是卡塔尔、阿联酋、阿尔及利亚、尼日尔、尼日利亚、几内亚、斯里兰卡、越南、缅甸、老挝。在建项目也由 1 个增加到 16 个，专业领域从单一水利水电扩展到了市政基础设施、公路、房建、矿山等领域；2012 年度完成产值占公司总产值规模 35%，年合同存量从原来最初的年不足 10 亿元人民币增加到 70 亿元人民币。公司已在中东、北非建立了两个比较稳定的市场，初步形成了区域项目群，并成功进入西非、东南亚两个新兴区域市场。

【海外建设成就】 水电三局有限公司在海外创造了多个“第一”，其中，卡塔尔路赛 CP1 项目是集团公司承建的最大规模的海外市政工程；阿联酋阿布扎比诺福特—艾比斯酒店项目是公司在阿联酋承接的第一个项目，也是“中国水电”承接的第一个四星级和三星级的国际连锁酒店项目；阿尔及利亚玛乌阿纳大坝项目，创中国公司在阿尔及利亚大坝填筑强度新纪录；几内亚凯乐塔水电站是几内亚在建最大的政府优先、重点发展的能源项目，是公司近几年来第一次承担水电工程的 EPC 合同；斯里兰卡南方公路重建项目是公司首次在国际市场承担公路项目施工；缅甸蒙育瓦莱比塘铜矿项目是公司首次进入矿山开采市场；尼日尔尼亚美机场改造项目，是公司首次进入国际机场建设领域。

【管控模式和发展思路】 水电三局有限公司的国际业务发展，由公司总经理负责，分管海外业务副总经理主持。海外事业部作为兼具公司总部管理职能的经营实体，全面统领公司国际市场营销、国际项目管理及其组织协调、资源配置和后勤保障等工作。同时海外事业部以内部联营模式引领、带动公司国内各二级单位深度参与实施国际项目，并按照推进属地化管理原则，将国际经营活动的中心转移到区域性经理部，在有项目的国家设立办事处，在未来 3 年内有潜在项目的国家设立代表处。海外事业部副总经理分管各区域经理部或代表处。公司总部各职能部门发挥龙头和引擎作用，对国际项目从合同谈判到项目实施进行指导和服务。

根据水电三局有限公司国际业务九年发展规划，国际业务发展将经历“立足国内、发展国际”、“国际国内、齐头并举”、“扎根国际、带动国内”三个阶段。最终实现“国际强局”理想，达到国际业务占公司经营业务总额的 60%。

重大创新

【科技成果】 2012 年，水电三局有限公司立项科研项目 14 项，申报股份公司批准立项科研项目 3 项；通过鉴定验收科研项目 10 项，其中通过股份公司组织鉴定验收 3 项，研究成果被评价为“国际先进水平”。研究成果荣获股份公司科技进步奖 5 项，陕西省科学技术三等奖 1 项，陕西省水利科技进步奖 2 项，大禹水利科学技术奖特等奖 1 项，中国工程爆破协会科技进步一等奖 1 项。

水电三局有限公司承担了 13 部国家或行业标准的编写工作，其中主编 4 部标准、参编 9 部标准。申报国家知识产权局被受理专利 10 项，其中实用新型专利 6 项，发明专利 4 项；授权 7 项，其中实用新型专利 4 项，发明专利 3 项。新获批准省部级工法 10 项。

水电三局有限公司与黄河小浪底建设管理局、黄河勘测规划设计有限公司、中国水利水电科学研究院、黄河水利科学研究院等单位联合进行《黄河小浪底工程关键技术研究与实践》，研究成果荣获 2012 年大禹水利科学技术奖“特等奖”。

依托向家坝水电站工程，水电三局有限公司与中国长江三峡集团公司向家坝工程建设部、长江水利委员会长江科学院合作开展研究的《复杂环境下大体积混凝土精细爆破拆除关键技术》，研究成果荣获中国工程爆破协会科技进步一等奖。

水电三局有限公司独立完成的《低 VC 值碾压混凝土的研究及应用》，与葛洲坝集团试验检测有限公司、长江水利委员会长江科学院联合进行的《防渗墙塑性混凝土性能与试验方法研究》成果，同时荣获股份公司 2012 年科技进步二等奖。

水电三局有限公司独立完成的《长斜井爬罐导井与反井钻机导孔对接施工技术研究》、《低抗冲流速深厚覆盖层河床截流技术》、《复杂地层围堰高流速大流量堵漏处理施工技术研究》荣获股份公司 2012 年科技进步三等奖。

【职工技术创新】 2012 年，水电三局有限公司职工技协将工作重点放在了节能减排创新创效上，注重对施工项目的工期、质量、成本、安全、环保等方面新技术、新工艺的推广应用，2012 年全年共收到技术创新成果申报 95 项，经过职工技协初审提交了 76 项创新成果进行专家评审。通过专家组的严格评审，评选出获奖项目 21 项，优秀成果 30 项，确定 2012 年实施的技术创新项目共创经济效益 2312.5 万元。

2012 年 9 月，水电三局有限公司技协积极组织人员参加陕西省总工会、省科技厅、省人社厅联合举办的“陕西省职工科技创新活动”，公司冯林等 8 人研究的《长斜井爬灌导井与反井钻机对接施工技术项目》榜上有名，荣获了陕西省职工科技创新成果推广应用项目奖；公司职工技协荣获了职工科技创新成果推广年优秀组织单位。

【节能减排】 2012 年，水电三局有限公司在节能减排方面开展了多项工作，分别从制定节能减排工作计划、落实目标、开展技术改造项目、培训宣传活动、经验交流、年终考核、奖惩兑现等方面入手，其中开展节能减排技术改造项目是创新改革中的亮点工作。节能减排技术改造项目工作贯穿于整个 2012 年度，从要求各单位上报节能减排技改项目到公布技改项目评审结果，力求做到鼓励申报、科学立项、落实进展、客观评审的过程控制。各单位共计上报了 34 项，批准立项 17 项，为了鼓励各单位积极申报节能减排技术改造项目，加大奖励幅度，设立了 10 个获奖项目，奖励费用共计 10 万元。节能减排技术改造项目的实施，切实将节能减排工作落在实处，取得良好的经济效益，使公司员工积极参与节能减排工作，是激发员工投身于节能减排工作的闪光点，为实现节能减排目标，降低公司运营成本，提升公司科技创新水平，提高市场综合竞争能力起到了积极作用。

党群工作

【党建工作】 2012 年，水电三局有限公司各级党组织突出“强组织、增活力、创先争优迎十八大”主题，扎实开展基层组织建设年活动，充分发挥了党组织的战斗堡垒作用、党员的先锋模范作用和领导干部的示范带头作用，党建工作规范化、科学化水平得到进一步提高。一年来，成功召开了第六次党代会，深入开展创先争优活动，全面推进和谐企业建设，公司党委获陕西省“先进基层党组织”、公司获“陕西省和谐企业”荣誉称号，为公司的持续稳定发展提供了有力保障。

深入贯彻落实党建工作责任制，扎实推进党建工作制度化、规范化。一是强化责任意识，重点突出项目党组织负责人的责任。注重加强班子建设，完善责任体系。采取党委中心组学习、专题研讨、民主生活会等形式，增强工作前瞻性和预见性。二是逐步建立内容完备、结构合理、功能健全、科学管用的党建工作的制度体系和配套的考核评价体系，使党建工作责任制得到了全面落实，促进形成了党委抓党建、书记带头抓党建、党务工作部门齐抓共管，一级抓一级、一级带一级的党建工作格局。三是严格督促考核，公司党委安排部署党群系统年终联合检查工作，在年中、年末主要对二级单位进行点对点的专项检查、综合分析手段进行评比考核，并将结果纳入综合考评，与领导班子和领导干部的总体评价、绩效年薪挂钩，作为领导人员业绩评定、选拔任用和奖励惩戒的重要依据，形成动态考核指标。公司党委建立党群工作季度例会制度，及时总结、检查、部署工作，实现党群工作的沟通联动。

积极致力于加强党建队伍建设，相继开展了入党积极分子、宣传工作人员、党支部书记和党委书记培训班，通过培训，提升了党群工作人员特别是基层党建工作第一责任人自身工作能力和综合素质。

【班子建设】 2012年3月，股份公司对水电三局有限公司领导班子进行了调整。新班子就位后，统一思想，明确发展思路，认真总结公司发展的经验，研究工作措施，提出了从调整管理模式、优化组织架构入手，以项目管理为中心，建立总部集约式管控体系。成立了企业管理委员会、经营管理委员会和国内市场营销委员会。

2012年8月，召开了水电三局有限公司第六次党代会，选举产生了新一届党委班子和纪委委员，提出今后几年公司发展方向、工作方针和战略目标，明确了“八大任务”和“五大战略”，进一步在全局上下统一了发展共识。

2012年，水电三局有限公司为应对市场、优化业务结构，积极适时地推进一系列内部整合重组。为了做好思想工作，消除阻力，保持改革、发展、稳定大局，为单位选配好领导班子，协调、匹配好班子的力量，处理好关系，公司党委发挥了思想政治和干部工作的优势，及时补位，取得了显著成效。

水电三局有限公司党委坚持开展“四好”领导班子创建活动，一直以来把“四好”班子建设作为加强两级班子建设的龙头工程抓，已经形成了公司、分局和项目部三个层面的三级联创格局。

各级领导班子坚持中心组学习制度，注重创新学习方式方法，增强了各级班子的凝聚力、决断力、执行力；认真开好两级领导班子民主生活会，努力把公司两级班子建设成为政治坚定、开拓进取、团结和谐、清正廉洁的领导集体。

【创先争优】 水电三局有限公司各级党组织围绕生产经营，深入开展创先争优主题实践活动，以优异成绩迎接党的十八大。

在创先争优活动中全面开展“基层组织建设年”活动，把项目的组织建设放在首位，按照党建工作“三同时”、“三基本”的原则，并结合公司开展的管理提升工作，从加强和改进项目党建工作入手，对157个支部进行了调查摸底，对140个党支部进行了分类定级，113个支部进行了换届选举；查找基层组织建设存在的问题148个，制定整改措施176条。通过活动，党组织和党的建设辐射到了每一个项目，构建了项目党建工作大舞台。

在生产经营、改革改制、安全质量、科技攻关等急难险重任务中开展主题实践活动，创新党组织发挥作用形式，不断增强党组织的战斗力、影响力。四川分局党委、乐山市委在枕头坝工地启动“共产党员示范工程”创建活动；西北分局黄河海勃湾项目部党员干部为保工期，放弃了春节假日休息，认真组织施工，抢回近4个月的工期，为海勃湾工程建设的整体推进做出了积极贡献；四川分局向家坝施工局围绕施工生产开展“劳动竞赛”活动，提前两天完成向家坝水电站二期工程Ⅲ标段尾水挡水施工任务；路桥分局、华中分局南水北调中线河南段工程开展“为民服务建新功，五比五赛展风采”劳动竞赛和“青年突击队”等活动，这些活动的开展，进一步丰富了创先争优活动载体，营造了学先进、见行动、作贡献，以优异成绩迎接党的十八胜利召开的氛围。2012年，水电三局有限公司党委共表彰先进基层党组织13个，优秀共产党员、优秀党务工作者47名；公司党委被陕西省委授予“先进党组织”称号；7个党组织、11名个人分别被中国电建集团、股份公司党委授予“先进党组织”、“优秀个人”称号。

【学习型党组织建设】 为全面推进学习型党组织建设，按照公司党委印发的《学习型党组织建设的实施意见》，公司各级党组织认真落实，以抓党委中心组学习，抓基层党员学习与培训，组织全体党员、特别是党员领导人员进行学习，提高思想政治和业务素质。公司党委书记刘美华带头上党课讲形势任务，谈十八大学习心得；邀请省委讲师团和省委党校教授进行十八大精神专题辅导；为不断提高公司党务干部队伍专业素质，公司党委不断扩展培训覆盖面，举办了中层干部培训班、入党积极分子培训班、支部书记培训班、党委书记培训班、学习十八大精神辅导班，累计培训300余人·次，从而构建了从普通党员到党员干部、低层到高层的党群系统培养机制，全面加强了现有人才的教育、培养和使用；为引导全体党员不断解放思想，提高理论水平和业务素质，各级党组织下发了《十八大报告辅导读本》和《李林森的故事》等书籍，组织观看电影《雨中的树》、《钱学森》等。形式多样的学习形式和交流，推进了学习型党组织建设，进一步增强了党员理想信念、党性观念和践行党的宗旨的自觉性。

【企业文化建设】 水电三局公司积极推进企业文化和精神文明建设工作，提升企业持续发展软实力。

一是制定了《中国水电三局员工职业道德规范》，加强员工的思想道德教育。二是制订了《中国水电三局2012～2014三年企业文化建设规划》，印刷出版了《企业文化手册》，积极开展“三创建”活动，把企业文化建设和市场经营、安全生产、风险管控、廉洁从业、质量管理、人力资源管理、品牌塑造等重点工作紧密结合，使企业文化渗透到经营管理全过程。

【团建工作】 加强团组织建设，以重大节日、纪念日为契机开展青年座谈会、青年志愿服务活动等，积极开展主题读书学习活动、素质拓展培训、建立青年QQ交流群等，广泛开展青年交流活动。创办2012年《共青团工作简报》共9期。

【宣传工作】 不断加强宣传工作，重视网站、报纸、电视等媒体的建设，为公司生产经营工作提供舆论支持。对公司网站进行改版策划，深入生产一线采访，开展安全、节能减排、管理提升、普法等专题宣传，积极支持二级单位通讯员的工作，不断提高稿件的质量和时效性。水电三局有限公司荣获股份公司先进记者站。

【党风廉政建设责任制】 2012年，水电三局有限公司将党风廉政建设提升到影响公司全局战略的高度去部署和实施。将纪检监察纳入管理内控体系，使检查、规范、监督、惩处融入到经营管理的各个环节中去，将虚事做实，很好地发挥了党风廉政建设为企业保驾护航的作用。

一是按照“一岗双责”的要求，公司党政一把手同班子副职、各单位及机关职能部门负责人签订了党风廉政建设责任书，2012年全年共签订党风廉政责任书276份，党风廉政责任得到了层层贯彻和明确。

二是党风廉政建设责任制工作能够做到重心下移，强化了各项工作在项目的落地。2012年全年开展的主题教育活动、“四类重点制度”学习活动、效能监察、“三重一大”调研等活动，都能将活动开展的重点放在项目上，通过加大对项目党风廉政建设的指导、督促、监督、检查的力度，提高了项目管理人员的决策水平和能力素质，提升了项目的综合管理水平。

三是能够围绕薄弱环节，找准切入点，强化监督监察。针对制度执行力弱化的问题，实施了《四类重点制度学习活动》，针对各项目在“三重一大”、工程质量、设备租赁中存在的问题，将上述内容作为效能监察内容进行立项，并严格组织实施，取得了较好的工作成效。

【反腐倡廉宣传教育】 2012年反腐倡廉教育工作，主要以“强化从业意识保持党的纯洁性”主题教育活动、“四类重点制度学习”、“廉洁活动日”警示教育活动和集中教育整治工作等为内容全面展开。活动中的重点放在了各级领导干部和关键岗位人员上，始终贯彻落实了以“强化制度学习、提升制度执行力、增强服务企业的责任感和使命感”的核心教育思想。通过深入开展各项教育活动，进一步规范权力的运行机制，增强员工正确履职的意识，全面加强廉洁从业的思想观念，强化了自警、自省、自律。

【效能监察工作】 2012年，水电三局有限公司两级效能监察立项44项，超额完成了股份公司对立项项目占在建项目20%的目标要求。结合实际召开了效能监察交流推进会，交流探讨了全年效能监察工作的思路，明确了监察重点，确定了落实方案。

在公司层面，开展了“三重一大”决策制度效能监察。成立了三个效能监察组，通过听取工作汇报、现场查看资料、个别访谈、调查问卷等方式，检查和调研了制造安装分局等6家二级单位和四川分局向家坝施工局等6个项目部的“三重一大”决策制度执行情况。针对存在的问题进行了现场的指导，向监察单位下发了效能监察建议书，并督促整改落实。

开展了设备租赁管理及施工质量管理为内容的效能监察工作。公司监察部、设备物资管理部和工程科技部组成联合检查组，现场实地检查了南水北调项目等4个项目的设备租赁情况和施工质量管理情况。针对存在的问题，向监察项目下发效能监察建议书，要求监察单位积极落实整改。

开展了斯里兰卡国际项目风险管控为内容的效能监察，对存在的问题，提出了针对性的监察建议，得到了海外事业部的高度重视，安排专人督促落实整改。

【工程建设领域专项治理工作】 2012年，水电三局有限公司安排部署了大西客运专线专项治理工作。按照铁道部《关于2012年铁路工程建设领域突出问题专项治理工作要点的通知》的统一部署和股份公司对专项治理工作的总体要求，在大西客运专线工程展开了为期3个月的铁路工程建设领域突出问题专项治理工作。重点检查了铁路工程施工和管理当中的安全生产管理、质量管理、分包管理工作，查找安全生产是否存在违反“三条红线”的问题，质量管理是否存在违反“五条红线”的问题，工程分包是否存在违规使用包工队问题对规范工程管理，起到了积极的作用。同时结合实际开展了对领导干部持股、投资、兼职的监督检查。积极参与公司设备物资招标的监督工作。

【惩治和预防腐败体系工作】 2012年，水电三局有限公司惩治和预防腐败体系建设完成了阶段性工作任务。结合惩防体系第一个五年规划收官之年，组织开展了为期3个月的廉洁风险源自查自纠工作。各单位、机关职能部门对廉洁风险情况进行了认真的梳理和盘点，评定了风险等级，制定了细化的预控措施；积极参加系统内惩防体系建设交流促进会，吸收和借鉴先进工作经验；完成了阶段性工作任务，并对下一个五年规划展开了研讨。同时强化了“企检共建”，丰富了惩防体系的形式和效果。与西安市检察院、未央区检察院积极合作，企检双方就预防职务犯罪工作多次开展了深入的交流与探讨，共同研究建立预防职务犯罪的长效机制。通过借助地方监督力量巩固和提升了公司惩防体系建设水平。

【反腐倡廉制度建设】 2012年，水电三局有限公司反腐倡廉制度建设取得成果。结合公司管理提升活动，把反腐倡廉制度建设作为重点课题进行研究，加大了建章立制的力度。在认真执行已有的反腐倡廉制度的基础上，制定了《领导人员廉洁谈话制度》和《责任追究实施办法（暂行）》，健全和完善了公司反腐倡廉制度体系，使责任追究有了制度依据和保障。

履行社会责任

【职工互助保险工作】 2012年，水电三局有限公司及时足额缴纳职工养老、医疗、失业、工伤、生育等基本保险，健全完善职工社会保障，较好地履行了企业对职工的社会保险责任。为了有效地缓解职工因病导致家庭生活困难的压力，公司工会继续在广大职工中开展互助保险活动。一年来，共为一万余名职工办理了公司工会职工住院互助保险，参保率达90%以上。收到保金21.96万元，加上工会等额配套资金合计共43.9万余元。共办理赔付386人·次、赔付金额45.58万元；办理省总工会各类互助保险8314人·次，上缴保费40.07万元，办理赔付447人·次、赔付金额54万元。公司工会还为每位下岗职工送上一份公司职工住院互助保险，合计12.7万元；对当年患病个人支付超过一定数额的职工再次发放大病补助金累计达17.78万元。公司女工委为155名特困女职工赠送了一份省总工会互助保险和一份女职工特殊疾病保险，为16名大病女工发放了困难救助金；组织开展了女职工心理健康知识视频培训，180多名女职工参加了培训。通过广泛开展职工互助保险活动，使广大职工拥有了“基本医疗、大病医疗、省总互助保险和工会职工住院互助保险”四道救助防线，最大限度缓解了职工因病导致家庭生活困难的压力。

【帮扶救助工作】 2012年初，水电三局有限公司两级组织共筹措600余万元困难补助金，开展“双节”送温暖活动。活动期间，公司领导到基地走访慰问了离休老干部、省部级劳模和职工家属；公司工会拨付近30万元困难补助金，重点加强了对下岗职工的日常帮扶；按月对患有大病或因工致残丧失劳动能力的职工给予水电费和收视费等方面的补贴，全年投入近7万余元；79名领导干部与148名困难职工结成了帮扶对子；5～8月，公司两级工会组成多个慰问小组开展了夏日“送清凉”及职工工资发放情况调研等活动，为职工（农民工）送去白糖、茶叶等夏季防暑降温用品。公司工会为部分项目配备了洗衣机和冰箱，为个别处于停工状态的项目留守岗位的职工发放了慰问金8万元；关爱劳模生活，在中秋、国庆期间，为劳模安排体检，安排劳模外出考察疗养。对生活中遇到困难的劳模进行帮扶补助。

2012年6月上旬，水电三局有限公司接到《关于进一步做好省级机关、企事业单位“两联一包”扶贫工作的通知》（陕办发〔2012〕6号）文件，为深入贯彻落实陕西省对口支援和扶贫开发工作的方针、政策，履行央企的社会责任，公司领导班子高度重视，召开了专题会议进行研究，并在企业自身发展遇到诸多困难的情况下，积极筹措资金10万元左右，进行对口帮扶工作。公司对口扶贫建设的宜君县尧生镇拴马村两处道路工程已交付使用，顺利完成了2012年扶贫工作任务。

【“一元钱”金秋助学活动】 “一元钱”金秋助学活动是为困难职工子女解决就学的阳光工程，是培育企业感恩文化的温暖工程，是工会组织帮扶困难职工的具体行动。2012年，水电三局有限公司工会继续发动广大职工每人每月捐出一元钱开展“一元钱”金秋助学活动，对困难家庭应届高考生、往届在校大学生和中小学生进行帮扶，努力实现“不让一名职工子女因家庭困难而上不起学”的承诺。2012年公司工会共收到7977名在职职工的助学捐款共计

10.58万元，加上公司工会等额配套资金，全年共筹集到助学款21.16万元。经过严格的审查、公示，对符合条件的163户困难职工家庭子女发放助学金共计15.52万元。同时针对性地给予各级劳模家庭子女特殊的关照。

【送温暖活动】 2012年，水电三局有限公司工会坚持开展“冬送温暖、夏送清凉、秋送助学、日送健康”活动，努力实现“三项”承诺，即实现“不让一名职工因生活困难发生意外”的承诺、实现“不让一名职工子女因家庭困难而上不起学”的承诺、实现“不让一名职工因生活困难看不起病”的承诺，确保了每位职工特别是困难职工的正常生活，为企业发展营造和谐稳定环境。

【开展职工“鹊桥”活动】 水电三局有限公司女工委从女职工家庭收支、人际关系、子女教育、婚恋健康状况等12方面对全公司女职工生存状况和幸福指数进行了调查。为公司638名未婚男女青年建立了未婚个人档案，组织开展了青年职工交友、联谊活动，建立了大龄未婚（无恋爱对象）青年交友QQ群，为未婚青年交友恋爱牵线搭桥，为他们提供了一个学习、交友的平台。各单位女工委主任都积极参与其中，积极、主动、热情的当好兼职“红娘”，不怕麻烦，不厌其烦，多动嘴，多跑腿，为未婚青年（特别是大龄青年）牵线搭桥。

中国水利水电第四工程局有限公司

概　况

【综述】 2012年底，中国水利水电第四工程局有限公司（以下简称“水电四局有限公司”）共有在册员工9102人，年平均人数9436人，其中全年平均在岗人员8754人，不在岗人员682人；全员平均年龄38.4岁，其中男7043人（39.1岁），女2059人（35.8岁）。管理和专业技术人员5284人。学历结构：大学本科以上2081人、大专2562人、中专1957人（含技校）、高中1044人，初中以下1458人。职称结构：高级331人（其中正高30人）、中级1142人、初级1882人。技能人员3818人，其中高级技师88人，技师484人，高级工3246人。

【领导班子】 2012年11月，水电四局有限公司领导班子换届，新的领导班子组成：王维斌为水电四局有限公司执行董事（公司法定代表人）；王科选为监事。王维斌为水电四局有限公司总经理；高建民（兼）、席浩、徐银林、万连宝、戎建国、范云龙、钟艺谋为副总经理；张国庆为总会计师；席浩为总工程师（兼）；曲利为总经济师。高建民为水电四局有限公司党委书记，王维斌为党委副书记（兼），王科选为党委副书记兼纪委书记，万金铭为工会主席。许春江、李聚良为公司咨询。王争鸣、李斌、梁军、张宏分别调往中国电建集团、股份公司任职。

【企业资质】 水电四局有限公司具有国家水利水电工程施工总承包特级资质；土石方专业承包、钢结构工程专业承包壹级资质和进出口企业资格证书；公路工程施工总承包、房屋建筑工程总承包、市政公用工程施工总承包、预应力工程专业总承包、隧道工程专业总承包、公路路基工程专业承包贰级资质；特种设备安装、维修保养、改造资质，获得中国实验室国家认可证书。

【年度业绩】 2012年，水电四局有限公司全年完成营业收入130.11亿元，同比增长16.14%。其中，国内水利建设营业收入12.37亿元，占营业总收入的9.51%；水电建设营业收入32.11亿元，占营业总收入的24.68%；其他电力建设营业收入13.68亿元，占营业总收入的10.51%；国内基础设施建设营业收入53.65亿元，占营业总收入的41.23%；国际业务营业收入13.03亿元，占营业总收入的10.01%；发电业收入1.55亿元，占营业总收入的1.19%；其他业务收入3.72亿元，占营业总收入的2.86%。公司全员劳动生产率137.89万元/（人·年），全年利润总额5.47亿元。

2012年，水电四局有限公司获科技进步奖14项，3项科技成果达到国际先进水平，取得国家专利证书7项。酒泉新能源公司近两年累计申报专利12项。公司“水利水电工程施工总承包特级、水利行业设计甲级资质”顺利通过住房与城乡建设部审查核准。公司荣获“2012年全国质量管理小组活动优秀企业”。

（李　乐）

【国内工程】 2012年，水电四局有限公司国内中标工程82个，签约金额116.41亿元。其中：水利水电项目23.68亿元，非水电项目92.73亿元。国内外在建工程项目共有87个，其中国内水电项目41个，非水电项目39个；海外工程7个。新开工项目33个，已完工和尾工项目16个。项目履约情况良好，施工质量稳定，主要实物工程量均超额完成年计划。全年公司无较大质量和安全事故发生。

2012年，完成主要工程量为土石方开挖1350.1万立方米，土石方回填1646.6万立方米；混凝土浇筑335.9万立方米；砌筑砖石42.8万立方米；金属制作安装3.7万吨，锚杆锚筋桩24.6万根，钢筋制作安装9.7万吨；固结、帷幕、化学灌浆11.4万米，回填接缝灌浆12.7万平方米；机组安装20台（2034万千瓦）。

（李　乐　牛宏力）

【国际工程】 2012年，水电四局有限公司中标国际工程项目10个，合同总金额约为39.80亿元。合同储备为74.18亿元。全年公司国际经营业务完成产值11.55亿元。其中，安哥拉区域经理部完成7.36亿元；博茨瓦纳项目部完成0.23亿元；加蓬利伯维尔电网改造项目部完成2.96亿元；乍得经理部完成1亿元；累计实现利润7136.65万元。截至12月底，公司国外在建项目共6个，其中安哥拉4个，加蓬1个，乍得1个。已中标未开工项目6个，安哥拉5个，乍得1个。完工项目4个，其中安哥拉3个，博茨瓦纳1个。

水电四局有限公司国际业务市场已覆盖非洲的安哥拉、博茨瓦纳、乍得、加蓬等4个国家。

（李　乐　张志华　王建春）

【投资开发】 2012年，水电四局有限公司主要投资项目5个，完成投资7.50亿元；跟踪项目4个。投资及跟踪项目主要涉及水电、基础设施建设、旅游等领域。

（张宗元　投资公司）

【经营管理】 2012年，水电四局有限公司依据《公司内部经营指标核定办法》等管理办法，参照有关部门核定的产值管理费、劳务管理费、设备租赁费、房地产租赁费、营业收入利润率、应收账款周转率、资金集中度、职工工资增长率等指标，与所属生产经营单位签订了内部经营责任书，明确了公司与各二级单位的经济关系和经济责任。2012年底，经公司综合考评，绝大多数单位完成了经营指标。

（张宗元　经营管理部）

【质量管理】 2012年，水电四局有限公司连续被评为“2012年度青海省质量管理小组活动优秀企业”；26个QC小组被评为“2012年度青海省优秀质量管理小组”；8个班组被评为“2012年度青海省质量信得过班组”；2人分别被授予“2012年度青海省质量管理小组活动卓越领导者”、“2012年度青海省质量管理小组活动优秀推进者”荣誉称号。

（张宗元　工程管理部）

【劳动合同管理】 2012年，水电四局有限公司累计续签及新签劳动合同1042人（续签655人，新签387人），其中，无固定期限251人，八年期67人，五年期469人，三年期及以下255人。现有员工劳动合同签订：无固定期5148人，五年期及以上3180人，三年期及以下774人。全年共办理减员1046人，其中：解除劳动合同530人，终止劳动合同15人，自动离职34人，死亡15人、退休399人，调出53人。

（张宗元　人力资源部）

【科技投入】 2012年，水电四局有限公司科技经费投入2.66亿元，比2011年增长67%。其中审定科技开发项目共投入资金2.45亿元；申请股份科研立项项目4项，股份公司资助60万元，自筹资金200万元；获得青海省重点技术创新项目1项，青海省财政资助60万元，水工机械总厂自筹资金524万元。用于表彰优秀科研成果、优秀工程技术人员等47.15万元；国家标准、规程审查18万元。用于科技成果鉴定费50万元。用于信息化建设费用207.81万元。用于科技人才培养、培训费用967.56万元。

（张宗元　雷永红）

【知识产权专利申报及授权】 2012年，水电四局有限公司申报国家发明专利1项、实用新型专利7项，其中1项已收到授权通知书。《风力发电塔筒焊接接地装置》等7个项目获得国家授权专利证书。

（张宗元　雷永红）

【工法及规范标准编写】 2012年，水电四局有限公司根据国家能源局下达的第一批能源领域行业标准制（修）订计划，承担编写的《水电水利工程施工机械安全操作规程》、《水电水利施工机械运输类车辆安全操作规程》、《水工混凝土钢筋施工规范》、《水工混凝土施工规范》、《水利水电工程施工测量规范》等5部规范的制（修）订已完成送审稿审查。其中《水工混凝土钢筋施工规范》已完成报批稿，待国家能源局发布。编写的《水利水电基本建设工程单元工程质量等级评定标准　第3部分：水轮发电机组安装工程》、《水利水电工程施工测量规范》、《水电水利工程施工机械安全操作规程　平地机》已经发布实施。承担编写的《水利水电工程施工技术全书》、《混凝土坝维修技术规程》、《混凝土坝接缝灌浆施工技术规范》及参编的《大体积混凝土温度控制施工技术规程》正在编写之中。主编的《水电施工全书　混凝土卷》进入审查和修改阶段。根据《水电四局有限公司企业工法管理细则》，工程管理部组织专家对公司二级单位申报的23项工法进行了评审，22项列为企业工法。

（张宗元　雷永红）

【安全生产】　2012年，水电四局有限公司在签订落实年度安全生产责任书的基础上，相继出台了《水电四局有限公司放射性同位素与射线装置安全和防护管理办法》、《水电四局有限公司安全生产费用管理办法》两个管理文件，印发了《关于开展2012年“安全文明施工示范项目部”创建活动的通知》，在建项目安全总监配置率达到100%。全年共对38个在建项目进行了75次安全隐患排查，共查处8602条安全隐患，并在限期内整改闭合。9月，经国家安全生产科学院认证中心专家审核组第二次认证审核，公司环境与职业健康安全管理管理体系运行持续有效，满足标准要求，继续使用认证证书。公司按照有关规定对所有员工办理了人身意外伤害保险，全年安全投入2.03亿元。公司及所属单位举办各类安全生产知识竞赛、演讲20场，参加人员3000余人·次；组织安全生产签名35场，约5000人·次参加；张贴安全标语、宣传图画、报刊5000余张（幅）；组织综合检查、防汛专项安全检查280余·次，查出事故隐患210余处；举办消防演习、防洪度汛演习以及其他各类演习50余场·次；提交安全生产合理化建议75余条。

（张宗元　安全监察部）

【党建工作】　2012年，水电四局有限公司党委继续推动党建制度的规范化、精细化、精准化建设，补充和完善了10项规章制度。2012年初，公司党委与下属单位签订了党建责任书，并将其纳入对二级单位的综合考核体系中。在领导干部管理使用方面，先后提拔干部15人，交流、调整干部22人。加强组织建设，公司及二级单位领导班子分别召开了民主生活会。建立健全和调整党支部70个，建立党小组112个，建立和完善党建制度及长效机制95项。加强党员队伍和干部队伍建设，培训入党积极分子、党员、中层干部1200余人·次，举办党课、形势报告40多场·次。组织开展党员先锋岗、岗位学雷锋、郭明义爱心团队志愿服务等活动，建立党员先锋岗110个，学雷锋活动1700余人·次，志愿服务1330多人·次。公司9个基层党组织、19名党员，分别受到青海省创先争优活动领导小组和中国电建集团党委、股份公司党委的表彰。公司作为创先争优活动先进单位，分别代表股份公司在中国电建集团、代表全省企业在青海省作了经验交流。连续荣获股份公司授予的“四好”领导班子称号。截至12月底，公司党委下设22个党委、44个党总支、302个党支部；党员总数5699人，其中在职职工党员3506人；离退休职工党员2167人；其他挂靠党员26人。党员中女党员1071人。全年发展新党员154人。

（张宗元　武亚琴）

【纪检监察工作】　2012年，水电四局有限公司以落实党风廉政建设责任书为基点，组织开展“强化廉洁从业意识，保持党的纯洁性”等主题教育活动，落实《加强廉洁文化建设实施方案》。公司及所属单位逐级签订了党风廉政建设责任书，1918人·次签订了廉洁承诺书。举办专题辅导报告68场·次，其中党政主要领导讲党课（或反腐倡廉形势报告）53场·次，邀请地方纪委、检察院有关专家作辅导讲座14场·次。各级领导人员听党课及相关辅导讲座1836人·次。组织观看警示案例教育片76场·次，参加人数2456人·次；组织参观反腐倡廉警示教育基地17场·次，参加人数616人·次；开展廉洁谈话836人·次。补充和修订了《关于“三重一大”决策制度的实施办法》、《海外项目党建工作实施细则（试行）》、《公务用车管理暂行规定》、《职务消费管理办法》等20余项规章制度。10月，在中国电建集团召开的惩防体系建设工作交流会上，公司作了大会交流发言。组织参与检企共建、反腐倡廉有关活动。组织开展对领导人员持股、投资和兼职的监督调查，属于监督调查范围的领导干部均未发现持股、投资和兼职的情况。坚持开展效能监察工作，做好立项项目的专项检查。全年共查出违规违纪金额

18.04万元，避免经济损失48.04万元，挽回经济损失511.86万元，节约资金81.05万元，直接增加经济效益1015.15万元。8月，在昆明召开的股份公司效能监察工作会议上，公司作了经验交流发言。深入推进党务公开工作，公司及所属单位建立党务公开领导小组和党务公开工作机构169个，403个基层党组织开展了党务公开工作。公司纪委全年共受理信访举报6封来信（青海省纪委转来1封），其中5封来信按照管理流程核实，举报失实，并已经结案；1封来信正在初核。全年无立案案件。截至12月底，公司共有专兼职纪检监察人员193人，其中专职52人，比2011年增加了24人。

（张宗元　公司纪委）

【群众组织工作】　2012年，水电四局有限公司将工会建设纳入单位工作的综合考评中。公司两级工会主席均由党委委员担任，实现了2个100%（即工会组建率达到100%，职工入会率达到100%）。各级工会组织分别开展创建"工人先锋号"、"高原工人先锋号"、"青年突击队"、"安全示范岗"、劳动竞赛、技能比赛、"五小"项目等活动，公司的信息化建设与管理技能大赛，被青海省总工会纳入省级职工技能竞赛项目。水工机械总厂在"五小"活动中制作的吊罐获得"全国职工技术创新成果优秀奖"。在青海玉树重建工作中，公司6个单位和集体、10人分别被授予"全国五一奖状"、青海省"十一五"建功立业竞赛先进集体和"全国五一劳动奖章"、青海省"十一五"建功立业竞赛先进个人，7个集体被授予青海省"工人先锋号"称号。全年共走访慰问各类困难群体及劳模4326户，发放慰问救济金321.30万元。将3850名困难职工纳入"全国工会帮扶工作管理系统"。公司连续多年获得"青海省推动厂务公开工作先进单位"。被授予"全国劳动争议预防与调解示范单位"。公司工会获得青海省"模范职工之家"称号。各级团组织坚持开展"争创青年文明号"、"争当青年岗位能手"、"岗位学雷锋、争当好员工"、"郭明义爱心团队"、"师带徒"志愿服务、企业文化创建等活动。在青海玉树重建工作中，1名团员获得"全国优秀共青团员"称号，4名团员获得国家、青海省表彰，6个集体获得共青团青海省委和股份公司团委命名表彰。截至2012年12月底，公司团委下设18个二级团委、37个团总支、170个团支部，970名团员。公司工会女职工在组织开展的"建功立业工程"、"素质提升工程"、"双文明家庭"等活动中，1个女职工组织被推荐为全省工会女职工工作先进集体；1个女职工集体被推荐为"全省女职工建功立业标兵岗"；2名女职工被推荐为"全国三八红旗手"和"全国女职工进过建功标兵"；1名女职工被推荐为"全省女职工巾帼建功标兵"；1名女职工被评为"全国职工孝亲敬老之星"；6个家庭被评为"青海省和谐文明家庭"，其中3个家庭被评为"和谐文明家庭标兵户"。

【职业技术教育】　2012年，水电四局有限公司培训中心技工学校全年完成招生1000余人；毕业生就业率98%以上。完成各种培训、技能鉴定4000余人。在青海省中等职业教育技能大赛上，学生参加了10个项目的比赛，取得一等奖10名，二等奖7名，三等奖13名。在全国中等职业学校（院）技能大赛上，1名学生获得焊接技术项目三等奖；1名学生获得钳工专业三等奖；在第九届全国中等职业学校"文明风采"竞赛活动中，共有32件作品获奖（征文类作品29篇，摄影类作品3件），其中，一等奖3个，二等奖4个，三等奖18个，优秀奖7个，同时获得决赛组织奖。6月，该学校作为国家中等职业教育改革发展示范学校建设项目正式启动。在申报国家级高技能人才培训基地和省级重点专业工作中，共获得880万元资金支持。

（张宗元　禹红英）

【普法工作】　2012年，水电四局有限公司将法律事务从企业发展部分离，于12月2日独立成立法律事务部，下设诉讼室和法律审核室。全年共发生纠纷案件36件，大部分已结案，挽回避免经济损失3000多万元，对各项合同及往来文件审核率达到100%。继续组织开展好"六五"普法工作。11月，公司领导班子成员参加了青海省司法厅组织的全国第十次普法考试；公司另组织40余名中层干部进行了第十次普法考试。

（张宗元　法律事务部）

中国水利水电第五工程局有限公司

概　　况

【综述】 2012年底，中国水利水电第五工程局有限公司（以下简称“水电五局有限公司”）有员工总数8907人，各类专业技术人员2095人。专业技术人员中，教授级高级工程师30人，高级专业技术人员249人，中级专业技术人员962人。水利部监理工程师140人，建造师197人，享受政府津贴专家3人，中国水利水电建设集团公司（以下简称“集团公司”）专业技术带头人1人。

【领导班子】 2012年3月，中国电力建设集团有限公司（以下简称“中国电建集团”）党委、中国水利水电建设股份有限公司（以下简称“股份公司”）党委任命刘光为水电五局有限公司党委书记、副总经理；4月，中国电建集团、股份公司任命贺鹏程为水电五局有限公司执行董事、总经理、党委副书记；10月，股份公司任命刘忠长为水电五局有限公司副总经理。截至2012年末，水电五局有限公司现任领导班子成员为：执行董事、总经理、党委副书记贺鹏程，党委书记、副总经理刘光，副总经理吴高见、卢学文、赵玉、刘忠长、宁俊云、张邯涛、杜相如，总会计师古昌祥，总工程师吴高见（兼），工会主席王民安，总经济师刘庆东，党委副书记兼纪委书记、监事高宗文。

2012年，水电五局有限公司共有股权投资项目12个。其中全资公司3个、控股公司1个、参股公司8个。股权投资总额78203.2万元，实现年度投资收益3438万元。2012年内，新增3个BT投资项目，分别为郑州市三环路快速化工程、成都红星路南延线工程和兴隆湖工程，通过投资项目为公司带来23.5亿元施工合同。

（闫　丽　杨志明　高冬梅）

【主要指标】 2012年，水电五局有限公司实现营业收入75.19亿元，实现利润2.19亿元，市场营销111.73亿元。其中：国内水电业务33.50亿元，国际业务39.22亿元，国内基础设施业务35.32亿元，其他业务3.69亿元，国内自主营销48.97亿元。全员劳动生产率83.56万元/（人·年），在岗员工年平均收入增长率8.2%。

【改革发展】 2012年，水电五局有限公司认真开展管理提升活动。制定了活动实施方案、活动考评办法、活动督导办法等，成立了“管理提升活动领导小组”、“管理提升活动督导小组”和工作机构。召开“管理提升活动”动员大会，活动启动后，公司多次召开管理提升活动办公室（扩大）会议、推进会议，安排、检查、汇总、分析各阶段的工作。通过扎实有序地开展自我诊断、查找问题、对标找差距、制定完善管理制度、制订管理流程等工作，完成了管理提升活动第一阶段和第二阶段第一环节各项工作。

2012年，水电五局有限公司对二级单位领导班子成员、总部各职能部门正副主任履责能力进行360度（全方位）考核，对考核后3名者进行诫勉谈话。对15个中层领导干部岗位进行公开竞聘，全年共调整中层干部38人·次，其中新提拔干部9人，降（免）职2人，平调20人，离职7人（含退休、调出、借调），改善了公司各级领导班子结构。

水电五局有限公司总部及各二级单位引进紧缺专业人员20人，积极动员单位调出人才回流3人。2012年，建立健全了公司中层以上干部人员库、后备人才库，制定印发了《水电五局有限公司核心人才管理办法》。继续坚持“送出去、引进来；自培为主，外培为辅”的原则，共组织培训130个班·次，培训4142人·次。

水电五局有限公司以预算管理为切入点，以现金流管理为重点，着重加强海外项目监管，加强成本管控，严控非生产性支出。规范编制预决算报表，预决算管理工作取得明显成效，连续四年被评为“报表编制先进单位”。

水电五局有限公司制定发布《全面风险管理与内部控制手册》、《全面风险管理与内部控制流程体系文件》，全面风险管理与内部控制体系初步建成，公司内控管理受到国务院国有重点大型企业监事会充分肯定。

（李远杰　张贞辉　高冬梅）

【重大项目】 2012年，水电五局有限公司共有在建工程项目（标段）149个，在建工程项目关键节点工期如期实现。响水涧抽水蓄能电站2号机组提前36天进入商业运行，洪格尔风电场二期工程33台机组全部并网发电，牦牛坪风电场首台风机并网发电，沙湾水电站最后一台机组投产发电；苗家坝水电站、永宁河四级水电站首台机组转子吊装就位，苍溪航电枢纽工程2号机组定子吊装就位，牦牛坪风电场机电安装工程33台风机及大坡顶风电场首台风机吊装就位，盖下坝水电站2号机组、公格尔水电站首台机组转子吊装就位，二台子水电站2台机组全部具备发电条件；南水北调穿黄隧洞工程通过竣工验收。

安谷水电站左岸副坝一标工程位于四川省乐山市沙湾区嘉农镇（左岸）和市中区安谷镇（右岸）接壤的大渡河干流上。工程开发任务为发电、防洪、航运、灌溉和供水等。该标段承担的左岸混凝土面板堆石副坝轴线长10640.78米，上游与沙湾城区下场口放水闸相接，下游与枢纽左岸非溢流坝相接。合同金额为36300.8656万元，2012年末正式开工。

小井沟水利工程枢纽建筑及安装工程位于四川省自贡市荣县保华镇境内的越溪河中上游，是以城市供水为主、兼顾农业灌溉和环境供水等综合利用的大型水利工程。该标段承担主要内容为钢筋混凝土面板堆石坝及7座副坝、右岸开敞式溢洪道、右岸泄洪放空隧洞、左岸放水隧洞，库外有排洪渠等工程。合同金额为25534.1118万元。2012年6月开工，年度完成施工产值2565万元。

溧阳抽水蓄能电站机电设备安装工程位于江苏省溧阳市境内，该电站由上水库、输水系统、地下厂房系统、下水库及地面开关站等建筑物组成。该标段机电安装工程为6台套水泵水轮机/电动发电机及其附属设备、发电机电压配电装置及其附属设备的安装。合同金额为18999.6045万元，2012年末开工。

春堂坝水电站枢纽建筑及安装工程（A包）位于四川省小金县境内的沃日河上，为引水式电站。该标段包括首部枢纽和引水隧洞（0＋000～7＋750）段工程等。合同金额为21950.6202万元，2012年末正式开工。

向家坝灌区工程南、北总干渠首部取水隧洞Ⅱ标工程位于四川省宜宾市。向家坝水电站灌区涉及泸州、自贡、内江等4市21个县（区）和云南省昭通市水富县，灌区开发任务以灌溉为主，兼顾城乡生活、工业供水。该标段承担的工程为南总干渠首部取水隧洞段和S1、S2号施工支洞、场内施工道路、弃渣场防护与排水及施工工厂等相应的施工辅助工程。合同金额为18035.522万元，2012年末正式开工。

都柳江从江航电枢纽土建及金属结构安装工程位于贵州，枢纽工程枢纽布置能够满足通航、泄洪、发电的要求。该标段承担的主体工程为左岸改建公路、左岸护岸、左岸重力坝 、厂房、7孔泄水闸、厂房及泄水闸金属结构和设备安装等工程。合同金额为17857.6768万元，2012年末正式开工。

2012年，水电五局有限公司承建的琅琊山抽水蓄能电站工程荣获“国家优质工程银质奖”、“中国电力优质工程奖”、“中国水电优质工程奖”；麒麟寺水电站工程获“天府杯金奖”和“四川省用户满意建筑工程奖”、“中国水电优质工程奖”；紫坪铺水电站入选“百年百项杰出土木工程”。

（李　翔　李　婷　杨增文）

【走向海外】 2012年，水电五局有限公司共参加跟踪和投标海外项目35个，分别涉及摩洛哥、苏丹、埃塞俄比亚等14个国家，工程领域涉及水电站、抽水储能电站、灌溉、火电、高速公路、铁路等。签约项目3个，合同金额39.22亿元人民币。在股份公司首批自主营销授权中，公司成功获得摩洛哥、科特迪瓦、南苏丹等国别市场的自主营销授权。

摩洛哥丹肯高速铁路项目全长11.93千米，中标额18758.75万人民币（不含增值税），主要包括土方、结构物和道路恢复等工程。合同工期21个月，2012年7月23日开工，2012年完成产值1803.20万元。

埃塞俄比亚比达拉—麦图公路改造项目由水电五局有限公司与中国水利电力对外公司联营实施。工程位于埃塞俄比亚中西部欧若米亚州境内，项目全长50公里，合同金额3433万美元，工期3年。主要内容为将现有6米宽砾石路面升级为10米宽沥青混凝土路面。项目主合同由中国水利电力对外公司于2012年11月30日与埃塞俄比亚公路局签署。

苏布雷项目位于科特迪瓦西部，距离阿比让西北约350公里，项目主厂房为3台立轴式机组，单机容量9万千瓦，装机容量27万千瓦；项目最大坝高约20米、大坝全长4.5公里。该项目由集团公司签约，水电五局有限公司负责实施。

（孙汝猛　樊　洁）

【科技创新】 2012年，水电五局有限公司推荐《上水库100米高竖井式进出水口混凝土施工技术研究》等八个项目申报集团公司科研课题立项。其中《上水库100米高竖井式进出水口混凝土施工技术研究》和《水平旋喷桩穿越沟谷泥石体施工技术研究》、《锦屏调压室闸门井门槽二期滑模施工技术》三个项目被列为集团公司科研立项课题。截至2012年底，共有6个集团公司科研项目正在研究。水电五局有限公司还承担了《碾压式土石坝施工规范》、《水电水利工程清水混凝土施工规范》、《水电水利工程水下混凝土施工规范》、《水电水利工程沥青混凝土面板堆石坝施工规范》四项电力行业标准的编写（修订）工作。

2012年，水电五局有限公司共计获得股份公司科学技术奖特等奖1项，一等奖1项，二等奖3项，三等奖3项；获得中国施工企业管理协会科技成果奖3项；中国电力科技奖1项；中国水利发电科学技术奖1项；取得2项发明专利、28项实用专利授权、2项著作权授权、省部级工法11项。截至2012年底，累计已有6项发明型专利和95项实用新型专利通过国家知识产权局审核授权。2012年，水电五局有限公司获得中国施工企业管理协会科技先进企业、中国电力企业联合会“2012年度电力标准化先进集体”称号。金平水电站厂房岩锚梁等QC小组荣获12项国家级和省部级优秀质量管理小组奖。

（梁　涛）

【党建工作】 2012年，水电五局有限公司党委围绕生产经营中心，坚持创新务实的工作思路，构建长效机制，以“基层组织建设年”和“强化廉洁从业意识，保持党的纯洁性”主题教育活动为契机，以“八重”促“八有”，大力夯实基层党组织建设，充分发挥基层党支部战斗堡垒作用和党员先锋模范作用。公司党委继续完善党建工作责任考核办法和实施细则，把基层党建工作考核纳入领导班子和党员领导干部考核内容，与经济效益和业务工作考核一并进行。初步形成了责任明确、考核规范、评价科学、奖惩分明的党建工作责任制考评体系。

2012年，水电五局有限公司党委落实《企业文化建设规划》，以编订《企业文化手册》、编发《企业文化故事集》，推进文化进基层、进项目、进工地，促进企业文化建设蓬勃发展。

2012年，水电五局有限公司党委积极推进党风廉政建设及效能监察工作深入开展。及时调整公司党风廉政建设领导小组，与公司所属二级单位签订责任书40份；公司党委以落实“三重一大”决策制度为重点，严格执行决策规则和程序，健全群众参与、专家咨询和集体决策相结合的决策机制，坚持集体讨论决定“三重一大”事项；围绕生产经营管理开展效能监察，确定效能监察立项项目共42项，公司及所属二级单位效能监察工作共创造经济效益387.9万元，避免经济损失154.8万元，挽回经济损失84.8万元。

水电五局有限公司工会不断深化民主管理，维护员工利益。2012年，开展了职工代表巡视调研、重点工程劳动竞赛、安全知识竞赛等活动。5月和9月，分别举办了驻蓉机关“第九套广播体操大赛”和第一届“水电杯”职工篮球大赛。12月底，举办了“迎新年”职工文艺汇演。以丰富多彩的文体活动为载体，有力促进了和谐企业建设。机电制造安装分局第一水工机械厂结构车间荣获中华全国总工会“全国工人先锋号”，机电制造安装分局锦屏项目部荣获四川省总工会“四川工人先锋号”。

水电五局有限公司团委围绕工程建设，以“青年突击队”活动为抓手，大力开展“号队手”建设活动，带领广大青年员工在生产经营中建功立业。2012年，公司团委开展了“寻找青春榜样——第六届十大杰出青年评选活动”。

水电五局有限公司一分局团委、实业公司团委分别荣获四川省国资委省企业团工委“五四红旗团委”荣誉称号；1个基层团组织荣获四川省国资委省企业团工委“青年文明号”荣誉称号；1人获四川省“优秀共青团员”荣誉称号；3人荣获四川省国资委省企业团工委“优秀团干部”、“优秀团员”荣誉称号。

（邓海军　陈开贵　李志明　郭川龙）

【履行社会责任】 2012年，水电五局有限公司本着“为股东创效益、为社会担责任、为员工谋福利”的核心价值观，通过不同形式活动开展，积极履行央企社会责任。公司职教中心为藏区培养的首批“9＋3”85名学生全部安排就业；全年招聘450余名大中专生，解决社会就业难问题；公司党委、工会通过开展职工代表巡视，开通总经理、党委书记信箱等方式畅通员工沟通渠道；通过冬送温暖、夏送清凉及金秋助学、在职职工体检等活动，维护员工利益。各基地、各单位分别成立“雷锋志愿服务站”、“郭明义爱心团队”，参加社区义卖、环境清理等各类公益活动。“六一”期间，公司属部分项目给所在地学校送去文具、书籍等学习用品。汛期期间，公司属部分项目积极派出人员、车辆参加当地的抗洪救灾抢险工作。面对白鹤滩“6·28”、锦屏“8·30”特大泥石流灾害，公司尽管遭受了较大财产损失，仍克服困难，不等不靠，在积极自救的同时投入到协助地方政府、业主和兄弟单位抢险工作，受到了各上级单位高度评价与兄弟单位感谢。

（林　杰　高冬梅）

中国水利水电第六工程局有限公司

概　　况

【综述】　截至2012年底，中国水利水电第六工程局有限公司（以下简称“水电六局有限公司”）员工总数为8844人，其中管理人员1030人，各类专业技术人员2299人，高级职称279人，中级职称925人，初级职称1165人；高级技师114人，技师376人。

水电六局有限公司总部机关设15个部门，下设10个生产经营单位（一分局、二分局、三分局、四分局、五分局、机电安装分局、西南分局、新疆施工局、港航公司、清河水工机械厂）、4个直属单位（中心试验室、丹东基地管理处、离退休职工管理处、中心医院）、5个全资子公司（辽宁水电工程局、前阳重工厂、丹东鸿翔建筑工程有限公司、丹东洲源物资有限公司、辽宁北方水利水电技术咨询有限公司）及1个控股公司（中水华浙开原管业有限公司）。

（郑清梅　韩　蓉）

【领导班子】　2012年，水电六局有限公司领导班子成员有11人：执行董事兼总经理、党委副书记厉建平；党委书记兼副总经理崔永跃；监事、党委副书记兼纪委书记艾民（2012年4月20日调任）；副总经理姜明廷、刘宝、李国、杨成文（兼总工程师）、李璞盛、祝郴阳；总会计师于庆波；公司工会主席马英怀（2012年4月20日由公司监事、党委副书记兼纪委书记调任该职务，原公司工会主席徐达调离）。

【主要指标】　2012年，水电六局有限公司实现营业总收入40.58亿元，利润总额1490万元（水电六局有限公司利润11343万元，辽宁水电工程局利润－9853万元）。市场营销创历史最好水平，年新签合同金额51.69亿元，其中，国际业务新签合同金额11.23亿元，国内水利水电业务新签合同金额32.63亿元，国内基础设施业务新签合同金额7.84亿元，在股份公司新签合同金额增速最快排名中位列第三。拓宽资质领域取得历史性突破，是股份公司系统首家率先步入TBM项目施工领域；PCCP管制造安装工程施工填补了水电六局有限公司在该领域施工的空白。实施集约化管理，资产运营能力不断增强。2012年末，资产总额45.09亿元，同比增长28.20%。资产负债率76.62%，同比下降5.52个百分点。资金流量集中度98.77%，高出股份公司目标值23.77个百分点。

（郑清梅）

【管理创新】　2012年，水电六局有限公司按照“优先发展国际业务、巩固国内水利水电业务、拓展基础设施业务、稳健开展投资业务”的发展战略，加快战略性调整，优化布局，升级营销体系，推动管理工作进一步提升。

优化调整国际业务，增强自主营销能力，立足股份公司平台拓展国际市场，加强与中国水利电力对外公司、辽宁国际经济技术合作有限公司等对外窗口的合作，并取得积极成果。优化调整国内水利水电业务，实施区域化管理。发挥TBM施工和PCCP管制造安装工程施工能力和优势，抢抓市场机遇，提高市场占有率。优化调整基础设施业务，牢牢抓住基础设施市场机遇，集成并整合优势资源，加大基础设施业务领域经营力度。在政策导向、业绩考核、市场布局和领导力量安排等方面向该领域倾斜，调动开拓市场的积极性。优化调整投资业务，不断提高现有投资项目的运营管控水平和投资收益，同时坚持积极、审慎的投资原则，充分论证，适时培育新的经济增长点。

以全面开展管理提升活动为契机，从梳理和完善现行项目管理规章制度入手，强化制度的落实和提高执行力。全面深入开展项目成本测算工作，所有新开工项目均进行了成本测算，做到项目成本过程控制有据可依。完善工程分包管理工作，强化工程分包立项申请、分包商确认审批工作，严把引进关口，通过专项检查、综合检查等形式，强化分包管理的过程控制。加强施工项目进度计划管理，实施月度定期报告制度，及时掌握施工项目当期情况并预测下期运营走势，全面把握公司总体运营情况。加大重点项目监管力度，通过季度专项报告或月度专项报表等形式掌握和了解项目进度、质量、安全和资源配置等情况，发现问题及时给予解决。强化工程管理、财务、审计、纪检等部门的协调配合机制，发挥联动作用，通过项目稽核、项目审计、效能监察等综合性检查，把控项目运营情况。审计、监察和法律事务工作得到提升。全年完成审计项目22项，专项检查5项，提出审计问题95项，审计建议100条，开展立项监察25项，堵塞管理漏洞。加大企业经营法律风险防范力度，审查合同、招投标文件等98份，处理法律纠纷案28件，挽回经济损失195.6万元。

（张　平　刘　敏）

【重组整合】　2012年，按照股份公司优化调整结构，实现一体化管理的要求，确定水电六局有限公司与辽宁水电工程局重组整合工作“五步走”方案。公司将总部搬迁至沈阳，梳理调整组织架构。机关总部增设企业发展部和资金管理部；二级单位形成了1～5分局，机电安装分局、西南分局、新疆施工局、港航公司、清河水工机械厂为构架的生产经营单位；后勤服务层面，撤销太平湾基地处、宽甸基地处，组建了丹东基地管理处。按照解决历史问题，实现规范化管理的工作目标，筹措资金，调整政策，为辽宁水电工程局偿还银行借款、TBM设备维修资金、提供内部借款以及置换高息银行借款等。清理辽宁水电工程局陈欠职工薪酬福利等有关费用。全面清理辽宁水电工程局历史陈欠的住房公积金、企业年金、职工工资及报销挂账等款项。提高辽宁水电工程局内退与下岗职工的生活费，做到全局制度统一、标准统一。调整辽宁水电工程局职工社会保险和住房公积金缴费基数，上调住房公积金比例。加强维稳工作，实现企业和谐发展。

（郑清梅）

【重大项目】　2012年，国内中标工程94项，新签合同金额40.47亿元。其中水利水电工程60项，合同金额32.63亿元；非水电工程34项，合同金额7.84亿元。国内项目合同存量58.87亿元。中标合同金额在1亿元以上的有6项，分别是江苏溧阳市区域供水一期工程中心水厂土建与安装施工（合同金额1.10亿元）、辽宁桓集隧道工程施工五标（合同金额5.67亿元）、辽西北供水工程（四段）施工三标（合同金额5.25亿元）、贵州玉屏县白岩河水利工程施工（合同金额1.60亿元）、辽西北供水工程预应力钢筋混凝土管（PCCP）采购（合同金额12.13亿元）、开发区“S.U”景观带建设工程（U段）（合同金额2.19亿元）。国内竣工工程36项，竣工产值5.72亿元。

在建工程亿元以上项目有：

辽宁桓集隧道工程施工五标工程位于辽宁省桓仁县。主体为隧洞工程，本标段布置3条施工支洞及1条连通支洞，分别为13、14、15号施工支洞和15号连通支洞。合同总金额为56695万元，合同工期为2012年6月15日～2015年9月30日。2012年完成施工产值8086万元。

四川省大渡河安谷水电站左岸副坝工程二标工程位于乐山市市中区与沙湾区接壤的安谷河段生姜坡。本标段副坝长度3360米，合同金额为28114万元，合同工期为2012年10月20日～2013年10月31日。2012年完成施工产值3750万元。

贵州玉屏县白岩河水利工程位于贵州省玉屏县。该工程建设内容为大坝、溢洪道、灌溉取水隧洞、输水系统、灌区渠系及其配套建筑物等。合同金额为16030万元，合同工期为2012年5月17日～2015年4月30日。2012年完成施工产值2492万元。

云南乌东德水电站右岸导流隧洞下段工程位于云南省禄劝县和四川省会东县交界的金沙江干流上。本标段承建右岸3、4、5号导流隧洞下游段工程，合同金额为30254.55万元，合同工期为2011年11月1日～2014年6月30日。2012年完成施工产值8804万元。

辽西北供水工程预应力钢筒混凝土管（PCCP）采购二标工程位于辽宁省铁岭开原市。合同主要内容包括建厂、PCCP管材和钢筋混凝土顶管的设计、制造、防腐、检测以及管道的交货、服务等。本标段管道线路长度37.35千米，管道长度149.39千米。合同金额为121293.02万元，合同工期为2012年10月5日～2015年12月31日。2012年内生产厂房、辅助房屋、办公生活区建筑基础、拌和系统、各生产线、生产车间设备基础均已完成土建施工。

辽西北工程（四段）施工三标工程位于锦州市义县和北镇市境内。合同主体工程为隧洞工程，合同金额为52517万元，合同工期为2012年6月15日～2016年5月30日。2012年完成施工产值2235万元。

（张　平　潘　虹　于　颖）

【国际业务】 坚持在建项目经营管理和国际市场营销两条主线同时并进，实现了国际业务在市场开拓、履约能力、经营管理、结构调整、队伍建设、风险管控、规模效益等方面持续稳定的发展，为公司健康持续发展做出了贡献。新签合同金额达11.23亿美元，中标项目分布在尼泊尔、缅甸、越南、巴基斯坦、赤道几内亚、肯尼亚、斐济和厄瓜多尔等8个国家共14个施工项目。联合股份公司之外的窗口单位成功挺进巴基斯坦市场，市场区域进一步拓展，形成东南亚、南亚、中西非、东非、大洋洲、南美洲市场格局。完成营业收入7.98亿元，其中赤道几内亚吉布洛水电站项目完成860.2万美元、斐济南德瑞瓦图水电站项目完成222.4万美元、肯尼亚松高罗机电安装项目完成193.4万美元、缅甸yeywa机电安装项目完成56.4万美元、尼泊尔上塔马克西项目完成1102.5万美元、赤几巴塔电网改扩建项目完成9118.2万美元。国际业务实现利润2.12亿元，经营业绩继续保持良好势头。

（骆相龙）

【科技创新】 实施品牌战略，科技创新成果取得历史性突破。《特殊条件下高压引水隧洞高强钢管施工技术》《水丰水电站溢流坝闸门启闭机工作桥控制爆破拆除技术》两项科技成果通过股份公司专家鉴定达到国际先进水平；与水利部小浪底水利枢纽建设管理局、黄河勘测规划设计有限公司等单位联合完成的科研课题《黄河小浪底工程关键技术研究与实践》荣获大禹水利科学技术奖特等奖；辽河石佛寺水库枢纽一期工程荣获中国水利优质工程大禹奖；《TSAQ-1隧道安全监控信息系统在京沪高速铁路西渴马一号隧道的应用》荣获中国电力行业信息化成果二等奖项；《水丰水电站溢流坝闸门启闭机工作桥控制爆破拆除技术》荣获第六届中国工程爆破协会科学技术二等奖项；《高地应力区大跨度地下厂房安全施工技术》荣获辽宁省三级联创“讲比”优胜项目二等奖；《特殊条件下高压引水隧洞高强钢管施工技术》、《高速铁路隧道施工关键技术研究》两项成果荣获股份公司科学技术进步二等奖，《水丰水电站溢流坝闸门启闭机工作桥控制爆破拆除技术》、《可移动仰拱栈桥在高速铁路施工中的研究与应用》两项成果荣获股份公司科学技术进步三等奖；贵州乌江思林水电站机电设备安装工程、水丰水电站防洪设施改造工程、都江堰拉法基三期扩建工程矿山基建项目竖井平硐系统工程、南水北调中线京石段应急供水工程唐河倒虹吸项目施工第Ⅰ标段，荣获中国水电优质工程奖；《一种大型地下洞室基岩上的钢模台车轨道基础装置》、《一种大型地下洞室混凝土底板上的钢模台车轨道基础装置》、《竖井扩挖用防堵井漏渣斗》、《一种用于隧洞双圈预应力锚索的专用退锚装置》、《一种洞内混凝土底板浇筑时收面用的抹面滑轨装置》、《一种用于圆形隧洞的双圈预应力锚索的专用变角张拉装置》、《一种圆形隧洞双圈预应力锚索锚具槽专用组合式钢模板》、《斜井施工专用矿车安全防护装置》8项成果荣获国家知识产权局实用新型专利。

（何金星　杨　哲）

【党建工作】 2012年，水电六局有限公司党委适应重组改革工作的需要，以贯彻落实党建工作责任制为主线，以进一步加强项目党组织建设为重点，以领导班子建设和学习型党组织建设为抓手，着重开展十八大精神的宣传学习、“四好”班子创建活动、基层组织建设年活动、保持党的纯洁性主题教育活动、示范党支部活动及“三创建”活动等重要工作，积极探索党建工作制度创新、管理创新和方式方法创新，全面加强思想政治工作、精神文明建设和企业文化建设，使党组织的政治核心作用、战斗堡垒作用和党员的先锋模范作用得到了充分发挥，在年度水电股份党建工作责任制考核中取得了良好的成绩，为重组改革和科学发展做出了积极的贡献。

深化对辽宁水电工程局有限公司全面重组整合，党委遵循《党章》规定设置基层党组织机构，选举产生改建和新组建单位的党的各级组织委员会。围绕基层组织建设年活动，重点开展了建立基层党建工作流程、树立基层党建工作示范样板、组织基层党务干部的集中培训、召开基层组织工作研讨交流会、编印《基层党支部工作手册》、开展“迎流动党员进家、为新党员建家”以及在外协队伍中开展党组织活动等七个方面的工作，使党的基层组织建设得到进一步的加强。党委制定《关于推进学习型党组织建设的实施意见》，将9个方面20项工作任务分解落实到总部各职能部门和基层党组织。通过突出领导班子的政治思想引领、发展战略引领和组织建设引领，带动学习型党组织建设；通过学习平台的开放性创新、学习内容的系统性创新、学习过程的互动性创新、学习形式的多样性创新推动了各级党组织的学习。推进基层尤其是项目党组织的全面晋位升级，着重从选优训强一个好书记、研究谋划一个好思路、建立完善一套好制度、建设管理一个好阵地、健全落实一个好机制工作五个方面入手，打造党建工作示范点。确立示范党支部17个，加强对示范党支部工作经验的宣传和推广，使示范党支部成为基层党建工作的标杆和样板。示范党支部活动得到了丹东市委组织部的高度评价，水电六局有限公司党委被辽宁省委授予“创先争优先进党委称号”。

水电六局有限公司单位全面启动“强化廉洁从业意识、保持党的纯洁性”主题教育活动，开展反腐倡廉教育“五个一”活动，2300名党员、领导人员和关键岗位管理人员参加了教育学习，开展专题辅导38场·次，集中学习38次，收到学习心得体会2313篇，廉洁承诺530篇，调研报告9篇。对惩防体系建设工作任务进行分解，明确14个总部机关部门需要完成的75项工作任务。不断修订完善制度，先后制定《企业负责人职务消费管理暂行规定》、《反腐倡廉教育长效机制实施办法》、《公务用车管理办法》、《公司业务招待费》等24项经营管理、内部控制、民主监督等方面的规章制度。

水电六局有限公司工会起草第六部《集体合同》、第二部《女职工特殊权益保护专项集体合同》、《厂务公开实施办法》，制定《职工代表巡视制度》，征集提案51件，确定立案7件，建议案5件。围绕科技兴企，以多种活动方式推进技术创新活动的开展，申报职工合理化建议59项，以创建“四个一流”活动为主题，开展以“确保完成各项生产经营目标”劳动竞赛活动。建立帮困扶贫通道，规范帮困扶贫工作流程，为困难职工提供方便快捷的服务。在股份公司工会工作会议上，水电六局有限公司工会帮困扶贫工作特点受到好评。开展争做“学习型、技能型、创新型、进取型”“四型”女职工竞赛活动。继续办理“团体女性安康保险”，1176名女职工投保，3名女职工受益。组织每年对女职工妇科病普查，历时两个月，1805名女工参加体检。

（尤俊梅　李凤仙　孟　玲）

中国水利水电第七工程局有限公司

概　况

【企业资质】　中国水利水电第七工程局有限公司（以下简称“水电七局有限公司”）是集水电工程及其他建筑工程施工、设计、科研、投资、电力生产与销售于一体的国有大型建筑施工企业。具有国家水利水电工程施工总承包特级，水利行业甲级设计，公路工程施工、公路路基工程、地基与基础工程、隧道工程、送变电工程专业承包，土石方工程专业承包壹级，市政公用工程施工、房屋建筑工程、铁路工程总承包资质。通过了ISO 9001：2000标准质量管理体系、ISO/14001：2004标准环境管理体系和GB/T 28001：2001标准职业健康安全管理体系的认证，四川省省级企业技术中心认定，国家商务部批准对外承包工程经营资格。

【主要领导调整及班子成员】　2012年4月16日，中国水利水电建设股份有限公司（以下简称“股份公司”）以《关于辛宗懿职务聘任的通知》（中水电股干〔2012〕19号）根据需要，经中国电建集团推荐，并征得四川省国资委党委同意，决定：聘辛宗懿为水电七局有限公司副总经理。2012年7月6日，股份公司以《关于李东林职务聘任的通知》（中水电股干〔2012〕36号）根据需要，经中国电建集团推荐，并征得四川省国资委党委同意，决定：聘李东林为水电七局有限公司副总经理。副总经理尹强、马邦凯、郑平调离中国水电七局。

截至2012年12月，水电七局有限公司领导班子成员：公司执行董事、法定代表人、总经理兼党委副书记申茂夏，党委书记兼副总经理文加海，党委副书记、纪委书记、公司监事郝国英，副总经理郗举科、向超群、但东、张桥、江瑞俊、辛宗懿、李东林，总会计师张元刚，总工程师向建，工会主席王富建。

（陈　荣）

【队伍状况与组织机构】　2012年，水电七局有限公司年末职工14678人，其中高、中级管理和专业技术人员2864人，教授级高级工程师43人，高级职称419人，高级技师、技师1425人，高、中级技术工人2542人。公司设20个职能部门和机构，分别是：总经理工作部、党委工作部（团委）、人力资源部、财务部、资金管理部、生产经营部、安全监督管理部、质量管理部、技术中心（勘测设计院）、设备物资管理部、资产经营部、市场开发部、基础设施事业部、海外事业部、法律事务部、审计部、纪委(监察部)、保卫部、工会、社会职能管理中心。

水电七局有限公司所属二级单位及直管施工局23个：第一分局、第二分局、第三分局、第四分局、第五分局、第六分局、机电安装分局、夹江水工机械有限公司（2012年9月按照电建集团、股份公司要求重组)、科研设计院、高级技工学校、向家坝施工局、溪洛渡施工局、锦屏施工局、糯扎渡施工局、亭子口施工局、白鹤滩施工局、苏八姑电站项目部、木里河俄公堡项目部、成都货运大道总承包部、深圳地铁7号7302标项目经理部、南广铁路NGXQ—5项目部、京沪高铁三工区、沪昆客专贵州段工程指挥部。

水电七局有限公司全资及控股公司：成都水电建设工程有限公司、成都星宇物业管理有限公司、成都明珠国际酒店有限公司、四川久隆水电开发有限公司、乐山市沙湾新华电力有限公司、四川省昭觉县昭源电力开发有限公司。

水电七局有限公司国内联营体：瀑布沟七一四联营体、龙滩七八葛联营体、锦屏一级水电站左岸基础处理联营体经理部。

水电七局有限公司国外联营体及项目部：苏丹罗赛雷斯大坝加高项目部、苏丹上阿特巴拉项目部、苏丹上阿特巴拉C1－A标项目部、苏丹麦洛维项目部、苏丹马拉卡尔市政项目部、菲律宾大马尼拉项目部、巴基斯坦高摩赞大坝工程项目部、巴基斯坦汗华项目部、马来西亚巴贡项目部、马来西亚胡鲁项目部、马来西亚马口水泥厂。

（冯海东）

【主要经营指标】 2012年，水电七局有限公司实现营业收入134.46亿元，实现利润7.43亿元，全年中标合同总额为193.30亿元，全员劳动生产率为91.44万元/（人·年)，全员人均年工资6.63万元，年末资产总额170.82亿元。

2012年，水电七局有限公司国内在建工程101个，完成施工产值111.17亿元，主要工程量：土石方挖填5054.22万立方米，混凝土浇筑543.98万立方米，钢筋制安19.42万吨，金属结构制安4.95万吨，机组安装117台·套（安装水轮机组10台·套，总容量243万千瓦，风机107台，总容量18.86万千瓦)，固结灌浆67.21万米，帷幕灌浆27.35万米。

2012年，水电七局有限公司国际工程项目新签合同80.10亿人民币，累计合同存量为95.41亿人民币。海外项目营业收入10.2亿元人民币。

（陈　荣）

主要工程项目

【深圳市城市轨道7号线7302标BT项目】 深圳市城市轨道交通7号线土建7302标段起于桃源村站，止于农林站（不含)，起止里程为DK6＋637.401～DK11＋792.431。标段施工任务包括三站三区间及停车场、车辆段出入线。线路全为地下线，长5371双线延长米，地下区间及出入线洞长13280延长米，车站总长768延长米。线路设计最高时速80公里，正线线路最小曲线半径400米，最大坡度25‰，出入线最小曲线半径200米，最大坡度30‰。

2012年6月，水电七局有限公司中标承建深圳市城市轨道交通7号线7302项目。截至12月3日，7号线项目深云车辆段出入线斜井施工完成77米，达到正线位置，进入正线施工，成为开工以来首家进入正线施工的单位。

【货运大道项目】 水电七局有限公司承建的货运大道是成都市“北改”第一批重大基础设施建设项目，全长约12公里，设计红线宽约40～50米，西起沙西线，东至绕城高速三河场，两端接已建成的货运大道。该项目是BT模式。

2012年7月20日，水电七局有限公司与成都市城投集团签约该项目。7月25日正式开工。截至12月15日，主体工程全部完工，保证12月30日主车道通车。

【南水北调工程】 2012年，水电七局有限公司南水北调工程有：总干渠陶岔—沙河南方城第二标段、引江济汉渠道4标土建及金结设备安装工程、焦作1段三标、穿黄工程Ⅱ－B标、潮河段第二标、鲁山南1段工程。在工程施工中，各项目部按照施工计划要求，实现了节点目标，履约良好。

【溪洛渡左岸泄洪洞和地下厂房进水口工程】 溪洛渡水电站位于四川省雷波县和云南省永善县交界处，其地下工程是目前国内规模最大的特大型地下工程。左岸地下厂房共安装9台70万千瓦机组，属一等大(1）型工程。2007年1月20日，水电七局、水电十四局联营体中标，中标金额12.03亿元。

2012年4月23日，水电七局有限公司承建的溪洛渡水电站左岸引水工程1号泄洪洞底板混凝土浇筑全线贯通。9月13日，溪洛渡项目部提前78天完成业主下达的年计划77万立方米混凝土指标。

【长河坝水电站泄洪放空系统及中期导流洞工程】 长河坝水电站位于四川省康定县境内，为大渡河干流水电梯级开发的第10级电站。工程装机总容量260万千瓦，属一等大（1）型工程。2010年10月29日，水电七局有限公司中标长河坝水电站泄洪系统，中标金额18.62亿元。

2012年7月30日，中期导流洞顺利完成主要洞身段下层开挖施工，实现2012年泄洪系统工程首个节点目标，工期提前32天。8月22日，放空洞工程主洞洞身上半洞顺利贯通，实现中期导流洞节点目标，工期提前40天。12月9日，放空洞进口边坡工程大面开挖至高程1675米，工期提前22天，履约良好。

【白鹤滩水电站左岸导流隧洞工程施工】 白鹤滩水电站位于金沙江四川省宁南县和云南省巧家县境内，电站上接乌东德梯级，下邻溪洛渡梯级。以发电为主，兼顾防洪，是西电东送骨干电源点之一。电站装机容量约1600万千瓦。

水电七局有限公司中标承建白鹤滩水电站左岸导流隧洞工程，中标金额16.97亿元。

2012年，项目部完成产值1.74亿元，土石方明挖填97.45万立方米，石方挖洞95.15万立方米，混凝土浇筑4.09万立方米，支护锚杆7.18万根，钢筋制安185吨。

（汪　钰）

【苏丹上阿特巴拉C1A标项目】 工程位于苏丹东南部，距上阿特巴拉河与赛缇河交汇处上游约20公里。项目主要为灌溉兼发电，总装机容量13.2万千瓦，最大坝高55米。主要工程量：土石方开挖376万立方米，土石方填筑477万立方米，固结及帷幕灌浆约4万米，混凝土59万立方米，钢筋制安6.0万吨。金属结构7834吨，合同工期65个月，合同金额51365万美元。

中国水利电力对外公司（以下简称“中水对外公司”）与水电七局有限公司组成联营体施工，中水对外公司占51%股份，水电七局有限公司占49%股份。

2010年5月15日开工。截至2012年12月，完成施工产值（水电七局有限公司份额）16913.98万美元，其中2012年完成施工产值8417.58万美元，完成主要工程量：土石方填挖169万立方米，混凝土浇筑16万立方米。

（逯　新）

改革创新

【综述】 2012年，水电七局有限公司按照领先发展、转型发展、升级发展、和谐发展要求：一是加强国际工程管理，完善国际业务市场布局，创新国际业务管理体制，调整明确海外事业部的职能定位。完成了机构调整、人员重组，并举办了20余人的为期四个月的国际项目经理培训班；二是资源整合，制造业务发展能力升级。2012年9月，按照电建集团、股份公司产业升级的要求，与夹江公司重组，延伸了产业链和价值链；三是按照专业引领、综合发展分局的发展定位，整合分局内部业务，形成了“专业＋综合”的分局发展模式及其市场布局的区域化、流域化。2012年3月将五分局的路桥业务整合到六分局。并对大岗山、观音岩、沪昆铁路等项目的管理模式进行改革；四是推进三项制度改革，坚持公开、竞争、择优原则，注重引进各类人才。2012年引进了30多名地铁和铁路方面的技术和管理人才，并新招了350名大学毕业生；五是为增强依法治企能力，在各二级单位配备了专兼职法律人员；六是开展“思想再解放，业务新突破”大讨论活动，“管理提升活动”和科技创新活动，实现了思想、体制、机制创新，促进了企业更好更快发展。

（陈　荣）

党群工作

【党的组织建设】 2012年，水电七局有限公司党委基层党委15个，党工委19个，党总支14个，党支部177个，党员5509人，其中在岗党员3681人，离退休党员1728人。2011年发展党员115人。

【学习型党组织建设】 2012年，水电七局有限公司党委开展“学习型党组织建设”活动：一是通过中心组学习、专题调研、组织研讨、外聘专家专题培训、座谈会、脱产培训等灵活多样的方式，提升领导班子的转型升级的引领能力；二是从领导力量、组织模式、资源整合、人员配置、政策支持等方面采取一系列新举措，将活动推向深入；三是鼓励年轻干部到海外项目、重点工程、艰苦地区、复杂环境、关键岗位，提升能力。

【基层组织建设年活动】 2012年水电七局有限公司党委开展基层组织建设活动年。活动从3月底开始到12月底结束。分为学习动员—分类定级—深入提高—形成机制四个阶段。以创新基层党组织活动方式，开展特色党支部建设为特点，以引导基层党组织履职尽责、广大党员立足岗位“学先进、见行动”为载体，进一步提高基层党组织的凝聚力、战斗力。

【新闻宣传与企业文化建设】 2012 年，水电七局有限公司党委集中抓好电建集团、股份公司企业文化的宣传贯彻，凝练七局特色文化元素，并落实到每一位员工的岗位实践，通过总部文化、安全文化、质量文化、廉洁文化、项目文化、岗位文化、小区文化等七个分支文化推进落地生根，建设精神家园，增强了企业软实力。

2012 年，水电七局有限公司在新闻宣传工作中，整合《大渡河水电报》、《水电建设》、网站“三位一体”的媒体资源，发挥协同效应，形成宣传报道强势。出版了一批文化精品，如：《为有源头活水来》、《身边人身边事》、《水电智慧，山水结晶》（水电七局有限公司 1997 ~ 2011 年度获奖优质工程画册）、《水电七局人物志》等宣传画册、形象宣传片。策划了学习十八大精神、管理提升等 5 个专题，在《水利水电工程报》发稿 220 余篇，在新华社、中国电力报、中国水利报、四川日报等省部级以上媒体发稿 110 余篇，水电七局有限公司记者站连续四年获得股份公司标兵记者站称号。

（牟善铸）

【工会工作】 2012 年，水电七局有限公司工会在工会工作中：一是组织职工参加全总、省总和业主单位开展的以及公司工会开展的劳动竞赛。在劳动竞赛中，先后获“全国五一劳动奖状”、“全国工人先锋号”、“四川省工人先锋号”、四川省“五一劳动奖章”等称号；二是发挥工会组织安全生产监督和职工劳动保护作用，获全国“安康杯”竞赛优胜单位称号；三是进一步强化了公司和分局两级职代会的规范运行及民主评议和维护职工合法权益的基本职责，依法签订《2012 年工资集体协商专项协议》，对施工项目工地工作的职工发放不低于 20 元/天的现场津贴，组织开展了职工健康体检，将已婚女职工产假天数由 90 天调整为 98 天；四是加大“送温暖”慰问困难职工力度，2012 年安排资金 520 万元，救助困难职工家庭 3931 户，慰问离退休、待岗、内退职工和伤残人员及职工遗属 18819 人·次。继续开展“捐一天工资、献一片爱心”活动，职工捐款 98 万余元，救助困难职工 152 人·次，发放救助金 130.95 万元；五是为单身员工牵线搭桥，举办了数场单身青年男女联谊活动。对 29 名困难职工子女发放“金秋助学”金 10.87 万元。新建职工之家、职工书屋 5 个，已建的增添了设施、增订了书籍刊物。

（贺省民）

中国水利水电第八工程局有限公司

【基本概况】 2012 年底，中国水利水电第八工程局有限公司（以下简称“水电八局有限公司”）职工总数 11279 人，其中中国工程院院士 1 人，教授级高级工程师 61 人，高级职称 640 人，中级职称 1633 人，高级技师 110 人，技师 589 人，一级建造师 205 人，二级建造师 32 人，特聘高级专家及顾问 8 人。

2012 年，水电八局有限公司不断优化产业结构，形成了国内水电、非水电、国际、投资 4 个业务板块。积极优化管理体制：独立设置基础设施部，重新组建投资部；将藏木施工局、深圳地铁 7 号线项目部划为公司直管项目；将中水重工分公司整体并入机电制造安装分局，六分局龙开口项目部整体并入砂石分局。

2012 年 3 月，电建集团、股份公司对水电八局有限公司领导班子进行换届考核。水电八局有限公司新一届领导班子成员：执行董事、总经理、党委副书记朱素华，党委书记、副总经理黄敏，副总经理张汉龙、曹跃生、姜清华、戴科夫（兼任总经济师）、刘光华、杨刚、刘中刚、杨一心，监事、党委副书记、纪委书记朱国强，总工程师涂怀健，总会计师冯正文，工会主席肖华民。原执行董事、总经理、党委副书记林修建调离水电八局有限公司另有任用，原总会计师王意桥任咨询。5 月，曹跃生调离水电八局有限公司另有任用。10 月，邓文明任副总经理。

2012 年，水电八局有限公司组织机构设置共 37 个：机关职能机构 19 个，二级单位和直管经营实体 18 个。另有 3 个改制的参股医院。在建项目 171 个，其中国内项目 149 个，国际项目 22 个，在建项目合同 280 个，覆盖 18 个国家（地区）和国内 26 个省（自治区、直辖市）。项目内容涵盖水电、火电、风电、核电、铁路、公路、桥梁、房建、市政、港航、矿业等多个领域。

2012年，水电八局有限公司新取得机电安装工程施工总承包贰级、电力工程施工总承包叁级、矿山工程施工总承包叁级资质，获得国家质量监督检验检疫总局特种设备安装改造维修（压力管道）许可证资质，顺利通过2012年测绘甲级资质年度注册。

（瞿建琴　周岳望　林　辉）

【主要指标】　2012年，水电八局有限公司完成企业总产值127.47亿元，实现利润总额7.237亿元。新增项目合同金额201.63亿元，其中中标合同金额199.74亿元。全员劳动生产率111.975万元/（人·年）。国有资产保值增值率129.79%（剔除了增资因素）。在岗职工平均工资增长率为20.92%。工程（产品）验收合格率100%，一次验收合格率99.3%，土建单元工程优良率92.3%，金结机电单元工程优良率98.9%。全年安全管理总体受控，安全生产形势持续稳定。

（李冬群　龚　钺　唐　明　熊振华）

【改革发展】　自2012年3月起，水电八局有限公司全面开展管理提升活动。通过自我诊断，查找出了5项发展瓶颈和5项管理短版，确立了9个专项研究；制定了《“管理提升活动”专项提升方案》和《“管理提升活动”考评办法》等。

水电八局有限公司制定了《公司全面风险管理与内部控制手册》，发布了《公司总部层面全面风险管理与内部控制体系文件》，编制了《公司2012年度全面风险管理报告》和《2011年度内部控制自我评价报告》。下发了《施工项目经营风险源识别、评价和监控操作方案》，并完成了151个项目的经营风险源的识别和评审。建立重点项目和风险项目监管制度，成立了以总经理为组长的在建项目监管小组，确定了5个重点项目和5个风险项目。

水电八局有限公司全年对部分二级单位、机关部门负责人岗位组织公开竞聘16次。首次与湖南省人力资源和社会保障厅鉴定中心在境外（柬埔寨、越南项目）组织开展职业技能鉴定工作。将水电八局有限公司每个岗位等级工资标准增加350元；将项目职工施工津贴发放标准调整为30元/（人·天）；增发境外员工年功工资，月标准3美元。自2013年1月启用新的人力资源信息化管理系统。启动了补充医疗保险办法，参加补充医疗保险20377人，全年支付补充医疗保险额达770万元。

2012年水电八局有限公司参股中国水电四川电力开发公司，增资中国水电新能源公司和水电地产（长沙）公司，成功地促成了湖南省与中国电建战略合作框架协议的签订。水电八局有限公司自主投资建设的科研综合楼顺利封顶，机电设备制造岳阳分公司项目的主体工程建设也基本完成。

水电八局有限公司要求在建项目上报项目业主、监理及第三方针对项目质量的函件，对函件反映的问题进行督促落实。对有质量风险的项目加强检查、指导和督促整改；对施工质量问题突出的项目，由公司组织约谈项目经理、所属二级单位行政正职、主管质量副职。公司对国内23个项目、国外6个项目进行了安全检查评价；对公司机关各部门、各二级单位（直管项目）本部和所属25个项目进行了环境职业健康安全考核。

水电八局有限公司成立了标准化工作委员会与标准化专业小组。完成了《公司标准化策划书》，发布了《标准化管理办法》，制定了《公司标准化工作奖惩办法》。全面实现公文处理的网络化和无纸化。利用中间件技术建立了统一的内网信息门户，实现了综合项目管理系统、办公自动化系统、人力资源系统、网上教育平台等系统的单点登陆和待办集成。

水电八局有限公司成立成本控制管理中心，归口经营部管理。2012年共安排合同项目前期经济策划15个，中期经济分析7个。制定了《公司经营综合分析实施细则》，修订了《中小型项目抵押承包管理办法》。

水电八局有限公司通过“高新技术企业”复审，继续享有高新企业15%企业所得税税率的税收优惠。公司被湖南省国家税务局、湖南省地方税务局授予2010～2011年纳税信用等级A级企业。

2012年水电八局有限公司共新发诉讼案件18起，涉案金额达4022万余元。办理历年遗留案件40起，结案28起，为公司挽回经济损失2058万余元。通过诉讼途径收回债权940万元。

（李烨宇　陈建平　李冬群　乔　勇　龚　钺　汤国良　唐悦航　陈于保　张治雷　孙珺涛　姚　昂　肖琳玉　张雄飞　魏学元）

【重大项目】　2012年，水电八局有限公司中标国内水利水电工程项目48个，中标国内非水电项目27个。中标合同价10亿元以上的项目：白鹤滩水电站三滩人工骨料加工及混凝土生产系统建安及运行工程（13.71亿元），深圳市城市轨道交通7号线BT项目（16.94亿元）。

溪洛渡水电站位于四川省雷波县与云南永善县接壤的溪洛渡峡谷段。2007年3月，水电八局有限公司中标承建溪洛渡大坝土建及金属结构安装工程，合同金额为30.05亿元。自开工以来累计完成产值34亿元，2012年完成产值9.96亿元。

向家坝水电站位于四川、云南两省交界的金沙江下游河段上。2006年2月，水电八局有限公司中标承建太平料场和马延坡砂石加工系统工程，合同总金额10.2亿元。至2012年底，累计完成砂石成品2288.9万立方米。

龙开口水电站大坝土建及金结安装工程项目位于云南省鹤庆县朵美乡龙开口村。2008年4月，水电八局有限公司中标龙开口水电站主体工程，合同总金额18.43亿元。自开工以来累计完成产值17.89亿元。

重庆草街航电枢纽工程项目位于重庆合川市境内草街附近的嘉陵江干流河段上。2006年9月和2009年11月，水电八局有限公司分别中标承建重庆草街航电枢纽厂房及冲砂闸土建工程和草街航电枢纽右岸泄洪闸及挡水坝土建工程，合同金额分别为7.4388亿元和2.78亿元。自开工以来累计完成产值8.10亿元。

大岗山水电站位于大渡河中游的四川省雅安市石棉县挖角乡境内。2008年9月，水电八局有限公司中标大岗山大坝人工骨料加工系统工程，合同总金额5.31亿元；2009年6月中标大岗山水电站大坝土建及金属结构设备安装工程，合同总金额5.67亿元。自开工以来累计完成产值6.41亿元。

西藏藏木水电站位于西藏自治区山南地区加查县境内。2010年7月，水电八局有限公司中标藏木水电站厂房土建及金属结构安装工程，合同价为10.37亿元人民币。自开工以来累计完成产值5.33亿元。

湘江长沙综合枢纽工程项目位于长沙望城县的蔡家洲。2009年11月，水电八局有限公司中标湘江长沙综合枢纽工程右汊泄水闸及桥梁工程，合同总金额1.37亿元，2010年7月中标湘江长沙综合枢纽电站厂房及左汊泄水闸工程，合同总金额8.54亿元。自开工以来累计完成产值5.05亿元。

金沙江白鹤滩水电站位于四川省宁南县和云南省巧家县境内。2011年12月，水电八局有限公司中标白鹤滩水电站右岸下红岩边坡治理工程，合同金额7.7亿元。2012年1月中标白鹤滩水电站三滩人工骨料加工及混凝土生产系统建安及运行工程，合同金额13.71亿元。2012年，右岸下红岩边坡治理工程完成产值1951.85万元；三滩人工骨料加工及混凝土生产系统完成产值1827.98万元。

（李冬群　禹小鸿）

【走向海外】　2012年，水电八局有限公司完成国际业务营业收入47.15亿元人民币，新增合同9项，新增合同额113.45亿元。在产业结构上，形成了以水利水电为核心，火电业务为重要增长极，涉及市政、公路、房建、农业园等相关的多元化格局。已形成了东南亚、南亚、中东、西非、南非、南美洲6个相对稳定的区域化市场。马来西亚巴贡水利枢纽工程荣获“2010～2011年度国家优质工程（海外工程）金质奖”。

马来西亚沐若水电站位于马来西亚沙捞越州（SARAWAK）民都鲁地区拉让江（BaLui）上游。该项目由三峡发展（马）公司以EPC模式总承包，水电八局有限公司负责土建、金属结构制作安装和永久机电设备安装工程，合同额30.18亿元。2008年10月日开工。截至2012年底，累计完成合同金额26.29亿元。

柬埔寨甘再水电站是中国水电集团在境外实施的第一个BOT水电投资项目，合同金额11.44亿元。工程于2007年9月18日开工，截至2012年底，累计完成合同金额15.2亿元。

加纳布维水电站位于加纳共和国BOLE（北部地区）和WENCHI（BRONG AHAFO地区）交界处的沃尔河上。由中国水电国际公司以EPC模式总承包，并委托水电八局有限公司负责实施。合同金额28.52亿元（2011年4月签订4号补充协议，增资1.684亿美元）。2007年8月24日开工，截至2012年底累计完成合同金额24.01亿元。

印度尼西亚亚齐火电站位于苏门答腊岛北部亚齐自治区。2008年4月中国水电国际公司中标，合同总金额2.47亿美元。委托以水电八局有限公司为责任方的“812”联营体承建。该项目荣获印尼电力系统“2010年最佳工程履约奖”。截至2012年底累计完成合同金额13.51亿元。

孟加拉达卡至吉大港四车道高等级公路为连接孟加拉首都达卡和该国最大的港口城市吉大港的主要交通要道。水电八局有限公司于2009年12月共中标7个标段，总长139.35公里，总金额约11.5亿元。截至2012年底累计完成合同金额1.84亿元。

委内瑞拉紧急电站新中心电厂位于委内瑞拉第一大港——卡贝略港附近，总造价为10.38亿美元。2010年3月，中国水电国际公司与委内瑞拉石油公司签订项目合同，并委托“812”联营体实施。2012年7月25日首台机组并网发电，至2012年12月，4台机组全部并网发电。自开工以来累计完成合同金额44.65亿元。

印度尼西亚东加—巴厘巴板火电站位于印度尼

西亚东加里曼丹省巴厘巴板市，为EPC总承包合同。2010年12月，中国水电国际公司与印度尼西亚国家电力公司签订本项目合同，合同金额约2.78亿美元。由水电八局有限公司与印度尼西亚ADHI公司组成的联合体实施。截至2012年累计完成合同金额3.86亿元。

科威特大学城商学院及女子学院项目位于科威特市区6号环路。2012年5月中国水电国际公司与业主签订本项目合同，并委托给水电八局有限公司实施，合同总金额为31.56亿元。项目于2012年10月15日开工。

科威特大学城5A&B基础设施项目是科威特大学城项目群中的子项目，位于科威特市区6环路。中国水电国际公司于2012年8月中标。合同金额21.599亿元。2012年12月23日项目开工。

（陈昌杰）

【重大创新】 水电八局有限公司《300米级高拱坝品牌建设创新与实践》获2012年全国电力行业企业管理创新成果三等奖。2012年水电八局有限公司承担的5项科技研究成果通过集团公司鉴定，均被鉴定为国际先进水平。分别为：《玄武岩纤维水工高性能混凝土研究》、《基于测量机器人的盾构施工组合导向系统研究与应用》、《特大型贯流式机组座环设备制造技术研究与应用》、《特大型复式波纹管伸缩节制造技术研究与应用》、《带舌瓣门的超大型弧门制造技术研究与应用》。

2012年，水电八局有限公司《特大型人工砂石系统研究与应用》和《溪洛渡水电站截流设计与施工关键技术研究》获得中国水力发电科学技术一等奖；《溪洛渡“数字大坝”系统的研究与应用》获得中国水力发电科学技术二等奖；《土石围堰大块石架空层快速防渗施工技术》获得中国水力发电科学技术三等奖；《高水头作用下遇岩溶系统特大涌水情况的导流洞封堵技术研究与应用》获2011年中国电力科学技术奖三等奖；《复杂地质条件下火电站特大型沉井施工关键技术研究及应用》、《海堤堤身自重预压法在浅海软基处理中的施工技术研究》均获2011年度中施企协科学技术奖二等奖；《特大型贯流式机组座环设备制造技术研究与应用》、《玄武岩纤维水工高性能混凝土研究》、《带舌瓣门的超大型弧门制造技术研究与应用》分别获股份公司科技进步特等奖、二等奖、三等奖。

（刘菊红）

【党建工作】 2012年，水电八局有限公司党委认真贯彻落实党建工作责任制，不断创新党建工作的内容与形式。在安排部署党建工作的同时，落实人力与经费等资源配置。树立“书记抓、抓书记”的党（工）委书记履职理念。加大对党委（副）书记履职情况的考核比重。认真开展“基层组织建设年”活动，总结了水电八局有限公司加强基层党建的八大举措，先后在股份公司与湖南省直党工委的活动简报上刊登。明确了二级单位党委书记年薪与行政相同，并设立总政工师、副总政工师岗位。实行水电八局有限公司二级单位及重点项目团组织负责人专职化。2012年，水电八局有限公司及各二级单位党委共开展主题实践活动23个。公司机关党委、砂石分局党委获湖南省直机关党工委授予的“先进基层党组织”荣誉称号。中国电建集团党委授予水电八局有限公司机关党委、砂石分局向家坝砂石项目部党工委、溪洛渡机电安装项目部机械队党支部、国际部加纳布维项目部施工一支部“先进基层党组织”。

水电八局有限公司编辑发行《中国水电八局形象识别指导手册》。积极推进安全文化、质量文化、廉洁文化等分支文化建设，加强总部文化、岗位文化建设和基地文化建设。东江基地申报湖南省文明标兵单位。水电八局有限公司退休职工刘国义老人入围“中国好人榜”评选。充分利用60周年局庆的契机，把局庆活动打造成为了党建工作与企业文化建设的载体、团结和激励职工的平台、展示和提升企业形象的窗口。开展了系列庆祝活动。编印了《向幸福出发，我们同行》纪念画册及职工征文故事集、职工摄影书法美术作品集、职工文艺汇演作品集，拍摄制作了电视专题片《历程》，自编自导自演了大型文艺节目《大江奔流》。在溪洛渡大坝施工局开展项目文化建设工作。策划编印了中国电建集团董事长范集湘语辑《行成于思》一书。

2012年，水电八局有限公司与机关各部门、所属各单位（项目）党风廉政建设责任书签订率、廉政保证金缴纳率均达到100%。实行“三重一大”月报制度。制订了《党风廉政建设责任制考核流程及工作文本》。印发了《水电八局关于基础设施业务实行廉政风险防控工作机制的意见》，拟订《廉政风险联合防控合同》，与工程施工合同具有同等的法律效力。印发了公司《监督工作联席会议制度（试行）》。全年水电八局有限公司开展效能监察立项5个项目，其中国际2个项目。实施了南水北调澧河渡槽项目、藏木项目效能监察“回头看”。水电八局有限公司与湖南省人民检察院共同发起建立跨省预防职务犯罪联合协作机制，邀请水电八局有限公司常设二级单位的六省区检察机关共同开展职务犯罪预防。

水电八局有限公司工会紧紧围绕企业生产经营管理中心，主动、务实、创新地开展工会工作。评选了“三心”工会干部。规范实施了“五必到，五必访”。“主席信箱”、“主席接待日”活动得到较好推广。表彰了2011年度“群众性经济技术创新成果”，2012年立项48项，创造经济效益389万元以上。开展职工积分奖励性疗休养活动，92名职工和48名职工配偶参加了2012年度的境内外疗休养活动。水电八局有限公司印发了《水电八局有限公司职工代表巡视制度》、《“面对面、心贴心、实打实服务职工在基层”走访调研和2012年职工代表巡视活动方案》、《基层项目工会负责人述职评议和考核奖惩办法》、《项目职工代表大会（职工大会）制度》等制度。

（李有云　杨　艺　王树斌　陈　丽　全　红）

【履行社会责任】　2012年7月，水电八局有限公司团委组织“希望工程爱心课桌公益活动”募捐，共收到捐款61657.7元，所筹善款主要用于帮扶农村小学更换课桌椅。9月，水电八局有限公司工会组织“金秋助学”活动，发放助学金25.54万元。组织开展“慈善一日捐”活动，水电八局有限公司员工共捐款48.45万元。

完成贵阳基地、长沙片雅塘村电改移交；武汉基地治安、卫生环境、户籍、计划生育等职能均融入地方社区；贵阳基地乌江廉租房建成并入住为乌江小区整体移交地方奠定了坚实的基础；南托基地电改、排污整体改造工程启动。成功举办了公司第九届老年人运动会。南托基地经济适用房“丰和苑”小区楼群全部封顶。

（王辉阳　王树斌　陈　丽）

中国水利水电第九工程局有限公司

概　况

【资产资质】　中国水利水电第九工程局有限公司（以下简称水电九局有限公司）是具有水利水电工程施工总承包壹级、市政公用工程施工总承包壹级、房屋建筑施工总承包壹级、公路工程施工总承包贰级、土石方工程专业承包壹级、地质灾害治理施工甲级、水电设计乙级资质，并且具有特种设备、起重机械安装维修资质以及中华人民共和国对外承包工程经营资格证的国有大型综合施工企业。2012年5月25日，水电九局有限公司获矿山工程施工总承包叁级资质。

截至2012年末，水电九局有限公司拥有固定资产总值6.53亿元，总资产29.97亿元。

【领导班子】　水电九局有限公司领导班子由公司执行董事兼总经理陈学云，党委书记张付，副总经理王力、张建军、付勇、刘庆福、王忠禄，公司监事、党委副书记兼纪委书记张鉴，总会计师吴杰，工会主席孙化瑜，总工程师王军组成。

【人员机构】　水电九局有限公司现有职工5394人，其中管理及专业技术人员2423人，高级专业技术职称207人，大学本科及以上学历922人，一级建造师39人，高级技师36人。

水电九局有限公司总部行政部门设总经理工作部、党委工作部、人力资源部、财务产权部、经营管理部、工程管理部、市场开发部、海外事业部、安全监察管理部、质量管理部、设备物资部、法律事务部、企业发展部、审计部、纪检监察部、公司工会、基地管理部、资金结算中心、社会保险管理中心、劳务管理中心等职能部门。水电九局有限公司所属二级单位和控股公司11个：国际公司、第一分局、第二分局、第三分局、第四分局、第五分局、第六分局、中心医院、贵州光明房地产开发有限责任公司、物资供应公司、中心试验室。

【经营业绩】　2012年，水电九局有限公司紧紧抓住国发2号文件带来的战略性机遇，积极参与贵州经济社会又好又快发展工作，坚定以“转型”促“追赶”的工作思路，初步实现了向非传统业务的战略转型。

2012年实现营业收入32.2亿元，新签项目47个，合同金额133.43亿元，储备合同存量154.83亿元。全年在建合同工程项目113个，完工待结算和正在收尾的合同工程88个，竣工合同工程项目14个。完成土石方开挖942万立方米、混凝土浇筑171万立方米、金属结构制作安装11072吨。水电九局有限公司入选“贵州企业100强”、连续8年被评为贵州省“守合同、重信用”企业，被中华全国总工会、国家安全生产监督管理总局授予“全国‘安康杯’竞赛优胜企业”称号和“全国‘安康杯’竞赛优胜企业连胜杯”荣誉称号。

（张炜冬）

工程建设

【国际工程】 2012年，水电九局有限公司中标和承建国外项目主要有：①承建毛里求斯7个工程项目，分别是B6公路升级改造项目、M1拓宽公路项目、A9公路项目、ARNAUD大坝项目、BAGATELLE大坝项目混凝土拌和及砂石筛分系统项目、B33公路改造项目、TULIPES街道公路升级加宽项目。②5月10日与中国电力工程有限公司签订施工承包合同，合同金额3.7375亿元人民币以及6千万美元。项目位于白俄罗斯维捷布斯克市的西德维纳河上，距维基布斯克市8千米。③5月14日中标莫桑比克MASSINGIR大坝辅助溢洪道工程项目，合同金额29123138.74美元，折合人民币18764.04万元。④7月23日中标利比里亚罗法河河道原砂开采项目，合同金额17.58亿元人民币，项目位于利比里亚境内罗法河上，计划期10年。⑤7月26日与中铁十五局签订联营体合作协议，合同金额87062.82万元人民币，合同工期54个月。RakeenBijoy城综合社区（1950套住宅）项目位于孟加拉国达卡市。

（杨　璐）

【环保砂石与矿业工程】 ①2012年1月19日，水电九局有限公司中标黔南州惠水泰安水泥有限公司日产2000吨砂石骨料生产线项目建设及营运和石灰石矿山开采工程，中标金额25.788亿元。项目位于贵州省黔南布依族苗族自治州惠水县长田工业园区。7月17日，砂石生产系统启动运行，全年完成产值4768.2万元。②11月29日中标贵州凯胜砂石骨料生产线建设及运营工程，中标金额18.48亿元。项目位于贵州省惠水县大坝乡山河村。③观音岩水电站砂石加工系统进入生产高峰期，全年完成产值35320万元，完成砂石骨料供应698万吨。④承建的瓮福磷矿二期接替矿山项目穿岩洞矿段基建剥离工程一标段，完成土石方开挖202万立方米，完成产值5334万元。

【房建市政工程】 ①2012年4月28日，水电九局有限公司中标艳山红镇拆迁安置房建设项目（A标）工程，中标金额1.5亿元，建筑面积9.8万平方米。全年完成产值7272.5万元。②8月13日中标黔西县城关镇上马安置区安置房建设项目工程，中标金额5亿元，建筑面积11.8万平方米。全年完成产值2885.9万元。③承建观府壹号房建项目三个工程：二组团一期一标段建筑安装工程合同金额18588.38万元，调整后补充合同金额17983.24万元，合同工期580天。二组团二期一标段建筑安装工程合同金额8011.58万元，合同工期723天。一组团一期文化活动中心A馆建筑安装工程合同金额4273.07万元，调整后补充合同金额5568.46万元，4月12日开工。④观山小区第一标段工程（15～18号楼、22～23号楼）建筑面积94676.51平方米，合同金额7428.5678万元。新增1、2、4、24、25、27、28号楼及A、G、H、J区地下室工程，建筑面积20多万平方米，合同金额4.3亿元。2012年完成产值7062万元。⑤6月22日，承建的贵州玛利亚国际医院工程项目开工，合同工期600天，合同金额12.2亿元，总建筑面积约29.13万平方米。

（谢朝宗　蔡　霞）

【水利水电工程】 ①水电九局有限公司参建的贵州北盘江光照水电站获得2012年度“国家优质工程金质奖”。参建的贵州乌江思林水电站工程被评为2011年度贵州省“黄果树杯”优质施工工程。②3月14日中标四川省大渡河安谷水电站尾水渠和泄洪渠工程一标段工程，中标金额35286.1809万元。全年完成产值2500万元。③9月14日中标山西省中部引黄工程施工07标工程，中标金额24236.538万元。山西省中部引黄工程是山西省“十二五规划”大水网建设中一项重要的工程。④承建的四川大渡河黄金坪水电站导流（兼泄洪）洞工程整体基本施工完成，进水塔塔身混凝土浇筑至最高高程1481.5米，有压段及无压段混凝土汛前施工完成，工作闸室塔身混凝土浇筑至高程1474米。全年完成产值31533.92万元。⑤承建的南水北调中线一期工程总干渠沙河南—黄河南段沙河渡槽工程第三施工标段箱基渡槽段土方开挖、地基处理全部完成。落地槽所有边坡土石方开挖全部完成，所有边坡防护全部完成。全年完成产值3.8亿元。

（洪贵江　谢朝宗　蔡　霞）

管理创新

【质量目标控制】 2012年，水电九局有限公司完成单元工程13507个，其中优良单元工程8426个，单元工程优良率88%，一次性验收检查合格率100%。全年完成9个二级单位（直属项目）和45个在建项目质量考评。开展质量管理提升活动，排查和梳理出工程质量管理方面发展瓶颈3个方面，管理短板3条。

【质量、环境、职业健康安全管理体系持续有效运行】 2012年，水电九局有限公司完成52个单位（项目部）的管理体系内部审核工作。9月，四川三峡认证有限公司对水电九局有限公司各单位、各项目管理体系运动情况进行监督审核。10月17日，向水电九局有限公司颁发保持质量管理体系、环境管理体系和职业健康管理体系认证注册资格的通知。

（洪贵江）

【经营管理】 2012年，水电九局有限公司针对项目基础管理和外协队伍管理的薄弱环节，开展管理专项提升活动。一是组建公司和二级单位项目管理督导工作小组，每月召开一次督导专题会议。二是精细合同管理。用依法、合规的合同规范与各方的关系。三是加强对项目的监控和督查，杜绝“以交代管”。

（蔡 霞）

【机构改革】 2012年2月6日，水电九局有限公司突出各分局功能定位，对公司所属5个二级机构进行重组整合。原金阳分局更名为第四分局，原基础处理分局和建设工程分局重组为第五分局，原砂石分局和机电制造安装分局重组为第六分局。

（齐红梅）

【人力资源管理】 2012年，水电九局有限公司修订《公司企业领导人管理暂行办法》、总部机关职能部门工作考核评价办法，制定项目部人力资源管理制度模版，推行经营管理人员轮岗交流锻炼制度。向集团公司申报高级职称评审工作，通过33人。公司评审中级职称通过111人、初级职称通过109人。全年新提拔中层干部17人。接收各类大中专毕业生361人。

【人力资源培训】 2012年，水电九局有限公司共举办23期培训班，培训学员1610人·次。其中：举办5期工程项目管理实务培训班，培训216人；举办1期经营管理培训班，培训100人；举办1期人力资源培训班，培训43人。培训取证共计871人，其中统计人员取证121人，水利“五大员”取证68人，非煤矿山安全管理证书51人，“三类”人员证书85人，建设岗位证书220人，职业资格证书326人。

（张贤品）

【设备物资管理和采购】 2012年，水电九局有限公司制定《协作队伍设备物资管理办法》。积极推动股份公司设备物资管理信息平台学习及应用。每季度召开一次公司设备物资管理工作会议。完成行车、门机安全自检工作，完成特种设备安全专项检查，全年无设备物资安全事故。设备采购9337.35万元，物资采购92159.07万元。

（张桂芳）

【财务管理】 2012年，水电九局有限公司修改建造合同考核奖惩管理办法，制定下发“已完工未结算项目分析模板”，推动全面预算管理体系的建设。组织学习“营改增”有关政策，布置“营改增”测算工作。探索适应新税法的管理模式。成立清理已完工未结算项目领导小组和工作小组。加大清欠工作力度，清欠收回1.02亿元。

（陈积粮）

【资金集约化管理】 2012年，水电九局有限公司资金流量集中度92.5%，股份公司资金流量集中度68%，股份公司资金存量集中度26%。全年银行总授信35.20亿元，全部为信用授信。严格按照“三重一大”决策制度，审核大额资金的支付流程。推进资金信息系统建设。完成主要合作银行（建行、中行、农行、工行）的银企直连工作。

（刘方辉）

企业改革

【综述】 2012年，水电九局有限公司编制《2012～2014年三年滚动发展规划》、《风险与内控管理手册——水电九局有限公司分册》、《水电九局有限公司2012年度全面风险管理报告》、《水电九局有限公司2012年度内部控制自我评价报告》。完成公司内部自我评价工作，检查各分局及总部各部门主要业务制度设计及业务流程执行情况。

【改制工作】 2012年，水电九局有限公司下属的久泰大酒店通过上海联合产权交易中心挂牌交易成功出售。完成公司增加注册资本金的工商变更工作，变更后注册资本金28982.9万元人民币。5月，股份公司批复公司中心医院改制方案，同意出售中心医院资产，引进民营投资者的方式将水电九局有限公司中心医院改制成为贵州科开公司旗下贵州省肿瘤医院南院。

（蒋　敏）

科技进步

【综述】　2012年，水电九局有限公司完成向贵州省科技厅申报《高频快速脱泥工艺研究》课题。获得2项发明专利，一是《二级离心脱泥工艺》，专利号ZL201110101333.X。二是《大型人工砂石厂废水处理工艺》，专利号ZL201010244636.2。编印《水电工程》4期，发表各类论文59篇。收集合理化建议35项。12月29～30日，召开第三届科技大会，95人参加会议。全年科研经费投入2700万元。

【新技术推广应用】　2012年，水电九局有限公司在各施工项目部推广应用的新技术和新工艺有：光面爆破技术，清水混凝土施工工艺，膨胀土（岩）换填土料处理技术，抗冲耐磨混凝土技术，玻璃纤维增强石膏空腹复合楼板填充石膏模盒技术，坡体内施工系统锚杆（土钉）或注浆加固处治技术。

（任瑢瑢）

安全生产

【安全生产责任制】　2012年，水电九局有限公司继续落实安全生产责任制，深入开展安全生产年、隐患排除年、标准化建设年活动，强化制度建设。新增注册安全工程师4人。继续实行安全生产管理人员委派制。投入安全生产费用6146万元。继续保持生产性死亡事故为零、重大设备、交通安全、火灾事故为零的目标。

【安全生产检查与隐患整治】　2012年8月，水电九局有限公司建立安全生产隐患排查治理信息专报制度。参与隐患排查整改项目460个·次，查出隐患1671条。开展防洪度汛检查、打非治违、地质灾害防治等专项检查，对9个重点项目进行安全生产督查。确定9个项目级监管项目，21个分局级监管项目，1个公司级监管项目。

（况明胜　陈德平）

党群工作和企业文化建设

【党建工作】　2012年，水电九局有限公司党委有12个二级党委，8个党总支、78个党支部，2165名党员。新建党员活动室9个，表彰四好领导班子3个。继续贯彻落实党建工作责任制，坚持“抓书记、书记抓”，“抓基层、基层抓”，继续开展创先争优活动，积极开展“党员先锋岗”、“党员示范工程”等主题实践活动。开展基层党支部“达标创先”活动。3个支部开展“公推直选”试点工作。召开基层党组织建设暨党建工作研讨和经验交流会，30篇研讨论文和交流材料汇编成册。7月，召开创先争优总结表彰大会，表彰15个先进集体和90名优秀个人。有5个基层党组织和10名优秀共产党员获上级党委表彰。

【党的基层组织建设年活动】　2012年，水电九局有限公司党委认真开展党的基层组织建设年活动。“四帮四促”活动是基层组织建设年活动中的一个亮点。11名领导班子成员和相关部门负责人与14个二级单位（重点工程项目）建立对口联系点，解决各单位在发展和生产经营活动中存在的各种困难和问题。共建立各级领导干部联系点185个，蹲点调研263人·次，帮助一线解决问题和困难169个，为职工群众办好事实事43件，排查矛盾纠纷35次，协调帮扶资金14.62万元。

（兰亚丁）

【宣传思想政治工作】　2012年，水电九局有限公司党委制订下发《关于进一步加强和改进新形势下思想政治工作的实施意见》、舆情危机管理办法及配套文件，组建网评队伍，对公司网页进行更新改版。《水电开发报》全年出版15期80个版，其中新年专刊12个版，报道工作会特刊一期16个专版。在贵州省内外报刊发表新闻稿件、新闻图片1000余篇（幅）。

（兰亚丁　李启蒙）

【共青团工作】　2011年，水电九局有限公司组织“感恩励志忠诚”演讲比赛，通过预赛选拔出18名选手参加决赛。组织团员青年收听、收看十八大开幕式。组建“郭明义爱心团队”，80余人义务献血，组织青年志愿者到贵阳市孤儿院开展慰问活动。公司团委被中央企业团工委授予“五四红旗团委创建单位”称号，观府一号项目被贵州省国资委团工委授予“青年文明号创建单位”。

（李启蒙）

【群众性安康工程】　2012年，水电九局有限公司组织263个班组的5411名职工（含协作队伍员工）继续深入开展“安康杯”竞赛活动，62名职业健康安全监督“员工代表”做好群众性职业健康安全监督工作。同步推动后方职工基地“安康社区”创建活动。公司连续第五年获得全国“安康杯”竞赛优胜企业称号。

（杨继新）

【劳动竞赛】 2012年，水电九局有限公司20多个项目组织开展以实现“工期、节点、质量、安全、履约”为主要目标任务的各类主题劳动竞赛。在5个高风险项目开展“降风险、保目标、促发展”为主题的建功立业劳动竞赛活动，投入30万元竞赛活动专项经费。

（杨继新）

【送温暖工作】 2012年，水电九局有限公司开展元旦、春节期间送温暖活动，慰问离退休老同志、下岗、内退职工、工伤职工、住院职工、困难遗属等10720人·次，救助各类困难家庭等1690余人。开展女职工“关爱行动”、“金秋助学”、“在职职工医疗互助保险”等活动。全年各项“送温暖”工作投入资金495.5万元。

（童林芬）

检查监督

【职工代表大会监督】 2012年2月25日至26日，水电九局有限公司召开工作会议暨第十二届二次职工代表大会、安全生产工作会议、反腐倡廉建设工作会议。职代会闭会期间，召开职代会代表团（组）长联席（扩大）会议。组织职工代表到4个分局和6个项目检查《集体合同》、《劳动安全卫生专项集体合同》和《女职工权益保护专项集体合同》的执行情况。

（朱海燕）

【党风廉政与惩防体系】 2012年，水电九局有限公司党委印发《2012年惩防体系建设工作分解方案》、《关于构建反腐倡廉三道防线推进公司惩治和预防腐败体系建设的实施意见》。制定或修订《领导干部廉洁谈话制度》、《保廉合同管理实施细则》、《负责人公务用车管理暂行办法》、《企业负责人职务消费管理办法》等。开展“强化廉洁从业意识、保持党的纯洁性”主题教育活动，完成10项活动。把领导人员的廉洁从业教育和对广大职工开展的企业文化教育结合起来。

【效能监察与专项治理】 2012年，水电九局有限公司开展以“三重一大”决策制度为主题的专项效能监察工作，确定10个效能监察立项项目。形成效能监察报告10份，效能监察建议110条。集中开展工程建设中挂靠借用资质投标、违规出借资质问题清理和企业领导人员持股、投资和兼职清理工作。

（邓洪文）

【法治建设】 2012年，水电九局有限公司印发《法制工作第三个三年目标实施方案》、《法律顾问专业化管理指引（试行）》文件。全年参与经营重大项目评审3项，评审《工程施工合同》70多份，审查分包商资质49家，提出法律风险评估报告、法律咨询意见书9份。全年发生各类诉讼案件8件，3件应诉案件、5件自诉案件。通过法律服务挽回、避免损失300余万元。因债权债务发《联系函》、《律师函》5件，处理债权、债务纠纷10起。实现原湖南铜湾电站审计结算款900万元、湖北崔家营质保金129万元、广东惠州工程款23万元、云南永善云乔水库工程款50万元。开展普法教育4次，参训人员200余人。

（刘　斌）

【审计监督】 2012年，水电九局有限公司将“三重一大”民主决策执行情况纳入审计的工作内容。编制《审计工作计划流程》、《审计工作流程》、《审计管理流程》。全年完成审计项目4个（均为经济效益审计），已经审计完毕、正在形成审计报告的审计项目1个，正在审计过程中的审计项目1个，提出审计建议13条。

（张丽萍）

中国水利水电第十工程局有限公司

概　况

【综述】 中国水利水电第十工程局有限公司（以下简称“水电十局有限公司”）。水电十局有限公司具有水利水电工程施工总承包壹级资质的国有大型施工企业。

2012年底，企业注册资本金4.7亿人民币，在册固定职工4779人。水电十局有限公司总部机关住址成都市金牛区十二桥路7号。

2012年，水电十局有限公司机关机构设置为总经理办公室（含史志办公室）、企业发展部、党委工作部（含公司团委）、人力资源部、财务部、资金管理部、市场开发部、工程管理部、经营管理部、信息中心、安全生产监督管理部、设备物资部、法律事务部、审计部、社会保险工作部、人力总站及离退休管理办公室、纪检监察部、工会办公室；撤销海外事业部成立为“国际公司”，主要职能是国际市场开发、国际在建工程项目后勤保障、外事管理等业务。水电十局有限公司下属单位中原二、六分局整合重组为二分局，撤销六分局编制。水电十局有限公司现有二级单位有一分局、二分局、三分局、机电安装分局、基础工程分局、勘测设计院、基地建设管理处（佳馨物业管理公司、通惠门宾馆、多种经营开发公司）、老挝区域经理部、中东区域经理部及海外公司直管各工程项目部。

2012年7月，中国水利水电股份有限公司（以下简称“股份公司”）对水电十局有限公司领导班子进行了整体换届。换届后的班子成员为：执行董事（法定代表人）、总经理兼党委副书记杜学泽；党委书记兼副总经理何其刚；副总经理余明川、陈茂（兼总工程师）、涂建湘、张长万、陈勇、巨荣文、胡湛军（兼总经济师）；总会计师王全军；监事、党委副书记、纪委书记靳山；工会主席陈顺清。

（李跃文　殷志豪）

主要经济指标

【经营指标】　2012年，水电十局有限公司实现营业收入42.29亿元；市场开发完成59.58亿元。合同存量154.22亿元。实现利润，综合营业收入利润率，高于中国水电股份公司下达的考核目标值。

（韩　震　金　强）

【资产状况】　水电十局有限公司2012年资产总额达到44.67亿元，相比年初增长35.92%。固定资产原值16.35亿元（固定资产净值8.94亿元）。水电十局有限公司2012年度所有者权益总额10.19亿元。

（尹　洪）

改革发展

【管理创新】　2012年，水电十局有限公司开展了管理提升活动、企业全面风险管理与内部控制工作、标准化建设等管理创新工作。加快了国际化进程，水电十局有限公司进一步巩固东南亚、中东市场，大力拓展非洲、大洋洲和南美洲市场，逐步形成以大区域、大项目以及大产业为特色的市场势态。2012年的海外业务已占到水电十局有限公司市场开发份额的54.5%，合同存量的84.5%，国际业务收入占到63.8%，实现利润占到水电十局有限公司利润的72.2%。逐渐形成了水电十局有限公司在国际水利水电工程、电站运行、矿业开采、电网建设、高端市场施工以及TBM施工等领域的优势。

（韩　震　金　强）

国内重大项目

【古城水电站厂区枢纽工程】　项目位于四川省平武县，是涪江上游干流水电梯级开发的第二级，为低闸引水式电站。合同金额1.28亿元，合同工期：2010年6月～2013年11月。2012年完成产值5857.2万元。

【沙尔布拉克水电站厂房及引水系统】　项目位于新疆阿勒泰市富蕴县，为喀拉额尔齐斯河规划的最后一个梯级电站，是以发电为主，结合水产养殖等综合效益的水利水电工程。合同金额6895万元，合同工期：2010年9月～2013年10月。2012年完成产值2139.3万元。

【别迭里水电站厂房工程及金属结构制作安装】　项目位于新疆维吾尔自治区克孜勒苏柯尔克孜自治州阿合奇县库兰萨日克乡。合同金额2.89亿元。2012年完成产值2977.7万元。

【甲岩水电站厂区枢纽工程】　项目位于云南省禄劝县，为普渡河下游河段水电规划的七个梯级电站的最后一个梯级。合同金额2亿元，合同工期：2011年6月1日～2013年12月31日。2012年完成产值7249万元。

【撒多水电站首部枢纽工程】　项目位于四川省凉山彝族自治州木里县，为金沙江左岸一级支流水洛河“一库十一级”中的第十梯级电站，电站采用引水式开发。合同金额1.29亿元。2012年完成产值4158万元。

【南水北调中线镇平段三标项目】　项目位于河南省南阳市镇平县。合同金额4.2亿元，合同工期：2011年3月1日～2013年6月30日。2012年完成产值

2.47 亿元。

【南水北调汤阴Ⅰ标】　项目位于河南省安阳市汤阴县。合同金额2.62亿元，合同工期：2009年5月～2012年2月。2012年度完成产值1.58亿元。

【南水北调中线内邱段SG09标】　南水北调中线一期工程总干渠漳河北至古运河南（委托河北建设管理项目）土建施工SG09标，标段全长11.71千米。合同金额3.68亿元（含备用金），合同工期：2010年6月～2013年3月。2012年完成产值1.03亿元。

【南水北调南阳2标】　项目位于河南省南阳市市区。合同金额3.24亿元，合同工期：2010年1月～2013年6月。2012年完成产值1.53亿元。

【葛达水电站厂区枢纽工程】　项目位于四川省甘孜州雅江县。合同金额0.7亿元，合同工期：2010年9月16日～2012年12月31日。2012年完成产值2380万元。

【洞松水电厂区枢纽工程】　项目位于乡城县香巴拉镇、尼斯乡及洞松乡境内。合同金额1.62亿元。因合同变更，2012年完成产值1806万元。

【河口村水库工程项目ZT2标段】　项目位于黄河一级支流沁河最后一段峡谷出口处。合同金额：3965万元，合同工期：2011年5月8日～2013年4月7日。2012年完成产值1280万元。

【小井沟水利工程】　项目位于岷江越溪河上游的荣县。合同金额3258万元，合同工期：2012年1月28日～2013年12月31日。2012年完成产值3092万元。

（吴方明　任明海　胡晓东　李　超　陈　行　周菊兰　周雪琼）

【金属结构制作与机电安装】　2012年，水电十局有限公司金属结构制造安装与机电安装共计完成产值5.86亿元，合同中标总额5.09亿元；安装发电机组34台，装机总容量196.2万千瓦，制作金属结构产品15384吨，安装金属结构产品8338吨。

【勘测设计院】　2012年，中国水电十局勘测设计院全年完成勘测设计产值2875.97万元。其中包括：卧龙熊猫水电站技施设计、小金县广金坝水电站设计、青白江太平二级水电站设计；工程测量项目；雷波长河水电站监理、芦杆桥水电站监理；南水北调河南镇平三标、南阳二标、汤阴段、河北内丘段等工程试验，桃巴高速公路工程试验、葛达水电站工程试验；老挝南坎2、南椰2项目安全检测及监测任务。通过了国家认监委CMA计量认证的量测类参数扩项资质认证和完成了相关的管理体系制度建设。

（瞿德仁）

【非水电项目】　水电十局有限公司2012年新中标非水电工程项目18.11亿元，其中包括成都天府新区兴隆湖项目中标价8.75亿元（BT项目）；重庆渝广项目中标价7.93亿元（BOT项目）；风电工程1.43亿元。2012年完成非水电工程产值总计3.14亿元。其中包括公路工程1.31亿元，风电工程1.32亿元，房屋工程及其他工程0.51亿元。2012年完成桃巴高速公路工程LJ8合同段项目产值1.32亿元；新疆布尔津、托克逊风电安装项目产值总计1.32亿元。

（吴方明　任明海　胡晓东　李　超　陈　行　周菊兰　周雪琼）

走向海外

【尼日尔阿泽里克矿冶项目】　项目位于Agadez省Tchirozerine地区。合同金额1.63亿美元，合同工期：2008年7月1日～2014年12月31日。2012年完成产值157万美元。

【尼日尔伊姆矿项目】　项目位于非洲尼日尔北部的撒哈拉沙漠。合同金额1.72亿美元，合同工期：2011年8月～2014年4月。2012年完成产值为999万欧元。

【斐济南德瑞瓦图（Nadarivatu）水电站工程】　项目土建、厂房和输变电EPC工程位于斐济维提岛西北部。合同总金额约1.25亿美元，合同工期：2008年9月15日～2012年8月。2012年完成产值729万美元。

【缅甸铜矿采矿项目】　项目是在建的亚洲最大湿法炼铜工程，项目位于缅甸联邦西北部实皆省南部蒙育瓦镇。合同额约5000万美元；生产期总服务年限约32年，年采剥总量约2705万立方米，合同额约7500万美元/年（不含设备采购）。2012年完成产值980万美元。

【老挝南坎2水电站项目】　项目位于老挝南勃拉邦

东南方向约30千米，南坎河与湄公河汇合口上游68千米处。合同金额2.9亿美元，合同工期：2011年3月26日～2015年9月25日。2012年完成产值2.89亿元人民币。

【老挝南俄5水电站项目】 项目位于老挝北部山区。合同金额5487万美元，合同工期：2008年10月1日～2012年12月31日。2012年完成产值1.04亿元人民币。

【老挝南俄5水电站运行维护项目】 该项目是股份公司在老挝第一个以BOT方式投资建设的水电站项目。2008年10月1日开工，2012年11月30日进入商业运营期。主要承担金结制安、机电安装、周边变电站和输电线路的建设和电站首个五年的运行维护。

【老挝南椰2水电站项目】 项目位于老挝川圹省查尔平原的东南部，合同金额1.51亿美元，合同工期：2011年10月1日～2015年12月31日。2012年完成产值1.35亿元人民币。

【老挝南欧江二级水电站项目】 项目位于老挝人民民主共和国中北部琅勃拉邦省境内。合同金额0.68亿美元，合同工期：2012年10月1日～2016年10月31日。2012年完成产值2862.52万元人民币。

【老挝南欧江五级水电站项目】 项目位于老挝人民民主共和国丰沙里省。合同金额1.48亿美元，合同工期：2012年10月1日～2016年10月31日。2012年完成产值4495.82万元人民币。

【老挝万象120千吨/年钾盐矿项目】 项目位于老挝首都万象市赛塔尼县。合同金额：3487万美元，合同工期：2010年8月～2012年11月。2012年度完成产值2.32亿元人民币。

【老挝欣合-琅勃拉邦230千伏输电线路工程】 工程位于老挝西北部，线路连接万象省欣合区和琅勃拉邦省湘嗯区。合同金额9980万美元，合同工期：2010年11月8日～2014年5月7日。2012年完成产值1.41亿元人民币。

【老挝甘蒙塔克水泥厂项目】 项目位于老挝甘蒙省塔克市，日供应水泥强度为4000～4800吨，年供应水泥强度为100万～120万吨，实际每年供应量估计平均在80万吨左右。水电十局有限公司承担：水泥生产原料石灰石的开采、供应。合同工期20年。2012年度完成产值2219万元。

【柬埔寨甘再水电站运行维护】 项目是柬埔寨政府以国际竞标和BOT模式开发实施的水电站项目。动态总投资2.81亿美元，项目融资期一年，特许经营期44年，其中施工期4年，商业运行期40年。电站运行维护合同工期5年，2012年是该合同实施的第二年，合同金额3828万元。主要工作是柬埔寨甘再水电站的生产准备、生产运行、设备维护、小修以及管理和培训。

【厄瓜多尔科卡科多—辛克雷（CCS）水电站项目】 项目位于南美洲的厄瓜多尔Napo和Sucumbios省境内，合同金额3.6亿美元，合同工期：2010年8月～2016年2月。2012年引水隧洞选用硬岩双护盾全断面隧道掘进机（TBM）施工。完成产值5205万美元。

【印尼佳蒂格德（JATIGEDE）大坝项目】 工程位于印度尼西亚西爪哇省双木丹县境内。合同金额2.4亿美元，合同工期：2007年10月～2013年2月。2012年度完成产值5.83亿元。

【卡塔尔路赛基础设施第一标段（CP1）项目】 项目是继中国水电集团承建路赛场地平整项目后的又一个房地产基础设施项目。合同金额2.8亿美元。2012年度完成产值4.9亿元人民币。

（吴方明　任明海　胡晓东　李　超　陈　行　周菊兰　周雪琼）

重大创新

【工法及专利】 水电十局有限公司编写的《钢罩气垫式调压室施工工法》、《引水隧洞平洞弯、直段全圆液压钢模台车施工工法》、《抽水蓄能电站进口水下岩塞爆破施工工法》，获2012年度中国电力建设工法；《引水隧洞平洞弯、直段全圆液压钢模台车施工工法》、《渠道混凝土衬砌机械化施工工法》、《水泥裹砂喷混凝土施工工法》获2011年度四川省级工法。水电十局有限公司2012年度授权3项实用新型专利名称分别为：模块式滑模、竖井施工作业升降平台、预埋灌浆装置。

【创优工程及科技成果】 水电十局有限公司承建项目邛名高速公路工程A2标段、南水北调中线京石段

S18标施工项目参评申报中国水利水电建设股份公司“优质工程奖”，其中邛名高速公路项目荣获股份公司2012年“优质工程奖”。河南燕山水库参评申报并获得中国建筑协会2012年度“鲁班奖”和中国水利学会2012年“大禹杯”殊荣。水电十局有限公司《破碎围岩深大调压井快速施工技术研究》获股份公司2012年度科技进步二等奖；《钢罩气垫式调压室施工技术研究及工程应用》获股份公司2012年度科技进步三等奖。

（吴方明　任明海　胡晓东　李　超　陈　行　周菊兰　周雪琼）

【安全生产标准化建设】　2012年水电十局有限公司编制完成了《安全生产标准化手册》下发各单位、项目部执行。《安全生产标准化手册》对安全生产内容进行了描述和规范，涵盖了中国水电十局安全管理的各个工作环节。

（聂廷胜　闫凤枝　罗鹏程　张宇飞）

党群工作

【综述】　截至2012年末，水电十局有限公司党委共下设7个党委，1个党总支，1个直属党支部，6个项目党工委，共有基层党支部74个。共有党员1737人，其中离退休党员588人。党员中，预备党员88名，女党员273名，少数民族党员28名。

【二级单位党组织换届改选】　根据《中国水电十局有限公司基层党组织换届选举工作暂行办法》的要求，2012年水电十局有限公司各二级单位均完成党组织换届选举，出席水电十局有限公司第六次党代会的140名代表全部选举产生。

（卢琴之）

【共青团工作】　2012年，水电十局有限公司团委荣获“中央企业五四红旗团委”称号，水电十局有限公司团委书记张贺强同志荣获“四川省优秀共青团干部”称号。

2012年，《岷江报》再度被成都新闻协会和成都企业报协会分会评为优秀企业报。

（彭咏秋）

【工会工作】　2012年末，水电十局有限公司工会会员4903名，基层工会组织40个（含直管项目），专兼职工会干部53人。2012年，水电十局工会紧紧围绕公司战略目标和全年生产经营任务，开展劳动竞赛、送温暖帮扶、女职工工作、职工民主管理、工会自身建设等各项工作，圆满完成全年工会目标任务。

（马丽琼）

履行社会责任

【公司经营活动严格遵守法律法规】　2012年水电十局有限公司严格遵守法律法规和社会公德、商业道德以及行业规则，及时足额纳税，维护投资者和债权人权益，保护知识产权，反对不正当竞争，杜绝商业活动中的腐败行为。公司重合同、守信誉，科学组织，精心施工，努力做到“干一个项目，树一座丰碑，创精品工程”，全年无一投诉。

【诚信建设工作】　水电十局有限公司把诚信建设融入企业文化建设和核心价值观中，确立了“诚信守诺”的经营理念。树立了诚信文化的品牌，并将其延伸到制度层和分局、项目、员工中，用诚信理念树立了中国水电的良好企业形象。水电十局有限公司连续五年荣获成都市AA级守合同重信用企业。

【向社会提供优质安全的产品和服务】　水电十局有限公司不断提高产品和服务质量，努力向社会提供优质安全的产品和服务。2012年土建工程合格率100%，优良率94%；金结制造合格率100%，优良率96%；金结安装合格率100%，优良率94%；机电安装合格率100%，优良率96%。

【节能减排工作纳入企业发展规划】　2012年水电十局有限公司将节能减排工作纳入企业发展规划，全面实现了股份公司要求的节能减排考核目标。质量、环境、职业健康安全管理体系通过了三峡认证公司的再认证审核，保持了水电十局有限公司认证注册。

【参与社会公益事业回报社会】　2012年8月下旬持续数周的特大暴雨使尼日尔遭遇了洪灾袭击，水电十局有限公司依姆矿项目部伸出温暖之手，向尼日尔政府捐款500万西法（约合人民币6万元），受到尼日尔政府的高度赞赏。

2012年11月25日，缅甸蒙育瓦莱比塘铜矿项目部自发组织，筹集了8万多缅币，物品若干件送至项目部附近寺庙。

2012年水电十局有限公司老挝片区金属结构厂项目部荣获老挝国家总理府颁发的“促进地方经济发展奖”。水电十局有限公司承建的燕山水库荣获大禹奖。

（张荣苍）

中国水利水电第十一工程局有限公司

【基本概况】 2012年底，中国水利水电第十一工程局有限公司（以下简称“水电十一局有限公司”）职工总数8500人，其中各类科研、技术和经营管理人员4600人。下辖9个施工分支机构、4个直属施工局、3个文教卫生单位、7个多种经营单位和4个全资子公司。国外设2个分公司、8个区域经理部（代表处）。注册资本6.77亿元，企业总资产79.51亿元。

2012年，水电十一局有限公司全年实现营业收入82.84亿元；新签约工程项目64个，合同总金额74.46亿元。合同储备额达到190.45亿元。工程建设、投资业务、多种经营等产业的发展格局进一步优化。坚持国际业务优先发展战略，建立和完善了投议标项目评审、项目前期策划和重点项目巡查等制度；进一步巩固和发展水利水电业务，加大重点项目监控力度，南水北调多个项目受到国务院南水北调办表彰；大力拓展非水电建筑业务，参与了郑州三环快速路工程BT项目和深圳轨道交通7号线BT项目的投标工作，并作为参建单位进入两个BT项目施工，促进了公司由传统低端的施工承包商向BT和总承包商转型；积极稳健地推进投资开发工作，投资入股了辽宁北票王子山风电场项目，天津武清BT项目进入收尾阶段并实现投资收益1000万元；开展管理提升、“对标管理”、全面风险管理，基本建立内控体系，管理水平持续提升。

2012年，水电十一局有限公司“水利水电工程施工总承包特级、水利行业设计甲级资质”顺利通过住房和城乡建设部审查核准，同时在房屋建筑和市政公用工程施工领域获得总承包壹级资质。在年度考核评比中，跻身中国电力建设集团有限公司（以下简称“中国电建集团”）10强单位，位列中国水利水电建设股份有限公司（以下简称“股份公司”）综合业绩考核第4位。荣获河南省“2010～2012年度内部审计工作先进单位”、“2012年度安全生产先进企业”称号。承建的贵州北盘江光照水电站工程荣获“国家优质工程金质奖”，沙颍河耿楼枢纽工程荣获“中国水利工程优质（大禹）奖”，黄河三门峡医院新高层病房楼工程被评为“2012年度河南省结构中州杯工程”。

2012年，水电十一局有限公司领导班子成员为：执行董事、总经理兼党委副书记孙玉民，党委书记兼副总经理张玉峰，副总经理金万福、黄敏吾、陈双权、张东生、夏水芳、钟彦祥、杨和明（兼总工程师），监事、党委副书记兼纪委书记冯真理，总会计师牛健，总经济师高留发，工会主席王大刚。

（樊　欣　魏进军）

【国内重大项目】 深圳市城市轨道交通7号线BT项目位于广东省深圳市。该项目西起于南山区丽水路，终于罗湖区太安路，线路全长30.17公里。水电十一局有限公司承接该项目7301-2标和7307-1标两个标段的部分项目施工，两个标段概算额暂定为14.11亿元。其中7301-2标段施工项目为丽水车站、西丽车站及丽西区间的主体及附属工程施工，合同金额暂定为6.78亿元，合同工期为2012年6月29日～2014年6月30日；7307-1标段包含深云车辆段标中附属设施和道路工程及试车线工程，合同金额暂定为7.32亿元，合同工期为2012年5月30日～2014年6月30日。2012年完成产值1.12亿元。其中，7301-2标完成产值3658.67万元，7307-1标完成产值7500.71万元。

郑州市三环路快速化工程BT项目位于河南省郑州市中心城区。该项目分为西三环和北三环两个区段，其中：西三环线路长8.63千米，投资14.4亿元；北三环线路长7.9千米，投资28.52亿元，合计总投资42.92亿元，建设工期18个月。工程重点是中州互通立交、陇海路互通立交、下穿陇海铁路立交工程。水电十一局有限公司承担该项目部分主体工程，合同金额12.87亿元。西三环、北三环分别于2012年7月21日、8月6日主体工程开工。2012年完成产值2.58亿元。

水电十一局有限公司国内主要工程项目2012年进展情况为：南水北调中线一期工程总干渠沙河南—黄河南（委托建管项目）宝丰郏县段施工一标完成产值9881.12万元，累计完成产值1.48亿元；南水北调中线一期工程总干渠陶岔—沙河南（委托建管项目）南阳段第七标段完成产值1.71亿元，累计完成产值2.2亿元；南水北调中线一期陶岔渠首主体工程施工完成产值6542.96万元，累计完成产值1.27亿元；南水北调中线一期总干渠漳河北—古运河南中线建管局直管工程高邑赞皇段完成产值9900.23万元，累计完成产值2.98亿元；南水北调中线一期工程总干渠漳河北—古运河南（委托河北建设管理项目）土建施工SG8标完成产值6068.11万元，累计完成产值1.78亿元；南水北调中线一期工程总干渠沙河南—黄河南（委托建管项目）郑州2段工程第一施工标段完成产值4521.47万元，累计完成产值2.34亿元；南水北调东线第一期工程泗阳泵站枢纽工程土建施工及设备安装完成产值4003.91万元，累计完成产值8884.82万元；南水北调中线工程汉江兴隆水利枢纽电站土建及金属结构安装工程完成产值1.05亿元，累计完成产值2.07亿元；金沙江中游河段梨园水电站厂房土建及金属结构安装工程完成产值1.45亿元，累计完成产值1.97亿元；新疆吉勒布拉克水电站大坝工程完成产值1.91亿元，累计完成产值3.43亿元；云南勐野江水电站首部枢纽工程完成产值7492.33万元，累计完成产值1.06亿元；四川甘孜州古学水电站主体工程Ⅲ标完成产值5210.18万元，累计完成产值7316.48万元；四川华能宝兴河飞仙关水电站土建工程完成产值9626.65万元，累计完成产值1.85亿元；河南省兰考秸秆热电项目（2×1.2万千瓦）工程完成产值4129.65万元，累计完成产值4713.92万元；济宁—祈门高速公路永城段（一期工程）土建工程施工TJ－4标完成产值7857.73万元，累计完成产值1.36亿元；河南省郑卢高速公路洛宁—卢氏段土建工程第九标段完成产值1.19亿元，累计完成产值1.8亿元；郑州引黄灌溉龙湖调蓄工程施工3标完成产值6872.75万元，累计完成产值1.74亿元。

2012年，水电十一局有限公司国内工程项目共竣工8个，竣工产值13.44亿元。山西省张峰水库工程输水工程于4月竣工；陕西汉江蜀河水电站工程于4月竣工；白银市城区生活水源武川水库大坝枢纽工程于4月竣工；济源市蟒河口水库大坝主体工程于5月竣工；内蒙古准格尔旗薛家湾镇大路区污水处理及再生利用工程附属建（构）筑物土建及安装工程施工于5月竣工；北盘江董箐水电站系统工程于6月竣工；新疆布尔津河冲乎尔水电站工程于6月竣工；四川漳扎曲水电站工程于7月竣工。

（赵信峡　张秀敏）

【走向海外】　2012年，水电十一局有限公司国际经营产值35.05亿元。国际经营项目32个，竣工项目7个。

洪都拉斯帕图卡Ⅲ水电站工程位于洪都拉斯奥兰乔省，2012年8月8日签订合同，合同金额3亿美元，合同工期30个月。该水电站由碾压混凝土重力坝、坝身泄洪系统、岸边引水发电系统组成，安装2台5.2万千瓦轴流转浆水轮发电机组。

津巴布韦卡里巴南岸扩机工程位于津巴布韦北部边界卡里巴湖南岸，2012年12月20日签订合同，合同金额3.9亿美元，合同工期42个月。该项目由水电十一局有限公司和水电十六局有限公司组成联营体施工，水电十六局有限公司拥有51%股份，水电十一局有限公司拥有49%股份。主要内容包括修复进场道路、增建业主营地、新建地下厂房、进水结构物、尾水洞、安装两台15万千瓦的混流式机组，以及配套的机电设备附属设施。

赞比亚卡邦波峡水电站位于赞比亚西北省卡邦波河的卡邦波峡处，2012年12月4日签订合同，合同金额1.17亿美元，合同工期36个月。该水电站主要建筑物由碾压混凝土重力坝溢洪道、生态放水孔、引水发电系统组成，安装两台2万千瓦发电机组。

赞比亚卡里巴北岸——凯富峡西330千伏输变电线路项目位于赞比亚和津巴布韦交界的赞比西河卡里巴峡谷段，是正在施工的卡里巴北岸扩机项目的配套工程，2012年3月2日签订合同，合同金额6150万美元，合同工期18个月。主要内容包括建造129.2千米、330千伏高架输电线路，扩容改造现有的卡里巴北岸开关站和凯富埃西开关站。

2012年，水电十一局有限公司主要国际工程项目进展情况为：巴基斯坦M4高速公路项目完成产值1.21亿元人民币；委内瑞拉应急电站项目新卡夫雷拉燃气电厂项目（EPC）完成产值5.07亿元人民币；委内瑞拉巴里纳斯圣多明戈　帕格伊社会主义农业发展项目完成产值8.42亿元人民币；尼泊尔上塔马克西水电站完成产值1.6亿元人民币；赞比亚卡里巴扩机项目完成产值3.86亿元人民币；赞比亚依泰兹水电站工程于4月16日基础设施项目完工验收、5月2日电站厂房开始爆破开挖；哥斯达黎加楚卡斯水电站项目完成产值6832.35万元人民币；洪都拉斯帕图卡Ⅲ水电站项目Ⅰ期完成产值2.21亿元人民币；埃塞俄比亚GD99公路项目完成产值1.45亿元人民币；埃塞俄比亚AK97公路工程完成产值5440.34万元人民币；坦桑尼亚IM95公路项目完成产值9678.88万元人民币；坦桑尼亚MF93公路项目完成产值1.17亿元人民币；安哥拉恩泽托市政项目完成产值1.05亿元人民币；安哥拉纳米贝XITOTO区/

机场区1万千瓦紧急燃油电厂项目完成产值9124.94万元人民币。

2012年，水电十一局有限公司国际工程项目共竣工7个，竣工产值23.07亿元人民币。博茨瓦纳迪克戈洪大坝于1月17日竣工验收，累计完成产值11.07亿元人民币；博茨瓦纳FR78公路改建项目于2月23日竣工验收、移交，累计完成产值3.5亿元人民币；博茨瓦纳骆察尼大坝工程于6月17日竣工移交，累计完成产值7.75亿元人民币；埃塞俄比亚芬恰砂石料项目于5月31日竣工，累计完成产值321万元人民币；莫桑比克利夸瑞15公里主管线设计施工工程于1月28日竣工，累计完成产值1657万元人民币；安哥拉北宽扎省护理学院新建项目于5月14日竣工，累计完成产值2611万元人民币；安哥拉北宽扎省政府大楼项目于2011年11月2日竣工，累计完成产值2935万元人民币。

（贺军粉）

【多种经营】 水电十一局有限公司从事多种经营企业12家，其中10家分公司，两家法人独资公司，2012年末从业人数1805人，全年实现营业收入5.72亿元，资产总额5.64亿元。

黄河医院新建病房楼于2012年11月投入使用，增加床位320张，总床位达1000张；骨科“全膝关节置换术后早期间断夹闭切口引流的临床观察”、眼科“增强下斜肌前转位联合上直肌后退矫正大度数上斜临床研究”双双荣获河南省医学科技进步三等奖。千禧商贸公司2012年末从业人员620人，拥有6个连锁超市，3个精品百货商场，总营业面积4万多平方米；8月，购物广场改造升级新装开业。2012年9月，郑州峭山宾馆顺利晋升为郑州市三星级饭店。三隆公司开发建设路面包房旗舰店和市区加盟店。幼儿园分别获得第9届、第10届全国幼儿创意美术大赛“成长的足迹”三等奖、一等奖。

（高研珍）

【改革发展】 2012年，水电十一局有限公司全面推进管理提升活动。成立了组织领导机构，制定了活动实施方案，力争用两年左右的时间，推进公司管理方式由粗放型向集约化、精细化转变。2012年底，公司管理提升活动已进入制订专项提升方案、落实整改工作阶段。

继续巩固和深化全面风险管理与内部控制体系建设。水电十一局有限公司成立了全面风险管理与内部控制体系手册审核工作组和编辑工作组，以二分局、四分局、安装分局、基础分局及所属项目为试点深入开展全面风险管理与内部控制体系建设。2012年底，全面风险管理与内部控制活动已深入到公司日常管理之中，前六个阶段工作已基本完成，形成了191个业务操作流程。

2012年，水电十一局有限公司全年招收高校毕业生490人，其中研究生17人，本科生326人，专科生147人；英语四级以上的280人，英语六级的68人。

2012年，水电十一局有限公司办理各类法律纠纷诉讼案件31起。其中往年遗留案件10起，新发生案件21起。全年共结案17起，挽回或避免经济损失474.9万元。

2012年底，水电十一局有限公司拥有设备16428台·套，原值16.4亿元，净值8.1亿元，其中海外项目2800台·套，原值7.5亿元，净值3.8亿元。设备完好率95.6%，利用率76.8%。技术装备率10万元/人。在深圳地铁7号线隧道施工中，采购了第一台EPB6250复合式土压平衡盾构机。

全面推行物资设备集中采购，从审批、程序、执行等进行监督控制，降低采购成本。公司设备集中采购率84%，公司和分局两级设备集中采购率98%；公司物资集中采购率60%，公司和分局两级物资集中采购率74%（国内施工单位两级集中采购率96%）。

水电十一局有限公司开展了“安全生产年”活动。2012年3月5日召开年度安全生产工作会议，总经理与各单位签订《2012年安全生产责任书》，并携同二级单位安全生产第一责任人进行了宣誓。编印了《安全标准化管理手册》。开展了春节、国庆节、春季、防汛等安全大检查及年度安全考核活动。开展坠落、防汛、自然灾害、消防、起重、坍塌等应急演练30余·次。消除安全生产隐患291条，安全投入1.39亿元。

（柯有军 苏韶宏 屈宜强 贾月仙 贾海叶）

【重大创新】 2012年，水电十一局有限公司自主研发的“一种混凝土过水面的抗冲磨蚀与防渗材料”被国家知识产权局授予发明专利证书；《石门坎水电站坝后门机栈桥矩形截面重载桥墩定向爆破拆除技术》荣获中国工程爆破协会2012年底科技进步三等奖；《工程项目管理系统》荣获2012年电力行业信息化优秀成果奖；《特大型渠道梯形渠床高精度成型快速施工技术研究》、《赞比亚卡里巴水电站扩机项目地下厂房扩机工程爆破控制技术研究》分别荣获股份公司2012年度科技进步二、三等奖。

（吕 磊）

【党建工作】 2012年，水电十一局有限公司党委重点开展了以下党建工作。一是加强学习型班子建设。全年共选派两批12人参加郑州市委党校县处级干部培训班的学习。5月，公司举办中层主要领导干部能力建设培训班，60余人参加。二是加强作风建设。开展了以转文风、会风、作风和切实增强责任意识为主要内容的“三转一增”作风建设。三是加强基层党组织建设。公司召开了第十二次党代会，下属单位的党代会换届工作也基本完成。进一步深化创先争优活动，开展了“基层组织建设年”和“保持党的纯洁性”主题教育活动。178个党支部都进行了划类定级、晋位升级。四是加强党员教育和培训。10月，举办了基层党建干部培训班，90余人参加。公司党校深入工地对30多个施工项目400多名党员和入党积极分子进行巡回培训。

加强企业文化建设。2012年，水电十一局有限公司共推出报纸49期，视频新闻101期，专题片21部；改版《十一局文化》杂志，出版两期；对公司历史展览室进行了扩建改造。全年对外投稿430篇。公司记者站被评为股份公司优秀记者站。专题片《驰骋海外展雄风》荣获第八届中国电力新闻专题类一等奖，《我的路》系列荣获微视频类二等奖。公司网站被评为2012年度全国工程建设行业优秀网站；报刊获2012年度全国工程建设行业“银页”奖；摄影作品《新路》荣获首届“中国电建杯”书法摄影绘画展一等奖。

认真贯彻党风廉政建设责任制。2012年初，水电十一局有限公司领导班子集体及成员作述廉报告，接受323名职工代表的民主评议；公司总经理、党委书记分别与11位班子成员、26个二级单位、24个职能部门签订了2012年《党风廉政建设责任书》。

2012年，水电十一局有限公司制订《开展“强化廉洁从业意识、保持党的纯洁性”主题教育活动实施方案》。2380名党员干部参加了党课、讲座、参观等学习活动；收集到建议及意见55条；召开主题教育活动专题民主生活会，制订《主题教育活动整改落实方案》。公司效能监察巡视组对51个施工项目开展巡视和督查，覆盖面达70%以上；发现问题257个，提出要求和整改建议133条。

水电十一局有限公司工会深入开展劳动竞赛活动，确保了工程项目质量、安全、进度等节点目标的圆满实现。2012年8月10日，水电十一局有限公司在郑州召开南水北调工程项目“抓好质量促进度、全力以赴保工期”劳动竞赛动员大会。2012年11月11日，水电十一局有限公司在深圳召开深圳地铁7307-1标“大干四季度”劳动竞赛动员大会。郑州三环路快速化工程项目部于2012年11月11日～12月31日开展了“大干50天，确保完成2012年生产任务”劳动竞赛。黄河三门峡医院获2012年河南省“五一劳动奖状”。

水电十一局有限公司团委广泛开展了“青年文明号”、“青年突击队”、“青年安全生产示范岗”、“职业生涯导航”、“导师带徒”、“文艺汇演”和“联欢会”等活动。公司团委被评为河南省“五四红旗团委”。二分局高赞项目部、七分局郑州项目部被评为河南省“五好团支部”，卡里巴项目青年突击队被评为河南省共青团系统“创先争优活动先进青年突击队集体”。

（魏进军　闫晓亮　李　智　郑秀慧　柳亚辉）

中国水利水电第十二工程局有限公司

【基本概况】 2012年底，中国水利水电第十二工程局有限公司（以下简称“水电十二局有限公司”）职工总数3006人，大专及以上学历人数占54.49%。其中教授级高级工程师20人，高级职称160人，中级职称421人，高级技师26人，技师195人。

2012年9月，水电十二局有限公司对部分生产经营单位进行了整合。一是整合优化公司内部基础设施建设的资源配置，将第四分局、第七分局、金塘集装箱码头工程项目部统一归并，组建基础设施分局。二是为深入贯彻集团海西发展战略，切实加大海西市场开发力度，成立海西分公司。三是整合优化公司内部资源配置，撤销第六分局，原第六分局所辖的无锡综合试验水池工程项目部改由公司直管。

2012年10月，中国水利水电建设股份有限公司（以下简称“股份公司”）对水电十二局有限公司领导班子进行换届考核。换届考核后新一届经营班子成员为：执行董事、总经理孙阳；副总经理郦平（兼）、陈泽鑫、沈益源（兼总工程师）、杨德臣、李秋生、方飞来、赵余红（兼总经济师）；监事文林。新一届党委班子主要成员为：党委书记郦平；党委副书记孙阳（兼）；党委副书记、纪委书记文林；工会主席王竹如。

截至2012年底，水电十二局有限公司共有全资子公司5个：浙江电力建设土建工程质量检测中心有限公司、浙江中水东方建设工程咨询有限公司、浙江中水勘测设计研究院有限公司、金华华电房地产开发有限公司、浙江安源工程检测有限公司。控股公司1个：浙江中水电港航工程有限公司，水电十二局有限公司占该公司股份的51%。

（姜志娟　傅鸿升　冯建伟　吴家荣）

【主要指标】　2012年，水电十二局有限公司实现营业总收入31.54亿元，实现利润总额1.28亿元，新承揽建筑施工任务21.41亿元。其中：国内水电业务1.29亿元，国内非水电业务20.12亿元。全员劳动生产率105.6万元/（人·年）。国有资产保值增值率126.82%。在岗职工平均工资增长率为13.9%。安全生产指标控制在集团公司和浙江省安委会下达的考核指标内，共发生5起轻伤事故，无重大安全事故。

（姜志娟）

【改革发展】　2012年，水电十二局有限公司全面推进管理提升活动。成立了管理提升活动领导小组；制定了活动实施方案，确定了15项重点任务；认真开展自我诊断和调研工作，梳理出14项薄弱环节，明确4项发展瓶颈和5项管理短板，制定了自我诊断报告和专项提升方案；建立专项研究工作机制和活动督导机制、考评机制，提炼出8个专项研究，并开展了第一次督导考评工作。

水电十二局有限公司不断完善风险监测识别与防范体系，识别、评估出2012年度各层面的重大风险，针对性地制定风险管理策略、管理解决方案，并确定公司2012年度十大重大风险。对重大风险实施跟踪、监控，有效地防范各类风险。加强内部控制自我评价、内部控制审计工作，形成《2012年度内部控制自我评价报告》。全面风险管理与企业内部控制体系建设已从基础建设阶段向管理促进阶段、融入日常管理阶段转化。

2012年4月，水电十二局有限公司制订下发了《2012～2014年人力资源三年发展规划》，明确了人才发展目标。全年引进大中专毕业生及专业技术人员160余人，充实到各施工生产单位。调整在职职工工资，在岗人均增资400元。完善人力资源管理信息化系统，实现人力资源管理系统换版升级。

规范企业年金管理与运作，根据国家企业年金管理的有关规定，经水电十二局有限公司十一届二次职代会审议通过，2012年4月下发了《公司企业年金方案》，11月顺利将企业年金委托移交第三方进行规范化运作。

水电十二局有限公司办理各类法律纠纷诉讼案件12起，涉案金额1153.1914万元。结案8起，胜诉4起，挽回及避免经济损失960.42万元；处理往年案件并结案3起，挽回及避免损失71.64万元。全年共挽回及避免损失1032.06万元。把好合同法律审核关，涉及金额达28.29亿元。水电十二局有限公司被浙江省企业法律顾问协会评为“2011～2012年度浙江省依法治企先进单位”。

（章钦铄　金水林　魏安江　彭建明　姜志娟）

【重大项目】　2012年，水电十二局有限公司中标水利水电工程项目4个，合同金额1.85亿元。其中，中标合同价1000万元以上的项目有4个，即小井沟水利工程输水干渠应急工程Ⅰ标＋泵站工程、民治水电站引水隧洞工程、峡江水利枢纽工程金属结构安装、启闭设备的安装调试及电气设备接地预埋件埋设安装工程、雅砻江两河口水电站交通工程（10号公路）施工。合同价在1000万元及以上完工的水利水电项目13个。

2012年，水电十二局有限公司中标非水电工程项目9个，合同金额20.2亿元。其中，中标合同价在1亿元以上的项目有3个，即温州市龙湾二期围涂工程施工Ⅰ标、温州市瓯飞工程专供料场施工Ⅰ标、金塘大浦口集装箱码头前期工程。中标合同价在1000万～1亿元的项目有6个。合同价在1000万元以上的完工项目有8个。

温州市瓯飞工程专供料场施工Ⅰ标工程位于浙江省温州市洞头县布袋岙村。水电十二局有限公司中标承建料场施工Ⅰ标段，合同金额15.14亿元，合同工期2012年4月1日～2020年3月31日。主要施工内容为霓屿一期料场、霓屿二期料场开挖。2012年完成产值2647.26万元。

峡江水利枢纽主体土建Ⅱ标工程位于江西省吉安市峡江县。合同金额5.87亿元，合同工期2010年3月21日～2015年8月30日。施工内容主要包括发电厂房、右岸11.5孔泄水闸、右岸灌溉总进水闸、右岸混凝土重力坝等防雷接地工程。2012年完成产值1.80亿元，累计完成产值3.76亿元。

雅砻江两河口水电站前期导流洞工程位于四川省雅江县。合同金额4.41亿元。电站枢纽建筑物由砾石土心墙堆石坝、溢洪道、泄洪洞等建筑物组成，施工内容主要包括初期导流洞即1号导流洞和2号导流洞的下游段、过坝交通洞、尾水隧洞闸室交通洞等工程。2012年完成产值2130.57万元，累计完成产值3.93亿元。

顺溪水利枢纽大坝土建工程位于浙江省温州市平阳县。合同金额1.40亿元，合同工期2010年5月1日～2013年8月31日。工程枢纽建筑物主要有拦河坝、泄水建筑物、发电引水建筑物、发电厂等。2012年完成产值4579.82万元，累计完成产值7952.68万元。

温州市龙湾二期围涂工程施工Ⅰ标工程位于浙江省温州市龙湾区永中镇五溪村。合同金额1.6亿元，合同工期2012年3月11日～2015年11月25日。主要施工内容为北堤、主堤桩号0+000米～6+500米段、围垦1号闸、中心大闸、35千伏海底电缆移建、设备及安装工程。2012年完成产值6493.80万元。

金塘大浦口集装箱码头前期工程位于浙江省舟山市定海区。合同金额1.20亿元，合同工期2012年3月16日～2014年12月31日。主要施工内容为山体的开山爆破、开山塘渣回填，塘渣倒运。2012年完成产值4255.86万元。

水电十二局有限公司承建的贵州北盘江光照水电站工程荣获国家优质工程金质奖；浙江外雄水电站金属结构及启闭机安装工程荣获浙江省优秀安装质量奖；浙江滩坑水电站工程、山西引黄入晋北干线墙框堡水库工程、浙江外雄水电站金属结构及启闭机安装工程荣获中国水电优质工程奖。光照水电站“调压井施工质量控制”等4项质量管理成果荣获中国电力建设质量管理成果三等奖。

（杨常嘉　黄和平）

【走向海外】　2012年，水电十二局有限公司保持了越南、印度尼西亚和委内瑞拉三个市场的营销板块。在建国际经营项目有印度尼西亚亚齐火电项目、越南松邦4水电站项目、委内瑞拉新中心电厂项目3个，无新承建工程。

印度尼西亚亚齐火电项目位于印度尼西亚苏门答腊岛北部的亚齐省，属于EPC总承包总价合同。水电八局有限公司和水电十二局有限公司组建印度尼西亚亚齐火电项目“812联营体”共同承建，水电十二局有限公司为合作方占45%，合同金额约合8.24亿元人民币。主要施工内容是火电站的设计、采购、建设和安装、调试、运行等。截至2012年底，水电十二局有限公司共完成产值9023.43万美元。

越南松邦4水电站项目位于越南中部的广南省南江县。项目主要由碾压混凝土坝、坝面溢洪道、引水隧洞、发电厂房、开关站、导流涵洞等建筑物组成。电站总装机容量为15.6万千瓦，年发电量为5.9亿千瓦·时。合同金额约10053万美元，合同工期为2010年9月～2014年11月。2011年9月1日，项目改由“812联营体”全面组织实施。截至2012年底，水电十二局有限公司累计完成产值3112万美元。

委内瑞拉新中心电厂项目位于委内瑞拉东北部卡拉沃沃省，项目承包方式为EPC总价承包，合同工期9个月。装机容量为4×19.26万千瓦，合同金额约为7.79亿美元。水电八局有限公司和水电十二局有限公司组建“812联营体”共同承建该项目。水电十二局有限公司为合作方占35%，约合24.80亿元人民币。主体工程主要包括燃气涡轮机、旁路烟囱和发电机等主要设备、热力学部分、电气系统、仪器和控制系统、化学水处理系统等。截至2012年底，水电十二局有限公司累计完成产值2.63亿美元。

（周　雷）

【重大创新】　水电十二局有限公司开发的百万千瓦核电站核级标准支吊架是国内首家采用国产化材料制造的满足M310改进型核电站的核级标准支吊架，产品通过了中国核工业集团公司科技部组织技术鉴定。公司科研所研制生产的VF防裂剂和NMR高效减水剂用于普通混凝土，在减水效果、强度比方面性能良好，主要销往集团公司系统内的水电项目，2012年开始销往国外柬埔寨项目。

水电十二局有限公司承担的科技攻关项目《200米级高混凝土面板堆石坝关键施工技术研究与国内外工程应用》荣获中国电力科技进步一等奖；《高混凝土面板堆石坝安全关键技术研究及工程应用》荣获中国水力发电科学技术进步特等奖。《200米级高混凝土面板堆石坝关键施工技术研究与国内外工程应用》荣获股份公司2012年度科技进步特等奖。

（李　敬）

【党建工作】　水电十二局有限公司党委深入开展了基层组织建设年活动。把“强化基础，提高素质、健全机制、示范带动、党内关怀”作为基层组织建设年活动重点工作来落实。一是结合“强化基础”，认真抓好基层组织换届和健全基层党支部工作；二是认真制定基层组织建设年整改方案；三是建立健全党员活动室；四是配齐配强党务干部；五是加强了党员的教育、管理和监督。两河口施工局党委被浙江省委授予创先争优先进基层党组织。

水电十二局有限公司党委紧密结合工作实际，把制度创新与开展创先争优系列活动结合起来，完善并创新了涵盖日常工作制度、会议制度、党内民主制度、学习制度、廉政监督制度等党组织工作制度，按照党建工作责任制实施方案，对党建工作责任制考评细则进行了调整和量化，形成公司在新形势下党建工作的新体制。公司党委在年底对各二级单位党组织贯彻落实党建工作责任制的情况进行了检查考核、指导与督促。

深入开展“企业文化建设年”活动，在抓好廉洁文化、安全文化宣贯的基础上，抓好质量文化的构建，并制订《公司加强质量文化建设实施方案》。加大对企业文化建设的宣传，编发了《企业文化手册》和《企业文化理念故事集》。

开展了保持党的纯洁性主题教育活动。重点开展了创建“廉政园地”专栏、观看警示教育片和形势报告会、寄送家庭助廉倡议书、发送廉洁提醒短信、制作廉洁从业警示笔筒、刻录播放电教片等“十二个一”活动。公司领导班子成员及中层管理人员上交学习心得，并做出书面廉洁承诺。活动取得了预期效果。

水电十二局有限公司与所属单位签订党风廉政建设责任书88份，修订完善了责任制考核办法等6个制度规定。开展项目经理层廉洁从业专项教育“五个一”活动，编制《廉洁从业手册》、开展廉洁谈话135人、廉洁承诺144人。开展了惩防体系建设和企检共建工作，对2011年发生的2起案件做出了党政纪处理。开展了监督检查和效能监察工作，本部立项4项，对8个项目开展了监督检查，对5个项目开展了效能监察，提出监察建议26条，下发监察决定书1份，收回违规违纪等资金32.27万元。

水电十二局有限公司工会通过深入开展多种形式的劳动竞赛活动，有效促进了项目急难重任务目标按期实现。两河口导流洞项目部荣获“全国工人先锋号”称号。项目开办民工学校和在工地农民工受教育面达到了两个全覆盖。职业健康安全员工满意和较满意率达81%。群众性经济技术创新活动成果较2011年度增加。积极开展导师带徒活动，新招聘大学生全部签订了师徒协议，并奖励了333名成绩突出导师。举办了测量工和普通电工、一次电工、二次电工竞赛活动。组织了劳模和接近退休年龄职工52人到长江三峡进行短期疗休养；组织了612名在职女职工进行妇科病检查。项目工地普遍开办了职工书屋和电子书屋，为职工群众学政治、学文化、学技术提供了条件。

水电十二局有限公司团委广泛开展了“青年文明号”、“青年突击队”、“青年安全生产示范岗”和“青年创新创效”等活动。第一分局溧阳施工局荣获“中央企业青年文明号”和“浙江省青年安全生产示范岗”称号。2012年11月召开了公司团委第十次代表大会，选举产生了公司团委第十届委员会。

（赵春玉　周　蓉　吕槐阳　叶小川）

【履行社会责任】　2012年6月，水电十二局有限公司成立了社会责任工作领导小组，由孙阳总经理任组长，其他领导任副组长，机关部门主任任成员。领导小组下设办公室，负责领导小组的日常工作。公司所属各单位均成立了社会责任工作小组，明确了责任人和联系人。

水电十二局有限公司积极履行社会责任。经与地方政府多次协调沟通，2012年8月将公司428名杭州市户籍的退休人员移交社区实行属地社会化管理，提高了退休待遇。针对3000多人无法享受浙江省精减下放人员困难补助政策的情况，积极向政府部门反映，明确了审办手续和费用来源，维护了社会和谐稳定。

（姜志娟　章钦铄）

中国水利水电第十三工程局有限公司

【基本概况】　2012年底，中国水利水电第十三工程局有限公司（以下简称“水电十三局有限公司”）职工总数5216人，大专及以上学历人数3680人。具有高级专业技术资格356人，中级专业技术资格652

人；高级技师27人，技师78人；一级建造师109人，二级建造师40人；注册造价工程师40人，注册安全工程师19人，注册质量工程师15人，注册监理工程师23人，企业法律顾问7人。

水电十三局有限公司领导班子成员为：执行董事、总经理、党委副书记何占颂；党委书记、副总经理赵景涛；副总经理杨涛（兼总工程师）、刘晓辉、徐德阳、秦超、杨长才、闫修春、张玉富、王宁坤；总会计师席国超；总经济师殷国宝；党委副书记、纪委书记、公司监事、工会负责人刘光荣。

水电十三局有限公司总部职能部门15个，分公司（厂）6个，后勤服务单位3个，全资子公司6个，控股公司1个，国外经理部5个。另有参股公司9个。

（孙吉海　郭本强　齐建涛）

【主要指标】　2012年，水电十三局有限公司实现营业总收入71.06亿元；实现利润总额4.02亿元，营业收入利润率5.66%；员工平均劳动生产率144.46万元/（人·年）；年底公司资产总额为64.83亿元，国有资产保值增值率126.45%；全年新签合同113.98亿元；结转到2013年的合同存量为209.16亿元。2012年，公司营业收入、利润总额排名均进入中国电力建设集团有限公司（以下简称“中国电建集团”）前10强，国际业务收入排第4位。

（苏剑波　孙吉海）

【改革发展】　2012年，水电十三局有限公司明确了“优先国际、统筹国内、突出主业、相关多元、做强做优、国际一流”的战略定位，制订了2012～2014三年战略规划。按照“突出主业、相关多元”的企业发展思路，加大了产业结构调整力度。

在国内，将业务内容相近的原第二分公司、第三分公司和水电工程公司整合组建中水电公司；将原橡塑厂部分业务并入机电安装分公司；成立了“山东海益汽车销售维修有限公司”；将铁路分公司成建制并入第四分公司；将国内各二级单位在抚顺总承包部、武清总承包部的人员、设备整体划归天津分公司；在安徽设立华东市场部的基础上，成立华东施工局；成立投资管理部，撤并了基础事业部和全面风险管理办公室；注销了监理中心；注册了“中国水电十三局芜湖建设有限公司”和由水电十三局有限公司控股的“水电十三局恒华（彰武）管业有限公司”。

在国际市场经营方面，强化区域经理部建设，推动营销前移、管理下移。撤销原巴基斯坦经理部，设立南亚经理部、东非经理部乌干达分部、沙特分公司；形成东非、北非、中西非、安哥拉、中东、南亚六大重点区域市场。

投资、房地产等相关业务稳步推进，武汉、成都房建项目质量好、进度快；海内外制造、安装业务进一步拓展，已在输变电、机电、轨道、供排水安装等方面积累了经验；物流贸易单位围绕公司主业，确保合同履约，保持了增长势头。2012年，公司所属控股公司、参股投资公司共计16个，完成股权投资2.67亿元，累计股权投资8.40亿元。

进一步完善经营业绩考核体系。制定出台了水电十三局有限公司《经营工作管理办法》和《成本管理工作考核办法（试行）》，完善了所属单位考核制度体系。加大经营业绩考核全过程动态管控，按照激励与约束、责权利相结合的原则严格兑现，强化业绩考核的客观性、严肃性。

开展了管理提升活动，通过与标杆企业对标和自我诊断，梳理出了制约企业发展的5个主要发展瓶颈和5个主要管理短板，各二级单位结合实际梳理出瓶颈和短板共计142项，进行了研究分析。

创新人力资源管理模式，加大人才培养力度。颁发了《水电十三局有限公司高级专业人才职业发展通道暂行办法》，聘任了5名首席专家。2012年内招聘大学生、引进社会专业人才共计400人；组织内部培训1698人·次，送外培训1035人·次。

（钱春立　孙吉海　巨　风）

【国际工程】　2012年，水电十三局有限公司继续坚持和发挥海外经营管理优势，加大竞标类项目、特别是大项目投标力度，实现了“新市场、新业务、新模式”的突破。开辟了蒙古、波兰两个新市场，承接了蒙古嘎顺苏海图铁路工程；积极整合社会资源，与专业化公司结成利益共同体，协作中标了阿尔及利亚钢筋混凝土粮仓项目和蒙古公路项目；深耕传统国别市场，阿尔及利亚新签约合同额占公司海外总合同额的24.3%，安哥拉占22.4%，东非占21.4%。2012年新签合同34个。

2012年，水电十三局有限公司在建国际工程项目34个，履约情况良好。

（郑花香　钱春立　孙吉海）

【国内工程】　2012年，水电十三局有限公司国内在建工程项目103个，完成营业收入27.99亿元，占企业总营业收入的39.39%。国内完工工程26个，新承接工程项目41个，新签合同金额47.46亿元。其中新签水利水电项目24个，合同金额18.85亿元，占总合同金额的39.72%，非水电项目17个，合同金额28.61亿元，占总合同金额的60.28%。

南水北调工程仍是水电十三局有限公司2012年的重点工程，在建12个项目，分布在山东、河北、河南、湖北、天津等地。其中南水北调中线一期工程总干渠南阳段一标和天津干线西黑山进口闸至有压箱涵段，是合同额超过4.5亿元的大项目。截至2012年底，南阳段一标累计完成营业收入2.68亿元，为合同金额的58.76%。天津干线西黑山进口闸至有压箱涵段工程累计完成营业收入4.74亿元，为合同金额的104.63%。

安徽省青弋江分洪道工程、辽西北供水项目、深圳地铁7号线项目是水电十三局有限公司2012年新承接的大型项目。其中安徽省青弋江分洪道工程累计完成营业收入2910.27万元。深圳地铁7号线项目累计完成营业收入2474.72万元，为合同金额的2.82%。

中国水电湖北武汉海赋江城建设项目、中国水电"云立方"一期二标段总包工程、德州基地西区棚户区住宅改造项目，是水电十三局有限公司非水电业务的较大项目。其中，中国水电湖北武汉海赋江城建设项目累计完成营业收入4009.47万元，为合同金额的23.31%。

青岛市女岛港疏港公路工程、青岛双积公路高新区—红石崖段一标段、龙口—青岛公路莱西（沈海高速）—城阳段土建工程六标、红岛连接线双高路—海湾大桥红岛收费站段工程，是水电十三局有限公司2012年路桥业务的较大项目。其中，龙口—青岛公路莱西（沈海高速）—城阳段土建工程六标累计完成营业收入2633.08万元，为合同金额的11.34%。

（钱春立　金英凤）

【科技进步】　2012年，水电十三局有限公司共申报专利19项，取得专利18项，其中发明专利1项。水电十三局有限公司共拥有专利39项，其中发明专利2项。

水电十三局有限公司申请国家专利19项，专利授权14项；获得股份公司科学技术进步奖5项。获得省部级工法5项，企业级工法29项。

公司参与的"建筑砖渣土在饱和软弱地基市政道路工程中的应用研究"和"高速铁路隧道施工关键技术研究"荣获股份公司2012年科学技术进步二等奖；公司独自完成并申报的"高速铁路无缝线路铺设施工技术"、"复合耐磨钢管研发项目"和"钢塑复合浮筒产品开发"荣获股份公司2012年科技进步三等奖。

水电十三局有限公司甘肃瓜州风电场发电机塔筒设备、重庆大唐银盘水电站船闸一字门、埃塞TEKEZE电站金属结构制作安装项目荣获"全国优秀焊接工程奖。"

（钱春立　孙吉海　孟庆婕）

【党建工作】　2012年，水电十三局有限公司党委以科学发展观为指导，深入开展"基层组织建设年"等活动，落实党建工作责任制，严格执行党委议事规则和"三重一大"民主决策程序，推动企业惩防体系建设，为公司生产经营创造了和谐稳定的环境。公司党委编印了《公司党建工作文件汇编》，制定了《公司工程项目党建工作责任制考核评分办法》，突出加强了对海外工程项目党建工作责任制执行情况的考核检查。在基层组织建设年中，公司调整健全基层党组织30多个，完善党建工作制度20余项，40多个基层党支部实现了晋位升级。

精神文明建设和企业文化建设取得新成绩，水电十三局有限公司连续12年保持山东省"文明单位"、2012年首次荣获天津市"文明单位"荣誉称号。水电十三局有限公司开展了50周年局庆活动，编印了《集团公司志——水电十三局卷》、《企业文化手册》，出版了《光辉岁月·建局50周年》和专题片《辉煌的历程》，其中，建局50周年专题片《辉煌的历程》荣获全国电力行业优秀电视片一等奖。

水电十三局有限公司领导与各单位及分管部门签订党风廉政责任书67份。二级单位共签订责任书320份。完成了公司200名中层以上领导干部的信息采集、录入工作，实现了领导人员全员廉洁从业信息在线申报和各项纪检信息的及时发布。

工会开展了"面对面、心贴心、实打实，服务职工在基层"活动。完善困难职工帮扶中心，年内筹措资金80万元，对公司在职、退休困难职工实施救助。积极开展群众性经济技术创新工程。年度内各单位推荐申报136项创新成果。开展了形式多样的劳动竞赛和技术比武活动。健全完善了先进生产者、劳动模范的培养和选树工作，2个集体、3名个人受到天津市表彰。

水电十三局有限公司团委开展了"青年突击队"、"青年安全生产示范岗"、"青年文明号"、"青年志愿者"等"青"字号品牌活动、"学雷锋系列活动"及各种文艺体育活动。公司团委被中央企业团工委评为"五四红旗团委"。

（李林岳　王　纬　巨　凤　韩国芬　尚东梅　陈劲松　付文博）

【法律事务】 2012年，水电十三局有限公司办理各类法律纠纷诉讼案件8起，涉案金额4840.58万元。结案5起，胜诉5起，挽回及避免经济损失122万元；处理往年案件并结案1起，挽回及避免损失900万元。全年共挽回及避免损失1022万元。积极参与应收账款的清欠工作，减少了呆坏账损失，维护了公司债权安全。加大合同起草、审查工作与重大法律规章的审核力度，全年未发生一起因为经营决策违法而导致的纠纷案件。

（李　娴）

【履行社会责任】 2012年，水电十三局有限公司扎实做好重要敏感期的安全维稳排查，准确掌握各种矛盾纠纷和不稳定信息，落实好对重点单位、重点部位、重点群体的安全防控措施。荣获“天津市AAA级劳动关系和谐企业”和“德州市劳动关系和谐企业”。

积极履行社会责任，组织公司员工参加“慈心一日捐”活动，被德州市政府授予“最具爱心捐赠企业”。国外项目部积极参与当地公益事业，先后在肯尼亚、刚果（布）、坦桑尼亚等国家开展抢险救灾、资助办学、医疗救助等活动，促进与当地社会和谐发展，彰显了“中国水电”良好品牌形象。

（穆新海　巨　风　孙吉海）

中国水利水电第十四工程局有限公司

【基本概况】 中国水利水电第十四工程局有限公司(以下简称“水电十四局有限公司”)，具有水利水电工程施工总承包特级资质。

2012年3月15日前，领导班子由13人组成：公司执行董事、总经理周宇（兼党委副书记），党委书记洪坤（兼副总经理），副总经理刘光，公司监事、党委副书记陈志明（兼纪委书记），副总经理王曙平（兼总经济师）、于涛、宋家华、俞祥荣、杨毅平、唐光皋，总工程师和孙文，总会计师崔志强，工会主席张廉荣。3月15日，领导班子换届调整，洪坤为执行董事、总经理、党委副书记，王曙平任党委书记、副总经理，陈志明任党委副书记、纪委书记、监事，于涛、宋家华、俞祥荣、杨毅平、唐光皋、黄岗、颜家勇、字继权为副总经理，崔志强为总会计师，和孙文为总工程师，张廉荣任工会主席。

2012年，共有在职职工10298人。

【主要指标】 2012年，水电十四局有限公司各项工作取得显著成效。新签合同65项，累计完成市场营销新签合同金额为167.55亿元，完成年计划的101.54%，比2011年增长66.76%。其中：国际业务、国内基础设施业务和国内水利水电业务三大板块新签合同分别为65.36亿元、68.06亿元、34.13亿元，分别占全年新签合同的39.01%、40.62%、20.37%。合同存量达到388.58亿元，比2011年增加15.06%。

2012年，实现营业收入121.07亿元，完成年计划的100.87%，比2011年增长7.13%；累计实现利润总额同比增长2.68%，营业收入利润率为4.55%；在岗职工人均年收入同比增长7.89%。

2012年，国内在建项目共计91个，承建的国内项目共投产发电机组6台，总装机容量280万千瓦。

截至2012年底，水电十四局有限公司资产总额达到116.44亿元，比2011年增加21.51亿元，增长22.66%；负债总额为90.02亿元，比2011年增加12.81亿元，增长16.59%；企业资产负债率为77.31%，比2011年降低4.02个百分点。

【改革发展】 2012年，水电十四局有限公司成立管理提升专家组，印发《水电十四局有限公司管理提升活动工作方案》，对“管理提升”活动进行了布置。管理提升活动取得显著成效，被股份公司评为A类第二名。

以管理提升活动为契机，为优化资源配置，促进资源效能最大化，撤销路桥市政分公司、基础设施部，成立了基础设施事业部和新疆分公司。调整了法律事务分管领导及总法律顾问，成立了法律事务部，并成立了监察室和项目管理部。

大力推动“三项制度”改革：将人事档案管理工作统一到人力资源部，加强人事档案的规范化管理；制定《水电十四局有限公司人才引进管理办法》，明确和规范人才引进原则和操作流程；根据公司人力资源战略规划目标，以“平均最优劳动生产率”为基准，严格控制各单位员工数量，有针对性控制各单位员工工资增长率。积极推进全员业绩考核工作，在公司机关全面开展“2KM”（关键业绩指标、关键行为指标和目标管理）绩效管理。

2012年，为实施项目和开拓市场需要，设立了吉林吉云建设工程有限公司、马来西亚有限公司两个全资子公司。

【国内重大项目】 2012年，水电十四局有限公司大力开拓国内市场。国内水利水电工程共中标35个，合同金额34.13亿元，完成年计划的68.26%；国内非水利水电工程共中标14个，合同金额68.06亿元，完成年计划的136.12%。

2012年中标的国内工程主要有：吉林桓集隧道工程施工三标，合同金额13.17亿元；新建西成铁路西安—江油段站前工程XCZQ—5标段总价承包，合同金额22.36亿元；广东深圳地铁工程施工承包合同7306、7309和7304-2三个标段，合同金额合计21.66亿元等。

2012年在建的国内工程主要有：四川锦屏一级水电站引水发电系统及泄洪洞工程；云南溪洛渡水电站右岸地下电站、泄洪洞土建及金属结构安装工程等。

【海外项目】 2012年度，水电十四局有限公司大力实施“国际业务优先发展”战略，国际市场开拓呈规模化，营业额及利润连创新高。新签合同22个，共计65.53亿元。项目涉及东南亚、南亚、非洲、南美洲和中东市场。

2012年中标的海外工程主要有：刚果（布）1号国道黑角—布拉柴维尔公路2-2标段项目；加蓬Carrefour-Leroy-Mikouyi（CLM）公路项目等。

2012年在建的海外工程主要有：厄瓜多尔Coca Codo Sinclair（CCS）水电站，累计完成产值6.28亿美元；加蓬布巴哈水电站项目，累计完成产值4.11亿美元；加蓬leyou-lastoursville公路改造工程，累计完成产值1.17亿美元等。

【重大创新】 2012年，水电十四局有限公司积极贯彻《中共中央、国务院关于深化科技体制改革，加快国家创新体系建设的意见》，提升企业自主创新能力，促进产业升级和技术进步，不断加大研发投入，完善公司以市场为导向、产学研用相结合的技术创新体系。

2012年，水电十四局有限公司完成的“清远抽水蓄能电站地下工程精细爆破关键技术研究及应用”成果通过中国工程爆破协会鉴定，达到国际先进水平；“大型椭圆形断面蜗壳现场制造工艺创新”成果通过云南省科技厅鉴定，达到国内领先水平；“京沪高铁泗河特大桥及无碴轨道工程施工技术”和“大型长廊式调压室施工技术”等4项成果通过股份公司鉴定，其中2项达到国际先进水平、1项达到国内先进水平、1项为技术先进实用。与小浪底建设管理局等单位联合完成的“黄河小浪底枢纽工程关键技术研究与实践”技术成果通过鉴定，达到国际领先水平。还牵头完成了“特大地下洞室群施工安全环保关键技术研究与应用”重大科技项目。

完成的“重大水利水电工程施工实时控制关键技术及其工程应用”成果荣获国家科技进步二等奖，“黄河小浪底枢纽工程关键技术研究与实践”成果荣获大禹科技进步特等奖；完成的“三峡地下电站大型洞室关键技术”成果荣获水力发电科学技术特等奖，“地下工程精细爆破关键技术研究及应用”成果荣获中国工程爆破科技进步一等奖。

【质量、安全受控】 2012年，水电十四局有限公司成立质量管理委员会，完善管理制度，加强管理体系内部审核，完善了管理体系认证监督和证书。当年共完成水电项目验收单元工程25676个，合格率100%，优良单元为24236个，优良率94.4%；完成非水电项目验收单元23639个，合格率100%。全年没有发生较大以上质量事故，施工质量得到有效控制。

2012年，荣获“创鲁班奖先进单位（铜奖）”称号。承建的瑞丽江水电站工程荣获2012年度国家优质工程“银质奖”，西霞院水利工程荣获2012年度中国水利工程“大禹奖”，无锡地铁项目轨道交通1号线土建工程荣获无锡市市级优质结构工程荣誉。

2012年，水电十四局有限公司及时调整安全生产委员会成员，与所属24个二级单位和项目部签订安全生产责任状，落实安全生产责任制。修订了安全生产管理制度共29项，完善了38个海外安全生产管理制度及应急预案，建立起完善的应急管理体系。在2012年汛期突发的各类洪水、泥石流灾害和境外政治动乱事件中，有序启动应急预案，积极开展自救工作，避免了人员伤亡，减少了财产损失。加大安全生产投入和安全生产隐患排查力度，共排查出隐患3335条且按期全部完成整改，无重大隐患。黄登水电站项目部等9个项目和单位及其负责人被股份公司评为安全生产先进项目部和优秀项目经理。完成的《水利水电安全标准化建设》项目被中国电力建设企业协会评为2012年度中国电力科学技术成果三等奖。水电十四局有限公司荣获云南省“安全生产优秀单位”称号。

【党建工作】 2012年，召开了水电十四局有限公司第八次党代会，提出了未来四年企业发展战略、奋斗目标和党建工作任务，完成了新一届公司党委、纪委的换届选举工作。

2012年，水电十四局有限公司组织开展“基层组织建设年”、“跨越发展先锋行动”等党建活动，围绕“加快转型升级、提升发展质量”这一中心任务，将企业党建工作与公司改革发展有机融合，有力地推动了各项事业的发展。认真学习贯彻党的十八大精神，切实加强对党员的理论教育学习；组织开展了“强化廉洁从业意识、保持党的纯洁性”主题教育活动、“基层组织建设年”活动和云南省委部署开展的“跨越发展先锋行动”；持续深入开展“四好”领导班子创建活动；组织开展了以争创“四好”党委、“五好”党支部和争当“五个模范”为内容的“创先争优”活动；深入开展文明工程、文明机关、文明小区“三创建”活动；围绕生产经营中心扎实开展党建主题实践活动；举办了两期党支部书记暨党务工作者培训班。

各单位持续开展文明工程、文明机关、文明小区的“三创建”活动。曲靖分公司荣获云南省“省级文明单位”称号。

2012年，水电十四局有限公司对反腐倡廉工作的重点目标和主要任务进行了重点安排和部署，对2011年贯彻落实党风廉政建设责任制考核情况进行了通报、奖励，并与13家常设单位、11家直管项目部签订了《2012年党风廉政建设责任书》。修订下发《党风廉政建设责任制考核办法》、《评分标准》，做到年中有检查、年底有考核。公司各级党政班子认真贯彻“一岗双责”，形成了“各司其职、齐抓共管”的责任体系和工作格局。共收到职工群众来信、来电（短信）举报5件·次，初查核实5件，了结5件。组织开展了为期3个月的“强化廉洁从业意识，保持党的纯洁性”主题教育活动，受教育人数达到2400余人；组织各类集中学习活动300余·次；修订完善7项管理制度；主题教育活动取得实效，职工满意度达到95.5%。

2012年，水电十四局有限公司工会围绕公司中心工作，突出重点，全面推进。一是将“服务职工在基层”活动与激发职工群众的创造活力相结合，积极组织开展群众性经济技术创新活动。二是将“服务职工在基层”与加强企业民主管理相结合，切实维护职工合法权益。三是将“服务职工在基层”与加大民生关注力度相结合，努力为职工群众做好事、解难事。2012年再次荣获“云南省工会工作目标责任考核一等奖”。

2012年，水电十四局有限公司各级团组织结合企业发展实际，围绕企业改革发展和生产经营中心工作。深化“青”字号品牌活动，持续开展和推进“青年文明号”、“青年岗位能手”、“创新创效能手”等活动。切实发挥共青团的育人优势，服务青年成长成才。加强青年理想信念教育工作。共有2个集体、3名个人受到中央企业团工委、共青团云南省委表彰，荣获“五四红旗团委”、“青年文明号”、“优秀共青团员”等称号。

2012年，水电十四局有限公司充分发挥新闻舆论的导向作用和企业文化的推动作用，为公司开展各项工作营造了健康、和谐的舆论环境及文化氛围。一是做好对外新闻宣传工作，积极在《云南日报》等地方媒体和《中国电力报》等行业报网刊发大量新闻稿件，报道企业改革发展成就。二是注意抓好对内的新闻宣传工作，利用企业报《云水之光》和网站，重点报道生产经营业绩、先进事迹、企业党建、管理提升活动等。三是继续抓企业文化的对内宣贯和对外传播工作，组织开展企业文化活动，组织征集书画、摄影作品，参加国家能源局、中国电力摄影协会、云南省安监局等单位举办的多个摄影书画比赛，开展“传承鲁布革精神，推进跨越式发展”征文活动，营造弘扬鲁布革精神，促进企业管理氛围。四是抓新闻宣传工作队伍和企业文化工作人员的建设，为积极健康推进企业宣传和文化建设工作提供保证。

【履行社会责任】 2012年6月，水电十四局有限公司成立了社会责任工作领导小组，由总经理任组长，公司其他领导任副组长，机关部门主任任成员。领导小组下设办公室，负责领导小组日常工作。

2012年，制订了《“深入基层、贴近群众、服务职工”活动实施方案》，成立了调研小组与一线职工和生产经营管理人员、外协队伍员工面对面交流，分析和排查影响职工、农民工合法权益实现的苗头性、倾向性和难点、热点问题，开展“走访慰问艰苦奋战在施工一线职工”活动，努力做好维权维稳各项工作。将服务职工与“送温暖”活动紧密结合，坚持入户进家慰问劳模、困难职工和离退休老同志，走访看望老领导、生病住院职工，帮扶癌症晚期患者9人，并向3个后方管理处增拨困难职工帮扶专项经费，联合海外事业部和3个管理处慰问海外项目员工及其家属。公司工会组织开展“金秋助学”活动，对困难职工家庭子女升学情况进行摸底调查，对符合帮扶条件的申报材料逐一审核、严格把关，出资6万多元资助26名困难职工子女圆了升学梦。中秋国庆节期间，公司工会向各二级单位增拨经费，要求各单位工会密切关注职工群众尤其是特困职工、低收入职工和外协队员工的生活，积极组织开展好各种文体活动、“走访慰问困难职工”活动。

截至2012年，组织参加了9期“云南省职工医疗互助”活动，有效地缓解了职工看病贵、因病致贫等问题。2012年，参加人数为22120人，新增899人，上缴互助金178万多元。

（李小岗　高增稳　米俊波　黄湘波　吴建平　徐　萍　侯堂平　杨立峰　田文才　马丽蓉　熊　云　冉路超　杨秉臣　宁培州　严镇威　杨海洋　包晓东　石　诚　何　锐　董国福　沈　萍　杨松桂　林鹏波）

中国水电建设集团十五工程局有限公司

【基本概况】　2012年，中国水电建设集团十五工程局有限公司（以下简称“水电十五局有限公司”）共有职工4268人。其中研究生及以上学历43人，本科学历1279人，大专学历1209人；高级职称306人，中级职称643人，初级职称1415人；高级技师32人，技师221人，高级工703人；在岗管理人员1090人，专业技术人员1593人。

2012年，由中国水利水电建设股份有限公司（以下简称“股份公司”）出资，水电十五局有限公司注册资本金由3.0亿元变更为5.055亿元，净资产增加到7.59亿元，资产负债率较年初降低4.44个百分点。向中国水电建设集团路桥工程有限公司增资5550万元。新取得市政工程施工总承包壹级资质、岩土爆破贰级资质。荣获“全国优秀施工企业”、“全国工程建设质量管理优秀企业”、“全国安康杯竞赛优胜单位”、“全国工人先锋号”等荣誉称号。

2012年底，水电十五局有限公司领导班子成员为：董事长、党委书记王增发，总经理、党委副书记、董事梁向峰，副董事长徐中秋，副总经理、董事李康民，外部董事文俊杰、陈正平，职工董事、工会主席鞠汉中，党委副书记、纪委书记、监事会主席任志宏，监事马宗锁、张爱卿，副总经理陈银生、田习学、阚建平、张胜利，总会计师杨思江，总工程师何小雄。

水电十五局有限公司总部设有18个职能部门，下辖4个综合公司、3个专业公司、5个子公司、5个配套成员服务单位、4个直管项目部，另有4个参股公司。

【经营业绩】　2012年，水电十五局有限公司新签合同金额53.22亿元，同比增长1.5%。完成经营产值50.02亿元，同比增长19.6%。实现利润总额1.07亿元，同比增长43.65%。在岗职工人均工资59159元，同比增长13.06%。

（秦边疆　李富强　柳　捷）

【改革发展】　2012年，水电十五局有限公司继续强化战略管理，结合2011年度战略评审会议精神，形成2012年度战略推进纲要，确定了“围绕管理提升，突出国际优先，加快结构调整，发挥传统优势，提高质量效益”的总体工作思路，并作为年度工作的纲领性文件，指引全局各项工作。

2012年，水电十五局有限公司把管理提升与风控体系建设工作紧密结合，制定实施方案，明确管理机制和责任体系，积极推进各项工作有序开展。通过自我分析和诊断，全面总结企业发展优势和劣势，认真排查存在的突出问题和薄弱环节，梳理制约企业发展瓶颈和管理短板10余项，确定7项局级研究课题和11项部门研究课题。两级总部研究确定困难单位重点指导和帮扶办法，根据各单位实际下达管理任务书。建立健全经营活动分析报告制度，以效益目标为中心，以风险管控为重点，研究企业经营状况变化，特别关注影响经营成本重大变化因素，分析原因，制定对策，重点监控，强化落实。同时关注重点项目，控制重大风险，确保项目履约与经营收益“两不误，双实现”。

2012年，水电十五局有限公司全面实施新的业绩考核办法，按照经营业绩考核实施细则和管理评价实施细则，顺利完成局属建筑业工程公司、建筑业直管项目部、相关业务子公司、配套服务单位、区域总部/事业部等5大类考核对象年度业绩考核兑现工作。

（姜军利　吴学庆　梁　锐）

【重大项目】　2012年，水电十五局有限公司共有在建项目110个，分布在国内15个省（市）区和4个国家。其中国内水电项目65个，非水电项目34个，国外项目11个。年内新增项目31个，基本完工项目20个。

陕西蒲化厂外供水工程位于陕西省蒲城县境内，2012年4月23日水电十五局有限公司以2.38亿元中标，4月开工。当年完成产值1190万元。

辽宁LN四段四标工程位于辽宁锦州市义县和朝阳市北票市境内，2012年6月24日水电十五局有限公司以5.82亿元中标，6月开工。当年完成产值1.1亿元。

新疆吐鲁番二塘沟水库大坝工程位于新疆鄯善县二塘沟河中游河段，2012年9月25日水电十五局有限公司以1.53亿元中标，10月开工。当年完成产值409万元。

新建铁路麟游矿区—宝鸡二电厂铁路专用线土建工程TJ—F标段工程位于宝鸡市境内，全长84.38千米，2011年12月水电十五局有限公司以2.68亿元中标，12月15日开工。截至2012年底累计完成产值1.04亿元。

沣河综合治理（G310西咸交界段）防洪工程位于西安市长安区境内，总长3.89千米。该项目以BT模式承建，总投资2.51亿元，水电十五局有限公司承担施工任务，2012年2月29日开工。当年完成产值4867万元。

（李御冰　王小婷　谢小春）

【走向海外】　2012年，水电十五局有限公司按照“先做强，后做大，搞好在建促开发”的工作思路，积极推进国际业务优先发展战略，海外市场营销工作取得新突破，在建项目总体履约良好，经营质量效益明显改善。全年完成市场开发任务12.52亿元，完成营业收入6.20亿元，实现利润1862万元。

柬埔寨西哈努克港2×60兆瓦燃煤电厂工程码头及循环水取水设施工程位于柬埔寨西哈努克市及西哈努克港以北约15千米，2011年12月30日水电十五局有限公司以9515万元中标，2012年2月6日开工。截至2012年底累计完成产值6021.8万元。

老挝南欧江6级水电站工程位于老挝丰沙里境内，是南欧江流域规划中第6个梯级水电站，总装机容量180兆瓦。2012年9月10日水电十五局有限公司以9.32亿元中标，10月1日开工。截至2012年底累计完成产值1732万元。

老挝南康3水电站工程位于老挝琅勃拉邦省境内的南康河干流上，电站装机容量60兆瓦，工程合同总价3.20亿元，水电十五局有限公司和水电十局有限公司组建联营体共同承建，2012年8月18签订合同，12月26日开工建设。

马里费鲁水电站工程，水电十五局有限公司负责土建部分施工，截至2012年底累计完成产值9.47亿元。

（王金龙）

【管理创新】　2012年，水电十五局有限公司市场营销坚持“抓大放小”、“择优选优”的营销策略，积极实施高层带动，分工协作的营销策略，并积极推介高端一体化服务，加快推进投资带动业务。全年中标工程项目31项，合同总金额53.22亿元。国内水利水电市场营销签订合同金额22.57亿元，国内非水电市场营销签订合同金额4.33亿元。国际市场营销签订合同金额12.52亿元。投资带动施工承包签订合同金额13.81亿。

2012年，水电十五局有限公司在建项目管理突出抓重大项目履约、重大商务问题解决，切实推进经营模式转型升级。编印《商务管理指南》，提升了项目商务管理水平，全局在建项目共上报变更、索赔的批复结算金额占全年完成产值的11.6%。关注重大经营风险项目，列出重点管控项目名单，强化目标管控和过程管控。继续加强项目策划、项目评估、终结评价及考核工作。审定了老挝南欧江6级水电站等6个项目的《实施规划书》，对南水北调京石七标等7个项目进行了过程评估或终结评价。工程质量创优成效显著，全年水利水电工程共评定30074个单元工程，优良率94.0%。公路、房建12134个分项工程合格率100%。安全生产形势平稳，管控力度进一步加强。全年累计投入安全生产专项资金7880万元。

2012年，水电十五局有限公司不断强化财务资金管理，夯实财务基础工作。先后对新疆、南水北调、湖北、陕西等43个在建项目进行了会计基础工作、《建造合同准则》执行情况的检查指导验收。确立了《年度资金预算编制》、《资金上收管理》等13个资金内部管理控制流程，实行更加严格高效的资金管控。

2012年，制定了《“十二五”人才战略规划》，制定实施《全员KPI绩效考核评价办法》，全面实施《岗位绩效工资制度》，深化薪酬管理制度改革，形成工作能力、工作产出与业绩分配相统一的分配激励机制，强化了薪酬制度的激励功能。引入社会保险缴纳一票否决制，职工的切身利益得到保障。

2012年，不断加大科技投入，拨付局级科研立项经费205万元，促进科技创新，努力建设技术创新型企业。年内获得国家发明专利4项，省部级工法3项，股份公司科技进步特等奖1项、科技进步一等奖1项、科技进步二等奖1项，中施企协科学技术奖技术创新成果二等奖2项，主持编写了2部国家行业规范，参与了3部行业规范的编写。

（张　锦　高　宣　赵亚刚　张　蕊　柳　捷　任科技　冯淑娟　王星亮　蔡李荣　王　伟）

【党建工作】　2012年，水电十五局有限公司召开了第二次党员代表大会，完成了“两委”改选换届，18个二级单位也完成了党组织的改选换届工作。党建工作坚持“围绕中心抓党建，抓好党建促发展”的工作理念，认真落实《局党建工作责任制质量管理体系》，梳理6项日常工作流程强化标准化建设，结合实际开展“基层组织建设年”、“三问三解”、“面对面，心贴心、实打实服务职工在基层”等活动。年内发放调查问卷2600份，访谈职工2890人·次，征集各类职工建议4746条，归纳整理合理化建议72项，发现解决涉及职工切身利益事项529件·次。

纪检监察工作积极推进惩防体系建设，认真落实党风廉政建设责任制，完善“三重一大”决策制度，创新开展“廉洁工程项目”创建试点，把反腐倡廉工作向施工一线延伸，探索反腐倡廉建设融入项目经营管理的有效途径。扎实开展“强化廉洁从业意识，保持党的纯洁性”主题教育活动，并与基层组织建设年、“三问三解”活动紧密结合，全面安排，精心部署，狠抓落实。形成了领导干部27篇党课教材、153名领导干部写学习心得、做廉洁承诺、1300多份调研问卷、117次调研座谈会、近百份调研报告、8个方面工作的整改落实方案等成果，顺利圆满完成了三个阶段的目标任务。

2012年，水电十五局有限公司工会组织紧密围绕生产经营，深入开展以“五比五赛”为主题的劳动竞赛，“安康杯”竞赛活动覆盖所有施工项目，职业健康满意度测评满意率达到93%。承办陕西省“建设杯”职业技能大赛，2名职工获得陕西省“技术状元”，6名职工获得陕西省“技术能手”。顺利完成了职代会、工代会的改选换届，并于2月28日～29日在西安召开了二届一次职代会、工代会。持续开展困难职工帮扶，2012年“双节”投入资金15.4万元，走访帮扶困难职工89人。筹集慰问金40万元，为一线职工“冬送温暖，夏送清凉”。咸阳基地经济适用房一期工程开工建设，可解决近千户职工的住房困难。

水电十五局有限公司团委坚持以党建带团建，创新共青团工作的方法和途径，把微博、QQ群等新媒体融入青年工作，12个基层团组织全部入驻新浪微博，实现了共青团工作的广泛交流和宣传。

（李　燕　杨　莉　辛月诚　邓　飞）

【履行社会责任】　2012年，水电十五局有限公司积极履行社会责任。利用省政协的平台，通过专题发言对陕西水利发展的现状和存在的问题进行分析并提出建设性的意见和建议。作为驻陕央企的唯一代表，参加“第六届大关中发展论坛”，就国家“关天经济区”规划实施和西咸新区建设积极建言献策。承担了陕西省新一轮“两联一包”扶贫工作，为洛南县巡检镇路街村投入帮扶资金5万元，建设“水电文化广场”1000平方米。

中国水利水电第十六工程局有限公司

【基本概况】　2012年12月28日，中国水利水电第十六工程局有限公司（以下简称“水电十六局有限公司”）产生新一届领导班子成员：执行董事、总经理兼党委副书记林文进（法定代表人），党委书记兼副总经理吕孟静，副总经理金建国、杨伟明、吴广忠、王文飞、蓝荣和、谢亚章，监事、党委副书记、纪委书记徐炳春，总会计师曾继亮，总工程师吴秀荣，工会主席候选人潘金仁。

2012年4月25日，水电十六局有限公司注册资本由3亿元增加为5.47亿元。至年末企业资产总额33.49亿元，其中，固定资产原值8.72亿元，净值4.28亿元；设备原值7.89亿元，净值为3.78亿元。在册职工3682人，其中，研究生11人，本科1018人，大专1001人；高级职称220人（含教授级高级工程师29人），中级职称517人；持证的一级建造师93人，二级建造师262人；注册造价工程师22人，安全工程师24人，质量工程师10人，结构师与会计师各1人；高级技师58人，技师126人。

【经营指标】 2012年，水电十六局有限公司全面完成中国水利水电建设股份公司（以下简称“股份公司”）下达的年度资产经营、安全生产、党建工作、党风廉政建设四项责任制的目标考核任务，年营业收入36.1亿元，新承揽工程合同金额62.74亿元，利润1.01亿元。其中，在公司当年完成的各项经济指标中，国际业务营业收入占37.28%，利润占45.86%，新增合同金额占61.7%，至年末结余合同存量占70.7%，加快推进国际化进程取得巨大成效。所承建项目单元工程一次验收合格率100%，优良率92.2%，无质量事故和重大顾客投诉。国内外工程项目全面履约，工程质量荣获多个奖项，安全生产状况稳定，企业赢得全国、电力行业和福建省优秀施工企业称号等荣誉，成为全国建筑业和福建省“AAA”级信用企业。

【改革发展】 2012年，水电十六局有限公司加强国内外市场开发，在国外设立4个区域经理部，在国内多个省区设立办事机构，完善企业市场营销体系，不断拓展市场经营面。编制《2012～2014年发展规划》，重视战略管理，实施管理提升，通过整合资源优化内部组织结构，重点打造多个国际工程的设计、采购、施工的工程总承包新模式，国内工程建设—移交的BT项目施工新模式，投资成立中水电岚海（福建）商品混凝土有限公司，提高企业多元化经营与风险管控能力，加快转型升级步伐。推进GB/T 19001—2008质量、GB/T 28001—2001职业健康安全、GB/T 24001—2004环境和GB/T 23331—2009能源四项管理体系建设，通过第三方审核认证证书转换。建立健全在建项目分级管理与过程指导，各项目合同履约状况良好。

（吕槐青）

【国际工程】 2012年，水电十六局有限公司海外业务新增合同金额6.14亿美元；完成结算产值1.96亿美元，同比增长94%。在建项目分布8个国家，工程类型主要为水电站、输变电、房建和道路工程。截至2012年底，海外工程结转合同存量16.84亿美元。

喀麦隆在建工程有3项：2012年4月12日签订曼维莱水电站工程施工合同，合同金额6.37亿美元，为公司有史以来最大国际项目，当年完成产值1440万美元。2012年6月15日，喀麦隆总统保罗·比亚和中国驻喀大使薛金维等出席水电站奠基仪式。2010年11月承建该电站进场道路整治工程，2012年完成道路整治58千米及新建桥梁施工，完成产值1694.7万美元。2012年10月6日承建雅温得—西马兰机场道路工程，合同金额2.71亿美元。

格鲁吉亚在建工程有3项：承建的E60高速公路瑞科提隧道修复工程，2012年完成产值665.4万美元。承建的科布勒提绕城公路一标工程，2012年完成产值3539.6万美元。2012年11月26日承建科布勒提绕城公路二标工程，合同金额1.29亿美元。

阿尔及利亚在建工程有2项：图古尔特240床位医院项目，2012年2月26日开工，当年完成产值453.5万美元。2012年12月6日承建BOU ISMAIL（TIPAZA省）城市污水处理厂项目，设计/施工（EC）合同总金额约合2652.4万欧元，工期48个月。

马里费鲁水电站机电及金属结构制作安装工程，2012年完成产值3281.6万美元。

柬埔寨额勒赛下游电站引水隧洞及厂房工程，2012年完成产值1661.1万美元。

哈萨克斯坦双西公路第五标段工程，2012年完成产值4079.9万美元。

津巴布韦卡里巴南岸电站扩建项目，2012年12月20日，由水电十六局有限公司为合作方与水电十一局有限公司组成“1116”联营体承建，设计/采购/施工（EPC）合同总金额3.9亿美元。

加蓬KO-51公路工程，2012年完成产值2786.2万美元。

（李越英）

【水利水电工程】 2012年，水电十六局有限公司国内水利水电工程完成营业收入15.06亿元，占总收入的41.72%，同比增长10%；新承揽工程合同金额12.95亿元，占公司新承揽合同总金额的20.6%。在建工程全面履约，经营区域进一步拓展。

光照水电站工程，水电十六局有限公司作为第一参建单位于2012年11月21日荣获“2011～2012年度国家优质工程金质奖”，10月25日荣获“国际大坝委员会授予的国际RCC里程碑奖。”

南水北调工程4个施工项目：南水北调中线一期工程天津干线保定市1段TJ2-4标段工程，2012年5月工程比合同工期提前3个月完工。南水北调中线一期工程总干渠沙河南宝丰郏县段第四施工标段工程，2012年完成产值1.29亿元。南水北调中线一期工程总干渠沙河南—黄河南鲁山北段工程，2012年完成产值1.57亿元。南水北调中线一期工程总干渠沙河南—黄河南郑州2段交通桥第二施工标段，2012年完成所有基础、下部结构及现浇箱梁等施工。

新疆4个施工项目：喀腊塑克水利枢纽碾压混凝土重力坝工程，2012年工程基本完工，完成产值7154.73万元。布尔津山口水利枢纽常态混凝土双曲拱坝工程，2012年完成产值8747.87万元。沙尔布拉克水电站碾压混凝土重力坝土建及金属结构制作安装与设备安装工程，2012年完成产值2706.9万元。克孜勒塔斯水电站土建、金属结构制作安装、机电设备安装工程，2012年7月2日中标，合同金额9879万元，工期28个月，位于布尔津县境内，当年完成产值1335.04万元。

江西2个施工项目：跃洲水电站土建施工及金属结构安装工程于2012年12月实现2、3号机组并网发电。伦潭水利枢纽大坝土建及金属结构工程，2012年完成产值2021.95万元。

福建3个施工项目：华安水电站引水系统后段、厂房土建及机电设备安装工程2012年完成洞挖、井挖、混凝土、固结灌浆、钢筋制作安装等施工。仙游抽水蓄能电站下库骨料加工及混凝土生产系统工程，2012年生产并供应成品混凝土13.75万立方米，砂石骨料16.44万吨；承担了该电站2台单机30万千瓦的混流可逆式水泵水轮机发电机组安装和水泵水轮机埋件的施工任务，2012年12月22日1号机组并网发电，填补了我国高水头、国产化抽水蓄能机组的空白。

四川5个施工项目：两河口水电站交通工程1101号公路施工项目，2012年完成产值4628万元；2011年12月7日中标该电站交通工程坝区至普巴绒土料场公路Ⅳ标段工程，2012年完成产值1748.63万元。白鹤滩水电站荒田供水系统工程，2012年1月29日中标，合同金额6178.64万元；5月9日，中标该电站民爆物品专用仓库工程项目，合同金额843.9万元。杨房沟水电站高线混凝土系统场平工程，2012年11月14日中标，合同金额1836.67万元。

贵州施工项目：沙沱水电站碾压混凝土重力坝ST/C3-2-2标段工程，2012年完成产值4478.52万元；该电站发电厂房工程2012年完成产值4957.5万元；此外，还承担了该电站库区治理、河道护坡、大桥防护、移民搬迁等工程施工任务。马马崖一级水电站碾压混凝土重力坝土建工程，2011年8月29日中标，2012年完成产值6270.81万元；2012年10月8日、11月28日，相继中标该电站右岸进场公路路面硬化施工总承包、右岸防渗帷幕、设备物资库房建设3项工程，合同总金额3776.86万元。构皮滩水电站通航建筑物第三级垂直升船机及中间渠道土建工程，2012年12月4日中标，电站合同金额28212.99万元。

云南勐野江水电站厂区枢纽工程，2012年完成产值4988万元。山西省中部引黄工程第二批施工17标项目，2012年9月14日中标，合同金额5119.16万元，工期36.5个月。

机电和金属结构制造安装工程：2012年，机电和金属结构制造安装工程完成总产值3.12亿元，其中，国内产值10565万元，国际工程产值2533.19万欧元。国内市场中标工程13项，新承揽工程合同金额5470.34万元。当年，机电安装工程全面推进，完成金属结构制造5098吨，金属结构安装3139吨。

（雷　燕　郑　雪　杨丽萍
李　伟　冯士权　黄秀娟）

【非水利水电工程】　2012年，水电十六局有限公司国内非水电业务完成营业收入7.52亿元，占公司总收入的20.83%；新增合同额11.08亿元，占公司新增合同总额的17.7%。公司总部所在福建省市场的业务持续推进，不断拓展。机场专业施工品牌得到提升，新中标上海浦东、云南昆明、福建三明沙县等机场共计约7亿元工程量，并首次在东北市场获得辽宁沈阳桃仙机场工程。

机场工程施工项目：上海浦东国际机场扩建工程第三跑道系统工程，水电十六局有限公司作为工程第一参建单位于2012年11月荣获“2011～2012年度国家优质工程银质奖”。2011年12月19日承建该机场第四跑道项目飞行区场道及附属设施工程，2012年10月完工。2012年9月中标该机场第四跑道项目西平滑工程，合同金额6001万元。昆明新机场场道等工程，2012年6月通过国家民航局行业验收并投入运营。三明沙县机场飞行区、侧净空、航站区土石方和道面、站坪等工程D标段项目2012年完成产值10600万元。沈阳桃仙国际机场航站区扩建工程下穿通道、综合管廊及滑行道桥工程，2011年10月13日中标，2012年产值15998万元；2012年10月17日中标该机场航站区扩建工程新建停车楼工程

A标段项目，合同金额1.42亿元。厦门机场停机坪改扩建二段场道工程，2012年1月中标，合同金额3956万元。厦门直升机旅游服务中心工程，2012年基本完工，完成产值2448.30万元。

高速公路工程：京昆高速公路复线重庆—广安段（重庆境）路面工程，2012年12月20日承建，合同金额5.2亿元。

市政工程施工项目：厦门市滨海西大道道路工程Ⅰ标段项目，2012年完成产值3038万元。厦门筼筜湖综合整治工程第二标段，2012年11月20日中标，合同金额2968.4万元。古田县翠屏湖开发区高头岭区域围堰一期工程，2012年3月5日中标，合同金额2853.71万元。古田县大甲工业集中区一平及路网工程，2012年3月中标，合同金额7700万元，工程基本完工。

平潭综合实验区建设：澳前商品混凝土搅拌站，由水电十六局有限公司于2012年5月投资成立的中水电岚海（福建）商品混凝土有限公司负责经营，当年完成产值4300万元。竹屿排涝防潮闸工程，2012年完成产值1500万元。环岛公路潭南湾段B标段工程，2012年具备交工验收条件。坛西大道竹屿口段工程，2012年完成产值9500万元，具备交工验收条件。

福州市电力线路缆化土建工程子项目华能电厂—凤坂开断进排尾线路工程，2012年12月14日承建，合同金额4.44亿元，线路长6.9千米。龙岩紫金山金铜矿227重力坝工程，2012年3月主体工程完工。福清钟厝风电场土建工程，2012年7月16日中标，合同金额5499.66万元，因征地原因于9月停工。

（雷　燕　李　伟　杨丽萍　江晓峰）

【党建工作】　2012年，水电十六局有限公司全面总结创先争优活动积极成果，首次涌现出福建省先进基层党组织等典型，一批骨干荣获中国电建集团“优秀共产党员”和“创鲁班奖工程先进个人”、“国家优质工程奖先进个人”、“全国工程建设优秀项目经理”、“女职工标兵”等荣誉。2012年末，公司党委下设13个基层党委，1个直属党总支；基层单位共有10个党总支，109个党支部；党员1757人，其中在职职工党员1145人、离退休职工党员612人。工会组织深入推进劳动竞赛，南水北调、仙游抽水蓄能电站等项目取得优异成绩。共青团工作荣获福建省“青年突击队”和“青年五四奖章”等表彰。

（吕槐青）

中国水电基础局有限公司

【基本概况】　2012年末，中国水电基础局有限公司（以下简称“基础局有限公司”）在册职工1926人。具有专科以上学历的共1109人；具有初级以上职称的922人；持有职业资格技能等级的485人；拥有各类执业资格的158人；343人·次取得各类特种设备作业证；349人·次取得了施工项目管理“八大员”岗位证书。

2012年7月，中国水利水电建设股份有限公司（以下简称“股份公司”）对基础局有限公司党政领导班子进行换届调整。新一届经营班子成员为：执行董事、总经理赵存厚；副总经理韩伟（兼）、田学良、黄炳福（兼总经济师）、刘建发、徐方才、彭善民；总工程师肖恩尚；总会计师雷土祥；监事袁国俊。新一届党委班子主要成员为：党委书记韩伟；党委副书记赵存厚（兼）；党委副书记、纪委书记、工会主席袁国俊。

基础局有限公司下设4个二级公司及科研设计院、西藏公司、中基国际公司（海外事业部）、西南机械制造公司、社会服务中心，子公司——西藏天峰能源开发有限公司，控股公司——中基大地工程有限公司。本部设置11个职能管理部门和4个专业管理职能机构。

【主要指标】　2012年，基础局有限公司实现营业收入22.09亿元，实现利润总额1.06亿元，新签合同金额25.26亿元。其中国内合同金额18.89亿元，国际合同金额6.37亿元。全员劳动生产率119万元/（人·年）。单元工程合格率100%，优良率90%；工程交验合格率100%。资金集中度95%；安全生产运行良好，未发生生产性死亡事故。

（张　欣）

【改革发展】 2012年，基础局有限公司积极开展管理提升活动，在全面完成了“动员启动、学习提高”、“自我诊断、找准问题”、“制订方案、细化措施”等环节各项工作任务的同时，通过对标管理，查找出了影响和制约公司发展的5大瓶颈和5个管理短板，制订了专项提升方案和具体措施。

不断完善全面风险管理与内部控制工作。2012年，基础局有限公司继续按照《公司全面风险管理与内部控制的工作方案》要求，全面完成公司机关全面风险管理体系建设工作，继续开展业务流程梳理工作，总计梳理出一级流程14个，二级流程42个，三级流程82个。识别、评估出2012年度公司10项重大风险，针对性地制订风险管理策略、管理解决方案，对重大风险实施跟踪、监控，有效地防范各类风险。制定并印发了《公司全面风险管理与内部控制手册》。加强内部控制自我评价、内部控制审计工作，形成《2012年度内部控制自我评价报告》。

基础局有限公司制订并印发了《三年滚动（2012～2014）发展规划》，明确了公司未来三年发展目标。

基础局有限公司深入开展信息化建设工作，完成了《公司信息化战略规划》、公司总部到股份公司总部机房6M专线建设、硬视频会议系统建设、OA系统升级工作和公司门户网站改版建设工作。

2012年，共引进167名应届高校毕业生；加大员工培养、培训力度，人才培养“260计划”有序推进，与天津大学共同开办的首届研究生班开班；积极推进导师带徒制度，在多个项目举行导师带徒协议签订仪式；加强内部教育培训，首次在海外项目举办特殊工种技能鉴定。选拔、调整、交流57名管理干部。

加强应收账款管理，大力推进应收账款逐级督促催收机制、奖励机制、通报机制。不断加强资金集约化管理，充分利用“资金池”调剂资金余缺，降低公司资金成本。被天津银监局、天津市银行业协会评为“天津银行业2012年度信贷诚信企业”。

（张　欣　姜立顺　谭景春　张春艳　杨晓红　张佳钰）

【重大项目】 2012年，基础局有限公司国内中标工程项目共65项，合同金额18.89亿元。在新签合同中，非水电项目21项，合同金额3.84亿元，合同金额在1000万元以上的有9项，主要项目有：成都大慈寺片区综合体项目土方、护坡、降水及地基处理工程的设计与施工，合同金额为15780万元；营口市金牛山大街人防工程支护工程施工，合同金额3498万元；内蒙古卓资县旗下营工业园区供水工程塑性混凝土防渗墙工程，合同金额为4304万元。水电项目22项，合同金额7.67亿元，合同金额在1000万元以上的有12项，主要项目有：国电西藏尼洋河多布水电站基础防渗及砂砾石坝工程施工合同协议书，合同金额18131万元；四川省大渡河黄金坪水电站大坝围堰上下游防渗墙及堰肩帷幕灌浆工程，合同金额11207万元；金沙江中游河段观音岩水电站右岸大坝帷幕灌浆及排水孔工程，合同金额7446万元等。水利项目22项，合同金额7.38亿元，合同金额在1000万元以上的有15项，主要项目有：宜兴市油车水库工程基础处理工程，合同金额为8471万元；河南省河口村第一批项目ZT3标段建设工程，合同金额为6383万元；西藏旁多水利枢纽大坝基础处理工程（左岸帷幕灌浆）施工暂定协议（三），合同金额11000万元等。

（刘艳妮）

【走向海外】 2012年，基础局有限公司在亚、非、南美洲的8个国家，成功中标19项，合同金额6.37亿元。其中年内竣工1项，在建17项，筹备开工1项。

文莱乌鲁都东水坝项目，基础局有限公司承担的主要工作内容包括心墙土石坝及其附属设施的施工，合同金额约2.87亿元。截至2012年底，完成施工产值4300多万元。

老挝万象120千吨/年钾盐项目，基础局有限公司承担该项目钻井和采输卤工程，合同金额4700万美元，工期18年。截至2012年底，完成施工产值约4000万元。

泰国俊安热回收焦炉项目，基础局有限公司承担该项目土建工程，施工产值约9500万。截至2012年底，完成施工产值6600多万元。

马来西亚曼绒火电厂项目位于马来西亚霹雳州。基础局有限公司承担了该项目桩基工程，合同金额1.3亿。2012年12月19日完成施工任务。

马来西亚潘泰污水处理厂项目位于马来西亚吉隆坡市。基础局有限公司承担了该项目基坑围护与土方工程，合同金额约1.9亿元。2012年5月7日开工，2012年底完成施工产值约7000万元。

（屈恩才）

【重大创新】 2012年，基础局有限公司认真落实技术创新目标和规划，积极推进高新技术企业建设，依托项目开展科技创新，完成科研课题7项，新确定科研课题27项。其中“黄河小浪底工程关键技术研究与实践”荣获2012年度大禹水利科学技术特等奖；“长河坝水电站围堰快速施工技术”荣获股份公司科技进步二等奖。“帷幕灌浆资料统计软件开发与应用”等8个项目取得了天津市科学技术成果登记；“破力器”、“液压抓斗”两项实用新型专利已登记。基础局有限公司主编的《水工建筑物水泥灌浆施工技术规范》、《水电水利工程覆盖灌浆技术规范》于2012年6月出版发行。

（张　欣）

【党建工作】　学习宣传十八大精神。举办学习贯彻党的十八大精神党委（支部）书记、纪委书记研讨班，邀请天津市委党校副校长赵晓呼作了《学习贯彻党的十八大精神，加强国有企业党的建设》专题辅导讲座，组织观看了中国电建集团党委副书记、纪委书记陈永录关于加强反腐倡廉建设的视频专题讲座，进一步加深了广大党员和领导人员对党的十八大精神的理解。

注重组织建设，着力提升基层党建活力。一是继续实施党组织和党的工作全覆盖。基础局有限公司党委结合项目党建实际，成立了深圳地铁7号线项目党工委，增设了马来西亚、老挝、基础设施开发3个直属党支部。二级单位积极创新组织模式，按照片区成立联合党支部。二是扎实推进基层党组织晋位升级。26个分类定级评为“先进”的基层党组织得到巩固和加强，其他分类定级评为“较好”和“一般”的基层党组织普遍实现晋位升级。三是深化各类创争活动。各单位、各项目部党组织结合本单位特点，组织了各具特色的创先争优主题实践活动，各级党组织在推动发展中充分发挥战斗堡垒作用，广大党员在急难险重任务面前充分发挥模范带头作用，形成了“组织创先进、党员争优秀、发展上水平、员工提素质”的良好局面。四是完善发展党员和信息化管理工作。全年发展党员25名。

不断健全两级纪检监察组织机构。各级纪委组织坚持围绕中心、服务大局，以惩防体系建设为主线，扎实开展反腐倡廉教育活动，进一步增强了各级领导人员拒腐防变能力。在开展的“强化廉洁从业意识保持党的纯洁性”主题教育活动中，广大党员领导人员带头学习、带头调研、带头整改，取得积极成效。严格党内监督，加大对制度执行的检查力度，党风廉政建设工作保持了较好局面，全年未发生党风廉政建设责任制追究案件和领导干部廉洁自律案件，为公司持续健康发展提供了保证。

各级工会组织围绕中心工作，积极开展素质工程和职工经济技术创新，公司经济技术创新体系不断完善，创新成果显著。各项劳动竞赛活动内容丰富多样，南水北调辉县二标、禹长三标项目在南水北调中线局组织的劳动竞赛中获得佳绩。在职工之家创建活动中，各项目部以职工需要为目标，结合项目部实际，努力营造项目“家”文化。积极开展“面心实”、送温暖等活动，实现服务职工常态化。一批理论研究成果获得市总工会表彰。组织开展形式多样、寓教于乐、积极向上的文体活动，既丰富了广大员工的业余文化生活，营造了和谐的企业文化氛围，同时与业主、系统内各单位和地方单位加强了沟通，增进了友谊。

基础局有限公司团委以服务青年、服务企业为出发点，以团的思想建设、组织建设等基础工作为重点，组织了“迎接‘十二五’新挑战，青年突击队建新功”评选、“学雷锋·树新风”和“号”、“手”创建评比等活动。文莱都东水坝工程撰写的“青年文明号创建小故事”获得团市委好评。西藏旁多项目部工程部获得“中央企业青年文明号”称号。科研设计院团委特别制作青春风采展板宣传优秀青年员工典型事迹，在企业文化建设人格化方面做出表率。春运期间，公司团委组织团干部为员工代购火车票，服务意识受到团市委和《中国青年报》、《每日新报》等媒体的关注和表扬。

注重精神文明和企业文化建设，形成科学发展合力。一是深化文明工程、文明单位、文明集体和文明个人创建评比活动。基础局有限公司文明工程创建领导小组组织3个考核验收小组按要求和规定对申报项目进行了考核验收。郑州龙湖、西藏旁多、广东台山、太原御祥苑等7个项目被授予基础局有限公司“2012年度文明工程”称号。7个文明单位、25个文明集体、69名文明个人荣获基础局有限公司表彰，基础局有限公司已连续21年被评为“天津市文明单位”。二是积极创新活动载体。精心组织了图片和手工艺品展览、文学作品创作座谈会、文艺汇演、大型综合文体活动，编辑《基础放歌》、《夕阳岁月》等书籍，举办诗词朗诵会纪念杜甫诞辰1300周年等。三是进一步加强新闻宣传工作。不断加大对外宣传力度，全年累计在股份公司网站和报纸以及《中国水利报》等外部媒体上刊发新闻稿8万多字。

（王晓颖　韩　霞　佘洪波）

【履行社会责任】　基础局有限公司作为国有企业，积极履行社会责任。在工程施工中，广泛吸纳外来务工人员就业，长年保持一支相对稳定的外来务工人员队伍，人员达2000多人，为社会提供一定数量的就业机会。

基础局有限公司积极从事社会公益事业和项目所在地经济建设。在西藏旁多工程施工中，旁多项目部为当地藏族小学捐资助学，赠送电脑、文具等用品；千方百计为当地农牧民创收，提高农牧民生产生活水平，通过用车和用工等方式累计为农牧民创收达2500多万元。

（佘洪波）

中国水电建设集团夹江水工机械有限公司

【基本概况】　截至2012年底，中国水电建设集团夹江水工机械有限公司（以下简称“夹江有限公司”）职工总数1068人，大专及以上学历人数占27.9%。其中教授级高级工程师1人，高级职称18人，中级职称79人，高级技师9人，技师55人。

2012年9月5日，为深化中国水利水电建设股份有限公司（以下简称“股份公司”）内部管理体制改革，水电七局有限公司与夹江有限公司实现重组整合，整合后夹江有限公司作为制造板块成为水电七局有限公司具有独立法人的子公司。原执行董事、总经理雷建容、党委书记兼副总经理刘忠长调离夹江有限公司另行安排工作，现夹江有限公司领导班子由6人组成：执行董事兼总经理张桥，党委书记、副总经理曾文，常务副总经理、党委副书记吴渝，副总经理程胜华、王忠义，党委副书记兼纪委书记、工会主席张克爱。

夹江有限公司下设19个部门，5个生产分厂，另有长宏公司、蜀源公司和职工医院。

【主要指标】　2012年，夹江有限公司完成销售总额4.32亿元（含税）；工业总产值3.39亿元；综合产量22048吨；新增合同5.01亿元；实现利润1784万元；全员劳动生产率39.59万元/（人·年）；在岗职工人均工资同比增长9.95%。

【管理提升】　2012年初，夹江有限公司以与水电七局有限公司重组整合为契机，开展以“强基固本、控制风险、转型升级、保值增值、做强做优、科学发展”为主题的管理提升活动。按照股份公司统一部署，及时成立组织机构、制定工作方案，分解责任目标，认真开展“三个一”、“回头看”、“五看五查找”、“对标先进”等活动。共查找出制约企业科学发展的4个瓶颈和6个管理短板，有针对性地制定了提高管理效率、夯实管理基础、提升发展能力的整改措施。

【市场营销】　2012年，夹江有限公司坚持“满足业主需要就是企业生存与发展的需要”的生产理念，面对严峻的市场经营形势和“产品结构越来越复杂，质量要求越来越高，工期越来越短”的履约压力，坚持以经营管理为中心，以合同履约为目标，加强生产过程管控，积极探索新的生产组织模式和考核机制，加大对国外产品质量和工期的激励考核力度；努力培育外协资源，打造配套生产基地，扩大公司产能；采取多种形式促进生产节奏和劳动效率的提高，较好满足了向家坝、溪洛渡、锦屏、缅甸道耶坎、马来西亚沐若、柬埔寨达岱河等工程项目的履约需要，生产组织紧紧围绕着三大类产品14个工程的154个产品进行。其中：水工金属结构完成了44个相关工程的产品；水利启闭机完成了45个相关工程的产品；机电产品完成5个相关工程的产品。

2012年，夹江有限公司坚持立足国内水电市场，优先发展国际业务，大力开拓非水电产品的战略思想。在国内水电市场开发中，以巩固“夹江水工”资质、品牌和专业优势为目标，紧盯流域开发和发电公司，积极参与市场竞争，抢抓市场份额，先后签订了观音岩水电站机电仓库起重设备、新疆哈拉军水电站厂房桥式起重机、枕头坝一级水电站移动式启闭机、溪洛渡水电站启闭机、安谷水电站泄洪冲沙闸、库尾放水闸、电站厂房部分的闸门及埋件等设备制造供货合同。

在非水电市场开拓方面，与深圳中兴新公司签订战略合作协议，完成17套矿用救生舱设备制造；签订了石油钻机设备井架制造合同。

2012年末合同存量7.07亿元，其中国际项目合同金额4.9亿元，占合同存量的70%；国内业务合同金额2.17亿元，占合同存量的30%。

【走向海外】 2012年，夹江有限公司充分发挥“夹江水工”在东南亚、非洲、北美等区域的品牌影响力，根据国际业务市场格局新变化，积极巩固、扩大与各大进出口公司的合作，成功签订巴基斯坦真纳大坝修复和改造项目、巴基斯坦尼娜姆—吉娜姆电站水工设备制造安装、加拿大Burrard电站BGS冷却水闸门、中标老挝万象120千吨/年钾盐矿项目化工机械管道、厄瓜多尔科卡科多辛克雷水电站闸门埋件供货合同、埃塞俄比亚吉布Ⅲ水电站5000千牛顿坝顶双向门机制造等7个项目，中标金额3.38亿元，占新增合同的67.5%。圆满完成柬埔寨达岱河水电站液压启闭机设备制造。

【重大创新】 2012年，夹江有限公司修改和完善《质量管理手册》和《程序文件》，连续第16次通过四川三峡认证有限公司审核，取得大Ⅱ型人字闸门的生产许可证，全年共有28台特种设备通过监督检验机构审查，继续保持闸门启闭机“四川省名牌产品称号”，连续三次通过了欧标ISO 3834-2体系的认证，取得了欧标ISO 3834-2焊接质量体系证书；新增了“可局部更换闸门面板”国家级实用新型专利技术；整理印发《夹江有限公司产品及管理主要标准目录》；实施质量控制点前移，加强过程控制；聘请专业的国际项目监理，强化对国外项目的质量管控。

应用新技术、新工艺、新材料，促进公司科技水平提升。完成了当时国内单钩起重量最大的溪洛渡800吨坝顶门机设计制造；完成了国内水电站跨距最大的向家坝400吨刚柔门腿坝顶门机设计制造；向家坝水电站升船机对接锁定导轨摩擦轨道结构的不锈钢主导轨板与工字结构的前翼板之间塞焊连接，确定了锥孔焊接方案，由于工艺方案正确合理，完全保证了焊缝质要求，通过了业主组织的专项检查和验收。承担股份公司3个课题的创新研制，累计拥有13项国家专利，省级企业技术中心运行良好；4人荣获股份公司2012年度科技表彰。

【党建工作】 2012年，夹江有限公司党委认真落实党委中心组学习制度，落实党建工作责任制，与各基层党支部书记签订了2012年党建工作责任书。在开展基层组织建设年活动中，创立依靠“党支部书记例会制度、党支部工作月报表制度、党员活动室建设、成立党员突击队和党员技术攻关组、建立党员需求档案”等“五个依托”的工作机制，进一步加强了基层党支部和党员队伍建设，并结合各个阶段中心任务，适时开展理想信念、时事政治、工作进展情况、形势任务的宣传教育活动；以“五四”、“七一”、“十一”、庆祝建厂周年等纪念日，开展座谈会、知识竞赛、演讲比赛、征文等活动，引导和激发员工对党的认识，陶冶情操、丰富业余文化生活。2012年，有3个单位、5名党员、3名党务工作者分别受到中国电建集团党委、股份公司党委和省国资委党委表彰。

认真落实党风廉政建设责任制，推进惩防体系建设；坚持“三重一大”民主决策制度；扎实开展“强化廉洁从业意识、保持党的纯洁性”主题教育活动，落实依法合规经营集中教育整治工作，认真开展效能监察、同级审计，积极应用现代信息化平台提升纪检监察工作水平。

继续开展“四好”领导班子创建，提升两级班子“五种能力”；创新培训机制，组织开展安全生产、岗位技能、责任意识等各类培训班68次，参培人数1726人·次；开展“师带徒”、技能鉴定活动，提升职工技能水平；加大人才引进力度，到西安、太原、重庆等高校现场招聘急需人员；创新用人机制，公开招聘中层领导和市场开发人员；创新劳动用工机制，与劳务公司开展实质性合作。

切实抓好企业文化建设、维稳信访及宣传思想工作，支持工会和共青团开展活动。关心职工、爱护职工，改善职工劳动条件，让职工共享企业发展成果；继续落实困难职工帮扶制度，加大帮扶力度；积极开展“青年文明号”、“青年突击队”活动，深化青工岗位练兵和技能比武活动；夹江有限公司被评为乐山市“模范劳动关系和谐企业”。

宣传工作紧扣生产经营主题，加大对先进典型的宣传力度，充分展现一线职工的精神风貌，为公司发展提供了舆论支持和思想保证，发挥了企业宣传“外塑形象，聚人心”的重要作用，营造了公司发展与改革的良好舆论环境。

2012年，夹江有限公司普法工作以在职工中广泛学习宣传《宪法》、《治安管理处罚法》、《刑法》及与企业经营管理密切相关的法律法规为重点，进一步增强职工法律意识，使职工做到了知法、懂法、守法，学会了运用法律武器来维护国家、企业及公民的合法权益。2012年，夹江有限公司被夹江县评为“五五”普法先进单位。

【检查监督】 2012年，夹江有限公司围绕生产经营和管理提升活动开展了“物资采购计划管理效能监察”、“成品入库管理效能监察”、“国外项目产品生产进度奖、质量奖考核制度和制度执行情况效能监察”、“生产计划管理综合效能监察”、“安全生产管理效能监察”、“‘三重一大’决策制度执行情况、决策考核评价及失误责任追究情况效能监察”、“关于租赁成都东辉机械制造有限公司为生产基地及管理运行情况效能监察”等7个监察项目。根据不同立项组成的监察小组分别实施效能监察，针对各监察项目发现的问题，提出监察建议35条，并向相关部门下达监察建议书，反馈落实整改情况。

2012年，共完成审计项目9个，其中财务收支审计1个，经济责任审计1个，合同审计4个，其他审计3个，共提出审计建议9条。

（井奇峰　徐超敏　周诗权）

第九篇　人物及先进集体

Chapter Ⅸ Distinguished Individuals and Units

院 士

谭靖夷

谭靖夷，男，汉族，中国共产党党员，中国工程院院士。

1921年11月出生于湖南省衡阳县金木乡，1946年5月毕业于交通大学唐山工程学院土木工程系，获学士学位，1948年8月在福建古田水电工程局参加工作，任施工技术科科长；1956～1989年历任柘溪、韶山灌区等多项工程总工程师，长达33年，1980年任水电八局副局长兼总工程师；曾任中国水力发电工程学会第一、二、三届理事会理事，湖南省水力发电工程学会第一届理事会副理事长，先后受聘担任水口、岩滩、广州抽水蓄能、二滩、漫湾、天生桥、大朝山、龙滩等大型水电站专家组成员或组长，长江三峡工程专题论证及质量检查专家组专家。黄河小浪底水利枢纽工程技术委员会委员，中国国际工程咨询公司专家，国务院南水北调工程建设委员会专家，澜沧江流域水电工程专家组顾问。现为水电八局有限公司高级顾问。

1950年，谭靖夷被评为福建省劳动模范，出席了福建省首届战斗英雄劳动模范代表会议。1982年9月加入中国共产党，曾当选为第五届全国人大代表、第六届湖南省人大代表和第八届湖南省党代表。1985年获国家科技进步一等奖，1987年被中共湖南省委和省人民政府授予“湖南优秀科技工作者”荣誉称号，1992年批准享受国务院政府特殊津贴，1996年被湖南省科学技术协会命名为“湖南科技之星”，1997年当选为中国工程院院士。2008年5月获中国第七届光华工程科技奖——工程奖。2009年被水利部授予“长期奉献水利优秀人员”称号。

2012年，年逾9旬的谭靖夷院士仍继续倾注于水利水电建设事业，参与各大工程技术咨询，质量检查或技术鉴定等活动。2月，参加水电八局有限公司2012年工作会暨六届六次职代会，并在会上发言；3月，参加了金沙江溪洛渡水电站、向家坝工程现场质量检查；4月，在杭州对小丰满大坝进行安全鉴定，仍定为正常坝，何时另建新坝另有安排；5月，对湖南沅水托口电站水库河湾地块防渗作现场专题技术咨询，在杭州对贵州三板溪混凝土面板堆石坝部分受损面板的修复进行评审；6月，对广州抽水蓄能电站A厂发电机层梁板结构作现场加固设计专题咨询；8月，在昆明对澜沧江小湾水库蓄水到设计水位进行评审，并取得共识；对雅砻江锦屏一级最高拱坝的蓄水时机及相关问题作现场专题咨询，进一步明确2013年汛期蓄水发电目标和工程质量安全重点；在成都参加水力发电学会施工专委会技术交流；11月，在北京参加集团公司第三届科技会；12月，在长沙出席了水电八局有限公司60周年庆典活动。

先 进 人 物

全国五一劳动奖章获得者

姓　名	单　位	荣誉称号	授奖部门	授奖年月
程　军	水电三局有限公司	全国五一劳动奖章	中华全国总工会	2012年4月
曹明杰	水电四局有限公司	全国五一劳动奖章	中华全国总工会	2012年4月
李忠战	水电四局有限公司	全国五一劳动奖章	中华全国总工会	2012年4月
王乃飞	水电四局有限公司	全国五一劳动奖章	中华全国总工会	2012年4月

续表

姓　名	单　位	荣誉称号	授奖部门	授奖年月
王维斌	水电四局有限公司	全国五一劳动奖章	中华全国总工会	2012年4月
孙林智	水电五局有限公司	全国五一劳动奖章	中华全国总工会	2012年4月
李正兵	水电七局有限公司	全国五一劳动奖章	中华全国总工会	2012年4月

省级劳动模范

姓　名	单　位	荣誉称号	授奖部门	授奖年月
王玉峰	水电三局有限公司	陕西省劳动模范	陕西省委、省政府	2012年4月
刘　宝	水电六局有限公司	辽宁省劳动模范	辽宁省政府	2012年4月
李小涛	水电十三局有限公司	山东省劳动模范	山东省政府	2012年4月
黄炎兴	水电十五局有限公司	陕西省劳动模范	陕西省委、省政府	2012年4月

省级五一劳动奖章获得者

姓　名	单　位	荣誉称号	授奖部门	授奖年月
常满祥	水电二局有限公司	首都劳动奖章	北京市总工会	2012年12月
赵保森	水电六局有限公司	四川省五一劳动奖章	四川省总工会	2012年3月
苏　大	水电七局有限公司	四川省五一劳动奖章	四川省总工会	2012年3月
吴登明	水电七局有限公司	四川省五一劳动奖章	四川省总工会	2012年4月
申志军	水电八局有限公司	四川省五一劳动奖章	四川省总工会	2012年4月
赵习斌	水电九局有限公司	贵州省五一劳动奖章	贵州省总工会	2012年4月
高　建	水电十局有限公司	四川省五一劳动奖章	四川省总工会	2012年4月
张玉富	水电十三局有限公司	天津市五一劳动奖章	天津市总工会	2012年4月
杨思松	水电十三局有限公司	天津市五一劳动奖章	天津市总工会	2012年4月
孙金辉	水电十三局有限公司	天津市五一劳动奖章	天津市总工会	2012年4月
杨　韬	水电十三局有限公司	天津市五一劳动奖章	天津市总工会	2012年4月
安郁军	水电十三局有限公司	天津市五一劳动奖章	天津市总工会	2012年4月
张淑枝	水电十三局有限公司	天津市五一劳动奖章	天津市总工会	2012年4月
颜家勇	水电十四局有限公司	云南省五一劳动奖章	云南省总工会	2012年4月
翟　宸	水电十四局有限公司	云南省五一劳动奖章	云南省总工会	2012年4月
赵　军	基础局有限公司	天津市五一劳动奖章	天津市总工会	2012年4月
唐玉书	基础局有限公司	天津市五一劳动奖章	天津市总工会	2012年4月
李　毅	基础局有限公司	天津市五一劳动奖章	天津市总工会	2012年4月
代继义	港航公司	天津市五一劳动奖章	天津市总工会	2012年4月
林　锋	港航公司	天津市五一劳动奖章	天津市总工会	2012年4月

获省、部、委荣誉先进个人

姓　名	单　位	荣誉称号	授奖部门	授奖年月
古晓宝	水电三局有限公司	优秀共产党员	陕西省委	2012 年 6 月
郭青宁	水电三局有限公司	金沙江流域向家坝水电工程优秀建设者	中国能源化学工会、四川省总工会、云南省总工会、中国三峡集团	2012 年 5 月
王红军	水电四局有限公司	金沙江流域水电工程优秀建设者	中国能源化学工会、四川省总工会、云南省总工会、中国三峡集团	2012 年 5 月
刘　勇	水电四局有限公司	全国优秀共青团员	共青团中央	2012 年 5 月
李洪浩	水电四局有限公司	中央企业青年岗位能手	共青团青海省委、中央企业团工委	2012 年 8 月
李卯生	水电四局有限公司	中央企业青年岗位能手	共青团青海省委、中央企业团工委	2012 年 8 月
邢俊香	水电五局有限公司	四川省“三八红旗手”	四川省总工会	2012 年 3 月
韩　冰	水电五局有限公司	四川省“五一巾帼标兵”	四川省总工会	2012 年 4 月
李红珍	水电五局有限公司	四川省“五一巾帼奖”	四川省总工会	2012 年 4 月
刘　宝	水电六局有限公司	国家骑士金质勋章	赤道几内亚政府	2012 年 10 月
管祖金	水电六局有限公司	国家骑士银质勋章	赤道几内亚政府	2012 年 10 月
姚　远	水电六局有限公司	国家骑士铜质勋章	赤道几内亚政府	2012 年 10 月
张文选	水电七局有限公司	全国青年岗位能手（标兵）	共青团中央、人力资源和社会保障部	2012 年 3 月
唐孝林	水电七局有限公司	金沙江流域水电工程劳动竞赛优秀建设者	金沙江流域水电工程劳动竞赛委员会	2012 年 5 月
郑　平	水电七局有限公司	安康企业家	中华全国总工会、国家安监总局	2012 年 6 月
潘本英	水电七局有限公司	四川省“岗位能手”	四川省总工会	2012 年 1 月
陈居森	水电七局有限公司	四川省“重点工程劳动竞赛科技创新标兵”	四川省总工会	2012 年 3 月
王德强	水电七局有限公司	四川省“重点工程劳动竞赛优秀建设者标兵”	四川省总工会	2012 年 3 月
王明杰	水电七局有限公司	四川省“重点工程劳动竞赛优秀建设者”	四川省总工会	2012 年 3 月
唐先成	水电七局有限公司	四川省“重点工程劳动竞赛优秀建设者”	四川省总工会	2012 年 3 月
刘长明	水电七局有限公司	四川省“重点工程劳动竞赛优秀建设者”	四川省总工会	2012 年 3 月
刘志胜	水电七局有限公司	四川省“重点工程劳动竞赛优秀建设者”	四川省总工会	2012 年 3 月
刘　英	水电七局有限公司	四川省“建功立业标兵”	四川省总工会	2012 年 3 月
施广民	水电八局有限公司	四川省重点工程建设劳动竞赛“优秀建设者标兵”	四川省总工会	2012 年 3 月
秦昌文	水电八局有限公司	金沙江溪洛渡水电工程优秀建设者	中国能源化学工会、四川省总工会、云南省总工会、中国三峡集团	2012 年 5 月
王　云	水电八局有限公司	金沙江流域向家坝水电工程优秀建设者	中国能源化学工会、四川省总工会、云南省总工会、中国三峡集团	2012 年 5 月
蒋小平	水电八局有限公司	2011 年度华能澜沧江水电十大建设功臣	云南省总工会、华能澜沧江公司	2012 年 5 月
徐素华	水电十局有限公司	四川省五一巾帼标兵	四川省总工会	2012 年 3 月

续表

姓　名	单　位	荣誉称号	授奖部门	授奖年月
董永莲	水电十三局有限公司	天津市巾帼建功标兵	天津市总工会	2012 年 3 月
张飞跃	水电十四局有限公司	云南省五一巾帼标兵	云南省总工会	2012 年 4 月
李亚林	水电十五局有限公司	2011 年陕西省重点工程建设劳动竞赛先进个人	陕西省劳动竞赛委员会	2012 年 1 月
杨　昌	水电十五局有限公司	2011 年陕西省重点工程建设劳动竞赛标兵	陕西省劳动竞赛委员会	2012 年 1 月
赵忠吉	水电十五局有限公司	陕西省优秀共青团员	共青团陕西省委	2012 年 9 月
黄滢滢	水电十六局有限公司	福建省女职工标兵	福建省总工会	2012 年 3 月
梁　财	水电十六局有限公司	2011 年度福建青年五四奖章	共青团福建省委	2012 年 5 月
邓常宝	水电十六局有限公司	2011 年度福建省优秀共青团干部	共青团福建省委	2012 年 5 月
付　波	水电十六局有限公司	2011 年度福建省优秀共青团员	共青团福建省委	2012 年 5 月

先　进　集　体

省级工人先锋号获得单位

单　位	荣誉称号	授奖部门	授奖年月
集团公司玉树灾后重建现场指挥部第一工区	高原工人先锋号	青海省总工会	2012 年 11 月
集团公司玉树灾后重建现场指挥部第二工区	高原工人先锋号	青海省总工会	2012 年 11 月
集团公司玉树灾后重建现场指挥部第三工区	高原工人先锋号	青海省总工会	2012 年 11 月
集团公司玉树灾后重建现场指挥部第四工区	高原工人先锋号	青海省总工会	2012 年 11 月
集团公司玉树灾后重建现场指挥部第五工区	高原工人先锋号	青海省总工会	2012 年 11 月
集团公司玉树灾后重建现场指挥部第六工区	高原工人先锋号	青海省总工会	2012 年 11 月
水电二局有限公司海淀辛店 I 标项目经理部	北京市工人先锋号	北京市总工会	2012 年 12 月
水电三局有限公司基础工程分局向家坝项目部 303 班组	四川省工人先锋号	四川省总工会	2012 年 5 月
水电四局有限公司第一分局南绕城项目部	高原工人先锋号	青海省总工会	2012 年 11 月
水电四局有限公司第六分局湟水北干渠项目部	高原工人先锋号	青海省总工会	2012 年 11 月
水电四局有限公司第五分局向家坝工程项目部钢管安装队	云南省工人先锋号	云南省总工会	2012 年 5 月
水电五局有限公司机电制造安装分局锦屏项目部	四川省工人先锋号	四川省总工会	2012 年 4 月
水电六局有限公司官地项目部	四川省工人先锋号	四川省总工会	2012 年 3 月
水电七局有限公司溪洛渡施工局一工区测量队	四川省工人先锋号	四川省总工会	2012 年 4 月
水电七局有限公司溪洛渡施工局四工区门机队	四川省工人先锋号	四川省总工会	2012 年 4 月
水电八局有限公司五分局枕头坝 S306 公路工程项目部	四川省工人先锋号	四川省总工会	2012 年 5 月
水电八局有限公司三分局安全环保部	贵州省工人先锋号	贵州省总工会	2012 年 4 月
水电十局有限公司三分局桃巴项目部	四川省工人先锋号	四川省总工会	2012 年 4 月
水电十四局有限公司锦屏项目部	云南省工人先锋号	云南省总工会	2012 年 4 月
水电十四局有限公司普西桥项目部砂石拌和厂	云南省工人先锋号	云南省总工会	2012 年 4 月
水电十四局有限公司功尾项目部	云南省工人先锋号	云南省总工会	2012 年 4 月
水电十四局有限公司溪洛渡项目部机电大队焊接班	云南省工人先锋号	云南省总工会	2012 年 4 月
基础局有限公司郑州龙湖项目部工程管理部	天津市工人先锋号	天津市总工会	2012 年 4 月

文明单位

单　位	荣誉称号	授奖部门	授奖年月
水电一局有限公司松江施工局	吉林省文明单位	吉林省精神文明建设委员会	2012年
水电二局有限公司公司总部	首都文明单位	首都精神文明建设委员会	2012年
水电二局有限公司六铺炕宾馆	首都文明单位	首都精神文明建设委员会	2012年
水电五局有限公司	文明单位	四川省精神文明建设委员会办公室	2012年11月
水电六局有限公司	文明单位	辽宁省委、省政府	2012年3月
水电九局有限公司砂石分局	2009～2011年度贵州省文明单位	贵州省委、省政府	2012年1月
水电十三局有限公司	山东省文明单位	山东省精神文明建设委员会	2012年12月
水电十四局有限公司曲靖分公司	省文明单位	云南省精神文明建设委员会办公室	2012年12月
港航公司	天津市文明单位	天津市精神文明建设委员会	2012年3月

获国家、省（部）集体荣誉称号单位

单　位	荣誉称号	授奖部门	授奖年月
集团公司玉树灾后重建现场指挥部第三工区	全国五一劳动奖状	中华全国总工会	2012年4月
集团公司玉树灾后重建现场指挥部第四工区	全国五一劳动奖状	中华全国总工会	2012年4月
水电二局有限公司海淀辛店B08地块公共租赁住房项目经理部	全国“安康杯”竞赛优胜班组	中华全国总工会、国家安全生产监督管理总局	2012年12月
水电二局有限公司唐山首郡项目部团支部	北京市五四红旗团支部	共青团北京市委	2012年12月
水电二局有限公司于海安青年突击队	北京市优秀青年突击队标杆	共青团北京市委	2012年5月
水电二局有限公司林胜强青年突击队	北京市优秀青年突击队标杆	共青团北京市委	2012年5月
水电二局有限公司刘攀青年突击队	北京市优秀青年突击队标杆	共青团北京市委	2012年5月
水电二局有限公司兰德青年突击队	北京市优秀青年突击队	共青团北京市委	2012年5月
水电二局有限公司井晨沨青年突击队	北京市优秀青年突击队	共青团北京市委	2012年5月
水电二局有限公司于立凯青年突击队	北京市优秀青年突击队	共青团北京市委	2012年5月
水电二局有限公司李敬波青年突击队	北京市优秀青年突击队	共青团北京市委	2012年5月
水电三局有限公司向家坝施工局基础处理项目部	2011年度金沙江向家坝水电工程建设先进集体	金沙江流域水电工程劳动竞赛委员会	2012年5月
水电三局有限公司	2011年度全国安康杯竞赛优胜单位	中华全国总工会、国家安全生产监督管理总局	2012年6月
水电三局有限公司陕西分局潘口项目部门机班	2011年度全国安康杯竞赛优胜班组	中华全国总工会、国家安全生产监督管理总局	2012年6月
水电三局有限公司党委	先进基层党组织	陕西省委	2012年6月
水电三局有限公司向家坝施工局三工区综合班	2011年度金沙江向家坝水电工程建设先进班组	金沙江流域水电工程劳动竞赛委员会	2012年5月
水电四局有限公司工会	模范职工之家	青海省总工会	2012年11月
水电四局有限公司机电安装分局工会	模范职工之家	青海省总工会	2012年11月
水电四局有限公司机电安装分局向家坝项目部	云南省五一劳动奖状	云南省总工会	2012年5月
水电四局有限公司机电安装分局向家坝项目部	金沙江流域水电工程劳动竞赛先进班组	金沙江流域水电工程劳动竞赛委员会	2012年5月
水电四局有限公司第五分局向家坝项目部机械大队重机班	金沙江流域水电工程劳动竞赛先进班组	金沙江流域水电工程劳动竞赛委员会	2012年5月
水电四局有限公司第五分局向家坝工程项目部	金沙江流域水电工程劳动竞赛先进单位	金沙江流域水电工程劳动竞赛委员会	2012年5月

续表

单　位	荣誉称号	授奖部门	授奖年月
水电四局有限公司第五分局向家坝工程项目部拌和厂	金沙江流域水电工程劳动竞赛先进集体	金沙江流域水电工程劳动竞赛委员会	2012 年 5 月
水电五局有限公司机电制造安装分局第一水工机械厂结构车间	全国工人先锋号	中华全国总工会	2012 年 4 月
水电五局有限公司	2011 年度全国安康杯竞赛优胜单位	中华全国总工会、国家安全生产监督管理总局	2012 年 6 月
水电五局有限公司机电制造安装分局	2011 年度全国安康杯竞赛优胜单位	中华全国总工会、国家安全生产监督管理总局	2012 年 6 月
水电五局有限公司第五分局团委	五四红旗团委	共青团四川省委	2012 年 4 月
水电五局有限公司市场开发部	四川省“五一巾帼标兵岗”	四川省总工会	2012 年 4 月
水电六局有限公司	全国“安康杯”竞赛优胜单位	中华全国总工会、国家安全生产监督总局	2012 年 6 月
水电六局有限公司党委	创新争优先进党委	辽宁省委	2012 年 6 月
水电七局有限公司	2011 年度全国“安康杯”竞赛优胜单位	中华全国总工会、国家安全生产监督总局	2012 年 6 月
水电七局有限公司向家坝施工局	全国五一劳动奖状	中华全国总工会	2012 年 4 月
水电七局有限公司三分局毛尔盖项目部	全国工人先锋号	中华全国总工会	2012 年 4 月
水电七局有限公司向家坝施工局二工区尾水灌浆班	金沙江流域水电工程劳动竞赛先进班组	金沙江流域水电工程劳动竞赛委员会	2012 年 5 月
水电七局有限公司向家坝施工局安装工区	金沙江流域水电工程劳动竞赛先进集体	金沙江流域水电工程劳动竞赛委员会	2012 年 5 月
水电七局有限公司溪洛渡施工局安全部	金沙江流域水电工程劳动竞赛先进集体	金沙江流域水电工程劳动竞赛委员会	2012 年 5 月
水电七局有限公司安装分局党委	四川省创先争优先进基层党组织	四川省委	2012 年 9 月
水电八局有限公司二分局湘江长沙综合枢纽项目部	湖南省重点建设项目施工先进单位	湖南省政府	2012 年 2 月
水电八局有限公司溪洛渡大坝施工局	金沙江流域水电工程劳动竞赛先进单位	金沙江流域水电工程劳动竞赛委员会	2012 年 5 月
水电八局有限公司溪洛渡大坝施工局拌和工区	金沙江流域水电工程劳动竞赛先进集体	金沙江流域水电工程劳动竞赛委员会	2012 年 5 月
水电八局有限公司溪洛渡机电安装项目部机械队	金沙江流域水电工程劳动竞赛先进集体	金沙江流域水电工程劳动竞赛委员会	2012 年 5 月
水电八局有限公司向家坝砂石项目部成品工区	金沙江流域水电工程劳动竞赛先进集体	金沙江流域水电工程劳动竞赛委员会	2012 年 5 月
水电九局有限公司	全国“安康杯”竞赛优胜企业称号和全国“安康杯”竞赛优胜企业连胜杯	中华全国总工会、国家安全生产监督管理总局	2012 年 1 月

续表

单　位	荣誉称号	授奖部门	授奖年月
水电九局有限公司二分局黄金坪项目部	全国"安康杯"竞赛优胜班组	中华全国总工会、国家安全生产监督管理总局	2012 年 1 月
水电十局有限公司	2011 年度全国"安康杯"竞赛活动优胜单位	中华全国总工会、国家安全生产监督管理总局	2012 年 1 月
水电十局有限公司团委	2011 年度"中央企业五四红旗团委"	共青团中央	2012 年 4 月
水电十局有限公司机电安装分局金属结构厂切割班	四川省五一巾帼标兵岗	四川省总工会	2012 年 5 月
水电十局有限公司机电安装分局哈萨克斯坦玛依纳水电站项目部	全国"安康杯"竞赛优胜班组	中华全国总工会、国家安全生产监督管理总局	2012 年 8 月
水电十局有限公司机电安装分局	2011 年度四川省"安康杯"竞赛活动优胜单位	四川省总工会	2012 年 8 月
水电十一局有限公司黄河三门峡医院	河南省五一劳动奖状	河南省总工会	2012 年 4 月
水电十一局有限公司七分局南水北调郑州 2-1 标项目部	河南省五好团支部	共青团河南省委	2012 年 5 月
水电十一局有限公司赞比亚卡里巴项目青年突击队	河南省共青团系统创先争优活动先进青年突击队集体	共青团河南省委	2012 年 6 月
水电十二局有限公司两河口导流洞项目部	全国工人先锋号	中华全国总工会	2012 年 4 月
水电十四局有限公司锦赤铁路 ZH-03 项目部	全国"安康杯"竞赛优胜班组	中华全国总工会、国家安全生产监督管理总局	2012 年 1 月
水电十四局有限公司广东分公司	云南省五一劳动奖状	云南省总工会	2012 年 4 月
水电十四局有限公司大理管理处劳务管理办公室	云南省五一巾帼标兵岗	云南省总工会	2012 年 4 月
水电十四局有限公司大理分公司糯扎渡项目部	云南省"安康杯"竞赛优胜单位	云南省总工会、省安全生产监督管理局	2012 年 4 月
水电十四局有限公司大理管理处	云南省模范职工之家	云南省总工会	2012 年 4 月
水电十五局有限公司	全国"安康杯"竞赛优胜单位	中华全国总工会、国家安全生产监督管理总局	2012 年 4 月
水电十五局有限公司新疆直管项目部	全国工人先锋号	中华全国总工会	2012 年 4 月
水电十五局有限公司第一工程公司库什塔依项目部	全国工人先锋号	中华全国总工会	2012 年 4 月
水电十五局有限公司水机公司王圪堵输水工程项目部	陕西省重点工程建设劳动竞赛先进集体	陕西省劳动竞赛委员会	2012 年 1 月
水电十五局有限公司一公司团委	陕西省"五四"红旗团委	共青团陕西省委	2012 年 9 月
水电十五局有限公司四公司基础公司青年突击队	青年文明号标兵	共青团陕西省委	2012 年 5 月
水电十六局有限公司平潭区域项目指挥部党支部	2010～2012 年度福建省创先争优先进基层党组织	福建省委	2012 年 6 月
水电十六局有限公司第一分局团委	2011 年度福建省五四红旗团委	共青团福建省委	2012 年 5 月
水电十六局有限公司勘测设计院团总支	2011 年度福建省五四红旗团总支	共青团福建省委	2012 年 5 月
水电十六局有限公司平潭区域项目指挥部青年突击队	2012 年福建省青年突击队	共青团福建省委	2012 年 7 月

续表

单　位	荣誉称号	授奖部门	授奖年月
水电十六局有限公司	2011 年度福建省安康杯竞赛先进集体	福建省总工会、省安全生产监督管理局	2012 年 4 月
基础局有限公司	全国五一劳动奖状	中华全国总工会	2012 年 4 月
基础局有限公司	全国“安康杯”优胜企业	中华全国总工会	2012 年 4 月
基础局有限公司三公司	天津市五一劳动奖状	天津市总工会	2012 年 4 月
基础局有限公司西藏公司	天津市五一劳动奖状	天津市总工会	2012 年 4 月
基础局有限公司	天津市“安康杯”优胜单位	天津市总工会	2012 年 3 月
基础局有限公司社会服务中心机关餐厅工会小组	天津市模范职工小家	天津市总工会	2012 年 4 月
基础局有限公司二公司	天津市“安康杯”优胜单位	天津市总工会	2012 年 3 月
基础局有限公司郑州龙湖项目部	天津市“安康杯”优胜班组	天津市总工会	2012 年 3 月
港航公司	全国“安康杯”竞赛优胜单位	中华全国总工会、国家安全生产监督总局	2012 年 3 月
港航公司	天津市五一劳动奖状	天津市总工会	2012 年 4 月
港航公司	天津市“安康杯”竞赛优胜单位	天津市总工会	2012 年 3 月

获学（协）会集体荣誉称号单位

单　位	荣誉称号	授奖部门	授奖年月
水电四局有限公司	2011 年度全国电力建设优秀施工企业	中国电力建设企业协会	2012 年 2 月
水电五局有限公司	2011 年度全国优秀施工企业	中国施工企业管理协会	2012 年 3 月
水电五局有限公司	2012 年度科技先进企业奖	中国施工企业管理协会	2012 年 10 月
水电七局有限公司	全国实施卓越绩效模式先进企业	中国质量协会	2012 年 10 月
水电七局有限公司	全国实施卓越绩效模式先进企业特别奖	中国质量协会	2012 年 10 月
水电十四局有限公司	2011 年度中施企协科学技术奖技术创新先进企业	中国施工企业管理协会	2012 年 10 月
水电十四局有限公司	中国建设工程鲁班奖创立 25 周年突出贡献铜奖	中国建筑业协会	2012 年 12 月
水电十五局有限公司	2011 年度全国优秀施工企业	中国施工企业管理协会	2012 年 3 月
水电十五局有限公司	2011 年度科学技术奖创新先进企业	中国施工企业管理协会	2012 年 10 月
水电十五局有限公司	2012 年度全国工程建设质量管理优秀企业	中国建筑业协会	2012 年 12 月
水电十五局有限公司	中国建设工程鲁班奖创立 25 周年突出贡献铜奖	中国建筑业协会	2012 年 12 月
水电十六局有限公司	2011 年度全国电力建设优秀施工企业	中国电力建设企业协会	2012 年 2 月

工 程 奖 项

2012年优质工程奖

单 位	荣誉称号	获奖工程	授奖部门	授奖年月
水电三局有限公司	2012年度中国电力优质工程奖	青海格尔木200兆瓦并网光伏电站Ⅱ区50兆瓦机电安装工程	中国电力建设企业协会	2012年6月
水电三局有限公司	云南省优质工程一等奖	云南澜沧江景洪水电站左岸土建及金属结构工程	云南省建设厅	2012年12月
水电四局有限公司	2011～2012年国家优质工程奖	贵州光照水电站工程	国家工程建设质量奖审定委员会	2012年11月
水电四局有限公司	优秀测绘工程一等奖	三峡水利枢纽工程施工测绘保障	青海省测绘学会	2012年12月
水电五局有限公司	2011至2012年度国家优质工程银质奖	安徽琅琊山抽水蓄能电站上水库工程	中国施工企业管理协会	2012年7月
水电五局有限公司	2012年中国电力优质工程奖	安徽琅琊山抽水蓄能电站上水库工程	中国电力建设企业协会、国家工程建设质量奖审定委员会	2012年7月
水电五局有限公司	四川省用户满意建筑工程	四川麒麟寺水电站工程	四川省建设工程质量安全与监理协会	2012年
水电五局有限公司	四川省建设工程天府杯金奖	四川麒麟寺水电站工程	四川省建设厅	2012年
水电六局有限公司	中国水利工程优质（大禹）奖	辽河石佛寺水库枢纽一期工程	中国水利工程协会	2012年11月
水电六局有限公司	河北省建设工程安济杯奖（省优质工程）	南水北调唐河倒虹吸工程	河北省建筑业协会	2012年3月
水电七局有限公司	2011～2012年国家优质工程奖	贵州光照水电站工程	国家工程建设质量奖审定委员会	2012年11月
水电七局有限公司	2011年度四川省天府杯金奖	上川岛风电场工程	四川省住房与城市建设厅	2012年7月
水电七局有限公司	2011年度四川省天府杯金奖	江苏响水风电场工程	四川省住房与城市建设厅	2012年7月
水电七局有限公司	2011年度四川省天府杯银奖	四川双水河电站工程	四川省住房与城市建设厅	2012年7月

续表

单　位	荣誉称号	获奖工程	授奖部门	授奖年月
水电七局有限公司科研设计院	2010～2011年四川省优秀测绘工程金奖	苏丹上阿特巴拉水利枢纽工程首级施工控制网	四川省测绘地理信息局	2012年10月
水电八局有限公司	2011～2012年国家优质工程奖	贵州光照水电站工程	国家工程建设质量奖审定委员会	2012年11月
水电八局有限公司	湖南省建设工程“芙蓉奖”	湖南长沙星城映象12栋	湖南省住房和城乡建设厅	2012年1月
水电八局有限公司	2011年度贵州省“黄果树杯”优质施工工程奖	贵州乌江思林水电站	贵州省住房和城乡建设厅	2012年3月
水电八局有限公司	2012年度云南省“优质工程一等奖”	云南澜沧江景洪水电站	云南省建筑业协会	2012年11月
水电八局有限公司	2011年度湖南省优秀测绘工程奖二等奖	“溪洛渡水电站大坝土建及金属结构安装工程——大坝混凝土施工控制网加密”测绘项目	湖南省国土资源厅、湖南测绘科技奖励委员会	2012年2月
水电八局有限公司	2012年度湖南省优秀测绘工程奖二等奖	云南澜沧江大朝山水电站外部变形监测网第十一次复测	湖南省国土资源厅、湖南测绘科技奖励委员会	2012年12月
水电九局有限公司	2011～2012年国家优质工程奖	贵州光照水电站工程	国家工程建设质量奖审定委员会	2012年11月
水电九局有限公司	2011年度贵州省“黄果树杯”优质施工工程奖	贵州乌江思林水电站	贵州省住房和城乡建设厅	2012年3月
水电十一局有限公司	2011～2012年国家优质工程奖	贵州光照水电站工程	国家工程建设质量奖审定委员会	2012年11月
水电十一局有限公司	2011～2012年度中国水利工程优质（大禹）奖	河南沙颍河耿楼枢纽工程	中国水利工程协会	2012年11月
水电十一局有限公司	2012年度河南省结构中州杯工程	河南黄河三门峡医院新高层病房楼工程	河南省住房和城乡建设厅	2012年12月
水电十二局有限公司	2011～2012年国家优质工程奖	贵州光照水电站工程	国家工程建设质量奖审定委员会	2012年11月
水电十二局有限公司	浙江省优秀安装质量奖	浙江外雄水电站金属结构及启闭机安装工程	浙江省安装行业协会	2012年9月
水电十三局有限公司	国家优质工程银质奖	天津大道工程	中国施工企业管理协会	2012年12月
水电十三局有限公司	全国优秀焊接工程一等奖	甘肃瓜州干河口第四风电场风力发电机塔筒设备	中国工程建设焊接协会	2012年7月
水电十三局有限公司	全国优秀焊接工程优秀奖	埃塞TEKEZE电站B/2/3标金属结构制作与安装工程	中国工程建设焊接协会	2012年7月
水电十三局有限公司	全国优秀焊接工程优秀奖	重庆大唐银盘水电站船闸一字门	中国工程建设焊接协会	2012年7月
水电十三局有限公司	山东省市政金杯示范工程	济南市小清河综合治理工程（林家桥至洪园节制闸段）	山东省住房和城乡建设厅	2012年8月

续表

单　位	荣誉称号	获奖工程	授奖部门	授奖年月
水电十三局有限公司	2012年度山东省建筑工程质量泰山杯奖	济南市小清河综合治理工程	山东省住房和城乡建设厅、山东省建筑工程管理局、山东省建筑业协会	2012年12月
水电十四局有限公司	第十届土木工程詹天佑奖	广州抽水蓄能电站	中国土木工程学会	2012年6月
水电十四局有限公司	"国家优质工程"银质奖	缅甸瑞丽江一级水电站工程	中国施工企业管理协会	2012年11月
水电十五局有限公司	2012年度中国电力优质工程奖	格尔木200MPW并网光伏电站（IV-A25MWP土建工程）	中国电力建设企业协会	2012年6月
水电十六局有限公司	2011～2012年国家优质工程奖	贵州光照水电站工程	国家工程建设质量奖审定委员会	2012年11月
水电十六局有限公司	国际RCC里程碑奖	贵州光照水电站工程	国际大坝委员会	2012年10月
水电十六局有限公司	2011年度贵州省"黄果树杯"优质施工工程奖	贵州乌江思林水电站	贵州省住房和城乡建设厅	2012年3月
水电十六局有限公司	2011～2012年度国家优质工程银质奖	上海浦东国际机场扩建工程第三跑道系统工程	国家工程建设质量奖审定委员会	2012年11月
基础局有限公司	中国水利工程优质（大禹）奖	黄河小浪底水利枢纽配套工程——西霞院反调节水库	中国水利工程协会	2012年11月

（李霞林汇总）

第十篇　附　　录

Chapter Ⅹ Addenda

中国水利水电建设股份有限公司 2012 年完成主要实物工程量情况表

序号	企业名称	实物工程量																						
		土方（万立方米）	石方（万立方米）	混凝土（万立方米）	金属结构安装（吨）	水轮机组投产（国内）								水轮机组投产（国外）						房屋建筑施工面积（平方米）	本年新开面积（平方米）	房屋建筑竣工面积（平方米）
						水电		火电		风电		核电		水电		火电		风电				
						台	万千瓦	台	万千瓦	台	万千瓦	台	万千瓦	台	万千瓦	台	万千瓦	台	万千瓦			
1	股份公司	42706.15	17181.45	4671.49	598937.8	93	1103.4	0	0	191	31.31	0	0	12	87.2	4	77.2	0	0	7017730	3457351	519014
2	水电一局有限公司	1064	568	172	187949.7	0	0	0	0	0	0	0	0	0	0	0	0	0	0	0	0	0
3	水电二局有限公司	1219.97	118.46	39.5	8507	0	0	0	0	0	0	0	0	0	0	0	0	0	0	1771491	856907	278748
4	水电三局有限公司	1136.74	1140.48	341	31316	11	86	0	0	0	0	0	0	0	0	0	0	0	0	57496	21706	0
5	水电四局有限公司	1828.82	560.6	550.28	76861	17	269.7	0	0	0	0	0	0	0	0	0	0	0	0	872107	288046	0
6	水电五局有限公司	3104.58	1247.07	485.12	38597.72	5	11.8	0	0	96	14.85	0	0	0	0	0	0	0	0	0	0	0
7	水电六局有限公司	2459.68	483.84	127.05	13233.06	4	62.18	0	0	0	0	0	0	2	2.2	0	0	0	0	0	0	0
8	水电七局有限公司	3720.66	1940.58	859.33	23063.29	10	243	0	0	95	16.46	0	0	0	0	0	0	0	0	0	0	0
9	水电八局有限公司	2700	1550.04	692.32	46346	8	32.2	0	0	0	0	0	0	0	0	4	77.2	0	0	307583	227492	0
10	水电九局有限公司	353	589	171	11072	0	0	0	0	0	0	0	0	0	0	0	0	0	0	1409799	645725	0
11	水电十局有限公司	1494.17	526.98	91.98	16209.39	27	114.2	0	0	0	0	0	0	0	0	0	0	0	0	0	0	0
12	水电十一局有限公司	4277.11	478.99	221.03	9879.24	0	0	0	0	0	0	0	0	6	6	0	0	0	0	204823	0	29564
13	水电十二局有限公司	1005.08	2894.65	133.12	7986.12	3	3.33	0	0	0	0	0	0	0	0	0	0	0	0	10628	10628	6645
14	水电十三局有限公司	7667.51	735.54	101.18	9807.98	0	0	0	0	0	0	0	0	0	0	0	0	0	0	197250	105250	0
15	水电十四局有限公司	1525.79	1465.76	333.15	106453	6	280	0	0	0	0	0	0	0	0	0	0	0	0	0	0	0
16	水电十五局有限公司	3001.58	1942.65	185.51	6041.23	0	0	0	0	0	0	0	0	0	0	0	0	0	0	178111	9283	104057
17	水电十六局有限公司	1325.35	807.71	86.48	4223	2	1	0	0	0	0	0	0	0	0	0	0	0	0	14442	4314	0

2012年集团（股份）公司重要文件题录

发文日期	发文编号	文 件 标 题
1月4日	中水电股党2号	关于印发陈永录同志在股份公司工会一届二次全委会暨工会工作会上讲话的通知
2月1日	中水电股党5号	关于转发《关于中共中国水利水电建设股份有限公司委员会常务委员会组成人员的通知》的通知
2月22日	中水电股党7号	关于印发股份公司2012年反腐倡廉建设工作会议文件的通知
4月5日	中水电股党13号	关于印发《关于在创先争优活动中开展基层组织建设年的实施方案》的通知
4月9日	中水电股党14号	关于印发《2012年股份公司党建工作要点》的通知
4月17日	中水电股党18号	关于印发《中国水利水电建设股份有限公司党风廉政建设责任制考核评价办法》和《中国水利水电建设股份有限公司党风廉政建设责任制考核评分标准》的通知
4月17日	中水电股党19号	关于转发《中国电力建设集团有限公司开展“强化廉洁从业意识、保持党的纯洁性”主题教育活动实施方案》的通知
5月16日	中水电股党27号	关于印发《中国水利水电建设股份有限公司总部机关党风廉政建设责任制责任分工》的通知
5月17日	中水电股党33号	关于印发《中国水利水电建设股份有限公司关于进一步加强海外工作机构纪检监察工作的若干意见》的通知
6月5日	中水电股党30号	关于转发中国电建集团公司《关于进一步加强和改进成员企业纪检监察组织建设有关事项》的通知
6月5日	中水电股党31号	关于转发中国电建集团公司《关于贯彻执行〈国有企业领导人员廉洁从业若干规定〉实施细则》的通知
6月13日	中水电股党35号	关于转发《关于转发〈关于做好2012年中央企业党的基层组织党务公开工作的通知〉》的通知
6月19日	中水电股党36号	关于做好“基层组织建设年”和“强化廉洁从业意识、保持党的纯洁性”主题教育活动总结工作的通知
8月3日	中水电股党53号	关于转发《关于开展集中教育整治工作的通知》的通知
9月3日	中水电股党62号	关于转发中国电建集团《关于传达2012年国有企业外宣工作座谈会主要精神的通知》的通知
9月14日	中水电股党69号	关于转发中国电建集团《关于印发〈中国电力建设集团有限公司领导人员廉洁谈话制度〉的通知》
9月14日	中水电股党70号	关于转发中国电建集团《关于印发〈中国电力建设集团有限公司关于领导人员述廉议廉的暂行办法〉的通知》的通知
9月17日	中水电股党72号	关于转发中国电建集团《关于印发晏志勇、范集湘同志在集团公司创先争优总结表彰暨经验交流大会上讲话的通知》的通知
9月26日	中水电股党73号	关于转发中国电建集团党委《关于进一步加强和改进基层党组织建设的意见》的通知
9月26日	中水电股党74号	关于转发中国电建集团党委《集团公司海外机构党建工作管理办法（暂行）》的通知
10月22日	中水电股党79号	关于成立股份公司机关党委和机关纪委的通知
10月24日	中水电股党81号	关于转发中国电建集团《深入开展精神文明建设和社会事务工作及有关专项工作方案》的通知
11月7日	中水电股党86号	关于转发王彤宙免职的通知
11月9日	中水电股党85号	关于转发中国电建集团《关于转发国资委党委认真贯彻落实进一步加强党管人才工作意见的通知》的通知
11月15日	中水电股党91号	关于转发《中国电力建设集团有限公司党务公开工作实施意见》的通知
12月3日	中水电股党95号	股份公司党委关于认真学习宣传贯彻党的十八大精神的通知
12月3日	中水电股党98号	关于转发《中国电力建设集团有限公司成员单位党委设立和换届工作暂行办法》的通知

续表

发文日期	发文编号	文件标题
1月19日	中水电股1号	关于印发《中国水利水电建设股份有限公司领导班子职责分工》的通知
3月5日	中水电股6号	关于印发股份公司领导在2012年工作会议暨一届三次职代会上的讲话和工作报告的通知
4月10日	中水电股16号	关于印发《中国水利水电建设股份有限公司企业负责人及总部职务消费管理暂行规定》的通知
6月15日	中水电股30号	关于印发《中国水利水电建设股份有限公司章程》(修订)的通知
6月15日	中水电股31号	关于印发《中国水利水电建设股份有限公司董事会战略委员会议事规则》(修订)的通知
6月15日	中水电股32号	关于印发《中国水利水电建设股份有限公司董事会秘书工作细则》(修订)的通知
6月15日	中水电股33号	关于印发《中国水利水电建设股份有限公司信息披露管理制度》(修订)的通知
6月15日	中水电股34号	关于印发《中国水利水电建设股份有限公司关联交易管理制度》(修订)的通知
6月15日	中水电股35号	关于印发《中国水利水电建设股份有限公司募集资金管理制度》(修订)的通知
6月15日	中水电股41号	关于印发《中国水利水电建设股份有限公司关联方资金往来管理制度》的通知
7月17日	中水电股48号	关于转发中国电建集团《关于调整集团公司部分领导班子成员职责分工的通知》的通知
8月16日	中水电股51号	关于印发《关于进一步加强监督检查工作的指导意见》的通知
8月29日	中水电股53号	关于印发《中国水利水电建设股份有限公司总会计师管理暂行办法》的通知
9月21日	中水电股57号	关于印发《中国水利水电建设股份有限公司投资管理办法》的通知
11月9日	中水电股61号	关于印发《中国水利水电建设股份有限公司电力成套设备管理办法(试行)》的通知
12月12日	中水电股63号	关于修订印发《中国水利水电建设股份有限公司总部部门工作职责》的通知
12月21日	中水电股66号	关于转发中国电建集团《中国电力建设集团有限公司科技信息统计暂行管理办法》的通知
2月27日	中水电股人7号	关于撤销股份公司史志办公室的通知
8月31日	中水电股人85号	关于转发《中国电力建设集团有限公司关于深化企业内部人事、劳动、分配三项制度改革的指导意见》的通知
9月18日	中水电股人87号	关于转发《国务院办公厅转发人力资源和社会保障部财政部国资委关于加强企业技能人才队伍建设意见》的通知
9月18日	中水电股人88号	关于转发《规范成员企业(单位)社会保险管理指导意见》的通知
9月21日	中水电股人90号	关于印发《中国水利水电建设股份有限公司工资总额管理暂行办法》的通知
9月27日	中水电股人92号	关于转发《关于加强人工成本管理控制的通知》的通知
10月23日	中水电股人99号	关于确认2012年度工程、经济、会计、政工、法律系列专业技术资格人员名单的通知
10月31日	中水电股人100号	关于印发《中国水利水电股份有限公司因私出国(境)人员审批管理暂行规定》的通知
12月3日	中水电股人107号	关于股份公司总经理工作部更名为股份公司办公室的通知
12月10日	中水电股人108号	关于转发《国务院国资委办公厅关于贯彻落实国务院办公厅转发民政部等部门关于加强见义勇为人员权益保护意见通知》的通知
6月15日	中水电股工16号	关于进一步完善股份公司水利水电工程施工及其他基础设施专业施工工法体系的通知
3月6日	中水电股经2号	关于转发《中国电力建设集团有限公司经济活动分析工作指导意见》的通知
4月25日	中水电股经19号	关于印发《中国水利水电建设股份有限公司市场营销季度竞赛奖励办法》的通知
4月27日	中水电股经20号	关于印发股份公司领导在2012年市场营销工作推进会上的讲话和工作报告的通知
6月11日	中水电股经27号	关于贯彻落实中国电力建设集团有限公司管理提升活动工作方案的实施意见
6月26日	中水电股经29号	关于转发《中国电力建设集团有限公司关于加强分包管理的若干规定》的通知
7月16日	中水电股经32号	关于转发中国电建集团关于印发国务院办公厅“十二五”全国城镇污水处理及再生利用设施建设规划的通知

续表

发文日期	发文编号	文件标题
8月31日	中水电股经37号	关于印发《中国水利水电建设股份有限公司"管理提升活动"督导办法》的通知
9月3日	中水电股经38号	关于印发《中国水利水电建设股份有限公司"管理提升活动"考评办法》的通知
4月1日	中水电股审3号	关于印发《中国水利水电建设股份有限公司2012年审计工作要点》的通知
7月13日	中水电股资12号	关于转发国务院国资委《关于加强中央企业资金管理有关事项的补充通知》的通知
8月22日	中水电股资14号	关于转发《中国电力建设集团有限公司担保管理办法(暂行)》的通知
9月27日	中水电股资18号	关于印发《中国水利水电股份有限公司非金融企业债务融资工具信息披露事务管理办法》的通知
3月15日	中水电股安5号	关于转发中国电建集团《关于开展境外项目安全自查切实加强安全风险防范的紧急通知》的通知
8月3日	中水电股安18号	关于印发宗敦峰副总经理在股份公司2012年安全生产专题会议上讲话的通知
1月4日	中水电股察1号	关于印发《中国水利水电建设股份有限公司2012年效能监察工作安排意见》的通知
9月28日	中水电股察14号	关于转发《中国电力建设集团有限公司效能监察实施办法(试行)》的通知
11月27日	中水电股察18号	关于转发《中国电力建设集团有限公司职工违纪违规处罚暂行规定》的通知
3月14日	中水电股法1号	关于印发《中国水利水电建设股份有限公司经营行为法律审核管理办法》的通知
3月23日	中水电股法3号	关于印发《中国水利水电建设股份有限公司法律纠纷案件管理办法》的通知
5月21日	中水电股法5号	关于印发《中国水利水电建设股份有限公司开展法制宣传教育的第六个五年规划(2011～2015年)》的通知
6月21日	中水电股法9号	关于印发《中国水利水电建设股份有限公司落实中央企业法制工作第三个三年目标实施方案》的通知
10月12日	中水电股法13号	关于印发《中国水利水电建设股份有限公司投资业务法律事务管理办法(试行)》的通知
11月23日	中水电股法14号	关于印发《中国水利水电建设股份有限公司法制人才队伍建设管理办法(暂行)》的通知
4月28日	中水电股企11号	关于转发《关于印发〈中国电力建设集团有限公司全面风险管理与内部控制体系建设工作指引(试行)〉》的通知
9月21日	中水电股企35号	转发国务院国资委《关于加快构建中央企业内部控制体系有关事项的通知》的通知
10月18日	中水电股企39号	关于印发《中国水利水电建设股份有限公司内部控制与全面风险管理办法》和《中国水利水电建设股份有限公司内部控制评价办法》的通知
10月29日	中水电股企42号	关于转发《中国电力建设集团有限公司风险评估工作管理办法(试行)》和《中国电力建设集团有限公司业务流程体系管理办法(试行)》的通知
12月28日	中水电股企52号	关于印发《中国水利水电建设股份有限公司2012～2014年发展规划》的通知
12月31日	中水电股企53号	关于转发《中国电力建设集团有限公司关于推进内部资源重组整合的指导意见》的通知

索　　引

说　　明

1. 本索引采用主题分析法编制，按索引栏目第一字汉语拼音顺序排列，同音字按声调排列，声调相同按下一字音序排列；集团公司成员企业最后按序索引。

2. 索引标引词后“（　）”中的内容表示对标引词的限定，图、表均注明“图”或“表”字样。

3. 标引词后的阿拉伯数字表示内容所在的页码。

4. 本年鉴“特载”、“专论”、“大事记”篇目均未作索引。

A

B

C

D

F

G

H

J

K

X

Y

Z

编 后 语

《中国水利水电建设集团公司年鉴（2013）》是集团公司连续编纂出版的第九部年鉴，集团公司年鉴编辑部承担了年鉴编纂任务。在编纂过程中，遵照公司领导指示精神，严格编纂工作程序，认真落实编纂工作责任，于2013年11月完成年鉴编纂工作并进入出版流程。

集团公司年鉴编纂工作，始终得到公司领导的关怀和指导，范集湘董事长、孙洪水总经理在百忙中经常过问年鉴编纂工作情况，孙宝田副书记经常听取史志鉴工作情况汇报，公司其他领导也都十分关注史志鉴工作。公司领导的高度重视、正确领导和亲切关怀，公司科学可持续发展的大好形势，是我们做好年鉴编纂工作的根本保证。

公司总部各部门、各公司对年鉴编纂工作给予了大力支持和热情帮助，总部各部门、各公司领导亲自部署2013卷年鉴撰稿工作，审阅稿件内容；各单位组稿、撰稿人员勤奋工作，无私奉献，对年鉴编纂工作付出了艰辛劳动。在此，谨一并表示衷心感谢！

集团公司年鉴编纂工作实行文责自负原则，所提供的文字内容和图片由提供单位负责审定。本卷年鉴编辑工作由主编李捷负责总纂、副主编张延乐协助，各篇目责任编辑负责相关篇目编辑工作。第一篇特载、第二篇专论由张延乐负责，第三篇综述由冯有维负责，第四篇大事记由李霞林负责，第五篇集团化建设由张延乐、冯有维、李霞林